世界にたったひとつの

赤ちゃんの名前

栗原里央子 著

高橋書店

目次

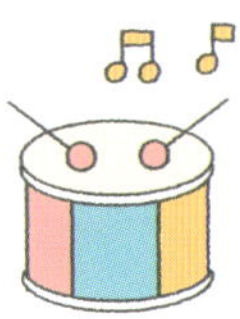

○○ちゃん
△△ちゃん

あたたかい
桜
ぽかぽか
春
花
萌
咲く

△ 高橋 10 16 ○9 ○3
○ 高橋 10 16 ○7 ○8

本書の注意

○漢字については、デザイン上の違いで微細な相違点のある字形もあります。
○画数には統一した見解がなく、事典や姓名診断の流派により異なります。本書で示す画数は、多くの辞書で採用している考え方と、著者の見解に基づいています。
○漢字の名前の読み方には、とくに決まりはありません。本書では、漢和辞典にない読み方でも常識を逸脱しない範囲で名前例を掲載しています。
○名づけに使える漢字や各種データは、法改正により変わる場合があります。

STAFF

執筆協力　神山典子
本文校正　情報出版、鷗来堂
本文デザイン　中村たまを
DTP　アーティザンカンパニー株式会社
本文イラスト　清水麻里、おかもとみほこ
漫画　わたべ仁美
編集・制作　バブーン株式会社（山口早紀、大澤芽衣、古里文香、矢作美和）

参考文献　『新漢語林　第二版』大修館書店

第1章
名前を考える前に

わが子に最初のプレゼントを贈ろう

名前は生涯つきあっていく大切なもの。
無数に考えられるなかから
世界にたったひとつのわが子の名前を見つけましょう。

パパと同じ「幸」の字を使いたいなぁ
優しい子に育って欲しいな
優
温

ママとパパが選び抜いたとびきりの贈りものを

名前は一生使い続けるものです。親としては「こんな子に育ってほしい」と願いを込めたり、よい画数の組み合わせを見つけたりしたいでしょう。

でも、こだわりをたくさん詰め込もうとするほど候補を絞れなくなってしまいます。これだけは大切にしたいということを決め、優先順位をつけましょう。

何よりも重要なのが、子どもに心から愛情を注げる名前にすること。家族の絆を感じさせる意味をもたせたり、字をおそろいにしたりすることで、より愛着が湧くはずです。

名前に使える約３０００字から、たったひとつの名前を考えぬくのは大変ですが、悩んだ日々は、いずれ大切な思い出になります。本書では、その手助けとなるさまざまなヒントを用意しているので、わが子の未来を想像しながら、名づけを楽しんでください。

1 ママ・パパの思いが詰まった名前に

姓名判断に影響されすぎたり、周りの意見を気にしすぎたりすると、込めたかった思いからどんどん離れてしまうことも。
名前の候補をだれかに考えてもらう場合も、ママとパパが納得して愛情を注げる名前を選びましょう。二人の思いが詰まった名前を贈ってください。

2 社会生活で不便のない名前に

名前はさまざまな人から呼ばれ、社会性をもつものです。一般的でない読み方や難しい漢字の使用、姓名のつながりが悪い名前は日常生活で不便に感じることも。
個性や新鮮さにもこだわりたいところですが、わが子がストレスなく生活できるよう考えることも大切です。

3 子どもが一生つきあえる名前に

名前は赤ちゃんが生涯をともにするものです。凝りすぎた名前や古めかしい名前では、嫌な思いをする場合があります。また、漢字が難しくて間違われることが多かったり、からかいの原因になったりする名前も避けたいものです。
子ども自身が末永く、愛着をもてる名前を考えましょう。

発想はさまざま 名づけの方法

名前の候補は無数にあります。
「響き」「漢字」「イメージ」「画数」など
何を重視すべきか、考えておきましょう。

方法1 響きを重視する

世界にたったひとつの「響き」を贈る

↓P19〜

「響き」つまり名前を呼ぶときの音を重視する方法です。先に呼び方を考えてから、漢字や画数などを決めます。名前は、書き記すより呼ばれることのほうがはるかに多く、印象を大きく左右します。本書では、この音のもつパワーを名づけに活かす方法や、「かっこいい」「かわいい」などの印象を与える響きを紹介しています。

かっこいい <例> かっこいい響き

サクヤ　アオシ
タクヤ　ケイジ

かわいい <例> かわいい響き

ソラネ　アイミ
ヒロネ　キホ

方法2 漢字にこだわる

しあわせ「漢字」を贈る

↓P337〜

漢字の意味やイメージを活かし、思いを込める方法です。読み方やほかの字との組み合わせでバリエーションが豊富なのも特徴。ただし、なじみの薄い読み方は避けるのがベターです。

両親の好きな漢字を用いたり、祖父母やきょうだいなどの名前から一字とったりするのもよいでしょう。

新常用漢字を使って新しさを出した名前例

蜜 → 蜜希　蜜也

爽 → 爽子　爽太

梨 → 祐梨　梨沙

芯 → 芯乃助　一芯

方法3 イメージから考える

願いを込めた「イメージ」を贈る →P305～

「大らかな子に」との願いや「生まれた季節にちなんで」とのイメージから考える方法です。
本書では次のさまざまな切り口から名前を紹介しています。

願いを込める

「こんなふうに成長してほしい」という願いを込める方法。願いを連想させる漢字や言葉を活かした名前に。

世界での活躍を見越して

外国語や外国の名前をもとにする方法。または、外国人が発音しやすい響きを活かすのもよい。

就いてほしい仕事を意識

「教師」「スポーツ選手」「デザイナー」など将来、就いてほしい職業をイメージさせる名前に。

好きなものにちなんだ名前

山、海、太陽、宝石などをモチーフに、それらが内包するおおらかさや輝きなどをあらわす名前に。

そのほか

きょうだいでつながりのある、干支や歴史上の人物にちなむ、和歌・四字熟語に関連ある名前など。

生まれた季節に合わせて

たとえば春生まれだから「桜子」など、春夏秋冬のイメージに合った響きや漢字を用いた名前に。

方法4 画数で運勢を意識

幸運をつかむ「画数」を贈る →P433～

わが子をよりよい運に導くために、姓と相性のよい画数（吉数）を調べ、それに当てはまる漢字から名前を考える方法です。姓名判断をどこまで参考にするかは人によって異なります。
深く考えすぎない程度にうまく取り入れて、全体のバランスがよい名前を考えましょう。

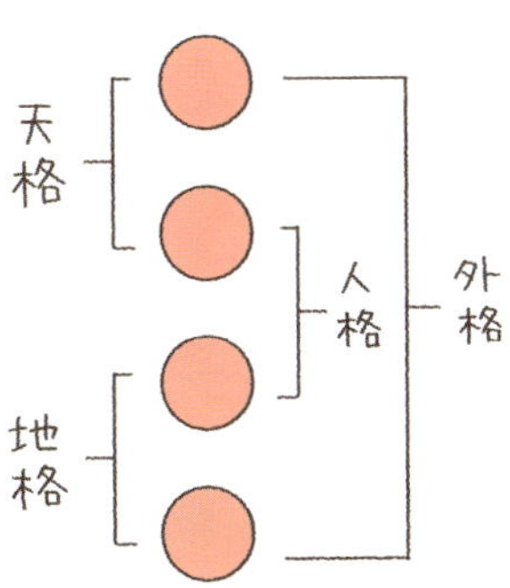

赤ちゃんの名前 決める際のルールは

赤ちゃんの名前は
どうつけてもよいわけではありません。
期限や決まりを守って考え抜きましょう。

時間に余裕をもって決定してください

「出生届」（P478）は、出産当日を含めた14日以内に役所に届け出ることが法律で定められています。

考え始めると月日はあっという間に過ぎるので、出産前にある程度決めておくのが理想です。赤ちゃんの性別がわかったころから考え始めて、少しずつ候補を絞っていくとゆとりをもって決められます。

START!

妊娠3～6か月

ぼんやりとイメージを思い描く

ママの体調を気遣いながら、どんな名前にするか考え始める。

↓

妊娠8か月

イメージを具体的に考える

ママとパパのこだわりや思いを話し合いながら具体化していく。

↓

妊娠10か月

名前の候補を絞り込む

候補をリスト化。P477の「名前候補チェックシート」も活用して。

↓

誕生

子どもの顔を見て名前を決定！

生まれたわが子の顔を見て、候補からこれだというひとつに絞る。

↓

誕生7日後

退院

母子ともに健康なら通常、約１週間で退院できる。

↓

GOAL!

誕生14日以内

出生届を役所に提出する

書類の最終確認を済ませ、余裕をもって役所に届け出る。

名づけの決まり

決まり1 漢字の読み方や文字数制限はない

意外かもしれませんが、漢字の読み方や名前の長さに決まりはありません。音読みや訓読み、名のり以外の読み方をしたり、「寿限無（じゅげむ）」のように長い名前をつけたりしても法律上は問題ありません。とはいえ奇抜な読み方は避け、長さも常識的にするのがベターです。

決まり2 使える文字には決まりがある

名前に使える文字には限りがあります。「常用漢字」「人名用漢字」「ひらがな」「カタカナ」です。「マーク」のような長音符号や、「美々」のような繰り返し符号も使用できます。ただし、アルファベットや記号、算用数字、ローマ数字は使えません。

注意 届け出たあとに戸籍の確認を

役所では戸籍謄本に名前を登録する際、係の人が手作業で行うのが一般的です。そのため間違いが起こることもあります。出生届を提出してから約2週間たったら、戸籍謄本を取り寄せて、誤りがないか確かめてみるとよいでしょう。記載直後なら比較的簡単に訂正できますが、何年も経過してからでは、「決まり3」のように難しくなります。

決まり3 届け出てからは簡単に改名できない

名前をいったん役所に届け出ると原則、変更はできません。改名するには家庭裁判所に申し立て、認められる必要があります。始めから改名せずに済む名前を考えるのはもちろん、申請時の誤りがないよう充分注意を。

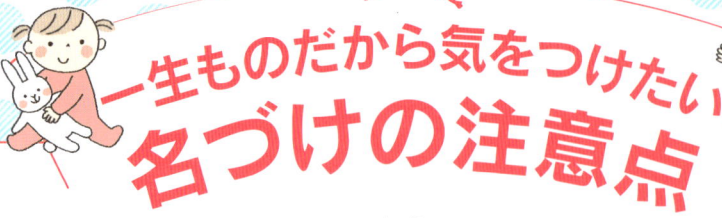

一生ものだから気をつけたい 名づけの注意点

決定する前に、響きや字面（じづら）のよさ、呼びやすさなど
さまざまな角度から検証しましょう。
フルネームで読んだり書いたりすると、意外なことに気づきます。

基本の注意ポイント

1 子どもはもちろん、だれもが書きやすい漢字に

難しい字や似た字がある場合は、書き間違われることも。パソコンで簡単に変換できる漢字を選ぶと安心です。

2 よくある姓なら名前に工夫を

よくある姓に人気の名前を合わせると、同姓同名にあいやすくなります。少しアレンジを加えるとよいでしょう。

日本人に多い姓

佐藤　高橋　伊藤　渡辺　小林　吉田　山口
鈴木　田中　山本　中村　加藤　山田　松本

3 口頭で伝えやすい響きや漢字を選ぶ

電話などでは口頭で名前を説明する機会も多いので、発音しやすい音を選ぶとよいでしょう。「か行」「さ行」「た行」は乾いた音感をもつため、多用すると耳障りになりがちです。また、言い間違いや聞き間違いも生じかねません。あまりに難解な字を用いると、説明しても通じにくいことがあるので、わかりやすい字を使うほうが無難です。

4 男の子にも女の子にもつけられる名前に注意

中性的な名前は個性がある半面、判別しにくく不便を感じることも。漢字の組み合わせを工夫しましょう。

中性的な名前例

あおい　あゆむ　じゅん　ひかる　まこと　みずき　ゆうき

「響き」の注意ポイント

1 濁音が続くと印象があまりよくない

濁音のある名前は力強さが出る半面、重たい印象にもなりがちです。用いる場合は、姓と名前合わせて二つ程度にとどめるのがよいでしょう。

2 読み方が多くある名前は避けたい

たくさん読み方がある字を使うと、何と読むのか迷ってしまいます。とくに姓にも読み方が複数ある場合は、組み合わせる漢字を工夫するとよいでしょう。

3 姓名で同音が続かないように

メリハリがなくなるので、姓名で同音が三つ以上続く、二音ずつ重なる、あるいは姓と名の末尾が同じ音になることを避けましょう。

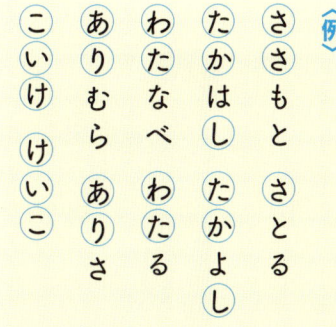

〈例〉
- ささもと さとる
- たかはし たかよし
- わたなべ わたる
- ありむら ありさ
- こいけ けいこ

4 入れかわりやすい姓名に注意

前後を入れかえても違和感のない姓の場合、名前も同じようだと他人に間違われることが多くなります。入れかわりにくい組み合わせをおすすめします。

5 発音しやすい名前がベター

「か行」「さ行」「た行」「は行」「ら行」が続くと発音しにくい傾向に。とくに「く」「しゅ」「ち」「ひ」は、間違って聞き取られやすいので注意を。

6 かたい音とやわらかい音のバランスをよくする

「か行」「さ行」「た行」が続くとかたい印象になりがちです。姓にそれらが続く場合は、「は行」「や行」のやわらかい音を合わせると、丸みのある印象に。

「漢字」の注意ポイント

1 「へん」や「つくり」の重なりは避けたい

漢字を構成する「へん」や「つくり」が姓名で重複していると、しつこい印象になります。名前の候補を絞ったら、縦書きにして確かめることをおすすめします。

〈例〉
草野 花菜 …草かんむりが続く
杉山 桜梨 …「木」が重なる
沢原 清汰 …さんずいが続く

2 総画数のバランスを考える

画数が多すぎるとうるさく、少なすぎるとあっさりした印象になります。姓名でバランスをとり、総画数を 20 ～ 30 画台に収めるのが理想です。

3 「縦割れ」にならないよう書いてみる

姓名の文字が左右に割れることを「縦割れ」といい、へんとつくりに分かれて、バラバラの印象を与えてしまいます。漢字一字だけでも左右に分かれない字を加えると安定感が。

〈例〉
△ 福江 紗依 → ○ 福江 紗恵

4 文字数も多すぎず少なすぎず

一字姓に一字名前や、三字姓に三字名前は見た目のバランスがあまりよくありません。一字姓には二～三字名前、三字姓には一字名前などにすると、うまくまとまります。

5 姓と名前のイメージがバラバラにならないように

赤と青、北と南など、姓と名前でイメージが正反対の字を用いると違和感を与えます。同音のほかの漢字を使えないか調べてみましょう。

6 漢字の意味をしっかり理解する

漢字には、よい意味と悪い意味がありま す。辞書などで意味を調べてから用いましょう。ただし、神経質になりすぎる必要はありません。一般的なイメージのよしあしで判断しましょう。

7 姓名の切れ目がわかりやすいように

「佐々本実」のように、姓名の切れ目がわかりにくいと、書き間違いや読み間違いにつながります。境目のわかりやすい漢字を選ぶとよいでしょう。

〈例〉

佐々本実

佐(さ)々(さ)本(もと)実(み)

佐(さ)々(さ)本(もと)実(みのる)

8 有名人などの「あやかり」には気をつける

芸能人やキャラクターなどにあやかった名前は、その後その人が不祥事を起こしたり不幸な目にあったりすることもあります。慎重に考えましょう。

9 縦と横の線が多いとバランスがあまりよくない

縦横の直線で構成された名前は、かたい印象を与えます。「流」のように曲線や斜線のある漢字を交ぜて、バランスをとりましょう。

10 変なあだ名や言葉にならないか

「心太（ところてん）」「海月（くらげ）」など、漢字を組み合わせると名前には向かない意味の熟語になることがあります。フルネームやイニシャルも確認を。

11 姓と名前のイメージがくどくならないように

姓名で同じイメージの字が続くと、やや単調な雰囲気になります。とくに漢数字が続いたり、「へん」が重なったりしないよう注意してください。

こんなときどうする!? 名づけのQ&A

Q1
漢字の読み方は本当に自由なの？
A
戸籍には名前の読み方を記載しません。出生届に読み方を書くのは、役所などで住民票を処理するためで、読み方は自由なのです。しかし奇抜すぎると受理されないこともあるので、その点は留意しましょう。

Q2
夫婦で意見が合わないときはどうする？
A
夫婦でこだわるポイントが最初は違っても、候補を挙げるうちに共通点が見えることがあります。それから、響きはママ、漢字はパパと役割分担するのも手です。お互いが納得する名前にたどり着きましょう。

Q3
家族の口出しはどこまで聞くべき？
A
名づけとなると、祖父母や親戚などが口出しする場合もあるでしょう。周囲の意見は参考になりますが、ママとパパの思いは大切にすべきです。わが子のしあわせを考え、最終的には自分たちの意見を重視して。

Q4
流行の名前をつけても問題ない？
A
名前の響きや漢字の人気は、時代とともに移り変わります。友達と同じ名前になる、祖父母がなじめないなどの事態は避けたいものです。しかしそれらさえ免れられれば流行を取り入れても差し支えないでしょう。

Q5
ミドルネームはつけられるの？
A
外国では「ミドルネーム」をつける場合もありますが、日本ではNG。ただし名前の長さに決まりはないので、「高橋カレン花子」とミドルネームっぽくはできます。しかし一般的ではないので、おすすめしません。

Q6
きちんとした由来は必要？
A
名前は由来ありきではないので、ママとパパが一生懸命考えたのであればとくに必要ありません。ただし将来、子どもに由来を尋ねられたときに「愛情を込めて決めた」と伝えられるようにはしたいものです。

第2章

世界に たったひとつの 響きを贈る

「響き」から名前を考えよう

名前は人生で何度も呼ばれる大切なもの。
「響き」を決めてから漢字や画数を考えるケースが増えています。

心地よく耳に残る響きの意味を大切に

私たちは毎日、名前を呼ばれて過ごします。見たり書いたりするよりも言葉にするほうがはるかに多いため、近年の名づけは、響き（音）を第一に考えています。

響きから考えるときは、声に出してみることが重要です。呼びやすいか、覚えやすいか、愛称で呼んだときはどうかなど、さまざまな角度からチェックします。

姓と名前を続けて呼んだときのイメージも大切です。つなげるとあまりよい印象でなくなる場合もある（P29）ので注意してください。

また、「やすだ」「すずき」など姓に濁音がある場合、名前にも濁音を用いると発音しにくく、かたい印象になります。濁音の入った名前は避け、スムーズに流れる響きを意識するとよいでしょう。

候補が出たら、五行における姓との相性（P22）を調べ、漢字・ひらがな・カタカナの文字に当てはめてみましょう。いろいろ試して、呼び名のイメージにいちばん合う文字を探してください。

よい響きがなかなか思いつかないときは「五十音表」（P26）で、各音のもつ意味を調べるのもよいでしょう。

こう育ってほしいという願いに合う音を、運勢に大きく影響するとされる名前の一文字目に決めてから全体の響きを考えるのもおすすめです。

姓と名のバランス、五行の相性、音の意味も考えて、響きにぴったりな文字を探してください。

人気の名前「読み方」ランキング

男の子

2位	1位	3位
ソウタ	ハルト	ミナト

女の子

2位	1位	3位
ヒマリ	メイ	ハナ

編集部調べ

「響き」から考えるステップ

1 好きな響きの候補を挙げる

男の子の名前 → P33～
女の子の名前 → P161～

まずは気になる響きをいくつでも挙げましょう。何回も声に出して呼んでみて、しっくりくる響きを見つけてください。候補を絞りきれないときは、「音波（おんぱ）」（P22）を参考にして。

2 姓と名前のバランスをチェック

名前だけでなく姓から続けて声に出し、フルネームでのバランスをみてください。「こんな愛称で呼びたい」（P144、272）などの視点から考えるのもよいでしょう。

3 響きのイメージに合う字を選ぶ

音から引く漢字一覧 → P273～
しあわせ「漢字」を贈る → P337～

候補を絞ったら、響きに合う漢字を当てはめてみましょう。理想の漢字が見つからないときは、音を区切る位置を変えたり、万葉仮名風に一音に一字ずつ当てたりするなどの工夫を。

4 画数や使える漢字の最終確認！

発音しやすいか、名づけに使える漢字を用いているか、マイナスのイメージになっていないかなど最終的なチェックを。特典のWeb姓名診断もご利用ください。

音が秘めるパワーを味方に

音どうしには相性のよしあしがあります。
呼ばれるたびに強まる「音波」を名づけに活かしましょう。

音に隠された力を活かして名前を考える

言葉や音には運を左右する「音波」という力があるといわれています。古代中国で確立された「五行」の思想を基本としたもので、日本語の五十音を木性・火性・土性・金性・水性の五つに分類し、その相性で運勢をみます。

五行の相性は、下図の位置で関係し合っています。隣り合う五行どうしは相性がよく、ピンクの矢印の流れはとくに調和のとれたよい関係です。姓の最後の音と名前の最初の音の五行が、「相生」の関係になるようにするとよいでしょう。

音波のパワーをより強く受けられる一字目に、子どもへ与えたい運勢をもつ行を取り入れるのもおすすめです。

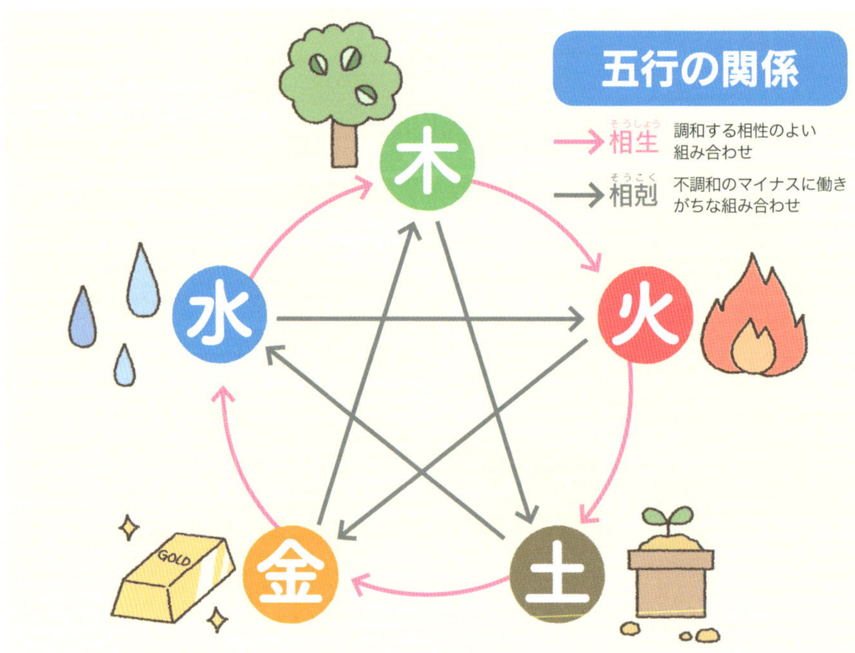

名前の一字目が木性の場合

〈該当の音〉
かきくけこ

高みを目指そうとする好奇心の強さをもつ

木性に当たる「か行」の音は、舌のつけ根で調整されて出てくる「牙音(がおん)」と呼ばれます。

この音を名前の一字目にもつ木性の人は、強い向上心を備えています。穏やかな性格で社交的でもあるので、多くの人から好かれ、よい人間関係に恵まれます。信用や人望も厚いため、若いうちから運を開いていくチャンスが期待できるでしょう。

一方で、お人好(よ)しな面が裏目に出て、大事なときに優柔不断になり、考えすぎて好機を逃してしまうことも。また、好奇心旺盛(おうせい)なため、興味が広がりすぎて器用貧乏になるおそれもあります。つねに自分の意見をしっかりもち、他人の言葉や状況に振り回されることなく、積極的に行動していくことが大切です。

木性音で始まる名前は、女の子の「かなえ」「くるみ」「けいこ」などもありますが「かいせい」「けいご」「こうき」など男の子に、より多く見られます。

名前の一字目が火性の場合

〈該当の音〉
たちつてと
なにぬねの
らりるれろ

利発さと芸術的センスを兼ね備える

火性に当たる「た行」「な行」「ら行」の音は、舌と歯茎を使って発する「舌音(ぜつおん)」と呼ばれます。

この音を名前の一字目にもつ火性の人は、明瞭な頭脳と豊かな感性を備えています。旺盛(おうせい)な知識欲と行動力があり、学問や研究に励みます。優れた美的センスもあるので、ファッションや芸術面でも輝きを見せ、周囲の注目を集めるでしょう。

よくも悪くもはなやかなものを求めるため、生活が派手になりがちで、浪費しやすい傾向があります。しっかりとした経済観念をもつよう心がけましょう。また、感情的になりやすい面もあり、人づき合いは広く浅くなりがちです。相手とじっくり向き合い、安心できる関係を地道に築いていくことも必要です。

火性音で始まる名前には、男の子だと「つばさ」「のぞむ」「りいち」、女の子だと「ちえり」「なのは」「れいな」などがあり、女の子に比較的多く用いられます。

名前の一字目が土性の場合

〈該当の音〉

あいうえお
やゆよ
わをん、ゐゑ

温厚な性格で安定感のある人生に

土性に当たる「あ行」「や行」「わ行」の音は、喉を調節して発する「喉音(こうおん)」と呼ばれます。

この音を名前の一字目にもつ土性の人は、やさしく思いやりのある性格で、人とのつながりを大切にします。献身的に働く努力派なので、着実に地位を築き、大きな成功を収めるでしょう。人生設計も堅実で、大きな踏み外しがないのも特徴です。

ただし、まじめな面が強くなりすぎると人の意見を聞き入れなくなり、視野が狭くなりがちに。保守的で頑固な面もあるため、せっかく訪れたチャンスを逃してしまうこともありそうです。新たな可能性を広げるためにも強い思い込みをなくし、柔軟な気持ちを意識するよう心がけることが大切です。

土性音で始まる名前は、男女ともに人気があり、男の子は「ゆうま」など「ゆう」で始まる名前が、女の子は「あみ」など「あ」で始まる名前が好まれています。

名前の一字目が金性の場合

〈該当の音〉

さしすせそ

軽快なフットワークで周囲を率いる

金性に当たる「さ行」の音は、息が前歯に触れて出る「歯音(しおん)」と呼ばれます。

この音を名前の一字目にもつ金性の人は、活発な行動力や、人をまとめる指導力など、リーダーとしての素質を備えています。積極的になるほど運が好転し、目上の人や有力者からの引き立ても得られるようになります。経済観念も発達しているので、充実した生活を送れるでしょう。

その一方で、自分の実力以上のことを行おうとする面もあります。能力を過信すると社会的な信用を失うおそれもあるので、注意しましょう。また、体力に自身があるからと無理をしがちです。食事にも気を配り、健康面の自己管理をしっかりと行ってください。

金性音で始まる名前は、現代的な響きをもつものが多くあります。男の子は「さとし」「しょう」、女の子は「さくら」「そら」などが人気です。

名前の一字目が水性の場合

〈該当の音〉

はひふへほ
まみむめも

こつこつ努力して成果を上げられる

水性に当たる「は行」「ま行」の音は、息が唇に触れて出る「唇音（しんおん）」と呼ばれます。

この音を名前の一字目にもつ水性の人は、どんな環境にも順応できる、しなやかな心を備えています。人の気持ちを察知し、場の空気を読んで行動できる人です。見えないところで努力を重ね、小さなものを大きく成長させられるので、気づいたときには大きな成功を収めていることもあるでしょう。起業家にも向いています。

ただし、ストレスが生じたりマイナス思考に陥ったりすると、楽な道へと逃避して、自分の殻に閉じこもってしまう傾向も。悩み込まないよう、リラックスして過ごす時間も大切です。

水性音で始まる名前は、「みく」「もか」など、とくに女の子は土性音に次いで人気があります。男の子は「はやと」「ひろき」などが好まれています。

「姓の最後」と「名前の最初」に注目！

音波（おんぱ）を名づけに活かすには、姓の最後の音と隣り合う五行の音を、名前の最初にもってくることがポイント。

たとえば、姓が「たかはし」なら、最後にくる音は「し」で金性の音です。五行の図（P22）を見ると、金性から出る相生（そうしょう）の矢印の先は水性なので、「は行」「ま行」で始まる名前がもっとも相性がよいということになります。

また、矢印の向きは反対方向ですが、隣り合う土性の名前も基本的には好相性といえます。ただし例外もあるので、詳しくは「三才吉数表」（P446）をご参照ください。

五十音に願いを込める

音には一つひとつに意味やイメージがあります。
「名は体を表す」という言葉もあるので、響きに願いを込めましょう。

名前の響きが子どもの印象や性格を左右する

五十音にはそれぞれの音がもつ、独自の意味があります。名前の響きは人の印象を左右し、何度も呼ばれるうちに性格にも影響するといわれます。重要なのはもっとも強く発音される名前の最初の音（たとえば「りおこ」なら「り」）です。

どんな子に育ってほしいかを考え、次の五十音表からイメージに合う言葉を選ぶのもよいでしょう。

あ行

あ	あかるく前向き。想像力と決断力、実行力もあるので、リーダーシップを発揮します。周囲への気配りを忘れないことが成功へのカギに。
い	柔和でありながら、芯の強さを併せもちます。粘り強い一面もあり困難にぶつかっても投げ出さず、根気よく対処し解決する努力家です。
う	愛情深く思いやりがあり、周囲への細やかな心配りができます。控えめですがこつこつと努力して、物事を進めていく実直さを備えています。
え	素直で快活な性格です。困難や苦労からも逃げ出さない前向きな行動力と、その経験を糧にして成長していく強さが成功へと導きます。
お	自分に正直で、強い信念をもつしっかり者。こだわりが人一倍あり、何事にも綿密な計画を立てて、じっくりと熱心に取り組んでいきます。

か行

か 穏やかで適切な判断力もあり、一度取り組んだことは最後までやり抜く強い意志と、行動力をもちます。人からの信頼も得やすいでしょう。

き はなやかな魅力をもち、多才でもあるのでまわりに自然と人が集まる人気者に。聡明で体力にも恵まれるため、人生の目標も達成できます。

く 人当たりがよく、あかるくて社交的。よい人間関係に恵まれ、引き立てや援助を受けて成功を手にします。意志が強く負けず嫌いな一面も。

け 明朗快活で、困難にぶつかっても生まれもってのあかるさで乗り越えます。情に厚く誠実なので人から愛されやすく、信頼も得られます。

こ 物静かで礼儀正しく、だれからも好かれる性格です。慎重で地道な努力を重ねていくので、堅実で穏やかな人生を送れるでしょう。

さ行

さ はなやかであかるく、多くの人を引きつける魅力をもちます。向上心・独立心にあふれ、自己アピール力もあるので運を切り開けます。

し 穏やかな雰囲気ですが、自分の意見をしっかりともつ強さも秘めています。人間関係には慎重で大切な人とは深く長く、誠実につきあいます。

す 陽気で、情に厚い親分肌です。大きな心で相手を包み込むようなやさしさをもち、面倒見もよいため、多くの人に頼られる存在になります。

せ 知性、行動力、情熱など人生の成功に必要な要素を備えます。物事に集中して取り組み努力できるので、成果を上げるでしょう。

そ 穏やかな性格で、争い事を好みません。思慮深く、何事も慎重に行動します。素直で誠実なので、だれとでも仲よくなれる社交家でもあります。

た行

た 強い情熱や野心を胸に秘め、決めたことには一途。計画性や実行力もあり、目標を次々に達成していきます。強い正義感も備えています。

ち 意志が強く、目標達成のための努力を惜しみません。好奇心・探究心も旺盛(おうせい)で、身につけた知識や技術を活かして成功へとつなげます。

つ 自我が強く、独立心も旺盛(おうせい)で、困難にも果敢に立ち向かいます。強い性格をよい方向に向けられれば、大きなことを成し遂げられるでしょう。

て 何事にも一生懸命に取り組み、目標を達成していきます。まじめで誠実、協調性もあるので人間関係も良好。人から信頼を得られます。

と 冷静で洞察力に優れ、忍耐力もあるため、根気強く努力を続けて目標を達成します。細やかな心配りができる繊細さも兼ね備えています。

な行

な 全力で物事と向き合い、情熱と集中力で新たな道を切り開いていく負けず嫌いのがんばり屋。つねに向上心をもち続ける精神力もあります。

に 穏やかで愛情深く、相手を立てられる思慮深さがあります。責任感も強く地道な努力をいとわないので、人望も厚いでしょう。

ぬ 豊かな才能と知性をもちますが、それをひけらかさない奥ゆかしさが魅力。チャンスを見極め思いきって踏み出せば、運が開けていきます。

ね 温厚で、だれからも好かれます。人との輪を大切にするため、目上の人からかわいがられ、成功したり円満な家庭を築いたりできます。

の 豊かな知識をもち視野も広いため、物事に対し落ち着いて判断できます。情に厚く包容力もあるので、人から頼られる存在になるでしょう。

は行

は 思ったことをすぐに行動に移す機動力があり、強い意志で自分の道を切り開きます。人を引きつける魅力があり、人づきあいも上手です。

ひ 目標に向かい、信念をもって地道な努力を積み重ねていくまじめな性格。ピンチをチャンスに変える強運ももち、豊かな生活を送れます。

ふ 頭脳明晰（めいせき）で直感力に優れ、的確な決断を繰り返して成功をつかみます。意志が強く、どんな状況でも自分の信念を貫きます。

へ 計画を立て、自分のペースで慎重に行動する努力家。思慮深くすべての面で無駄を好まないため、経済的にも浪費することがありません。

ほ 生まれもってクリエイティブな才能に恵まれ、地道な努力を重ねることでその才能が開花していきます。高い技術の習得も期待できるでしょう。

ま行

ま 機転が利くため、スマートな生き方ができます。愛らしい人柄と、センスのよいウイットに富んだ会話で人気も得られるでしょう。

み あかるくはなやかな性格で、自分の気持ちにとても正直です。芸術的な才能に恵まれ話題も豊富なので、注目を集める存在になります。

む 思慮深く、何事にも慎重。温厚な人柄ですが、決めたことはやり抜く芯の強さもあります。家族を大切にし、円満な生活を送れます。

め おとなしい印象を与えますが、心には熱い情熱を秘めています。その強い想（おも）いがエネルギーとなり、夢を現実へと導きます。

も あかるい性格でだれからも好かれます。健康にも問題がなく、心身ともに充実した人生を送れます。社交的で人脈を築くことも得意です。

や行

や 先見の明があり行動も迅速で、訪れたチャンスを活かして運を開きます。豊かな才能と知識で、周囲に認められる存在に成長します。

ゆ 感受性が鋭く、場の空気を読む繊細さと、時流を読み取る敏感さを併せもちます。好機を見極めて行動できるので成功を収めます。

よ 思いやりのあるやさしい性格。献身的に人と接するので、多くの人から慕われ信頼されます。リーダー的な存在になることも多いでしょう。

ら行

ら 聡明で、どんなときも柔軟な考え方ができるため、敵をつくらず物事を自分のほうに有利に運べます。まとまった財産を築く運もあります。

り あかるい性格ではなやかなことが大好き。さりげなく自分をアピールできるので、つねに話題の中心になり、人が集まります。

る おっとりして穏やかな性格。人との争いは苦手ですが、まじめで誠実な人柄と仕事ぶりが上司に高く評価され、仕事でも成功をつかみます。

れ 頭脳明晰（めいせき）で広い見識をもち、ものの本質をとらえることができるため、人から頼られる存在に。物事を手際よく進める能力に優れます。

ろ 強い責任感をもち困難にも勇敢に立ち向かう、人の上に立つ素質が備わっています。名声や財産に恵まれ、充実した人生を送ります。

わ行

わ 利発で強い精神力があるため、自分で立てた目標に向かって努力を重ね、着実に達成させます。金銭を手に入れる才覚、財運も備えます。

が行		ざ行	
が	想像力に恵まれる。	ざ	やり手で高い評価を得る。
ぎ	影響力があり、頼られる。	じ	親しみやすく愛情豊かな努力家。
ぐ	やさしく、心配りができる。	ず	計画性があり、不屈の精神がある。
げ	強い精神力をもち一目置かれる。	ぜ	穏やかだが強い意志も。
ご	責任感が強く信念を貫く。	ぞ	世渡り上手な慎重派。

だ行		ば行	
だ	頭の回転が速く、人望を得る。	ば	度胸があり、経験を糧に飛躍する。
ぢ	勇気があり、自分の道を切り開く。	び	行動力があり、人気者に。
づ	交渉力と直感力に優れる。	ぶ	陽気で前向き。
で	思慮深く芸術的感性をもつ。	べ	あかるくリーダーの素養をもつ。
ど	粘り強く着実に前進。	ぼ	安心感を与えるやさしい人に。

姓とつなげると変な意味になる名前

名前の響きが決定したら、姓と名前を続けて呼んだり書いたりしてみてください。愛情を込めて考えた名前でも、フルネームにすると好ましくない意味になる場合もあるので、確認しましょう。

（例）

さとう　としお→「砂糖と塩」
いしばし　わたる→「石橋を渡る」
ばば　あおい→「ばばあ、おい」
みずた　まり→「水たまり」
はら　まき→「腹巻き」
あんどう　なつ→「あんドーナツ」
おおば　かな→「大ばかな」
やすい　かな→「安いかな？」

音のもつ印象を活かそう

**たくさんの例から候補を絞りきれないときは
名前を呼んだときの印象から考えるのもよいでしょう。**

響きのマークも参考に名前の候補を決めよう

五十音には、やわらかい音もあればかたい音もあります。これらの組み合わせにより、「あかるい」「かっこいい」「かわいい」などのイメージを与えられます。

本書では、男の子と女の子の名前で人気のイメージを五つずつに分類し、P38、P166から紹介する響き例すべてにマークをつけました。

どんな子に育って欲しいかを考え、候補を絞るときの参考にしてください。

響きを表すマークについて

どんな響きかを表すマークは男女ともに五つ。
P31 ～ 32 のポイントと合わせ、名前を考える際の目安にしてください。

女の子のマーク

- はなやか　はなやかな響き
- やさしい　やさしい響き
- あかるい　あかるい響き
- 知的　知的な響き
- かわいい　かわいい響き

男の子のマーク

- さわやか　さわやかな響き
- やさしい　やさしい響き
- あかるい　あかるい響き
- 力強い　力強い響き
- かっこいい　かっこいい響き

男の子につけたい響き

あかるい響き

①硬軟の響きを組み合わせる

「か行」「た行」などのかたい響きに、「あ行」「ら行」「ん」などのやわらかい響きを組み合わせると元気なイメージになる。「あきら」「げんき」「こうた」など。

②太陽や光を連想させる

大地を照らす太陽や光をイメージする響きを用いると、性格のあかるさを感じさせる名前に。「き（輝）」「こう（光）」「はる（晴）」「よう（陽）」など。

さわやかな響き

①長音を活かす

「ふう」「よう」など、長音のある響きを用いるとさわやかな印象になる。「ふうや」「こうよう」など。

②さわやかなものを連想させる

「海」「清」など、さわやかな雰囲気の漢字を当てはめられる響きを用いる。「かいと（海斗）」「きよまさ（清正）」など。「わかば（若葉）」のようにすがすがしいイメージの言葉をそのまま活かすのも◎。

やさしい響き

①やわらかい響きを選ぶ

「は行」「や行」など、力を入れずに発音できる響きを用いると、名前の雰囲気がやわらかくなる。「はるひ」「ほずみ」「ゆうや」「よう」など。

②温厚さを表す漢字を当てられる

「優」「穏」など、思いやりや心の温かさを感じさせる漢字が当てはめられる響きを候補に挙げる。「まのん（真穏）」「おんた（穏太）」「ゆうと（優人）」など。

力強い響き

①濁音を適度に交ぜる

濁音を用いると重厚感が出て、力強い印象になる。「ゆうごう」「だいご」「しどう」など。ただし濁音が多くなると、くどくなったり重くなりすぎたりするので注意が必要。

②イメージの湧く響きを使う

「竜（龍）」「虎」など力の強い動物を連想させる響きを用いるのも効果的。「りゅうじ」「たいが」など。

かっこいい響き

①止め字に新鮮な響きを用いる

「が」「く」「せい」など最後を新鮮な響きにすると、現代的なイメージでかっこいい名前になる。「こうが」「はるく」「りゅうせい」など。また、「えいと」「ひびき」「れおん」のように、「と」や「き」「おん」といった止め字も定番。

②奇抜にしすぎない

新鮮さを大切にしつつ、あまり主張の強くない響きにするのがポイント。

女の子につけたい響き

あかるい響き

①硬軟の響きを組み合わせる

「か行」「た行」などのかたい響きと、「あ行」「ら行」などのやわらかい響きをミックスさせると元気なイメージに。「はるか」「りか」「きょうこ」など。

②太陽や光を連想させる

太陽や光を連想させる響きを使うと、あかるい性格の子になるよう願いを込められる。「あかり（明）」「ひ（日）」「よう（陽）」「てる（照）」など。

はなやかな響き

①イメージの湧く響きを使う

「れい（麗）」「ひめ（姫）」「ゆめ（夢）」など、はなやかなイメージをそのまま連想できる響きを用いる。「ひめか」「みれい」「ゆめの」など。

②定番の響きと斬新な漢字を合体

「あやか」「さき」など、定番の響きでも、「彩華」「紗妃」のように漢字の組み合わせを工夫すればはなやかな印象に。個性が強すぎないほうが効果的。

やさしい響き

①やわらかい響きを選ぶ

「は行」「や行」のように、力まずに呼べる響きを用いるとやわらかい雰囲気になる。「はるみ」「ほのか」「ふみな」「ゆま」など。

②温厚さを表す漢字を当てられる

「優」「穏」などの漢字のイメージから、思いやりや心の温かさを感じさせる響きを候補に挙げる。「はのん（華穏）」「やすは（優羽）」「ゆうみ（優美）」など。

知的な響き

①賢さを思わせる漢字・響きを選ぶ

「英」「智」「聡」「知」など、聡明な印象を受ける漢字が当てはめられる響きを選ぶ。「ひで」「とも」などの響きはもちろん、「え」「ち」のような万葉仮名風の用い方もできるので、バリエーションは豊富。

②「か行」の音を最後に用いる

名前の最後に「か行」を当てると全体が引き締まり、凛(りん)とした印象になる。

かわいい響き

①止め字に新鮮な響きを用いる

「か」「ゆ」「ひろ」など、名前の最後を新鮮な響きにすると現代的なイメージでかわいい名前になる。「ゆうか」「みゆ」「まひろ」など。また、「るみ」「あいしゃ」「まゆう」のように、「み」「しゃ」「ゆう」もおすすめ。

②奇抜になりすぎないように

新鮮さを取り入れながらも、あまり個性が強くならないようにするのがポイント。

世界にたったひとつの響きを贈る

五十音別 男の子の名前

P38から始まる表の見方

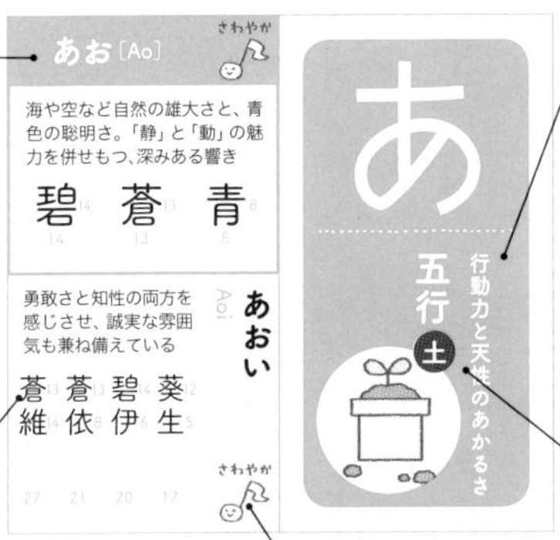

あお〔Ao〕
さわやか
海や空など自然の雄大さと、青色の聡明さ。「静」と「動」の魅力を併せもつ、深みある響き
碧 蒼 青
勇敢さと知性の両方を感じさせ、誠実な雰囲気も兼ね備えている
あおい
Aoi
蒼維 蒼依 碧伊 葵生
27 21 20 17
さわやか
あ
五行
土
行動力と天性のあかるさ

響き

名前に用いられる代表的な響きとヘボン式ローマ字表記を紹介。各響きの印象も解説しています。

漢字例

「響き例」を活かした漢字の組み合わせ例です。漢字の右に画数、下に名前の合計画数も記しています。

響きマーク

各響きがどんなイメージをもつのかを表しています。マークの意味やポイントはP30からを参照ください。

各音がもつ意味

五十音それぞれがもつ独自の意味やイメージを一言で解説しています。P26からはより詳しい解説も掲載しています。

五行

五十音を五行に分類し、ひと目でわかるようイラストを入れました。五行については、P22から解説しています。

人気の響きベスト10 男の子

男の子でとくに人気の高い響きをピックアップ。
漢字の組み合わせを工夫すれば
オリジナリティーのある
すてきな名前が見つかるはずです。

Point

穏やかな印象の「はる」、やさしい雰囲気の「ゆう」の音を活かした名前が増えている。近年は「ソウタ」「ソウスケ」のように「そう」を含んだ名前も、さわやかさをイメージさせることから好まれている。一方、「コウキ」「リュウセイ」のように、力強さやたくましさを感じさせる名前も。止め字には「と」「き」の音を当てることが多い。

ハルト

漢字（画数）	総画数
陽12 斗4	16
大3 翔12	15
陽12 人2	14
悠11 人2	13
春9 斗4	13
晴12 渡12	24
陽12 翔12	24
晴12 飛9	21
春9 翔12	21
遥12 斗4	16

ユウト

漢字（画数）	総画数
優17 人2	19
友4 翔12	16
悠11 斗4	15
悠11 人2	13
勇9 斗4	13
結12 翔12	24
悠11 翔12	23
優17 斗4	21
祐9 翔12	21
勇9 翔12	21

ソウタ

漢字（画数）	総画数
想13 大3	16
湊12 太4	16
奏9 太4	13
宗8 大3	11
走7 太4	11
綜14 汰7	21
颯14 太4	18
颯14 大3	17
蒼13 天4	17
爽11 多6	17

ユウキ

漢字（画数）	総画数
邑7 樹16	23
雄12 希7	19
夕3 樹16	19
有6 紀9	15
由5 起10	15
優17 記10	27
悠11 綺14	25
裕12 貴12	24
有6 騎18	24
侑8 輝15	23

ハヤト

速 10	飛 9		19
隼 10	飛 9		19
早 6	渡 12		18
疾 10	斗 4		14
勇 9	人 2		11
隼 10	澄 15		25
颯 14	音 9		23
羽 6	矢 5	都 11	22
葉 12	矢 5	斗 4	21
颯 14	杜 7		21

ハルキ

春 9	喜 12	21
春 9	葵 12	21
遼 15	生 5	20
治 8	貴 12	20
治 8	希 7	15
温 12	樹 16	28
晴 12	輝 15	27
春 9	樹 16	25
悠 11	稀 12	23
遥 12	記 10	22

リュウセイ

流 10	聖 13	23
劉 15	成 6	21
隆 11	晟 10	21
竜 10	青 8	18
竜 10	生 5	15
劉 15	清 11	26
龍 16	星 9	25
琉 11	聖 13	24
流 10	静 14	24
竜 10	誠 13	23

コウキ

高 10	紀 9	19
公 4	輝 15	19
香 9	希 7	16
光 6	起 10	16
耕 10	己 3	13
港 12	基 11	23
航 10	貴 12	22
孝 7	輝 15	22
滉 13	季 8	21
幸 8	喜 12	20

ソラ

爽 11	良 7	18
曽 11	良 7	18
素 10	良 7	17
宇 6	宙 8	14
大 3	空 8	11
素 10	羅 19	29
奏 9	羅 19	28
想 13	楽 13	26
素 10	楽 13	23
想 13	羅 19	22

ソウスケ

颯 14	介 4	18
相 9	祐 9	18
湊 12	介 4	16
宗 8	佑 7	15
壮 6	丞 6	12
爽 11	輔 14	25
聡 14	亮 9	23
総 14	典 8	22
相 9	裕 12	21
創 12	佑 7	19

人気の漢字ベスト15 男の子

男の子らしい漢字が根強い人気です。
ほかの子と似ないよう
ややむずかしい漢字と
組み合わせるのもよいでしょう。

Point

「太」「大」「翔」「斗」「真」は順番を変えながら、つねに人気が高い。また「はる」「よう」の、人気の響きに当てられる「陽」「悠」の使用頻度が高まっている。最近は「そう」の響きで「颯」を用いるケースも増えている。「りゅう」は「龍」と「琉」が人気を二分。16番目以降には「介」や「郎」があり、和風の名前が再注目されている。

太 4
心豊かで、たくましい印象。止め字や一字目に用いられる。

大 3
末広がりの形から、心の広さを感じさせる。読み方が豊富。

翔 12
スケールの大きい雰囲気から近年、安定して人気が高い。

斗 4
止め字「と」として人気。響き重視の場合に重宝する。

真 10
意味が好ましく形も左右対称で、どの字とも相性がよい。

陽 12
陽気で穏やかな印象。「よう」の音とともに人気が高い。

悠 11
ゆったりとした雰囲気と雄大さを兼ね備えている。

人 2
止め字「と」として「翔」「斗」に次いで人気がある。

龍 16
勇ましいイメージをもつ。インパクトも強くかっこいい。

輝 15
才能や性格のよさが光り輝くようなイメージで、好印象。

颯 14
爽快な印象が人気。とくに「そう」に当てることが多い。

琉 11
「龍」よりマイルドな印象で、個性的な雰囲気もある。

希 7
未来への希望や可能性を託しやすい。将来の幸福を願って。

蒼 13
「あお」のなかでもさわやかさが際立ち人気がある。

一 1
純粋さや、筋の一本通った意志の強さを感じさせる字。

かつての人気名前を現代風にアレンジ

古風な読み方の名前も、漢字を工夫すれば新鮮な名前になり、年配の方からも好印象です。また、近ごろ人気の漢字を用いると逆に新鮮な名前にできます。

※各年代の名前は「明治安田生命　子供の名前調査」より抜粋

Point

昔の男の子は一字名か、人気の漢字に第何子かをあらわす数字を添えるケースが多かった。一字名には元号の漢字がよく用いられ、また、戦時中は「勝」「勇」「進」などの漢字が上位に目立つ。現代風にするには、一字名には近年人気の漢字を添えて二字名に、二字名は万葉仮名風に一音に一字ずつ漢字を当てて三字名にすると新鮮な印象に。

1910年代

名前	読み	→ 現代風
勇9	いさむ	勇9武8
清11	きよし	清11枝8
茂8	しげる	茂8瑠14
正5一1	せいいち	星9壱7
正5治8	せいじ	聖13慈13
武8雄12	たけお	健11緒14
博12	ひろし	紘10士3
正5雄12	まさお	真10紗10生5
実8	みのる	実8琉11
義13雄12	よしお	芳7織18

1920年代

名前	読み	→ 現代風
昭9	あきら	瑛12楽13
一1郎9	いちろう	偉12知8郎9
一1男7	かずお	和8央5
和8夫4	かずお	千3織18
昭9一1	しょういち	照13壱7
進11	すすむ	進11夢13
正5	ただし	唯11詩13
辰7雄12	たつお	竜10緒14
秀7雄12	ひでお	秀7桜10
弘5	ひろし	洋9志7

1930年代

名前	読み	→ 現代風
明8	あきら	明8羅19
功5	いさお	功5央5
勲15	いさむ	勲15向6
隆11	たかし	尭8
武8	たけし	武8獅13
勉10	つとむ	都11斗4武8
昇8	のぼる	昇8流10
勝12	まさる	優17琉11
稔13	みのる	稔13留10
幸8雄12	ゆきお	悠11紀9生5

あ

五行 土

行動力と天性のあかるさ

あいき Aiki

広がりのある「あい」に、止め字の「き」が一本筋の通った印象

相9	樹16	25
碧14	紀9	23
愛13	生5	18
相9	季8	17
藍18	輝15	33
愛13	樹16	29
碧14	稀12	26
藍18	希7	25

やさしい

あいと Aito

男らしい「と」の止め字により「あい」の愛情深さが際立つ名前

藍18	翔12	30
愛13	翔12	25
愛13	虎8	21
逢11	人2	13

やさしい

あお〔Ao〕

さわやか

海や空など自然の雄大さと、青色の聡明さ。「静」と「動」の魅力を併せもつ、深みある響き

碧14	14
蒼13	13
青8	8

あおい Aoi

勇敢さと知性の両方を感じさせ、誠実な雰囲気も兼ね備えている

蒼13	維14	27
蒼13	依8	21
碧14	伊6	20
葵12	生5	17

さわやか

あおし Aoshi

止め字「し」がすがすがしさをアップ。武士のような凛とした印象

蒼13	紫12	25
葵12	志7	19
蒼13	矢5	18
碧14	士3	17

かっこいい

あおぞら Aozora

どこまでも広がる空のように、無限の可能性と自由を印象づける

蒼13	空8	21
碧14	天4	18
青8	昊8	16
青8	空8	16

さわやか

あおと Aoto

知性的な「と」を止め字にすることで「あお」の清純さを強調

碧14	杜7	21
葵12	音9	21
碧14	大3	17
蒼13	仁4	17

かっこいい

あおば Aoba

青々と茂った若葉のようにのびやかさや成長力を感じさせる名前

碧14	葉12	26
蒼13	馬10	23
蒼13	羽6	19
青8	波8	16

さわやか

あき〔Aki〕

やさしい

「あ」のあかるくほがらかな響きに、知性を感じさせる「き」の音が加わり、利発な印象に

陽12	12
暁12	12
晃10	10

あきお Akio

軽快な「あき」を低い音の「お」音で引き締め、男らしい響きに

亜7	紀9	雄12	28
明8	音9		17
爽11	央5		16
秋9	生5		14

力強い

あきと Akito

はっきりとした三音の連続で、あかるく躍動感ある名前に

煌13	斗4	17
瑛12	仁4	16
煌13	人2	15
章11	斗4	15
耀20	斗4	24
陽12	翔12	24
照13	飛9	22
光6	翔12	18

やさしい

あきなり Akinari

はつらつとした「あき」を穏やかな「なり」でまとめ、親しみやすく

さわやか

暁12 成6	18
晃10 成6	16
秋9 成6	15
彬11 也3	14

あきのり Akinori

カラッと快活な「あき」に伝統的止め字「のり」が落ち着きをプラス

やさしい

彬11 憲16	27
彰14 紀9	23
明8 倫10	18
昭9 典8	17

あきひこ Akihiko

はっきりとした「あき」の音を安定感ある止め字「ひこ」で男らしく

あかるい

亜7 樹16 彦9	32
晶12 彦9	21
晃10 彦9	19
映9 彦9	18

あきひろ Akihiro

あかるい「あき」を親しみやすい「ひろ」でまとめ、誠実な印象に

あかるい

彰14 啓11	25
晟10 裕12	22
覚12 弘5	17
瑛12 大3	15

あきふみ Akifumi

全体にやさしく包み込む音で構成され、品のよさを感じさせる名前

やさしい

暁12 文4	16
啓11 史5	16
彬11 文4	15
晃10 史5	15

あきみつ Akimitsu

健康的な音「あき」、おっとりした「みつ」が清楚な人柄を思わせる

やさしい

亮9 満12	21
彰14 光6	20
皓12 光6	18
彬11 光6	17

あきよし Akiyoshi

「あき」「よし」ともにあかるい印象の響きで、ポジティブさを強調

やさしい

彰14 義13	27
昭9 吉6	15
秋9 好6	15
明8 快7	15

あきら Akira

高揚感のある「あき」を、力強い「ら」が収めた男らしい名前に

あかるい

聖13	13
暁12	12
亮9	9
洸9	9
明8 羅19	27
晃10 良7	17
晄10 良7	17
輝15	15

あさき Asaki

さわやかな「あさ」に凛とした響きの「き」を加え、斬新な響きに

さわやか

朝12 輝15	27
亜7 早6 貴12	25
麻11 喜12	23
旭6 希7	13

あさと Asato

あかるい「あ」音が、清らかな響きの「さと」を得てグッと知的な印象

力強い

朝12 都11	23
亜7 沙7 斗4	18
麻11 人2	13
安6 里7	13

あさひ Asahi

五十音最初の音「あ」の始まりの期待感と朝日の爽快感が同居する

あかるい

朝12 陽12	24
亜7 沙7 飛9	23
朝12 日4	16
旭6	6

あすか Asuka

「あ」「か」の明朗な音に「す」のすがすがしさが加わった

あかるい

明8 日4 翔12	24
有6 寿7 夏10	23
飛9 鳥11	20
飛9 夏10	19

あすと Asuto

広がりのある「あす」を明確な音の「と」で締め、キリッとした印象に

あかるい

明8 日4 都11	23
明8 日4 斗4	16
飛9 斗4	13
旦5 斗4	9

あずま Azuma

「あ」「ま」の上昇音を落ち着きある濁音「ず」が引き締めて古風に

かっこいい

杏7 珠10 真10	27
明8 日4 真10	22
梓11 馬10	21
東8	8

あたる Ataru

「あた」の明朗快活な響きを「る」が促し、躍動感と元気さが増した

漢字	総画
阿8 多6 琉11	25
新13 流10	23
当6	6
中4	4

かっこいい

あつと Atsuto

穏やかな「あつ」に誠実な響きの「と」を迎え、引き締まった印象に

漢字	総画
篤16 斗4	20
敦12 仁4	16
暖13 人2	15
淳11 斗4	15

かっこいい

あつよし Atsuyoshi

古風な止め字「よし」が実直な「あつ」を引き立て信頼感がアップ

漢字	総画
篤16 好6	22
温12 芳7	19
厚9 祥10	19
淳11 良7	18

やさしい

あつ [Atsu]

やさしい

大らかで力強い「あ」の音に、実直で知性的な響きの「つ」を合わせ、思慮深く知的な印象に

漢字	総画
篤16	16
敦12	12
淳11	11

あつひこ Atsuhiko

落ち着きある「あつ」と古風な止め字「ひこ」の相乗効果で男らしく

漢字	総画
亜7 都11 彦9	27
敦12 彦9	21
惇11 彦9	20
宏7 彦9	16

あかるい

あつろう Atsuro

温厚な「あつ」に続く男気ある「ろう」の響きが、好感度が高い

漢字	総画
篤16 朗10	26
敦12 朗10	22
温12 郎9	21
淳11 郎9	20

かっこいい

あつき Atsuki

落ち着きある「あつ」にシャープな止め字「き」が力強さを加えた

漢字	総画
敦12 樹16	28
篤16 季8	24
碧14 月4	18
充6 希7	13

あかるい

あつひと Atsuhito

「あつ」「ひと」ともに静かな落ち着いた響きで誠実な印象がある

漢字	総画
篤16 人2	18
斡14 人2	16
敦12 仁4	16
温12 仁4	16

やさしい

あもん Amon

開放的な「あ」を個性的な「もん」が受け止め、独特の余韻を残す

漢字	総画
亜7 聞14	21
愛13 文4	17
亜7 紋10	17
阿8 門8	16

さわやか

あつし Atsushi

深みある「あつ」に「し」の響きがさわやかで好感度の高い名前

漢字	総画
敦12 士3	15
温12	12
厚9	9
昊8	8
惇11 志7	18
敦12 史5	17
淳11 司5	16
篤16	16

力強い

あつひろ Atsuhiro

深い響きの「あつ」に開放的な「ひろ」があかるい広がりを添えた

漢字	総画
篤16 昊8	24
敦12 裕12	24
淳11 寛13	24
温12 大3	15

あかるい

あやた Ayata

母音「あ」のみで構成された、大らかで人のよさを感じさせる名前

漢字	総画
綺14 汰7	21
綾14 太4	18
絢12 太4	16
彩11 大3	14

さわやか

あつや Atsuya

重厚な「あつ」に人気の止め字「や」が元気さとあかるさをプラス

漢字	総画
篤16 弥8	24
敦12 哉9	21
淳11 矢5	16
惇11 也3	14

かっこいい

あやと Ayato

やさしい響きの「あや」と止め字「と」の勇ましさのバランスがよい

漢字	総画
彩11 杜7	18
礼5 翔12	17
絢12 斗4	16
郁9 人2	11

やさしい

あゆき Ayuki

「あゆ」の柔和な響きをシャープな「き」が引き締め、独特の余韻に

- 亜7 由5 樹16　28
- 歩8 輝15　23
- 歩8 生5　13
- 歩8 己3　11

やさしい

あゆと Ayuto

たおやかな「あゆ」と知性的な「と」の相乗効果で、和の風情が漂う

- 亜7 友4 斗4　15
- 歩8 叶5　13
- 歩8 大3　11
- 歩8 人2　10

- 渉11 翔12　23
- 鮎16 斗4　20
- 歩8 翔12　20
- 歩8 音9　17

かっこいい

あゆむ Ayumu

やわらかく穏やかな響きの三音を、止め字「む」が力強くまとめた

- 有6 由5 武8　19
- 歩8 望11　19
- 歩8 武8　16
- 歩8 生5　13

- 渉11 夢13　24
- 歩8 舞15　23
- 歩8 夢13　21
- 歩8 睦13　21

あかるい

あら［Ara］

あかるい

あ行の母音が続くことで大らかで力強い印象。どんな止め字を用いても男の子らしい名前に

- 新13　13
- 荒9　9
- 改7　7

あらし Arashi

シャープで切れ味よい止め字「し」が「あら」の勇猛果敢さを強調

- 新13 志7　20
- 嵐12 史5　17
- 新13 士3　16
- 嵐12　12

力強い

あらた Arata

明朗な印象の「た」が、強い「あら」の響きに親しみやすさを加える

- 安6 良7 多6　19
- 新13 太4　17
- 新13 大3　16
- 新13　13

- 亜7 羅19 多6　32
- 亜7 良7 汰7　21
- 新13 汰7　20
- 阿8 良7 太4　19

かっこいい

ありと Arito

力強い響きの「あり」に、シャープな止め字「と」の余韻が個性的

- 亜7 里7 都11　25
- 有6 翔12　18
- 有6 登12　18
- 有6 斗4　10

やさしい

あるが Aruga

流れのよい「ある」に斬新な止め字「が」を添え、唯一無二の響きに

- 亜7 流10 雅13　30
- 亜7 留10 我7　24
- 有6 河8　14
- 有6 我7　13

あかるい

あると Aruto

音楽用語としても用いられ、リズミカルで楽しげな印象を与える

- 有6 瑠14 人2　22
- 歩8 音9　17
- 有6 仁4　10
- 在6 人2　8

さわやか

あれん Aren

五十音の最初の音「あ」の開放感を最後の音「ん」で締め、個性的に

- 愛13 恋10　23
- 歩8 蓮13　21
- 亜7 蓮13　20
- 有6 恋10　16

さわやか

あんご Ango

開放的な「あん」と重厚な「ご」で地に足がついた印象の名前

- 按9 梧11　20
- 杏7 瑚13　20
- 晏10 吾7　17
- 安6 吾7　13

かっこいい

あんじ Anji

異国情緒あふれる響きを耳なじみのよい止め字「じ」がまとめた

- 晏10 慈13　23
- 杏7 慈13　20
- 庵11 司5　16
- 杏7 司5　12

力強い

い

五行 土

芯が強く粘り強い

いおり Iori

あかるい

古典的な雰囲気と柔和な響きを併せもち、和風の印象の名前に

- 唯11 織18（29）
- 伊6 織18（24）
- 一1 織18（19）
- 庵11 里7（18）

いく [Iku]

やさしい

洗練された「い」音、実直な印象の「く」音の組み合わせで、内に秘めた強さを感じさせる

- 幾12（12）
- 郁9（9）
- 育8（8）

いくお Ikuo

力強い

落ち着いた「いく」と雄々しい「お」で、意志の強さを感じさせる

- 郁9 郎9（18）
- 郁9 生5（14）
- 育8 生5（13）
- 生5 央5（10）

いくと Ikuto

かっこいい

連続する「く」「と」の音がリズムを生み、健康的で素直な印象に

- 育8 登12（20）
- 郁9 飛9（18）
- 生5 翔12（17）
- 行6 人2（8）

いくま Ikuma

かっこいい

現代的な響きをもつ止め字「ま」により、あかるさと温かみがアップ

- 依8 玖7 真10（25）
- 育8 磨16（24）
- 郁9 馬10（19）
- 生5 眞10（15）

いくや Ikuya

やさしい

素直な響きをもつ音の組み合わせで、全体にスタイリッシュな印象

- 郁9 弥8（17）
- 育8 弥8（16）
- 行6 哉9（15）
- 郁9 也3（12）

いさみ Isami

力強い

鋭い「いさ」の二音にやさしい余韻の「み」を添え、親しみやすく

- 伊6 佐7 美9（22）
- 勲15 巳3（18）
- 勇9 海9（18）
- 勇9（9）

いさむ Isamu

力強い

スピード感ある「いさ」を止め字「む」が落ち着かせ、収まりがよい

- 伊6 佐7 夢13（26）
- 功5 夢13（18）
- 勇9 武8（17）
- 功5 武8（13）

いずき Izuki

やさしい

軽快な「い」、重厚な「ず」、鋭い「き」音で構成され独創的に

- 稜13 喜12（25）
- 出5 輝15（20）
- 泉9 希7（16）
- 李7 月4（11）

いずみ Izumi

さわやか

「泉」に通じることからすがすがしい印象。「ず」の奥深さも映える

- 泉9 澄15（24）
- 泉9 美9（18）
- 和8 泉9（17）
- 出5 海9（14）

いたる Itaru

力強い

「い」音の慎重さを「た」「る」のあかるさが崩し、陽気な印象

- 衣6 多6 瑠14（26）
- 格10（10）
- 到8（8）
- 至6（6）

いち [Ichi]

力強い

「一」に通じることから、唯一無二、先駆者、トップといったイメージをいだかせる響き

- 壱7（7）
- 市5（5）
- 一1（1）

いちご Ichigo

かっこいい

軽やかな「いち」と重厚感ある「ご」が調和した安定感ある名前

- 壱7 護20（27）
- 一1 護20（21）
- 市5 悟10（15）
- 壱7 吾7（14）

いちた Ichita
あかるい

知的な「い」音に「ち」「た」の明快な響きが加わり、清廉な印象

名前	画数	総画
伊知多	伊6 知8 多6	20
壱汰	壱7 汰7	14
壱太	壱7 太4	11
一汰	一1 汰7	8

いちのしん Ichinoshin
力強い

軽快な「いち」を古風な止め字「のしん」が受け、毅然とした名前に

名前	画数	総画
壱之真	壱7 之3 真10	20
壱乃心	壱7 乃2 心4	13
一ノ芯	一1 ノ1 芯7	9
一ノ心	一1 ノ1 心4	6

いちや Ichiya
やさしい

歯切れのよい音が連なり、さっぱりとしつつ芯の強さを感じさせる

名前	画数	総画
伊知弥	伊6 知8 弥8	22
壱哉	壱7 哉9	16
市也	市5 也3	8
一矢	一1 矢5	6

いちろ Ichiro
さわやか

「いち」のまっすぐでひたむきな印象に「ろ」が広がりをプラス

名前	画数	総画
一露	一1 露21	22
伊知呂	伊6 知8 呂7	21
壱路	壱7 路13	20
市路	市5 路13	18

いちろう Ichiro
かっこいい

一本気な「いち」と男子の伝統的止め字「ろう」の潔い名前に

名前	画数	総画
伊智郎	伊6 智12 郎9	27
逸郎	逸11 郎9	20
壱朗	壱7 朗10	17
市郎	市5 郎9	14

いっき Ikki
かっこいい

促音「っ」が入ることで「い」「き」の勢いとシャープさが際立つ

名前	画数	総画
一喜	一1 喜12	13
一貴	一1 貴12	13
一稀	一1 稀12	13
一葵	一1 葵12	13

いつき Itsuki
あかるい

穏やかな「い」音に、はっきりした「つ」「き」音の力強い余韻が

名前	画数	総画
維月	維14 月4	18
逸希	逸11 希7	18
樹	樹16	16
乙稀	乙1 稀12	13
慈樹	慈13 樹16	29
樹紀	樹16 紀9	25
壱輝	壱7 輝15	22
樹生	樹16 生5	21

いっけい Ikkei
かっこいい

前進力ある「け」がアクセントとなり、強さと躍動感ある響きに

名前	画数	総画
壱啓	壱7 啓11	18
一慶	一1 慶15	16
一慧	一1 慧15	16
一景	一1 景12	13

いっさ Issa
さわやか

促音を含む「いっ」の音が「さ」の清涼感を強め、風流なイメージ

名前	画数	総画
逸紗	逸11 紗10	21
一瑳	一1 瑳14	15
一颯	一1 颯14	15
一冴	一1 冴7	8

いっしん Isshin
かっこいい

「いっ」「しん」ともにスピード感があり、一本気で迷いのない印象

名前	画数	総画
壱信	壱7 信9	16
壱心	壱7 心4	11
一真	一1 真10	11
一芯	一1 芯7	8

いっせい Issei
あかるい

引っかかりのないさわやかな音が続き、都会的で洗練された印象に

名前	画数	総画
逸晴	逸11 晴12	23
壱晟	壱7 晟10	17
一誓	一1 誓14	15
一惺	一1 惺12	13

いってつ Ittetsu
かっこいい

三音入った「た」行音が力強さとひたむきさを印象づけ、男らしい

名前	画数	総画
壱鉄	壱7 鉄13	20
壱哲	壱7 哲10	17
一徹	一1 徹15	16
一哲	一1 哲10	11

いっと Itto
あかるい

瞬発力がある二音を耳当たりのよい止め字「と」がうまくまとめた

名前	画数	総画
逸斗	逸11 斗4	15
一翔	一1 翔12	13
一登	一1 登12	13
壱斗	壱7 斗4	11

いっぺい Ippei
さわやか

頭と最後の「い」が力みのない自由さ、「ぺ」が元気さを強調

名前	画数	総画
逸平	逸11 平5	16
壱平	壱7 平5	12
一丙	一1 丙5	6
一平	一1 平5	6

う
五行 土
愛情深くまじめ

え
五行 土
素直でポジティブ

いふう Ifu

クールな「い」を「ふう」の響きが流し、広げる。悠然とした印象

維14 楓13	27
衣6 楓13	19
威9 風9	18
亥6 風9	15

かっこいい

いぶき Ibuki

「息吹」に通じ、強い生命力や、内に秘めた才能を感じさせる

息10 吹7	17
威9 吹7	16
郁9 吹7	16
芽8 生5	13
伊6 吹7 樹16	29
伊6 武8 季8	22
維14 吹7	21
唯11 希7	18

さわやか

いら Ira

広がりある「い」音に現代的な響きの「ら」音が斬新な組み合わせ

維14 楽13	27
伊6 羅19	25
依8 良7	15
衣6 良7	13

やさしい

いりや Iriya

涼やかな二つの母音「い」を上昇音「や」がまとめ、のびのびと

伊6 利7 弥8	21
衣6 梨11 也3	20
入2 哉9	11
入2 矢5	7

あかるい

うきょう Ukyo

たくましい「う」音に「きょう」の響きが独特で、雅やかな雰囲気

海9 響20	29
右5 恭10	15
宇6 京8	14
佑7 匡6	13

かっこいい

うしお Ushio

力強い「う」「お」音に「し」のさわやかさが効いた、雄大な名前

潮15 織18	33
羽6 史5 緒14	25
海9 潮15	24
潮15	15

さわやか

うみ Umi

「海」と同音であり、スケールの大きさと愛情深さを感じさせる

優17 海9	26
宇6 海9	15
羽6 海9	15
海9	9

力強い

えい [Ei]

やさしい

「え」のポジティブ感ある響きに、知性的な「い」音が続き、利発で好奇心旺盛(おうせい)なイメージ

詠12	12
瑛12	12
永5	5

えいいち Eiichi

連続する「い」がスピード感を増し、「ち」の知的な印象が際立つ

鋭15 一1	16
栄9 一1	10
映9 一1	10
英8 一1	9

かっこいい

えいき Eiki

陽気な「え」音に母音「い」が連続し、まっすぐ筋の通った印象

瑛12 規11	23
英8 輝15	23
永5 樹16	21
瑛12 希7	19

あかるい

えいきち Eikichi

かっこいい

シャープな「えい」の響きを伝統的な止め字「きち」が落ち着かせる

詠 12	瑛 12	英 8	永 5
吉 6	吉 6	吉 6	吉 6
18	18	14	11

えいご Eigo

かっこいい

鋭い「えい」の響きが、骨太な止め字「ご」の強さを印象づける

叡 16	詠 12	英 8	永 5
吾 7	呉 7	悟 10	悟 10
23	19	18	15

えいさく Eisaku

あかるい

スマートな「えい」に続けた伝統的止め字「さく」が誠実な印象

瑛 12	英 8	英 8	永 5
作 7	咲 9	作 7	朔 10
19	17	15	15

えいし Eishi

あかるい

ストレートな「えい」の響きに「し」が清涼感あふれる余韻を残す

瑛 12	詠 12	瑛 12	英 8
志 7	史 5	士 3	志 7
19	17	15	15

えいじ Eiji

かっこいい

軽やかな「えい」に「じ」が重みをプラス。耳なじみのよい名前に

鋭 15	英 8	瑛 12	永 5
司 5	治 8	士 3	児 7
20	16	15	12

えいしょう Eisho

力強い

「しょう」の涼やかな流れが「えい」のあかるいイメージを強調

瑛 12	詠 12	栄 9	永 5
翔 12	将 10	祥 10	勝 12
24	22	19	17

えいしん Eishin

さわやか

軽やかな「えいし」の三音を「ん」がまとめ、歯切れよく呼びやすい

瑛 12	詠 12	栄 9	英 8
進 11	心 4	伸 7	心 4
23	16	16	12

えいすけ Eisuke

かっこいい

「えい」「すけ」ともに勢いがあり、収まりのよさを感じさせる

瑛 12	英 8	叡 16	永 5
祐 9	資 13	介 4	祐 9
21	21	20	14

えいた Eita

やさしい

「えい」のもつシャープさと「た」の親しみやすさが好バランス

瑛 12	栄 9	映 9	英 8
多 6	汰 7	太 4	大 3
18	16	13	11

えいだい Eidai

力強い

二音入った「い」が広がりを、濁音の「だ」が力強さを醸し出す

瑛 12	詠 12	栄 9	永 5
大 3	大 3	大 3	大 3
15	15	12	8

えいたろう Eitaro

かっこいい

伝統的な止め字「たろう」のなかでも、あかるく親しみやすい印象

瑛 12	栄 9	英 8	永 5
太 4	多 6	大 3	太 4
朗 10	朗 10	郎 9	郎 9
26	25	20	18

えいと Eito

あかるい

明確な「と」の音がりりしさを強調。「末広がり」のイメージも

瑛 12	瑛 12	栄 9	栄 9
都 11	音 9	登 12	斗 4
23	21	21	13

えつじ Etsuji

かっこいい

リズミカルな「えつ」に「じ」が重量感をプラスし安心感を与える

恵 10	絵 12	悦 10	悦 10
都 11	津 9	治 8	司 5
史 5	士 3		
26	24	18	15

えつや Etsuya

やさしい

明快な音の「えつ」に人気の高い「や」の止め字で陽気な印象に

恵 10	絵 12	悦 10	悦 10
都 11	津 9	哉 9	也 3
弥 8	也 3		
29	24	19	13

えんじ Enji

さわやか

個性的な「じ」が主張し、あかるさと落ち着きを併せもつ響き

園 13	円 4	苑 8	円 4
路 13	慈 13	士 3	志 7
26	17	11	11

お

五行 土

正直なしっかり者

おう［O］

力強い

力強くたくましさを感じさせる響き。名前を呼ぶ際にも力がこもり、男っぽい印象を与える

旺8	央5	王4
8	5	4

おうしろう Oshiro

「しろう」ののびのある音が「おう」の力強さを引き立てる

桜10 史5 郎9	桜10 士3 朗10	旺8 史5 朗10	央5 志7 郎9
24	23	23	21

かっこいい

おおが Oga

二音続く「お」が豪快さを、続く濁音の「が」が意志の強さを強調

大3 雅13	大3 翔12	大3 芽8	大3 牙4
16	15	11	7

かっこいい

おうすけ Osuke

「おう」の雄大さと「すけ」の歯切れのよさが相まってすがすがしい

凰11 介4	央5 将10	皇9 介4	央5 丞6
15	15	13	11

桜10 亮9	央5 輔14	桜10 典8	旺8 典8
19	19	18	16

やさしい

おおぞら Ozora

空や宇宙のもつ広大さ、無限の可能性をイメージさせる人気の名前

多6 昊8	王4 空8	大3 昊8	大3 空8
14	12	11	11

さわやか

おくと Okuto

太い「お」の音と歯切れのよい「くと」を組み合わせ個性的に

雄12 貢10 斗4	奥12 都11	憶16 斗4	奥12 斗4
26	23	20	16

やさしい

おうが Oga

「おう」の雄大なイメージに、「が」が強さと華麗さを加える

凰11 雅13	桜10 芽8	央5 雅13	旺8 我7
24	18	18	15

かっこいい

おうた Ota

低い響きの「おう」が、人気の止め字「た」であかるく元気な印象

應17 太4	桜10 大3	欧8 太4	央5 汰7
21	13	12	12

あかるい

おさむ Osamu

温かみある「む」の音が「おさ」の強さをうまくまとめあげている

勇9 佐7 務11	修10 夢13	統12	理11
27	23	12	11

かっこいい

おうき Oki

のびやかな「おう」にシャープな「き」の音が高貴な印象をプラス

皇9 輝15	凰11 貴12	桜10 希7	旺8 紀9
24	23	17	17

力強い

おうや Oya

三音とも広がりある響きをもつため、鷹揚で懐の深いイメージ

桜10 弥8	旺8 哉9	凰11 矢5	桜10 也3
18	17	16	13

やさしい

おと Oto
あかるい

重みのある「お」と軽快な「と」のギャップが新鮮なリズムを生む

- 緒(14)杜(7) 21
- 雄(12)斗(4) 16
- 音(9)斗(4) 13
- 乙(1) 1

おとひこ Otohiko
さわやか

伝統的止め字「ひこ」が柔和な印象の「おと」に男らしさを添える

- 緒(14)斗(4)彦(9) 27
- 音(9)彦(9) 18
- 乙(1)比(4)古(5) 10
- 乙(1)彦(9) 10

おとや Otoya
やさしい

のびある音に挟まれ、「と」の強さとシャープさが際立つ響きに

- 音(9)哉(9) 18
- 音(9)弥(8) 17
- 音(9)矢(5) 14
- 乙(1)椰(13) 14

おりおん Orion
さわやか

オリオン座の雄大で恒久的イメージをいだかせる。呼びやすさも◎

- 緒(14)里(7)音(9) 30
- 織(18)恩(10) 28
- 織(18)音(9) 27
- 小(3)梨(11)苑(8) 22

おん On
やさしい

二字名前のスピード感があり、個性的ながらも収まりのよい音

- 穏(16) 16
- 温(12) 12
- 恩(10) 10
- 苑(8) 8

か

五行 木

強い意志と信頼感

かい [Kai]
あかるい

力強くキリッとした響きの「か」に、深みある「い」音が続き、知性的な雰囲気を醸し出す

- 開(12) 12
- 海(9) 9
- 快(7) 7

がいあ Gaia
力強い

濁音「が」が力強く、英語の「地球」に通じる壮大なスケール感が

- 鎧(18)亜(7) 25
- 凱(12)亜(7) 19
- 凱(12)有(6) 18
- 涯(11)有(6) 17

かいき Kaiki
かっこいい

はっきりとした三音からなり、あかるさと前向きさが際立つ名前

- 海(9)樹(16) 25
- 快(7)輝(15) 22
- 快(7)基(11) 18
- 海(9)希(7) 16

かいし Kaishi
あかるい

シャープな「し」音が「かい」をキレよく引き締め、さわやかに

- 櫂(18)史(5) 23
- 魁(14)士(3) 17
- 海(9)志(7) 16
- 快(7)史(5) 12

かいじ Kaiji
かっこいい

勢いのある「かい」音を重みある濁音「じ」がまとめ力強い印象に

- 櫂(18)司(5) 23
- 海(9)慈(13) 22
- 開(12)史(5) 17
- 海(9)児(7) 16

かいしゅう Kaishu
あかるい

活発な「かい」を「しゅう」が美しく収め、芸術性を感じさせる

- 魁(14)秋(9) 23
- 開(12)宗(8) 20
- 海(9)舟(6) 15
- 快(7)秀(7) 14

かいせい Kaisei
やさしい

二音入った「い」が力強い流れを生み「快晴」に通じるスケールが

- 海(9)晟(10) 19
- 凱(12)成(6) 18
- 快(7)青(8) 15
- 快(7)生(5) 12
- 櫂(18)世(5) 23
- 魁(14)星(9) 23
- 海(9)誠(13) 22
- 海(9)晴(12) 21

かいた Kaita

前向きな勢いがある「かい」に、健康的な響きの「た」が好相性

さわやか

- 快7 太4 — 11
- 海9 太4 — 13
- 魁14 大3 — 17
- 楷13 汰7 — 20

かいち Kaichi

強い「か」「ち」を「い」音がやわらげ、快活で賢明な印象に

かっこいい

- 佳8 一1 — 9
- 快7 地6 — 13
- 海9 智12 — 21
- 嘉14 壱7 — 21

かいと Kaito

あかるい音でまとめた人気名。英語の「凧」に通じ自由なイメージ

あかるい

- 海9 人2 — 11
- 海9 斗4 — 13
- 凱12 土3 — 15
- 快7 音9 — 16
- 魁14 人2 — 16
- 魁14 土3 — 17
- 海9 都11 — 20
- 開12 翔12 — 24

かいら Kaira

積極性ある響きの「かい」に、明快な止め字「ら」が新鮮に響く

やさしい

- 海9 来7 — 16
- 海9 來8 — 17
- 開12 良7 — 19
- 快7 羅19 — 26

かいり Kairi

人気の「かい」に、涼やかな「り」音を添え、さらに好感度アップ

やさしい

- 快7 里7 — 14
- 海9 李7 — 16
- 快7 莉10 — 17
- 魁14 吏6 — 20
- 魁14 李7 — 21
- 海9 鈴13 — 22
- 魁14 俐9 — 23
- 海9 璃15 — 24

かおる Kaoru

古風な趣の人気名で、男性の場合は寛大さと落ち着きが強調される

さわやか

- 郁9 — 9
- 馨20 — 20
- 佳8 央5 児7 — 20
- 郁9 生5 留10 — 24

がく Gaku

力強い「が」音と柔軟な「く」音が調和した勢いのある二字名前

かっこいい

- 岳8 — 8
- 楽13 — 13
- 岳8 玖7 — 15
- 雅13 久3 — 16

がくと Gakuto

「がく」の力強さを「と」がキリッとまとめ知的な雰囲気をプラス

かっこいい

- 学8 人2 — 10
- 岳8 翔12 — 20
- 楽13 都11 — 24
- 雅13 玖7 斗4 — 24

かける Kakeru

「翔」のイメージにつながり、軽やかで疾走感ある人気名前のひとつ

力強い

- 駆14 — 14
- 飛9 翔12 — 21
- 翔12 流10 — 22
- 駈15 琉11 — 26

かず [Kazu]

あかるい

勢いある「か」音に、適度な重みをもつ濁音「ず」が安定感を与えた、伝統的な男子名

- 和8 — 8
- 利7 — 7
- 千3 — 3

かずあき Kazuaki

実直な印象の「かず」にあかるい「あき」が開放感をもたらす

かっこいい

- 一1 陽12 — 13
- 和8 秋9 — 17
- 和8 晃10 — 18
- 一1 耀20 — 21

かずき Kazuki

ひたむきな「かず」に止め字「き」がクールさとりりしさをプラス

あかるい

- 和8 己3 — 11
- 一1 貴12 — 13
- 一1 毅15 — 16
- 一1 輝15 — 16
- 一1 騎18 — 19
- 和8 暉13 — 21
- 和8 樹16 — 24
- 寿7 騎18 — 25

かずさ Kazusa

一途な印象の「かず」に「さ」音の清涼感が加わった人気の響き

名前	画数	総画
和瑳	8・14	22
和沙	8・7	15
一颯	1・14	15
一紗	1・10	11

さわやか

かずし Kazushi

まっすぐな「かず」に「し」音が抜けるようなさわやかさを加える

名前	画数	総画
和獅	8・13	21
和史	8・5	13
一志	1・7	8
一司	1・5	6

やさしい

かずしげ Kazushige

あかるく涼しげな清音に二つの濁音が重みを与え、信頼感が増した

名前	画数	総画
和繁	8・16	24
一薫	1・16	17
和成	8・6	14
一茂	1・8	9

力強い

かずと Kazuto

人気の止め字「と」が実直な「かず」に現代的男子らしさを加えた

名前	画数	総画
佳寿斗	8・7・4	19
和音	8・9	17
一翔	1・12	13
和斗	8・4	12

あかるい

かずとら Kazutora

まじめな「かず」、豪胆な「とら」が好対照で風雲児的なイメージ

名前	画数	総画
和寅	8・11	19
利虎	7・8	15
一寅	1・11	12
一虎	1・8	9

力強い

かずのり Kazunori

純朴な「のり」の音が「かず」の落ち着きを強調し、誠実な印象に

名前	画数	総画
和憲	8・16	24
和宣	8・9	17
一徳	1・14	15
一紀	1・9	10

かっこいい

かずひと Kazuhito

堅実な「かず」、素直な「ひと」の響きがまっすぐな人柄を思わせる

名前	画数	総画
知史	8・5	13
和仁	8・4	12
利人	7・2	9
一仁	1・4	5

あかるい

かずひろ Kazuhiro

几帳面（きちょうめん）な響きの「かず」に「ひろ」が開放感と大らかさを加えた

名前	画数	総画
和優	8・17	25
和寛	8・13	21
一博	1・12	13
一紘	1・10	11

あかるい

かずま Kazuma

落ち着いた「かず」に止め字「ま」が屈託のないあかるさをプラス

名前	画数	総画
司馬	5・10	15
千真	3・10	13
一馬	1・10	11
一真	1・10	11
和摩	8・15	23
寿磨	7・16	23
知真	8・10	18
和眞	8・10	18

かっこいい

かずまさ Kazumasa

誠実な響きの「かず」となめらかな「まさ」で、育ちのよい印象に

名前	画数	総画
和優	8・17	25
寿将	7・10	17
和匡	8・6	14
一雅	1・13	14

かっこいい

かずや Kazuya

まじめな「かず」と男らしい「や」の絶妙なバランスが人気の名前

名前	画数	総画
一哉	1・9	10
一弥	1・8	9
一矢	1・5	6
一八	1・2	3
和陽	8・12	20
和弥	8・8	16
教也	11・3	14
和矢	8・5	13

あかるい

かずよし Kazuyoshi

「かず」「よし」ともに知的で、安心感をいだかせる音の組み合わせ

名前	画数	総画
利吉	7・6	13
一芳	1・7	8
一良	1・7	8
一好	1・6	7
和慶	8・15	23
和義	8・13	21
一嘉	1・14	15
和好	8・6	14

やさしい

かつ［Katsu］

力強い

「か」「つ」ともに硬質で歯切れのよい音。前向きな勢いがあり、主張の強さを感じさせる

名前	画数	総画
勝	12	12
活	9	9
克	7	7

かつき Katsuki

あかるい

きっぱりとした響きの三音がうまくまとまり、軽快で活発な印象

名前	画数	総画
克樹	7・16	23
賢生	16・5	21
活希	9・7	16
勝己	12・3	15

かづき Kazuki

あかるい

あかるく元気な「か」「き」の音に、「づ」が古風な深みを添える

名前	画数	総画
楓月	13・4	17
翔月	12・4	16
夏月	10・4	14
桂月	10・4	14

かつなり Katsunari

かっこいい

前向きな「かつ」を「なり」が後押しした向上心あふれる名前

名前	画数	総画
香津也	9・9・3	21
勝成	12・6	18
活成	9・6	15
克成	7・6	13

かつのり Katsunori

力強い

躍動感ある「かつ」と穏やかな「なり」、二つの魅力が共存した名前

名前	画数	総画
克憲	7・16	23
勝宣	12・9	21
活紀	9・9	18
克典	7・8	15

かつひこ Katsuhiko

あかるい

勢いある「かつ」と男らしい止め字「ひこ」が躍動感のある印象に

名前	画数	総画
加都彦	5・11・9	25
勝彦	12・9	21
活彦	9・9	18
克彦	7・9	16

かつま Katsuma

かっこいい

力強い「かつ」に伝統的止め字「ま」が豪快な男らしさをプラス

名前	画数	総画
克磨	7・16	23
勝真	12・10	22
活麻	9・11	20
克真	7・10	17

かつみ Katsumi

やさしい

勢いある「かつ」を温かい「み」が受け止め人情味あふれる印象に

名前	画数	総画
勝海	12・9	21
活実	9・8	17
活己	9・3	12
克巳	7・3	10

かつや Katsuya

かっこいい

シャープな「かつ」音を陽気な響きの「や」でやわらげ、親しみやすく

名前	画数	総画
克哉	7・9	16
勝也	12・3	15
活矢	9・5	14
克也	7・3	10

かつよし Katsuyoshi

あかるい

動きのある「かつ」と知的な「よし」で、文武両道の印象を与える

名前	画数	総画
香津吉	9・9・6	24
勝吉	12・6	18
活好	9・6	15
克芳	7・7	14

かなた Kanata

さわやか

「遠方」の意味。母音「あ」の広がりと相まってロマンのある響き

名前	画数	総画
奏多	9・6	15
哉太	9・4	13
叶多	5・6	11
叶大	5・3	8
奏耶汰	9・9・7	25
伽那汰	7・7・7	21
夏向	10・6	16
奏汰	9・7	16

かなで Kanade

さわやか

音楽と縁が深く芸術的素養を感じさせる。濁音「で」の響きも新鮮

名前	画数	総画
奏音	9・9	18
佳奏	8・9	17
奏天	9・4	13
奏	9	9

かなと Kanato

さわやか

かわいらしい「かな」の音に添えた止め字「と」が男の子っぽい

名前	画数	総画
奏都	9・11	20
叶翔	5・12	17
叶杜	5・7	12
奏人	9・2	11

かなめ Kaname

かっこいい

快活な「か」を「なめ」の二音が美しく収めた。和の情趣も漂う

名前	画数	総画
奏馬	9・10	19
哉芽	9・8	17
叶芽	5・8	13
要	9	9

かのん Kanon

やさしい

音楽用語「カノン」に通じ、弾んだ響きが陽気な人柄を思わせる

佳(8)穏(16)	夏(10)音(9)	奏(9)音(9)	叶(5)望(11)
24	19	18	16

かぶと Kabuto

かっこいい

「兜」に通じる雄々しい名前。頂点に立つカリスマ性を感じさせる

香(9)歩(8)斗(4)	彼(8)武(8)人(2)	兜(11)	甲(5)
21	18	11	5

かん [Kan]

あかるい

力強く前向きな音「か」を撥音（はつおん）「ん」が強めた。それでいて暑苦しくなくカラッとあかるい印象

環(17)	幹(13)	貫(11)
17	13	11

かんじ Kanji

あかるい

躍動感ある「かん」を重みある止め字「じ」が頼もしくまとめた

寛(13)至(6)	幹(13)司(5)	貫(11)志(7)	冠(9)児(7)
19	18	18	16
莞(10)爾(14)	幹(13)治(8)	寛(13)治(8)	完(7)路(13)
24	21	21	20

かんすけ Kansuke

力強い

「かん」「すけ」ともにレトロな響きが、かえって新鮮に耳に残る

環(17)介(4)	栞(10)亮(9)	寛(13)介(4)	栞(10)助(7)
21	19	17	17

かんた Kanta

かっこいい

歯切れのよい「かん」に陽気な「た」を添え、愛らしさを強調

貫(11)大(3)	莞(10)太(4)	柑(9)太(4)	亘(6)汰(7)
14	14	13	13
環(17)太(4)	栞(10)汰(7)	幹(13)大(3)	敢(12)太(4)
21	17	16	16

かんたろう Kantaro

力強い

素朴な「かん」に続く「たろう」がやさしく実直な人柄を思わせる

幹(13)太(4)朗(10)	寛(13)太(4)郎(9)	貫(11)太(4)郎(9)	侃(8)太(4)朗(10)
27	26	24	22

かんと Kanto

あかるい

日本ではめずらしい響き。同名の哲学者から理知的なイメージも

寛(13)翔(12)	貫(11)登(12)	莞(10)人(2)	侃(8)斗(4)
25	23	12	12

き

五行 木

聡明さとはなやかな魅力

きいち Kiichi

あかるい

すべて母音「い」でキリッとした印象ながら「ち」の余韻が楽しげ

輝(15)一(1)	紀(9)市(5)	喜(12)一(1)	希(7)一(1)
16	14	13	8

きいちろう Kiichiro

あかるい

あかるい「きいち」に「ろう」が続くことでグッと落ち着きが増す

綺(14)一(1)郎(9)	揮(12)一(1)朗(10)	喜(12)一(1)郎(9)	起(10)一(1)朗(10)
24	23	22	21

きしお Kishio

かっこいい

シャープな「き」、清涼感ある「し」を「お」が男らしく受け止める

騎(18)士(3)王(4)	紀(9)潮(15)	輝(15)汐(6)	希(7)志(7)央(5)
25	24	21	19

きしん Kishin

かっこいい

クールで鋭い音の組み合わせが、迷いのないストレートさを強調

名前	画数
輝15 心4	19
紀9 真10	19
紀9 信9	18
希7 伸7	14

きすけ Kisuke

力強い

りりしい印象の「き」を「すけ」が受け止めすがすがしい雰囲気に

名前	画数
紀9 輔14	23
葵12 助7	19
貴12 介4	16
希7 祐9	16

きたる Kitaru

かっこいい

強い「き」に「たる」がのびやかなあかるさを添えた新感覚の名前

名前	画数
輝15 汰7 瑠14	36
喜12 多6 留10	28
季8 多6 琉11	25
希7 太4 流10	21

きっぺい Kippei

あかるい

キリッとした強さをもつ「き」音と「ぺい」音の躍動感が好相性

名前	画数
橘16 平5	21
稀12 平5	17
桔10 平5	15
吉6 平5	11

きぼう Kibo

あかるい

鋭い「き」と大らかな「ぼう」が調和した、ロマンあふれる名前

名前	画数
輝15 望11	26
輝15 昂8	23
輝15 宝8	23
希7 望11	18

きゅうじ Kyuji

力強い

「きゅう」の軽やかな音が新鮮。止め字「じ」でまじめさをプラス

名前	画数
球11 児7	18
宮10 治8	18
穹8 児7	15
究7 示5	12

きゅうた Kyuta

かっこいい

個性的な「きゅう」に親しみ感ある「た」を添え、楽しげな雰囲気

名前	画数
穹8 太4	12
玖7 太4	11
究7 太4	11
弓3 太4	7

きゅうま Kyuma

かっこいい

スピード感ある「きゅう」音を陽気な「ま」が受け止めはつらつと

名前	画数
究7 磨16	23
宮10 麻11	21
弓3 磨16	19
求7 真10	17

きょう [Kyo]

あかるい

鋭い知性を感じさせる「き」を、拗音（ようおん）「ょ」が深めて安定感ある「う」に流す、美しい響き

名前	画数
響20	20
峡9	9
京8	8

きょういち Kyoichi

かっこいい

知的な「きょう」音に活発な「いち」を添え、グッとりりしく

名前	画数
響20 一1	21
恭10 市5	15
峡9 一1	10
叶5 一1	6

きょういちろう Kyoichiro

力強い

聡明な「きょう」を「いちろう」が受け止め、礼儀正しい印象

名前	画数
響20 一1 郎9	30
恭10 一1 朗10	21
京8 一1 郎9	18
叶5 一1 朗10	16

きょうご Kyogo

力強い

シャープで知的な響きの「きょう」に濁音「ご」が深みを与える

名前	画数
恭10 梧11	21
京8 悟10	18
恭10 伍6	16
京8 吾7	15

きょうしろう Kyoshiro

力強い

古典的な止め字「しろう」が「きょう」をグッと思慮深い印象に

名前	画数
響20 史5 郎9	34
京8 志7 郎9	24
京8 士3 朗10	21
叶5 志7 郎9	21

きょうすけ Kyosuke

あかるい

男らしい「すけ」の響きが「きょう」のクールな知性を際立たせる

名前	画数
享8 翼17	25
杏7 輔14	21
匡6 祐9	15
叶5 亮9	14

きょうた Kyota

あかるい

利発な印象の「きょう」があかるい「た」音で、親しみ感アップ

名前	画数
響20 大3	23
京8 汰7	15
享8 太4	12
杏7 太4	11

きよ [Kiyo]

さわやか

強く主張する「き」に、キレと深みを与える「よ」の組み合わせ。意志の強さを感じさせる

名前	画数	総画
清	清11	11
聖	聖13	13
潔	潔15	15

きよし Kiyoshi

あかるい

強い「きよ」の音にさわやかな「し」がりりしく、清潔感ある雰囲気

名前	画数	総画
聖士	聖13 士3	16
希世史	希7 世5 史5	17
潔志	潔15 志7	22
樹芳	樹16 芳7	23

きよしろう Kiyoshiro

力強い

純粋さをもつ「きよ」に和の響きの止め字「しろう」が潔く響く

名前	画数	総画
清志郎	清11 志7 郎9	27
聖史郎	聖13 史5 郎9	27
清志朗	清11 志7 朗10	28
潔士朗	潔15 士3 朗10	28

きよと Kiyoto

かっこいい

明瞭な知性を感じさせる「きよ」を「と」が男らしく落ち着かせる

名前	画数	総画
希与人	希7 与3 人2	12
清斗	清11 斗4	15
聖人	聖13 人2	15
聖斗	聖13 斗4	17
潔人	潔15 人2	17
潔斗	潔15 斗4	19
清都	清11 都11	22
聖翔	聖13 翔12	25

きよひこ Kiyohiko

あかるい

硬質な「きよ」に親しみやすい「ひこ」を添え好バランスの名前に

名前	画数	総画
研彦	研9 彦9	18
聖彦	聖13 彦9	22
紀世彦	紀9 世5 彦9	23
潔彦	潔15 彦9	24

きよまさ Kiyomasa

かっこいい

さわやかな「きよ」に、気品ある「まさ」が続き涼しく聡明な印象

名前	画数	総画
清正	清11 正5	16
潔正	潔15 正5	20
聖将	聖13 将10	23
清雅	清11 雅13	24

きら Kira

あかるい

シャープで強い「き」に明快な「ら」音が新鮮で躍動感ある名前に

名前	画数	総画
綺良	綺14 良7	21
輝來	輝15 來8	23
稀楽	稀12 楽13	25
綺羅	綺14 羅19	33

きらと Kirato

さわやか

輝きとロマンを秘めた「きら」の音を止め字「と」が落ち着かせる

名前	画数	総画
煌斗	煌13 斗4	17
輝仁	輝15 仁4	19
煌音	煌13 音9	22
希羅人	希7 羅19 人2	28

きょうたろう Kyotaro

かっこいい

聡明な「きょう」が伝統的止め字「たろう」で礼儀正しい印象に

名前	画数	総画
享太郎	享8 太4 郎9	21
峡多郎	峡9 多6 郎9	24
恭太朗	恭10 太4 朗10	24
響太郎	響20 太4 郎9	33

きょうのすけ Kyonosuke

かっこいい

「きょう」「すけ」の和の風情が「の」で一拍置くことで強まる

名前	画数	総画
享之介	享8 之3 介4	15
京之介	京8 之3 介4	15
恭之輔	恭10 之3 輔14	27
響之介	響20 之3 介4	27

きょうへい Kyohei

やさしい

気品ある「きょう」と飾り気のない「へい」がうまく調和している

名前	画数	総画
叶平	叶5 平5	10
京平	京8 平5	13
恭平	恭10 平5	15
響平	響20 平5	25

きょうま Kyoma

かっこいい

落ち着いた「きょう」音に「ま」が男の子らしい遊び心を加えた

名前	画数	総画
匡真	匡6 真10	16
恭真	恭10 真10	20
叶磨	叶5 磨16	21
響真	響20 真10	30

きょうや Kyoya

あかるい

シャープな止め字「や」により「きょう」がクールで知的に響く

名前	画数	総画
峡也	峡9 也3	12
京弥	京8 弥8	16
享哉	享8 哉9	17
恭哉	恭10 哉9	19

く

五行 木

人当たりがよく社交的

くう [Ku]

あかるい

名前としては新しく注目の響きで、「空」を思わせることから開放感や柔軟なイメージをもつ

- 玖7 宇6 — 13
- 宮10 — 10
- 空8 — 8

くうた Kuta

軽やかな「くう」に快活な「た」音が、底抜けのあかるさを演出

- 宮10 多6 — 16
- 空8 汰7 — 15
- 空8 太4 — 12
- 空8 大3 — 11

さわやか

くうと Kuto

はっきりした「く」「と」を「う」でやわらかくつなぎ個性的に

- 宮10 都11 — 21
- 空8 海9 士3 — 20
- 宮10 杜7 — 17
- 空8 斗4 — 12

あかるい

くうや Kuya

控えめな響きの「くう」に止め字「や」が聡明なりりしさを加えた

- 空8 哉9 — 17
- 空8 弥8 — 16
- 宮10 也3 — 13
- 空8 矢5 — 13

あかるい

くにお Kunio

やわらかい「くに」に男らしい「お」の音が懐の深さを感じさせる

- 国8 雄12 — 20
- 貢10 仁4 夫4 — 18
- 邦7 央5 — 12
- 州6 生5 — 11

かっこいい

くうが Kuga

しなやかな強さをもつ「くう」に続く「が」が、キレよく麗しい

- 玖7 宇6 華10 — 23
- 宮10 雅13 — 23
- 空8 芽8 — 16
- 空8 河8 — 16

力強い

くらのすけ Kuranosuke

落ち着いた「くら」に伝統的止め字「のすけ」が和の気品を醸し出す

- 蔵15 之3 助7 — 25
- 蔵15 之3 介4 — 22
- 倉10 乃2 亮9 — 21
- 倉10 ノ1 介4 — 15

力強い

くうご Kugo

やわらかい「くう」の音に続く濁音「ご」が頼りがいのある印象

- 宮10 梧11 — 21
- 玖7 宇6 吾7 — 20
- 空8 悟10 — 18
- 空8 吾7 — 15

かっこいい

きりゅう Kiryu

几帳面で知的な「き」と力強く流れる「りゅう」の音が好対象

- 輝15 龍16 — 31
- 綺14 流10 — 24
- 紀9 琉11 — 20
- 希7 竜10 — 17

さわやか

ぎんが Ginga

「ぎ」「が」の濁音が威厳をもって響き、壮大なロマンを感じさせる

- 銀14 雅13 — 27
- 銀14 河8 — 22
- 銀14 牙4 — 18
- 吟7 華10 — 17

力強い

きんじ Kinji

あかるく涼やかな「きん」の音を抑えた濁音「じ」が引き締める

- 琴12 至6 — 18
- 欣8 治8 — 16
- 欣8 児7 — 15
- 芹7 次6 — 13

- 琴12 慈13 — 25
- 琴12 路13 — 25
- 錦16 次6 — 22
- 錦16 司5 — 21

かっこいい

ぎんた Ginta

渋い「ぎん」の音に、人気の男子の止め字「た」で元気さを演出

- 銀14 汰7 — 21
- 銀14 太4 — 18
- 吟7 多6 — 13
- 吟7 太4 — 11

かっこいい

くんぺい Kumpei
かっこいい

深みある「くん」と軽やかな「ぺい」の落差が心地よい躍動感を生む

名前	画数	総画
君平	7・5	12
訓平	10・5	15
勲平	15・5	20
薫平	16・5	21

け

五行 木

明朗快活で誠実

けい [Kei]
あかるい

陽気で健康的な印象をもつ「け」に、深みある「い」が加わった。あかるいトーンが好感度大

名前	画数	総画
桂	10	10
景	12	12
慧	15	15

けいいち Keiichi
やさしい

あかるい「けい」音に素直な響きの「いち」を添え、好感度アップ

名前	画数	総画
啓一	11・1	12
敬一	12・1	13
慶一	15・1	16
景市	12・5	17

けいいちろう Keiichiro
力強い

活発な「けい」の響きと「いちろう」のまじめさが好バランス

名前	画数	総画
圭一朗	6・1・10	17
啓一郎	11・1・9	21
渓一朗	11・1・10	22
慶一郎	15・1・9	25

けいき Keiki
あかるい

軽快な響きをもつ「けい」を止め字「き」がキリッと引き締める

名前	画数	総画
圭紀	6・9	15
啓季	11・8	19
慧希	15・7	22
慶喜	15・12	27

けいご Keigo
かっこいい

安定感のある濁音「ご」が「けい」のあかるさに落ち着きを加えた。「けい」の知的さも際立つ組み合わせ

名前	画数	総画
圭吾	6・7	13
佳吾	8・7	15
奎吾	9・7	16
桂吾	10・7	17
恵吾	10・7	17
渓伍	11・6	17
景吾	12・7	19
恵梧	10・11	21
啓悟	11・10	21
慶吾	15・7	22
慧悟	15・10	25
慶悟	15・10	25

けいし Keishi
やさしい

長年人気の「けい」に「し」の余韻が歯切れよくフレッシュに響く

名前	画数	総画
啓士	11・3	14
桂至	10・6	16
慶志	15・7	22
馨史	20・5	25

けいじ Keiji
かっこいい

陽気な「けい」に、まじめな「じ」の重みが加わり、芯が通る

名前	画数	総画
啓二	11・2	13
恵司	10・5	15
敬司	12・5	17
慶次	15・6	21

けいじゅ Keiju
さわやか

カラッとした「けい」とうるおい感ある「じゅ」が活かし合う響き

名前	画数	総画
圭寿	6・7	13
啓珠	11・10	21
慶樹	15・16	31
慧樹	15・16	31

けいじろう Keijiro
かっこいい

「じろう」がもつ適度な重みが「けい」に風格と思慮深さを加える

名前	画数	総画
圭次朗	6・6・10	22
啓次郎	11・6・9	26
詣次郎	13・6・9	28
慶治郎	15・8・9	32

けいしん Keishin
あかるい

温かい「けい」、クールな「しん」が同居しほどよい緊張感を保つ

名前	画数	総画
渓心	11・4	15
啓心	11・4	15
恵伸	10・7	17
敬信	12・9	21

けいすけ Keisuke

「けい」「すけ」ともにあかるい響きで、活発な男の子を思わせる

景介	景12 介4	16
蛍介	蛍11 介4	15
佳佑	佳8 佑7	15
圭亮	圭6 亮9	15
慶将	慶15 将10	25
桂輔	桂10 輔14	24
恵輔	恵10 輔14	24
敬祐	敬12 祐9	21

かっこいい

けいた Keita

じんわり温かみある止め字「た」が「けい」と好相性。陽気な響きに

蛍太	蛍11 太4	15
京汰	京8 汰7	15
佳太	佳8 太4	12
圭太	圭6 太4	10
慶太	慶15 太4	19
継太	継13 太4	17
恵多	恵10 多6	16
景大	景12 大3	15

あかるい

けいたつ Keitatsu

明朗な「けい」に古典的な響きの「たつ」が知性とりりしさをプラス

慶達	慶15 達12	27
景達	景12 達12	24
恵達	恵10 達12	22
京辰	京8 辰7	15

あかるい

けいたろう Keitaro

軽く柔軟な「けい」に「たろう」の適度な重みが信頼感を与えた

慶太郎	慶15 太4 郎9	28
桂太朗	桂10 太4 朗10	24
恵太朗	恵10 太4 朗10	24
圭太郎	圭6 太4 郎9	19

力強い

けいと Keito

好感度の高い「けい」に添えた止め字「と」がやさしい響きを生む

圭翔	圭6 翔12	18
圭登	圭6 登12	18
景斗	景12 斗4	16
圭人	圭6 人2	8
恵澄	恵10 澄15	25
慧音	慧15 音9	24
恵都	恵10 都11	21
慶斗	慶15 斗4	19

さわやか

けいま Keima

快活な印象の「けい」にあかるい「ま」の音が素直さを感じさせる

慧真	慧15 真10	25
啓真	啓11 真10	21
恵真	恵10 真10	20
圭真	圭6 真10	16

あかるい

けいや Keiya

上昇音の「や」が「けい」をよりあかるく高らかに響かせる

慶哉	慶15 哉9	24
慶弥	慶15 弥8	23
慧弥	慧15 弥8	23
景也	景12 也3	15

やさしい

けん [Ken]

あかるい

軽快で好感度の高い「け」の音を撥音（はつおん）「ん」で弾ませ、元気で楽しげな印象をより強めた

堅	堅12	12
絢	絢12	12
健	健11	11

げん Gen

濁音「げ」がどっしりとした響きで、揺るぎない自信を感じさせる

源	源13	13
絃	絃11	11
玄	玄5	5
元	元4	4

力強い

けんいち Kenichi

耳なじみのよい「けん」に添えた「いち」のシンプルさが潔い

健壱	健11 壱7	18
賢一	賢16 一1	17
絢一	絢12 一1	13
舷一	舷11 一1	12

あかるい

げんき Genki

「元気」に通じ、心身ともにたくましく健やかな男子を思わせる

元揮	元4 揮12	16
弦希	弦8 希7	15
弦生	弦8 生5	13
元気	元4 気6	10
源輝	源13 輝15	28
玄樹	玄5 樹16	21
元毅	元4 毅15	19
健希	健11 希7	18

力強い

けんご Kengo

スマートな「けん」に続く濁音「ご」が守りの強さをうかがわせる

賢16	絢12	研9	健11
悟10	梧11	伍6	吾7
26	23	15	18

かっこいい

けんし Kenshi

あかるい「け」、さわやかな「し」を撥音「ん」でつなぎリズミカルに

謙17	憲16	健11	拳10
志7	志7	史5	士3
24	23	16	13

あかるい

けんじ Kenji

明快な「けん」に親しみある濁音「じ」を添えた男子名前の定番

顕18	賢16	兼10	健11
治8	次6	志7	司5
26	22	17	16

あかるい

けんしろう Kenshiro

潔い「しろう」を添えて「けん」の鋭さが際立つ組み合わせ

絢12	健11	拳10	剣10
史5	志7	司5	士3
朗10	郎9	郎9	朗10
27	27	24	23

力強い

けんしん Kenshin

武士名に通じ、威厳がある。「ん」で終わる連音で、収まりもよい

賢16	絢12	兼10	剣10
信9	真10	伸7	心4
25	22	17	14

かっこいい

けんすけ Kensuke

陽の印象をもつ響き。撥音「ん」が入って躍動感が増した

健11	絢12	堅12	剣10
将10	介4	介4	介4
21	16	16	14

憲16	賢16	賢16	研9
資13	祐9	佑7	輔14
29	25	23	23

あかるい

けんせい Kensei

スピード感ある「けん」と和の落ち着きをもつ「せい」が好相性

賢16	憲16	健11	拳10
誠13	成6	成6	正5
29	22	17	15

さわやか

けんた Kenta

「けん」「た」ともにほがらかな響きで、慕われる人気者のイメージ

堅12	絢12	健11	研9
太4	太4	大3	太4
16	16	14	13

謙17	賢16	賢16	健11
汰7	汰7	大3	多6
24	23	19	17

やさしい

げんた Genta

弾む「げん」の音を「た」が軽やかに受け止めた安心感ある名前

源13	絃11	元4	元4
大3	太4	汰7	太4
16	15	11	8

力強い

けんたろう Kentaro

素直な響きの「けん」に定番止め字「たろう」が健やかな印象

謙17	舷11	健11	研9
太4	多6	太4	太4
郎9	朗10	郎9	郎9
30	27	24	22

かっこいい

けんと Kento

歯切れよく、弾むような陽気さがある。海外でも人気の響き

堅12	健11	健11	研9
仁4	永5	人2	人2
16	16	13	11

絢12	謙17	賢16	堅12
翔12	斗4	人2	斗4
24	21	18	16

さわやか

けんや Kenya

軽快な「けん」の音に力強い止め字「や」を添え、勇ましい印象に

憲16	絢12	健11	研9
哉9	弥8	矢5	矢5
25	20	16	14

あかるい

こ

五行 木

礼儀正しく堅実

こう [Ko]

さわやか

落ち着いた「こ」、深みある「う」が大人っぽい。硬質な響きながら流れがあり、穏やかな印象

紘 10	虹 9	功 5
航 10	洸 9	昂 8
皐 11	晃 10	昊 8
煌 13	晄 10	恒 9

ごう Go

濁音「ご」の静かな重みが効いた短音名前。頼もしさを感じさせる

轟21（21）　瑚13宇6（19）　豪14（14）　剛10（10）

力強い

こういち Koichi

静かな強さをもつ「こう」に実直な「いち」音が毅然とした印象

滉13一1（14）　航10一1（11）　耕10一1（11）　虹9一1（10）

あかるい

こうえい Koei

硬質な「こう」と明朗な「えい」の、美しい流れが気品を感じさせる

煌13瑛12（25）　航10英8（18）　光6瑛12（18）　康11永5（16）

かっこいい

こうが Koga

しなやかな「こう」に威厳ある「が」がりりしく高貴な雰囲気に

煌13雅13（26）　洸9我7（16）　昊8河8（16）　光6河8（14）

力強い

こうき Koki

「こう」「き」ともに硬質でシャープな響きが利発な印象を生む

滉13基11（24）　光6樹16（22）　紘10希7（17）　剛10生5（15）

あかるい

ごうき Goki

骨太な「ごう」を「き」がキレよく収め、豪快な男気を感じさせる

剛10輝15（25）　豪14記10（24）　豪14希7（21）　剛10紀9（19）

かっこいい

こうけん Koken

落ち着いた「こう」の流れを「けん」が収め、高潔な印象に

幸8謙17（25）　晃10健11（21）　孝7健11（18）　光6研9（15）

あかるい

こうさく Kosaku

静かな響きの「こう」に止め字「さく」が効き、素朴な人柄を強調

幸8策12（20）　耕10作7（17）　孝7朔10（17）　紅9作7（16）

かっこいい

こうし Koshi

硬質な響きの「こう」に涼しげな「し」がほどよい緊張感を生む

航10志7（17）　晃10史5（15）　虹9史5（14）　昊8士3（11）

やさしい

こうじ Koji

古典的な止め字「じ」が穏やかな「こう」を受け止め、堅実な印象

行6路13（19）　航10史5（15）　光6児7（13）　幸8士3（11）

かっこいい

こうしろう Koshiro

落ち着いた「こう」と大人びた「しろう」の相乗効果でグッと知的に

煌13士3郎9（25）　皓12士3郎9（24）　航10史5郎9（24）　宏7志7朗10（24）

力強い

こうしん Koshin

硬質な流れをもつ「こう」にキレ味鋭い「しん」が礼儀正しい印象

煌13 心4	17
光6 信9	15
弘5 真10	15
功5 臣7	12

あかるい

こうすけ Kosuke

端正な響きの「こう」を「すけ」があかるく流し、親しみやすい

光6 祐9	15
弘5 将10	15
航10 介4	14
皇9 介4	13
皓12 介4	16
幸8 典8	16
晃10 右5	15
昂8 佑7	15

あかるい

こうせい Kosei

落ち着いた「こう」に「せい」がさわやかさを加えた好感度大の名前

紘10 生5	15
光6 星9	15
弘5 晟10	15
孝7 世5	12
康11 生5	16
航10 成6	16
晃10 成6	16
昂8 征8	16

かっこいい

こうた Kota

硬く引き締まった「こう」の音に「た」が飾らない素朴さをプラス。男の子らしい名前として長年人気の響き

空8 太4	12
幸8 大3	11
宏7 太4	11
光6 太4	10
洸9 太4	13
孝7 多6	13
好6 汰7	13
虹9 大3	12
皓12 多6	18
航10 大3	13
耕10 大3	13
恒9 太4	13

やさしい

ごうた Gota

頼もしい「ごう」に、ぬくもり感ある「た」が度量の大きい印象

豪14 汰7	21
強11 汰7	18
剛10 太4	14
昂8 大3	11

力強い

こうだい Kodai

「こう」の聡明な響きに「だい」のあかるさが加わり、好バランス

滉13 大3	16
康11 大3	14
航10 大3	13
広5 大3	8

あかるい

こうたろう Kotaro

毅然とした「こう」と温かみある「たろう」の調和がとれている

康11 太4 朗10	25
高10 太4 郎9	23
紘10 太4 郎9	23
昊8 太4 朗10	22

力強い

こうへい Kohei

「こう」がもつ緊張感を「へい」がやわらげ気さくで陽気な印象に

晄10 平5	15
浩10 平5	15
虹9 平5	14
幸8 平5	13

かっこいい

こうま Koma

落ち着いた「こう」に続く「ま」音の余韻が若々しく楽しげに響く

煌13 馬10	23
光6 磨16	22
行6 馬10	16
功5 真10	15

かっこいい

こうめい Komei

艶のある「めい」の響きと相まって「こう」に気品が生まれる

昂8 明8	16
昊8 明8	16
幸8 明8	16
孔4 明8	12
滉13 明8	21
航10 明8	18
倖10 明8	18
皇9 明8	17

あかるい

さ

五行 金

はなやかで向上心がある

こうや Koya

静かな流れの「こう」が止め字「や」によりスピードと勢いを増す

力強い

名前	総画
晄10 也3	13
光6 哉9	15
昂8 弥8	16
煌13 弥8	21

こうよう Koyo

二音の「う」が穏やかな流れを生み、大らかで悠然とした雰囲気

さわやか

名前	総画
宏7 陽12	19
航10 洋9	19
紅9 陽12	21
廣15 洋9	24

こころ Kokoro

軽快な「こ」を「ろ」が包み込む。「心」に通じ、情深いイメージ

やさしい

名前	総画
心4	4
想13	13
心4 路13	17
心4 露21	25

こじろう Kojiro

武士のような雰囲気を持ち、りりしさと信念の強さを感じさせる

力強い

名前	総画
小3 次6 郎9	18
虎8 次6 郎9	23
琥12 士3 郎9	24
琥12 次6 朗10	28

こたろう Kotaro

硬質な「こ」に続く「たろう」の音が小気味よく、機敏な印象に

かっこいい

名前	総画
胡9 太4 郎9	22
虎8 汰7 郎9	24
琥12 太4 朗10	26
鼓13 太4 朗10	27

こてつ Kotetsu

三音とも強めの子音でリズミカルに響く。潔く、勇猛果敢な印象

かっこいい

名前	総画
小3 鉄13	16
虎8 哲10	18
虎8 鉄13	21
琥12 鉄13	25

こなん Konan

鋭く知的な「こ」をやわらかい「なん」が収め、人情味にあふれる

やさしい

名前	総画
虎8 南9	17
胡9 南9	18
児7 楠13	20
琥12 南9	21

こはく Kohaku

樹脂の化石である「琥珀」に通じ、熟成された深みを感じさせる

あかるい

名前	総画
虎8 白5	13
虎8 伯7	15
琥12 珀9	21
琥12 博12	24

ごろう Goro

「ご」の適度な重みが「ろう」に流れ、飾り気なく誠実な印象に

かっこいい

名前	総画
伍6 朗10	16
吾7 郎9	16
悟10 郎9	19
梧11 朗10	21

さいたろう Saitaro

さわやかであかるい「さい」に「たろう」がほのぼの感を添える

あかるい

名前	総画
才3 多6 郎9	18
宰10 太4 郎9	23
彩11 多6 朗10	27
犀12 汰7 朗10	29

さいと Saito

控えめな音ながら響きが個性的。すがすがしさと安定感を備える

やさしい

名前	総画
才3 音9	12
采8 斗4	12
彩11 人2	13
才3 翔12	15

さいもん Saimon

あかるい「さい」を包み込む「もん」の響きが個性的で異国情緒漂う

さわやか

名前	総画
才3 門8	11
采8 門8	16
彩11 門8	19
彩11 紋10	21

さきと Sakito

さわやか

小気味よい音が並び、活発な印象のなかに聡明さを感じさせる

咲 9	前 9	咲 9	咲 9
翔 12	都 11	斗 4	人 2
21	20	13	11

さく [Saku]

やさしい

こざっぱりとした響きながら「さ」から「く」音への移行が、クラシカルな余韻をもっている

朔 10	咲 9	作 7
10	9	7

さくた Sakuta

あかるい

知的な印象の「さく」音を止め字「た」が元気いっぱいにまとめた

朔 10	咲 9	朔 10	咲 9
汰 7	多 6	大 3	太 4
17	15	13	13

さくたろう Sakutaro

かっこいい

さわやかな「さく」音に和の趣ある「たろう」を添え小粋な印象

朔 10	咲 9	咲 9	作 7
太 4	多 6	太 4	太 4
朗 10	郎 9	郎 9	朗 10
24	24	22	21

さくと Sakuto

さわやか

古典的な「さく」音に、人気の止め字「と」が現代的余韻をプラス

朔 10	朔 10	咲 9	作 7
音 9	乙 1	人 2	斗 4
19	11	11	11

さくま Sakuma

力強い

聡明に響く「さく」音に「ま」がはつらつとしたあかるさを加えた

作 7	朔 10	朔 10	咲 9
磨 16	真 10	馬 10	真 10
23	20	20	19

さくや Sakuya

かっこいい

和風の響きの「さく」と上昇感ある止め字「や」が調和し神秘的に

朔 10	作 7	咲 9	朔 10
冶 7	哉 9	久 3	矢 5
		也 3	
17	16	15	15

朔 10	朔 10	桜 10	咲 9
椰 13	耶 9	弥 8	哉 9
23	19	18	18

さすけ Sasuke

かっこいい

「さ」行音の連なりが機敏さを感じさせ「すけ」も日本男児らしい

颯 14	冴 7	佐 7	皐 11
祐 9	亮 9	祐 9	介 4
23	16	16	15

さつき Satsuki

さわやか

「五月」の和名と同じ響きで、晴れやかな空と新緑の青さを思わせる

颯 14	颯 14	颯 14	皐 11
樹 16	生 5	月 4	
30	19	18	11

さと [Sato]

あかるい

クールな印象の「さ」音に「と」音が温かみを添えた。思慮深さとやさしさが共存した響き

聡 14	聖 13	智 12
14	13	12

さとき Satoki

やさしい

清らかな「さと」音を止め字「き」がキリッとまとめ、りりしく

聖 13	里 7	智 12	悟 10
輝 15	樹 16	生 5	希 7
28	23	17	17

さとし Satoshi

かっこいい

穏和で知的な「さと」に「し」音が澄んだ強さを与え、清潔な印象に。長年、愛されてきた男子名のひとつ

惺 12	智 12	智 12	哲 10
士 3	之 3		
15	15	12	10

理 11	哲 10	郷 11	諭 16
志 7	志 7	史 5	
18	17	16	16

智 12	聡 14	慧 15	聖 13
嗣 13	司 5	士 3	史 5
25	19	18	18

し

五行 金
自分の意見をもつ

しき Shiki

鋭い響きの短音名前が潔い。「四季」に通じるロマンチックさも

志7	志7	史5	士3
輝15	希7	季8	紀9
22	14	13	12

やさしい

しげ [Shige]

力強い

澄んだ「し」に温かみある濁音「げ」が人情味豊かな印象を加える響き

重9	茂8	成6
9	8	6

しげあき Shigeaki

しっとりとした「しげ」と開放感ある「あき」が引き立て合う

繁16	重9	茂8	成6
明8	明8	昭9	亮9
24	17	17	15

力強い

しげき Shigeki

重みある「しげ」音にキレのよい止め字「き」が男気をプラス

滋12	茂8	成6	成6
樹16	希7	希7	生5
28	15	13	11

かっこいい

しげたか Shigetaka

厚みある「しげ」に続く「たか」の高揚感が頼りがいを感じさせる

繁16	重9	茂8	成6
孝7	貴12	敬12	隆11
23	21	20	17

かっこいい

しあん Shian

控えめな知性を感じさせる「し」音をあかるい「あん」が包み込む

詩13	志7	士3	史5
安6	晏10	庵11	杏7
19	17	14	12

あかるい

じえい Jiei

重みある濁音「じ」から軽やかな「えい」に抜ける響きが心地よい

慈13	路13	時10	慈13
瑛12	栄9	瑛12	英8
25	22	22	21

かっこいい

しおん Shion

ドライな「し」を「おん」が温かく包む。感受性が豊かな印象も

獅13	紫12	至6	士3
音9	苑8	恩10	温12
22	20	16	15

さわやか

さとや Satoya

シャープな響きの「さと」を今風の止め字「や」が格好よくまとめた

賢16	覚12	郷11	悟10
哉9	哉9	矢5	也3
25	21	16	13

あかるい

さとる Satoru

素朴な響きの「さと」に艶のある「る」音がきらめき感をプラス

惺12	慧15	暁12	達12
琉11			
23	15	12	12

やさしい

さむ Samu

キレのよい短音名ながら陽気さをたたえた響き。英語のイメージも

沙7	作7	彩11	佐7
夢13	夢13	武8	武8
20	20	19	15

かっこいい

さんご Sango

晴れやかなイメージの「さん」が「ご」の重みで安定感も備えた

賛15	珊9	山3	三3
吾7	瑚13	梧11	悟10
22	22	14	13

力強い

さんた Santa

はつらつとした「さん」に添えた「た」音が屈託のなさを強調

燦17	賛15	珊9	山3
太4	太4	汰7	太4
21	19	16	7

あかるい

しげはる Shigeharu

重みある「しげ」に続くやわらかい「はる」が温かい人柄を演出

さわやか

名前	画数	総画
成治	6・8	14
茂陽	8・12	20
茂開	8・12	20
繁晴	16・12	28

しげる Shigeru

気さくな印象の「しげ」に楽しげな「る」音がユーモアを感じさせる

かっこいい

名前	画数	総画
茂	8	8
滋	12	12
慈	13	13
繁	16	16

しこう Shiko

緊張感ある「こう」が「し」を冴えわたらせキリッと一途な印象に

あかるい

名前	画数	総画
史光	5・6	11
士晃	3・10	13
至孝	6・7	13
志行	7・6	13

しどう Shido

潔い「し」音に続く風格ある濁音「どう」が自信みなぎるイメージ

力強い

名前	画数	総画
士道	3・12	15
司堂	5・11	16
志道	7・12	19
獅童	13・12	25

しのぶ Shinobu

涼やかな「し」にうるおい感ある「のぶ」が日本情緒を感じさせる

さわやか

名前	画数	総画
忍	7	7
志伸	7・7	14
志信	7・9	16
詩暢	13・14	27

しもん Shimon

クリアな「し」を躍動感ある「もん」が収束させ、洋風の響きに

さわやか

名前	画数	総画
史門	5・8	13
志門	7・8	15
獅文	13・4	17
紫門	12・8	20

しゆう Shiyu

静かな「し」に続く「ゆう」が強く響き、やさしく雄大な印象

やさしい

名前	画数	総画
志侑	7・8	15
志悠	7・11	18
獅悠	13・11	24
獅優	13・17	30

しゅう [Shu]

あかるい

清らかな「し」に続く「ゅう」が穏やかな流れを生み、収まりがよい。知的でスマートな印象

名前	画数	総画
朱	6	6
舟	6	6
秀	7	7
周	8	8
柊	9	9
秋	9	9
修	10	10
崇	11	11
脩	11	11
守生	6・5	11
朱生	6・5	11
集	12	12
朱羽	6・6	12
嵩	13	13
愁	13	13
柊宇	9・6	15
柊羽	9・6	15
珠生	10・5	15
柊佑	9・7	16
珠羽	10・6	16
鷲	23	23

しゅういち Shuichi

流れゆく「しゅう」をりりしい「いち」が受け止め、利発な響きに

かっこいい

名前	画数	総画
秀一	7・1	8
周一	8・1	9
柊一	9・1	10
修一	10・1	11
周市	8・5	13
柊市	9・5	14
秋壱	9・7	16
宗伊知	8・6・8	22

しゅういちろう Shuichiro

サラサラと静かな流れをもつ響きで、ていねいで聡明な印象を与える

かっこいい

名前	画数	総画
周一朗	8・1・10	19
柊一郎	9・1・9	19
修一朗	10・1・10	21
脩一郎	11・1・9	21

しゅうえい Shuei

「しゅう」のさわやかさに「えい」があかるさとほがらかさを添える

あかるい

名前	画数	総画
秀英	7・8	15
柊英	9・8	17
秋栄	9・9	18
秀瑛	7・12	19

しゅうき Shuki

緊張感ある音で構成され、一目置かせる存在感を生む

あかるい

名前	画数	総画
柊希	9・7	16
秀貴	7・12	19
脩喜	11・12	23
柊輝	9・15	24

しゅうご Shugo

濁音「ご」が「しゅう」に適度な重みを加え凛とした印象に

修10 伍6	柊9 冴7	柊9 吾7	宗8 吾7
16	16	16	15
脩11 悟10	修10 悟10	秀7 梧11	秀7 悟10
21	20	18	17

かっこいい

しゅうさく Shusaku

スマートな「しゅう」に続く止め字「さく」が温かみをプラス

宗8 策12	秋9 咲9	周8 作7	秀7 作7
20	18	15	14

さわやか

しゅうじ Shuji

静かな響きの「しゅう」に厚みある「じ」を添え、耳なじみがよい

柊9 司5	修10 士3	柊9 士3	柊9 二2
14	13	12	11
修10 志7	秋9 児7	修10 司5	秀7 治8
17	16	15	15

かっこいい

しゅうすけ Shusuke

清涼感ある「さ」行音が印象的で、若々しく素直な響きが好感度大

修10 輔14	秀7 亮9	崇11 介4	周8 佑7
24	16	15	15

あかるい

しゅうせい Shusei

「しゅう」を受ける「せい」の落ち着きが際立ち、おとなびた雰囲気

柊9 晴12	脩11 星9	秀7 星9	秀7 成6
21	20	16	13

あかるい

しゅうぞう Shuzo

さわやかな「しゅう」に続く濁音「ぞう」が度胸の据わった印象

柊9 蔵15	修10 造10	透10 三3	修10 三3
24	20	13	13

力強い

しゅうた Shuta

止め字の「た」が物静かな「しゅう」にほどよい陽気さを加える

秀7 汰7	修10 大3	柊9 太4	周8 太4
14	13	13	12
集12 汰7	脩11 汰7	嵩13 大3	周8 汰7
19	18	16	15

かっこいい

しゅうたろう Shutaro

男の子らしい止め字「たろう」が「しゅう」の聡明さを強調

修10 太4 郎9	柊9 太4 朗10	周8 太4 郎9	秀7 太4 朗10
23	23	21	21

あかるい

しゅうと Shuto

スパッとまっすぐな響きをもつ音で、鮮やかなスピード感を放つ

修10 斗4	修10 士3	珠10 人2	守6 人2
14	13	12	8
崇11 翔12	柊9 都11	秋9 音9	秀7 虎8
23	20	18	15

やさしい

しゅうへい Shuhei

鋭い「しゅう」の響きをピースフルな「へい」の音が和ませる

脩11 平5	秋9 平5	宗8 平5	収4 平5
16	14	13	9

あかるい

しゅうま Shuma

丸みを帯びた「ま」が「しゅう」の鋭さをやわらげフレンドリーに

秀7 磨16	脩11 馬10	珠10 馬10	柊9 麻11
23	21	20	20

かっこいい

しゅうめい Shumei

かっこいい

艶やかな「めい」の音が静かな「しゅう」に、はなやかさを添える

名前	画数
脩11 銘14	25
秀7 盟13	20
周8 明8	16
宗8 明8	16

しゅうや Shuya

あかるい

秘めた強さをもつ「しゅう」音に止め字「や」が積極性をプラス

名前	画数
柊9 夜8	17
秋9 弥8	17
嵩13 也3	16
脩11 矢5	16

しゅん [Shun]

さわやか

弾むような響きとスピード感をもち、機敏さや好奇心の旺盛（おうせい）さ、頭の回転の速さを感じさせる

漢字	画数
瞬18	18
舜13	13
旬6	6

じゅん [Jun]

あかるい

適度な重みある濁音の「じ」が、しっとりとした和の風情を醸し出す響き

漢字	画数
準13	13
隼10	10
巡6	6
潤15	15
淳11	11
洵9	9
諄15	15
順12	12
准10	10
遵15	15
詢13	13
純10	10

しゅんいち Shunichi

あかるい

軽くさわやかな「しゅん」が「いち」の強さを引き立て元気な印象

名前	画数
駿17 一1	18
峻10 一1	11
隼10 一1	11
俊9 一1	10

じゅんいち Junichi

さわやか

「じゅん」のうるおい感と「いち」のりりしさが絶妙バランスの人気名

名前	画数
潤15 一1	16
順12 一1	13
純10 一1	11
准10 一1	11

じゅんいちろう Junichiro

かっこいい

重さと躍動感、男らしさとのびやかさ、さまざまな魅力を凝縮した

名前	画数
準13 一1 郎9	23
順12 一1 朗10	23
淳11 一1 郎9	21
純10 一1 郎9	20

しゅんご Shungo

あかるい

瞬発力のある「しゅん」の音を低い「ご」の音が支え、骨太な印象

名前	画数
駿17 冴7	24
春9 悟10	19
隼10 吾7	17
俊9 吾7	16

じゅんご Jungo

力強い

「じゅん」のみずみずしさを濁音「ご」が安定させ、威厳をもたせる

名前	画数
潤15 吾7	22
純10 梧11	21
順12 伍6	18
淳11 吾7	18

しゅんすけ Shunsuke

さわやか

さわやかな「しゅん」とのびやかな「すけ」の組み合わせで定番人気

名前	画数
隼10 亮9	19
竣12 介4	16
春9 佑7	16
俊9 介4	13
駿17 輔14	31
駿17 典8	25
舜13 亮9	22
舜13 佑7	20

じゅんせい Junsei

あかるい

うるおい感ある「じゅん」とすがすがしい「せい」の対比が美しい

名前	画数
淳11 聖13	24
純10 晴12	22
潤15 生5	20
純10 青8	18

しゅんた Shunta

あかるい

軽やかな「しゅん」に続く「た」が弾けるような快活さを生む

名前	画数
隼10 汰7	17
竣12 大3	15
春9 太4	13
旬6 太4	10
駿17 汰7	24
駿17 多6	23
瞬18 大3	21
舜13 太4	17

しょう [Sho]

あかるい

清涼感のなかにあかるさも秘めた人気の響き。名前にさわやかな流れを生み、呼びやすくなる

漢字	画数
翔	12
渉	11
承	8
勝	12
章	11
尚	8
奨	13
笙	11
将	10
彰	14
菖	11
祥	10

じょう Jo

かっこいい

明確でしっかりした濁音「じ」により、力強さと男気が加わる

名前	画数	総画
譲	20	20
助生	7・5	12
晟	10	10
丈	3	3

しょういち Shoichi

かっこいい

「しょう」に続く飾り気のない「いち」の音が潔い人柄を思わせる

名前	画数	総画
憧一	15・1	16
祥市	10・5	15
菖一	11・1	12
正一	5・1	6

しょうえい Shoei

やさしい

清潔な「しょう」、陽気な「えい」がさわやかに響く好男子風の名前

名前	画数	総画
勝瑛	12・12	24
翔栄	12・9	21
昇英	8・8	16
将永	10・5	15

じゅんぺい Jumpei

あかるい

混在する濁音と半濁音が静と動の魅力を醸し出す、好感度の高い名前

名前	画数	総画
絢平	12・5	17
順平	12・5	17
淳平	11・5	16
純平	10・5	15

しゅんや Shunya

さわやか

さっぱりと軽やかな「しゅん」に止め字「や」が男らしさを加える

名前	画数	総画
春弥	9・8	17
舜也	13・3	16
隼矢	10・5	15
俊也	9・3	12
駿弥	17・8	25
瞬也	18・3	21
隼哉	10・9	19
峻弥	10・8	18

じゅんや Junya

かっこいい

深く落ち着いた「じゅん」の響きと「や」の躍動感が美しいバランス

名前	画数	総画
潤也	15・3	18
洵哉	9・9	18
詢也	13・3	16
純矢	10・5	15
潤哉	15・9	24
閏弥	12・8	20
淳弥	11・8	19
純哉	10・9	19

じゅんた Junta

かっこいい

秘めた情緒を感じさせる「じゅん」の音を「た」があかるく彩る

名前	画数	総画
順太	12・4	16
惇太	11・4	15
純大	10・3	13
洵太	9・4	13

しゅんたろう Shuntaro

さわやか

弾ける「しゅん」の音を「たろう」が落ち着け静と動の魅力をもつ

名前	画数	総画
隼太朗	10・4・10	24
峻太郎	10・4・9	23
俊太郎	9・4・9	22
旬多朗	6・6・10	22

しゅんと Shunto

さわやか

快活な跳躍音「しゅん」を「と」が、よりシャープに仕上げる

名前	画数	総画
春翔	9・12	21
舜斗	13・4	17
舜人	13・2	15
旬人	6・2	8

じゅんのすけ Junnosuke

かっこいい

しっとりと大人びた「じゅん」に伝統的な「のすけ」が品を添える

名前	画数	総画
潤之助	15・3・7	25
淳之介	11・3・4	18
准之介	10・3・4	17
純乃介	10・2・4	16

しゅんぺい Shumpei

あかるい

「しゅん」「ぺい」ともに軽くあかるい響きで気さくな印象に

名前	画数	総画
駿平	17・5	22
舜平	13・5	18
竣平	12・5	17
隼平	10・5	15

しょうき
Shoki
さわやか

流れる「しょう」の音を「き」が鋭くまとめキリッと高潔に響く

祥10 輝15	25
翔12 規11	23
昇8 貴12	20
笑10 生5	15

しょうご
Shogo
かっこいい

「しょう」の爽快さに濁音「ご」が風格を与え、底力を感じさせる

奨13 吾7	20
渉11 吾7	18
匠6 悟10	16
昌8 午4	12
彰14 悟10	24
聖13 梧11	24
翔12 梧11	23
憧15 吾7	22

じょうじ
Joji
力強い

頭と終わりの濁音「じ」の一貫した響きが芯の強さを醸し出す

譲20 志7	27
穣18 児7	25
丞6 治8	14
丈3 士3	6

しょうすけ
Shosuke
かっこいい

「しょう」「すけ」ともに軽快で涼やかな響きで、素直なイメージ

昇8 輔14	22
翔12 亮9	21
章11 佑7	18
湘12 介4	16

しょうせい
Shosei
あかるい

なじみやすい「しょう」の音に続けた「せい」が凛とした印象

勝12 誠13	25
将10 星9	19
翔12 世5	17
匠6 生5	11

しょうた
Shota
やさしい

クールな響きの「しょう」に続く、素朴な「た」が温厚な印象。そのコントラストが、適度な緊張感を生む

祥10 太4	14
将10 太4	14
正5 汰7	12
尚8 大3	11
翔12 大3	15
勝12 大3	15
笙11 太4	15
昇8 汰7	15
勝12 汰7	19
晶12 太4	16
笑10 多6	16
祥10 多6	16

しょうだい
Shodai
かっこいい

重みある「だい」が軽快な「しょう」を支え自信あふれる風情に

勝12 天4	16
翔12 大3	15
将10 大3	13
昇8 天4	12

しょうたろう
Shotaro
あかるい

若々しい「しょう」に伝統の止め字「たろう」が落ち着きを与える

勝12 太4 郎9	25
翔12 大3 朗10	25
松8 太4 朗10	22
尚8 太4 郎9	21

じょうたろう
Jotaro
かっこいい

「じょう」が穏やかさのなかに秘めた男らしさを強調。気品もある

譲20 汰7 朗10	37
晟10 太4 郎9	23
城9 太4 郎9	22
丞6 太4 郎9	19

しょうと
Shoto
やさしい

硬質で軽やかな清音からなり、頭の回転が速く、スマートな印象

渉11 翔12	23
翔12 斗4	16
紹11 斗4	15
将10 人2	12

しょうのすけ
Shonosuke
かっこいい

すがすがしい「しょう」に続く古典的な「のすけ」が知的さを強調

彰14 乃2 亮9	25
将10 ノ1 輔14	25
将10 之3 助7	20
匠6 之3 介4	13

しょうへい
Shohei
力強い

信頼感ある「へい」の音が「しょう」をグッとフレンドリーに

聖13 平5	18
翔12 平5	17
笑10 平5	15
昇8 平5	13

しん [Shin]

あかるい

「し」の潔く澄んだ音が「ん」によってキレを増す。静けさのなかに強さを感じさせる響き

進 11	真 10	心 4
森 12	晋 10	伸 7
新 13	深 11	臣 7
慎 13	紳 11	信 9

しんいちろう Shinichiro

潔い「しん」に「いちろう」が控えめながら芯の通った強さに

名前	総画
慎13 一1 朗10	24
紳11 一1 郎9	21
信9 一1 朗10	20
伸7 一1 郎9	17

さわやか

しりゅう Shiryu

清廉な「し」と雄々しい「りゅう」の響きが秘めた情熱を醸し出す

名前	総画
獅13 流10	23
志7 龍16	23
史5 琉11	16
士3 流10	13

さわやか

しょうま Shoma

すっきりとした「しょう」の音に温かみある「ま」が好バランス

名前	総画
祥10 馬10	20
匠6 馬10	16
正5 真10	15
生5 真10	15
将10 摩15	25
彰14 真10	24
尚8 磨16	24
翔12 麻11	23

あかるい

しんかい Shinkai

さわやかでキレがよく、男らしくすがすがしい人柄を思わせる

名前	総画
新13 開12	25
真10 快7	17
芯7 快7	14
心4 海9	13

力強い

しんご Shingo

鋭い「しん」に続くたくましい濁音「ご」が頼りがいを感じさせる

名前	総画
晋10 伍6	16
進11 午4	15
心4 梧11	15
信9 五4	13
心4 護20	24
慎13 悟10	23
槙14 吾7	21
慎13 吾7	20

あかるい

しょうや Shoya

フレッシュな「しょう」の音に続く「や」が力強くりりしい印象

名前	総画
捷11 矢5	16
将10 矢5	15
匠6 哉9	15
昇8 也3	11
翔12 椰13	25
勝12 夜8	20
祥10 弥8	18
奨13 也3	16

やさしい

じん Jin

濁音の重みと二字名の潔さが相まって揺るぎない強さを感じさせる

名前	総画
稔13	13
迅6	6
壬4	4
仁4	4

かっこいい

しんさく Shinsaku

男らしい「しん」に、伝統的止め字「さく」が安心感をプラスした

名前	総画
新13 朔10	23
進11 作7	18
晋10 作7	17
心4 索10	14

かっこいい

しんいち Shinichi

鋭い「しん」に「いち」の音が強さをプラスし、誠実さを強調

名前	総画
進11 市5	16
森12 一1	13
眞10 一1	11
芯7 一1	8

かっこいい

しょうり Shori

「勝利」のイメージではなばなしい響き。カリスマ性も感じさせる

名前	総画
翔12 梨11	23
勝12 利7	19
尚8 理11	19
祥10 吏6	16

力強い

しんじ Shinji

汚れのない「しん」の音に続く「じ」が純真なイメージを強める

力強い

名前	画数	総画
晋司	10・5	15
信志	9・7	16
紳児	11・7	18
真路	10・13	23

しんすけ Shinsuke

親しみやすい「すけ」を得て、鋭い「しん」に陽気な印象が加わる

かっこいい

名前	画数	総画
伸介	7・4	11
芯助	7・7	14
慎祐	13・9	22
信輔	9・14	23

しんたろう Shintaro

すっきりとした「しん」に「たろう」が素朴なやさしさを感じさせる

あかるい

名前	画数	総画
心太朗	4・4・10	18
芯太郎	7・4・9	20
信太郎	9・4・9	22
信太朗	9・4・10	23
晋太朗	10・4・10	24
愼太郎	13・4・9	26
慎太郎	13・4・9	26
慎太朗	13・4・10	27

しんと Shinto

シャープな「しん」に落ち着きある「と」が続き、知的な印象に

さわやか

名前	画数	総画
芯斗	7・4	11
晨人	11・2	13
真都	10・11	21
進翔	11・12	23

しんのすけ Shinnosuke

鋭い「しん」「すけ」の間に「ん」で一拍置いて、やさしい印象に

あかるい

名前	画数	総画
心乃助	4・2・7	13
進之介	11・3・4	18
信之助	9・3・7	19
慎之介	13・3・4	20
新乃助	13・2・7	22
新之丞	13・3・6	22
真之輔	10・3・14	27
槙之輔	14・3・14	31

しんや Shinya

男らしい止め字「や」により「しん」の勢いが増し、力強く響く

やさしい

名前	画数	総画
真矢	10・5	15
新也	13・3	16
清夜	11・8	19
紳哉	11・9	20

じんや Jinya

濁音「じん」の男らしく真剣な印象を「や」がさらに引き立てた

かっこいい

名前	画数	総画
迅也	6・3	9
壬弥	4・8	12
仁哉	4・9	13
臣夜	7・8	15

す

五行 金

情に厚く面倒見がよい

すい Sui

「水」に通じ、すがすがしさとクリア感のある響き。柔軟性も併せもつ

さわやか

名前	画数	総画
粋	10	10
睡	13	13
翠	14	14
穂	15	15

すいせい Suisei

清らかな響きの連音で「い」が穏やかな流れを生み、風雅な印象も

かっこいい

名前	画数	総画
水聖	4・13	17
彗星	11・9	20
穂生	15・5	20
翠清	14・11	25

すかい Sukai

澄み渡った「空」を思わせ、のびやかで無限の可能性を感じさせる

あかるい

名前	画数	総画
透海	10・9	19
澄快	15・7	22
澄海	15・9	24
素櫂	10・18	28

せ

五行 金
知性があり行動的

すぐる Suguru

力強い

鋭い「す」、おとなびた「ぐ」を「る」があかるくまとめ利発な印象

名前	画数	総画
優	優17	17
勝	勝12	12
俊	俊9	9
卓	卓8	8

すすむ Susumu

さわやか

二音続く「す」がストレートさを強調し「む」が力強く収めた

名前	画数	総画
漸	漸14	14
奨	奨13	13
進	進11	11
晋	晋10	10

すなお Sunao

やさしい

曲がったところのない素直な印象。「お」音が大らかさをプラス

名前	画数	総画
沙緒	沙7 緒14	21
直生	直8 生5	13
純	純10	10
直	直8	8

すばる Subaru

かっこいい

スマートで力強い響き。星の名前「昴」からロマンを感じさせる

名前	画数	総画
澄晴	澄15 晴12	27
素晴	素10 晴12	22
昴流	昴9 流10	19
昴	昴9	9

すみと Sumito

さわやか

「すみ」の音が純粋さを強調。止め字「と」が元気さをプラス

名前	画数	総画
澄斗	澄15 斗4	19
寿実人	寿7 実8 人2	17
澄人	澄15 人2	17
純斗	純10 斗4	14

すみや Sumiya

あかるい

清廉な響きの三音からなり、清潔感と礼儀正しさを感じさせる

名前	画数	総画
須美矢	須12 美9 矢5	26
栖哉	栖10 哉9	19
澄也	澄15 也3	18
純弥	純10 弥8	18

せい [Sei]

あかるい

低く落ち着いた響きのなかに、濁りのない清涼感と穏やかな広がりを感じさせる人気の音

名前	画数	総画
誓	誓14	14
惺	惺12	12
晟	晟10	10

せいいち Seiichi

やさしい

実直な「いち」の音が澄んだ「せい」音に前向きさと勢いをプラス

名前	画数	総画
誠市	誠13 市5	18
静一	静14 一1	15
聖一	聖13 一1	14
成壱	成6 壱7	13

せいいちろう Seiichiro

かっこいい

静かな「せい」にまっすぐな響きの「いちろう」が礼儀正しい印象

名前	画数	総画
誠一郎	誠13 一1 郎9	23
晴一朗	晴12 一1 朗10	23
星一郎	星9 一1 郎9	19
正一朗	正5 一1 朗10	16

せいが Seiga

かっこいい

晴々とした「せい」の音に濁音「が」が勇ましい雰囲気をプラスする

名前	画数	総画
聖河	聖13 河8	21
清河	清11 河8	19
成雅	成6 雅13	19
誠牙	誠13 牙4	17

せいき Seiki

あかるい

静かな響きの「せい」をシャープな「き」が力強く印象的に収めた

名前	画数	総画
聖樹	聖13 樹16	29
星輝	星9 輝15	24
誠希	誠13 希7	20
征紀	征8 紀9	17

せいご Seigo

力強い

濁音「ご」が安定感を生み、さわやかながら頼りがいのある印象に

名前	画数	総画
誠剛	誠13 剛10	23
清悟	清11 悟10	21
惺吾	惺12 吾7	19
晴伍	晴12 伍6	18

せいじ Seiji

かっこいい

古風な止め字「じ」がさわやかさのなかに誠実さを添え、好感度◎

名前	画数	総画
清司	清11 司5	16
青児	青8 児7	15
征史	征8 史5	13
成士	成6 士3	9

せいしゅう Seishu

さわやか

知的な「せい」の音に静かな流れをもつ「しゅう」が続き、優雅に

名前	画数	総画
青州	8・6	14
成修	6・10	16
晟周	10・8	18
聖秀	13・7	20

せいしろう Seishiro

力強い

大人びた「せい」に伝統的止め字「しろう」を添え、クラシカルに

名前	画数	総画
清司郎	11・5・9	25
星志朗	9・7・10	26
聖士朗	13・3・10	26
誠史郎	13・5・9	27

せいすけ Seisuke

あかるい

「せい」「すけ」ともに清い流れを感じさせ、純粋な印象の名前に

名前	画数	総画
誠介	13・4	17
星亮	9・9	18
征輔	8・14	22
聖祐	13・9	22

せいた Seita

さわやか

利発そうな「せい」に純朴な「た」の止め字が飾り気なく好感度大

名前	画数	総画
成太	6・4	10
成汰	6・7	13
征多	8・6	14
晴大	12・3	15
惺大	12・3	15
誠大	13・3	16
聖太	13・4	17
惺汰	12・7	19

せいたろう Seitaro

かっこいい

和の趣がある「せい」「たろう」の響きが折り目正しく誠実な印象

名前	画数	総画
政太郎	9・4・9	22
清太朗	11・4・10	25
晴太郎	12・4・9	25
惺太朗	12・4・10	26

せいと Seito

さわやか

さっぱりとした「せい」に歯切れのよい「と」の音が清潔感を強調

名前	画数	総画
征人	8・2	10
聖音	13・9	22
惺翔	12・12	24
誠翔	13・12	25

せいのすけ Seinosuke

かっこいい

古典的な響きの連音で武士のような忠義心と男らしさを醸し出す

名前	画数	総画
星之介	9・3・4	16
政之助	9・3・7	19
誠之介	13・3・4	20
成之輔	6・3・14	23

せいま Seima

やさしい

すがすがしい「せい」にあかるく男っぽい「ま」の響きが調和する

名前	画数	総画
成真	6・10	16
聖馬	13・10	23
誠麻	13・11	24
星磨	9・16	25

せいめい Seimei

かっこいい

美しい流れのある連音の組み合わせで、気品と知性を感じさせる

名前	画数	総画
晴明	12・8	20
聖明	13・8	21
征銘	8・14	22
誠鳴	13・14	27

せいや Seiya

かっこいい

壮快な「せい」に男気あふれる「や」の響きがキラキラ感を添える

名前	画数	総画
征矢	8・5	13
星夜	9・8	17
清哉	11・9	20
勢弥	13・8	21

せいりゅう Seiryu

さわやか

中国の神獣「青竜」と同じ響きで、さわやかな上昇力を感じさせる

名前	画数	総画
青琉	8・11	19
成龍	6・16	22
惺流	12・10	22
星龍	9・16	25

せかい Sekai

あかるい

さわやかであかるい清音の組み合わせ。「世界」の連想から壮大さも

名前	画数	総画
世海	5・9	14
勢介	13・4	17
星海	9・9	18
瀬海	19・9	28

せな Sena

やさしい

落ち着いた「せ」音に「な」のやさしい響きを添えて。洋風な印象も

名前	画数	総画
世那	5・7	12
世南	5・9	14
聖七	13・2	15
世渚	5・11	16
星那	9・7	16
聖梛	13・11	24
瀬凪	19・6	25
瀬南	19・9	28

そ

五行 金

思慮深く素直な社交家

そう [So]

さわやか

さわやかさのなかにも落ち着きがあり、おとなっぽく響く音。和の雰囲気も漂い、人気が高い

名前	画数	総画
颯	14	14
創	12	12
壮	6	6
聡	14	14
湊	12	12
宗	8	8
想生	13・5	18
蒼	13	13
奏	9	9
蒼海	13・9	22
想	13	13
爽	11	11

そういちろう Soichiro

かっこいい

静かな響きの「そう」に古風な止め字「いちろう」が躍動感を加える

名前	画数	総画
颯一郎	14・1・9	24
湊一朗	12・1・10	23
崇一朗	11・1・10	22
宗一朗	8・1・10	19

そうき Soki

やさしい

りりしい「そう」を「き」がすっきりとまとめ、礼儀正しい印象

名前	画数	総画
創季	12・8	20
創生	12・5	17
宋紀	7・9	16
壮起	6・10	16
相樹	9・16	25
奏輝	9・15	24
颯希	14・7	21
爽朗	11・10	21

そうご Sogo

かっこいい

濁音「ご」が安定感をもたらし、揺るぎない自信を感じさせる

名前	画数	総画
蒼梧	13・11	24
颯冴	14・7	21
蒼吾	13・7	20
壮悟	6・10	16

そうし Soshi

さわやか

「さ」行がさわやかに響く組み合わせで、潔く飾らない人柄を思わせる

名前	画数	総画
総志	14・7	21
奏詞	9・12	21
創史	12・5	17
湊士	12・3	15

そういち Soichi

あかるい

深みある「そう」に続く力強い「いち」がひたむきな印象を与える

名前	画数	総画
奏市	9・5	14
創一	12・1	13
宗市	8・5	13
爽一	11・1	12

せら Sera

あかるい

控えめな二音ながら組み合わせが新鮮で外国的なスケール感もある

名前	画数	総画
星羅	9・19	28
聖嵐	13・12	25
勢良	13・7	20
世良	5・7	12

ぜん Zen

かっこいい

「禅」に通じ、潔さと思慮深さを併せもつ。耳に残る斬新な響き

名前	画数	総画
漸	14	14
然	12	12
善	12	12
全	6	6

せんた Senta

あかるい

さっぱりと響く「せん」にほがらかな「た」音がはつらつとした印象

名前	画数	総画
泉多	9・6	15
宣大	9・3	12
千汰	3・7	10
仙太	5・4	9

せんたろう Sentaro

力強い

さわやかな知性を秘めた「せん」に「たろう」の男っぽさが加わった

名前	画数	総画
扇太朗	10・4・10	24
泉太郎	9・4・9	22
千汰朗	3・7・10	20
仙太郎	5・4・9	18

せんと Sento

かっこいい

すっきりとした「せん」に「と」音のほどよい重みが、勇ましく響く

名前	画数	総画
千翔	3・12	15
閃斗	10・4	14
千都	3・11	14
泉人	9・2	11

そうじ Soji

品がある「そう」を濁音「じ」が引き締め、肝の据わった印象に

蒼13	奏9	宗8	壮6
士3	児7	治8	侍8
16	16	16	14

颯14	創12	想13	総14
慈13	路13	治8	司5
27	25	21	19

かっこいい

そうしろう Soshiro

「そう」「しろう」ともに文芸的な響きがあり思慮深く聡明な印象

颯14	蒼13	創12	壮6
志7	士3	士3	史5
郎9	朗10	郎9	朗10
30	26	24	21

力強い

そうしん Soshin

奥深い「そう」の響きを「しん」がキレよくまとめ、毅然とさせる

蒼13	爽11	奏9	草9
信9	真10	伸7	心4
22	21	16	13

かっこいい

そうすけ Sosuke

気さくな「すけ」の音がおとなっぽい「そう」を親しみやすい印象に

想13	奏9	崇11	壮6
祐9	甫7	介4	亮9
22	16	15	15

あかるい

そうた Sota

さわやかな「そう」に元気な止め字「た」が絶妙にマッチする

湊12	奏9	宗8	相9
大3	多6	汰7	太4
15	15	15	13

総14	爽11	聡14	創12
太4	汰7	大3	太4
18	18	17	16

かっこいい

そうだい Sodai

さわやかな「そう」に続く力強い「だい」が勇敢な雰囲気をつくる

想13	湊12	宗8	壮6
大3	大3	大3	大3
16	15	11	9

かっこいい

そうたろう Sotaro

大人びたさわやかさをもつ「そう」を「たろう」が男らしく締める

爽11	奏9	宗8	壮6
太4	多6	太4	大3
郎9	郎9	郎9	郎9
24	24	21	18

聡14	颯14	蒼13	創12
太4	太4	太4	太4
朗10	郎9	朗10	朗10
28	27	27	26

力強い

そうと Soto

硬質な響きの「と」が「そう」の勢いを強め意志の強い印象に

走7	壮6	颯14	爽11
翔12	登12	乙1	人2
19	18	15	13

やさしい

そうへい Sohei

爽快な「そう」に開けた「へい」音が偏りないやさしさを思わせる

颯14	想13	湊12	創12
平5	平5	平5	平5
19	18	17	17

あかるい

そうま Soma

陽のイメージをもつ音「ま」と涼しげな「そう」が好相性。あかるさのなかにシャープさがあり、聡明な印象に

爽11	奏9	宗8	創12
真10	馬10	真10	万3
21	19	18	15

蒼13	蒼13	奨13	湊12
麻11	将10	真10	馬10
24	23	23	22

颯14	相9	颯14	綜14
舞15	磨16	真10	馬10
29	25	24	24

かっこいい

そうめい Somei

あかるい

艶感ある「めい」の音が控えめな「そう」に華を添え、流麗に

相9 鳴14	颯14 明8	蒼13 明8	奏9 明8
23	22	21	17

そうや Soya

やさしい

静かな「そう」に男っぽい止め字「や」が力強さと大胆さをプラス

壮6 哉9	壮6 弥8	宗8 矢5	宋7 也3
15	14	13	10
颯14 夜8	奏9 哉9	湊12 矢5	蒼13 也3
22	18	17	16

そうる Soru

力強い

英語の「soul」に通じる、日本人離れした名前でスケール感がある

颯14 琉11	奏9 瑠14	爽11 琉11	奏9 琉11
25	23	22	20

そうわ Sowa

やさしい

深い響きの「そう」に続く「わ」が無限の広がりを感じさせる

颯14 和8	蒼13 和8	創12 波8	奏9 羽6
22	21	20	15

そら [Sora]

さわやか

「空」や「宇宙」のイメージにつながり、さわやかさと自由さ、雄大さが感じられ長く人気の名前

空8	壮6 良7	蒼13 來8
8	13	21
宙8	想13 来7	颯14 来7
8	20	21
昊8	想13 良7	奏9 楽13
8	20	22
宙8 大3	蒼13 空8	爽11 楽13
11	21	24

そらき Soraki

あかるい

止め字「き」が添えられ「そら」のクリア感が強調される

昊8 紀9	昊8 季8	宙8 希7	宇6 季8
17	16	15	14
曽11 良7 来7	宙8 樹16	空8 輝15	空8 紀9
25	24	23	17

そらた Sorata

あかるい

人気の響き「そら」「た」の相乗効果でのびやかなあかるさを強調

宙8 汰7	空8 太4	宇6 多6	空8 大3
15	12	12	11

そらと Sorato

やさしい

歯切れよい止め字「と」が「そら」をより勇ましく引き立てる

昊8 翔12	昊8 音9	空8 飛9	天4 都11
20	17	17	15

た

五行 火

野心や実行力がある

たい [Tai]

かっこいい

はつらつとした「た」音の印象が強く、あかるい。続く「い」音が知的で、文武両道のイメージ

泰10	太4	大3
10	4	3

だい [Dai]

力強い

二音名前の潔さと「だ」の強さが最大限に活きた勇敢な名前

内4	大3	乃2
4	3	2

たいが Taiga

かっこいい

勇壮な響きの音からなり、スケールの大きさと力強さを感じさせる

名前	画数	総画
泰河	泰10 河8	18
汰芽	汰7 芽8	15
大虎	大3 虎8	11
大我	大3 我7	10

たいき Taiki

さわやか

キリッとした三音からなり、裏表のないまっすぐな人柄のイメージ

名前	画数	総画
泰輝	泰10 輝15	25
戴希	戴17 希7	24
汰希	汰7 希7	14
大起	大3 起10	13

だいき Daiki

あかるい

力強い濁音「だ」を「いき」が切れ味よくまとめ、元気いっぱい

名前	画数	総画
大騎	大3 騎18	21
大毅	大3 毅15	18
大綺	大3 綺14	17
大貴	大3 貴12	15

だいご Daigo

かっこいい

二音ある濁音が堂々とした気迫を感じさせる。骨太な印象

名前	画数	総画
大護	大3 護20	23
大琥	大3 琥12	15
大湖	大3 湖12	15
大吾	大3 吾7	10

たいし Taishi

やさしい

強めの「たい」の響きを抜け感のある「し」がさわやかにまとめる

名前	画数	総画
大唯志	大3 唯11 志7	21
大獅	大3 獅13	16
泰史	泰10 史5	15
汰志	汰7 志7	14

たいじ Taiji

あかるい

のびやかな「たい」音に、濁音「じ」が落ち着きと風格を加えた

名前	画数	総画
泰治	泰10 治8	18
泰児	泰10 児7	17
太滋	太4 滋12	16
大慈	大3 慈13	16

だいし Daishi

力強い

貫禄ある「だい」の音に止め字「し」でキレよく現代的な名に

名前	画数	総画
奈詩	奈8 詩13	21
乃資	乃2 資13	15
内志	内4 志7	11
大士	大3 士3	6

たいしゅう Taishu

あかるい

開放的な「たい」を「しゅう」が美しく収め、優雅な流れを生む

名前	画数	総画
泰宗	泰10 宗8	18
太秋	太4 秋9	13
大修	大3 修10	13
大周	大3 周8	11

たいしん Taishin

やさしい

全体にきっぱりとしており、純粋かつ一本気なすがすがしさが漂う

名前	画数	総画
泰慎	泰10 慎13	23
太進	太4 進11	15
大晋	大3 晋10	13
太心	太4 心4	8

だいすけ Daisuke

かっこいい

力強い「だい」、さわやかな「すけ」のコンビで王道人気の名前

名前	画数	総画
大翼	大3 翼17	20
大輔	大3 輔14	17
太典	太4 典8	12
大亮	大3 亮9	12

たいせい Taisei

あかるい

「たい」「せい」の連音が悠々とした流れを生み、器の大きい印象

名前	画数	総画
大晴	大3 晴12	15
太晟	太4 晟10	14
大征	大3 征8	11
大成	大3 成6	9
泰聖	泰10 聖13	23
太誠	太4 誠13	17
大誠	大3 誠13	16
泰生	泰10 生5	15

たいち Taichi

あかるい

ハキハキとした三音が好ましいリズムを生みあかるく陽気な印象に

名前	画数	総画
泰智	泰10 智12	22
大陸	大3 陸11	14
太知	太4 知8	12
太一	太4 一1	5

だいち Daichi

かっこいい

大地のイメージで、強さとともにやさしさや器の大きさを感じる

名前	画数	総画
太智	太4 智12	16
大馳	大3 馳13	16
大知	大3 知8	11
大地	大3 地6	9

たいと Taito

さわやか

きっぱりとした三音からなり、スマートさと潔さを併せもつ

名前	画数	総画
泰都	泰10 都11	21
偉斗	偉12 斗4	16
太刀	太4 刀2	6
太人	太4 人2	6

たか［Taka］

かっこいい

「た」「か」ともに高揚感のある響きで、あかるさや前進力を感じさせる、人気の名前

鷹 24 ／ 24
貴 12 ／ 12
高 10 ／ 10

たかあき Takaaki

「たか」「あき」ともに陽のイメージで突き抜けたあかるさが魅力

貴12 瑛12 ／ 24
隆11 晃10 ／ 21
貴12 明8 ／ 20
孝7 秋9 ／ 16

あかるい

たかし Takashi

揚々とした「たか」をさわやかな止め字「し」でシンプルにまとめる

鷹24 士3 ／ 27
高10 嗣13 ／ 23
崇11 志7 ／ 18
堯12 ／ 12

やさしい

たかと Takato

すべてあかるくはっきりした音で、弾むようなリズム感が楽しげ

貴12 翔12 ／ 24
隆11 翔12 ／ 23
崇11 斗4 ／ 15
隆11 人2 ／ 13

さわやか

たかはる Takaharu

イキイキした「たか」をのどかな「はる」が包み、平穏で幸福な印象

貴12 陽12 ／ 24
隆11 遥12 ／ 23
天4 晴12 ／ 16
孝7 治8 ／ 15

さわやか

たかひろ Takahiro

「たか」が上へ「ひろ」が横への広がりを感じさせる大きな名前

貴12 博12 ／ 24
崇11 裕12 ／ 23
孝7 紘10 ／ 17
昂8 大3 ／ 11

あかるい

たかふみ Takafumi

積極的な「たか」を知的な「ふみ」が落ち着かせて好バランス

敬12 史5 ／ 17
貴12 文4 ／ 16
宇6 二2 三3 ／ 11
孝7 文4 ／ 11

かっこいい

たかまさ Takamasa

元気な「たか」と品ある「まさ」が調和し、育ちのよさを感じさせる

貴12 将10 ／ 22
隆11 昌8 ／ 19
天4 聖13 ／ 17
宇6 正5 ／ 11

力強い

たかみち Takamichi

アクティブな「たか」を「みち」がほどよく落ち着かせ、安定感がある

貴12 路13 ／ 25
隆11 道12 ／ 23
宇6 道12 ／ 18
天4 通10 ／ 14

あかるい

たかや Takaya

王道の響き「たか」に現代的止め字「や」を添え、洗練された印象

高10 哉9 ／ 19
貴12 矢5 ／ 17
貴12 也3 ／ 15
孝7 弥8 ／ 15

さわやか

だいと Daito

雄大な「だい」を止め字「と」が鋭く引き締め、意志堅固な印象

大3 登12 ／ 15
大3 渡12 ／ 15
大3 翔12 ／ 15
大3 門8 ／ 11

かっこいい

たいよう Taiyo

太陽や大洋など自然の力を感じさせ、スケールの大きさが魅力

太4 遥12 ／ 16
大3 遥12 ／ 15
大3 葉12 ／ 15
太4 洋9 ／ 13

泰10 耀20 ／ 30
大3 櫻21 ／ 24
泰10 遥12 ／ 22
太4 陽12 ／ 16

あかるい

たいら Taira

「平」のイメージから偏りなく公正で、心の広い人柄を感じさせる

平5 良7 ／ 12
太4 良7 ／ 11
大3 良7 ／ 10
平5 ／ 5

平5 羅19 ／ 24
太4 羅19 ／ 23
泰10 良7 ／ 17
大3 楽13 ／ 16

やさしい

たかゆき Takayuki

やさしい

やわらかい「ゆき」があかるくはっきりした「たか」と調和している

- 賢16行6 22
- 隆11雪11 22
- 貴12之3 15
- 宇6幸8 14

たから Takara

やさしい

名前としては斬新な響き。「宝」に通じ、才能あふれるイメージに

- 隆11楽13 24
- 多6加5良7 18
- 天4良7 11
- 宝8 8

たく [Taku]

あかるい

開けた「た」と深みを感じさせる「く」が好バランス。健やかな響きで、近年人気を集めている

- 拓8 8
- 卓8 8
- 巧5 5

たくと Takuto

さわやか

あかるく屈託のない「たく」の音に「と」の音が芯と強さをプラス

- 巧5音9 14
- 匠6杜7 13
- 拓8斗4 12
- 奏9人2 11

- 琢11飛9 20
- 卓8都11 19
- 拓8隼10 18
- 太4玖7斗4 15

たくひろ Takuhiro

かっこいい

軽快な「たく」とのびやかな「ひろ」の相乗効果で好感度大の響き

- 拓8洋9 17
- 卓8弘5 13
- 拓8大3 11
- 卓8大3 11

たくほ Takuho

さわやか

健康的な「たく」に続くやわらかい「ほ」の音が、安心感をもたらす

- 卓8穂15 23
- 卓8保9 17
- 拓8歩8 16
- 拓8帆6 14

たくま Takuma

力強い

陽気な「ま」の止め字が「たく」をよりあかるく、タフな印象に

- 拓8馬10 18
- 匠6馬10 16
- 巧5真10 15
- 逞11 11

- 琢11磨16 27
- 逞11真10 21
- 巧5摩15 20
- 拓8真10 18

たくみ Takumi

かっこいい

力強い「たく」の音に続く「み」の音が男子のやさしさを感じさせる

- 逞11生5 16
- 匠6海9 15
- 卓8己3 11
- 拓8巳3 11

たくむ Takumu

力強い

人気の「たく」に添えた新感覚の止め字「む」が個性を主張する

- 琢11夢13 24
- 拓8睦13 21
- 巧5夢13 18
- 卓8向6 14

たくや Takuya

かっこいい

健やかさのなかに品がある「たく」の音に、人気の止め字「や」が現代的な男っぽさを添える。人気名前のひとつ

- 匠6夜8 14
- 卓8矢5 13
- 卓8也3 11
- 巧5也3 8

- 琢11矢5 16
- 拓8弥8 16
- 匠6哉9 15
- 大3空8也3 14

- 琢11弥8 19
- 拓8耶9 17
- 卓8哉9 17
- 拓8哉9 17

たくろう Takuro

あかるい

明朗な「たく」に「ろう」を添え、グッと落ち着いた和の雰囲気に

- 太4空8郎9 21
- 琢11郎9 20
- 拓8朗10 18
- 卓8朗10 18

たけお Takeo

ストレートな音の組み合わせで、飾り気のない男らしさをアピール

- 健11 雄12 — 23
- 豪14 生5 — 19
- 剛10 青8 — 18
- 武8 央5 — 13

さわやか

たけし Takeshi

力強い「たけ」音とさわやかな「し」がベストマッチの、愛され名前

- 健11 志7 — 18
- 丈3 獅13 — 16
- 毅15 — 15
- 武8 士3 — 11

あかるい

たけと Taketo

「たけ」「と」ともに前進力があり、おそれを知らない勇敢さを強調

- 武8 登12 — 20
- 壮6 翔12 — 18
- 武8 斗4 — 12
- 岳8 人2 — 10

あかるい

たけはる Takeharu

男らしい「たけ」を温かみある「はる」が受け止め、平和な印象に

- 豪14 陽12 — 26
- 健11 春9 — 20
- 岳8 晴12 — 20
- 丈3 陽12 — 15

さわやか

たけひこ Takehiko

和風の止め字「ひこ」と相まって、成長力を感じさせる名前

- 雄12 彦9 — 21
- 健11 彦9 — 20
- 勇9 比4 古5 — 18
- 武8 彦9 — 17

やさしい

たけひと Takehito

勇敢な「たけ」との対比で「ひと」の人情味が際立ち正義感に富む

- 毅15 一1 — 16
- 健11 仁4 — 15
- 武8 壱7 — 15
- 丈3 仁4 — 7

さわやか

たけひろ Takehiro

「たけ」「ひろ」ともに高揚感のある力強い響きで、勇敢な印象に

- 豪14 紘10 — 24
- 健11 寛13 — 24
- 雄12 弘5 — 17
- 岳8 央5 — 13

あかるい

たける Takeru

上昇する響き「たけ」を「る」音が涼やかに彩る。男らしさも◎

- 武8 尊12 — 20
- 壮6 留10 — 16
- 尊12 — 12
- 猛11 — 11

- 雄12 琉11 — 23
- 武8 瑠14 — 22
- 豪14 児7 — 21
- 赳10 流10 — 20

かっこいい

たすく Tasuku

あかるい「た」に続く落ち着いた「すく」の音が素直な印象を与える

- 翼17 — 17
- 侑8 — 8
- 佑7 — 7
- 匡6 — 6

やさしい

ただ [Tada]

あかるい

「正」や「忠」のイメージが強い響きで、正義感にあふれ、礼儀正しい印象をもたらす

- 唯11 — 11
- 忠8 — 8
- 正5 — 5

ただあき Tadaaki

「あき」のあかるい音と相まって裏表のない率直な人柄を思わせる

- 唯11 秋9 — 20
- 忠8 昭9 — 17
- 正5 晶12 — 17
- 忠8 明8 — 16

あかるい

ただし Tadashi

さわやかな止め字「し」により「ただ」がより折り目正しい印象に

- 理11 — 11
- 直8 — 8
- 匡6 — 6
- 正5 — 5

- 正5 資13 — 18
- 忠8 志7 — 15
- 唯11 士3 — 14
- 禎13 — 13

さわやか

ただのぶ Tadanobu

きちんとした「ただ」の印象を、親しみやすい「のぶ」がやわらげる

- 唯11 信9 — 20
- 理11 伸7 — 18
- 忠8 宣9 — 17
- 忠8 信9 — 17

かっこいい

たつ［Tatsu］

あかるい

「た」行音のはっきりとした響きのなかに、和の風情とりりしさが漂う

名前	画数
達12	12
辰7	7
立5	5

たつき Tatsuki

かっこいい

きっぱりした硬質な響きで、すがすがしさのなかに男らしさが

名前	画数
樹16	16
建9 生5	14
立5 希7	12
汰7 月4	11
龍16 樹16	32
竜10 輝15	25
達12 稀12	24
立5 基11	16

たつし Tatsushi

やさしい

静かな強さを秘めた「たつ」音に続く「し」の余韻がすがすがしい

名前	画数
達12 史5	17
竜10 士3	13
辰7 市5	12
立5 志7	12

たつと Tatsuto

さわやか

礼儀正しい「たつ」音を止め字「と」で現代風に崩し、親しみやすく

名前	画数
龍16 門8	24
達12 翔12	24
達12 斗4	16
立5 都11	16

たつのり Tatsunori

あかるい

やさしい「のり」音が勇壮な「たつ」と調和し静かな強さを見せる

名前	画数
龍16 典8	24
達12 則9	21
辰7 徳14	21
竜10 紀9	19

たつひこ Tatsuhiko

かっこいい

勇ましい「ひこ」と落ち着いた「たつ」が、頼りがいある印象に

名前	画数
龍16 彦9	25
達12 彦9	21
辰7 彦9	16
立5 比4 古5	14

たつひろ Tatsuhiro

あかるい

落ち着いた「たつ」、元気な「ひろ」がよい対比をなし躍動感がある

名前	画数
龍16 弘5	21
達12 洋9	21
辰7 博12	19
立5 大3	8

たっぺい Tappei

かっこいい

「ぺい」の音を得て、力強い「たつ」に無邪気さが加わる

名前	画数
龍16 平5	21
達12 平5	17
竜10 平5	15
辰7 平5	12

たつま Tatsuma

力強い

力強い「たつ」に元気いっぱいの「ま」を添えて男の子らしく

名前	画数
達12 磨16	28
龍16 真10	26
辰7 舞15	22
立5 麻11	16

たつみ Tatsumi

さわやか

古風な「たつ」の音に丸い響きの「み」が情緒を添え、しっとりと

名前	画数
龍16 海9	25
達12 己3	15
辰7 実8	15
巽12	12

たつや Tatsuya

やさしい

古風なイメージの「たつ」に現代的な止め字「や」があかるさを添える。自由でアクティブな印象の名前に

名前	画数
辰7 弥8	15
竜10 也3	13
立5 夜8	13
辰7 也3	10
竜10 耶9	19
達12 矢5	17
辰7 耶9	16
竜10 矢5	15
龍16 哉9	25
樹16 哉9	25
達12 弥8	20
竜10 哉9	19

たつる Tatsuru

あかるい

あかるい「た」音に、艶やかな響きの「つる」が粋な雰囲気に

名前	画数
立5 琉11	16
汰7 弦8	15
建9	9
立5	5

ち

五行 火

意志が強く好奇心旺盛（おうせい）

たつろう Tatsuro

実直な音「たつ」に伝統的な止め字「ろう」を続け日本男児らしく

達12 朗10 22 / 竜10 郎9 19 / 辰7 朗10 17 / 立5 郎9 14

かっこいい

たもつ Tamotsu

「保」のイメージから中立で偏りのない印象。響きもスマート

保9 9 / 完7 7 / 有6 6 / 存6 6

あかるい

たもん Tamon

開放感のある「た」の音が「もん」で収束し、小粋な印象に

多6 聞14 20 / 汰7 門8 15 / 太4 紋10 14 / 大3 文4 7

さわやか

たろう Taro

オーソドックスな男子名前ながら、そのシンプルさが潔く、個性的

汰7 郎9 16 / 多6 朗10 16 / 太4 朗10 14 / 大3 郎9 12

かっこいい

だん Dan

威厳ある「だ」、印象を強める「ん」が効いた、男らしい短音名前

暖13 13 / 弾12 12 / 男7 7 / 団6 6

力強い

ちあき Chiaki

強くはっきりした音の「ち」に続く「あき」のあかるさが強調される

智12 晃10 22 / 稚13 空8 21 / 知8 晶12 20 / 千3 暁12 15

あかるい

ちから Chikara

あかるく強い三音が「力」のイメージを受けて、たくましく響く

千3 嘉14 良7 24 / 千3 加5 良7 15 / 周8 良7 15 / 力2 2

力強い

ちさと Chisato

男子名で用いると、中性的な雰囲気と気さくさが、より際立つ

知8 慧15 23 / 知8 聖13 21 / 千3 叡16 19 / 千3 里7 10

さわやか

ちとせ Chitose

さわやかな音だが、長い年月をあらわす「千歳」に通じ、和の風格が

千3 登12 勢13 28 / 知8 登12 世5 25 / 治8 歳13 21 / 千3 歳13 16

やさしい

ちはや Chihaya

知的な「ち」に続く「はや」音が、あかるく開放的で、のびのびと

知8 駿17 25 / 知8 隼10 18 / 千3 颯14 17 / 千3 勇9 12

かっこいい

ちはる Chiharu

キレのよい「ち」とやわらかい「はる」が調和し、心やさしい雰囲気

智12 陽12 24 / 治8 遥12 20 / 千3 晴12 15 / 千3 春9 12

あかるい

ちひろ Chihiro

聡明な「ち」音に続く「ひろ」が、情緒の豊かさを醸し出す

智12 洋9 21 / 千3 優17 20 / 知8 紘10 18 / 千3 宙8 11

さわやか

ちょうじ Choji

明朗な「ちょう」の響きを濁音「じ」が安定させる、古風な名前

朝12 路13 25 / 潮15 児7 22 / 兆6 治8 14 / 挑9 士3 12

かっこいい

つ

五行 火
困難に立ち向かう力

つかさ Tsukasa
あかるい

あかるさとさわやかさ、知性が同居した名前で響きも収まりがよい

- 士3 (3)
- 司5 (5)
- 司5 冴7 (12)
- 史5 紗10 (15)

つきと Tsukito
さわやか

三音ともきっぱりと潔い音ながら「つき」の響きがロマンチック

- 月4 斗4 (8)
- 月4 翔12 (16)
- 都11 希7 人2 (20)
- 槻15 都11 (26)

つぐとし Tsugutoshi
かっこいい

「つぐ」「とし」ともに控えめながら誠実さと芯の強さを感じさせる

- 亜7 寿7 (14)
- 次6 俊9 (15)
- 継13 利7 (20)
- 嗣13 敏10 (23)

つくる Tsukuru
あかるい

「作」を連想させクリエイティブな印象。「る」の余韻がシャープ

- 作7 (7)
- 造10 (10)
- 創12 (12)
- 都11 久3 留10 (24)

つとむ Tsutomu
やさしい

知的な「つと」音を「む」が力強く収束させ、まとまり感ある名前

- 努7 (7)
- 励7 (7)
- 勉10 (10)
- 勤12 (12)

つねひこ Tsunehiko
かっこいい

「つね」「ひこ」ともに品のよい響きで、誠実な人柄を連想させる

- 典8 比4 古5 (17)
- 恒9 彦9 (18)
- 恒9 比4 古5 (18)
- 常11 彦9 (20)

つばさ Tsubasa
さわやか

「翼」に通じ、自由さや飛躍をイメージさせる男子の人気名前

- 大3 翔12 (15)
- 天4 翔12 (16)
- 翼17 (17)
- 大3 翼17 (20)

- 飛9 翔12 (21)
- 羽6 翼17 (23)
- 翼17 沙7 (24)
- 翼17 冴7 (24)

つむぎ Tsumugi
かっこいい

奥ゆかしいイメージながら濁音「ぎ」がりりしく響き、男らしい

- 紡10 (10)
- 紬11 (11)
- 津9 向6 (15)
- 紬11 生5 (16)

つむぐ Tsumugu
力強い

全体に穏やかな印象ながら「ぐ」で締めることで、安定感が増す

- 紡10 (10)
- 紬11 (11)
- 摘14 虹9 (23)
- 都11 夢13 久3 (27)

つよし Tsuyoshi
力強い

「強さ」をダイレクトにあらわした男子名前の定番。響きもさわやか

- 壮6 (6)
- 侃8 (8)
- 剛10 (10)
- 強11 (11)

- 剛10 史5 (15)
- 豪14 士3 (17)
- 毅15 士3 (18)
- 豪14 志7 (21)

て

五行 火

誠実で信頼感を得る

てつ [Tetsu]

かっこいい

「て」「つ」ともにきっぱりとした硬質な響き。長く愛されてきた音のため、親しみやすい

徹15	鉄13	哲10
15	13	10

てつお Tetsuo

男らしい止め字「お」が添えられ「てつ」の頼りがいが増す

哲10	鉄13	徹15	哲10
雄12	青8	生5	生5
22	21	20	15

力強い

てつし Tetsushi

硬質な「てつ」の響きに続く、止め字「し」のすがすがしさが冴える

徹15	誓14	鉄13	哲10
志7	志7	史5	士3
22	21	18	13

あかるい

てっせい Tessei

剛健な「てっ」をすがすがしい「せい」が受け止め、リズミカルに

哲10	徹15	哲10	哲10
誠13	生5	星9	成6
23	20	19	16

さわやか

てった Tetta

促音「っ」が軽やか。すべて「た」行音で、素朴な男の子らしさが

誓14	鉄13	徹15	哲10
多6	汰7	大3	太4
20	20	18	14

あかるい

てつと Tetsuto

「た」行の三音が軽快。ほどよい緊張感と親しみ感が同居する

鉄13	哲10	徹15	哲10
都11	翔12	斗4	人2
24	22	19	12

さわやか

てつひろ Tetsuhiro

りりしい「てつ」にやわらかい「ひろ」、強さとやさしさが調和

徹15	鉄13	哲10	哲10
博12	寛13	洋9	大3
27	26	19	13

あかるい

てっぺい Teppei

男らしい「てつ」に続く「ぺい」が、突き抜けたあかるさをもたらす

徹15	鉄13	鉄13	哲10
平5	兵7	平5	平5
20	20	18	15

やさしい

てつや Tetsuya

硬質な止め字「や」が「てつ」をより強固にし、自信あふれる印象

徹15	徹15	鉄13	哲10
哉9	弥8	夜8	也3
24	23	21	13

あかるい

てつろう Tetsuro

落ち着いた「ろう」の響きが「てつ」に奥行を与え大人びた雰囲気

徹15	誓14	鉄13	哲10
郎9	朗10	郎9	朗10
24	24	22	20

かっこいい

てる [Teru]

あかるい

「て」「る」ともに硬質でクリア感のある響き。光のイメージともつながり、輝きを放つ

輝15	煌13	光6
15	13	6

てるあき Teruaki

あかるいイメージの「てる」「あき」の組み合わせで晴れやかな印象

照13	輝15	晃10	光6
晶12	明8	秋9	昭9
25	23	19	15

さわやか

てるき Teruki

「てる」の音に続く「き」が、ビームのような輝きの強さをプラス

晃10	光6	輝15	瑛12
貴12	樹16	生5	希7
22	22	20	19

やさしい

てると Teruto

素朴な止め字「と」の効果で「てる」がグッとかわいらしい印象に

輝15	煌13	照13	映9
音9	都11	斗4	杜7
24	24	17	16

さわやか

てるまさ Terumasa

艶やかな響きをもつ「てる」「まさ」が調和し、気品がある

晃10	照13	輝15	光6
雅13	昌8	正5	真10
23	21	20	16

あかるい

てるや Teruya

シャープな「や」音が「てる」を際立たせ、輝きが増した印象に

輝15	照13	光6	瑛12
弥8	哉9	野11	也3
23	22	17	15

やさしい

てるゆき Teruyuki

古風な「ゆき」の音が晴々とした「てる」と好対照で穏和なムード

照13	輝15	晃10	光6
行6	之3	幸8	雪11
19	18	18	17

さわやか

てんしん Tenshin

シンプルな音ながら壮大な「てん」に「しん」がすがすがしく響く

典8	天4	天4	天4
信9	真10	伸7	心4
17	14	11	8

あかるい

てんせい Tensei

力強い「てん」に続く「せい」がスカッと抜けるような爽快感を生む

槙14	天4	天4	天4
星9	誠13	晟10	成6
23	17	14	10

あかるい

てんた Tenta

「た」という素朴な止め字が、壮大な印象の「てん」をグッと身近に

典8	展10	天4	天4
汰7	大3	多6	太4
15	13	10	8

かっこいい

てんま Temma

「天馬」のイメージで勇敢さや何にも縛られない自由さを感じさせる

典8	天4	天4	天4
満12	磨16	麻11	馬10
20	20	15	14

力強い

てんゆう Tenyu

男らしい「てん」に続くやわらかい「ゆう」が愛情深さを感じさせる

典8	展10	天4	天4
優17	悠11	祐9	佑7
25	21	13	11

力強い

てんりゅう Tenryu

広大な「てん」の音に「りゅう」の響きが躍動感と力強さをプラス

天4	典8	天4	天4
龍16	柳9	流10	竜10
20	17	14	14

かっこいい

と

五行 火

忍耐力があり根気強い

とあ Toa

日本にはない新鮮な響き。「あ」の開放的な余韻が好ましく耳に残る

翔12	永5	斗4	十2
空8	愛13	葵12	亜7
20	18	16	9

さわやか

とう [To]

あかるい

流れるようななめらかさと落ち着きをたたえた音。静かながら内に秘めた情熱を感じさせる

統12	投7	刀2
12	7	2

とうき Toki

シャープな「き」が「とう」を力強く響かせ、クールな雰囲気

橙16	闘18	冬5	冬5
希7	木4	輝15	基11
23	22	20	16

やさしい

とうご Togo

濁音の「ご」が流れる「とう」の音を落ち着かせ、意志の強い印象に

統12 吾7	東8 悟10	桃10 伍6	桐10 古5
19	18	16	15

力強い

とうま Toma

あかるく開けた「ま」音によって「とう」が躍動感あふれる響きに

透10 磨16	柊9 馬10	斗4 馬10	刀2 万3
26	19	14	5

かっこいい

とうや Toya

硬質な「とう」に続く「や」音がクールで、すきのないスマートな名前

透10 哉9	塔12 矢5	桃10 也3	冬5 弥8
19	17	13	13

やさしい

とおる Toru

「とお」に続く「る」が収まりよく、のびやかさと知性を兼ね備える

透10 琉11	徹15	享8	亨7
21	15	8	7

あかるい

とき Toki

はっきりとした二音で印象が強い。「時」に通じ、神秘的な雰囲気も

登12 貴12	翔12 生5	十2 輝15	斗4 希7
24	17	17	11

さわやか

ときお Tokio

シャープな「とき」を止め字「お」が安定させ、男らしさが増す

時10 青8	常11 央5	時10 生5	十2 希7 央5
18	16	15	14

かっこいい

ときと Tokito

二つの「と」でシャープな「き」を挟み、楽しげなリズムを生む

常11 都11	時10 翔12	凱12 斗4	季8 斗4
22	22	16	12

力強い

ときや Tokiya

硬質な「とき」の音に強い「や」の音が続きスタイリッシュに

永5 輝15 也3	斗4 喜12 也3	時10 哉9	季8 弥8
23	19	19	16

あかるい

とくま Tokuma

「とく」の知的な響きに続く「ま」が緊張感を解き、親しみやすい

特10 磨16	徳14 真10	徳14 馬10	特10 麻11
26	24	24	21

杜7 宮10 馬10	登12 久3 麻11	徳14 間12	得11 舞15
27	26	26	26

さわやか

とし [Toshi]

あかるい

秘めた強さを感じさせる「と」、清涼感ある「し」の響きが相まって、まっすぐで聡明な印象

敏10	俊9	寿7
10	9	7

としあき Toshiaki

収束する「とし」、開放する「あき」が調和し、安定感のある名前

敏10 昭9	俊9 明8	利7 晃10	寿7 秋9
19	17	17	16

さわやか

としき Toshiki

スマートですがすがしい響き。止め字「き」が元気さをプラス

隼10 輝15	斗4 史5 貴12	俊9 稀12	寿7 希7
25	21	21	14

やさしい

としはる Toshiharu

知的な「とし」とほがらかな「はる」が調和し人柄のよさを思わせる

敏10 晴12	稔13 東8	寿7 開12	年6 春9
22	21	19	15

やさしい

としひろ Toshihiro

「ひろ」の響きに深みがあり、人間的な大らかさを感じさせる

敏10 博12	稔13 大3	俊9 宏7	寿7 宙8
22	16	16	15

あかるい

としや Toshiya

あかるさを帯びた「や」が、落ち着いた「とし」と好相性で男らしい

敏10 矢5	15
寿7 弥8	15
年6 夜8	14
寿7 也3	10
稔13 耶9	22
斗4 獅13 也3	20
敏10 弥8	18
俊9 哉9	18

やさしい

としゆき Toshiyuki

やわらかい「とし」「ゆき」音の相乗効果で誠実な雰囲気が増す

聡14 之3	17
俊9 幸8	17
敏10 行6	16
智12 之3	15

あかるい

とみお Tomio

力強い「と」、豊潤な「み」、男らしい「お」が福々しく響く

富12 美9 夫4	25
登12 実8 央5	25
都11 海9 生5	25
富12 生5	17

かっこいい

とむ Tomu

軽快な「と」をやわらかい「む」がまとめ、陽気でほがらかなムード

翔12 夢13	25
都11 武8	19
叶5 夢13	18
杜7 向6	13

さわやか

とも［Tomo］

さわやか

耳当たりよくあかるい響きの「と」に、温かみのある「も」音が続き、フレンドリーな印象に

智12	12
朋8	8
知8	8

ともあき Tomoaki

温かい「とも」にパキッと明快な「あき」の音が力強さを加える

智12 秋9	21
知8 暁12	20
伴7 明8	15
友4 晃10	14

あかるい

ともかず Tomokazu

やさしい印象の「とも」に強い「かず」の音を加え、秘めた情熱を表現

智12 和8	20
朝12 寿7	19
朋8 利7	15
友4 和8	12

かっこいい

ともき Tomoki

鋭い止め字「き」が、ふわっとした「とも」をりりしく仕上げる

友4 基11	15
朋8 生5	13
知8 己3	11
友4 希7	11
朋8 樹16	24
知8 暉13	21
倫10 生5	15
朋8 来7	15

あかるい

ともたか Tomotaka

高揚感ある「たか」が「とも」を盛りあげ、アクティブな印象に

智12 貴12	24
朝12 高10	22
知8 孝7	15
友4 隆11	15

力強い

ともなり Tomonari

温かみある「とも」に続く実直な「なり」の響きが信頼感を高める

智12 鳴14	26
具8 政9	17
知8 成6	14
朋8 成6	14

さわやか

とものり Tomonori

ほがらかな「とも」に続く落ち着いた「のり」の音が誠実さをプラス

朋8 徳14	22
智12 紀9	21
朝12 典8	20
知8 則9	17

かっこいい

ともはる Tomoharu

「とも」「はる」ともに温かみを帯びた響きで、友達思いの印象に

智12 晴12	24
朝12 遥12	24
知8 東8	16
友4 悠11	15

あかるい

ともひさ Tomohisa

陽気な「とも」と知性的な「ひさ」が調和し心身健やかな印象

朝12 悠11	23
知8 尚8	16
智12 久3	15
朋8 寿7	15

あかるい

ともひと Tomohito
やさしい

「と」で始まり「と」で終わるまとまりのよさが信頼感をいだかせる

- 友4 仁4　8
- 知8 一1　9
- 智12 人2　14
- 朝12 壱7　19

ともひろ Tomohiro
さわやか

「とも」「ひろ」ともにフレンドリーな響きで人気者のイメージに

- 友4 宙8　12
- 友4 洋9　13
- 倫10 大3　13
- 友4 寛13　17
- 知8 敬12　20
- 知8 裕12　20
- 倫10 裕12　22
- 朝12 紘10　22

ともや Tomoya
かっこいい

現代的止め字「や」を得て、やわらかい「とも」がグッと男らしく

- 朋8 也3　11
- 友4 哉9　13
- 朋8 矢5　13
- 智12 哉9　21

ともやす Tomoyasu
さわやか

気さくな響きの組み合わせで、飾らない素直な人柄を思わせる

- 友4 泰10　14
- 朋8 安6　14
- 朝12 保9　21
- 智12 靖13　25

ともゆき Tomoyuki
あかるい

やわらかい音の連なりが、弱き者を放っておけない心やさしい印象に

- 知8 行6　14
- 智12 之3　15
- 朝12 幸8　20
- 倫10 由5 季8　23

ともろう Tomoro
力強い

英語の「tomorrow」にも通じる明朗な響きで、希望にあふれる

- 友4 朗10　14
- 朋8 郎9　17
- 倫10 労7　17
- 朝12 露21　33

とよみ Toyomi
さわやか

控えめな響きながら「とよ」音が豊潤さと愛情深さを感じさせる

- 十2 代5 弥8　15
- 豊13 巳3　16
- 豊13 実8　21
- 登12 世5 海9　26

とらき Toraki
かっこいい

リズミカルな三音がやんちゃで快活、好奇心旺盛（おうせい）なイメージを生む

- 寅11 季8　19
- 虎8 輝15　23
- 寅11 喜12　23
- 虎8 樹16　24

とらのすけ Toranosuke
力強い

勇猛な「とら」の音に「のすけ」をつけ、親しみやすい印象に

- 虎8 之3 丞6　17
- 寅11 乃2 介4　17
- 寅11 ノ1 助7　19
- 虎8 之3 輔14　25

とわ Towa
あかるい

「永久」に通じる響きで「わ」の余韻が無限の広がりを思わせる

- 斗4 吾7　11
- 冬5 羽6　11
- 永5 遠13　18
- 都11 和8　19

な

五行 火

情熱のあるがんばり屋

なお [Nao]
あかるい

のびやかで素直な印象の「な」に落ち着いた響きの「お」が続き、広い心を想起させる

- 尚8　8
- 直8　8
- 猶12　12

なおあき Naoaki
やさしい

あかるくハキハキした印象の「あき」を添え、はつらつ感アップ

- 尚8 秋9　17
- 直8 昭9　17
- 直8 晃10　18
- 猶12 晶12　24

なおき
Naoki

やわらかく包み込む「なお」の響きにシャープな「き」が好バランス。やさしさと強さを兼ね備えた印象に

名前	画数	総画
直己	8・3	11
尚生	8・5	13
尚希	8・7	15
直紀	8・9	17
名生希	6・5・7	18
尚基	8・11	19
尚貴	8・12	20
直毅	8・15	23
直輝	8・15	23
直樹	8・16	24
南雄希	9・12・7	28
奈央樹	8・5・16	29

かっこいい

なおたか
Naotaka

おっとりした「なお」を高揚感ある「たか」の響きが盛りあげる

名前	画数	総画
直敬	8・12	20
尚嵩	8・13	21
猶崇	12・11	23
尚鷹	8・24	32

力強い

なおたろう
Naotaro

伝統の止め字「たろう」が「なお」ののびやかさを強め、健やかな印象

名前	画数	総画
直太郎	8・4・9	21
尚太郎	8・4・9	21
尚多朗	8・6・10	24
直汰朗	8・7・10	25

かっこいい

なおと
Naoto

小気味よい「と」の音が、穏やかななかに秘めた意志の強さを主張

名前	画数	総画
直人	8・2	10
七音	2・9	11
直登	8・12	20
尚翔	8・12	20

さわやか

なおひこ
Naohiko

伝統的な止め字「ひこ」を用いて古風な男らしさが増す

名前	画数	総画
直彦	8・9	17
尚彦	8・9	17
尚比古	8・4・5	17
奈緒彦	8・14・9	31

かっこいい

なおひで
Naohide

「なお」のストレートさと「ひで」の深い響きが相まって高尚な印象に

名前	画数	総画
直秀	8・7	15
尚英	8・8	16
名生英	6・5・8	19
奈央秀	8・5・7	20

力強い

なおひろ
Naohiro

すべての音がひっかかりなくスムーズ。素直でほがらかな印象に

名前	画数	総画
覚弘	12・5	17
猶広	12・5	17
尚敬	8・12	20
直裕	8・12	20

あかるい

なおふみ
Naofumi

「なお」「ふみ」ともに文学的素養を感じさせる。格調高い組み合わせ

名前	画数	総画
由史	5・5	10
尚文	8・4	12
直史	8・5	13
猶文	12・4	16

やさしい

なおまさ
Naomasa

しっとりとした「まさ」の音が品格を感じさせ、礼儀正しい印象に

名前	画数	総画
直政	8・9	17
尚真	8・10	18
猶昌	12・8	20
奈央雅	8・5・13	26

さわやか

なおや
Naoya

止め字「や」を加えることで、グッとスタイリッシュで若々しく

名前	画数	総画
直矢	8・5	13
尚冶	8・7	15
直弥	8・8	16
直哉	8・9	17
尚哉	8・9	17
南央也	9・5・3	17
南雄矢	9・12・5	26
名緒耶	6・14・9	29

かっこいい

なおゆき
Naoyuki

「なお」「ゆき」ともに繊細でピュアな印象で、愛らしさが際立つ

名前	画数	総画
尚之	8・3	11
尚礼	8・5	13
直幸	8・8	16
直征	8・8	16

やさしい

ながと
Nagato

のびやかな「な」、重みある「が」、歯切れよい「と」がリズミカル

名前	画数	総画
長仁	8・4	12
永都	5・11	16
永翔	5・12	17
那賀人	7・12・2	21

さわやか

ながれ Nagare

言葉どおり柔軟で流麗な印象ながら、濁音「が」が意志の強さを強調

名前	画数	総画
流	流10	10
長礼	長8 礼5	13
流行	流10 行6	16
那賀玲	那7 賀12 玲9	28

あかるい

ななと Nanato

二つ重ねた「な」音が純真で素直な印象。軽妙な「と」がアクセントに

名前	画数	総画
七音	七2 音9	11
七登	七2 登12	14
那奈人	那7 奈8 人2	17
奈南杜	奈8 南9 杜7	24

やさしい

なるみ Narumi

丸みのある音を集めた名前で、とげのない人のよさを演出する

名前	画数	総画
成未	成6 未5	11
成海	成6 海9	15
徳実	徳14 実8	22
鳴満	鳴14 満12	26

やさしい

なぎさ Nagisa

潮風が吹き抜ける「渚」のように、さわやかな空気感をもつ響き

名前	画数	総画
渚	渚11	11
凪冴	凪6 冴7	13
渚砂	渚11 砂9	20
奈希左	奈8 希7 左5	20

さわやか

なゆた Nayuta

サンスクリット語で「大きなもの」の意。エキゾチックな響きをもつ

名前	画数	総画
七勇太	七2 勇9 太4	15
奈由大	奈8 由5 大3	16
那由多	那7 由5 多6	18
南結汰	南9 結12 汰7	28

やさしい

に

五行 火

愛情深く人望がある

なぎと Nagito

やわらかな「な」に「ぎ」が重厚感を添え、「と」が軽やかに仕上げる

名前	画数	総画
凪杜	凪6 杜7	13
梛人	梛11 人2	13
凪音	凪6 音9	15
那岐都	那7 岐7 都11	25

やさしい

なる〔Naru〕

さわやか

明朗さと気品を併せもつ組み合わせ。「成る」のイメージから成長力や健やかさも印象づける

名前	画数	総画
徳	徳14	14
鳴	鳴14	14
成	成6	6

なごむ Nagomu

「和む」のイメージでおっとりとしながらも「む」が強さを添える

名前	画数	総画
和	和8	8
那古向	那7 古5 向6	18
和夢	和8 夢13	21
南吾武	南9 吾7 武8	24

あかるい

なるき Naruki

流れるような艶のある響きを「き」が受け止め、りりしく締める

名前	画数	総画
成希	成6 希7	13
鳴己	鳴14 己3	17
鳴季	鳴14 季8	22
徳紀	徳14 紀9	23

かっこいい

にちか Nichika

三音とも硬質で主張がある。意外性のある組み合わせが新鮮に響く

名前	画数	総画
日加	日4 加5	9
仁千佳	仁4 千3 佳8	15
日翔	日4 翔12	16
仁知夏	仁4 知8 夏10	22

力強い

なつき Natsuki

「なつ」のあかるいイメージに、カラッとした響きの「き」が好感度大

名前	画数	総画
那月	那7 月4	11
七輝	七2 輝15	17
夏暉	夏10 暉13	23
七津樹	七2 津9 樹16	27

さわやか

なると Naruto

ポップであかるい響き。アニメの主人公から人気を集めるイメージも

名前	画数	総画
成斗	成6 斗4	10
成登	成6 登12	18
鳴杜	鳴14 杜7	21
徳都	徳14 都11	25

力強い

にちや Nichiya

「ち」の音が強い意志を感じさせる。「日夜」から継続のイメージも

名前	画数	総画
二千也	二2 千3 也3	8
日弥	日4 弥8	12
日哉	日4 哉9	13
仁智矢	仁4 智12 矢5	21

かっこいい

ね

五行 火

人との輪を大切にする

ねいろ Neiro

さわやか

「音色」に通じ、なめらかな印象。艶っぽさと同時にかわいらしさも

- 音9 色6 (15)
- 祢9 色6 (15)
- 音9 衣6 呂7 (22)
- 音9 伊6 路13 (28)

ねお Neo

やさしい

日本語ではめずらしく新鮮な名前。英語で「新しい」の意味

- 祢9 生5 (14)
- 音9 壮6 (15)
- 寧14 央5 (19)
- 音9 緒14 (23)

ねおん Neon

あかるい

個性的な強さをもつ「ね」を男性的な響きの「おん」が引き締める

- 祢9 音9 (18)
- 音9 遠13 (22)
- 寧14 恩10 (24)
- 音9 穏16 (25)

の

五行 火

知識豊富で視野が広い

のぞむ Nozomu

さわやか

全体に広がりあるイメージ。それを「む」がうまく着地させた

- 眺11 (11)
- 臨18 (18)
- 希7 望11 (18)
- 望11 夢13 (24)

のぶ［Nobu］

かっこいい

伝統的に愛されてきた組み合わせの音で、穏やかな「の」に濁音の「ぶ」が親近感をいだかせる

- 信9 (9)
- 伸7 (7)
- 允4 (4)

のぶあき Nobuaki

やさしい

親しみやすい「のぶ」をほがらかな「あき」が受け、大らかな印象

- 允4 昭9 (13)
- 延8 秋9 (17)
- 信9 明8 (17)
- 信9 晶12 (21)

のぶき Nobuki

かっこいい

素朴な響きの「のぶ」に止め字「き」がシャープさをプラス

- 伸7 己3 (10)
- 延8 季8 (16)
- 展10 希7 (17)
- 伸7 樹16 (23)

のぶてる Nobuteru

あかるい

自然体の「のぶ」に艶のある「てる」の響きが相まって高貴な雰囲気

- 允4 映9 (13)
- 伸7 晃10 (17)
- 延8 照13 (21)
- 信9 輝15 (24)

のぶと Nobuto

さわやか

飾り気のない「の」に勇ましく重みある「ぶと」が続き、力強さが倍増

- 展10 人2 (12)
- 信9 斗4 (13)
- 允4 都11 (15)
- 延8 杜7 (15)

のぶひろ Nobuhiro

あかるい

重みある「のぶ」を「ひろ」の音が開放。温厚で寛大なイメージに

- 允4 弘5 (9)
- 惟11 大3 (14)
- 信9 浩10 (19)
- 展10 洋9 (19)

のぶや Nobuya

やさしい

落ち着いた「のぶ」に疾走感ある「や」の音が強さと鋭さをプラス

- 信9 也3 (12)
- 允4 耶9 (13)
- 延8 哉9 (17)
- 暢14 夜8 (22)

は

五行 水

機動力で道を切り開く

のぶゆき Nobuyuki

さわやか

おっとりとした「のぶ」とピュアな響きの「ゆき」で平和的な印象に

- 信9 之3 (12)
- 信9 幸8 (17)
- 延8 雪11 (19)
- 暢14 行6 (20)

のぼる Noboru

かっこいい

控えめながら、濁音「ぼ」が芯の強さと着実さを感じさせる

- 昂8 (8)
- 昇8 (8)
- 登12 (12)
- 陽12 琉11 (23)

のりあき Noriaki

あかるい

落ち着いた「のり」に開いた音の「あき」。静と動を併せもつ響き

- 典8 秋9 (17)
- 則9 朗10 (19)
- 紀9 彰14 (23)
- 憲16 亮9 (25)

のりたか Noritaka

力強い

柔軟な響きの「のり」を「たか」の高揚感が受け止めた力強い名前

- 典8 孝7 (15)
- 理11 宇6 (17)
- 則9 隆11 (20)
- 徳14 高10 (24)

のりゆき Noriyuki

さわやか

「のり」「ゆき」ともになめらかで安心感があり、誠実な印象に

- 則9 幸8 (17)
- 紀9 雪11 (20)
- 法8 由5 岐7 (20)
- 憲16 行6 (22)

はく Haku

さわやか

小気味よい短音名前で「白」に通じることから清廉潔白な印象

- 珀9 (9)
- 博12 (12)
- 羽6 玖7 (13)
- 羽6 琥12 (18)

はくと Hakuto

やさしい

潔く実直な響きの「はく」に、止め字「と」がりりしさをプラス

- 伯7 斗4 (11)
- 珀9 人2 (11)
- 珀9 音9 (18)
- 博12 翔12 (24)

はじめ Hajime

かっこいい

始まりや一番をイメージさせる往年の人気名前。耳なじみもよい

- 初7 (7)
- 朝12 (12)
- 創12 (12)
- 一1 肇14 (15)

はづき Hazuki

あかるい

和暦「葉月」と同音で古風さのなかに、若々しさも同居させた名前

- 波8 月4 (12)
- 葉12 月4 (16)
- 羽6 築16 (22)
- 羽6 築16 (22)

- 波8 槻15 (23)
- 覇19 月4 (23)
- 葉12 槻15 (27)
- 葉12 都11 来7 (30)

はつや Hatsuya

やさしい

当たりがやわらかい「は」音を、続く二音が引き締め潔い印象に

- 初7 矢5 (12)
- 初7 弥8 (15)
- 発9 哉9 (18)
- 発9 耶9 (18)

はやた Hayata

かっこいい

すべて母音「あ」で構成されたあかるい響きで快活さを感じさせる

- 早6 天4 (10)
- 勇9 太4 (13)
- 隼10 大3 (13)
- 隼10 太4 (14)

- 颯14 大3 (17)
- 颯14 汰7 (21)
- 駿17 太4 (21)
- 葉12 矢5 汰7 (24)

はる〔Haru〕

あかるい

「は」「る」ともにやわらかい響きで「春」を思わせることから人情味あふれる温かい人柄の印象

名前	画数
大(3)	3
治(8)	8
春(9)	9
悠(11)	11
温(12)	12
晴(12)	12
遥(12)	12
陽(12)	12
暖(13)	13
遼(15)	15
羽(6)流(10)	16
波(8)瑠(14)	22

はるく

かっこいい

前向きな「はる」の音に添えた「く」の音が意志の強さを思わせる

名前	画数
大(3)空(8)	11
遥(12)久(3)	15
悠(11)空(8)	19
陽(12)來(8)	20

はるた

かっこいい

純朴な響き「はる」と止め字「た」がホッとさせる癒やし系の名前

名前	画数
悠(11)太(4)	15
遥(12)大(3)	15
春(9)汰(7)	16
温(12)太(4)	16

名前	画数
晴(12)太(4)	16
暖(13)大(3)	16
晴(12)多(6)	18
陽(12)汰(7)	19

はるたか

力強い

高揚感のある「たか」の音が「はる」を盛りあげ、朗々とした響きに

名前	画数
悠(11)天(4)	15
東(8)高(10)	18
春(9)尊(12)	21
晴(12)高(10)	22

はるたろう

あかるい

あかるく開けていくイメージの響きで、人柄のよさを感じさせる

名前	画数
治(8)多(6)朗(10)	24
春(9)汰(7)郎(9)	25
晴(12)太(4)郎(9)	25
陽(12)太(4)朗(10)	26

はるあき

やさしい

「はる」「あき」の、二つの季節を備えたドラマチックなイメージ

名前	画数
治(8)亮(9)	17
治(8)章(11)	19
陽(12)明(8)	20
晴(12)明(8)	20

名前	画数
春(9)暁(12)	21
春(9)陽(12)	21
遥(12)紀(9)	21
遥(12)秋(9)	21

はるき

さわやか

りりしい「き」の音でまとめ、やさしさと強さが同居した響きに

名前	画数
悠(11)己(3)	14
遥(12)希(7)	19
春(9)樹(16)	25
晴(12)輝(15)	27

はやて

力強い

スピード感ある響きで俊敏でありながら、ダイナミックな印象

名前	画数
颯(14)天(4)	18
隼(10)風(9)	19
疾(10)風(9)	19
隼(10)颯(14)	24

はやと

さわやか

「はや」の音がもつスピード感を「と」がうまく落ちつけ、利発な印象

名前	画数
勇(9)斗(4)	13
捷(11)人(2)	13
羽(6)矢(5)人(2)	13
隼(10)冬(5)	15

名前	画数
快(7)音(9)	16
迅(6)翔(12)	18
隼(10)飛(9)	19
颯(14)杜(7)	21

はやま

やさしい

三音とも母音「あ」からなり、雄大さと頼りがいを感じさせる

名前	画数
早(6)麻(11)	17
勇(9)馬(10)	19
隼(10)真(10)	20
逸(11)馬(10)	21

名前	画数
捷(11)麻(11)	22
羽(6)矢(5)摩(15)	26
羽(6)矢(5)磨(16)	27
颯(14)舞(15)	29

はると
Haruto

やわらかい「はる」の音を「と」がキリッと引き締めた人気の名前

温12飛9 21
晴12人2 14
春9仁4 13
治8斗4 12

さわやか

はるひこ
Haruhiko

ふわっとした「はる」の音に続く「ひこ」が男らしく、誠実に響く

開12日4古5 21
遥12比4古5 21
晴12彦9 21
春9彦9 18

かっこいい

はるふみ
Harufumi

伝統ある「ふみ」の音が大らかな「はる」を落ち着かせ、知的な印象

陽12史5 17
陽12文4 16
春9史5 14
治8文4 12

やさしい

はるのぶ
Harunobu

穏やかな「はる」が素朴な「のぶ」と調和し、親しみやすい印象

遥12延8 20
春9信9 18
治8展10 18
春9伸7 16

晴12暢14 26
波8留10允4 22
遥12信9 21
晴12信9 21

かっこいい

はるひ
Haruhi

やさしげな「はる」に続く止め字「ひ」が新鮮。中性的な余韻に

悠11飛9 20
治8陽12 20
晴12日4 16
陽12日4 16

晴12陽12 24
波8留10日4 22
陽12飛9 21
春9陽12 21

あかるい

はるひさ
Haruhisa

温かい「はる」に繊細なやさしさを秘めた「ひさ」が安心感を与える

陽12悠11 23
温12久3 15
晴12久3 15
悠11久3 14

さわやか

はるひと
Haruhito

「はる」「ひと」ともにやわらかく、思いやり深さを感じさせる

陽12仁4 16
遥12人2 14
温12人2 14
治8一1 9

波8留10壱7 25
遼15仁4 19
遥12仁4 16
晴12仁4 16

かっこいい

はるひろ
Haruhiro

二音入った「ら」行音がなめらかなリズムを生み、あかるく陽気に

開12洋9 21
陽12宙8 20
晴12大3 15
春9広5 14

あかるい

はるま
Haruma

やさしく温かい「はる」の響きを、止め字「ま」が男らしくまとめた。近年、とくに人気がある名前のひとつ

悠11眞10 21
悠11真10 21
春9馬10 19
暖13万3 16

温12真10 22
陽12馬10 22
晴12眞10 22
脩11真10 21

陽12磨16 28
晴12槙14 26
遼15真10 25
春9磨16 25

やさしい

はるみ
Harumi

やわらかい止め字「み」音で「はる」にみずみずしさが生まれる

波8留10未5 23
晴12実8 20
悠11海9 20
陽12巳3 15

さわやか

はるみち
Harumichi

穏やかな「はる」に続く止め字「みち」が実直で飾らない人柄を演出

あかるい

名前	画数	総画
開道	12・12	24
春路	9・13	22
晴充	12・6	18
治通	8・10	18

はるや
Haruya

止め字「や」の響きがさわやかで、吹き抜ける春風のようなイメージ

さわやか

名前	画数	総画
陽矢	12・5	17
春弥	9・8	17
東哉	8・9	17
遥也	12・3	15

はるゆき
Haruyuki

温かい「はる」、クールな「ゆき」のコントラストが絶妙な響き

あかるい

名前	画数	総画
陽幸	12・8	20
開行	12・6	18
春幸	9・8	17
遥之	12・3	15

はんと
Hanto

「は」の開けた音に「んと」が軽快さをプラスし、はなやかな印象

さわやか

名前	画数	総画
伴都	7・11	18
絆斗	11・4	15
絆人	11・2	13
汎斗	6・4	10

ばんり
Banri

「万里」に通じ壮大な印象。「ば」音から始まる名前はかなりレア

やさしい

名前	画数	総画
絆梨	11・11	22
絆理	11・11	22
万里	3・7	10
万人	3・2	5

ひ

五行　水

地道さと強運を備える

ひいろ
Hiiro

日本ではめずらしい響きながら「ろ」がうまく収め、耳なじみよい

かっこいい

名前	画数	総画
陽路	12・13	25
陽彩	12・11	23
陽色	12・6	18
日彩	4・11	15

ひかり
Hikari

輝きをイメージさせると同時に止め字「り」がクールな印象を添える

あかるい

名前	画数	総画
比加里	4・5・7	16
光浬	6・10	16
輝	15	15
光	6	6

ひかる
Hikaru

「光」から強く輝くイメージ。止め字「る」が力強さをプラスする

あかるい

名前	画数	総画
輝琉	15・11	26
日加留	4・5・10	19
光流	6・10	16
照	13	13

ひげん
Higen

控えめながらも聡明な「ひ」音に力強い「げん」が威厳を添える

力強い

名前	画数	総画
陽弦	12・8	20
緋元	14・4	18
日源	4・13	17
飛玄	9・5	14

ひさお
Hisao

古風な「ひさ」の響きに男らしい「お」の音で頼りがいのある印象に

力強い

名前	画数	総画
寿夫	7・4	11
久央	3・5	8
尚青	8・8	16
尚生	8・5	13

ひさき
Hisaki

安心感のある「ひ」の音に続く、鋭い「さき」の音が理知的な雰囲気

さわやか

名前	画数	総画
尚輝	8・15	23
悠希	11・7	18
寿紀	7・9	16
久季	3・8	11

ひさし
Hisashi

三音ともやさしさと知性を感じさせる、さわやかな響きで好感度大

あかるい

名前	画数	総画
飛彩士	9・11・3	23
悠	11	11
久志	3・7	10
寿	7	7

ひさと
Hisato

ふわりとした「ひさ」を「と」音がまとめ、落ち着いた雰囲気に

さわやか

名前	画数	総画
寿翔	7・12	19
悠人	11・2	13
永門	5・8	13
久斗	3・4	7

ひで [Hide]

あかるい

やわらかな「ひ」に続く濁音「で」が流されない意志の強さを強調した響き

- 栄 9 — 9
- 英 8 — 8
- 秀 7 — 7

ひさや Hisaya

やさしい

若々しい止め字「や」を用いると「ひさ」の音がグンと元気に響く

- 悠11 弥8 — 19
- 永5 哉9 — 14
- 尚8 矢5 — 13
- 寿7 也3 — 10

ひでき Hideki

かっこいい

重みある「ひで」の音を「き」が軽やかに収めた好感度の高い名前

- 栄9 輝15 — 24
- 英8 樹16 — 24
- 秀7 生5 — 12
- 秀7 己3 — 10

ひでとら Hidetora

力強い

重みをもつ「ひで」にたけだけしい「とら」音を加え、より勇ましく

- 日4 出5 寅11 — 20
- 栄9 寅11 — 20
- 英8 虎8 — 16
- 秀7 虎8 — 15

ひでたか Hidetaka

あかるい

「ひで」「たか」ともに力強い響きで、積極性と自信にあふれる

- 英8 隆11 — 19
- 秀7 隆11 — 18
- 栄9 宇6 — 15
- 秀7 宝8 — 15

ひでまさ Hidemasa

あかるい

優雅な「まさ」が重厚な「ひで」の音にやわらかみと品格を添える

- 日4 出5 雅13 — 22
- 英8 将10 — 18
- 栄9 昌8 — 17
- 秀7 正5 — 12

ひであき Hideaki

かっこいい

「あき」のあかるさが、まじめな「ひで」を彩り、親しみやすい

- 英8 彰14 — 22
- 秀7 開12 — 19
- 英8 明8 — 16
- 秀7 明8 — 15

ひでと Hideto

さわやか

たくましい「ひで」に続く「と」の音が、知的な印象を醸す

- 日4 出5 飛9 — 18
- 英8 杜7 — 15
- 英8 斗4 — 12
- 秀7 人2 — 9
- 栄9 都11 — 20
- 英8 翔12 — 20
- 秀7 翔12 — 19
- 秀7 登12 — 19

ひでや Hideya

やさしい

落ち着いた「ひで」の響きに「や」音が若々しさと陽気さをプラス

- 栄9 哉9 — 18
- 英8 弥8 — 16
- 英8 也3 — 11
- 秀7 也3 — 10

ひでお Hideo

力強い

力強い止め字「お」により「ひで」が頼もしく、迫力をもって響く

- 英8 雄12 — 20
- 日4 出5 青8 — 17
- 秀7 郎9 — 16
- 秀7 夫4 — 11

ひでゆき Hideyuki

あかるい

力強い「ひで」をたおやかな「ゆき」が受けた剛柔併せもつ名前

- 栄9 雪11 — 20
- 秀7 幸8 — 15
- 英8 行6 — 14
- 日4 出5 之3 — 12

ひでかず Hidekazu

さわやか

二つの濁音が重みを与え、地に足のついた安定感と自信をプラス

- 栄9 寿7 — 16
- 秀7 和8 — 15
- 英8 千3 — 11
- 秀7 一1 — 8

ひでとし Hidetoshi

かっこいい

深みある「ひで」に「とし」のすがすがしい響きが加わり利発な印象

- 秀7 俊9 — 16
- 英8 利7 — 15
- 英8 寿7 — 15
- 秀7 年6 — 13

ひとき Hitoki

さわやか

ポピュラーな音ながら組み合わせが斬新で、唯一無二の響きに

- 一1 輝15 — 16
- 壱7 季8 — 15
- 仁4 紀9 — 13
- 栄9 己3 — 12

ひとし
Hitoshi

安心感のある「ひ」音に続く「とし」がさわやかで素直なイメージ

かっこいい

名前	画数	合計
仁	4	4
一史	1・5	6
仁志	4・7	11
壱市	7・5	12
一詩	1・13	14
一資	1・13	14
壱志	7・7	14
仁詩	4・13	17

ひとむ
Hitomu

信頼感の高い響き「ひと」に続く止め字「む」が個性を主張

力強い

名前	画数	合計
一向	1・6	7
壱武	7・8	15
仁夢	4・13	17
仁霧	4・19	23

ひなた
Hinata

「日向」のイメージから温かくおっとりとした人柄を思わせる

あかるい

名前	画数	合計
日向	4・6	10
日陽	4・12	16
暖大	13・3	16
暖太	13・4	17
日向汰	4・6・7	17
日南太	4・9・4	17
陽多	12・6	18
陽奈太	12・8・4	24

ひなと
Hinato

「ひな」のかわいらしさに清音「と」の元気感とやんちゃさが同居

さわやか

名前	画数	合計
日向人	4・6・2	12
陽大	12・3	15
日南人	4・9・2	15
陽仁	12・4	16
陽斗	12・4	16
陽音	12・9	21
比奈都	4・8・11	23
陽翔	12・12	24

ひなり
Hinari

艶やかな「り」の余韻を得て「ひな」の愛くるしい響きが際立つ

やさしい

名前	画数	合計
飛成	9・6	15
陽也	12・3	15
日鳴	4・14	18
陽南里	12・9・7	28

ひびき
Hibiki

「響」に通じ、輝かしく祝祭的な雰囲気。個性的ながら収まりも◎

さわやか

名前	画数	合計
日比季	4・4・8	16
日陽己	4・12・3	19
飛比紀	9・4・9	22
日々樹	4・3・16	23
日美基	4・9・11	24
響生	20・5	25
日陽紀	4・12・9	25
響輝	20・15	35

ひゆう
Hiyu

やわらかい音で構成されながらも「ゆう」音が勇敢さを印象づける

あかるい

名前	画数	合計
緋夕	14・3	17
翔有	12・6	18
飛悠	9・11	20
冴優	7・17	24

ひゅうが
Hyuga

シャープな「ひゅう」の音を「が」が力強く押しあげ、雅やかに

あかるい

名前	画数	合計
日向	4・6	10
飛芽	9・8	17
彪我	11・7	18
陽向	12・6	18
飛雄	9・12	21
彪夏	11・10	21
彪華	11・10	21
彪雅	11・13	24

ひゅうま
Hyuma

勢いのある「ひゅう」の音を「ま」が受け止め実直なイメージに

かっこいい

名前	画数	合計
飛馬	9・10	19
彪真	11・10	21
光勇真	6・9・10	25
飛雄馬	9・12・10	31

ひょうが
Hyoga

「氷河」のイメージで表面はクールながら熱い情熱を秘めた名前

力強い

名前	画数	合計
豹牙	10・4	14
豹我	10・7	17
彪冴	11・7	18
彪雅	11・13	24

ひょうご Hyogo

軽やかな「ひょう」を濁音「ご」が受け止め自信に満ちた印象に

豹10悟10（20）　彪11吾7（18）　兵7吾7（14）　氷5古5（10）

力強い

ひりゅう Hiryu

「飛龍」に通じたけだけしく向かうところ敵なしのイメージ

飛9龍16（25）　緋14竜10（24）　氷5龍16（21）　飛9竜10（19）

さわやか

ひろ [Hiro]

あかるい

分け隔てないやさしさと親しみやすさを感じさせる。ほどよい開放感をもたせられる

尋12（12）　宥9（9）　大3（3）

日4路13（17）　紘10（10）　央5（5）

比4露21（25）　比4呂7（11）　広5（5）

陽12路13（25）　裕12（12）　拓8（8）

ひろあき Hiroaki

「ひろ」「あき」ともに開放的で、あかるく可能性に満ちた名前

祐9明8（17）　宙8秋9（17）　大3彰14（17）　宏7明8（15）

やさしい

ひろかず Hirokazu

あかるい「ひろ」にきめ細やかな「かず」が続き、思慮深い印象に

宙8和8（16）　千3裕12（15）　博12一1（13）　洋9一1（10）

かっこいい

ひろき Hiroki

やわらかく懐の深さを感じさせる「ひろ」に硬質な「き」の音がアクセント。キリッと聡明な眼差しを思わせる

大3貴12（15）　浩10己3（13）　洸9己3（12）　大3生5（8）

拡8輝15（23）　弘5毅15（20）　紘10希7（17）　拓8紀9（17）

啓11樹16（27）　博12貴12（24）　洋9輝15（24）　裕12基11（23）

さわやか

ひろし Hiroshi

男子名としてはポピュラーながら、飾り気のなさがかえって新鮮に

飛9路13士3（25）　紘10史5（15）　宏7志7（14）　宙8（8）

かっこいい

ひろたか Hirotaka

「ひろ」「たか」ともに前向きで、向上心にあふれたイメージ

皓12敬12（24）　裕12隆11（23）　大3貴12（15）　宙8天4（12）

力強い

ひろと Hiroto

抜け感のある「ひろ」を止め字「と」が軽やかに引き締め、陽気で茶目っ気たっぷりの印象をもたらす

宙8斗4（12）　洸9人2（11）　宏7斗4（11）　弘5人2（7）

博12斗4（16）　大3翔12（15）　大3透10（13）　祐9大3（12）

裕12登12（24）　優17斗4（21）　紘10音9（19）　宙8飛9（17）

やさしい

ひろとし Hirotoshi

開放的な「ひろ」に続くことで、清らかな「とし」の音が誠実に響く

博12敏10（22）　裕12俊9（21）　宏7利7（14）　弘5利7（12）

あかるい

ひろのり Hironori

なめらかな流れで品があり、何にも動じない静けさをたたえている

- 彦9 典8　17
- 浩10 紀9　19
- 大3 騎18　21
- 宙8 徳14　22

やさしい

ひろふみ Hirofumi

文学的素養を感じさせる「ふみ」の音が「ひろ」を静かにまとめる

- 洋9 史5　14
- 浩10 文4　14
- 浩10 史5　15
- 博12 文4　16

さわやか

ひろま Hiroma

「ひろ」に続く「ま」の開放的余韻が、さらなる包容力を感じさせる

- 紘10 馬10　20
- 弘5 磨16　21
- 寛13 真10　23
- 陽12 呂7 真10　29

かっこいい

ひろみ Hiromi

「ひろ」「み」ともに包み込むような響きで、やさしさが強調される

- 大3 海9　12
- 裕12 己3　15
- 洋9 望11　20
- 泰10 観18　28

あかるい

ひろみち Hiromichi

大らかな「ひろ」に続く「みち」が実直さや信頼性を感じさせる

- 広5 路13　18
- 紘10 道12　22
- 啓11 道12　23
- 尋12 三3 智12　27

あかるい

ひろむ Hiromu

雄大さを感じさせる「ひろ」の音を収束力の強い「む」音が力強く引き締め、男らしく力のこもった名前に

- 弘5　5
- 啓11　11
- 大3 武8　11
- 弘5 武8　13

- 大3 陸11　14
- 宏7 武8　15
- 大3 夢13　16
- 日4 呂7 武8　19

- 宙8 夢13　21
- 紘10 夢13　23
- 日4 路13 向6　23
- 裕12 夢13　25

かっこいい

ひろや Hiroya

果てなく広がる「ひろ」に、続く「や」が鋭さと方向性を生む

- 大3 弥8　11
- 宙8 也3　11
- 大3 哉9　12
- 啓11 矢5　16

- 博12 也3　15
- 尋12 也3　15
- 洋9 哉9　18
- 寛13 弥8　21

さわやか

ひろやす Hiroyasu

人情味あふれる「やす」音が「ひろ」に、気さくな印象をプラス

- 大3 泰10　13
- 宏7 保9　16
- 浩10 康11　21
- 博12 恭10　22

やさしい

ひろゆき Hiroyuki

うるおい感のある「ゆき」が「ひろ」と相まって感受性豊かに

- 弘5 幸8　13
- 浩10 之3　13
- 紘10 之3　13
- 宏7 幸8　15

- 寛13 之3　16
- 裕12 行6　18
- 宙8 雪11　19
- 滉13 行6　19

あかるい

ひろよし Hiroyoshi

「よし」の音が「ひろ」を落ち着け、思慮深く聡明な印象に

- 広5 吉6　11
- 大3 嘉14　17
- 弘5 義13　18
- 博12 愛13　25

やさしい

びんご Bingo

「ビンゴ」に通じる軽快さを秘めた名前。二つの濁音が個性的に響く

- 秤10 伍6　16
- 敏10 吾7　17
- 敏10 梧11　21
- 秤10 護20　30

あかるい

ふ

五行 水

頭脳明晰（めいせき）で信念を貫く

ふう [Fu]

やさしい

ともに母音「う」で、のびやかなふくらみが男子名には新感覚。心やさしくソフトな印象に

名前	画数
楓13	13
封9	9
風9	9

ふうが Fuga

力強い

やわらかくのびる「ふう」に堂々と添えた「が」音が麗しい

名前	画数
楓13 芽8	21
風9 河8	17
風9 我7	16
阜8 我7	15
楓13 賀12	25
風9 駕15	24
楓13 華10	23
風9 雅13	22

ふうき Fuki

あかるい

ソフトな「ふう」に続く「き」の強さが映え、高潔な印象に

名前	画数
楓13 葵12	25
阜8 樹16	24
楓13 季8	21
風9 希7	16

ふうご Fugo

かっこいい

堅固な濁音「ご」が軽やかな「ふう」を着地させ、ブレのない印象

名前	画数
風9 護20	29
風9 醐16	25
楓13 悟10	23
風9 吾7	16

ふうた Futa

さわやか

軽快な「ふう」と元気な「た」が、あかるく素直な心を思わせる

名前	画数
富12 太4	16
風9 立5	14
風9 太4	13
風9 大3	12
風9 詩13	22
楓13 汰7	20
楓13 太4	17
楓13 大3	16

ふうと Futo

さわやか

「ふう」の不思議な浮遊感を「と」が収め、英雄的なりりしさを醸す

名前	画数
楓13 登12	25
風9 翔12	21
風9 音9	18
楓13 斗4	17

ふうま Fuma

かっこいい

のびやかな「ふう」の音が「ま」で収束し、勇ましく颯爽とした印象

名前	画数
風9 磨16	25
楓13 茉8	21
風9 真10	19
楓13 万3	16

ふうや Fuya

やさしい

ふわっとした音からなり「や」の音が縛られない自由さを醸し出す

名前	画数
楓13 弥8	21
風9 野11	20
富12 也3	15
風9 矢5	14

ふじと Fujito

あかるい

「ふじ」が日本人らしい名前。「と」が男子の心意気を感じさせる

名前	画数
藤18 都11	29
富12 士3 登12	27
冨11 士3 杜7	21
藤18 人2	20

ふたば Futaba

あかるい

みずみずしい「双葉」を思わせ、若い可能性、純粋さを感じさせる

名前	画数
双4 葉12	16
二2 葉12	14
双4 波8	12
二2 羽6	8

ふみ [Fumi]

やさしい

「文」に通じることから聡明な印象。日本で伝統的に用いられてきた止め字で、和の趣が漂う

文	史	郁
文4	史5	郁9
4	5	9

ふみあき Fumiaki

落ち着いた「ふみ」にあかるい「あき」が続き、知的でほがらかな印象

文昭	文晶	史章	史開
文4 昭9	文4 晶12	史5 章11	史5 開12
13	16	16	17

やさしい

ふみと Fumito

乾いた響きの「と」がやわらかい「ふみ」に知性と安定感をプラス

史人	文杜	郁人	文門
史5 人2	文4 杜7	郁9 人2	文4 門8
7	11	11	12

郁斗	文登	史都	史翔
郁9 斗4	文4 登12	史5 都11	史5 翔12
13	16	16	17

さわやか

ふみひこ Fumihiko

「ふみ」「ひこ」ともに温厚な印象。心やさしさのなかに意志の強さも

文彦	史彦	典彦	富美彦
文4 彦9	史5 彦9	典8 彦9	富11 美9 彦9
13	14	17	29

かっこいい

ふみや Fumiya

和風の「ふみ」に現代的止め字「や」があかるさを足し、親しみやすい

史也	文弥	文哉	史哉
史5 也3	文4 弥8	文4 哉9	史5 哉9
8	12	13	14

文埜	郁弥	郁哉	富実野
文4 埜11	郁9 弥8	郁9 哉9	富11 実8 野11
15	17	18	30

あかるい

ふゆき Fuyuki

「ふゆ」と鋭い「き」の響きから、冬の空気のように澄んだ印象

歩幸	芙雪	冬輝	冬樹
歩8 幸8	芙7 雪11	冬5 輝15	冬5 樹16
16	18	20	21

あかるい

ふゆと Fuyuto

落ち着いた響きの音で、大人びた佇(たたず)まいと思慮深さを連想させる

冬斗	冬翔	冬悠人	風優人
冬5 斗4	冬5 翔12	冬5 悠11 人2	風9 優17 人2
9	17	18	28

さわやか

ぶんた Bunta

頭の濁音「ぶ」、止め字の「た」ともに素朴な男らしさを醸し出す

文太	文汰	聞多	聞汰
文4 太4	文4 汰7	聞14 多6	聞14 汰7
8	11	20	21

かっこいい

へ

五行 水

計画性のある努力家

へい [Hei]

かっこいい

「へ」「い」ともに控えめで穏やかな響きながら「平」に通じるため、公正な人柄を印象づける

平	丙	兵
平5	丙5	兵7
5	5	7

へいじ Heiji

「へい」「じ」ともに日本男児のイメージで聡く、たくましい印象

平司	平次	平治	丙路
平5 司5	平5 次6	平5 治8	丙5 路13
10	11	13	18

力強い

へいぞう Heizo

「ぞう」のたくましい音が穏やかな「へい」を頼もしく支える

丙三	平造	平蔵	兵蔵
丙5 三3	平5 造10	平5 蔵15	兵7 蔵15
8	15	20	22

力強い

ほ

五行 水

クリエイティブな才能

ほくと Hokuto

「北斗」を連想させ、宇宙の壮大さを秘めたロマンチックな名前

北5都11 (16)　北5門8 (13)　北5杜7 (12)　北5斗4 (9)

さわやか

ほしと Hoshito

「星」の音がスター性や、向かうところ敵なしの強さを感じさせる

穂15志7都11 (33)　星9翔12 (21)　星9登12 (21)　星9斗4 (13)

かっこいい

ほしひこ Hoshihiko

「ほし」のもつカリスマ性が「ひこ」により落ち着いた和の風情に

穂15志7彦9 (31)　保9士3彦9 (21)　星9比4古5 (18)　星9彦9 (18)

かっこいい

ほずみ Hozumi

安心感のある音「ほ」に続く「ずみ」の音が清らかで聡明な印象

穂15純10 (25)　穂15美9 (24)　歩8澄15 (23)　帆6純10 (16)

力強い

ほたか Hotaka

「ほ」に続く「たか」の音があかるく響き、向上心あふれるイメージ

武8尊12 (20)　歩8高10 (18)　帆6貴12 (18)　帆6高10 (16)

あかるい

ほだか Hodaka

やわらかい「ほ」との対比で「だ」「か」の力強さがひときわ輝く

歩8鷹24 (32)　穂15高10 (25)　絆11夏10 (21)　歩8空8 (16)

力強い

ほたる Hotaru

「蛍」を思わせ、愛らしくノスタルジックな響き。賢いイメージも

穂15多6琉11 (32)　歩8多6留10 (24)　保9太4流10 (23)　蛍11 (11)

やさしい

ほまれ Homare

「誉」に通じ、男らしく意気揚々としたイメージ。響きもスマート

歩8稀12 (20)　歩8希7 (15)　帆6希7 (13)　誉13 (13)

さわやか

ま

五行 水

機転が利き愛らしい

まいく Maiku

呼びやすい「まい」音に「く」の温かみが加わり、人懐っこい印象

舞15駈15 (30)　舞15貢10 (25)　舞15玖7 (22)　真10行6 (16)

かっこいい

まいと Maito

温かい響きの「ま」にシャープな「い」「と」がすがすがしさを添える

舞15翔12 (27)　磨16伊6斗4 (26)　舞15飛9 (24)　舞15人2 (17)

さわやか

まお Mao

呼びやすい母音「あ」「お」の二字名前。宇宙的な可能性がある

麻11雄12 (23)　磨16央5 (21)　真10音9 (19)　真10生5 (15)

あかるい

まこと Makoto

かっこいい

男児の人気名前の定番。耳なじみよく意志を貫く強さを感じさせる

- 信(9) 9
- 誠(13) 13
- 諒(15) 15
- 真(10)呼(8)人(2) 20

まさ [Masa]

あかるい

品のよい「ま」音に、さわやかな「さ」音の人気の組み合わせ。まっすぐで誠実な印象に

- 昌(8) 8
- 将(10) 10
- 雅(13) 13

まさおみ Masaomi

かっこいい

和の趣をもつ「おみ」が加わり、より高貴で力強い響きに

- 正(5)臣(7) 12
- 真(10)臣(7) 17
- 将(10)臣(7) 17
- 匡(6)緒(14)弥(8) 28

まさかず Masakazu

やさしい

キレよく力強い「かず」と組み合わさり「まさ」のりりしさが際立つ

- 政(9)一(1) 10
- 匡(6)利(7) 13
- 将(10)知(8) 18
- 雅(13)寿(7) 20

まさかつ Masakatsu

かっこいい

「まさ」「かつ」ともに積極的で前向きな響き。元気あふれる名前に

- 正(5)克(7) 12
- 正(5)勝(12) 17
- 将(10)克(7) 17
- 雅(13)日(4)都(11) 28

まさき Masaki

さわやか

ダイヤのような強さと純真さをイメージさせる「まさ」の響きにさっぱりとした「き」の余韻が潔く、りりしい印象

- 柾(9) 9
- 匡(6)希(7) 13
- 真(10)生(5) 15
- 正(5)貴(12) 17

- 将(10)来(7) 17
- 昌(8)暉(13) 21
- 将(10)基(11) 21
- 雅(13)紀(9) 22

- 柾(9)輝(15) 24
- 柾(9)樹(16) 25
- 真(10)沙(7)輝(15) 32
- 優(17)樹(16) 33

まさし Masashi

あかるい

止め字のかためれに響く「し」によってシャープさが増し、グッと知的に

- 仁(4) 4
- 昌(8)志(7) 15
- 将(10)史(5) 15
- 優(17)士(3) 20

まさたか Masataka

力強い

「まさ」「たか」ともにきちんと折り目正しく誠実な印象を与える

- 正(5)崇(11) 16
- 仁(4)誉(13) 17
- 雅(13)宇(6) 19
- 将(10)貴(12) 22

まさと Masato

さわやか

「まさ」の曲がったことを嫌う実直さを「と」の音がやさしく包む

- 政(9)人(2) 11
- 聖(13)斗(4) 17
- 万(3)沙(7)翔(12) 22
- 真(10)聖(13) 23

まさとら Masatora

力強い

「まさ」「とら」ともに、何ものもおそれない大胆不敵さが光る

- 正(5)寅(11) 16
- 政(9)虎(8) 17
- 将(10)寅(11) 21
- 雅(13)虎(8) 21

まさなお Masanao

あかるい

「まさ」「なお」ともにまっすぐで、ウソのない誠実さが光る

- 正(5)直(8) 13
- 誠(13)尚(8) 21
- 雅(13)奈(8)央(5) 26
- 征(8)南(9)緒(14) 31

まさはる Masaharu

さわやか

「まさ」の礼儀正しさを「はる」の屈託のなさがうまくやわらげる

- 正(5)開(12) 17
- 匡(6)陽(12) 18
- 真(10)悠(11) 21
- 雅(13)治(8) 21

まさひこ Masahiko

かっこいい

伝統的止め字「ひこ」を得て「まさ」の実直さが際立つ

- 正(5)彦(9) 14
- 昌(8)彦(9) 17
- 将(10)比(4)古(5) 19
- 雅(13)比(4)古(5) 22

まさひと Masahito

やさしい

落ち着き感のある止め字「ひと」が包み込むような安心感をプラス

- 柾9 人2 — 11
- 政9 仁4 — 13
- 晶12 仁4 — 16
- 真10 佐7 人2 — 19

まさひろ Masahiro

あかるい

キリッと潔い「まさ」にあかるい「ひろ」の響きが好バランス

- 正5 展10 — 15
- 昌8 宏7 — 15
- 将10 広5 — 15
- 正5 博12 — 17

- 優17 大3 — 20
- 誠13 紘10 — 23
- 雅13 浩10 — 23
- 誠13 啓11 — 24

まさふみ Masafumi

やさしい

和の趣漂う「ふみ」の音を得て、いっそう知的なイメージで響く

- 政9 文4 — 13
- 将10 史5 — 15
- 雅13 文4 — 17
- 真10 沙7 史5 — 22

まさみ Masami

さわやか

「ま」行音に挟まれた「さ」がすがすがしい。全体にやわらかい響き

- 雅13 巳3 — 16
- 政9 実8 — 17
- 将10 弥8 — 18
- 真10 海9 — 19

まさみち Masamichi

かっこいい

意志の強さを感じさせる「まさ」「みち」音をストレートに活かして

- 正5 道12 — 17
- 政9 通10 — 19
- 真10 理11 — 21
- 昌8 美9 治8 — 25

まさみつ Masamitsu

あかるい

男らしい印象の「まさ」も「みつ」により優美さと温かみが漂う

- 将10 光6 — 16
- 匡6 満12 — 18
- 勝12 光6 — 18
- 優17 路13 — 30

まさむね Masamune

かっこいい

勇壮で知的な響き。名将のイメージが強く、カリスマ性がある

- 正5 宗8 — 13
- 征8 宗8 — 16
- 聖13 宗8 — 21
- 優17 宗8 — 25

まさや Masaya

さわやか

「まさ」のまっすぐなイメージが、止め字「や」を得てさらに強調

- 正5 也3 — 8
- 将10 也3 — 13
- 柾9 弥8 — 17
- 聖13 矢5 — 18

- 征8 揶12 — 20
- 雅13 夜8 — 21
- 雅13 哉9 — 22
- 優17 耶9 — 26

まさゆき Masayuki

力強い

「まさ」「よし」ともに王道の響き。耳なじみもよく、安心感がある

- 昌8 行6 — 14
- 匡6 由5 岐7 — 18
- 真10 紗10 之3 — 23
- 雅13 雪11 — 24

まさよし Masayoshi

かっこいい

「まさ」「よし」ともに日本人にはなじみ深く人のよさを感じさせる

- 正5 佳8 — 13
- 匡6 芳7 — 13
- 正5 義13 — 18
- 雅13 良7 — 20

- 政9 義13 — 22
- 真10 沙7 好6 — 23
- 満12 佐7 由5 — 24
- 将10 慶15 — 25

まさる Masaru

力強い

りりしい「まさ」との組み合わせで止め字「る」のあかるさが活きる

- 大3 — 3
- 勝12 — 12
- 優17 — 17
- 雅13 琉11 — 24

ましゅう Mashu

あかるい

壮大さを感じさせる「ま」の音が「しゅう」に流れ、大河のように

- 真10 周8 — 18
- 真10 柊9 — 19
- 麻11 秋9 — 20
- 磨16 秀7 — 23

ますみ Masumi

しっとりした「ま」にキリッと清廉な「すみ」の音が好バランス

- 満12寿7弥8 ― 27
- 真10澄15 ― 25
- 麻11純10 ― 21
- 益10実8 ― 18

さわやか

まなと Manato

奥ゆかしくやさしい響きを連ねつつも「ま」音の純真さが光る

- 真10那7斗4 ― 21
- 学8翔12 ― 20
- 愛13斗4 ― 17
- 真10人2 ― 12
- 麻11奈8都11 ― 30
- 舞15奈8人2 ― 25
- 真10那7杜7 ― 24
- 愛13都11 ― 24

やさしい

まなぶ Manabu

「学」のイメージから実直な印象。濁音「ぶ」で堂々とした印象も

- 愛13舞15 ― 28
- 真10奈8歩8 ― 26
- 真10武8 ― 18
- 学8 ― 8

かっこいい

まもる Mamoru

三音とも丸みを帯びた楽しげな音。人がよく、和を重んじる印象に

- 護20 ― 20
- 真10守6 ― 16
- 衛16 ― 16
- 守6 ― 6

力強い

み

五行 水

はなやかで芸術的

みきお Mikio

あかるい「みき」の音を「お」がやさしく、たくましくまとめる

- 美9喜12男7 ― 28
- 実8紀9夫4 ― 21
- 樹16央5 ― 21
- 幹13生5 ― 18

かっこいい

みきと Mikito

躍動感ある「みき」を止め字「と」が静かにまとめ、おとなびた印象に

- 美9樹16杜7 ― 32
- 海9輝15人2 ― 26
- 未5来7翔12 ― 24
- 幹13斗4 ― 17

さわやか

みきや Mikiya

アクティブな印象の「みき」に止め字「や」でやんちゃさを強調

- 美9樹16弥8 ― 33
- 三3貴12耶9 ― 24
- 未5希7夜8 ― 20
- 幹13也3 ― 16

あかるい

みこと Mikoto

「命」に通じ唯一無二のイメージ。「こと」の音がかわいらしい

- 美9古5都11 ― 25
- 海9琴12 ― 21
- 尊12 ― 12
- 命8 ― 8

やさしい

みずき Mizuki

「みず」のうるおい感のあとに、止め字「き」の冴えた響きが印象的

- 瑞13稀12 ― 25
- 水4輝15 ― 19
- 瑞13生5 ― 18
- 水4綺14 ― 18

あかるい

みずほ Mizuho

「みず」のクリア感と素朴で温かい「ほ」の余韻が心地よく耳に響く

- 瑞13穂15 ― 28
- 瑞13甫7 ― 20
- 水4保9 ― 13
- 水4歩8 ― 12

さわやか

みち [Michi]

かっこいい

「み」音を得て「ち」のきらめきがアップした、文芸的で気品のある二音名前

- 路13 ― 13
- 道12 ― 12
- 理11 ― 11

みちお Michio

ノスタルジックななかに意志の強さを感じさせる「ち」がポイント

- 美9智12男7 ― 28
- 路13緒14 ― 27
- 道12雄12 ― 24
- 実8知8生5 ― 21

力強い

みちとし
Michitoshi

「みち」「とし」ともに落ち着いた印象で、誠実な人柄を思わせる

- 三3 智12 利7　22
- 道12 俊9　21
- 路13 寿7　20
- 三3 千3 敏10　16

やさしい

みちひろ
Michihiro

三つ続く母音「い」を「ろ」がまとめ、穏やかでマイペースに

- 理11 博12　23
- 宙8 裕12　20
- 倫10 宏7　17
- 道12 大3　15

あかるい

みつあき
Mitsuaki

カラッとした響きの「あき」を得て「みつ」のあかるさが極まる

- 満12 晃10　22
- 充6 亮9　15
- 允4 章11　15
- 光6 明8　14

やさしい

みつき
Mitsuki

シャープな響きをもつ音で、夜空に輝く月のように凛とした佇（たたず）まい

- 光6 紀9　15
- 光6 希7　13
- 弘5 宜8　13
- 充6 生5　11
- 満12 喜12　24
- 光6 貴12　18
- 三3 輝15　18
- 満12 月4　16

やさしい

みづき
Mizuki

母音「い」で挟んだ「づ」が和のたおやかなムードを感じさせる

- 美9 都11 紀9　29
- 弥8 槻15　23
- 観18 月4　22
- 瑞13 月4　17

さわやか

みつはる
Mitsuharu

「みつ」「はる」ともにあかるく陽だまりのような印象の響きに

- 美9 津9 春9　27
- 満12 治8　20
- 光6 開12　18
- 允4 晴12　16

あかるい

みつひこ
Mitsuhiko

輝き感のある「みつ」に「ひこ」を添えることで、穏やかな強さが

- 満12 彦9　21
- 光6 彦9　15
- 允4 彦9　13
- 三3 比4 古5　12

かっこいい

みつる
Mitsuru

「満」のふくよかなイメージと「つる」の音の軽やかさが同居

- 光6 琉11　17
- 実8 弦8　16
- 満12　12
- 充6　6

さわやか

みなと
Minato

「港」を思わせ自由で縛られない印象。止め字「と」が歯切れよい

- 湊12 都11　23
- 海9 南9 斗4　22
- 南9 翔12　21
- 湊12　12

さわやか

みねと
Mineto

意外性ある「みね」との組み合わせを、止め字「と」がきっちり担う

- 美9 祢9 都11　29
- 峰10 登12　22
- 嶺17 斗4　21
- 峰10 杜7　17

やさしい

みのる
Minoru

あかるく広がる音で構成された収まりよい名前。ハートフルな印象

- 穣18　18
- 穂15　15
- 稔13　13
- 実8　8

かっこいい

みひろ
Mihiro

角がない「み」、「ひろ」が好相性。心根のやさしさを印象づける

- 海9 尋12　21
- 心4 優17　21
- 未5 紘10　15
- 海9 大3　12

あかるい

みらい
Mirai

「未来」に通じ無限の可能性と広がりを感じさせる名前に

- 美9 雷13　22
- 海9 来7　16
- 未5 徠11　16
- 光6 来7　13

さわやか

む

温厚で芯が強い

五行 水

むく Muku

ほっこりとした温かみと「無垢（むく）」なイメージのクリア感が同居

霧19 久3	夢13 来7	夢13 玖7	椋12
22	20	20	12

かっこいい

むさし Musashi

「武蔵（むさし）」に通じ、大胆不敵で勇猛、男の子らしいイメージに

夢13 蔵15	武8 蔵15	武8 佐7 志7	向6 佐7 士3
28	23	22	16

力強い

むつき Mutsuki

「睦月」のイメージから古風な響き。「き」がキリッと締める

向6 槻15	睦13 希7	睦13 生5	夢13 月4
21	20	18	17

あかるい

むつみ Mutsumi

「ま」行音に挟まれた「つ」の控えめな響きがノスタルジック

夢13 摘14	睦13 海9	睦13 実8	六4 満12
27	22	21	16

さわやか

むね [Mune]

あかるい

「む」「ね」の組み合わせがしっとりと叙情的。控えめな音ながら、ていねいでやさしい印象

棟12	胸10	宗8
12	10	8

むねかず Munekazu

乾いた「か」音、ほどよい重さの「ず」が合わさることで躍動感が

宗8 加5 津9	胸10 寿7	宗8 和8	棟12 一1
22	17	16	13

かっこいい

むねひさ Munehisa

穏やかな「むね」に古典的な響きの「ひさ」が聡明な印象を添える

胸10 日4 彩11	棟12 比4 佐7	宗8 尚8	宗8 久3
25	23	16	11

力強い

むねゆき Muneyuki

母音「う」をもつ二音が波のようなリズムを生み気品を感じさせる

棟12 雪11	胸10 幸8	宗8 行6	宗8 之3
23	18	14	11

さわやか

め

強い情熱を秘める

五行 水

めいと Meito

軽やかな音が並び、ウキウキするような天真爛漫（らんまん）さを感じさせる

鳴14 都11	芽8 衣6 杜7	明8 翔12	盟13 斗4
25	21	20	17

あかるい

めぐむ Megumu

ま行の音が濁音「ぐ」を挟み、リズミカル。慈愛あふれる印象に

恵10 夢13	芽8 久3 武8	恵10	恩10
23	19	10	10

さわやか

めぐる Meguru

濁音「ぐ」がアクセントとなり、スピード感と力強さが際立つ

恵10 琉11	環17	周8	巡6
21	17	8	6

やさしい

めぶき Mebuki

あかるい

「芽吹き」のイメージで若々しい始まりの印象。「き」の余韻も◎

芽8 蕗16	芽8 歩8 来7	芽8 夫4 紀9	芽8 吹7
24	23	21	15

もとい Motoi

かっこいい

太く力強い「もと」に、知的な「い」音がクールな余韻を残す

基11 衣6	元4 偉12	宗8 伊6	基11
17	16	14	11

もとや Motoya

かっこいい

低く落ち着いた「もと」を「や」が高く舞いあがらせ、さわやかに

望11 斗4 也3	素10 也3	元4 哉9	元4 弥8
18	13	13	12

も

五行 水

あかるく社交的

もと [Moto]

あかるい

二音続く母音「お」の響きが芯の強さを感じさせるうえ「基盤」のイメージで安定感がある

基11	原10	元4
11	10	4

もとき Motoki

力強い

奥行きある「も」にシャープな響きの「とき」が続き、都会的な香りが

幹13 樹16	元4 輝15	求7 基11	統12 己3
29	19	18	15

もとゆき Motoyuki

かっこいい

控えめな響きで構成されつつも、育ちのよさと聡明さを感じさせる

幹13 幸8	元4 由5 紀9	基11 行6	素10 之3
21	18	17	13

もとなり Motonari

力強い

のびやかな「なり」の音を得て「もと」の音がさらに力強く響く

幹13 斉8	基11 成6	元4 就12	素10 也3
21	17	16	13

もりお Morio

力強い

厚みある「もり」の音を雄々しい「お」で受け止め、頼もしく

森12 青8	守6 緒14	森12 央5	杜7 夫4
20	20	17	11

もとはる Motoharu

あかるい

主張の強くない音の連続が功を奏した例。ふわっとしつつ芯は強い

素10 陽12	幹13 治8	基11 春9	元4 晴12
22	21	20	16

もりよし Moriyoshi

力強い

たくましい「もり」の響きを明瞭感ある「よし」が引き立てている

森12 好6	守6 美9	杜7 芳7	守6 佳8
18	15	14	14

もとあき Motoaki

さわやか

落ち着いた「もと」を「あき」のあかるさと大らかさが緩和する

原10 章11	基11 明8	素10 秋9	元4 亮9
21	19	19	13

もとむ Motomu

さわやか

歯切れのよい三つの音を連ねたスピード感ある響き。活発な雰囲気

求7 夢13	素10 向6	元4 武8	求7
20	16	12	7

もんた Monta

あかるい

親しみ感あふれる組み合わせで、飾らない素朴な人柄を思わせる

聞14 多6	紋10 大3	文4 汰7	文4 太4
20	13	11	8

や

五行 土

チャンスを逃さない

やくも Yakumo

「八雲（幾重もの雲）」の意に通じ、雅やかで古風な響き

名前	画数	総画
八雲	2・12	14
矢雲	5・12	17
屋久茂	9・3・8	20
陽雲	12・12	24

かっこいい

やす〔Yasu〕

やさしい

日本で古くから用いられてきた音で、飾り気なく親しみやすい印象。こざっぱりと響く

名前	画数	総画
泰	10	10
保	9	9
安	6	6

やすあき Yasuaki

さっぱりとした「やす」の響きに開放感あふれる「あき」が好相性

名前	画数	総画
安章	6・11	17
康明	11・8	19
耕開	10・12	22
穏陽	16・12	28

やさしい

やすし Yasushi

颯爽とした「やす」と止め字「し」のクールさで、清潔感が漂う

名前	画数	総画
恭	10	10
也寸志	3・3・7	13
康士	11・3	14
耕史	10・5	15

あかるい

やすたか Yasutaka

控えめな「やす」に高揚感ある「たか」が続き、躍動感が生まれた

名前	画数	総画
恭宇	10・6	16
耕隆	10・11	21
康隆	11・11	22
靖貴	13・12	25

かっこいい

やすなり Yasunari

「やす」に続く、なめらかな「なり」の音が素直さを感じさせる

名前	画数	総画
安成	6・6	12
泰也	10・3	13
保斉	9・8	17
康鳴	11・14	25

力強い

やすはる Yasuharu

素朴な「やす」に、晴れやかな響きの「はる」が温かみを添える

名前	画数	総画
安晴	6・12	18
泰治	10・8	18
恭春	10・9	19
康陽	11・12	23

あかるい

やすひろ Yasuhiro

「やす」「ひろ」ともに自然体の印象があり、安心感をいだかせる

名前	画数	総画
泰大	10・3	13
耕洋	10・9	19
恭浩	10・10	20
康紘	11・10	21

あかるい

やひろ Yahiro

神秘的な「や」の音に続く開放感ある「ひろ」が寛大な余韻を残す

名前	画数	総画
八洋	2・9	11
矢宏	5・7	12
耶弘	9・5	14
弥尋	8・12	20

さわやか

やまと Yamato

強くはっきりした響きの音を連ね、おそれを知らない勇敢な印象に

名前	画数	総画
大和	3・8	11
大翔	3・12	15
矢真斗	5・10・4	19
耶麻人	9・11・2	22

力強い

ゆ

五行 土

感受性が鋭い

ゆい Yui

中性的な響きの二音名前。柔軟性のなかにも鋭い知性を感じさせる

名前	画数	総画
唯	11	11
結	12	12
祐以	9・5	14
悠衣	11・6	17

やさしい

ゆいき Yuiki

あかるい

奥ゆかしい「ゆい」を「き」音が受け止め、りりしくキリッと響く

結12以5紀9	悠11衣6季8	唯11希7	唯11生5
26	25	18	16

ゆいと Yuito

さわやか

穏やかな「ゆい」に続く「と」がリズムを生み、好奇心旺盛（おうせい）な印象

結12都11	唯11叶5	惟11人2	由5人2
23	16	13	7
悠11衣6杜7	由5依8都11	結12翔12	結12登12
24	24	24	24

ゆう [Yu]

さわやか

やさしく、和の趣もある「ゆ」の音を「う」でふくらみをもたせる。好感度の高い人気の響き

遊12	悠11	友4
12	11	4
裕12	由5羽6	侑8
12	11	8
雄12	由5宇6	勇9
12	11	9
優17	有6生5	宥9
17	11	9

ゆうあ Yua

やさしい

「ゆう」がもつやさしさを「あ」が外に広げ、愛情深さをアピール

優17有6	裕12我7	佑7亜7	由5亜7
23	19	14	12

ゆういち Yuichi

かっこいい

凛とした「いち」が「ゆう」のやわらかさをほどよく引き締める

優17一1	悠11壱7	裕12市5	雄12一1
18	18	17	13

ゆういちろう Yuichiro

力強い

奥行き感ある「ゆう」の音に続く「いちろう」が一本芯の通った印象

勇9市5朗10	夕3壱7朗10	勇9一1郎9	侑8一1郎9
24	20	19	18

ゆうが Yuga

力強い

濁音「が」の重厚感が「ゆう」の雅やかな響きと相まって品格を生んだ

友4雅13	結12牙4	勇9我7	夕3賀12
17	16	16	15
侑8雅13	悠11河8	悠11冴7	勇9芽8
21	19	18	17

ゆうき Yuki

あかるい

人気の止め字「き」を用い「ゆう」をイキイキと元気なイメージに

佑7騎18	優17希7	悠11己3	祐9生5
25	24	14	14

ゆうご Yugo

かっこいい

低くどっしりした音の「ご」を添え地に足のついた印象に

有6悟10	祐9伍6	勇9午4	有6吾7
16	15	13	13
悠11瑚13	雄12吾7	勇9悟10	悠11冴7
24	19	19	18

ゆうごう Yugo

力強い

「ゆう」「ごう」と低くのびる音が大河のような雄大さを醸し出す

雄12豪14	悠11剛10	有6郷11	友4強11
26	21	17	15

ゆうさく Yusaku

かっこいい

ふわっとした「ゆう」を止め字「さく」が落ち着け、誠実な余韻に

優17朔10	勇9策12	雄12作7	夕3佐7久3
27	21	19	13

ゆうし Yushi
あかるい

和やかな「ゆう」とシャープな「し」がさわやかな風を感じさせる

- 勇9 士3 12
- 侑8 志7 15
- 裕12 史5 17
- 優17 詩13 30

ゆうじ Yuji
かっこいい

やさしい「ゆう」と強い「じ」、柔と剛を併せもつ、人気の名前

- 勇9 司5 14
- 湧12 二2 14
- 悠11 時10 21
- 優17 次6 23

ゆうしょう Yusho
さわやか

やわらかな「ゆう」、清廉で快活な「しょう」が美しい流れに

- 友4 将10 14
- 祐9 匠6 15
- 有6 章11 17
- 勇9 翔12 21

ゆうじろう Yujiro
かっこいい

「じろう」の重みある音が「ゆう」の穏和な響きを支え、頼もしい

- 夕3 二2 朗10 15
- 有6 時10 郎9 25
- 裕12 次6 郎9 27
- 雄12 治8 朗10 30

ゆうしん Yushin
力強い

鋭くも安定感ある「しん」の音がやわらかい「ゆう」と好バランス

- 勇9 心4 13
- 結12 心4 16
- 侑8 真10 18
- 悠11 伸7 18

ゆうじん Yujin
力強い

濁音を含む「じん」の音が「ゆう」に男らしさと頼もしさを加える

- 勇9 人2 11
- 悠11 人2 13
- 悠11 仁4 15
- 結12 仁4 16

ゆうすけ Yusuke
あかるい

のびやかな「ゆう」と前向きな止め字「すけ」がほがらかに響く

- 友4 祐9 13
- 祐9 丞6 15
- 佑7 亮9 16
- 勇9 助7 16
- 雄12 介4 16
- 右5 輔14 19
- 侑8 資13 21
- 優17 佑7 24

ゆうせい Yusei
さわやか

丸みを帯びた「ゆう」の音を「せい」の音が引き締め、キレ味さわやか

- 由5 征8 13
- 侑8 聖13 21
- 祐9 聖13 22
- 夢13 晟10 23
- 悠11 誠13 24
- 結12 惺12 24
- 裕12 誠13 25
- 優17 政9 26

ゆうた Yuta
やさしい

深みある「ゆう」の音に止め字「た」があかるさと陽気さを加える

- 侑8 大3 11
- 悠11 太4 15
- 湧12 太4 16
- 悠11 汰7 18
- 裕12 汰7 19
- 優17 太4 21
- 悠11 宇6 太4 21
- 優17 多6 23

ゆうだい Yudai
あかるい

広大な印象の「ゆう」に力強い濁音「だい」が勇壮な余韻を残す

- 由5 大3 8
- 佑7 大3 10
- 湧12 大3 15
- 結12 大3 15

ゆうたろう Yutaro
かっこいい

やさしい響きの「ゆう」に「たろう」を添え、男らしく元気に

- 友4 太4 郎9 17
- 祐9 太4 郎9 22
- 有6 汰7 朗10 23
- 侑8 多6 郎9 23
- 勇9 太4 朗10 23
- 悠11 太4 朗10 25
- 裕12 太4 郎9 25
- 結12 太4 朗10 26

ゆうと Yuto

さわやか

やわらかい「ゆう」を力強い「と」がグッと引き締める

- 有6 都11 — 17
- 由5 登12 — 17
- 侑8 士3 — 11
- 夕3 斗4 — 7
- 裕12 翔12 — 24
- 悠11 門8 — 19
- 祐9 飛9 — 18
- 勇9 音9 — 18

ゆうのすけ Yunosuke

かっこいい

好感度の高い二連音の間に「の」で一拍置くことでグッとりりしく

- 優17 之3 輔14 — 34
- 優17 乃2 介4 — 23
- 裕12 之3 助7 — 22
- 柚9 ノ1 介4 — 14

ゆうひ Yuhi

やさしい

大らかな「ゆう」に新感覚の止め字「ひ」の響きが新しく、個性的

- 由5 緋14 — 19
- 有6 陽12 — 18
- 友4 陽12 — 16
- 夕3 陽12 — 15
- 優17 飛9 — 26
- 優17 日4 — 21
- 雄12 飛9 — 21
- 悠11 飛9 — 20

ゆうへい Yuhei

あかるい

引っかかりのない素直な音の連なりで、穏やかな人柄を思わせる

- 裕12 平5 — 17
- 結12 平5 — 17
- 宥9 平5 — 14
- 有6 平5 — 11

ゆうま Yuma

やさしい

軽やかな「ゆう」と落ち着いた「ま」がバランスよく、人気の名前

- 有6 麻11 — 17
- 佑7 茉8 — 15
- 由5 真10 — 15
- 友4 真10 — 14
- 優17 真10 — 27
- 佑7 磨16 — 23
- 悠11 眞10 — 21
- 佑7 馬10 — 17

ゆうや Yuya

さわやか

悠然としつつも止め字「や」の効果で、どこか貴族的な雰囲気に

- 裕12 也3 — 15
- 有6 哉9 — 15
- 侑8 矢5 — 13
- 由5 弥8 — 13
- 悠11 椰13 — 24
- 雄12 矢5 — 17
- 佑7 哉9 — 16
- 湧12 也3 — 15

ゆうり Yuri

あかるい

なめらかな「ゆう」の音に涼やかな「り」の余韻が知的に響く

- 祐9 理11 — 20
- 結12 吏6 — 18
- 侑8 李7 — 15
- 佑7 吏6 — 13

ゆうわ Yuwa

あかるい

人気の「ゆう」が新鮮な止め字「わ」を得て無限の広がりを感じさせる

- 優17 輪15 — 32
- 雄12 波8 — 20
- 悠11 羽6 — 17
- 侑8 和8 — 16

ゆき〔Yuki〕

やさしい

「雪」のイメージから、控えめながらみずみずしくピュアな印象。どこか祝福的な雰囲気も

- 由5 貴12 — 17
- 友4 季8 — 12
- 幸8 — 8

ゆきと Yukito

さわやか

純朴な響きの「ゆき」に落ち着きのある「と」の存在感が冴える

- 悠11 紀9 斗4 — 24
- 結12 希7 人2 — 21
- 幸8 登12 — 20
- 行6 翔12 — 18

ゆきなり Yukinari

かっこいい

「なり」の古風な響きを得て「ゆき」の清純さが際立ち、品がよい

- 友4 紀9 鳴14 — 27
- 行6 哉9 — 15
- 志7 成6 — 13
- 幸8 也3 — 11

ゆきひろ Yukihiro

あかるい

怜悧（れいり）な印象の「ゆき」に温かみある「ひろ」が絶妙なバランス

- 倖10 大3 — 13
- 行6 宙8 — 14
- 幸8 洋9 — 17
- 由5 岐7 弘5 — 17

ゆきや Yukiya

さわやか

繊細な印象の三音を連ね、思慮深さとクールさを感じさせる名前に

- 幸8 矢5 — 13
- 雪11 夜8 — 19
- 優17 希7 也3 — 27
- 優17 樹16 弥8 — 41

ゆくも Yukumo

やさしい

「ゆく」の抑えた音に「も」の余韻が独特で唯一無二の存在感に

- 征8 守6 — 14
- 行6 雲12 — 18
- 優17 空8 — 25
- 優17 雲12 — 29

ゆずき Yuzuki

あかるい

一音一音がはっきりしており、耳当たりがよい。中性的な雰囲気

- 柚9 子3 季8 — 20
- 柚9 貴12 — 21
- 柚9 樹16 — 25
- 優17 寿7 紀9 — 33

ゆずる Yuzuru

さわやか

「譲る」と同音で謙虚な印象ながら濁音「ず」がほどよく強さを主張

- 謙17 — 17
- 柚9 流10 — 19
- 譲20 — 20
- 柚9 琉11 — 20

ゆたか Yutaka

かっこいい

バランスがよく、長く好まれている。親しみと信頼感をいだかせる

- 裕12 — 12
- 豊13 — 13
- 雄12 高10 — 22
- 由5 太4 嘉14 — 23

ゆづき Yuzuki

あかるい

軽やかな「ゆ」「き」の音に「づ」がアクセントとなり、古風な印象

- 祐9 月4 — 13
- 夕3 槻15 — 18
- 優17 月4 — 21
- 唯11 槻15 — 26

ゆづる Yuzuru

さわやか

古風な響きの「づ」の音が効いて、思慮深さと聡明さを印象づける

- 弦8 — 8
- 弓3 弦8 — 11
- 悠11 弦8 — 19
- 友4 鶴21 — 25

ゆま Yuma

あかるい

「ゆ」「ま」ともにやわらかく余韻ある音で、心やさしい印象に

- 侑8 万3 — 11
- 由5 真10 — 15
- 結12 万3 — 15
- 有6 麻11 — 17

ゆめと Yumeto

さわやか

甘い響きの「ゆめ」を凛とした止め字「と」がしっかり支えている

- 由5 芽8 杜7 — 20
- 夢13 門8 — 21
- 結12 芽8 人2 — 22
- 夢13 翔12 — 25

ゆら Yura

かっこいい

深くて柔軟な二音が組み合わさった、どこか神秘的な短音名前

- 侑8 来7 — 15
- 悠11 良7 — 18
- 由5 羅19 — 24
- 優17 楽13 — 30

よ

五行 土

献身的で慕われ者

よう [Yo]

あかるい

ゆったりとした低音のなかに陽光のような温かみと親しみやすさを含む。二字名前でも人気

- 洋9 — 9
- 遥12 — 12
- 夜8 羽6 — 14
- 要9 — 9
- 葉12 — 12
- 曜18 — 18
- 容10 — 10
- 瑶13 — 13
- 耀20 — 20
- 陽12 — 12
- 楊13 — 13
- 鷹24 — 24

よういち Yoichi

高潔な響きの「いち」が「よう」を引き締め、キリッとした印象

名前	画数
遥12 市5	17
要9 壱7	16
葉12 一1	13
洋9 一1	10

かっこいい

よういちろう Yoichiro

新しさと古風さが好バランス。響きの全体にあかるさが満ちている

名前	画数
耀20 市5 朗10	35
洋9 市5 郎9	23
陽12 一1 郎9	22
要9 一1 郎9	19

力強い

ようすけ Yosuke

「よう」の雄大さに男子らしい止め字「すけ」が力強さを添える

名前	画数
陽12 祐9	21
葉12 助7	19
洋9 亮9	18
遥12 介4	16

かっこいい

ようた Yota

人気の止め字「た」が「よう」のあかるさを引き立てている

名前	画数
耀20 大3	23
陽12 多6	18
瑶13 太4	17
要9 汰7	16

さわやか

ようたろう Yotaro

「よう」「たろう」ともにあかるくのびやかでスケールが大きい

名前	画数
葉12 汰7 郎9	28
陽12 多6 郎9	27
容10 太4 朗10	24
洋9 太4 朗10	23

かっこいい

ようへい Yohei

「よう」「へい」ともに広がりがあり、呼びやすく公正なイメージ

名前	画数
耀20 平5	25
瑶13 平5	18
遥12 平5	17
陽12 平5	17

かっこいい

よくと Yokuto

思慮深い響きの「よく」にシャープな「と」が躍動感をプラス

名前	画数
善12 都11	23
翼17 人2	19
良7 登12	19
佳8 人2	10

さわやか

よし [Yoshi]

あかるい

安定感とあかるさを備えた「よ」にキリッと澄んだ「し」がバランスよく、好感度が高い響き

名前	画数
美9	9
佳8	8
芳7	7

よしあき Yoshiaki

ほがらかで前向きな印象の「よし」「あき」がなじみ、親しみやすい

名前	画数
義13 明8	21
佳8 晃10	18
良7 秋9	16
吉6 昭9	15

やさしい

よしき Yoshiki

穏やかな「よし」に続く人気の止め字「き」が、強く潔く響く

名前	画数
義13 樹16	29
慶15 季8	23
由5 輝15	20
佳8 希7	15

かっこいい

よしたか Yoshitaka

前向きな印象の「たか」を得て、全体によい高揚感が生まれる

名前	画数
喜12 隆11	23
嘉14 孝7	21
佳8 嵩13	21
佳8 敬12	20

力強い

よしと Yoshito

善良さを感じさせる「よし」に添えた「と」が、あかるさをプラス

名前	画数
好6 翔12	18
佳8 飛9	17
義13 人2	15
快7 斗4	11

さわやか

よしとも Yoshitomo

フラットな響きの「とも」が「よし」に奥行きを与え、誠実さを生む

名前	画数
慶15 朝12	27
美9 智12	21
喜12 友4	16
快7 知8	15

あかるい

よしのぶ Yoshinobu

落ち着いた「よし」と人のよさを感じさせる「のぶ」が誠実な印象

名前	画数
慶15 喜12	27
嘉14 伸7	21
佳8 伸7	15
由5 伸7	12

やさしい

よしひさ Yoshihisa

古風な響きの「よし」に、上品な止め字「ひさ」が聡明な余韻を残す

名前	画数
嘉14 久3	17
佳8 寿7	15
芳7 尚8	15
由5 悠11	16

かっこいい

よしひろ Yoshihiro
あかるい

「よし」「ひろ」ともに、ひねたところのない素直さが好印象

- 佳8 大3　11
- 良7 寛13　20
- 善12 宙8　20
- 慶15 洋9　24

よしまさ Yoshimasa
さわやか

「よし」「まさ」ともに落ち着いた響きで、誠実で高潔な印象に

- 佳8 正5　13
- 吉6 政9　15
- 由5 雅13　18
- 義13 将10　23

よしや Yoshiya
やさしい

男っぽい「や」の音を得て、純粋な「よし」の響きにスピード感が

- 芳7 矢5　12
- 吉6 弥8　14
- 快7 哉9　16
- 義13 也3　16

よしゆき Yoshiyuki
やさしい

「よし」「ゆき」ともにみずみずしい響きで、純朴さを感じさせる

- 佳8 之3　11
- 快7 行6　13
- 芳7 雪11　18
- 義13 幸8　21

よはん Yohan
あかるい

三音ともやわらかい音ながら斬新な響きで、アーティスチックな印象

- 代5 凡3　8
- 世5 帆6　11
- 与3 絆11　14
- 良7 繁16　23

よりと Yorito
かっこいい

控えめな響きながら、品のよさと知性を感じさせる組み合わせ

- 頼16 人2　18
- 依8 都11　19
- 世5 梨11 仁4　20
- 陽12 里7 斗4　23

ら

五行 火
つねに考えが柔軟

らい [Rai]
かっこいい

勇壮な「ら」に、柔軟で理知的な「い」音がキリッと引き締めた短音名前

- 礼5　5
- 来7　7
- 來8　8
- 徠11　11
- 雷13　13
- 良7 依8　15
- 頼16　16
- 蕾16　16
- 楽13 生5　18
- 麗19　19
- 楽13 李7　20
- 羅19 衣6　25

らいき Raiki
さわやか

力強い「らい」に硬質な「き」音が、活発で怖いもの知らずの印象

- 來8 希7　15
- 雷13 生5　18
- 礼5 樹16　21
- 来7 輝15　22

らいく Raiku
あかるい

快活さと冷静さが同居。「like」から、フレンドリーな印象も

- 来7 空8　15
- 来7 紅9　16
- 頼16 久3　19
- 来7 駆14　21

らいご Raigo
力強い

「らい」の雄々しさに濁音「ご」が威厳をプラスし、骨太な印象

- 礼5 吾7　12
- 来7 梧11　18
- 頼16 悟10　26
- 雷13 護20　33

らいた Raita
やさしい

あかるくにぎやかな音がそろい、天真爛漫（らんまん）ではつらつとした印象

- 礼5 多6　11
- 来7 太4　11
- 雷13 太4　17
- 頼16 汰7　23

らいち Raichi
あかるい

開けた「らい」の音を落ち着いた「ち」の音が引き締め、鋭い印象

- 礼5 治8　13
- 来7 地6　13
- 来7 知8　15
- 來8 稚13　21

り

五行 火

話題の中心になる

らいと Raito

「らい」「と」ともに力強く明確な音。英語の「light」のイメージで、軽やかさ、聡明さ、賢さを印象づける

- 来7 飛9 — 16
- 徠11 人2 — 13
- 来7 人2 — 9
- 礼5 斗4 — 9

- 来7 翔12 — 19
- 来7 渡12 — 19
- 頼16 人2 — 18
- 雷13 斗4 — 17

- 頼16 音9 — 25
- 頼16 杜7 — 23
- 蕾16 叶5 — 21
- 頼16 斗4 — 20

さわやか

らく Raku

人気の二字名前のなかでも新鮮な響き。「く」が落ち着いた印象に

- 羅19 久3 — 22
- 楽13 空8 — 21
- 良7 来7 — 14
- 楽13 — 13

あかるい

らくと Rakuto

弾むような音がそろい、楽しげな印象。「と」の音がりりしい

- 羅19 久3 都11 — 33
- 良7 宮10 人2 — 19
- 楽13 斗4 — 17
- 楽13 人2 — 15

さわやか

らん Ran

スパッと潔い短音名前ながら、美しさとたけだけしさを備える

- 蘭19 — 19
- 藍18 — 18
- 嵐12 — 12
- 乱7 — 7

あかるい

らいむ Raimu

果実の名前に通じることから、みずみずしくフレッシュなイメージ

- 雷13 向6 — 19
- 礼5 夢13 — 18
- 来7 向6 — 13
- 礼5 武8 — 13

- 頼16 武8 — 24
- 礼5 霧19 — 24
- 頼16 向6 — 22
- 来7 夢13 — 20

あかるい

らんま Ramma

「快刀乱麻」のイメージで、豪快かつ鮮やかな存在感を放つ

- 蘭19 舞15 — 34
- 蘭19 馬10 — 29
- 蘭19 真10 — 29
- 嵐12 馬10 — 22

かっこいい

らんまる Rammaru

勇壮な、日本人の伝統名前ながら止め字「まる」が新鮮に響く

- 蘭19 丸3 — 22
- 藍18 丸3 — 21
- 嵐12 丸3 — 15
- 乱7 丸3 — 10

力強い

りいち Riichi

すべてクリアな音で、迷いない印象。「ち」の音が親しみやすい

- 璃15 一1 — 16
- 吏6 壱7 — 13
- 理11 一1 — 12
- 利7 市5 — 12

あかるい

りお Rio

同名の都市のイメージであかるく快活な印象。中性的な雰囲気も漂う

- 里7 音9 — 16
- 莉10 生5 — 15
- 浬10 央5 — 15
- 吏6 生5 — 11

- 理11 雄12 — 23
- 璃15 生5 — 20
- 吏6 緒14 — 20
- 陸11 央5 — 16

さわやか

りおん Rion

やさしい

フランス語の「獅子」に通じ、勇猛なイメージだが響きは軽快

- 吏6 音9 — 15
- 理11 恩10 — 21
- 麗19 音9 — 28
- 璃15 穏16 — 31

りき Riki

力強い

ともに母音「い」でシャープさが際立つ。「力」からたくましさも

- 力2 — 2
- 吏6 紀9 — 15
- 理11 生5 — 16
- 吏6 輝15 — 21
- 俐9 貴12 — 21
- 璃15 希7 — 22
- 利7 樹16 — 23
- 理11 樹16 — 27

りきと Rikito

さわやか

凛とした「り」に「き」「と」の硬質な音が合わさり、一本気な印象

- 力2 斗4 — 6
- 吏6 己3 人2 — 11
- 力2 翔12 — 14
- 理11 生5 都11 — 27

りきや Rikiya

力強い

止め字「や」が威勢のよさを感じさせ「りき」と相まってパワフルに

- 力2 也3 — 5
- 力2 哉9 — 11
- 梨11 生5 矢5 — 21
- 利7 喜12 弥8 — 27

りく [Riku]

あかるい

「り」がクールさを、「く」が秘めた強さを感じさせシャープな印象。広大な「陸」のイメージも

- 利7 久3 — 10
- 陸11 — 11
- 吏6 功5 — 11
- 吏6 玖7 — 13
- 李7 玖7 — 14
- 理11 久3 — 14
- 利7 來8 — 15
- 李7 空8 — 15
- 怜8 来7 — 15
- 陸11 生5 — 16
- 陸11 空8 — 19
- 璃15 空8 — 23

りくた Rikuta

かっこいい

穏和な「た」の音が「りく」のドライさをやわらげ、フレンドリーに

- 陸11 大3 — 14
- 陸11 太4 — 15
- 理11 久3 汰7 — 21
- 利7 宮10 多6 — 23

りくと Rikuto

さわやか

はっきりした三音が続き、快活な印象。止め字「と」が大人っぽい

- 吏6 久3 斗4 — 13
- 陸11 斗4 — 15
- 里7 玖7 斗4 — 18
- 陸11 翔12 — 23

りくや Rikuya

やさしい

開放感ある「りく」を受けた「や」があかるく、前向きに響く

- 陸11 也3 — 14
- 陸11 哉9 — 20
- 莉10 久3 弥8 — 21
- 理11 空8 矢5 — 24

りつ Ritsu

あかるい

ストレートでキリッとした短音名前。芯の通った強さを感じさせる

- 立5 — 5
- 律9 — 9
- 率11 — 11
- 李7 都11 — 18

りつき Ritsuki

かっこいい

ハキハキと潔く軽快な音が連なり、利発な印象を与える名前

- 理11 月4 — 15
- 律9 希7 — 16
- 立5 暉13 — 18
- 立5 樹16 — 21

りつと Ritsuto

さわやか

毅然とした「りつ」を控えめな強さの「と」が支え、まっすぐな印象

- 律9 人2 — 11
- 立5 杜7 — 12
- 律9 斗4 — 13
- 立5 都11 — 16

りと Rito

あかるい

短音名前の潔さのなかに愛くるしさをたたえ、異国風の雰囲気も

- 莉10 斗4 — 14
- 璃15 斗4 — 19
- 理11 都11 — 22
- 理11 登12 — 23

りひと Rihito

やさしい

穏やかな音からなる日本語にはめずらしい響き。欧風のイメージも

- 利7 仁4 — 11
- 梨11 一1 — 12
- 吏6 壱7 — 13
- 理11 人2 — 13

りむ Rimu

「り」「む」ともに弾むような陽気さを秘めた音で、楽しげな雰囲気

- 吏6 武8 14
- 梨11 向6 17
- 理11 夢13 24
- 琉11 夢13 24

あかるい

りゅう [Ryu]

かっこいい

拗音(ようおん)「ゅ」がやわらかい流れを生み、同時に「龍」のイメージから力強さも。剛柔併せもつ響き

- 立5 5
- 竜10 10
- 流10 10
- 隆11 11
- 琉11 11
- 瑠14 14
- 劉15 15
- 龍16 16
- 琉11 生5 16
- 竜10 羽6 16
- 琉11 羽6 17
- 龍16 生5 21

りゅういち Ryuichi

流れる「りゅう」の音と清冽(せいれつ)な「いち」が意志の強さを感じさせる

- 立5 市5 10
- 竜10 一1 11
- 隆11 一1 12
- 隆11 市5 16

- 琉11 壱7 18
- 龍16 市5 21
- 龍16 壱7 23
- 流10 伊6 知8 24

力強い

りゅうが Ryuga

雅やかな響きの「が」を組み合わせることで「りゅう」が和の趣に

- 竜10 牙4 14
- 隆11 我7 18
- 琉11 河8 19
- 龍16 雅13 29

力強い

りゅうき Ryuki

流麗な「りゅう」との対比で「き」の鋭さが冴える。「隆起」の音に通じ、たくましい成長力も思わせる

- 竜10 生5 15
- 隆11 生5 16
- 瑠14 己3 17
- 隆11 稀12 23

- 琉11 葵12 23
- 龍16 希7 23
- 竜10 輝15 25
- 龍16 紀9 25

- 隆11 輝15 26
- 琉11 輝15 26
- 龍16 貴12 28
- 龍16 毅15 31

さわやか

りゅうく Ryuku

新感覚の止め字「く」が「りゅう」を軽やかに支え外国的な雰囲気

- 琉11 久3 14
- 竜10 来7 17
- 隆11 玖7 18
- 龍16 空8 24

かっこいい

りゅうご Ryugo

安定感のある「ご」が「りゅう」の力強さを際立たせ、どっしりと

- 竜10 伍6 16
- 琉11 冴7 18
- 龍16 吾7 23
- 龍16 悟10 26

力強い

りゅうじ Ryuji

「りゅう」の荒々しさを控えめな濁音「じ」が受け、なじみやすく

- 流10 士3 13
- 琉11 司5 16
- 竜10 治8 18
- 隆11 志7 18

- 琉11 志7 18
- 瑠14 司5 19
- 龍16 臣7 23
- 龍16 児7 23

あかるい

りゅうしん Ryushin

やわらかい「りゅう」に続けたシャープな「しん」の音が都会的

- 隆11 心4 15
- 竜10 伸7 17
- 瑠14 心4 18
- 琉11 真10 21

- 隆11 進11 22
- 劉15 真10 25
- 龍16 信9 25
- 龍16 清11 27

かっこいい

りゅうすけ
Ryusuke

あかるい

男らしい止め字「すけ」を得て「りゅう」があかるく響く

竜10 丞6	16
隆11 亮9	20
琉11 祐9	20
龍16 介4	20

りゅうせい
Ryusei

さわやか

「りゅう」のパワフルさとすがすがしい「せい」で情熱を感じさせる

竜10 世5	15
竜10 成6	16
隆11 正5	16
隆11 成6	17
流10 星9	19
龍16 生5	21
竜10 聖13	23
琉11 晴12	23

りゅうた
Ryuta

やさしい

力強い「りゅう」に、楽観的な「た」を添えて人懐っこい雰囲気に

竜10 大3	13
隆11 大3	14
琉11 太4	15
竜10 汰7	17
隆11 汰7	18
龍16 大3	19
龍16 太4	20
瑠14 汰7	21

りゅうだい
Ryudai

かっこいい

のびのびした「りゅう」に、力強い「だい」の音が豪快な印象

竜10 大3	13
隆11 大3	14
琉11 大3	14
龍16 大3	19

りゅうたろう
Ryutaro

力強い

伝統の止め字「たろう」が「りゅう」を得て、男らしく野太い印象

隆11 太4 郎9	24
琉11 太4 朗10	25
瑠14 多6 郎9	29
劉15 天4 朗10	29

りゅうと
Ryuto

さわやか

流れるような美しさが際立つ響き。止め字「と」の音にも品がある。同じ楽器名から、エキゾチックな雰囲気も

隆11 人2	13
隆11 仁4	15
琉11 叶5	16
瑠14 斗4	18
竜10 都11	21
龍16 叶5	21
琉11 都11	22
琉11 翔12	23
隆11 翔12	23
瑠14 音9	23
龍16 門8	24
龍16 登12	28

りゅうのすけ
Ryunosuke

かっこいい

「りゅう」「のすけ」ともに日本男子の誇りを感じさせる響き

竜10 之3 介4	17
隆11 之3 介4	18
隆11 之3 佑7	21
龍16 之3 介4	23
琉11 乃2 介4	17
龍16 乃2 丞6	24
琉11 ノ1 輔14	26
隆11 之3 輔14	28

りゅうひ
Ryuhi

あかるい

「りゅう」の壮大さを新感覚の止め字「ひ」が軽やかにまとめる

隆11 氷5	16
劉15 日4	19
琉11 陽12	23
龍16 飛9	25

りゅうへい
Ryuhei

かっこいい

強い「りゅう」に穏やかな「へい」の響きが加わり、親しみやすい

竜10 平5	15
隆11 平5	16
琉11 平5	16
龍16 平5	21

りょう [Ryo]

かっこいい

やわらかいクールさと聡明さをたたえた響き。同時に拗音「ょ」が親しみやすさを感じさせる

遼15 (15)	竜10 (10)	了2 (2)
凌10 央5 (15)	涼11 (11)	良7 (7)
瞭17 (17)	梁11 (11)	亮9 (9)
諒15 羽6 (21)	諒15 (15)	凌10 (10)

りょうじ Ryoji

好感度の高い「りょう」、耳なじみのよい「じ」が気さくな印象に

遼15 路13	稜13 治8	涼11 司5	凌10 士3
28	21	16	13

さわやか

りょうすけ Ryosuke

「りょう」「すけ」ともにさっぱりした響きが好印象の、人気の名前

良7 祐9	良7 亮9	涼11 介4	亮9 介4
16	16	15	13
綾14 祐9	瞭17 介4	良7 輔14	亮9 佑7
23	21	21	16

かっこいい

りょうた Ryota

クールな「りょう」を健康的な「た」が受け止め、フレンドリーに

椋12 大3	陵11 太4	亮9 多6	亮9 太4
15	15	15	13
僚14 汰7	遼15 大3	諒15 大3	崚11 汰7
21	18	18	18

あかるい

りょういち Ryoichi

「りょう」の清涼感と、強い意志を感じさせる「いち」が好相性

諒15 市5	涼11 壱7	亮9 市5	了2 一1
20	18	14	3

あかるい

りょうが Ryoga

「凌駕」のイメージから、強さと同時に華麗さも醸し出す名前

諒15 河8	凌10 雅13	亮9 我7	良7 芽8
23	23	16	15

力強い

りょうご Ryogo

清涼感ある「りょう」を濁音「ご」が力強く受け止め骨太な印象に

稜13 悟10	涼11 梧11	遼15 伍6	僚14 吾7
23	22	21	21

力強い

りゅうま Ryuma

「りゅう」の意気揚々とした強さを、やわらかい「ま」の音があかるくほがらかにまとめ、親しみやすい印象に

琉11 真10	隆11 馬10	竜10 馬10	立5 馬10
21	21	20	15
流10 摩15	竜10 舞15	瑠14 真10	琉11 眞10
25	25	24	21
龍16 舞15	琉11 磨16	隆11 磨16	劉15 麻11
31	27	27	26

力強い

りゅうや Ryuya

「りゅう」「や」ともに力強い響きをもち、男らしい。和の雰囲気も

隆11 弥8	竜10 弥8	瑠14 也3	竜10 也3
19	18	17	13
龍16 夜8	龍16 矢5	琉11 哉9	隆11 哉9
24	21	20	20

さわやか

りょうだい Ryodai

かっこいい

やさしげな「りょう」に重みある「だい」の音が安定感を添える

遼15	台5	20
諒15	内4	19
稜13	乃2	15
亮9	大3	12

りょうたろう Ryotaro

力強い

穏やかな「りょう」に続く「たろう」が人のよさと誠実さを醸し出す

梁11	太4	郎9	24
涼11	太4	郎9	24
凌10	太4	郎9	23
了2	多6	郎9	17
諒15	汰7	朗10	32
綾14	大3	郎9	26
崚11	太4	朗10	25
亮9	多6	朗10	25

りょうと Ryoto

さわやか

流麗な「りょう」の音を落ち着きある「と」がしっとりとまとめる

崚11	登12	23
遼15	人2	17
凌10	士3	13
亮9	斗4	13

りょうへい Ryohei

あかるい

なめらかな「りょう」と穏やかな「へい」が上品な流れを感じさせる

龍16	平5	21
椋12	平5	17
陵11	平5	16
怜8	平5	13

りょうま Ryoma

力強い

「りょう」の落ち着いた響きを受けた「ま」音があかるく輝く。同名の武士名から風雲児的なイメージも

良7	舞15	22
亮9	眞10	19
涼11	万3	14
凌10	万3	13
亮9	磨16	25
僚14	眞10	24
綾14	真10	24
稜13	馬10	23
稜13	駿17	30
龍16	馬10	26
諒15	麻11	26
涼11	舞15	26

りょうや Ryoya

さわやか

「りょう」「や」ともに鋭くスマートな響き。知的な印象が漂う

諒15	也3	18
亮9	哉9	18
梁11	矢5	16
椋12	也3	15
遼15	哉9	24
遼15	弥8	23
龍16	矢5	21
涼11	哉9	20

りょうわ Ryowa

やさしい

涼感ある「りょう」の響きに、広がりある「わ」音の余韻が印象的

陵11	輪15	26
遼15	羽6	21
凌10	和8	18
良7	波8	15

りん [Rin]

あかるい

涼やかで毅然とした響きが人気。用いる字によっては「音が鳴る」イメージで楽しげな印象も

輪15	15
鈴13	13
倫10	10
隣16	16
綸14	14
淋11	11
麟24	24
凜15	15
琳12	12
鱗24	24
凛15	15
稟13	13

りんせい Rinsei

さわやか

「りん」「せい」ともに涼やかで、スッと背すじがのびる清冽（せいれつ）な印象

琳12	星9	21
輪15	世5	20
凛15	正5	20
倫10	生5	15

りんた Rinta

かっこいい

リズミカルな「りん」の音に「た」の快活な響きで元気いっぱい

凛15	汰7	22
鈴13	太4	17
琳12	太4	16
倫10	大3	13

る

五行 火

穏やかで誠実

るお Ruo

かっこいい

あかるく開放的な「る」音と落ち着いた「お」が新鮮な余韻を生む

漢字	画数	総画
流緒	10・14	24
瑠央	14・5	19
留音	10・9	19
琉生	11・5	16

るか Ruka

あかるい

若々しい響きの短音名前。上昇音「か」により、前向きなイメージ

漢字	画数	総画
瑠海	14・9	23
琉翔	11・12	23
瑠佳	14・8	22
流夏	10・10	20

るき Ruki

やさしい

陽気な「る」音に続く鋭い「き」音が潔く、意志の強さをアピール

漢字	画数	総画
琉葵	11・12	23
瑠希	14・7	21
瑠己	14・3	17
琉生	11・5	16
琉樹	11・16	27
流輝	10・15	25
琉暉	11・13	24
琉稀	11・12	23

るい [Rui]

やさしい

あかるく弾む響きをもつ「る」に、「い」が深みを添える。なめらかで呼びやすく現代的な名前

漢字	画数	総画
留唯	10・11	21
琉伊	11・6	17
累	11	11
瑠依	14・8	22
類	18	18
塁	12	12
留維	10・14	24
流依	10・8	18
琉以	11・5	16
瑠偉	14・12	26
瑠衣	14・6	20
琉衣	11・6	17

るきや Rukiya

あかるい

上昇力ある止め字「や」を得て、「るき」の音がより男らしく響く

漢字	画数	総画
琉輝弥	11・15・8	34
瑠紀哉	14・9・9	32
瑠希也	14・7・3	24
琉希也	11・7・3	21

るいと Ruito

さわやか

落ち着きある「と」を添え、「るい」の軽快さのなかに知性が漂う

漢字	画数	総画
瑠以都	14・5・11	30
瑠衣斗	14・6・4	24
類仁	18・4	22
塁斗	12・4	16

りんたろう Rintaro

力強い

「りん」「たろう」ともに和の伝統的な響きで、強さとやさしさを備える

漢字	画数	総画
鱗太郎	24・4・9	37
麟大郎	24・3・9	36
凜多朗	15・6・10	31
稟太郎	13・4・9	26

りんと Rinto

さわやか

軽快な「りん」と合わせた「と」の音が軽やかで好奇心旺盛（おうせい）な印象

漢字	画数	総画
琳翔	12・12	24
倫都	10・11	21
輪斗	15・4	19
凛人	15・2	17

りんのすけ Rinnosuke

力強い

落ち着いた止め字「のすけ」を得て「りん」が、いきいきと響く

漢字	画数	総画
凛ノ輔	15・1・14	30
鈴之助	13・3・7	23
倫之介	10・3・4	17
倫乃介	10・2・4	16

りんや Rinya

かっこいい

あかるくリズミカルな音がそろい、楽しげ。「や」が男らしさを強調

漢字	画数	総画
琳夜	12・8	20
琳弥	12・8	20
倫哉	10・9	19
凜也	15・3	18
麟夜	24・8	32
輪弥	15・8	23
稟弥	13・8	21
鈴夜	13・8	21

れ

五行 火

見識が広く頼りになる

れい [Rei]

あかるい

鋭い「れ」に、知的な「い」音を組み合わせた明瞭な響き。クールさや気品を感じさせる

名前	画数	総画
澪	16	16
玲	9	9
礼	5	5
怜依	8・8	16
零	13	13
令	5	5
嶺	17	17
怜生	8・5	13
励	7	7
零生	13・5	18
黎	15	15
伶	7	7

れいじ Reiji

かっこいい

重みある「じ」がさわやかな「れい」に深みと大人っぽさを添える

名前	画数	総画
麗児	19・7	26
零士	13・3	16
玲司	9・5	14
礼侍	5・8	13

れいた Reita

さわやか

男の子らしい止め字「た」が「れい」に温かみを添え、親しみやすい

名前	画数	総画
麗大	19・3	22
黎太	15・4	19
玲汰	9・7	16
怜多	8・6	14

れいたろう Reitaro

力強い

清涼感ある「れい」と温かみある「たろう」の響きが調和している

名前	画数	総画
零大郎	13・3・9	25
怜多朗	8・6・10	24
玲太郎	9・4・9	22
礼太朗	5・4・10	19

れいと Reito

さわやか

「れい」「と」ともに冷静な響きをもち、頭脳の明晰(めいせき)さをアピール

名前	画数	総画
麗門	19・8	27
怜音	8・9	17
玲人	9・2	11
礼斗	5・4	9

れいや Reiya

やさしい

怜悧(れいり)な響きの止め字「や」が「れい」のシャープさをさらに強調

名前	画数	総画
伶耶	7・9	16
羚也	11・3	14
礼弥	5・8	13
怜也	8・3	11
麗弥	19・8	27
玲哉	9・9	18
怜哉	8・9	17
零也	13・3	16

れお [Reo]

かっこいい

「レオ」が獅子に通じ勇猛さと元気さを備える。同時に「れ」音の清涼感もあり、人気が高い

名前	画数	総画
烈生	10・5	15
怜央	8・5	13
怜大	8・3	11
烈央	10・5	15
怜生	8・5	13
礼男	5・7	12
蓮大	13・3	16
玲生	9・5	14
伶央	7・5	12
零央	13・5	18
玲央	9・5	14
礼旺	5・8	13

れおと Reoto

さわやか

勇ましい印象の止め字「と」を得て、「れお」がたくましく響く

名前	画数	総画
玲央都	9・5・11	25
礼緒斗	5・14・4	23
怜音	8・9	17
令乙	5・1	6

れおん Reon

力強い

「ん」で締めることで「れお」が親しみやすさを醸す。外国の印象も

名前	画数	総画
羚音	11・9	20
玲音	9・9	18
礼温	5・12	17
礼恩	5・10	15
玲穏	9・16	25
黎音	15・9	24
蓮恩	13・10	23
玲遠	9・13	22

れんた Renta

親しみやすい止め字「た」で、全体にリズミカルで楽しげな印象

錬16 太4	蓮13 汰7	廉13 多6	蓮13 大3
20	20	19	16

さわやか

れき Reki

流麗な「れ」とシャープな「き」で緩急をつけ、凛とした組み合わせ

玲9 喜12	礼5 輝15	暦14	歴14
21	20	14	14

あかるい

れんのすけ Rennosuke

欧風の「れん」と伝統的な「のすけ」の和洋折衷で、しゃれた雰囲気

蓮13 之3 助7	廉13 之3 助7	蓮13 ノ1 介4	恋10 乃2 介4
23	23	18	16

かっこいい

れんたろう Rentaro

伝統的な「たろう」の響きが、シャープな「れん」と好バランス

廉13 太4 朗10	連10 太4 朗10	連10 太4 郎9	恋10 大3 朗10
27	24	23	23

蓮13 汰7 郎9	錬16 大3 郎9	廉13 多6 郎9	蓮13 太4 朗10
29	28	28	27

力強い

れん [Ren]

かっこいい

「れ」のもつクールさが「ん」で強調され、短音名前でもとくに人気。どことなく和の趣も

怜8 音9	漣14	恋10
17	14	10
蓮13 生5	練14	廉13
18	14	13
蓮13 温12	錬16	蓮13
25	16	13
蓮13 夢13	伶7 音9	怜8 生5
26	16	13

れんま Remma

おしゃれな「れん」が「ま」で落ち着き、洗練された雰囲気

連10 磨16	恋10 舞15	蓮13 真10	練14 万3
26	25	23	17

やさしい

れんや Renya

若々しい止め字「や」の響きが、麗しい「れん」の音を美しく彩る

蓮13 矢5	恋10 弥8	連10 弥8	廉13 也3
18	18	18	16

蓮13 弥8	廉13 夜8	錬16 也3	連10 哉9
21	21	19	19

さわやか

れんと Rento

強い止め字「と」がスピード感のある「れん」を受け止め、収まり◎

蓮13 斗4	廉13 斗4	蓮13 士3	廉13 人2
17	17	16	15

廉13 翔12	蓮13 都11	連10 翔12	蓮13 杜7
25	24	22	20

さわやか

れんじ Renji

止め字「じ」を得て「れん」の音に落ち着きと大人っぽさが備わる

廉13 士3	恋10 次6	蓮13 二2	恋10 司5
16	16	15	15

練14 地6	蓮13 次6	廉13 司5	蓮13 士3
20	19	18	16

力強い

ろ

五行 火
責任感があり勇敢

ろい Roi

「ろ」「い」ともに深く控えめな音ながら、外国風の響きがスマート

名前	画数
呂7 伊6	13
路13 伊6	19
路13 偉12	25
露21 以5	26

かっこいい

ろうじ Roji

低音で響く「ろう」の音を、止め字「じ」が大人っぽくまとめた

名前	画数
郎9 司5	14
郎9 児7	16
朗10 次6	16
朗10 路13	23

力強い

ろくや Rokuya

おとなしい音ながら組み合わせが斬新で、唯一無二の個性を放つ

名前	画数
六4 也3	7
六4 矢5	9
禄12 弥8	20
緑14 哉9	23

さわやか

ろみお Romio

異国的な響きをもつ名前で、どことなくロマンチックなイメージ

名前	画数
呂7 弥8 央5	20
呂7 実8 音9	24
路13 満12 央5	30
露21 美9 生5	35

かっこいい

わ

五行 土
精神力のある努力家

わか [Waka]

あかるい

二音とも「あ」行で、のびのびとした印象。「和歌」に通じ、和風・文学的なイメージも

名前	画数
稚13	13
若8	8
分4	4

わかと Wakato

止め字「と」がアクセントになり、リズミカルで前向きなイメージ

名前	画数
若8 人2	10
稚13 杜7	20
羽6 佳8 都11	25
和8 歌14 斗4	26

やさしい

わかば Wakaba

青々とした新緑のイメージで、成長力やフレッシュさを醸し出す

名前	画数
若8 羽6	14
若8 葉12	20
和8 賀12 波8	28
和8 歌14 葉12	34

さわやか

わかふみ Wakafumi

「わか」「ふみ」ともに和の響きをもち、穏和で聡明な印象に

名前	画数
若8 文4	12
羽6 佳8 史5	19
稚13 郁9	22
和8 賀12 典8	28

かっこいい

わくと Wakuto

はっきりとした音の連続が、素直さと好奇心の旺盛(おうせい)さを感じさせる

名前	画数
湧12 斗4	16
和8 玖7 人2	17
和8 空8 仁4	20
羽6 雲12 杜7	25

あかるい

わたる Wataru

上昇感ある「わ」音を「る」があかるくまとめあげた、人気の名前

名前	画数
亘6	6
弥8	8
航10	10
渉11	11

力強い

わへい Wahei

広がりのある「へい」が「わ」の大らかさを強調し、のびやかに

名前	画数
羽6 平5	11
和8 平5	13
波8 兵7	15
倭10 平5	15

あかるい

「響き」から考える そのほかの名前

男の子

男の子向きの響き例はまだまだあります。
ここから紹介する例も、ぜひ候補に加えてください。

あ

あいく	藍[18]玖[7]	25
あいし	亜[7]衣[6]士[3]	16
あいしん	愛[13]芯[7]	20
あいすけ	藍[18]輔[14]	32
あいた	相[9]太[4]	13
	愛[13]汰[7]	20
あいのすけ	愛[13]之[3]祐[9]	25
	藍[18]之[3]助[7]	28
あいむ	相[9]夢[13]	22
	藍[18]夢[13]	31
あいや	相[9]以[5]也[3]	17
あいら	亜[7]伊[6]良[7]	20
	藍[18]羅[19]	37
あいり	相[9]里[7]	16
	藍[18]里[7]	25
あおき	青[8]希[7]	15
	碧[14]輝[15]	29
あおた	青[8]汰[7]	15
	蒼[13]太[4]	17
	葵[12]汰[7]	19
あおひこ	葵[12]彦[9]	21
あかし	明[8]士[3]	11
	証[12]	12
	暁[12]史[5]	17
あかつき	暁[12]	12
あきくに	明[8]邦[7]	15
	昭[9]邦[7]	16
	秋[9]玖[7]仁[4]	20
あきたか	秋[9]孝[7]	16
	明[8]貴[12]	20
	昭[9]隆[11]	20
あきつね	明[8]恒[9]	17
あきてる	昭[9]輝[15]	24
	暁[12]照[13]	25
あきとし	彰[14]俊[9]	23
あきとも	暁[12]友[4]	16
あきは	秋[9]葉[12]	21
あきはる	昭[9]春[9]	18
	瑛[12]晴[12]	24
あきひさ	秋[9]久[3]	12
	昭[9]久[3]	12
	明[8]尚[8]	16
あきひと	明[8]人[2]	10
	昭[9]人[2]	11
	秋[9]仁[4]	13
あきほ	昭[9]帆[6]	15
あきまさ	彰[14]正[5]	19
	瑛[12]将[10]	22
あきみ	昭[9]臣[7]	16
あきみち	秋[9]道[12]	21
あきみね	昭[9]峯[10]	19
あきむ	秋[9]夢[13]	22
あきや	晃[10]也[3]	13
	明[8]哉[9]	17
あきゆき	昭[9]行[6]	15
	爽[11]幸[8]	19
あくつ	亜[7]久[3]津[9]	19
	阿[8]玖[7]津[9]	24
	明[8]玖[7]都[11]	26
あくと	空[8]玖[7]斗[4]	19
あけみつ	明[8]光[6]	14
あける	朱[6]瑠[14]	20
	暁[12]琉[11]	23
あさお	旭[6]央[5]	11
あさてる	麻[11]輝[15]	26
あさのり	旭[6]則[9]	15
あさは	朝[12]波[8]	20
	麻[11]葉[12]	23
あさま	旭[6]茉[8]	14
	朝[12]真[10]	22

あさみ
浅9 海9　18
麻11 実8　19

あさや
浅9 哉9　18
亜7 紗10 也3　20

あすた
明8 日4 汰7　19

あすま
朱6 真10　16
明8 日4 磨16　28
飛9 鳥11 馬10　30

あせい
有6 生5　11
阿8 惺12　20
明8 聖13　21

あつお
敦12 夫4　16
阿8 津9 央5　22

あつとも
篤16 朋8　24

あつなり
宏7 成6　13

あつのり
惇11 紀9　20

あつはる
敦12 治8　20
淳11 晴12　23

あつひ
敦12 陽12　24
篤16 陽12　28

あつひさ
温12 久3　15
篤16 尚8　24

あつまさ
惇11 匡6　17
敦12 正5　17
淳11 雅13　24

あつむ
敦12 武8　20

あつゆき
敦12 行6　18
惇11 幸8　19
篤16 幸8　24

あとう
有6 冬5　11
亜7 藤18　25

あなん
安6 南9　15
亜7 楠13　20

あまと
天4 都11　15
亜7 麻11 人2　20

あまね
天4 祢9　13
雨8 音9　17
海9 士3 音9　21

あまひこ
海9 士3 彦9　21

あまみ
天4 海9　13

あむろ
空8 夢13 路13　34
有6 武8 露21　35

あやたか
絢12 尭8　20
綾14 貴12　26

あゆた
安6 由5 太4　15
亜7 由5 汰7　19
鮎16 太4　20

あゆひこ
歩8 彦9　17

あゆま
安6 由5 真10　21
鮎16 馬10　26

あゆみ
歩8　8

あらき
亜7 弓3　10
荒9 希7　16

あらと
阿8 良7 斗4　19
新13 登12　25

あらや
亜7 良7 也3　17
荒9 耶9　18
新13 矢5　18

あり
阿8 里7　15
亜7 璃15　22

ありき
有6 紀9　15

ありとも
安6 里7 知8　21
阿8 利7 朋8　23

ありのり
惟11 紀9　20

ありひろ
有6 弘5　11

ありま
有6 馬10　16

ありみち
在6 路13　19

あるた
亜7 留10 汰7　24

あれく
空8 玲9 久3　20

あん
杏7　7

い

いあん
衣6 杏7　13
伊6 庵11　17
依8 晏10　18

いお
唯11 央5　16
伊6 緒14　20
威9 緒14　23

いおん
伊6 音9　15
惟11 音9　20

いくた
生5 汰7　12
育8 太4　12
伊6 空8 大3　17

いくひろ
育8 大3　11
郁9 裕12　21

いくみ
伊6 久3 未5　14
行6 海9　15
郁9 実8　17

いさお
功5 緒14　19
勲15 夫4　19

いさき
伊6 咲9　15
勇9 貴12　21

いさと
勲15 人2　17
勇9 登12　21
依8 紗10 斗4　22

いさな
勇9 奈8　17

いさま
衣6 沙7 馬10　23
勇9 磨16　25

いさや
勇9 也3　12
勲15 弥8　23

いしん
唯11心4 15
衣6真10 16
惟11信9 20

いせ
伊6世5 11
唯11生5 16

いちい
市5維14 19

いちか
壱7伽7 14

いちき
一1紀9 10
一1葵12 13

いちたか
一1貴12 13
壱7鷹24 31

いちのすけ
壱7乃2助7 16
一1乃2輔14 17
壱7之3輔14 24

いちほ
壱7穂15 22

いちよし
市5吉6 11

いちる
一1瑠14 15
市5琉11 16

いつし
逸11志7 18

いつと
壱7斗4 11

いつみ
五4弥8 12
逸11実8 19

いのすけ
伊6之3助7 16
衣6乃2輔14 22

いのる
祈8琉11 19

いまり
伊6万3李7 16
夷6鞠17 23

いまる
今4瑠14 18

いるま
入2真10 12
射10真10 20

いわお
巌20夫4 24

いわき
以5和8喜12 25
巌20貴12 32

いわと
岩8斗4 12

いわね
巌20音9 29

う

うい
羽6惟11 17
憂15生5 20

ういと
初7都11 18
憂15以5斗4 24

うかい
宇6海9 15

うこん
羽6紺11 17

うさみ
有6沙7実8 21
宇6砂9海9 24

うた
卯5汰7 12
宇6多6 12
佑7多6 13

うつき
卯5月4 9
羽6槻15 21

うみと
海9杜7 16
宇6美9人2 17
海9都11 20

うみな
海9那7 16
宇6美9南9 24

え

えいく
永5来7 12
詠12玖7 19

えいさい
栄9才3 12
英8西6 14
瑛12彩11 23

えいせい
栄9世5 14
英8星9 17

えいたつ
永5達12 17

えいち
永5知8 13
栄9智12 21

えいてつ
詠12哲10 22

えいのすけ
英8之3助7 18
栄9之3助7 19

えいま
瑛12馬10 22
栄9磨16 25

えいもん
永5門8 13
瑛12文4 16
栄9門8 17

えいや
瑛12也3 15
栄9哉9 18

えつお
越12雄12 24

えつし
悦10志7 17

えにし
縁15志7 22

えみし
笑10士3 13
恵10実8史5 23

えみや
笑10耶9 19
映9見7也3 19

えんた
苑8汰7 15
縁15多6 21

えんや
縁15也3 18

お

おうく
央5玖7 12

おうし
央5志7 12
桜10史5 15
旺8詩13 21

おうのすけ
旺8ノ1介4 13
欧8之3輔14 25
鷹24之3介4 31

おうま
央5真10 15
桜10馬10 20

おおき
大3喜12 15

おおすけ
- 大(3)助(7) 10

おとき
- 乙(1)輝(15) 16

おとなり
- 乙(1)也(3) 4
- 音(9)成(6) 15

おとはる
- 乙(1)治(8) 9
- 乙(1)春(9) 10
- 乙(1)晴(12) 13
- 音(9)治(8) 17

おりと
- 織(18)斗(4) 22
- 織(18)登(12) 30

おんた
- 苑(8)多(6) 14
- 音(9)汰(7) 16
- 穏(16)太(4) 20

か

かいあ
- 快(7)空(8) 15
- 海(9)空(8) 17

かいえい
- 快(7)栄(9) 16
- 海(9)英(8) 17

かいこう
- 快(7)晃(10) 17

かいしん
- 開(12)心(4) 16
- 快(7)真(10) 17
- 海(9)真(10) 19

かいすけ
- 海(9)輔(14) 23

かいせ
- 開(12)世(5) 17
- 海(9)瀬(19) 28

かいほ
- 海(9)帆(6) 15
- 海(9)歩(8) 17
- 介(4)輔(14) 18

かいま
- 海(9)馬(10) 19
- 櫂(18)磨(16) 34

かいや
- 快(7)矢(5) 12
- 介(4)哉(9) 13
- 櫂(18)也(3) 21

かいれん
- 海(9)蓮(13) 22

かいろ
- 快(7)路(13) 20
- 海(9)路(13) 22

かえい
- 佳(8)栄(9) 17
- 嘉(14)永(5) 19

かおや
- 馨(20)矢(5) 25
- 佳(8)緒(14)也(3) 25

がくや
- 岳(8)耶(9) 17
- 楽(13)矢(5) 18
- 楽(13)哉(9) 22

かけと
- 駆(14)斗(4) 18
- 翔(12)登(12) 24

かしわ
- 可(5)士(3)和(8) 16
- 佳(8)志(7)羽(6) 21

かせや
- 加(5)勢(13)矢(5) 23
- 夏(10)世(5)弥(8) 23

かつあき
- 克(7)昭(9) 16
- 勝(12)明(8) 20

かつお
- 克(7)夫(4) 11
- 活(9)雄(12) 21

かつし
- 克(7)史(5) 12
- 葛(12)士(3) 15

かつたか
- 克(7)貴(12) 19
- 勝(12)隆(11) 23

かつと
- 活(9)斗(4) 13
- 勝(12)人(2) 14
- 桂(10)登(12) 22

かつとし
- 且(5)敏(10) 15
- 克(7)俊(9) 16

かつなお
- 克(7)尚(8) 15
- 勝(12)直(8) 20

かつね
- 且(5)音(9) 14

かつひと
- 活(9)仁(4) 13
- 勝(12)人(2) 14
- 勝(12)仁(4) 16

かつひろ
- 克(7)大(3) 10
- 活(9)広(5) 14
- 勝(12)洋(9) 21

かつまさ
- 克(7)正(5) 12
- 勝(12)政(9) 21
- 活(9)雅(13) 22

かつゆき
- 且(5)行(6) 11
- 克(7)由(5) 12
- 勝(12)之(3) 15
- 活(9)幸(8) 17

かつら
- 勝(12)良(7) 19

かなう
- 奏(9)羽(6) 15
- 叶(5)憂(15) 20

かねと
- 謙(17)斗(4) 21
- 兼(10)登(12) 22

かねひこ
- 鐘(20)彦(9) 29

かねひろ
- 兼(10)宏(7) 17
- 兼(10)寛(13) 23

かむい
- 可(5)夢(13)伊(6) 24
- 果(8)武(8)威(9) 25
- 佳(8)夢(13)以(5) 26

かめい
- 加(5)明(8) 13
- 佳(8)銘(14) 22

かもん
- 加(5)紋(10) 15
- 佳(8)紋(10) 18
- 嘉(14)紋(10) 24

かやと
- 萱(12)斗(4) 16
- 茅(8)都(11) 19
- 香(9)耶(9)斗(4) 22

かんいち
- 貫(11)一(1) 12
- 歓(15)市(5) 20

かんいちろう
- 寛(13)一(1)朗(10) 24
- 貫(11)壱(7)郎(9) 27

かんせい
- 勘(11)生(5) 16
- 幹(13)成(6) 19
- 寛(13)星(9) 22

かんぺい
勘11 平5 16
幹13 平5 18

き

きいと
希7 以5 斗4 16
紀9 伊6 都11 26

きお
希7 愛13 20
樹16 生5 21
輝15 雄12 27

きおと
希7 乙1 8
輝15 音9 24

きくお
菊11 央5 16

きくまる
喜12 久3 丸3 18

きくや
菊11 哉9 20

きし
希7 志7 14
喜12 志7 19
輝15 史5 20

きしろう
樹16 史5 郎9 30

きそう
貴12 想13 25

きたろう
喜12 多6 郎9 27

きなり
希7 成6 13
樹16 也3 19

きみあき
公4 章11 15

きみお
公4 央5 9
喜12 実8 緒14 34

きみたか
公4 貴12 16

きみと
王4 都11 15
希7 実8 斗4 19

きみのり
公4 則9 13

きみはる
公4 春9 13
希7 巳3 陽12 22

きみひこ
紀9 美9 彦9 27

きみひと
公4 仁4 8
君7 仁4 11

きみひろ
公4 啓11 15
仁4 博12 16

きみまろ
公4 麿18 22

きみゆき
公4 之3 7
公4 幸8 12

きよあき
清11 明8 19
潔15 昭9 24

きよかつ
清11 克7 18
潔15 克7 22
清11 勝12 23

きよた
清11 太4 15
清11 汰7 18
潔15 多6 21

きよたか
清11 隆11 22
潔15 孝7 22
聖13 貴12 25

きよてる
清11 照13 24

きよはる
清11 陽12 23
潔15 治8 23

きよひと
清11 人2 13

きよま
清11 馬10 21
聖13 馬10 23

きよまる
潔15 丸3 18
樹16 良7 丸3 26

きよみち
清11 道12 23
清11 路13 24

きよもり
清11 盛11 22

きよゆき
清11 行6 17
清11 雪11 22
潔15 幸8 23

きり
貴12 里7 19

きりと
桐10 斗4 14

きりま
桐10 真10 20
季8 里7 麻11 26

ぎんじろう
銀14 仁4 朗10 28

きんのすけ
欣8 之3 介4 15
錦16 之3 助7 26

きんや
欣8 也3 11
欽12 也3 15

く

くうかい
久3 羽6 快7 16
空8 海9 17

くおん
玖7 苑8 15
玖7 恩10 17
久3 穏16 19

くどう
玖7 堂11 18

くにあき
邦7 昭9 16
邦7 晃10 17

くにえ
邦7 恵10 17
邦7 衛16 23

くにさと
邦7 里7 14

くにと
邦7 斗4 11
久3 仁4 斗4 11

くにひこ
国8 彦9 17

くにひさ
久3 仁4 寿7 14
邦7 尚8 15

くにひと
邦7 人2 9
邦7 仁4 11
国8 仁4 12

くにひろ
國11 弘5 16
邦7 寛13 20

くにみ
邦7 巳3 10
邦7 弥8 15
国8 実8 16

くにみつ
邦光 13
国満 20

くにゆき
邦行 13
国幸 16

くまお
玖磨央 28

け

けいさく
景作 19
慶朔 25

けいしろう
啓史郎 25
慶士郎 27
慧志郎 31

けいせい
慶正 20
啓惺 23
慧星 24

けいだい
啓大 14
慶大 18

けいのすけ
圭之助 16
慶ノ介 20

けいめい
圭明 14
慶明 23

けいゆう
京裕 20
慶佑 22

けいん
希音 16
慶音 24

けんいちろう
研一郎 19
兼一朗 21
堅一郎 22

けんきち
兼吉 16
堅吉 18

けんこう
建厚 18

けんさく
健策 23
憲作 23
堅策 24

けんたつ
賢辰 23
堅龍 28

けんのすけ
健之介 18
剣之助 20

けんま
堅真 22
研磨 25

けんめい
剣明 18
健明 19
憲銘 30

けんゆう
兼悠 21
賢佑 23

こ

こあ
心亜 11

こう
光羽 12
紅宇 15

こうかい
航快 17

こうきち
公吉 10
幸吉 14
浩吉 16

こうさい
光彩 17

ごうし
剛士 13
剛志 17
豪志 21

ここはる
心治 12
心春 13
心陽 16

ここひろ
心裕 16
胡々弘 17

ここみち
心満 16

こじゅうろう
小十朗 15

こしろう
虎史郎 22
瑚志郎 29

こた
瑚汰 20

ことや
琴矢 17
古都也 19

ことら
仔虎 13

こはる
心晴 16
瑚治 21

こまき
心蒔 17

これきよ
維清 25

これたか
惟孝 18

これちか
惟誓 25

これひと
惟仁 15

これまさ
惟将 21

こん
紺 11

さ

さい
采 8
佐以 12

さいいち
才一 4
彩壱 18

さいき
彩紀 20
采樹 24

さいすけ
采介 12
彩助 18

さいた
祭汰 18

さいのすけ
才之助 13
采ノ介 13

さいま
幸真 18
彩馬 21
最磨 28

さいや
才哉 12
菜矢 16

さえき
冴樹 23

さえた
冴汰 14

さえと
冴7 斗4 11

さかき
榊14 14
賢16 希7 23
賢16 樹16 32

さきた
咲9 多6 15

さきち
咲9 智12 21
佐7 希7 知8 22

さきや
咲9 矢5 14

さくた
作7 太4 11
朔10 汰7 17
佐7 久3 汰7 17

さくとし
咲9 俊9 18

さくのすけ
朔10 之3 助7 20

さくま
咲9 馬10 19

さくみ
作7 巳3 10
咲9 未5 14

さこん
佐7 近7 14

さちお
祥10 央5 15
佐7 知8 夫4 19
沙7 智12 緒14 33

さちと
祥10 斗4 14
佐7 智12 斗4 23
左5 知8 登12 25

さちひさ
祥10 久3 13

さちひと
幸8 人2 10

さちひろ
幸8 弘5 13

さちや
倖10 也3 13
祥10 弥8 18

さつき
早6 月4 10
皐11 月4 15
颯14 希7 21

さつや
佐7 都11 矢5 23

さてつ
沙7 哲10 17

さとあき
智12 明8 20
聖13 昭9 22
聡14 昭9 23

さとなり
郷11 成6 17

さとのり
智12 則9 21

さとふみ
里7 史5 12

さとみ
里7 海9 16

さとむ
智12 武8 20

さとゆき
郷11 幸8 19

さねあつ
実8 厚9 17
実8 敦12 20

さねとし
実8 利7 15

さねひこ
札5 彦9 14

さねやす
実8 靖13 21

さのすけ
左5 之3 助7 15
佐7 乃2 輔14 23

さやと
爽11 都11 22

さんと
燦17 登12 29

さんり
燦17 李7 24

し

しい
椎12 12

しいた
志7 衣6 多6 19

しいや
椎12 矢5 17

しえ
史5 恵10 15

しお
潮15 15
志7 雄12 19

しおう
志7 旺8 15

ししお
志7 々3 緒14 24

しちのすけ
七2 之3 助7 12

しと
史5 斗4 9

しのすけ
史5 之3 助7 15
詞12 ノ1 介4 17
志7 乃2 輔14 23

しま
縞16 16
志7 摩15 22

しめい
史5 明8 13
司5 盟13 18

しろ
志7 露21 28

しんきち
心4 吉6 10
信9 吉6 15

しんた
心4 多6 10
芯7 多6 13
晨11 太4 15
信9 汰7 16

しんら
清11 羅19 30

しんり
心4 李7 11
真10 俐9 19

す

すいと
彗11 斗4 15
粋10 都11 21
翠14 登12 26

すえひろ
末5 裕12 17

すおう
素10 央5 15

すじゃく
澄15 雀11 26

すみお
純10 生5 15
澄15 雄12 27

すみた
清11 多6 17

すみとし
澄15 利7 22

すみはる
純(10)春(9) 19
澄(15)陽(12) 27

すみひと
清(11)人(2) 13

すみよし
純(10)昌(8) 18

せ

せいうん
晴(12)雲(12) 24

せいきち
清(11)吉(6) 17
誠(13)吉(6) 19

せいさく
成(6)咲(9) 15

せいしん
誠(13)心(4) 17
清(11)真(10) 21

せいは
正(5)巴(4) 9
星(9)波(8) 17

せいゆ
聖(13)悠(11) 24
静(14)結(12) 26

せいよう
正(5)洋(9) 14
聖(13)洋(9) 22

せいる
星(9)瑠(14) 23

せいわ
清(11)和(8) 19

せつお
節(13)央(5) 18

せつな
説(14)鳴(14) 28

せつや
雪(11)夜(8) 19

せと
瀬(19)登(12) 31

せり
聖(13)里(7) 20

せれん
瀬(19)蓮(13) 32

せん
宣(9) 9
泉(9) 9

せんいち
泉(9)壱(7) 16

せんすけ
仙(5)介(4) 9

せんり
泉(9)理(11) 20

そ

そあ
奏(9)空(8) 17

そうあ
壮(6)空(8) 14
奏(9)亜(7) 16
想(13)有(6) 19

そうあん
想(13)杏(7) 20

そうえい
蒼(13)栄(9) 22

そうかい
奏(9)海(9) 18

そうき
壮(6)貴(12) 18
想(13)希(7) 20
奏(9)樹(16) 25

そうきち
壮(6)吉(6) 12
颯(14)吉(6) 20

そうけん
創(12)研(9) 21

そうさく
想(13)作(7) 20

そうせい
奏(9)生(5) 14
想(13)正(5) 18
創(12)聖(13) 25

そうせつ
奏(9)雪(11) 20

そうのすけ
荘(9)之(3)助(7) 19
想(13)ノ(1)輔(14) 28
颯(14)之(3)輔(14) 31

そうほ
蒼(13)歩(8) 21

そうむ
総(14)武(8) 22
想(13)夢(13) 26

そうゆ
蒼(13)佑(7) 20

そらち
宙(8)地(6) 14

そらのすけ
昊(8)之(3)助(7) 18

そらひこ
宙(8)彦(9) 17

そらひと
空(8)仁(4) 12

そらや
空(8)哉(9) 17

た

たいか
泰(10)佳(8) 18

たいかい
太(4)快(7) 11
泰(10)海(9) 19

たいけん
大(3)賢(16) 19

たいこう
大(3)光(6) 9

たいすけ
太(4)輔(14) 18

たいせん
泰(10)泉(9) 19

たいそん
大(3)尊(12) 15

たいちろう
多(6)一(1)郎(9) 16
太(4)地(6)郎(9) 19
大(3)智(12)朗(10) 25

たいは
泰(10)巴(4) 14

たいへい
大(3)平(5) 8
太(4)弊(15) 19

たいほう
大(3)豊(13) 16
泰(10)蓬(14) 24

たいむ
太(4)夢(13) 17
泰(10)夢(13) 23
泰(10)睦(13) 23

たいめい
泰(10)明(8) 18

たいゆう
大(3)勇(9) 12
大(3)雄(12) 15

だいゆう
太(4)勇(9) 13
大(3)裕(12) 15

たいりく
泰(10)陸(11) 21

たお
汰(7)央(5) 12
大(3)緒(14) 17
多(6)緒(14) 20

たかお
隆11 夫4 15
貴12 央5 17
孝7 雄12 19

たかおみ
隆11 臣7 18

たかき
貴12 己3 15
毅15 樹16 31

たかきみ
尭8 公4 12

たかつね
隆11 恒9 20

たかてる
尭8 照13 21
毅15 輝15 30

たかとし
高10 俊9 19
貴12 俊9 21

たかとも
隆11 智12 23

たかとら
孝7 虎8 15
鷹24 虎8 32

たかなお
尭8 尚8 16
鷹24 直8 32

たかなり
貴12 成6 18
貴12 就12 24

たかね
貴12 嶺17 29

たかのり
孝7 則9 16
隆11 法8 19
毅15 典8 23

たかひこ
孝7 彦9 16
崇11 彦9 20

たかひさ
孝7 尚8 15
貴12 久3 15

たかひと
貴12 仁4 16
敬12 仁4 16
毅15 一1 16

たかみつ
孝7 光6 13
貴12 允4 16
貴12 満12 24

たかみね
高10 峰10 20

たかやす
孝7 泰10 17

たかよし
孝7 良7 14
孝7 泰10 17
隆11 康11 22

たかより
貴12 寄11 23
鷹24 依8 32

たきお
滝13 雄12 25

たきち
太4 吉6 10

たきと
多6 喜12 斗4 22
瀧19 斗4 23

たきや
滝13 也3 16

たくい
卓8 伊6 14

たくえい
拓8 栄9 17

たくお
卓8 夫4 12
拓8 生5 13
拓8 緒14 22

たくゆき
拓8 之3 11

たけあき
剛10 明8 18

たけかつ
武8 勝12 20

たけき
猛11 希7 18
武8 樹16 24
剛10 輝15 25

たけちか
剛10 誓14 24

たけつね
健11 恒9 20

たけとし
岳8 寿7 15
健11 利7 18

たけとら
竹6 虎8 14

たけなり
武8 成6 14
健11 也3 14

たけのり
丈3 紀9 12
武8 則9 17

たけひさ
健11 寿7 18

たけふみ
武8 史5 13
雄12 史5 17

たけまさ
武8 政9 17
健11 雅13 24
豪14 将10 24

たけまる
豪14 丸3 17

たけみ
丈3 巳3 6
武8 弥8 16
健11 海9 20

たけみち
岳8 道12 20

たけみつ
剛10 光6 16
剛10 充6 16
武8 満12 20

たけみね
武8 嶺17 25

たけもり
武8 茂8 16
健11 盛11 22
武8 萌11 莉10 29

たけや
丈3 也3 6
毅15 也3 18

たけやす
崇11 泰10 21

たけゆき
岳8 行6 14
健11 之3 14
武8 幸8 16

たけよし
豪14 祥10 24

たつあき
辰7 明8 15
建9 昭9 18

たつお
辰7 生5 12
龍16 央5 21
竜10 緒14 24

たつてる
辰7 輝15 22

たつとし
達12 俊9 21

たつなり
- 龍16成6 22

たつのしん
- 辰7乃2信9 18

たつのすけ
- 達12之3介4 19
- 竜10之3助7 20

たつまる
- 辰7丸3 10

たつゆき
- 立5幸8 13
- 辰7行6 13
- 竜10之3 13

たつよし
- 辰7吉6 13
- 龍16義13 29

たてあき
- 建9明8 17
- 竪14明8 22

たまき
- 珠10希7 17
- 環17季8 25

たみお
- 民5夫4 9
- 民5雄12 17

たみき
- 民5喜12 17

たんせい
- 丹4正5 9

たんと
- 丹4登12 16

ち

ちかい
- 誓14衣6 20

ちかまさ
- 誓14正5 19
- 近7雅13 20

ちかや
- 知8茅8 16
- 智12萱12 24

ちかよし
- 親16佳8 24

ちから
- 力2 2

ちき
- 誓14良7 21
- 稚13希7 20

ちなみ
- 千3波8 11

ちひろ
- 千3裕12 15
- 知8紘10 18

ちふゆ
- 智12冬5 17

ちよはる
- 千3代5治8 16
- 千3代5春9 17

ちよひこ
- 千3代5彦9 17

つ

つきなり
- 月4也3 7

つきひこ
- 槻15彦9 24

つなとも
- 綱14朋8 22

つなひろ
- 綱14広5 19
- 綱14弘5 19

つなもと
- 綱14素10 24

つなゆき
- 紘10行6 16
- 綱14幸8 22

つねと
- 常11斗4 15
- 恒9登12 21

つねとし
- 恒9敏10 19

つねのり
- 統12則9 21

つねひさ
- 常11久3 14

つねひろ
- 恒9広5 14
- 常11裕12 23

つねふみ
- 継13文4 17

つねまさ
- 常11匡6 17

つねみち
- 恒9満12 21
- 常11満12 23

つねみつ
- 常11光6 17

つねゆき
- 恒9幸8 17
- 経11行6 17

つよと
- 剛10人2 12
- 毅15登12 27

つらゆき
- 貫11行6 17

つるひこ
- 弦8比4古5 17
- 津9留10彦9 28

て

ていと
- 呈7斗4 11
- 帝9人2 11
- 帝9都11 20

てつあき
- 哲10章11 21
- 鉄13明8 21
- 撤15昭9 24

てつご
- 哲10吾7 17

てつた
- 哲10太4 14
- 撤15多6 21

てつたろう
- 哲10太4朗10 24
- 徹15多6朗10 31

てつなり
- 哲10也3 13

てつのしん
- 哲10乃2信9 21

てつのすけ
- 哲10之3助7 20
- 鉄13之3介4 20

てつはる
- 哲10春9 19
- 鉄13治8 21
- 徹15陽12 27

てつひこ
- 哲10彦9 19

てるお
- 照13央5 18
- 輝15夫4 19

てるおみ
- 晃10臣7 17

てるとも
- 照13友4 17
- 輝15朋8 23

てるひこ
- 輝15彦9 24

てるひさ
- 瑛12久3 15
- 照13寿7 20

てるほ
晄10補12　22
照13穂15　28
輝15穂15　30

てるま
照13真10　23
輝15馬10　25
煌13磨16　29

てるみ
輝15巳3　18
照13海9　22

てるみち
煌13道12　25
輝15道12　27

てるみつ
照13光6　19
晃10満12　22

てるもと
照13基11　24
輝15基11　26

てるよし
光6良7　13
照13義13　26

てん
天4　4
典8　8
殿13　13

てんか
天4歌14　18

てんき
典8希7　15

てんこう
天4洸9　13

てんち
天4治8　12
典8知8　16

てんと
天4斗4　8
典8斗4　12
典8翔12　20

と

とうい
冬5唯11　16
登12伊6　18
塔12衣6　18

とうし
冬5志7　12

とうしろう
冬5志7郎9　21
藤18史5郎9　32

とうしん
透10心4　14
灯6真10　16

とうすけ
東8右5　13
登12介4　16

とうせい
藤18正5　23

とうた
桃10太4　14
透10汰7　17

とうよう
登12洋9　21
遠13陽12　25

とうり
冬5李7　12
登12里7　19

とおま
十2真10　12
遠13麻11　24

とかい
斗4快7　11
渡12海9　21

とかし
斗4佳8志7　19
登12加5史5　22

とかち
斗4勝12　16

ときなり
時10成6　16
斗4樹16也3　23

ときのすけ
時10ノ1介4　15
時10之3助7　20

ときはる
時10陽12　22
時10晴12　22
都11希7春9　27

ときひこ
飛9喜12彦9　30
登12樹16彦9　37

ときひさ
時10寿7　17
時10尚8　18

ときふみ
常11文4　15

ときまさ
常11匡6　17
刻8雅13　21

ときみち
時10満12　22
常11路13　24

ときみつ
時10充6　16
常11光6　17
辰7満12　19

としお
利7央5　12
寿7央5　12
利7緒14　21

としくに
利7邦7　14
俊9久3仁4　16

としたか
敏10隆11　21

としなお
利7直8　15
俊9尚8　17

としなり
利7也3　10
俊9成6　15

としひこ
寿7彦9　16
俊9彦9　18

としひさ
俊9久3　12
利7尚8　15

としまさ
利7匡6　13
俊9雅13　22

としみ
利7未5　12
俊9巳3　12

としみち
利7道12　19
寿7満12　19
俊9通10　19

としみつ
俊9光6　15
寿7満12　19

としろう
俊9朗10　19
敏10郎9　19

ともあつ
朋8敦12　20
朋8篤16　24

ともお
友4雄12　16
朝12生5　17
智12央5　17
智12雄12　24

ともくに
朋(8)邦(7) 15

ともちか
友(4)哉(9) 13
朝(12)親(16) 28

ともひこ
友(4)彦(9) 13
共(6)彦(9) 15
登(12)茂(8)彦(9) 29

ともふみ
朋(8)史(5) 13
智(12)章(11) 23

ともみ
朋(8)巳(3) 11
智(12)巳(3) 15
智(12)実(8) 20

ともみつ
友(4)光(6) 10
朝(12)満(12) 24

とよはる
豊(13)治(8) 21
豊(13)晴(12) 25
豊(13)遥(12) 25

とよひと
豊(13)人(2) 15
豊(13)壱(7) 20

とらひこ
寅(11)彦(9) 20
彪(11)彦(9) 20

な

ないき
乃(2)希(7) 9
内(4)希(7) 11
内(4)樹(16) 20

なおいち
尚(8)壱(7) 15
直(8)壱(7) 15

なおえ
直(8)江(6) 14
直(8)枝(8) 16

なおかつ
尚(8)且(5) 13
直(8)克(7) 15

なおし
尚(8)士(3) 11
直(8)史(5) 13
治(8)志(7) 15

なおすけ
直(8)佑(7) 15
直(8)亮(9) 17

なおた
治(8)大(3) 11
直(8)多(6) 14

なおてる
直(8)昭(9) 17
尚(8)輝(15) 23

なおはる
尚(8)治(8) 16
直(8)春(9) 17
直(8)晴(12) 20

なおひさ
直(8)久(3) 11
修(10)久(3) 13

なおひと
尚(8)一(1) 9
尚(8)壱(7) 15

なおみ
尚(8)己(3) 11
直(8)己(3) 11

なおみち
尚(8)道(12) 20
直(8)満(12) 20

なおよし
直(8)良(7) 15
尚(8)義(13) 21

なかや
仲(6)也(3) 9

なつ
七(2)都(11) 13

なつお
夏(10)央(5) 15
夏(10)織(18) 28
那(7)津(9)緒(14) 30

なつひこ
凪(6)津(9)彦(9) 24

なつみ
夏(10)海(9) 19
夏(10)望(11) 21

なつや
夏(10)矢(5) 15
夏(10)耶(9) 19
那(7)津(9)也(3) 19

ななお
七(2)夫(4) 6
七(2)音(9) 11

ななせ
七(2)瀬(19) 21
波(8)々(3)瀬(19) 30

ななみ
七(2)望(11) 13
那(7)波(8) 15

なみと
南(9)弥(8)人(2) 19
浪(10)都(11) 21

なゆと
梛(11)由(5)斗(4) 20

なりあき
成(6)昭(9) 15
成(6)秋(9) 15
成(6)里(7)昭(9) 22

なりとし
成(6)寿(7) 13
成(6)俊(9) 15

なりひと
成(6)人(2) 8
慈(13)仁(4) 17

なりまさ
成(6)征(8) 14
成(6)昌(8) 14
成(6)将(10) 16

なりみち
也(3)道(12) 15
成(6)路(13) 19

に

にしき
西(6)希(7) 13
錦(16)希(7) 23

ね

ねお
音(9)緒(14) 23

ねおと
音(9)生(5)斗(4) 18
寧(14)央(5)斗(4) 23

ねろ
音(9)露(21) 30

ねん
稔(13) 13

の

のり
紀(9) 9
乃(2)李(7) 9
野(11)俐(9) 20

のりあつ
典(8)淳(11) 19
紀(9)篤(16) 25

のりお
則(9)夫(4) 13
紀(9)緒(14) 23

のりくに
- 徳国（14・8）22

のりたけ
- 則武（9・8）17
- 憲武（16・8）24

のりと
- 典斗（8・4）12
- 則都（9・11）20
- 紀登（9・12）21

のりとも
- 典智（8・12）20

のりはる
- 法春（8・9）17
- 憲晴（16・12）28

のりひこ
- 紀彦（9・9）18

のりひさ
- 哲久（10・3）13
- 則尚（9・8）17

のりひろ
- 典弘（8・5）13
- 則弘（9・5）14
- 紀洋（9・9）18

のりふみ
- 紀文（9・4）13

のりまさ
- 典正（8・5）13
- 憲政（16・9）25

のりみち
- 紀道（9・12）21
- 憲道（16・12）28

のりみつ
- 紀光（9・6）15
- 徳光（14・6）20

のりもと
- 徳基（14・11）25

のりやす
- 則泰（9・10）19
- 憲康（16・11）27

のりよし
- 典義（8・13）21
- 紀義（9・13）22

は

はかる
- 量（12）12
- 測（12）12

はつなり
- 初鳴（7・14）21

はつのり
- 初紀（7・9）16

はなみち
- 花満（7・12）19

はやお
- 隼央（10・5）15

はやせ
- 捷瀬（11・19）30

はやたか
- 隼貴（10・12）22
- 颯尭（14・8）22

はやなり
- 逸也（11・3）14
- 隼成（10・6）16

はやみ
- 迅巳（6・3）9
- 速未（10・5）15

はるいち
- 靖一（13・1）14
- 春壱（9・7）16
- 陽壱（12・7）19

はるお
- 治央（8・5）13
- 春音（9・9）18
- 晴緒（12・14）26

はるおみ
- 治臣（8・7）15
- 靖臣（13・7）20

はるか
- 悠（11）11
- 遥（12）12
- 遼（15）15

はるちか
- 春誓（9・14）23
- 陽親（12・16）28

はるとき
- 春時（9・10）19

はるとし
- 晴俊（12・9）21
- 晴敏（12・10）22

はるとも
- 治智（8・12）20
- 靖朋（13・8）21

はるなり
- 春也（9・3）12
- 靖成（13・6）19

はるみつ
- 治光（8・6）14
- 陽充（12・6）18

はるよし
- 治良（8・7）15
- 春好（9・6）15
- 晴義（12・13）25

ひ

ひこすけ
- 彦助（9・7）16

ひこみち
- 彦路（9・13）22

ひさてる
- 寿晃（7・10）17
- 久輝（3・15）18

ひさとし
- 久俊（3・9）12
- 尚寿（8・7）15

ひさなり
- 久成（3・6）9

ひさのり
- 久則（3・9）12
- 寿徳（7・14）21

ひさひと
- 久人（3・2）5
- 尚仁（8・4）12

ひさひろ
- 久弘（3・5）8
- 悠洋（11・9）20

ひさみち
- 寿満（7・12）19
- 尚道（8・12）20

ひさゆき
- 尚之（8・3）11
- 寿幸（7・8）15

ひとなり
- 仁也（4・3）7
- 壱成（7・6）13

ひより
- 陽依（12・8）20

ひろあつ
- 弘淳（5・11）16
- 広篤（5・16）21

ひろお
- 洋央（9・5）14
- 浩生（10・5）15
- 博央（12・5）17
- 尋緒（12・14）26
- 廣緒（15・14）29

ひろおき
- 広央希（5・5・7）17

ひろおみ
- 博臣（12・7）19
- 裕臣（12・7）19

ひろくに
- 宏邦（7・7）14

浩(10)国(8) 18

ひろさと
広(5)郷(11) 16
宏(7)智(12) 19
洋(9)智(12) 21

ひろすけ
弘(5)介(4) 9
浩(10)輔(14) 24

ひろたけ
弘(5)武(8) 13
弘(5)毅(15) 20

ひろたつ
寛(13)辰(7) 20
博(12)龍(16) 28

ひろなお
広(5)尚(8) 13
尋(12)尚(8) 20

ひろなり
拓(8)成(6) 14

ひろはる
弘(5)春(9) 14
寛(13)晴(12) 25

ひろまさ
大(3)将(10) 13
弘(5)雅(13) 18
宏(7)雅(13) 20

ひろみつ
宏(7)光(6) 13
浩(10)光(6) 16

ひまり
陽(12)万(3)里(7) 22

ふ

ふく
福(13) 13
福(13)玖(7) 20

ふくし
吹(7)志(7) 14
福(13)士(3) 16

ふくま
福(13)真(10) 23
副(11)磨(16) 27

ふさき
冨(11)咲(9) 20

ふとし
太(4)士(3) 7

ふみお
文(4)緒(14) 18
史(5)緒(14) 19

ふみなり
郁(9)成(6) 15

ふみのり
文(4)紀(9) 13
史(5)規(11) 16

ふみはる
文(4)春(9) 13
史(5)晴(12) 17

ふみやす
文(4)泰(10) 14
史(5)靖(13) 18

ふみゆき
史(5)之(3) 8
文(4)幸(8) 12

ふみよし
文(4)祥(10) 14
郁(9)良(7) 16

ふゆうみ
冬(5)海(9) 14

ふゆひと
冬(5)人(2) 7
風(9)友(4)仁(4) 17

へ

へいすけ
平(5)佑(7) 12
平(5)輔(14) 19

へいた
平(5)大(3) 8
平(5)多(6) 11

へいや
平(5)也(3) 8
平(5)矢(5) 10

ほ

ほうま
芳(7)磨(16) 23
蓬(14)麻(11) 25

ほくせい
北(5)青(8) 13

ほしき
星(9)希(7) 16
星(9)祈(8) 17
星(9)輝(15) 24

ほしひと
星(9)人(2) 11
星(9)仁(4) 13

ま

まいき
舞(15)希(7) 22
真(10)衣(6)貴(12) 28

まおと
真(10)央(5)斗(4) 19
麻(11)緒(14)斗(4) 29

まきお
真(10)希(7)央(5) 22
槙(14)緒(14) 28
真(10)樹(16)生(5) 31

まきと
麻(11)希(7)斗(4) 22
真(10)樹(16)斗(4) 30

まさあき
政(9)晃(10) 19
雅(13)昭(9) 22

まさうみ
匡(6)海(9) 15

まさお
正(5)夫(4) 9
昌(8)央(5) 13
政(9)緒(14) 23
真(10)織(18) 28

まさたけ
正(5)武(8) 13

まさてる
正(5)照(13) 18

まさとし
昌(8)利(7) 15
雅(13)寿(7) 20

まさとも
聖(13)友(4) 17
雅(13)朋(8) 21

まさなり
真(10)也(3) 13
真(10)成(6) 16

まさのり
正(5)紀(9) 14
昌(8)典(8) 16

ましお
真(10)汐(6) 16
麻(11)汐(6) 17
麻(11)潮(15) 26

まひろ
万(3)裕(12) 15
真(10)央(5) 15
麻(11)博(12) 23
麻(11)優(17) 28

まゆと
麻(11)友(4)斗(4) 19
麻(11)裕(12)斗(4) 27

まよ
麻(11)良(7) 18
磨(16)世(5) 21

み

みきひさ
- 樹16 久3　19

みきひと
- 未5 来7 人2　14
- 幹13 仁4　17

みきひろ
- 幹13 洋9　22

みきやす
- 幹13 泰10　23

みさき
- 未5 早6 樹16　27

みちあき
- 道12 明8　20
- 満12 昭9　21

みちたか
- 満12 尭8　20
- 路13 貴12　25

みちなお
- 道12 直8　20

みちなり
- 路13 也3　16

みちひと
- 導15 一1　16
- 道12 壱7　19

みちる
- 満12　12

みつお
- 光6 緒14　20
- 光6 織18　24

みつたか
- 光6 隆11　17

みつとし
- 光6 俊9　15

みつとも
- 光6 友4　10
- 充6 朋8　14

みつのり
- 光6 徳14　20

みつまさ
- 光6 政9　15

みつや
- 光6 也3　9
- 光6 矢5　11

みつよし
- 光6 吉6　12
- 光6 好6　12

みと
- 未5 斗4　9

みなせ
- 実8 那7 世5　20

みなみ
- 三3 波8　11
- 美9 南9　18

みねお
- 峰10 央5　15

みのり
- 稔13　13

みはる
- 三3 春9　12

みよし
- 海9 好6　15

む

むつと
- 睦13 斗4　17
- 夢13 都11 斗4　28

むねたか
- 崇11 高10　21

むねと
- 宗8 登12　20

むねとし
- 宗8 俊9　17

むねはる
- 宗8 治8　16

むねひと
- 宗8 人2　10
- 志7 仁4　11

むねひろ
- 宗8 弘5　13

め

めい
- 明8 以5　13
- 明8 依8　16

めいし
- 明8 士3　11
- 明8 史5　13

めいせい
- 明8 星9　17
- 盟13 正5　18

めいてつ
- 明8 徹15　23
- 銘14 哲10　24

めいや
- 明8 哉9　17

も

もとお
- 基11 央5　16

もとてる
- 紀9 輝15　24

もとのり
- 基11 徳14　25

もとひこ
- 元4 彦9　13

もとひろ
- 基11 博12　23

もとみち
- 元4 道12　16
- 基11 道12　23

もとよし
- 元4 利7　11

もりあき
- 盛11 秋9　20
- 森12 明8　20

もりと
- 守6 斗4　10

もりはる
- 盛11 晴12　23

もりひろ
- 守6 宏7　13
- 護20 弘5　25

もりまさ
- 盛11 雅13　24

もりみち
- 杜7 道12　19
- 森12 道12　24

や

やくと
- 躍21 飛9　30

やくま
- 躍21 馬10　31

やしお
- 八2 汐6　8

やすお
- 康11 生5　16

やすおみ
- 泰10 臣7　17

やすき
- 靖13 樹16　29

やすたけ
- 恭10 武8　18

やすと
- 泰10 斗4　14

やすとし
- 康11 寿7　18

やすとも
- 康11 友4　15
- 靖13 朋8　21

やすのり	泰典	10・8	18
やすひこ	靖彦	13・9	22
やすひと	保仁	9・4	13
やすふみ	康文	11・4	15
やすまさ	泰雅	10・13	23
やすまる	恭丸	10・3	13
やすみつ	靖光	13・6	19
やすむね	和旨	8・6	14
やすゆき	靖幸	13・8	21
	保行	9・6	15
やすよし	泰良	10・7	17
やまひこ	耶麻彦	9・11・9	29

ゆ

ゆあ	佑愛	7・13	20
ゆいた	唯太	11・4	15
	惟汰	11・7	18
ゆいほ	結帆	12・6	18
	唯歩	11・8	19
ゆいま	結麻	12・11	23
	維磨	14・16	30
ゆいや	惟也	11・3	14
ゆきお	幸雄	8・12	20
ゆきたか	幸孝	8・7	15
ゆきち	結吉	12・6	18
ゆきのしん	幸乃芯	8・2・7	17
ゆきのすけ	雪之助	11・3・7	21
ゆきのり	幸則	8・9	17
ゆきひこ	由紀彦	5・9・9	23
ゆきひさ	侑久	8・3	11
ゆきひと	幸人	8・2	10
	敬仁	12・4	16
ゆきまさ	幸昌	8・8	16
	行雅	6・13	19
ゆきみつ	行光	6・6	12
	幸光	8・6	14
ゆきむら	幸村	8・7	15
ゆた	柚汰	9・7	16
	結太	12・4	16
ゆつき	夢太	13・4	17
	柚槻	9・15	24
ゆの	由乃	5・2	7
	悠乃	11・2	13
ゆみなり	弓也	3・3	6
ゆめき	夢喜	13・12	25
	夢貴	13・12	25
	結愛希	12・13・7	32
ゆめたか	夢尭	13・8	21
	夢隆	13・11	24
	夢毅	13・15	28
ゆめひこ	夢比古	13・4・5	22
ゆらと	優良斗	17・7・4	28
	唯羅人	11・19・2	32
ゆりや	勇里弥	9・7・8	24

よ

よいち	与壱	3・7	10
よしお	義緒	13・14	27
よしおみ	吉臣	6・7	13
よしかつ	義克	13・7	20
よしくに	嘉邦	14・7	21
よしたけ	芳毅	7・15	22
よしてる	義輝	13・15	28
よしなお	吉直	6・8	14
	義直	13・8	21
よしなり	吉成	6・6	12
よしのすけ	芳之助	7・3・7	17
よしのり	佳宣	8・9	17
よしはる	芳治	7・8	15
	好晴	6・12	18
よしひこ	快彦	7・9	16
よしひと	良人	7・2	9
	義人	13・2	15
よしふみ	義文	13・4	17
	義史	13・5	18
よしへい	義平	13・5	18
よしまる	由丸	5・3	8
よしみ	義巳	13・3	16
よしみち	吉道	6・12	18
	義満	13・12	25
よしみつ	吉満	6・12	18
よしむね	由宗	5・8	13
よしもち	義望	13・11	24
よしやす	吉泰	6・10	16
よしろう	吉朗	6・10	16
よひと	世仁	5・4	9
より	依	8	8
よりたか	依隆	8・11	19

よりたつ
和8辰7 15

よりと
頼16斗4 20

よりひこ
依8比4古5 17

よりまさ
頼16昌8 24

ら

らいた
礼5太4 9
雷13汰7 20

らいま
礼5真10 15
來8馬10 18

らいや
礼5也3 8
来7哉9 16

らう
良7憂15 22
楽13憂15 28

らうす
羅19羽6澄15 40

らうと
來8宇6斗4 18

らお
良7央5 12
羅19央5 24
楽13緒14 27

らま
良7麻11 18

らもん
良7紋10 17
楽13文4 17
羅19文4 23

らんた
藍18大3 21
蘭19太4 23

らんと
蘭19斗4 23

り

りあと
莉10亜7斗4 21
凜15空8斗4 27

りえん
俐9苑8 17
李7縁15 22

りおと
李7乙1 8
利7音9 16
利7央5都11 23

りきまる
李7希7丸3 17

りくお
莉10玖7央5 22
理11久3緒14 28

りくし
陸11志7 18
莉10玖7士3 20

りくま
陸11麻11 22
里7玖7磨16 30

りすけ
利7介4 11
李7助7 14

りつお
里7津9央5 21
律9緒14 23

りつや
立5弥8 13

りもん
利7紋10 17

りんぺい
綸14平5 19
凜15平5 20

る

るあ
流10空8 18
瑠14亜7 21

るきと
瑠14希7斗4 25
留10樹16斗4 30

るこん
琉11欣8 19

るた
瑠14汰7 21

るてん
留10天4 14

れ

れいし
玲9志7 16
麗19士3 22

れいすけ
礼5助7 12
零13助7 20
怜8輔14 22

れおな
玲9央5那7 21
玲9欧8奈8 25

れおま
礼5央5麻11 21
連10音9磨16 35

れきや
玲9希7也3 19
礼5樹16也3 24

れつ
烈10 10

れのん
怜8音9 17
玲9苑8 17
麗19音9 28

れんおん
恋10音9 19
廉13恩10 23
蓮13穏16 29

れんすけ
蓮13助7 20
廉13輔14 27

ろ

ろう
楼13 13
露21 21

ろき
路13希7 20

ろく
麓19 19

ろん
龍16 16

わ

わいち
和8壱7 15
輪15一1 16

わおん
我7音9 16

わかお
稚13生5 18

わかな
稚13那7 20

わかひろ
若8弘5 13
稚13廣15 28

わかやす
若8靖13 21
和8佳8泰10 26

わたり
亘6 6

拗音（ようおん）・促音（そくおん）のある名前

「ゃ」「ゅ」「ょ」の拗音を入れるとやわらかくのびのびとした名前に、「っ」の促音を入れると弾むイメージで元気な印象の名前になります。

男の子

拗音

あしゅう 空秀 8 7
いりゅう 衣琉 6 11
うきょう 宇恭 6 10
うりゅう 有隆 6 11
えいじゅ 永樹 5 16
えいしゅう 栄修 9 10
きしょう 希昇 7 8
くりゅう 玖竜 7 10

けんしょう 賢祥 16 10
こうじゅ 孝珠 7 10
さきょう 佐京 7 8
しゅうえい 修瑛 10 12
しゅうと 脩斗 11 4
しゅうま 宗磨 8 16
しゅおん 朱音 6 9
しゅり 珠利 10 7
しゅんいちろう 駿一郎 17 1 9
しゅんさく 瞬作 18 7

しゅんせい 旬聖 6 13
しゅんた 俊汰 9 7
しゅんと 竣斗 12 4
しょうたろう 尚太朗 8 4 10
しょうみ 昌実 8 8
たいじゅ 泰寿 10 7
はくりゅう 珀留 9 10
ひしょう 飛祥 9 10
ひゅうま 彪真 11 10
ひりゅう 陽龍 12 16

みゅうじ 美友士 9 4 3
みりゅう 巳隆 3 11
ゆうしょう 悠祥 11 10
ゆうしゅん 佑竣 7 12
ようしゅん 洋旬 9 6
りゅうあ 瑠亜 14 7
りゅうせい 竜生 10 5
りゅうと 琉翔 11 12
りゅうのすけ 隆之介 11 3 4
りょうが 稜駕 13 15
りょうじろう 諒二郎 15 2 9
りょうせい 遼世 15 5
りょうま 亮麻 9 11

促音

いっき 一基 1 11
いっきゅう 壱久 7 3
いっけい 逸圭 11 6
いっこう 一煌 1 13
いっさ 壱早 7 6
いっさく 一朔 1 10
いっしん 逸芯 11 7
いっせい 一靖 1 13
いっそう 逸奏 11 9
いった 壱汰 7 7
いってつ 一徹 1 15

いっと 壱都 7 11
いっとく 一徳 1 14
いっぺい 逸並 11 8
かっぺい 克兵 7 7
きった 桔汰 10 7
きっと 橘斗 16 4
きっぺい 生平 5 5
てっしょう 鉄生 13 5
てっしん 徹信 15 9
てっせい 哲誠 10 13
てっぺい 哲並 10 8
どっぽ 独歩 9 8
りった 律汰 9 7

長音・濁音のある名前

名前に長音が入るとのびやかな印象を与えられます。濁音は安定感があり、落ち着きの感じられる名前にできます。

男の子

長音

- あそう　有宗 6 8
- あれい　空礼 8 5
- いちよう　壱洋 7 9
- えいこう　永幸 5 8
- えいゆう　栄佑 9 7
- おうせい　央星 5 9
- かいおう　燿旺 18 8
- くうじ　空治 8 8
- くろうど　玖楼人 7 13 2
- けいが　慶雅 15 13
- しゅうな　脩南 11 9
- しんゆう　心勇 4 9
- せいあ　誓亜 14 7
- たいどう　泰堂 10 11
- たくよう　拓瑶 8 13
- とうあ　統空 12 8
- どうり　堂浬 11 10
- なおいちろう　尚市朗 8 5 10
- はくよう　珀遙 9 14
- はりい　波里伊 8 7 6
- ひえい　飛英 9 8
- ふうじ　楓史 13 5
- ほうせい　峰正 10 5
- まあと　真有斗 10 6 4
- やたろう　椰太郎 13 4 9
- ゆうい　祐衣 9 6
- ゆうほう　勇宝 9 8
- ようこう　遥滉 12 13
- るうと　流雲斗 10 12 4
- れいあ　零亜 13 7
- ろうど　楼人 13 2
- わこう　和航 8 10

濁音

- あいじ　藍士 18 3
- ありが　阿里牙 8 7 4
- いずほ　出帆 5 6
- おとじ　音志 9 7
- かげと　景登 12 12
- かっぺい　勝平 12 5
- きずき　築樹 16 16
- ぎんが　吟雅 7 13
- さいが　菜牙 11 4
- しずき　静希 14 7
- すずと　寿々斗 7 3 4
- だいな　大那 3 7
- たつじ　辰士 7 3
- つるぎ　都留葵 11 10 12
- てっぺい　鉄平 13 5
- ながら　永羅 5 19
- にじたか　虹孝 9 7
- のぶはる　信晴 9 12
- ひびと　響人 20 2
- ひろかぜ　廣風 15 9
- ほうが　芳雅 7 13
- ほづみ　帆積 6 16
- みずはる　瑞春 13 9
- めいが　明駕 8 15
- やすじ　康司 11 5
- ゆいが　惟河 11 8
- ゆうぜん　祐禅 9 13
- ようが　瑶果 13 8
- らいが　礼嘉 5 14
- らんぽ　乱歩 7 3
- りいど　俐以登 9 5 12
- れんご　廉吾 13 7
- わだち　環立 17 5

ひらがな・カタカナの名前

ひらがなやカタカナは響きにこだわりたいときにおすすめ。ひらがなはやわらかな、カタカナは個性的な印象を与えられます。

男の子

ひらがな

- あたる 3 4 3
- あゆむ 3 3 4
- いつき 2 1 4
- いぶき 2 6 4
- かい 3 2
- かおる 3 4 3
- かける 3 3 3
- きょう 4 3 2
- けん 3 2
- げんき 5 2 4
- けんた 3 2 4
- こう 2 2
- ごう 4 2
- しゅん 1 3 2
- じゅん 3 3 2
- しん 1 2
- すばる 3 6 3
- そう 3 2
- そら 3 3
- たくみ 4 1 3
- たける 4 3 3
- つばさ 1 6 3
- のぞむ 1 5 4
- はるき 4 3 4
- ひかる 2 3 3
- ひなた 2 5 4
- まさと 4 3 2
- みちる 3 3 3
- やまと 3 4 2
- ゆう 3 2
- りく 2 1
- れん 3 2
- わたる 3 4 3

カタカナ

- アイル 2 2 2
- アクア 2 2 2
- アトム 2 2 2
- アラン 2 2 2
- アルマ 2 2 2
- カイト 2 2 2
- カムイ 2 2 2
- ジョー 5 3 1
- タイム 3 2 2
- ナイト 2 2 2
- ナイン 2 2 2
- ノエル 1 3 2
- ハート 2 1 2
- ハンス 2 2 2
- ホーム 4 1 2
- マイル 2 2 2
- マハト 2 2 2
- マルタ 2 2 3
- モリス 3 2 2
- ユアン 2 2 2
- ライア 2 2 2
- ライアン 2 2 2 2
- ライモン 2 2 3 2
- リアン 2 2 2
- リンク 2 2 2
- ルイス 2 2 2
- ルキア 2 3 2
- レアル 1 2 2
- レイク 1 2 2
- レイモン 1 2 3 2
- レイラ 1 2 2
- レイン 1 2 2

愛称から考える名前

男の子の名前はかたい印象になりがちなので、かわいらしく呼べる愛称から名前を考えるのもよいでしょう。

男の子

愛称	名前	画数
あっちゃん	篤史	16 5
あーちゃん	彰也	14 3
いっくん	一朗	1 10
うーたん	宇希弥	6 7 8
えっちゃん	悦司	10 5
おっくん	奥也	12 3
かっくん	克也	7 3
がっくん	岳都	8 11
かーくん	快斗	7 4
きょん	恭弥	10 8
きーちゃん	桐都	10 11
きょーちゃん	恭司	10 5
くう	玖羽也	7 6 3
けいちゃん	圭介	6 4
けんけん	健聖	11 13
げんちゃん	元気	4 6
こうちゃん	幸輔	8 14
さいくん	彩人	11 2
じゅんじゅん	潤	15
しょうちゃん	尚史	8 5
すーちゃん	純弥	10 8
せいくん	聖之丞	13 3 6
そうちゃん	創輝	12 15
そーちゃん	宗吾	8 7
だいくん	大飛	3 9
だいだい	大輝	3 15
たかぼー	隆史	11 5
たくちゃん	卓治	8 8
だっちゃん	大哉	3 9
ちーちゃん	千治	3 8
つっくん	椿基	13 11
てっちゃん	鉄二	13 2
てつくん	哲也	10 3
としちゃん	稔弥	13 8
とっしー	俊夫	9 4
ともちゃん	朋紀	8 9
なおちゃん	直宏	8 7
のんちゃん	望	11
はーたん	勇人	9 2
ひろみん	弘実	5 8
ひーくん	博成	12 6
ひーちゃん	陽向	12 6
ふうくん	風実也	9 8 3
ほーちゃん	法真	8 10
まっきー	槙人	14 2
まっち	昌彦	8 9
まるちゃん	丸穂	3 15
まーくん	正博	5 12
みいちゃん	幹人	13 2
みっちー	満春	12 9
みーくん	実乃	8 2
みーや	美樹矢	9 16 5
むっちゃん	六太	4 4
むーくん	元武	4 8
もっくん	素弥	10 8
やっくん	大和	3 8
ゆうくん	悠陽	11 12
ゆうたん	裕太	12 4
ゆうゆ	勇斗	9 4
ゆっきー	幸弘	8 5
ゆーたん	裕司	12 5
よっしー	佳史	8 5
よっちゃん	好緒	6 14
りょーちゃん	亮司	9 5
りょーちん	遼	15
りーくん	理人	11 2
るんるん	陽	12
るーくん	満	12
わっくん	湧人	12 2

お姉ちゃんが
命名!?
来泉（くるみ）ちゃん

夫婦の大切な
思い出
朔太郎（さくたろう）くん

パパの思いが
詰まった
莉緒（りお）ちゃん

みんなの名づけエピソード

響きのよさを
重視
夏鈴（かりん）ちゃん

両親の好きな
季節から
遼人（はると）くん

性別に
とらわれないで
愛斗（あいと）くん

山下さん宅の

満亜沙（まあさ）ちゃん

家族の名を組み合わせた 愛情いっぱいの名前

決め手はお姉ちゃんのひらめき

性別がわかったころから娘二人にも協力してもらいながら考え、入院中に最終決定しました。決め手は、次女の「家族みんなの名前の頭文字を合わせたらいいんじゃない？」のひと言でした。母である私、長女、次女の頭文字を組み合わせて「まあさ」の響きに決定！ しかし、ここで夫から「父親の名前が入っていないじゃないか！」とツッコミが……。パパからは「満」の漢字を入れることで納得してもらいました。（ママ談）

ここがPoint!

家族みんなの要素をみごとに取り入れたすてきな名前です。満亜沙ちゃんの名前を呼ぶたび、家族の絆が強まりそう。

徳永さん宅の

晶仁（あきひと）くん

家族みんなでおそろい 「あ」の音で始まる名前に

「願い」を重視して候補を思いつくままに

性別がわかった妊娠4か月ごろから夫婦で考え始めました。大切にしたかったのは「だれに対してもあかるく思いやりのある子に育ってほしい」という願いを込めることです。候補がたくさん出て、絞るのが大変でしたが、あかるく照らすという意味の「晶」と、思いやりを意味する「仁」を合わせ、最終的に夫が決めました。

家族の絆を強めるため頭文字をそろえた

わが家は名前の最初にみんな「あ」がついているので、新しく家族になった息子にも共通点ができたと思っています。愛称もパパは「あっちゃん」、ママは「あやちゃん」、お姉ちゃんは「あおちゃん」、晶仁は「あっくん」になりました。たまに呼び間違いもありますが、家族みんなのつながりを感じられます。（ママ談）

ここがPoint!

「晶」のあかるいイメージと、「仁」の落ち着いた雰囲気がマッチしていますね。「あ」の音が家族のつながりを強めたのも◎。

庭野さん宅の

ひなたちゃん

姓からの流れを活かした温かみのある名前

言葉遊び感覚でほがらかな雰囲気に

姓が「庭野」なので、言葉遊びの感覚で「庭の」に続く名前を考えました。庭の日光の当たる場所という意味で「ひなた」に決定。心がポカポカするような身近なしあわせをたくさん味わえる人、そして与えられる人になってほしいと思います。

10年前の淡い想像が現実となった

名前の候補を100以上挙げたので、絞るのに苦労しました。妊娠がわかったころから考え始めて、出産3日後には決定。最終的には、顔を見て納得したという感じです。

じつは、約10年前につきあい始めたころ「結婚して赤ちゃんを授かったら……」と話していて出た最初の候補なんです。当時、夫が「〝庭野ひなた〟っていいよね」といっていたのを実現できて、とてもうれしいです！（ママ談）

ここがPoint!

あえてひらがなにしたことで女の子らしい雰囲気がアップ！ 個性も加わり、自由でのびのびとした印象の名前です。

名前どうしよう悩むな〜〜〜！
候補100以上あるわよ…
名前リスト
ねぇ、10年前のあの話覚えてる？
将来結婚して子どもが生まれたら「庭野ひなた」ってどうかな
俺の名字が庭野だから…
いいね！
ポカ
ポカ
そして現実に…
やっと会えたねひなたちゃん！

井川さん宅の

莉緒（りお）ちゃん

パパの思いが詰まった女の子らしい響きに

パパの切なる思いが込められている

「娘の名前は僕に決めさせてほしい」――安定期に入り、性別がわかったころに夫からそう言われたのでお願いしました。私も少し考えて候補を伝えたのですが、「う～ん。悪くはないんだけどね」と却下されて……。父親としての思いの強さを感じ、惚（ほ）れ直しました！（ママ談）

今風のかわいらしい響きに思いの詰まった漢字を

現代風の名前にしたいと思っていました。とくに「りお」という響きが気に入っていたので、これに当てはまる漢字を探しました。「莉」にはかわいらしい、「緒」には人と人とを結びつけるという意味があるとわかり、「かわいらしく、周りの人と仲よくできる子に」との思いをプラスしました。画数もよかったので、娘にぴったりの名前だと思っています。（パパ談）

ここがPoint!

今どきの雰囲気を感じさせながらも、突飛すぎず好感がもてます。漢字の画数が姓とバランスよくまとまっています。

安部さん宅の

境悟（きょうご）くん

吉数を活かして漢字や意味を考えた

漢字を組み合わせつつ意味も大切に

最初によい画数を調べ、そのなかから好きな漢字をピックアップしました。漢字を選びながら意味も調べましたよ。「境」には仏語の「五境（ごきょう）（色・声・香・味・触）」の意があり、それをしっかり理解してほしいと「悟」を組み合わせたんです。

生まれて1週間後には決定しましたが、申請するまで夫婦で念入りに話し合いました。

よくない印象にならないかチェックが大変！

姓に合う名前の画数は意外とたくさんあり、思った以上に候補が挙がってしまい迷いました。また、個性的で周りにあまりない名前を考えていたのですが、気がつくとダジャレのようになったり、英語にするとあまり縁起のよくない言葉になったりして苦戦しました。

今となってはそれもよい思い出です。（パパ談）

ここがPoint!

「境」は名前例の少ない漢字なので個性が際立ちます。「悟」との組み合わせで、力強い響きがさらに引き立てられましたね。

齊木さん宅の

琴音（ことね）ちゃん

決め手は将来こんな子に育ってほしいという思い

ギリギリまで悩み友人の一字をもらった

迷いすぎてなかなか決められなかったので、勉強ができてやさしい友人にあやかって「琴」の字をもらいました。決定したのは出生届を申請する直前で、とても焦ったことを覚えています。

琴音の弟となる長男には「お姉ちゃんの琴を奏でる」というつながりをイメージして「奏（かな）翔（と）」、次男には「翔」を活かして「駿翔（はやと）」と名づけました。

大きくなったら、名前のように兄弟の絆を強めてくれるとうれしいです。（ママ談）

ここがPoint!

琴のゆったりとした和風の音色が聞こえてきそうな名前ですね。弟さんたちとのつながりをもたせた発想もすばらしい。

鈴木さん宅の

漣（れん）くん

人気の響きと個性的な漢字に将来への希望を込めて

漢字の意味から連想する願いを込めた

「漣」には「さざなみ」という意味があります。連続して押し寄せる波のように、飽きることなく自分の目指す物事を追究する粘り強さを身につけてほしい、あきらめずに前進できる子になってほしいという二つの願いを込めました。

女の子じゃなくて男の子!? 入院中にメールで決定

なんとなく女の子だろうと思っていて、女の子の名前しか考えていませんでした。男の子だとわかったときは、夫と一緒にとてもびっくりして笑いが止まりませんでした！

妊娠後期になり、名前を最終的に決めようとしたころ、里帰り先で切迫早産となり、入院することに。自宅にいる夫とはメールでやりとりをして、なんとか決定しました。なによりも漣が元気に生まれてきてくれてよかったです。（ママ談）

ここがPoint!

「漣」や「蓮」が多く使われるなか、新鮮な漢字を用いましたね。さわやかさと力強い性格を連想させる男の子らしい名前です。

西原さん宅の

実乃里（みのり）ちゃん

生まれる前から決めていたとっておきの名前

願いから響きを選び漢字にも意味を込めた

実りある人生を送れるように、「みのり」という響きを選びました。漢字は名前自体や姓とのバランスを考えながら、一音に漢字を一字ずつ当てて間違われずに読んでもらえるよう工夫しました。

「実」は実り、「里」は人が集まる場所と、故郷でママとパパはいつも応援しているよ、という意味があります。

妊娠8か月には名前決定。余裕をもって考えられた

娘を授かる前から「将来、子どもが生まれたらこんな名前にしたいな」と考えていたので、妊娠がわかったときはとてもうれしかったです。

この子が充実した人生を過ごせるように、また、自分のやりたいことを見つけ、目標に向かって一生懸命がんばれる子になるようにとの願いを込めて、夫と一緒に考えました。（ママ談）

ここがPoint!

一音に漢字を一字ずつ万葉仮名風に当てた名前が、逆に新鮮に感じられます。安定感のある三字で全体のバランスも◎。

渡邉さん宅の

朔太郎（さくたろう）くん

温めてきた思い出を息子の名前に反映

共有の思い出となった作品の主人公の名前に！

夫と出会った学生時代に流行（はや）っていた『世界の中心で、愛をさけぶ』という作品の主人公にあやかった名前です。当時からずっと気に入っていて、愛称の「朔ちゃん」もかわいく呼びやすいと思っていました。出産して息子の顔を見たときにも、夫と「やっぱり朔太郎だね」とうなずき合って最終的にこの名前にしました。

夫婦でそれぞれ名前の候補を出した

女の子なら私が、男の子なら夫が名づけようと決め、性別がわかる5か月ころまでに候補を挙げました。結果的には私が決めちゃったのですが。

「朔」には「新月」の意味があり、初めての子どもだったので生まれたばかりの新月が健やかに成長し、やがて大きく力強い満月のように育ってほしいと思っています。（ママ談）

ここがPoint!
詩人「萩原朔太郎」も連想させ、知的な雰囲気を感じさせます。「朔」本来の意味にも着目し、願いをうまく込められましたね。

学生時代
CINEMA
世界の中心で愛をさけぶ
公開中!
いい映画だったね
うん
主人公の朔太郎っていい名前だよね
「朔ちゃん」って呼び方もかわいいね
そして結婚・出産
女の子なら私が男の子ならあなたが名前をつけましょう
胎教にセカチュー挿入歌
いいよ!
名付け本
いろんな名前を考えたけどやっぱり朔太郎ね!
だね!

酒井さん宅の

雅臣（まさおみ）くん

パパの思いを大切に 画数のよさも考慮した

勇敢で文武両道な子にと願いを込めて

パパとおそろいの「雅」に、古風なイメージの「臣」を組み合わせました。昔の武士のような勇ましい心をもった子に育ってほしかったからです。勉強とスポーツの両方に秀でた人になってほしいという願いも込めています。

二人とも愛称が「まさくん」になってしまうので、息子は「おみくん」と呼んでいます。

男の子だから パパの思いがひとしお

結婚したころから、男の子が生まれたら夫の「雅」の字を使いたいと話していました。実際に息子が誕生したら、パパとして夫の思いがより高まったようだったので、「雅」を基準に考えました。組み合わせる漢字は、たくさん挙げた候補のなかから、よい運になるよう画数を調整しながら夫婦で決定しました。(ママ談)

ここがPoint!

古風なイメージの字の組み合わせが、逆に印象深さを醸し出しています。上品さと落ち着いた雰囲気を兼ね備えた名前です。

山村さん宅の

紗羅（さら）ちゃん

愛しさを漢字にも込めた 愛情たっぷりの名前

生まれた直後に顔を見て最終決定!

「さら」の響きはかわいらしく国際的にも呼びやすいと知ったので、妊娠中、早くから候補に挙げていました。娘の顔を見た夫が「紗羅」の字を使いたいと言ったのですが、「糸」が重なってしまうな、と悩みました。でも、「いとしい気持ちが2倍」と解釈することに。

だからこの名前には、両親の愛（いと）しい気持ちが詰まっているんです！　娘の誕生で親子ともにまっさらな人生が始まるという期待も込めました。(ママ談)

ここがPoint!

「糸」と「愛（いと）しい」の言葉遊びが楽しいですね。「羅」は画数がやや多い印象もありますが、響きのかわいらしさで補えています。

粥川さん宅の

来泉（くるみ）ちゃん

響きはお姉ちゃん、漢字は両親が決定！

名づけ理由はお姉ちゃんのみぞ知る!?

妊娠がわかり、上の娘に「ママのお腹に赤ちゃんがいて、あなたはお姉ちゃんになるのよ」と伝えると、いきなり「〝くるみちゃん〟がいい！」と言いました。何度聞いても理由もなく「くるみ」と繰り返すばかり。不思議な気持ちでしたが、お姉ちゃんがつけた名前というのもすてきだなあと思い、この響きに決定しました。

姉妹で関連をもたせつつ個性を出す

初夏のさわやかな雰囲気を大切にした「来夏」という長女の名前に合わせて、「来」を使うことを先に決めました。「み」は、できるだけありきたりにならないようたくさん考えました。泉のようにしあわせなことがたくさん湧き出るようにと「泉」を選びました。

お姉ちゃんと両親の思いが詰まった名前です。（ママ談）

ここがPoint!

お姉ちゃんの思いと、おそろいの漢字から姉妹の絆の強さを感じさせます。こだわった漢字の組み合わせにも工夫があり新鮮ですね。

あのね、来夏ちゃん ママのお腹のなかには赤ちゃんがいて、あなたはお姉ちゃんになるのよ。
赤ちゃんのお名前、
くるみちゃんがいい！
え!? なんでくるみちゃん？
くるみちゃ〜ん
そうしようよ！ くるみちゃんに早く会いたーい
来泉ちゃん、あなたのお姉ちゃんよ
くるみちゃんかわい〜い

長谷部さん宅の 夏渉（かほ）ちゃん

ちょっとした制限があったぶん 漢字で新鮮さを出した

漢字を工夫して新鮮な印象に

夫婦ともに教師をしているので、たくさんの子どもたちと接します。よいなあと思う名前はいっぱいあったのですが、教え子と重なることも多く、ちょっと苦労しました。

漢字を工夫しようと、「ほ」の音に「渉」を当てました。人との関わりを大切にできる子に育ってほしいと思います。

妊娠8か月のころには決定していて、妻のお腹（なか）をなでながら名前を呼んでいた日々が懐かしいです。（パパ談）

ここがPoint!
「ほ」の音に「渉」を選んだことで新鮮な印象になりました。「夏」との組み合わせは爽快な雰囲気で、イメージのよい名前です。

森谷さん宅の 新（あらた）くん

息子への希望を込めて 画数を重視した

両親の決意と子どもの未来への願いを

妊娠がわかったとき、これからどんなことがあっても家族の絆（きずな）を強めて助け合おうと決意しました。その気持ちとともに、息子自身が「新しい時代・世界を自らの手で切り開けるたくましさを備えてほしい」との思いも込めて名づけました。

携帯サイトの姓名診断を役立てて

夫婦に新しい生活をもたらしてくれる息子の名前なので、思い入れが強く、なかなか絞りきれませんでした。決定したのは出産後の入院中です。

役に立ったのは姓名診断ができるＷｅｂサイト。画数にこだわりたかったので、授乳しながら携帯を片手に毎晩考えました。

ネーミングセンスがあると自負していたので、夫には名づけ理由を書いたレジュメを見せてプレゼンし、納得してもらいました！（ママ談）

ここがPoint!
お母さんの自信のとおり、響きも漢字の組み合わせもバランスのよい名前です。一本芯の通った意志の強さを感じさせます。

人見さん宅の 颯良（さら）ちゃん

入れたかった漢字と お気に入りの響きを使った

お兄ちゃんやいとこと同じ漢字を取り入れた

お兄ちゃんは「颯一（そういち）」で、いとこたちにも「颯」がついているので、最初からこの漢字を使った名前を考えていました。家族ばかりか、親戚間でもつながりの感じられるよい名前だと思っています。おじいちゃんやおばあちゃんも気に入ってくれています。

性別がわかったころから考え始め、「さら」という響きも早い段階で決まりました。でも「ら」の音にどの漢字を当てるかはずいぶん悩みました。

偶然にも友人の子どもと同じ名前になった！

漢字がようやく決まったころ、娘の1か月くらい前に生まれた友人の子も「咲良（さら）ちゃん」でびっくり！　同じ名前では申しわけないかなとも思いましたが、友人が「同じでもいいよ」と言ってくれたので、そのまま決定しました。（ママ談）

ここがPoint!
お兄ちゃんと合わせた「颯」を用いることで、新鮮な名前になりました。止め字の「良」が女の子らしい印象を醸し出しています。

下田さん宅の 眞子（まこ）ちゃん

届け出の直前まで悩み 家族の絆（きずな）も強まる名前に

ママの気持ちを込めた とっておきのプレゼント

名前はわが子への最初の贈り物なので、ギリギリまでたくさん悩みました。候補がひらめいては姓名判断をして、画数のよさを重視しました。

私は娘が生まれたら「子」をつけたいと思っていました。もともと気品の漂う「眞」のイメージも好きだったので、「眞子」にしました。また、私たち父母や両方の祖父母全員、一字目の母音が「a」だったので、合わせたのも工夫できたところかなと思います。（ママ談）

ここがPoint!
印象が古風なものの、落ち着きがあり穏やかな性格を想像させます。「真」の旧字を用いた点も功を奏していますね。

中島さん宅の 愛斗（あいと）くん

男の子に「愛」を取り入れて オリジナリティのある名前に

性別にとらわれない新鮮な名前にしたかった

名前を考え始めたのは、性別がわかったころだったのですが、夫が「愛」という字を使いたいと言い出しました。男の子の名前で「愛」が入るのはオシャレな気がしたので私も賛成！「斗」は字画がよく、ものをはかるという意味があるので、人の気持ちを推し量り、愛情が伝わる子に育ってほしいと思い「愛斗」と名づけました。

周りの意見は賛否両論。両親の思いを優先！

「愛斗」にしよう！と決めたころ、友人や両親にも相談しました。同世代の友人には「男の子に〝愛〟ってかわいいね！」と言ってもらえたのですが、親世代には「男の子っぽい字のほうがいいんじゃない？」と言われて……。でも、私たち両親の愛を込めた名前なのだと説明して、納得してもらいました！（ママ談）

ここがPoint!
「愛」が斬新ですが、男の子に人気の止め字「斗」と合わせたことで、かわいらしさとかっこよさを兼ね備えています。

飯嶋さん宅の 依那（えな）ちゃん

親しみやすさを大切にした とびきりの名前

女の子らしい響きを重視して

響きを重視して、読みにくい漢字は避けようというのが夫婦の思いでした。そこから画数や姓とのバランスを考えながら、漢字を当てはめました。

漢字は「依」が人を大きく包み込む、「那」は美しいという意味がそれぞれあったので、そんな子に育ってほしいという願いも込めました。

姓の画数が多いため、名前は少なめにと思っていたので、候補が限られ組み合わせに苦労しました。（ママ談）

ここがPoint!
姓名のバランスがよく、読み間違われにくい名前です。曲線の多い漢字と、やわらかい響きが女の子向けでやさしげです。

塚田さん宅の 陽仁（はるひと）くん

家族への思いを込めた国際的な名前

姉弟のつながりを重視した名前に

「陽」は「陽葵（ひまり）」というお姉ちゃんの名前にも使った漢字です。私が小学生のときに兄を突然亡くし、きょうだいのつながりや家族の絆（きずな）をつねに考えながら過ごしてきたので、いつまでもつながりがあるということを名前に込めたかったからです。

候補は三つに絞っていましたが、「この世に出てきたその日がスタートだから名前は生まれてから決めよう」という夫の考えに賛同し、出産後に最終決定しました。

世界にも通用する「ハル」の響き

「はるひと」の響きは、世界に出たときに「ハル Hal（Harold や Henry の愛称）」と呼んでもらえたらと思っています。「英雄的な導き手」との意味があるので、リーダーのような存在になれるようにという願いも込めました。（ママ談）

ここがPoint!
海外にも目を向けて、スケールの大きな名前になりました。日本語としても無理がなく、ほがらかな雰囲気が好印象です。

家族の絆を大切にしたいから、赤ちゃんの名前にはお姉ちゃんの名前と同じ漢字を使いたいわ
ひまり 陽葵ちゃん
グローバルに活躍してほしいから、海外の人にも親しみやすい響きがいいな！
GLOBAL
でも名前を決めるのはお前がこの世に生まれてきてからだ！
元気に生まれてこーい！
こーい♡
そして出産・命名！
命名 陽仁
ハルー♡
ハルちゃん♡

川原さん宅の 悠（ゆう）くん

両親のこだわりを組み合わせた

結婚前から、性別を問わず「悠」にしようと決めていました。夫は「悠」の字を使いたいと言っていて、私も家族もみんな漢字一字なので、そろえたいという気持ちがあったからです。のびのびと育ってほしいと思っています。（ママ談）

横山さん宅の 紗奈（さな）ちゃん

姉妹に特別なつながりを

長女の「葵衣（あおい）」と、私たちだけが知る秘密の関連をもたせたいと思っていました。「紗」の「糸」で、一針一針ていねいに「衣」を縫い上げるように姉妹の絆（きずな）を強め、人を結びつける懸け橋のような存在になってほしいです。（ママ談）

杉田さん宅の 梨帆（りほ）ちゃん

心の豊かな女性になるように

先に「帆」の字を入れようと決めました。船が白い帆を張って海を進むイメージから、人の愛情を受け止めてほしいという思いを込めました。妊娠中は「帆（ほ）ちゃん」と呼んでいたので、なかなかくせが抜けませんでした！（ママ談）

神野さん宅の 泰智（たいち）くん

ふとしたときに響きを決定

私と同じ「智」の字を用いること、よい響きにしたいという妻の思いを重視しました。何気なく「たいちは……」と話したのをきっかけに、大らかでやさしい子に育つよう「泰」の字を組み合わせて「泰智」にしました。（パパ談）

曽根さん宅の 進一郎（しんいちろう）くん

漢字にこだわって願いを込めた

「いち」の響きを活かした名前を考えました。漢字を優先して、画数はあまり重視しませんでした。漢字、ひらがな、カタカナ、アルファベットで縦や横に書いたり、フルネームを唱えたりして、しっくりくるか確かめましたよ。（ママ談）

鈴木さん宅の 花穏（はのん）ちゃん

温厚な雰囲気を大切にしたかった

「慌ただしい人生より、穏やかでゆったりとした人生を歩んでほしい」との願いから名づけました。

「芭穏」だと画数があまりよくなく、「春穏」だと男の子に間違われるかなと思い、「花」を組み合わせました！（ママ談）

丸山さん宅の 力輝（りき）くん

条件を三つ決めて候補を絞った

海外に出ても呼びやすい、男の子らしい名前、画数がよい、の三つの条件にそって決めました。読み方は夫、漢字は私と分担して考えたんですよ。自分の才能を開花させて、力いっぱい輝く子になってほしいと思います。（ママ談）

永沢さん宅の かれんちゃん

新鮮さと古風な趣（おもむき）を兼ね備えた名前に

将来、海外でも通用することを意識しつつ、祖父母も納得するよう和の雰囲気を感じさせる響きを重視。読みやすく間違われにくい名前を選びました。だれからも愛され、また人を愛せる子になってほしいと願いを込めました。（ママ談）

細田さん宅の 夏鈴（かりん）ちゃん

画数より よい響きを優先！

最初は姓名判断を気にしていましたが、画数を重視するとちょっとおかしな名前になってしまったので、最終的には響きで選びました。夏に風鈴が奏でる音のように、やさしい子になってほしいと思っています。（ママ談）

大戸さん宅の 日葵（ひまり）ちゃん

響きと漢字にこだわった

かわいらしい響きを活かして、姓と合う画数の漢字のなかから選びました。夏生まれでもあるので、向日葵のようにあかるく周りに元気を振りまく女性になってほしい。息子の名前は夫が決めたので、娘は私が決めました。（ママ談）

寺内さん宅の 絢菜（あやな）ちゃん

だれからも愛されるように

絢菜の名前をつけるときに、夫婦で共通して大切にしていたのは、だれにでも読んでもらえることと、読み方がひとつしかないことです。また、花のように美しく、元気な子に育ってほしいという願いも込めました。（ママ談）

松下さん宅の 虎太郎（こたろう）くん

家族総出で候補を挙げた！

家族で1〜2個ずつ候補を挙げて、話し合いました。生まれてすぐに息子の顔を見て、候補のなかから一番しっくりきた「虎太郎」に決定しました。かわいい響きながら、「虎」の勇敢なイメージを込められました。（ママ談）

大前さん宅の 紗愛（さえ）ちゃん

一字そろえて読み方を変えた

お姉ちゃんの「結愛（ゆあ）」とそろえたいと思いました。ただ、「愛」を「あ」の音で活かすと、それに合う漢字がなかったので、読み方にはこだわらずに「え」や「な」の響きで候補のバリエーションを増やしました。（ママ談）

星さん宅の 勇成（ゆうせい）くん

男の子らしく育ってほしい！

勇者のようにたくましさとやさしさを備え、大切な人たちを守れる子になってほしいとの願いを込めました。安定期に入ってから行った新婚旅行の飛行機内で、夫が挙げた候補のなかから、最終的に私が選びました。（ママ談）

青山さん宅の 遼（りょう）くん

父としての願いを重視して

はるか高い目標にも立ち向かい、まっすぐ進んでほしいという意味を込めています。妻もいくつか候補を挙げましたが、生まれた息子の顔を見たら父親としての思いが強まったので私の案を通させてもらいました。（パパ談）

金子さん宅の 由奈（ゆな）ちゃん

両親から一字ずつとった

私の「ゆきこ」と夫の「なおや」の名から、頭文字をとって「ゆな」との響きを決めました。そして姓と合う画数を調べ、だれでも読める漢字を選びました。妊娠5か月から考え始めて、8か月ころ最終的に夫が決定しました。（ママ談）

河原さん宅の 愛奈（あいな）ちゃん

奇抜さは控えつつ個性を出した

だれからも愛される子になってほしいと思い、「愛奈」と名づけました。ほかの子たちと同じ名前にならないようにしながらも、あまり読めない漢字は使わないよう注意しました。画数のよさも大事にしています。（ママ談）

飯塚さん宅の 遼人（はると）くん

両親の好きな季節にちなんで

夫婦ともに春が好きで、結婚式も出産予定日も春だったので、「はる」の響きを活かした名前にしたいと思っていました。「遼」はのびのびと、「人」は人を大切にできる子に育ってほしいという願いを込めました。（ママ談）

世界にたったひとつの響きを贈る

五十音別 女の子の名前

P166から始まる表の見方

陽気な「あい」に続く「く」がおしゃれでセンスのよいイメージ
あいく
Aiku
愛13 來8
愛13 空8
相9 紅9
逢11 久3
21 21 18 14
やさしい
止め字「こ」が落ち着きを与え、「あい」が奥ゆかしい響きになる
あいこ
Aiko
藍18 子3
亜7 衣6 子3
愛13 子3
相9 子3
21 16 16 12
あがるい
あ
五行
土
前向きで気配りできる

響き

名前に用いられる代表的な響きとヘボン式ローマ字表記を紹介。各響きの印象も解説しています。

漢字例

「響き例」を活かした漢字の組み合わせ例です。漢字の右に画数、下に名前の合計画数も記しています。

響きマーク

各響きがどんなイメージをもつのかを表しています。マークの意味やポイントはP30からを参照ください。

各音がもつ意味

五十音それぞれがもつ独自の意味やイメージを一言で解説しています。P26からはより詳しい解説も掲載しています。

五行

五十音を五行に分類し、ひと目でわかるようイラストを入れました。五行については、P22から解説しています。

人気の響きベスト10 女の子

女の子でとくに人気の高い響きをピックアップ。
多くの人がよい名前として選んだものなので
漢字を工夫して
わが子への想いを込めてください。

Point

「ユイ」「リオ」「ユナ」など二音名の人気が高い。やさしさとかわいらしさを兼ね備えた「ゆ」の響きがとくに人気のよう。三音名は「コハル」「ヒナタ」のような、ぬくもりを感じさせる穏やかな響きが人気。止め字は「な」「い」「お」が多く、愛らしさのなかにも凛とした雰囲気を漂わせる響きが目立っている。

ユイ

結12 以5	由5 唯11	友4 依8	結12	唯11
17	16	12	12	11
優17 依8	優17 衣6	結12 惟11	悠11 泉9	結12 衣6
25	23	23	20	18

リオ

莉10 桜10	里7 桜10	理11 生5	梨11 央5	莉10 央5
20	17	16	16	15
梨11 緒14	璃15 音9	莉10 緒14	理11 桜10	梨11 桜10
25	24	24	21	21

ユナ

結12 奈8	悠11 那7	柚9 南9	柚9 奈8	由5 菜11
20	18	18	17	16
優17 愛13	優17 菜11	優17 奈8	結12 愛13	結12 菜11
30	28	25	25	23

ヒナ

飛9 奈8	日4 菜11	妃6 那7	比4 奈8	日4 向6
17	15	13	12	10
陽12 菜11	緋14 奈8	姫10 菜11	姫10 奈8	雛18
23	22	21	18	18

コハル

名前	画数	総画
小遥	3・12	15
心陽	4・12	16
心暖	4・13	17
胡春	9・9	18
来陽	7・12	19
来晴	7・12	19
恋春	10・9	19
小羽琉	3・6・11	20
琴春	12・9	21
瑚遥	13・12	25

ヒナタ

名前	画数	総画
日向	4・6	10
妃七多	6・2・6	14
陽向	12・6	18
陽咲	12・9	21
比菜多	4・11・6	21
日菜多	4・11・6	21
飛奈多	9・8・6	23
雛多	18・6	24
陽奈多	12・8・6	26
陽菜多	12・11・6	29

メイ

名前	画数	総画
芽生	8・5	13
明生	8・5	13
芽衣	8・6	14
芽郁	8・9	17
萌衣	11・6	17
明彩	8・11	19
萌苺	11・8	19
瞳衣	17・6	23
夢唯	13・11	24
愛唯	13・11	24

ミオ

名前	画数	総画
未央	5・5	10
美央	9・5	14
海央	9・5	14
澪	16	16
実音	8・9	17
美桜	9・10	19
未穏	5・16	21
実緒	8・14	22
海緒	9・14	23
魅桜	15・10	25

サキ

名前	画数	総画
早希	6・7	13
佐妃	7・6	13
紗己	10・3	13
早紀	6・9	15
佐紀	7・9	16
幸姫	8・10	18
紗季	10・8	18
彩希	11・7	18
沙綺	7・14	21
沙樹	7・16	23

ミユ

名前	画数	総画
実友	8・4	12
美夕	9・3	12
珠由	10・5	15
心結	4・12	16
深由	11・5	16
光結	6・12	18
美柚	9・9	18
美宥	9・9	18
望結	11・12	23
美優	9・17	26

人気の漢字ベスト15 女の子

女の子らしさが表れる漢字が
安定的に人気を集めています。
組み合わせや読み方を工夫すれば
新鮮さも出せます。

Point

「愛」の人気は安定しており、近年は「菜」「花」など、植物関連の漢字が好まれる傾向に。とくに人気なのは「心」や「音」。「心」に「ここ」の響きに当てることが増えている。「音」は「美音（みおん、みのん）」のような、かわいらしい響きが好印象。そのほか「莉」「咲」など女の子らしい漢字や、「優」「陽」など性別を問わない漢字が人気。

愛 13
多くの愛を受け、また与えられる子にと願いを込めて。

菜 11
愛らしさと穏やかな雰囲気を併せもち、好印象で人気。

花 7
はなやかさと愛らしさを併せもつ字。形のバランスもよい。

心 4
「ここ」の音に当てることが増えた。やさしいイメージ。

美 9
上品さと、凛とした雰囲気がある。左右対称で安定感◎。

奈 8
形も響きもかわらしい雰囲気がある。形のバランスもよい。

結 12
出会う人との結びつきを大切にする性格を思わせる。

莉 10
上品で穏やかな性格を感じさせる。女の子向きの字。

優 17
温厚な性格を思わせ、性別を問わず長らく人気の字。

音 9
どの読みも穏やかで、温かい印象がよい。左右対称の字。

咲 9
花が咲く、成果が実るなどポジティブな意味が名前向き。

希 7
健やかな成長や将来の可能性を感じさせる。男女ともに人気。

乃 2
「の」の音で、止め字として用いられることが多い。

彩 11
「絢」「綾」よりも人気。はなやかな雰囲気を感じさせる。

陽 12
陽気で穏やかな性格を連想させる。男女問わず用いられる。

かつての人気名前を現代風にアレンジ

**「美」を用いたり止め字に「子」を使ったりと
女の子の名前には流行があります。
かつて人気だった名前も漢字の組み合わせを
工夫すると個性豊かにできます。**

※各年代の名前は「明治安田生命　子供の名前調査」より抜粋

Point

カタカナの二字名が多かったが、大正中期からは止め字「子」を用いた名前が主流に。「千代」「正子」「静子」「幸子」「文子」など女の子らしい、しとやかなイメージの漢字を用いたケースが目立つ。雰囲気を活かしたまま止め字の「子」を「心」や「湖」に置き換えたり、万葉仮名風に一音に一漢字を当てて最近人気の漢字を用いてみては。

1910年代

かつての名前（画数）	読み	アレンジ（画数）
愛13 子3	あいこ	空8 衣6 子3
貞9 子3	さだこ	貞9 心4
静14 子3	しずこ	静14 心4
清11 子3	せいこ	聖13 恋10
千3 代5	ちよ	稚13 依8
文4 子3	ふみこ	芙7 美9 子3
正5 子3	まさこ	雅13 湖12
光6 子3	みつこ	満12 来7
美9 代5 子3	みよこ	海9 夜8 子3
八2 重9 子3	やえこ	弥8 愛13 子3

1920年代

かつての名前（画数）	読み	アレンジ（画数）
昭9 子3	あきこ	晶12 子3
和8 子3	かずこ	加5 寿7 子3
幸8 子3	さちこ	紗10 千3 心4
節13 子3	せつこ	雪11 胡9
照13 子3	てるこ	輝15 心4
敏10 子3	としこ	寿7 湖12
信9 子3	のぶこ	暢14 子3
典8 子3	のりこ	乃2 莉10 子3
久3 子3	ひさこ	日4 彩11 子3
芳7 子3	よしこ	佳8 恋10

1930年代

かつての名前（画数）	読み	アレンジ（画数）
栄9 子3	えいこ	瑛12 心4
悦10 子3	えつこ	絵12 都11 心4
和8 子3	かずこ	千3 心4
京8 子3	きょうこ	響20 湖12
孝7 子3	たかこ	多6 花7 子3
弘5 子3	ひろこ	陽12 呂7 子3
美9 智12 子3	みちこ	深11 智12 子3
美9 代5 子3	みよこ	弥8 世5 子3
洋9 子3	ようこ	耀20 子3
良7 子3	りょうこ	諒15 湖12

あ

五行 土
前向きで気配りできる

あい [Ai]
かわいい

のびやかで情緒豊かな響き。「愛」に通じるため、どんな字を使っても女性らしい雰囲気に

- 和8（8）
- 娃9（9）
- 相9（9）
- 愛13（13）
- 亜7衣6（13）
- 亜7依8（15）
- 杏7依8（15）
- 藍18（18）
- 亜7唯11（18）
- 歩8唯11（19）
- 愛13衣6（19）
- 愛13彩11（24）

あいか Aika
はなやか

あかるい「あい」に止め字「か」が動きをプラスし、活発な印象

- 和8花7（15）
- 愛13佳8（21）
- 藍18加5（23）
- 愛13衣6香9（28）

あいく Aiku
やさしい

陽気な「あい」に続く「く」がおしゃれでセンスのよいイメージ

- 逢11久3（14）
- 相9紅9（18）
- 愛13空8（21）
- 愛13來8（21）

あいこ Aiko
あかるい

止め字「こ」が落ち着きを与え、「あい」が奥ゆかしい響きになる

- 相9子3（12）
- 愛13子3（16）
- 亜7衣6子3（16）
- 藍18子3（21）

あいさ Aisa
やさしい

明朗な「あい」に「さ」のさわやかさが加わり、ややボーイッシュに

- 愛13桜10（23）
- 亜7衣6紗10（23）
- 愛13彩11（24）
- 藍18沙7（25）

あいしゃ Aisha
知的

めずらしい「しゃ」の音が、全体にエキゾチックで個性的な響きに

- 秋9紗10（19）
- 亜7依8沙7（22）
- 愛13紗10（23）
- 藍18沙7（25）

あいな Aina
やさしい

あかるい「あい」、やわらかい「な」がバランスよく、好感度大

- 娃9奈8（17）
- 愛13那7（20）
- 亜7衣6菜11（24）
- 碧14渚11（25）

あいね Aine
あかるい

開けた「あい」を「ね」がしっかり収め、芯の強さを感じさせる

- 秋9祢9（18）
- 愛13音9（22）
- 愛13寧14（27）
- 藍18音9（27）

あいみ Aimi
かわいい

陽気な「あ」音に「いみ」と母音「い」が続き積極的で聡明な印象

- 愛13水4（17）
- 愛13望11（24）
- 藍18海9（27）
- 愛13衣6美9（28）

あいむ Aimu
やさしい

のびやかな「あい」に添えた「む」が親しみやすく、かわいらしい

- 亜7依8向6（21）
- 相9夢13（22）
- 愛13夢13（26）
- 秋9霧19（28）

あいら Aira
あかるい

「ら」が「あい」の意味を強めるため「大きな愛」をイメージさせる

- 娃9良7（16）
- 愛13來8（21）
- 愛13空8（21）
- 藍18来7（25）
- 愛13楽13（26）
- 相9羅19（28）
- 愛13蘭19（32）
- 藍18羅19（37）

あいり Airi

はなやか

明朗な「あい」に聡明な「り」が加わり、愛と知性のバランスが◎

- 亜7 依8 里7　22
- 和8 凛15　23
- 愛13 莉10　23
- 愛13 梨11　24

あいる Airu

かわいい

「あい」「る」ともにあかるい響きで屈託のない純粋さを感じさせる

- 愛13 月4　17
- 愛13 流10　23
- 愛13 瑠14　27
- 藍18 琉11　29

あお [Ao]

あかるい

青色のもつすがすがしさを感じさせる響き。漢字によって文学的素養をイメージさせることも

- 青8　8
- 葵12　12
- 亜7 央5　12
- 蒼13　13
- 碧14　14
- 亜7 音9　16
- 空8 青8　16
- 亜7 桜10　17
- 葵12 生5　17
- 葵12 央5　17
- 蒼13 生5　18
- 蒼13 央5　18
- 碧14 生5　19
- 亜7 緒14　21
- 葵12 桜10　22
- 蒼13 桜10　23
- 碧14 桜10　24
- 亜7 織18　25
- 藍18 青8　26
- 蒼13 緒14　27
- 碧14 織18　32

あおい Aoi

知的

「葵」をイメージさせ、高貴な雰囲気が漂う。「い」の余韻も知的

- 愛13 生5　18
- 蒼13 依8　21
- 葵12 彩11　23
- 碧14 泉9　23
- 蒼13 彩11　24
- 愛13 央5 衣6　24
- 愛13 葵12　25
- 碧14 唯11　25

あおの Aono

やさしい

古典的止め字「の」と相まって「あお」がグッと奥ゆかしく

- 葵12 乃2　14
- 蒼13 乃2　15
- 碧14 乃2　16
- 亜7 音9 乃2　18

あおば Aoba

はなやか

濁音「ば」が勢いを添え、「あお」が元気で活発な印象に響く

- 青8 波8　16
- 蒼13 波8　21
- 碧14 波8　22
- 葵12 葉12　24

あおり Aori

あかるい

すがすがしい「あお」に「り」の涼やかな響きが加わり、凛とした印象

- 青8 莉10　18
- 碧14 里7　21
- 阿8 緒14 利7　29
- 愛13 織18　31

あかね Akane

やさしい

「茜」に通じ、エネルギッシュで前向き。どことなく和の風情も

- 茜9　9
- 朱6 音9　15
- 紅9 寧14　23
- 明8 花7 音9　24

あかり Akari

あかるい

「明かり」と同じ響きで、明朗さとホッと心温まるやさしさを秘める

- 灯6　6
- 朱6 俐9　15
- 明8 莉10　18
- 朱6 璃15　21
- 緋14 里7　21
- 明8 凛15　23
- 杏7 香9 里7　23
- 明8 香9 里7　24

あき [Aki]

知的

「あ」「き」ともに強い響きをもつ音で、あかるく活発な印象の名前になる

- 秋9　9
- 瑛12　12
- 亜7 樹16　23

あきえ Akie

かわいい

「あき」に、やさしく穏やかな「え」音が心のやさしさを醸し出す

- 明8 絵12　20
- 瑛12 恵10　22
- 亜7 紀9 江6　22
- 吾7 希7 映9　23

あきこ Akiko

女子の伝統的止め字「こ」が明快な「あき」に思慮深さを添える

- 明(8)希(7)子(3) 18
- 安(6)芸(7)子(3) 16
- 爽(11)子(3) 14
- 秋(9)子(3) 12

あかるい

あきな Akina

やわらかい「な」音が「あき」の強さをやわらげた、女性らしい名前

- 晶(12)那(7) 19
- 明(8)菜(11) 19
- 明(8)夏(10) 18
- 秋(9)奈(8) 17

- 亜(7)樹(16)菜(11) 34
- 亜(7)季(8)奈(8) 23
- 陽(12)菜(11) 23
- 晶(12)奈(8) 20

やさしい

あきは Akiha

伝統的人気の「あき」に、「は」が新鮮で強い主張をもたらす

- 陽(12)葉(12) 24
- 秋(9)葉(12) 21
- 晶(12)羽(6) 18
- 爽(11)羽(6) 17

はなやか

あきほ Akiho

快活な「あき」に続く低く落ち着いた「ほ」音が、おとなびた雰囲気

- 亜(7)季(8)穂(15) 30
- 明(8)穂(15) 23
- 陽(12)帆(6) 18
- 秋(9)歩(8) 17

かわいい

あきら Akira

男子にも使われる強い響きの名前。元気で勇敢なイメージに

- 亜(7)希(7)楽(13) 27
- 秋(9)良(7) 16
- 輝(15) 15
- 晶(12) 12

あかるい

あぐり Aguri

古代日本で「終わり」の意味をもつ言葉だが現代では神秘的に響く

- 愛(13)虹(9)利(7) 29
- 亜(7)玖(7)璃(15) 29
- 阿(8)紅(9)李(7) 24
- 亜(7)久(3)里(7) 17

知的

あげは Ageha

同音の蝶の名から華麗で上品な印象。大自然の美しさも感じさせる

- 愛(13)花(7)葉(12) 32
- 明(8)夏(10)羽(6) 24
- 安(6)芸(7)波(8) 21
- 揚(12)羽(6) 18

はなやか

あけみ Akemi

「あけ」のほのぼのとしたあかるさにおっとりした「み」音が好相性

- 緋(14)美(9) 23
- 明(8)海(9) 17
- 明(8)美(9) 17
- 朱(6)実(8) 14

あかるい

あこ Ako

開放感ある「あ」を「こ」が落ち着かせ、かわいらしく呼びやすい

- 愛(13)來(8) 21
- 彩(11)心(4) 15
- 亜(7)呼(8) 15
- 杏(7)子(3) 10

かわいい

あさ [Asa]

あかるい

あかるい「あ」に涼しげな「さ」音が好相性。「朝」「麻」などすがすがしいイメージを生む響き

- 朝(12) 12
- 麻(11) 11
- 旭(6) 6

あさか Asaka

さわやかな「あさ」に、強く前向きな「か」音が元気いっぱいに響く

- 明(8)咲(9)花(7) 24
- 亜(7)沙(7)香(9) 23
- 麻(11)夏(10) 21
- 朝(12)花(7) 19

はなやか

あさき Asaki

開けた「あ」音にスピード感ある「さき」が鋭い知性を感じさせる

- 麻(11)樹(16) 27
- 亜(7)紗(10)紀(9) 26
- 麻(11)姫(10) 21
- 亜(7)咲(9) 16

知的

あさひ Asahi

「朝日」と同音であかるく若々しい。「ひ」の余韻には親しみ感も

- 朝(12)陽(12) 24
- 麻(11)妃(6) 17
- 朝(12)日(4) 16
- 旭(6) 6

あかるい

あさみ Asami

すがすがしい「あさ」と温かみある「み」が絶妙なバランスに

- 安(6)紗(10)海(9) 25
- 亜(7)咲(9)未(5) 21
- 朝(12)美(9) 21
- 麻(11)未(5) 16

やさしい

あじゅ Aju

あかるい「あ」にうるおい感ある「じゅ」が斬新で記憶に残る

かわいい

名前	総画
愛13 珠10	23
有6 樹16	22
阿8 守6	14
亜7 寿7	14

あず Azu

晴れやかな「あ」音に濁音「ず」が落ち着きと清涼感をプラス

あかるい

名前	総画
麻11 鶴21	32
安6 須12	18
杏7 珠10	17
亜7 珠10	17

あすか Asuka

さわやかな響きの人気名。「飛鳥（あすか）」に通じ、日本的なイメージも

知的

名前	総画
明8 華10	18
明8 佳8	16
希7 香9	16
朱6 夏10	16
安6 寿7 香9	22
明8 日4 奏9	21
明8 日4 香9	21
飛9 鳥11	20

あずき Azuki

「小豆」と同音でかわいらしい。頭にアクセントを置くとりりしい

やさしい

名前	総画
明8 日4 希7	19
梓11 希7	18
麻11 月4	15
亜7 豆7	14

あずさ Azusa

同名の樹木があり、高貴さを漂わせつつも「さ」の余韻がフレッシュ

あかるい

名前	総画
亜7 寿7 咲9	23
梓11 彩11	22
杏7 彩11	18
杏7 紗10	17

あすな Asuna

爽快で開放感ある「あす」にのびやかな「な」が素直なイメージ

はなやか

名前	総画
明8 日4 菜11	23
明8 日4 奈8	20
亜7 朱6 那7	20
朱6 南9	15

あずな Azuna

あかるい二つの音に濁音「ず」が重みを与え、しっかり者の印象に

知的

名前	総画
亜7 珠10 奈8	25
愛13 絆11	24
梓11 菜11	22
杏7 那7	14

あすみ Asumi

いずれも軽やかな清音からなり、さわやかな風を感じさせる名前

あかるい

名前	総画
亜7 澄15	22
明8 日4 実8	20
亜7 寿7 未5	19
杏7 純10	17

あずみ Azumi

ほがらかな「あ」「み」の間の濁音「ず」がおとなっぽい雰囲気

あかるい

名前	総画
安6 澄15	21
梓11 未5	16
杏7 美9	16
有6 純10	16

あつき Atsuki

思慮深く聡明な印象の「あつ」にシャープな「き」がりりしく響く

やさしい

名前	総画
阿8 津9 紀9	26
亜7 都11 季8	26
有6 槻15	21
温12 希7	19

あつこ Atsuko

深みある「あつ」音を伝統の止め字「こ」でまとめ穏やかな印象に

はなやか

名前	総画
亜7 津9 子3	19
篤16 子3	19
温12 子3	15
敦12 子3	15

あつみ Atsumi

温厚な「あつ」をしっとりとした「み」が収め、やさしい余韻に

知的

名前	総画
亜7 都11 美9	27
篤16 実8	24
温12 美9	21
淳11 美9	20

あづみ Azumi

ほがらかな「あ」「み」に挟まれた濁音「づ」が和の情趣を漂わせる

やさしい

名前	総画
愛13 摘14	27
和8 津9 美9	26
亜7 津9 実8	24
安6 曇16	22

あのん Anon

止め字「のん」のめずらしい組み合わせ。英語で「まもなく」の意

はなやか

名前	総画
藍18 音9	27
愛13 音9	22
彩11 音9	20
杏7 音9	16

あまね Amane
知的

「広く行き渡る」意味の「あまねし」に通じ、壮大で気品がある

- 周8　8
- 天4祢9　13
- 天4寧14　18
- 亜7麻11音9　27

あみ Ami
かわいい

あかるさと愛情深さを感じさせる短音名前。仏語で「友達」の意

- 有6海9　15
- 亜7美9　16
- 愛13未5　18
- 彩11実8　19

あみか Amika
やさしい

ほがらかな「あみ」に鋭い響きの「か」を添えグッと気品を増した

- 明8未5香9　22
- 杏7美9花7　23
- 亜7実8夏10　25
- 愛13美9佳8　30

あむ Amu
やさしい

広がる「あ」を「む」が包み込んだ。愛称のような親しみ感がある

- 天4夢13　17
- 愛13向6　19
- 亜7夢13　20
- 愛13結12　25

あめり Ameri
あかるい

めずらしい音の組み合わせながら優美。洋風の響きが耳に残る

- 天4里7　11
- 天4李7　11
- 亜7芽8莉10　25
- 亜7愛13梨11　31

あや [Aya]
かわいい

のびのびとした「あ」に、シャープな「や」音が知的さを添え、あかるさと繊細さを併せもつ

- 文4　4
- 礼5　5
- 彩11　11
- 絢12　12
- 斐12　12
- 綾14　14
- 綺14　14
- 亜7弥8　15
- 亜7耶9　16
- 彩11弥8　19
- 愛13弥8　21
- 愛13耶9　22

あやか Ayaka
やさしい

長く好まれる2音「あや」に明るい「か」を添え、グッとはなばなしい雰囲気に

- 文4香9　13
- 朱6花7　13
- 彩11叶5　16
- 純10花7　17
- 紋10佳8　18
- 彩11花7　18
- 綾14日4　18
- 彩11華10　21
- 絢12夏10　22
- 綾14香9　23
- 綺14華10　24
- 亜7耶9果8　24

あやこ Ayako
かわいい

はなやかな「あや」を止め字「こ」が落ち着かせ、誠実な印象

- 彩11子3　14
- 絢12子3　15
- 亜7矢5子3　15
- 亜7弥8子3　18

あやせ Ayase
あかるい

知的な色香を放つ「あや」を静かな清涼感をもつ「せ」がまとめる

- 彩11世5　16
- 絢12世5　17
- 彩11晴12　23
- 綾14星9　23

あやな Ayana
はなやか

繊細な「あや」に純真で現代的な響きの止め字「な」が続き、愛くるしいイメージを生む

- 文4那7　11
- 文4奈8　12
- 史5奈8　13
- 絢12七2　14
- 采8奈8　16
- 彩11凪6　17
- 紋10奈8　18
- 純10奈8　18
- 彩11夏10　21
- 彩11菜11　22
- 綾14南9　23
- 綺14椰11　25

あやね Ayane
やさしい

愛らしい「あや」に止め字「ね」がおとなびた和の風情を醸し出す

- 朱6 音9　15
- 絢12 心4　16
- 彩11 羽6　17
- 文4 寧14　18

- 絢12 音9　21
- 綾14 音9　23
- 純10 寧14　24
- 愛13 耶9 音9　31

あやの Ayano
やさしい

女性らしい「あや」に奥ゆかしい「の」の響きが大和撫子（やまとなでしこ）を思わせる

- 文4 乃2　6
- 綺14 乃2　16
- 亜7 弥8 乃2　17
- 彩11 野11　22

あやは Ayaha
知的

親しみやすい「あや」に勢いのある止め字「は」が元気に響く

- 彩11 巴4　15
- 文4 葉12　16
- 絢12 羽6　18
- 絢12 葉12　24

あやみ Ayami
かわいい

しなやかな「あや」に丸い響きの「み」が心の温かさを感じさせる

- 彩11 未5　16
- 絢12 泉9　21
- 綾14 海9　23
- 亜7 弥8 美9　24

あやめ Ayame
かわいい

「菖蒲（あやめ）」の印象から日本的で気品あふれる名前。神秘的なイメージも

- 綺14 女3　17
- 絢12 芽8　20
- 彩11 愛13　24
- 菖11 蒲13　24

あやり Ayari
はなやか

クールな響きの「り」音により「あや」の知的な側面が際立つ

- 文4 李7　11
- 綾14 理11　15
- 絢12 莉10　22
- 亜7 弥8 梨11　26

あゆ [Ayu]
やさしい

あかるい「あ」に「ゆ」のもつみずみずしさが絶妙にマッチし女の子らしい。長年人気の響き

- 歩8　8
- 鮎16　16
- 愛13 優17　30

あゆか Ayuka
あかるい

積極性ある「か」音が「あゆ」の躍動感と調和し、活発な印象に

- 歩8 果8　16
- 歩8 華10　18
- 安6 優17 香9　32
- 愛13 結12 花7　32

あゆこ Ayuko
あかるい

落ち着いた「こ」が「あゆ」の情緒豊かなイメージを強調

- 歩8 子3　11
- 有6 由5 子3　14
- 亜7 結12 子3　22
- 彩11 悠11 子3　25

あゆな Ayuna
はなやか

元気な「あゆ」に「な」が日だまりのような穏やかさをプラス

- 歩8 那7　15
- 亜7 由5 菜11　23
- 有6 結12 奈8　26
- 鮎16 菜11　27

あゆみ Ayumi
かわいい

若々しい「あゆ」に「み」が収まりよくやさしさと元気さを備える

- 亜7 弓3　10
- 阿8 弓3　11
- 歩8 未5　13
- 愛13 弓3　16

- 有6 佑7 美9　22
- 鮎16 実8　24
- 彩11 友4 美9　24
- 亜7 結12 実8　27

あゆむ Ayumu
知的

収束力の強い「む」音が「あゆ」に、りりしい意志の強さを加える

- 歩8　8
- 歩8 武8　16
- 歩8 夢13　21
- 亜7 由5 夢13　25

い

五行 土

根気強い努力家

いお [Io]

知的

シンプルな母音どうしの響き。知的で洗練された「い」を「お」が力強く支え、安心感を生む

名前	画数
伊6 緒14	20
衣6 桜10	16
依8 央5	13

いおり Iori

やさしい

質素な住まいを意味する古語「庵」に通じ、和の風情が漂う名前

名前	画数
伊6 桜10 里7	23
一1 織18	19
衣6 央5 里7	18
庵11	11
唯11 緒14 璃15	40
依8 緒14 利7	29
伊6 緒14 里7	27
衣6 織18	24

あん [An]

あかるい

あかるく潔い短音名前ながら、しなやかな気品と凛とした強さを兼ね備えた響き

名前	画数
晏10	10
杏7	7
安6	6

あんじゅ Anju

はなやか

仏語の「天使」と同音。あかるい「あん」に濁音が格調高く響く

名前	画数
愛13 樹16	29
安6 珠10	16
杏7 寿7	14
杏7 朱6	13

あんず Anzu

かわいい

果物の杏と同名でみずみずしく、「ず」の余韻もかわいらしい

名前	画数
杏7 鈴13	20
晏10 寿7	17
安6 珠10	16
杏7 林8	15

あんな Anna

あかるい

軽快な「あん」を「な」音がしっとりとまとめ、女性らしい雰囲気

名前	画数
晏10 夏10	20
杏7 南9	16
安6 奈8	14
安6 那7	13

あんり Anri

はなやか

躍動感ある「あん」を「り」が歯切れよくまとめ、スマートな印象

名前	画数
杏7 璃15	22
晏10 梨11	21
杏7 浬10	17
安6 里7	13

あゆり Ayuri

やさしい

「あゆ」「り」ともに定番ながら個性的な組み合わせが新鮮

名前	画数
愛13 優17 里7	37
歩8 梨11	19
亜7 友4 里7	18
歩8 莉10	18

ありさ Arisa

はなやか

あかるさと聡明さが同居し「さ」がさわやかな余韻を残す

名前	画数
有6 里7 沙7	20
有6 彩11	17
有6 咲9	15
在6 沙7	13
愛13 里7 彩11	31
愛13 里7 咲9	29
亜7 莉10 紗10	27
亜7 梨11 沙7	25

ありす Arisu

かわいい

童話の主人公に通じ、かわいらしさと感受性の豊かさを感じさせる

名前	画数
愛13 梨11 珠10	34
有6 澄15	21
有6 里7 朱6	19
有6 寿7	13

ありな Arina

やさしい

勢いある「あり」を「な」がやわらかく受け止め、柔軟な印象に

名前	画数
亜7 梨11 奈8	26
有6 莉10 奈8	24
有6 菜11	17
有6 那7	13

いおん Ion

化学用語「イオン」に通じ、歯切れよく清涼感がある現代的な響き

あかるい

- 衣6 穏16　22
- 泉9 音9　18
- 依8 音9　17
- 衣6 苑8　14

いく Iku

スマートな「い」と控えめな強さをもつ「く」音が一途な印象

かわいい

- 唯11 紅9　20
- 伊6 空8　14
- 衣6 玖7　13
- 郁9　9

いくえ Ikue

実直な「いく」にあかるい響きの「え」を添え、親しみ感がアップ

あかるい

- 衣6 玖7 栄9　22
- 郁9 恵10　19
- 生5 絵12　17
- 侑8 江6　14

いくみ Ikumi

ひたむきな「いく」と「み」のやさしさが調和し、愛情深い印象に

かわいい

- 郁9 海9　18
- 郁9 実8　17
- 育8 海9　17
- 育8 未5　13
- 伊6 紅9 美9　24
- 幾12 実8　20
- 育8 深11　19
- 衣6 久3 美9　18

いさき Isaki

軽やかな「い」音からシャープな「さき」に抜ける音が知的に響く

やさしい

- 伊6 紗10 希7　23
- 衣6 佐7 紀9　22
- 依8 咲9　17
- 一1 咲9　10

いすず Isuzu

伝説の楽器「五十鈴（いすず）」に通じ、礼儀正しく神秘的な雰囲気がある

はなやか

- 良7 寿7 珠10　24
- 伊6 珠10 寿7　23
- 依8 鈴13　21
- 五4 十2 鈴13　19

いずほ Izuho

軽快・落ち着き・やわらかさの、三様の音がユニークなリズムを生む

かわいい

- 伊6 津9 保9　24
- 出5 穂15　20
- 泉9 帆6　15
- 出5 帆6　11

いずみ Izumi

「泉」のイメージからみずみずしく清涼感がある。純粋な印象も

やさしい

- 泉9 深11　20
- 泉9 美9　18
- 泉9 見7　16
- 衣6 純10　16
- 唯11 澄15　26
- 依8 澄15　23
- 唯11 純10　21
- 伊6 澄15　21

いち [Ichi]

知的

母音「い」の連なりではっきりとした音が耳に心地よく響く。数字の「一」に通じ、一途な印象も

- 衣6 治8　14
- 伊6 知8　14
- 市5　5

いちか Ichika

潔い「いち」の音が聡明さを醸し出し「か」が女の子らしく響く

はなやか

- 苺8 果8　16
- 一1 夏10　11
- 一1 華10　11
- 一1 伽7　8
- 衣6 智12 花7　25
- 真10 花7　17
- 苺8 香9　17
- 依8 千3 加5　16

いちご Ichigo

愛らしい果物の「苺」に通じ、かわいらしくフレッシュなイメージ

やさしい

- 苺8 一1 檎17　26
- 衣6 千3 檎17　26
- 伊6 知8 梧11　25
- 苺8　8

いちの Ichino

和の趣をもつ「の」が「いち」をやわらかく受け、慎み深い女性に

あかるい

- 衣6 知8 野11　25
- 伊6 知8 乃2　16
- 市5 乃2　7
- 一1 乃2　3

いちる Ichiru

同音の「一本の糸」を意味する言葉から、まっすぐで清純な印象

- 一(1) 流(10) 11
- 一(1) 瑠(14) 15
- 壱(7) 流(10) 17
- 伊(6) 智(12) 留(10) 28

かわいい

いつき Itsuki

やわらかい「い」音に続く硬質な「つき」の音が鋭い感性を強調

- 乙(1) 希(7) 8
- 五(4) 季(8) 12
- 一(1) 葵(12) 13
- 泉(9) 月(4) 13

- 樹(16) 16
- 逸(11) 希(7) 18
- 維(14) 月(4) 18
- 樹(16) 季(8) 24

やさしい

いつみ Itsumi

ひたむきな印象の「いつ」に「み」が親しみやすさと温かみを含む

- 愛(13) 未(5) 18
- 逸(11) 実(8) 19
- 逸(11) 美(9) 20
- 衣(6) 都(11) 美(9) 26

やさしい

いづみ Izumi

「いずみ」と同音ながら濁音「づ」が古典的で奥ゆかしい印象に

- 出(5) 水(4) 9
- 出(5) 実(8) 13
- 出(5) 美(9) 14
- 出(5) 満(12) 17

あかるい

いと Ito

「糸」のイメージから繊細で素朴な印象。短音名だが温かみもある

- 糸(6) 6
- 絃(11) 11
- 伊(6) 都(11) 17
- 良(7) 都(11) 18

知的

いのり Inori

落ち着いた「い」音に「のり」の気品が感じられノーブルな雰囲気

- 祈(8) 8
- 伊(6) 乃(2) 里(7) 15
- 衣(6) 乃(2) 莉(10) 18
- 禱(19) 19

やさしい

いぶ Ibu

キリスト教で原初の女性とされる「イブ」と同名で、艶感がある

- 衣(6) 生(5) 11
- 衣(6) 舞(15) 21
- 伊(6) 舞(15) 21
- 良(7) 舞(15) 22

かわいい

いぶき Ibuki

「息吹（いぶき）」に通じ生命力をイメージさせる。ほどよい重みが響く

- 伊(6) 吹(7) 13
- 衣(6) 吹(7) 13
- 依(8) 吹(7) 15
- 芽(8) 希(7) 15

- 芽(8) 吹(7) 15
- 彩(11) 吹(7) 18
- 依(8) 蕗(16) 24
- 衣(6) 舞(15) 生(5) 26

知的

いまり Imari

陶器の名称にあることから日本美を思わせる、流麗で品のある響き

- 今(4) 梨(11) 15
- 衣(6) 万(3) 里(7) 16
- 伊(6) 万(3) 里(7) 16
- 伊(6) 鞠(17) 23

はなやか

いより Iyori

母音「い」に挟まれた「よ」が優美に響く。どことなく和の風情も

- 伊(6) 依(8) 14
- 泉(9) 依(8) 17
- 衣(6) 世(5) 梨(11) 22
- 依(8) 陽(12) 里(7) 27

あかるい

いりな Irina

涼やかな母音「い」の連なりを「な」がやさしく支えた新鮮な響き

- 衣(6) 里(7) 奈(8) 21
- 依(8) 利(7) 那(7) 22
- 伊(6) 莉(10) 奈(8) 24
- 泉(9) 梨(11) 南(9) 29

やさしい

いろは Iroha

「いろは歌」の最初の三音から成り、和風でノスタルジックな印象

- 色(6) 羽(6) 12
- 彩(11) 巴(4) 15
- 彩(11) 羽(6) 17
- 色(6) 葉(12) 18

- 彩(11) 華(10) 21
- 彩(11) 葉(12) 23
- 彩(11) 晴(12) 23
- 伊(6) 路(13) 葉(12) 31

かわいい

う

五行 土

思いやりがありまじめ

うい [Ui]

かわいい

「初々しい」の言葉どおり、汚れを知らない純粋なイメージが漂う。素直さや一途さも強調される

名前	総画
初(7)依(8)	15
羽(6)衣(6)	12
初(7)	7

ういか Uika

可憐な「うい」にあかるく強い「か」を添え、はなやかさがアップ

名前	総画
宇(6)井(4)香(9)	19
初(7)華(10)	17
初(7)香(9)	16
初(7)花(7)	14

はなやか

ういな Uina

愛くるしい「な」が「うい」の清純さを引き立て、乙女感が増す

名前	総画
羽(6)依(8)夏(10)	24
羽(6)衣(6)奈(8)	20
初(7)菜(11)	18
初(7)奈(8)	15

やさしい

うき Uki

ふくよかな「う」音に鋭い「き」音の対比がリズミカルで個性的

名前	総画
宇(6)綺(14)	20
有(6)喜(12)	18
羽(6)姫(10)	16
羽(6)希(7)	13

あかるい

うた Uta

「歌」に通じ、明朗快活なイメージ。「た」が陽気な余韻を残す

名前	総画
歌(14)	14
詩(13)	13
羽(6)多(6)	12
詠(12)	12

はなやか

うたこ Utako

伝統の止め字「こ」が古風な雰囲気。素朴で誠実な人柄を思わせる

名前	総画
詩(13)心(4)	17
詩(13)子(3)	16
有(6)多(6)子(3)	15
詠(12)子(3)	15

やさしい

うたな Utana

少女らしい止め字「な」が「うた」を、よりあかるく引き立てる

名前	総画
歌(14)菜(11)	25
詩(13)菜(11)	24
歌(14)南(9)	23
詩(13)奈(8)	21

あかるい

うたの Utano

しっとりとした止め字「の」により「うた」が雅やかなイメージに

名前	総画
歌(14)野(11)	25
詩(13)野(11)	24
歌(14)乃(2)	16
唄(10)乃(2)	12

かわいい

うたよ Utayo

おとなびた止め字「よ」が「うた」にレトロで粋な風情を加える

名前	総画
宇(6)多(6)良(7)	19
歌(14)代(5)	19
詩(13)代(5)	18
詩(13)世(5)	18

やさしい

うの Uno

伊語で「一つ」を意味する言葉と同音。しなやかな強さのある響き

名前	総画
愛(13)野(11)	24
海(9)野(11)	20
羽(6)乃(2)	8
宇(6)乃(2)	8

知的

うみ Umi

「海」に通じるさわやかさをもちながら響きは丸みがあり愛情深い

名前	総画
羽(6)美(9)	15
宇(6)美(9)	15
羽(6)未(5)	11
海(9)	9
海(9)美(9)	18
侑(8)実(8)	16
羽(6)珠(10)	16
宇(6)海(9)	15

あかるい

うらら Urara

「麗(うら)らか」に通じる現代的な名前。二音続く「ら」がかわいい

名前	総画
宇(6)良(7)羅(19)	32
羽(6)羅(19)良(7)	32
羽(6)麗(19)	25
麗(19)	19

はなやか

うるる [Ururu]

かわいい

二音続く「る」音が可憐に響く。エアーズロックの別名でもある

名前	画数	総画
潤瑠	潤15 瑠14	29
羽琉留	羽6 琉11 留10	27
潤琉	潤15 琉11	26
潤流	潤15 流10	25

え

五行 土

素直で前向き

えいか [Eika]

やさしい

あかるい「え」に知的な「い」、はなやかな「か」音が強く主張する

名前	画数	総画
瑛花	瑛12 花7	19
栄香	栄9 香9	18
英夏	英8 夏10	18
永華	永5 華10	15

えいこ [Eiko]

はなやか

スマートな「えい」に伝統の止め字「こ」が慎み深い印象を添える

名前	画数	総画
絵伊子	絵12 伊6 子3	21
瑛子	瑛12 子3	15
詠子	詠12 子3	15
栄子	栄9 子3	12

えいみ [Eimi]

かわいい

人気音「え」「み」の間に「い」が入り、悠然とした雰囲気に

名前	画数	総画
映美	映9 美9	18
詠未	詠12 未5	17
栄実	栄9 実8	17
英未	英8 未5	13

えこ [Eko]

あかるい

あかるい響きで新感覚の名前。「エコ」に通じ自然を愛する印象も

名前	画数	総画
慧子	慧15 子3	18
絵子	絵12 子3	15
笑子	笑10 子3	13
江子	江6 子3	9

えな [Ena]

知的

ほがらかな「え」にやわらかい「な」で女の子らしさが際立つ

名前	画数	総画
瑛菜	瑛12 菜11	23
恵那	恵10 那7	17
依奈	依8 奈8	16
衣那	衣6 那7	13

えま [Ema]

やさしい

やさしく女性らしい「え」の音に、凛とした印象の「ま」が好相性

名前	画数	総画
映茉	映9 茉8	17
衣麻	衣6 麻11	17
依茉	依8 茉8	16
恵万	恵10 万3	13
恵舞	恵10 舞15	25
瑛真	瑛12 真10	22
恵麻	恵10 麻11	21
永舞	永5 舞15	20

えみ [Emi]

やさしい

「笑み」に通じ、ほがらかで陽気な響き。実際に名を呼ぶたびに「み」の余韻で笑顔になる

名前	画数	総画
笑美	笑10 美9	19
映未	映9 未5	14
咲	咲9	9
絵実	絵12 実8	20
恵未	恵10 未5	15
笑	笑10	10
詠美	詠12 美9	21
栄実	栄9 実8	17
依巳	依8 巳3	11
愛美	愛13 美9	22
恵美	恵10 美9	19
江実	江6 実8	14

えみか [Emika]

はなやか

あかるい「えみ」に続く止め字「か」が、前に出る積極性をプラス

名前	画数	総画
恵未加	恵10 未5 加5	20
笑華	笑10 華10	20
笑花	笑10 花7	17
咲花	咲9 花7	16

えみこ [Emiko]

あかるい

陽気で軽快な「えみ」が止め字「こ」により落ち着きも備える

名前	画数	総画
笑実子	笑10 実8 子3	21
映美子	映9 美9 子3	21
瑛未子	瑛12 未5 子3	20
笑子	笑10 子3	13

えみほ [Emiho]

かわいい

和やかな止め字「ほ」が「えみ」の屈託のなさをさらに際立たせる

名前	画数	総画
笑穂	笑10 穂15	25
恵美帆	恵10 美9 帆6	25
映見歩	映9 見7 歩8	24
笑歩	笑10 歩8	18

お

五行 土

信念をもち何ごとも熱心

えりこ Eriko

スマートな「えり」を伝統の止め字「こ」で収め、誠実な印象に

やさしい

恵10 理11 子3	詠12 里7 子3	英8 利7 子3	英8 里7 子3
24	22	18	18

えみり Emiri

広く愛される「えみ」の響きに「り」が輝きとはなやかさを添える

やさしい

絵12 美9 里7	笑10 梨11	笑10 莉10	咲9 里7
28	21	20	16

えりな Erina

好感度の高い「えり」にしなやかな「な」を添え、素直さが加わる

はなやか

絵12 梨11 那7	恵10 莉10 奈8	笑10 里7 菜11	江6 梨11 菜11
30	28	28	28

えみる Emiru

開放的であかるい響きの「えみ」に「る」の愛らしさが加わる

かわいい

絵12 美9 琉11	恵10 美9 留10	栄9 未5 瑠14	笑10 瑠14
32	29	28	24

おうか Oka

大らかな「おう」に可憐な「か」がアクセント。気品ある印象に

はなやか

凰11 華10	桜10 佳8	桜10 花7	央5 香9
21	18	17	14

える Eru

明朗な「え」に、なめらかな「る」の響きが収まりよく、愛らしい

かわいい

愛13 瑠14	恵10 瑠14	絵12 琉11	英8 流10
27	24	23	18

えり [Eri]

あかるい

やさしい「え」に涼やかな「り」の音が好相性。あかるさとともに折り目正しいイメージも

恵10 理11 21	笑10 里7 17	永5 李7 12
絵12 莉10 22	絵12 吏6 18	英8 李7 15
絵12 理11 23	映9 莉10 19	依8 里7 15
愛13 梨11 24	恵10 莉10 20	江6 莉10 16

おと [Oto]

あかるい

母音「お」が連なり、安定感のある響き。止め字によって「音」のイメージから元気さも強調

桜10 都11	音9	乙1
21	9	1

えれな Erena

どれも晴れやかな響きの音で、屈託のない素直な女の子のイメージ

やさしい

江6 麗19 南9	愛13 怜8 菜11	英8 玲9 奈8	恵10 礼5 奈8
34	32	25	23

おとあ Otoa

落ち着いた「おと」を「あ」であかるく跳ねあげ、アクティブに

やさしい

音9 愛13	音9 亜7	乙1 愛13	乙1 亜7
22	16	14	8

えれん Eren

のびやかな「え」に続く「れん」がキレよく華麗で、洋風に響く

知的

瑛12 蓮13	恵10 恋10	衣6 蓮13	永5 恋10
25	20	19	15

えりか Erika

同名の花から可憐なイメージ。止め字「か」が品よく存在感を放つ

かわいい

絵12 莉10 香9	絵12 里7 佳8	絵12 里7 加5	英8 利7 可5
31	27	24	20

おとか Otoka

抑えめな「おと」と硬質な「か」の対比が鮮やかで高貴な印象

音9 華10	音9 奏9	音9 香9	乙1 香9
19	18	18	10

かわいい

おとね Otone

やわらかい止め字「ね」で、「おと」の和の情趣が強調される

音9 寧14	音9 祢9	乙1 寧14	乙1 音9
23	18	15	10

知的

おとは Otoha

落ち着いた「おと」と開放的な「は」音がバランスよく、好感度大

音9 波8	音9 羽6	乙1 葉12	乙1 華10
17	15	13	11

やさしい

おとめ Otome

「乙女」のイメージに通じ、清純な印象。女の子ならではの名前

音9 愛13	音9 芽8	乙1 芽8	乙1 女3
22	17	9	4

あかるい

おとわ Otowa

「おと」「わ」ともに包み込むような響きが壮大な愛を感じさせる

音9 和8	音9 羽6	乙1 和8	乙1 羽6
17	15	9	7

かわいい

か

五行 木

穏やかで行動力がある

かいり Kairi

積極的な「か」に続く母音「い」の二音が知的でクールな響きを放つ

海9 璃15	海9 理11	絵12 里7	海9 莉10
24	20	19	19

知的

かえ [Kae]

やさしい

あかるく主張が強い上昇音「か」音をやわらかく陽気な「え」が包み、天真爛漫(らんまん)さをもつ響き

花7 笑10	華10 衣6	加5 恵10
17	16	15

かえで Kaede

紅葉する樹木と同音で、あかるさのなかに和の風情が感じられる

果8 楓13	花7 楓13	楓13	椛11
21	20	13	11

かわいい

かえな Kaena

はつらつとした「かえ」を、やわらかい「な」で受けた新鮮な名前

加5 恵10 菜11	華10 江6 南9	楓13 菜11	楓13 奈8
26	25	24	21

あかるい

かえら Kaera

舞うような軽やかさとあかるいトーンが魅力。異国風のイメージも

加5 絵12 羅19	加5 恵10 楽13	華10 江6 良7	楓13 良7
36	28	23	20

やさしい

かお [Kao]

あかるい

強い積極性をもつ「か」音に、静かな落ち着きをもつ「お」の音がバランスよくしっかり者の印象に

華10 緒14	香9 緒14	華10 央5
24	23	15

かおり Kaori

涼しく知的な止め字「り」により「かおり」が女性らしい余韻に

圭6 織18	加5 央5 里7	香9 里7	香9
24	17	16	9

夏10 央5 梨11	加5 緒14 里7	花7 織18	佳8 央5 梨11
26	26	25	24

かわいい

かおる Kaoru
知的

上昇音「か」から「おる」に美しく着地する、奥深い響きが魅力

漢字	画数
馨20	20
香9 留10	19
薫16	16
郁9	9

かずさ Kazusa
かわいい

実直な印象の「かず」に続く止め字「さ」のさわやかさが冴える

漢字	画数
花7 寿7 沙7	21
和8 紗10	18
和8 咲9	17
一1 咲9	10

かずみ Kazumi
知的

あかるさと女性らしいうるおいが共存し、長く愛されてきた名前

漢字	画数
加5 寿7 深11	23
一1 望11	12
一1 美9	10
一1 実8	9

かおるこ Kaoruko
はなやか

奥行き感ある「かおる」に「こ」を添え、しとやかでやさしい名前に

漢字	画数
馨20 子3	23
薫16 子3	19
郁9 子3	12
香9 子3	12

かずな Kazuna
やさしい

硬質な「かず」とやわらかい「な」が好バランスで、女性らしさも

漢字	画数
香9 珠10 南9	28
加5 寿7 奈8	20
和8 菜11	19
和8 那7	15

かつき Katsuki
あかるい

快活であかるい三音で、意志をもち、はつらつとした印象

漢字	画数
夏10 槻15	25
香9 槻15	24
華10 月4	14
奏9 月4	13

かこ Kako
あかるい

はっきりとした響きの「か行」短音で、無垢ではつらつとした印象

漢字	画数
夏10 湖12	22
華10 子3	13
果8 子3	11
佳8 子3	11

かずね Kazune
あかるい

潔い「かず」に止め字「ね」が知的で和風なかわいらしさをプラス

漢字	画数
香9 寿7 祢9	25
華10 寿7 乙1	18
和8 音9	17
一1 寧14	15

かづき Kazuki
知的

硬質な音から成り、「づ」がほどよい重みとうるおい感を添える

漢字	画数
霞17 月4	21
香9 月4	13
花7 月4	11
一1 希7	8

かず [Kazu]
知的

積極的で快活な「か」に濁音「ず」がほどよい重みを与え、まじめで努力家の印象が漂う響き

漢字	画数
香9 珠10	19
和8	8
一1	1

かずは Kazuha
やさしい

勢いのある響きを連ね、まっすぐな意志とパワフルさが強調

漢字	画数
和8 葉12	20
和8 芭7	15
万3 葉12	15
和8 羽6	14

かな [Kana]
やさしい

あかるく華のある「か」にやわらかい「な」の組み合わせで、かわいらしい響きが好感度大

漢字	画数
香9 奈8	17
可5 菜11	16
叶5	5
華10 那7	17
加5 菜11	16
奏9	9
花7 菜11	18
果8 奈8	16
加5 奈8	13
香9 菜11	20
佳8 奈8	16
香9 凪6	15

かずき Kazuki
知的

きっぱりとあかるい三音で、意志をもち、はつらつとした印象

漢字	画数
和8 姫10	18
一1 輝15	16
一1 姫10	11
一1 希7	8

かすみ Kasumi
かわいい

「霞」に通じ、はかなげな女性らしさと清純なやさしさが強調

漢字	画数
華10 澄15	25
花7 澄15	22
加5 純10	15
可5 純10	15

かなう Kanau

「叶う」に通じノーブルさとひたむきさをもつ、落ち着いた響き

奏9 宇6	15
奏9 羽6	15
叶5 羽6	11
叶5	5

かわいい

かなえ Kanae

女の子らしい「かな」にほがらかな「え」が収まりよく、人気の名前

奏9 依8	17
佳8 苗8	16
奏9 衣6	15
叶5 英8	13
佳8 奈8 絵12	28
海9 南9 江6	24
香9 奈8 江6	23
奏9 絵12	21

はなやか

かなか Kanaka

母音「あ」の連続が高く澄んだ響きを生み、可憐さを際立たせる

叶5 歌14	19
奏9 花7	16
叶5 夏10	15
叶5 香9	14
佳8 奈8 香9	25
香9 菜11 日4	24
夏10 奈8 加5	23
奏9 歌14	23

あかるい

かなこ Kanako

あかるい「かな」を古風な止め字「こ」で落ち着かせおっとり感を

可5 南9 子3	17
日4 奈8 子3	15
奏9 心4	13
叶5 子3	8
華10 菜11 子3	24
夏10 菜11 子3	24
香9 菜11 子3	23
佳8 奈8 子3	19

やさしい

かなで Kanade

「奏で」に通じ優雅な余裕を感じさせる。濁音の重みもおとなっぽい

奏9 楓13	22
佳8 奏9	17
花7 奏9	16
奏9	9

知的

かなは Kanaha

三音続く母音「あ」がポジティブでまっすぐな女の子を思わせる

叶5 葉12	17
奏9 花7	16
奏9 羽6	15
叶5 波8	13

かわいい

かなほ Kanaho

ほがらかな「かな」に「ほ」を添え、ホッとするやさしさをプラス

叶5 穂15	20
奏9 歩8	17
奏9 帆6	15
叶5 歩8	13

はなやか

かなみ Kanami

陽気な「かな」と情愛に満ちた「み」が思いやりの深さを思わせる

香9 波8	17
奏9 実8	17
花7 南9	16
叶5 実8	13

あかるい

かなん Kanan

素直なあかるさをもつ「かな」に「ん」で快活さと元気さを強調

香9 楠13	22
伽7 楠13	20
果8 南9	17
佳8 南9	17

やさしい

かの [Kano]

やさしい

あかるく華のある「か」に落ち着いた「の」の音がバランスよく、かわいらしい響きをもつ

花7 野11	18
香9 乃2	11
果8 乃2	10

かのあ Kanoa

はつらつとした「か」と「あ」に「の」が穏やかな安定感を与える

華10 乃2 亜7	19
叶5 愛13	18
叶5 空8	13
叶5 亜7	12

はなやか

かのこ Kanoko

定番の止め字「こ」が若々しい「かの」音で懐かしい響きに変わる

香9 野11 子3	23
華10 乃2 子3	15
佳8 乃2 子3	13
叶5 子3	8

あかるい

かのは Kanoha

活発な「かの」に勢いのある「は」の組み合わせが耳に新しい

華10乃2羽6	華10波8	叶5葉12	叶5羽6
18	18	17	11

かわいい

かのん Kanon

音楽用語にもあり、弾んだ響きがあかるく陽気なイメージ

花7暖13	叶5暖13	伽7音9	叶5望11
20	18	16	16
香9穏16	果8穏16	翔12音9	華10望11
25	24	21	21

やさしい

かほ Kaho

あかるく硬質な「か」とぬくもり感のある「ほ」をシンプルに重ねて

香9帆6	果8帆6	花7帆6	加5歩8
15	14	13	13
果8萌11	夏10朋8	夏10帆6	佳8歩8
19	18	16	16

あかるい

かや Kaya

明朗な「か」に清涼感ある響きの「や」が神秘的な色を添える

夏10椰13	香9野11	佳8耶9	花7弥8
23	20	17	15

かわいい

かやの Kayano

神秘的な「かや」にしっとりとした「の」を添え、古典的な印象に

茅8野11	伽7耶9乃2	佳8也3乃2	茅8乃2
19	18	13	10

やさしい

かよ Kayo

はなやかな「か」に低く落ち着いた「よ」が和的な安心感をプラス

嘉14代5	華10世5	花7良7	佳8代5
19	15	14	13

あかるい

かりな Karina

あかるくシャープな二音に「な」でやわらかく、スマートな印象

夏10里7奈8	花7莉10奈8	花7里7菜11	佳8里7奈8
25	25	25	23
香9梨11菜11	香9理11菜11	歌14里7那7	香9莉10奈8
31	31	28	27

かわいい

かりん Karin

樹木の「花梨（かりん）」を思わせ、しなやかで素朴なかわいらしさをもつ

果8鈴13	花7鈴13	花7梨11	佳8林8
21	20	18	16
華10凜15	夏10鈴13	華10鈴13	伽7凜15
25	23	23	22

やさしい

かれん Karen

気品ある「か」に美しい跳ね感をもつ「れん」がロマンチック

可5憐16	香9怜8	伽7恋10	花7恋10
21	17	17	17

はなやか

かんな Kanna

躍動感ある「かん」を「な」がしなやかに受け止め元気いっぱいに

栞10菜11	莞10奈8	柑9那7	花7來8
21	18	16	15

かわいい

き

五行 木

はなやかで才能豊か

きあら Kiara

はなやか

「き」から「あら」へと上昇するような流れがはなばなしく鮮やか

表記	総画
樹16 亜7 羅19	42
希7 愛13 来7	27
姫10 新13	23
姫10 愛13	23

きい Kii

あかるい

高めの軽快な音から成り、シンプルゆえに純真な愛らしさが際立つ

表記	総画
希7 唯11	18
季8 依8	16
希7 泉9	16
紀9 衣6	15

きいろ Kiiro

やさしい

ストレートに「黄色」のイメージであかるくピュアな心を思わせる

表記	総画
紀9 衣6 呂7	22
輝15 色6	21
希7 彩11	18
季8 色6	14

きえ Kie

かわいい

主張の強い「き」と、のどかな「え」の、やさしさと強さを備える

表記	総画
季8 絵12	20
姫10 依8	18
紀9 栄9	18
希7 恵10	17

きお Kio

知的

シャープで知的な「き」を安心感のある「お」で支え、個性的に

表記	総画
紀9 緒14	23
季8 桜10	18
葵12 央5	17
希7 桜10	17

ききょう Kikyo

はなやか

紫の花をつける秋の七草のひとつ。和の趣と奥ゆかしい気品を放つ

表記	総画
樹16 京8	24
桔10 梗11	21
葵12 杏7	19
希7 京8	15

きくの Kikuno

あかるい

明確で可憐な「きく」を和の止め字「の」で受け止め、しっとりと

表記	総画
貴12 紅9 野11	32
菊11 野11	22
喜12 久3 乃2	17
菊11 乃2	13

きこ Kiko

やさしい

か行の音だけで構成された短音名前。凛とした気品を感じさせる

表記	総画
希7 湖12	19
稀12 子3	15
喜12 子3	15
季8 子3	11

きさ [Kisa]

かわいい

さわやかな「さ」音をあとにすることで「き」音の強さが際立ち、プライドと品を感じさせる

表記	総画
季8 彩11	19
姫10 沙7	17
紀9 沙7	16

きさき Kisaki

はなやか

王侯貴族の妻を表す「后(きさき)」に通じる。高貴で涼やかな響きをもつ

表記	総画
貴12 咲9	21
葵12 咲9	21
希7 咲9	16
妃6	6

きさら Kisara

やさしい

りりしい「き」音に続く「さら」のエキゾチックな響きが印象的

表記	総画
希7 佐7 楽13	27
季8 咲9 良7	24
妃6 彩11 良7	24
希7 更7	14

きずな Kizuna

はなやか

「絆」を連想させ、情深く、思いやりにあふれた女の子のイメージ

表記	総画
絆11 菜11	22
絆11 南9	20
絆11 那7	18
絆11	11

きぬか Kinuka

あかるい

なめらかなイメージの「きぬ」に止め字「か」を添え格調高い名に

表記	総画
絹13 香9	22
絹13 花7	20
衣6 夏10	16
衣6 華10	16

きよ [Kiyo]

あかるい

鋭く明確な音「き」と深みある「よ」の組み合わせが、汚れのない清廉な心を思わせる

輝15代5	季8代5	希7世5
20	13	12

きょう [Kyo]

知的

知的な響きの「き」が拗音（ようおん）「ょ」を通り安定感ある「う」へと美しく流れる、気品ある名前

響20	京8	杏7
20	8	7

きの Kino

潔い「き」にしっとりとした「の」を添えた素朴な温かみある名前

葵12乃2	紀9乃2	季8乃2	希7乃2
14	11	10	9

やさしい

きよか Kiyoka

強い清音から成り、高潔で自信に満ちあふれた乙女を思わせる名前

聖13香9	清11華10	聖13加5	清11花7
22	21	18	18

やさしい

きよね Kiyone

古典的止め字「ね」が「きよ」にしっとりとした雰囲気を添える

聖13祢9	聖13音9	清11祢9	清11音9
22	22	20	20

あかるい

きよみ Kiyomi

強い主張をもつ「きよ」を素朴な「み」音が親しみやすくまとめる

澄15実8	聖13実8	清11美9	希7与3未5
23	21	20	15

かわいい

きよら Kiyora

すがすがしい「きよ」に異国風の響きをもつ「ら」の余韻が美しい

清11羅19	聖13來8	聖13良7	清11良7
30	21	20	18

はなやか

きょうか Kyoka

知的な「きょう」に添えた華麗な「か」が和の色香を醸し出す

京8夏10	杏7華10	恭10加5	京8加5
18	17	15	13

鏡19花7	梗11華10	恭10香9	恭10佳8
26	21	19	18

はなやか

きょうこ Kyoko

落ち着きある止め字「こ」により「きょう」のおとなっぽさが際立つ

享8子3	京8子3	杏7子3	叶5子3
11	11	10	8

響20子3	鏡19子3	恭10子3	今4日4子3
23	22	13	11

やさしい

きほ Kiho

「き」音の鋭さと止め字「ほ」のやわらかさが相互に引き立て合う

紀9帆6	希7歩8	季8帆6	希7帆6
15	15	14	13

貴12穂15	季8穂15	紀9保9	季8歩8
27	23	18	16

かわいい

きみ Kimi

知的な響きの「き」にぬくもり感ある「み」が素朴な人柄を思わせる

輝15美9	祈8美9	季8実8	希7美9
24	17	16	16

あかるい

きみか Kimika

主張の強い音が並び、はなやかさのなかにほどよい緊張感を秘める

喜12美9花7	貴12実8花7	希7美9加5	公4香9
28	27	21	13

やさしい

きら [Kira]
あかるい

硬質な「き」音と、力強くあかるい「ら」が相まって、輝きをイメージさせる美しい響き

- 姫10 楽13（23）
- 輝15 良7（22）
- 煌13（13）

きらら Kirara
あかるい

輝き感ある「きら」に「ら」を重ね、瞬く星のイメージに

- 葵12 羅19 良7（38）
- 煌13 羅19（32）
- 妃6 楽13 良7（26）
- 煌13 来7（20）

きらり Kirari
はなやか

輝きを示す擬態語をそのまま使った、かわいらしいアニメ的な名前

- 綺14 良7 莉10（31）
- 煌13 理11（24）
- 煌13 梨11（24）
- 希7 来7 里7（21）

きり Kiri
あかるい

シャープで潔い二音名前で「桐」「霧」など自然と縁が深い響き

- 樹16 里7（23）
- 希7 璃15（22）
- 季8 莉10（18）
- 季8 里7（15）

きわ Kiwa
知的

硬質な「き」音と広がる「わ」音がよい緊張感を保ち、高貴な印象

- 祈8 環17（25）
- 紀9 和8（17）
- 季8 和8（16）
- 希7 羽6（13）

く

五行 木

社交的で意志が強い

くう Ku
知的

のびやかで素直な響きが重なり、愛称的でかわいらしい

- 紅9 羽6（15）
- 空8 羽6（14）
- 玖7 生5（12）
- 空8（8）

くみ [Kumi]
あかるい

控えめながら秘めた強さを感じさせる「く」をあかるい「み」でまとめ、しっかり者の印象

- 玖7 実8（15）
- 空8 未5（13）
- 久3 美9（12）

くみこ Kumiko
やさしい

頼もしさを感じさせる「くみ」に添えられた「こ」が安定感を増す

- 玖7 美9 湖12（28）
- 紅9 美9 子3（21）
- 空8 美9 子3（20）
- 久3 実8 子3（14）

くみな Kumina
はなやか

安定感ある「くみ」に素直な響きの「な」を添え、フレンドリーに

- 玖7 実8 奈8（23）
- 久3 実8 菜11（22）
- 来7 未5 南9（21）
- 久3 美9 奈8（20）

くらら Kurara
かわいい

穏やかな「く」にあかるく力強い「ら」を重ね、歌うような響きに

- 玖7 羅19 良7（33）
- 宮10 良7 楽13（30）
- 紅9 楽13 良7（29）
- 久3 楽13 良7（23）

くるみ Kurumi
やさしい

木の実と同名でかわいらしい。収まりもよく親しみやすさも抜群

- 久3 瑠14 美9（26）
- 胡9 桃10（19）
- 来7 実8（15）
- 来7 未5（12）

くれあ Kurea
かわいい

海外でも多用される名前。上品でやさしい音の抑揚がスマート

- 紅9 玲9 亜7（25）
- 来7 愛13（20）
- 紅9 杏7（16）
- 紅9 亜7（16）

くれは Kureha
はなやか

文学的な香りが漂う名前。品のよさと同時に艶やかさも感じさせる

- 紅9 華10（19）
- 紅9 芭7（16）
- 紅9 羽6（15）
- 来7 羽6（13）

け

五行 木

誠実で人から愛される

けい [Kei]

知的

軽快でさわやかな「け」に物静かな印象の「い」が続き、聡明で感性が鋭い女の子を思わせる

- 慶15 (15)
- 啓11 (11)
- 圭6 (6)
- 慧15 (15)
- 蛍11 (11)
- 京8 (8)
- 恵10衣6 (16)
- 渓11 (11)
- 恵10 (10)
- 馨20 (20)
- 景12 (12)
- 桂10 (10)

けいか Keika

知的

きっぱりと主張のあるか行が自尊心と正義感の強さをうかがわせる

- 慶15佳8 (23)
- 慧15花7 (22)
- 景12香9 (21)
- 圭6花7 (13)

けいこ Keiko

はなやか

知的な「けい」を止め字「こ」で収め、謙虚な美しさを感じさせる

- 景12子3 (15)
- 啓11子3 (14)
- 蛍11子3 (14)
- 恵10子3 (13)

けいと Keito

はなやか

なじみ深い「けい」が「と」により現代的でオシャレな印象に

- 華10伊6都11 (27)
- 恵10都11 (21)
- 京8音9 (17)
- 恵10斗4 (14)

こ

五行 木

物静かで堅実なタイプ

こあ Koa

あかるい

英語の「核」に通じ主張の強い「こ」を「あ」が前向きにまとめる

- 瑚13亜7 (20)
- 虹9空8 (17)
- 心4愛13 (17)
- 心4彩11 (15)

こいき Koiki

かわいい

軽やかな音がリズミカルにまとまった、「小粋」に通じる風流な響き

- 恋10季8 (18)
- 恋10妃6 (16)
- 心4粋10 (14)
- 小3粋10 (13)

こう [Ko]

知的

硬質な響きが信頼感を感じさせる「こ」をやわらかい「う」が包み込んだ、おとなっぽい雰囲気

- 虹9 (9)
- 香9 (9)
- 幸8 (8)

こうめ Kome

やさしい

「小梅」に通じ、おめでたい雰囲気と可憐な印象を併せもつ響き

- 恋10梅10 (20)
- 香9芽8 (17)
- 幸8芽8 (16)
- 小3梅10 (13)

ここ [Koko]

かわいい

落ち着いた「こ」音ながら、繰り返すことでグッとかわいらしさが増し、あどけない印象に

- 恋10子3 (13)
- 胡9々3 (12)
- 心4 (4)
- 湖12々3 (15)
- 虹9々3 (12)
- 心4子3 (7)
- 湖12子3 (15)
- 小3恋10 (13)
- 心4々3 (7)
- 瑚13々3 (16)
- 心4胡9 (13)
- 来7々3 (10)

ここあ
Kokoa

知的

飲み物「ココア」に通じ、女の子のあかるさとやさしさを感じさせる

名前	画数	総画
湖子亜	12・3・7	22
湖々安	12・3・6	21
心愛	4・13	17
心空	4・8	12

ここな
Kokona

やさしい

歯切れよい「ここ」を「な」がやさしく収め、愛らしく活発な印象

名前	画数	総画
香々夏	9・3・10	22
心菜	4・11	15
心奈	4・8	12
心那	4・7	11
心香菜	4・9・11	24
小湖南	3・12・9	24
瑚子那	13・3・7	23
心恋南	4・10・9	23

ここね
Kokone

はなやか

「ここ」の軽やかな音を和風情緒ある止め字「ね」でおとなっぽく

名前	画数	総画
瑚子祢	13・3・9	25
小湖音	3・12・9	24
心寧	4・14	18
心音	4・9	13

ここの
Kokono

やさしい

三音とも母音「お」のおとなしい響きで、思慮深く落ち着いた印象

名前	画数	総画
小湖乃	3・12・2	17
心恋乃	4・10・2	16
心野	4・11	15
心乃	4・2	6

ここは
Kokoha

あかるい

連続音「ここ」が「は」の勢いを強め、快活でひたむきな名前に

名前	画数	総画
小湖波	3・12・8	23
香心羽	9・4・6	19
心葉	4・12	16
心羽	4・6	10

ここみ
Kokomi

やさしい

リズミカルな「ここ」を「み」がしっとりとまとめ情緒豊かに

名前	画数	総画
心海	4・9	13
心美	4・9	13
心実	4・8	12
心未	4・5	9

こころ
Kokoro

かわいい

ストレートに「心」を表し、純真で思いやりに満ちた子を思わせる

名前	画数	総画
想	13	13
心良	4・7	11
快	7	7
心	4	4
心蕗	4・16	20
心路	4・13	17
心桜	4・10	14
虹心	9・4	13

こずえ
Kozue

あかるい

「梢」のイメージで和風のかわいらしさをもつ。繊細で清純な印象

名前	画数	総画
梢絵	11・12	23
小津枝	3・9・8	20
梢枝	11・8	19
梢	11	11

こすず
Kosuzu

やさしい

清涼感あふれる「すず」に「こ」をつけると和の乙女感が高まる

名前	画数	総画
湖鈴	12・13	25
瑚涼	13・11	24
来寿々	7・7・3	17
小鈴	3・13	16

こと [Koto]

知的

雅楽の楽器「琴」に通じ、伝統の重みを感じさせる。気品にあふれ繊細で、物腰やわらかい印象

名前	画数	総画
心都	4・11	15
琴	12	12
采	8	8

ことえ
Kotoe

やさしい

和の情緒をもつ「こと」にあかるい止め字「え」が優美さをプラス

名前	画数	総画
琴絵	12・12	24
珠栄	10・9	19
言絵	7・12	19
殊江	10・6	16

ことか
Kotoka

あかるい

はっきりとした音の連なりがりりしく、気高い女の子を思わせる

名前	画数	総画
琴華	12・10	22
小都花	3・11・7	21
采花	8・7	15
采加	8・5	13

ことこ
Kotoko

かわいい

繰り返す「こ」の音が耳に心地よい。礼儀正しく繊細なイメージ

名前	画数	総画
心都子	4・11・3	18
琴心	12・4	16
詞子	12・3	15
琴子	12・3	15

ことな Kotona

やさしい

小気味よい「こと」にやわらかい「な」を添えた女の子らしい響き

名前	画数	総画
小都南	3・11・9	23
琴菜	12・11	23
采那	8・7	15
寿奈	7・8	15

ことね Kotone

やさしい

「琴の音」を思わせ音楽的な色合いが濃い、ロマンチックな名前

名前	画数	総画
采祢	8・9	17
采音	8・9	17
寿音	7・9	16
心音	4・9	13
琴寧	12・14	26
古都祢	5・11・9	25
琴祢	12・9	21
琴音	12・9	21

ことの Kotono

あかるい

奥ゆかしい止め字「の」と和風音「こと」が相性よく、大和撫子（やまとなでしこ）的

名前	画数	総画
小都野	3・11・11	25
小都乃	3・11・2	16
琴乃	12・2	14
言乃	7・2	9

ことは Kotoha

やさしい

「言の葉」に通じ、文学的な素養を感じさせる、たおやかな名前

名前	画数	総画
詞葉	12・12	24
琴羽	12・6	18
采花	8・7	15
寿羽	7・6	13

ことみ Kotomi

かわいい

おとなしい「こと」に「み」を添えてホッとさせるやさしさをプラス

名前	画数	総画
采実	8・8	16
寿美	7・9	16
采未	8・5	13
心美	4・9	13
琴美	12・9	21
采美	8・9	17
采海	8・9	17
京美	8・9	17

ことり Kotori

知的

その名のとおり、さえずる小鳥をイメージさせる、かわいらしい

名前	画数	総画
琴鈴	12・13	25
琴梨	12・11	23
琴莉	12・10	22
小都里	3・11・7	21

こな Kona

あかるい

穏やかでやさしい二音に「こ」を据えて独特な響きに

名前	画数	総画
瑚奈	13・8	21
湖那	12・7	19
胡奈	9・8	17
小奈	3・8	11

こなつ Konatsu

あかるい

あかるい「なつ」に控えめな「こ」を添え、あどけない印象

名前	画数	総画
湖菜都	12・11・11	34
小奈津	3・8・9	20
心夏	4・10	14
小夏	3・10	13

こなみ Konami

はなやか

しなやかな響きの「なみ」に添えた「こ」が謙虚な美しさを放つ

名前	画数	総画
湖南	12・9	21
小奈美	3・8・9	20
小夏光	3・10・6	19
小波	3・8	11

この ［Kono］

やさしい

低い「こ」に安心感をいだかせる「の」の組み合わせ。頭につけると愛らしさが際立つ

名前	画数	総画
香野	9・11	20
瑚乃	13・2	15
恋乃	10・2	12

このあ Konoa

かわいい

謙虚な「この」にあかるい「あ」が好バランスで陽気な余韻が残る

名前	画数	総画
香乃愛	9・2・13	24
倖愛	8・13	21
好亜	6・7	13
好有	6・6	12

このか Konoka

はなやか

落ち着いた「この」に止め字「か」があかるい色香をプラス

名前	画数	総画
好香	6・9	15
小乃果	3・2・8	13
好花	6・7	13
心花	4・7	11
瑚乃香	13・2・9	24
木野花	4・11・7	22
心乃華	4・2・10	16
好華	6・10	16

このは Konoha

「木の葉」に通じる叙情的な名前。軽やかさと重みが同居した響き

印象：やさしい

名前	画数	総画
心葉	4・12	16
木葉	4・12	16
恋羽	10・6	16
瑚乃葉	13・2・12	27

このみ Konomi

いずれも控えめな音ながら「木の実」のようなかわいらしさが光る

印象：かわいい

名前	画数	総画
好未	6・5	11
心美	4・9	13
木乃実	4・2・8	14
好海	6・9	15

こはく Kohaku

樹液の化石「琥珀」と同音。歴史や大自然の神秘性を感じさせる

印象：知的

名前	画数	総画
胡珀	9・9	18
瑚白	13・5	18
琥珀	12・9	21
瑚珀	13・9	22

こはな Kohana

女の子らしい「はな」に「こ」を添え、素朴なかわいらしさを強調

印象：あかるい

名前	画数	総画
小花	3・7	10
小華	3・10	13
心華	4・10	14
香花	9・7	16

こはね Kohane

優美な響きの「はね」に添えた「こ」が奥ゆかしい印象をプラス

印象：やさしい

名前	画数	総画
心羽	4・6	10
虹羽	9・6	15
小羽音	3・6・9	18
香羽音	9・6・9	24

こはる Koharu

初冬の穏やかな陽気を指す言葉で、あたたかい幸福感に満ちた響き

印象：はなやか

名前	画数	総画
小春	3・9	12
心晴	4・12	16
香遥	9・12	21
瑚晴	13・12	25

こまき Komaki

あかるい主張をもつ「まき」に「こ」を添え、奥ゆかしさを増す

印象：やさしい

名前	画数	総画
小牧	3・8	11
小蒔	3・13	16
小槙	3・14	17
心蒔	4・13	17

こまち Komachi

美女を表す言葉「小町」と同音で、純和風の美しさをもっている

印象：やさしい

名前	画数	総画
小町	3・7	10
心町	4・7	11
心万知	4・3・8	15
心真知	4・10・8	22
小茉智	3・8・12	23
香麻千	9・11・3	23
香万智	9・3・12	24
小満智	3・12・12	27

こもも Komomo

みずみずしい「もも」に「こ」を加え、あどけない愛らしさを強調

印象：知的

名前	画数	総画
小桃	3・10	13
幸桃	8・10	18
香桃	9・10	19
瑚桃	13・10	23

こゆき Koyuki

清純な「ゆき」に添えた「こ」が気品と控えめな色香を感じさせる

印象：はなやか

名前	画数	総画
小幸	3・8	11
心幸	4・8	12
小雪	3・11	14
心雪	4・11	15
来幸	7・8	15
恋幸	10・8	18
香雪	9・11	20
恋雪	10・11	21

こより Koyori

安心感ある「より」音に添えた「こ」が、つつましい愛らしさを生む

印象：かわいい

名前	画数	総画
小和	3・8	11
小依	3・8	11
心和	4・8	12
来和	7・8	15

こりん Korin

落ち着いた止め字「こ」により「りん」の透き通った響きが冴える

印象：やさしい

名前	画数	総画
小鈴	3・13	16
小凛	3・15	18
香琳	9・12	21
湖鈴	12・13	25

こわ Kowa

硬質な「こ」と深みある「わ」のコントラストが独特の余韻を生む

印象：知的

名前	画数	総画
小羽	3・6	9
小波	3・8	11
虹羽	9・6	15
瑚和	13・8	21

さ

五行 金

はなやかで魅力いっぱい

さお Sao

あかるい

軽やかな清音「さ」に続く静かで深い「お」の余韻が耳に心地よい

名前	総画
彩11 桜10	21
沙7 緒14	21
咲9 音9	18
紗10 央5	15

さいか Saika

やさしい

さわやかな知性を感じる「さい」に気品ある「か」が華を添える

名前	総画
紗10 衣6 加5	21
彩11 夏10	21
菜11 果8	19
采8 香9	17

さおり Saori

やさしい

異国風の響きの「さお」をクールな「り」音がスマートに収める

名前	総画
里7 織18	25
沙7 織18	25
早6 織18	24
彩11 央5 里7	23
紗10 緒14 莉10	34
彩11 織18	29
沙7 緒14 李7	28
咲9 生5 梨11	25

さえ [Sae]

あかるい

さわやかな「さ」を安心感のある「え」でまとめ、すっきりとしつつも女の子らしい名前

名前	総画
沙7 恵10	17
小3 絵12	15
冴7	7
彩11 衣6	17
早6 映9	15
佐7 江6	13
紗10 英8	18
沙7 英8	15
沙7 衣6	13
紗10 栄9	19
彩11 永5	16
小3 瑛12	15

さあや Saaya

かわいい

母音「あ」で構成され、高揚感と神秘性を感じさせる美しい流れ

名前	総画
冴7 綾14	21
沙7 彩11	18
紗10 礼5	15
咲9 文4	13
紗10 亜7 弥8	25
咲9 綺14	23
桜10 彩11	21
咲9 絢12	21

さき [Saki]

あかるい

爽快な「さ」と潔い「き」が知的でさっぱりした印象をつくる。「咲」に通じ、かわいらしさも

名前	総画
紗10 季8	18
早6 姫10	16
咲9	9

さえこ Saeko

知的

すがすがしくも陽気な「さえ」を「こ」が受け、安定感をプラス

名前	総画
彩11 恵10 子3	24
咲9 恵10 子3	22
沙7 英8 子3	18
小3 絵12 子3	18

さきこ Sakiko

あかるい

シャープな「さき」をなじみ深い「こ」でまとめ、信頼感を増す

名前	総画
彩11 貴12 子3	26
沙7 樹16 子3	26
咲9 希7 子3	19
咲9 子3	12

さえら Saera

やさしい

清廉な「さえ」に陽のムードをもつ「ら」を添えエキゾチックに

名前	総画
佐7 江6 楽13	26
冴7 羅19	26
沙7 恵10 良7	24
紗10 衣6 良7	23

さあら Saara

はなやか

涼しげな「さ」からあかるい「ら」に流れ「ら」が異国風に収める

名前	総画
紗10 有6 羅19	35
咲9 愛13 良7	29
沙7 亜7 楽13	27
紗10 新13	23

さきな Sakina

涼しげな「さき」にやわらかい「な」がバランスよく女の子らしい

やさしい

- 咲9 那7 — 16
- 咲9 菜11 — 20
- 沙7 希7 奈8 — 22
- 早6 貴12 菜11 — 29

さきほ Sakiho

涼しげな「さき」に「ほ」が温かみを添えホッとさせる雰囲気に

かわいい

- 沙7 希7 帆6 — 20
- 早6 季8 歩8 — 22
- 咲9 穂15 — 24
- 小3 妃6 穂15 — 24

さく［Saku］

やさしい

静かな止め字「く」音により、さわやかな「さ」音に知的でおとなっぽい雰囲気が加わる

- 咲9 — 9
- 小3 紅9 — 12
- 紗10 玖7 — 17

さくこ Sakuko

控えめな音の組み合わせにより、思慮深く上品な印象にまとまる

知的

- 咲9 子3 — 12
- 朔10 子3 — 13
- 咲9 紅9 子3 — 21
- 佐7 久3 湖12 — 22

さくは Sakuha

斬新な止め字「は」が「さく」に開放感を加え、自由で活発な印象

かわいい

- 咲9 羽6 — 15
- 佐7 久3 波8 — 18
- 咲9 葉12 — 21
- 咲9 紅9 羽6 — 24

さくみ Sakumi

知的な響きの「さく」に温かみある「み」がおっとりした雰囲気

あかるい

- 咲9 未5 — 14
- 咲9 美9 — 18
- 朔10 美9 — 19
- 咲9 深11 — 20

さくや Sakuya

日本神話に登場する桜の女神と同音。凛とした神々しさをたたえる

あかるい

- 咲9 耶9 — 18
- 桜10 夜8 — 18
- 桜10 弥8 — 18
- 咲9 紅9 矢5 — 23

さくら Sakura

「桜」に通じる優美さと艶やかさをもち、長く愛される名前

やさしい

- 桜10 — 10
- 咲9 良7 — 16
- 咲9 空8 — 17
- 桜10 来7 — 17

- 紗10 久3 良7 — 20
- 櫻21 — 21
- 朔10 楽13 — 23
- 咲9 蘭19 — 28

さくらこ Sakurako

伝統的止め字「こ」により「さくら」がグッと古風でやわらかく響く

はなやか

- 桜10 子3 — 13
- 桜10 香9 — 19
- 桜10 瑚13 — 23
- 咲9 蘭19 子3 — 31

ささ Sasa

涼やかな「さ」音を重ね、葉擦れのような情緒を感じさせる名前

やさしい

- 咲9 々3 — 12
- 紗10 々3 — 13
- 早6 紗10 — 16
- 桜10 沙7 — 17

さち Sachi

清らかな「さ」音と、強く主張ある「ち」音が潔く、凛とした響きに

あかるい

- 幸8 — 8
- 倖10 — 10
- 紗10 千3 — 13
- 沙7 知8 — 15

- 佐7 知8 — 15
- 早6 智12 — 18
- 紗10 知8 — 18
- 彩11 智12 — 23

さちか Sachika

はっきりとした音の連なりが、あかるくはなやかな躍動感を生む

はなやか

- 幸8 香9 — 17
- 倖10 花7 — 17
- 咲9 千3 加5 — 17
- 祥10 夏10 — 20

さちこ Sachiko

伝統的に愛されてきた女子名で、ホッとさせる安心感がある

かわいい

- 幸8 子3 — 11
- 祥10 子3 — 13
- 佐7 知8 子3 — 18
- 紗10 智12 子3 — 25

さちほ Sachiho
やさしい

キリッとすがすがしい「さち」と温かみある「ほ」が好バランス

- 祥10 穂15 (25)
- 幸8 穂15 (23)
- 沙7 千3 帆6 (16)
- 幸8 歩8 (16)

さつき Satsuki
あかるい

和暦「皐月」に通じ、5月の空のように晴れやかで純粋なイメージ

- 沙7 都11 姫10 (28)
- 颯14 希7 (21)
- 皐11 月4 (15)
- 咲9 月4 (13)

さと [Sato]
知的

涼しげな「さ」に、鋭くも落ち着きのある「と」を添え、聡明で礼儀正しい印象に

- 沙7 都11 (18)
- 慧15 (15)
- 聡14 (14)

さとか Satoka
やさしい

知的な「さと」を快活な「か」音で受け止め前向きな印象をプラス

- 沙7 都11 花7 (25)
- 理11 華10 (21)
- 怜8 花7 (15)
- 里7 佳8 (15)

さとこ Satoko
知的

知性的な「さと」を落ち着いた「こ」でまとめ、まじめさが光る

- 咲9 都11 子3 (23)
- 慧15 子3 (18)
- 聡14 子3 (17)
- 郷11 子3 (14)

さとみ Satomi
やさしい

知的なクールさと愛情深さが共存する、収まりのよい定番名前

- 聡14 美9 (23)
- 智12 美9 (21)
- 怜8 泉9 (17)
- 里7 実8 (15)

さな [Sana]
やさしい

さわやかな「さ」と女の子らしい「な」、人気音どうしをシンプルに組み合わせ好感度大

- 咲9 奈8 (17)
- 佐7 菜11 (18)
- 紗10 南9 (19)
- 桜10 菜11 (21)
- 采8 那7 (15)
- 咲9 凪6 (15)
- 早6 夏10 (16)
- 紗10 凪6 (16)
- 小3 奈8 (11)
- 咲9 七2 (11)
- 早6 那7 (13)
- 彩11 七2 (13)

さなえ Sanae
はなやか

人気の「さな」に安心感のある「え」を添え、ほがらかな印象に

- 紗10 菜11 恵10 (31)
- 早6 南9 恵10 (25)
- 咲9 奈8 江6 (23)
- 紗10 苗8 (18)

さなみ Sanami
かわいい

フレッシュな「さな」に丸い響きの「み」が温かい人柄を思わせる

- 桜10 菜11 南9 (30)
- 沙7 那7 南9 (23)
- 沙7 南9 (16)
- 小3 波8 (11)

さほ Saho
やさしい

涼やかな「さ」を安心感ある「ほ」が包み、懐の深さを感じさせる

- 咲9 穂15 (24)
- 沙7 穂15 (22)
- 桜10 歩8 (18)
- 早6 帆6 (12)

さや [Saya]
あかるい

すがすがしい「さ」にシャープな「や」の響きを添え、清楚さと神秘的な雰囲気を醸し出す

- 彩11 耶9 (20)
- 咲9 陽12 (21)
- 紗10 野11 (21)
- 早6 優17 (23)
- 紗10 椰13 (23)
- 彩11 椰13 (24)
- 咲9 優17 (26)
- 沙7 耶9 (16)
- 爽11 矢5 (16)
- 彩11 矢5 (16)
- 咲9 弥8 (17)
- 沙7 彩11 (18)
- 紗10 弥8 (18)
- 桜10 弥8 (18)
- 彩11 (11)
- 颯14 (14)
- 沙7 弥8 (15)
- 沙7 夜8 (15)
- 冴7 弥8 (15)
- 紗10 矢5 (15)
- 佐7 耶9 (16)

さよ [Sayo]

やさしい

すがすがしい「さ」に伝統の「よ」が落ち着きを添えた。和のレトロ感がかえって新鮮に響く

- 小3 夜8 — 11
- 早6 代5 — 11
- 沙7 世5 — 12
- 早6 佳8 — 14
- 紗10 世5 — 15
- 紗10 代5 — 15
- 彩11 世5 — 16
- 彩11 代5 — 16
- 早6 葉12 — 18
- 咲9 陽12 — 21
- 咲9 葉12 — 21
- 彩11 陽12 — 23

さゆ [Sayu]

やさしい

さわやかな「さ」にみずみずしい「ゆ」の音が好相性。女の子らしい若々しさをたたえた名前

- 咲9 友4 — 13
- 紗10 夕3 — 13
- 紗10 由5 — 15
- 彩11 友4 — 15
- 彩11 柚9 — 20
- 咲9 結12 — 21
- 咲9 結12 — 21
- 紗10 唯11 — 21
- 紗10 悠11 — 21
- 沙7 優17 — 24
- 咲9 優17 — 26
- 桜10 優17 — 27

さやか Sayaka

かわいい

純真な響きの「さや」に女性らしい響きの「か」を添え、可憐に

- 才3 加5 — 8
- 紗10 佳8 — 18
- 清11 花7 — 18
- 紗10 也3 加5 — 18

- 彩11 香9 — 20
- 爽11 香9 — 20
- 彩11 華10 — 21
- 紗10 也3 夏10 — 23

さよか Sayoka

はなやか

おとなびた「さよ」に高揚感ある「か」音が、あかるい輝きを添えた

- 沙7 世5 日4 — 16
- 小3 夜8 花7 — 18
- 桜10 夜8 加5 — 23
- 紗10 代5 香9 — 24

さゆき Sayuki

あかるい

清純な響きの「さゆ」に「き」を添えキリッと意志の強い印象に

- 咲9 幸8 — 17
- 沙7 友4 妃6 — 17
- 桜10 雪11 — 21
- 咲9 由5 希7 — 21

さやこ Sayako

やさしい

伝統の止め字「こ」が清純な「さや」に大人びた落ち着きをプラス

- 清11 子3 — 14
- 紗10 也3 子3 — 16
- 咲9 矢5 子3 — 17
- 紗10 弥8 子3 — 21

さよこ Sayoko

かわいい

落ち着いた「こ」音により「さよ」がグッとおとなっぽくしとやかに

- 咲9 世5 子3 — 17
- 紗10 代5 子3 — 18
- 彩11 夜8 子3 — 22
- 彩11 葉12 子3 — 26

さゆみ Sayumi

かわいい

可憐な「さゆ」に丸みをもつ「み」を添え、よりかわいらしく

- 沙7 弓3 — 10
- 紗10 弓3 — 13
- 彩11 由5 美9 — 25
- 咲9 優17 実8 — 34

さやね Sayane

はなやか

涼しげな「さや」に和の風情をもつ「ね」を添え、しとやかに

- 清11 音9 — 20
- 爽11 音9 — 20
- 紗10 矢5 祢9 — 24
- 咲9 耶9 祢9 — 27

さより Sayori

やさしい

ほっそりと光沢ある魚と同名で、繊細でしなやかなイメージの響き

- 咲9 和8 — 17
- 桜10 依8 — 18
- 紗10 依8 — 18
- 紗10 代5 莉10 — 25

さゆり Sayuri

かわいい

「百合(ゆり)」の雅やかな呼び方で、しっとりと落ち着いた女性を思わせる

- 小3 百6 合6 — 15
- 沙7 由5 里7 — 19
- 紗10 友4 里7 — 21
- 沙7 友4 理11 — 22

さやの Sayano

やさしい

伝統の止め字「の」が涼しげな「さや」にしなやかな艶感を添える

- 清11 乃2 — 13
- 爽11 乃2 — 13
- 沙7 也3 野11 — 21
- 紗10 耶9 乃2 — 21

さら [Sara]

あかるい

インド原産の樹木名に通じ、異国情緒漂う響き。清廉な「さ」に続く「ら」の余韻が艶やか

紗10 羅19	29
桜10 来7	17
沙7 良7	14

さらさ Sarasa

インドの布名と同じ響きで、エキゾチックなクールさが漂う名前

咲9 楽13 彩11	33
沙7 良7 紗10	24
佐7 良7 咲9	23
更7 紗10	17

はなやか

さり Sari

フレッシュな「さ」に怜悧（れいり）な「り」音を添え凛とした雰囲気に

咲9 璃15	24
紗10 里7	17
沙7 莉10	17
咲9 李7	16

やさしい

さりい Sarii

インドの民族衣装に通じ、涼やかななかに魅惑的な艶を秘める

早6 莉10 唯11	27
彩11 李7 衣6	24
沙7 里7 依8	22
佐7 利7 李7	21

かわいい

さりな Sarina

オシャレな「さり」に「な」音がのびやかなあかるさを添える

咲9 里7 菜11	27
桜10 里7 南9	26
沙7 梨11 那7	25
沙7 莉10 奈8	25

知的

さわ Sawa

清涼感ある「さ」音に続く「わ」音が大らかで、天真爛漫（らんまん）な印象に

砂9 羽6	15
咲9 羽6	15
沙7 和8	15
佐7 和8	15
彩11 和8	19
沙7 葉12	19
紗10 和8	18
桜10 羽6	16

あかるい

さわこ Sawako

古風な止め字「こ」により涼やかな「さわ」が奥ゆかしく聡明に

紗10 和8 子3	21
咲9 羽6 子3	18
沙7 羽6 子3	16
爽11 子3	14

やさしい

さわね Sawane

清爽な響きの「さわ」が止め字「ね」によりしっとりと風流に響く

沙7 葉12 音9	28
咲9 羽6 音9	24
爽11 祢9	20
爽11 音9	20

はなやか

さんご Sango

あかるい「さん」と落ち着きある「ご」が調和。大自然の雰囲気も

珊9 瑚13	22
珊9 梧11	20
三3 檎17	20
三3 梧11	14

あかるい

し

五行 金

穏やかで意志が強い

しあ Shia

思慮深さを感じさせる「し」と明朗な「あ」でまとめた新鮮な名前

紫12 愛13	25
梓11 愛13	24
詩13 空8	21
梓11 亜7	18

あかるい

しいか Shiika

知的な響きの「しい」に気品ある「か」を添えて。「詩歌」と同音

詩13 歌14	27
椎12 夏10	22
椎12 香9	21
詩13 花7	20

やさしい

しいな Shiina

控えめな知性を感じさせる「しい」に添えられた「な」が女の子らしい

詩13 衣6 奈8	27
椎12 菜11	23
椎12 南9	21
史5 菜11	16

やさしい

しえ Shie

静かで知的な「し」と微笑(ほほえ)み感ある「え」音を合わせた斬新な響き

名前	画数
紫12 恵10	22
志7 絵12	19
史5 恵10	15
史5 栄9	14

知的

しえり Shieri

「し」に人気の響き「えり」を添え、純粋さと甘さが引き立った

名前	画数
紫12 絵12 梨11	35
詩13 絵12 里7	32
史5 衣6 莉10	21
志7 江6 里7	20

はなやか

しお [Shio]

あかるい

澄んだ強さをもつ「し」に「お」の寛大さと親しみやすさが加わった響き

名前	画数
紫12 央5	17
志7 桜10	17
汐6	6

しおり Shiori

本に挟む「栞」と同音で文学的な印象。「り」もすがすがしく知的

名前	画数
汐6 璃15	21
栞10 吏6	16
汐6 莉10	16
汐6 里7	13
詩13 織18	31
志7 緒14 里7	28
詩13 央5 里7	25
史5 織18	23

やさしい

しおん Shion

紫色の可憐な花をつける「紫苑」と同音。しなやかで聡明な響き

名前	画数
詩13 温12	25
紫12 園13	25
紫12 音9	21
汐6 音9	15

知的

しき Shiki

シャープな響きで、洞察力に富んだ鋭い知性を感じさせる名前

名前	画数
詩13 稀12	25
紫12 妃6	18
志7 紀9	16
四5 季8	13

やさしい

しず [Shizu]

あかるい

静かで清楚な「し」に涼しげな重みをもつ濁音「ず」がうるおい感を加え、女性らしい響きに

名前	画数
史5 珠10	15
志7 寿7	14
静14	14

しずか Shizuka

静かで奥ゆかしい印象ながら「か」のキレのよい音が華麗に響く

名前	画数
志7 珠10 加5	22
寧14 花7	21
閑12 香9	21
静14	14
志7 津9 香9	25
静14 華10	24
静14 夏10	24
静14 香9	23

はなやか

しずく Shizuku

「雫」に通じうるおい感と静けさをたたえる。濁音の重みもほどよい

名前	画数
静14 来7	21
雫11 空8	19
澪16	16
雫11	11

やさしい

しずる Shizuru

奥ゆかしい「しず」に清涼感ある「る」音がみずみずしさを強調

名前	画数
紫12 珠10 流10	32
静14 琉11	25
志7 寿7 留10	24
静14 流10	24

知的

しづ Shizu

さわやかな「し」音に古典的仮名遣いの「づ」が気品を与える

名前	画数
詩13 都11	24
紫12 都11	23
詩13 津9	22
志7 津9	16

知的

しづき Shizuki

古風な「しず」に「き」の硬質な音がシャープな知性を感じさせる

名前	画数
志7 槻15	22
詩13 月4	17
梓11 月4	15
志7 月4	11

あかるい

しなこ Shinako

しなやかで素直な響きの二音を「こ」で古風にまとめ誠実な印象に

名前	画数
詩13 奈8 子3	24
史5 菜11 子3	19
志7 那7 子3	17
支4 南9 子3	16

やさしい

しの Shino
やさしい

細くしなやかな竹を意味する語と同音。風流でおとなびた響きに

名前	画数	総画
詩野	13・11	24
紫野	12・11	23
梓乃	11・2	13
信乃	9・2	11

しのん Shinon
はなやか

静かで知的な響きの「し」に止め字「のん」があかるさを加える

名前	画数	総画
詩穏	13・16	29
紫穏	12・16	28
梓音	11・9	20
栞音	10・9	19

しほ Shiho
やさしい

シャープな「し」に温かみある「ほ」を続けホッとさせる雰囲気に

名前	画数	総画
梓歩	11・8	19
思歩	9・8	17
栞帆	10・6	16
志保	7・9	16
志穂	7・15	22
紫保	12・9	21
史穂	5・15	20
詩帆	13・6	19

しほり Shihori
かわいい

クールな二音に挟まれた「ほ」が古風で優美な流れを作り出す

名前	画数	総画
詩穂李	13・15・7	35
紫帆里	12・6・7	25
志保里	7・9・7	23
史歩莉	5・8・10	23

しま Shima
知的

静かに澄んだ「し」音に「ま」が跳ねるようなあかるさをプラス

名前	画数	総画
志磨	7・16	23
紫真	12・10	22
詩茉	13・8	21
志麻	7・11	18

じゅあん Juan
はなやか

重みのなかにうるおい感ある「じゅ」を「あん」があかるくまとめる

名前	画数	総画
樹杏	16・7	23
寿晏	7・10	17
珠安	10・6	16
寿杏	7・7	14

しゅうか Shuka
やさしい

涼やかに流れるような美しい響きで、知性とはなやかさを感じさせる

名前	画数	総画
柊華	9・10	19
柊香	9・9	18
秋花	9・7	16
秀香	7・9	16

しゅか Shuka
あかるい

スピード感ある「しゅ」に上昇音「か」が前向きな強さをプラス

名前	画数	総画
珠華	10・10	20
朱夏	6・10	16
珠加	10・5	15
朱花	6・7	13

しゅな Shuna
やさしい

やわらかい止め字「な」により「しゅ」のすがすがしい勢いが際立つ

名前	画数	総画
珠菜	10・11	21
珠那	10・7	17
朱奈	6・8	14
朱那	6・7	13

じゅな Juna
はなやか

みずみずしい「じゅ」をしなやかな「な」で受け、愛くるしい印象

名前	画数	総画
樹菜	16・11	27
樹奈	16・8	24
珠那	10・7	17
寿奈	7・8	15

じゅね June
かわいい

主張の強い「じゅ」に個性的な止め字「ね」がかわいい余韻を残す

名前	画数	総画
樹音	16・9	25
珠寧	10・14	24
寿祢	7・9	16
寿音	7・9	16

じゅの Juno
あかるい

生命感あふれる「じゅ」を柔軟な止め字「の」で受け、のびのびと

名前	画数	総画
樹野	16・11	27
樹乃	16・2	18
珠乃	10・2	12
寿乃	7・2	9

しゅり Shuri
知的

さっぱりとした音の並びに「り」音が光沢感を添え気品ある響きに

名前	画数	総画
朱梨	6・11	17
朱莉	6・10	16
朱里	6・7	13
朱李	6・7	13
珠璃	10・15	25
珠理	10・11	21
柊莉	9・10	19
珠里	10・7	17

す

五行 金

陽気でめんどう見がよい

じゅり Juri

かわいい

濁音の重みがゴージャスに響く「じゅ」を「り」音ですっきりと

樹16 凛15	31
樹16 里7	23
寿7 梨11	18
朱6 里7	13

じゅりあ Juria

はなやか

豪華な「じゅり」にあかるい「あ」を添え洋風の響きをもつ名前に

樹16 梨11 安6	33
樹16 里7 空8	31
珠10 理11 亜7	28
寿7 里7 亜7	21

じゅん [Jun]

知的

濁音「じ」がほどよい重みと落ち着きを備え、「ゅん」のうるおい感がしっとりとおとなびた印象

潤15	15
絢12	12
純10	10

じゅんこ Junko

あかるい

「じゅん」をオーソドックスな止め字「こ」で受け、安心感アップ

順12 子3	15
淳11 子3	14
純10 心4	14
純10 子3	13
潤15 子3	18
諄15 子3	18
詢13 子3	16
絢12 子3	15

じゅんな Junna

やさしい

若々しい「じゅん」とやわらかい「な」が愛らしくピュアな印象

潤15 那7	22
惇11 菜11	22
絢12 南9	21
純10 奈8	18

しょうこ Shoko

やさしい

さわやかで知的な響きの「しょう」をシンプルに「こ」でまとめる

菖11 子3	14
祥10 子3	13
笑10 子3	13
庄6 子3	9
憧15 子3	18
遥12 子3	15
翔12 子3	15
章11 子3	14

しるく Siruku

はなやか

英語の「絹」と同音。なめらかな響きが優美で、高貴さも備える

詩13 瑠14 紅9	36
紫12 留10 久3	25
史5 流10 空8	23
絹13 衣6	19

すい Sui

知的

「水」を彷彿（ほうふつ）とさせ、何にも縛られない軽やかさと清純さをもつ名前

翠14 唯11	25
穂15	15
翠14	14
粋10	10

すず [Suzu]

あかるい

澄んだ響きの「す」としとやかな重みをもつ「ず」が好相性。鈴の音を思わせ、愛らしさ満点

鈴13	13
寿7 々3	10
紗10	10

すずか Suzuka

はなやか

可憐な「すず」音に続く「か」が女性らしくエレガントな雰囲気

鈴13 華10	23
涼11 香9	20
寿7 々3 花7	17
紗10 加5	15

すずこ Suzuko

シンプルな止め字「こ」により「すず」の素朴さと純粋さが際立つ

名前	画数	総画
鈴子	鈴13 子3	16
涼子	涼11 子3	14
寿々子	寿7 々3 子3	13
紗子	紗10 子3	13

やさしい

すずな Suzuna

春の七草にもある響き。涼やかな音に女の子らしい「な」が好相性

名前	画数	総画
寿珠奈	寿7 珠10 奈8	25
紗菜	紗10 菜11	21
鈴那	鈴13 那7	20
涼南	涼11 南9	20

かわいい

すずね Suzune

「鈴の音」を思わせる愛らしい響きのなかに、知的な落ち着きが

名前	画数	総画
涼寧	涼11 寧14	25
鈴音	鈴13 音9	22
涼音	涼11 音9	20
寿々音	寿7 々3 音9	19

はなやか

すずの Suzuno

止め字「の」が古風な響きで「すず」をグッと奥ゆかしい印象に

名前	画数	総画
寿々野	寿7 々3 野11	21
珠寿乃	珠10 寿7 乃2	19
鈴乃	鈴13 乃2	15
涼乃	涼11 乃2	13

やさしい

すずは Suzuha

「すず」の控えめな音に「は」のさわやかな強さが好バランス

名前	画数	総画
涼琶	涼11 琶12	23
涼葉	涼11 葉12	23
涼羽	涼11 羽6	17
紗羽	紗10 羽6	16

やさしい

すみか Sumika

清純な「すみ」に止め字「か」が華を添え、芯の強さを感じさせる

名前	画数	総画
澄花	澄15 花7	22
寿実加	寿7 実8 加5	20
純佳	純10 佳8	18
純花	純10 花7	17
須美夏	須12 美9 夏10	31
澄夏	澄15 夏10	25
純歌	純10 歌14	24
澄佳	澄15 佳8	23

はなやか

すみれ Sumire

紫色の花と同名で可憐さと清純さ、そして聡明さを兼ね備える響き

名前	画数	総画
菫玲	菫11 玲9	20
純怜	純10 怜8	18
純礼	純10 礼5	15
菫	菫11	11
素美麗	素10 美9 麗19	38
澄玲	澄15 玲9	24
純蓮	純10 蓮13	23
寿美礼	寿7 美9 礼5	21

やさしい

すわこ Suwako

澄んだ響きのなかに、奥深さと秘めた魅力を感じさせる

名前	画数	総画
素和子	素10 和8 子3	21
寿和子	寿7 和8 子3	18
寿波子	寿7 波8 子3	18
朱羽子	朱6 羽6 子3	15

かわいい

せ

五行 金

集中して努力できる

せい [Sei]

知的

落ち着いたさわやかさをもつ「せ」に、知的な「い」音の組み合わせ。晴れやかな広がり感も

名前	画数	総画
聖	聖13	13
晴	晴12	12
星	星9	9

せいか Seika

澄み渡る響きの「せい」に止め字「か」が女性らしい彩りを添える

名前	画数	総画
聖夏	聖13 夏10	23
晴華	晴12 華10	22
清香	清11 香9	20
星花	星9 花7	16

やさしい

せいこ Seiko

あかるさと落ち着きが同居する「せい」を「こ」が上品にまとめる

名前	画数	総画
誓子	誓14 子3	17
聖子	聖13 子3	16
誠子	誠13 子3	16
清子	清11 子3	14

かわいい

せいな Seina

やさしい

中性的な響きの「せい」に添えた「な」のかわいらしさが際立つ

- 聖13 夏10 — 23
- 惺12 那7 — 19
- 成6 菜11 — 17
- 星9 那7 — 16

せいら Seira

はなやか

現代的な止め字「ら」が「せい」をノーブルに引き立て、美しい

- 静14 蘭19 — 33
- 清11 羅19 — 30
- 星9 来7 — 16
- 成6 良7 — 13

せな Sena

やさしい

涼しげな「せ」と甘さを秘めた「な」が好対照で、スマートな響き

- 世5 夏10 — 15
- 世5 那7 — 12
- 星9 七2 — 11
- 千3 奈8 — 11
- 瀬19 菜11 — 30
- 瀬19 那7 — 26
- 惺12 菜11 — 23
- 芹7 奈8 — 15

せら Sera

あかるい

クールななかにはなやかさを感じさせる短音名前。外国的な印象も

- 世5 蘭19 — 24
- 世5 羅19 — 24
- 聖13 良7 — 20
- 星9 来7 — 16

せり [Seri]

はなやか

春の七草のひとつ「芹」に通じ、清涼感のある響き。落ち着いた「り」の余韻がクールに響く

- 芹7 梨11 — 18
- 世5 莉10 — 15
- 芹7 — 7

せりか Serika

はなやか

さわやかに香るような響き。さわやかさと可憐さが同居している

- 瀬19 李7 果8 — 34
- 世5 里7 香9 — 21
- 芹7 香9 — 16
- 芹7 花7 — 14

せりな Serina

やさしい

女の子らしい止め字「な」が「せり」と相性よく春の野を思わせる

- 瀬19 里7 菜11 — 37
- 世5 梨11 那7 — 23
- 世5 莉10 奈8 — 23
- 芹7 菜11 — 18

せれな Serena

あかるい

スペイン語の「晴れ晴れとした」の意。のびやかであかるい印象

- 瀬19 礼5 奈8 — 32
- 世5 麗19 奈8 — 32
- 聖13 玲9 那7 — 29
- 星9 伶7 南9 — 25

せれん Seren

知的

おとなびた「せ」に続くシャープな「れん」がキレよくすがすがしい

- 瀬19 蓮13 — 32
- 聖13 恋10 — 23
- 星9 恋10 — 19
- 世5 蓮13 — 18

そ

五行 金

穏やかで思慮深い

そな Sona

やさしい

静かな清涼感をもつ「そ」にやさしい「な」を添え、純朴な印象に

- 颯14 菜11 — 25
- 想13 那7 — 20
- 空8 奈8 — 16
- 奏9 名6 — 15

その [Sono]

あかるい

落ち着いたさわやかさをもつ「そ」に適度な重みある「の」が誠実で温厚に響く。和の風情も

- 蒼13 乃2 — 15
- 園13 — 13
- 苑8 — 8

そのか Sonoka

はなやか

奥ゆかしい「その」に優美で気品ある止め字「か」が花を添える

- 想13 乃2 香9 — 24
- 園13 果8 — 21
- 園13 加5 — 18
- 苑8 花7 — 15

そのこ Sonoko

温厚な印象の「その」を「こ」でシンプルにまとめ、素直さを強調

名前	画数	総画
苑子	8・3	11
園子	13・3	16
苑湖	8・12	20
園胡	13・9	22

やさしい

そよか Soyoka

「そよ風」に近くやわらかくやさしい、癒やし系の響きが心地よい

名前	画数	総画
奏花	9・7	16
颯花	14・7	21
立風香	5・9・9	23
想代香	13・5・9	27

はなやか

そら [Sora]

「空」「宙」に通じる壮大なスケールをもつ。自由でのびやか、はつらつとした印象で人気

名前	画数	総画
空	8	8
宙	8	8
昊	8	8
天空	4・8	12
空良	8・7	15
奏良	9・7	16
爽来	11・7	18
蒼来	13・7	20
空楽	8・13	21
想來	13・8	21
奏楽	9・13	22
爽楽	11・13	24

あかるい

そらか Soraka

低い母音「お」から「らか」へ、美しい高揚感をもつ響き

名前	画数	総画
天花	4・7	11
昊加	8・5	13
空花	8・7	15
宙夏	8・10	18

かわいい

そらな Sorana

やわらかく開放感ある「な」が「そら」をより高く広く感じさせる

名前	画数	総画
空那	8・7	15
空奈	8・8	16
昊南	8・9	17
空菜	8・11	19

やさしい

そらね Sorane

一音ごとに変化に富んで個性的。軽やかな女の子らしさがある

名前	画数	総画
天音	4・9	13
空音	8・9	17
昊祢	8・9	17
奏良音	9・7・9	25

かわいい

そらの Sorano

あかるい「そら」音に古風な止め字「の」が和の落ち着きを添える

名前	画数	総画
天乃	4・2	6
空乃	8・2	10
昊乃	8・2	10
蒼空乃	13・8・2	23

あかるい

そらは Soraha

「そら」「は」ともに開放感にあふれる屈託のないあかるさをもつ

名前	画数	総画
空羽	8・6	14
昊波	8・8	16
空葉	8・12	20
想良羽	13・7・6	26

やさしい

そわ Sowa

やわらかく耳にやさしい二音で、おとなびた落ち着きを感じさせる

名前	画数	総画
素羽	10・6	16
奏和	9・8	17
想羽	13・6	19
想和	13・8	21

はなやか

た

五行 火

情熱と正義感をもつ

たえ Tae

温かい「た」を安定感ある「え」で支え、誠実で頼りがいのある印象

名前	画数	総画
妙	7	7
多笑	6・10	16
多瑛	6・12	18
多詠	6・12	18

やさしい

たかこ Takako

はっきりとした音で構成され、強い意志を感じさせる名前

名前	画数	総画
貴子	12・3	15
尊子	12・3	15
喬子	12・3	15
多香子	6・9・3	18

知的

たから Takara

「宝」を思わせ、福々しいイメージ。母音「あ」の連続で高揚感も

名前	画数	総画
宝	8	8
宝羅	8・19	27
多嘉楽	6・14・13	33
多香羅	6・9・19	34

あかるい

ち

五行 火

努力家で好奇心旺盛(おうせい)

ちえみ Chiemi

知的な「ちえ」を丸みのある「み」がやわらかく女性的にまとめる

名前	総画
智12 恵10 深11	33
智12 恵10 美9	31
千3 恵10 実8	21
千3 笑10	13

かわいい

たき Taki

静かなあかるさを秘めた「た」が鋭い響きの「き」でグッと知的に

名前	総画
多6 喜12	18
多6 紀9	15
多6 祈8	14
多6 希7	13

知的

ちえり Chieri

利発な印象の「ちえ」に清涼感ある「り」の音で、凛とした印象に

名前	総画
智12 恵10 理11	33
千3 恵10 理11	24
千3 愛13 里7	23
千3 絵12 里7	22

やさしい

たま [Tama]

やさしい

母音「あ」の連続であかるくはつらつとした印象。「玉」「珠」に通じ和風の艶と気品もある

名前	総画
多6 麻11	17
碧14	14
珠10	10

ちおり Chiori

引き締まった響きの「ち」に女性らしい「おり」が芯の強さを演出

名前	総画
智12 織18	30
千3 織18	21
知8 央5 里7	20
千3 桜10 里7	20

かわいい

ちあき Chiaki

キレのよい「ち」と軽快な「あき」音で利発でおとなびたイメージ

名前	総画
知8 明8	16
千3 晶12	15
千3 秋9	12
千3 明8	11

やさしい

たまお Tamao

明快な「たま」に続く「お」の音がしとやかな風情を醸し出す

名前	総画
珠10 緒14	24
珠10 桜10	20
玉5 緒14	19
玉5 青8	13

あかるい

ちか [Chika]

知的

「ち」「か」ともにはっきりとした音でリズミカル。あかるさのなかにも一本筋が通った印象に

名前	総画
知8 華10	18
千3 佳8	11
史5	5

ちえ [Chie]

知的

強い意志を感じさせる「ち」とほがらかな「え」の組み合わせ。「知恵」に通じ、聡明な印象も

名前	総画
智12 枝8	20
知8 枝8	16
千3 笑10	13
智12 恵10	22
知8 恵10	18
千3 瑛12	15
智12 絵12	24
智12 江6	18
千3 絵12	15
稚13 絵12	25
知8 絵12	20
千3 愛13	16

たまき Tamaki

クールな止め字「き」が「たま」に知的なしとやかさをプラス

名前	総画
瑞13 希7	20
珠10 紀9	19
珠10 希7	17
環17	17

はなやか

ちかげ Chikage

古風な趣がある「かげ」音により「ち」がグッとしとやかに響く

名前	総画
知8 嘉14 夏10	32
智12 加5 花7	24
知8 景12	20
千3 景12	15

知的

たまよ Tamayo

あかるい「たま」と親しみやすい「よ」が、陽気な人柄を思わせる

名前	総画
多6 真10 代5	21
珠10 世5	15
珠10 代5	15
玉5 良7	12

かわいい

ちかこ Chikako

止め字「こ」により主張の強い「ちか」にしなやかな気品が加わる

あかるい

名前	画数	総画
誓子	14・3	17
千香子	3・9・3	15
哉子	9・3	12
史子	5・3	8

ちかの Chikano

まっすぐな響きの「ちか」に止め字「の」が古典的な余韻をプラス

やさしい

名前	画数	総画
智香之	12・9・3	24
誓乃	14・2	16
知加乃	8・5・2	15
愛乃	13・2	15

ちぐさ Chigusa

「千草」に通じ風流な響き。「ちぐ」の音はほかに例がなく個性的

知的

名前	画数	総画
智草	12・9	21
知草	8・9	17
千種	3・14	17
千草	3・9	12

ちさ [Chisa]

やさしい

強いアクセントをもつ「ち」と、さわやかに抜ける「さ」が好バランス。聡明さを感じさせる

名前	画数	総画
智沙	12・7	19
知紗	8・10	18
千桜	3・10	13

ちさこ Chisako

利発なイメージの「ちさ」と伝統の止め字「こ」でお嬢さん風に

かわいい

名前	画数	総画
知紗子	8・10・3	21
千紗子	3・10・3	16
千咲子	3・9・3	15
千沙子	3・7・3	13

ちさと Chisato

さわやかな「ちさ」と落ち着いた清音「と」で、気さくな印象に

はなやか

名前	画数	総画
知怜	8・8	16
千聖	3・13	16
千惺	3・12	15
千怜	3・8	11
智紗都	12・10・11	33
千紗都	3・10・11	24
智里	12・7	19
千慧	3・15	18

ちすず Chisuzu

あかるい「ち」にかわいい「すず」の音があどけない印象を与える

やさしい

名前	画数	総画
智寿々	12・7・3	22
知鈴	8・13	21
千鈴	3・13	16
千涼	3・11	14

ちず Chizu

あかるく主張性ある「ち」と誠実な響きの「ず」を重ね、潔い名前

知的

名前	画数	総画
知都	8・11	19
千珠	3・10	13
千津	3・9	12
千寿	3・7	10

ちせ Chise

どこか古風で、めずらしい響きの短音名前。奥ゆかしく繊細な印象

あかるい

名前	画数	総画
智瀬	12・19	31
千聖	3・13	16
知世	8・5	13
千星	3・9	12

ちづる Chizuru

「鶴」の響きがあかるい「ち」にしなやかさと優美さをプラス

知的

名前	画数	総画
智鶴	12・21	33
知津流	8・9・10	27
千鶴	3・21	24
千弦	3・8	11

ちとせ Chitose

長い年月を意味する「千歳(ちとせ)」に通じゆったりとした和の風情をもつ

やさしい

名前	画数	総画
智都瀬	12・11・19	42
千登勢	3・12・13	28
知登世	8・12・5	25
千歳	3・13	16

ちな [China]

かわいい

元気いっぱいな「ち」、やわらかい「な」のバランスがよく女の子ならではのかわいさをもつ

名前	画数	総画
智南	12・9	21
知奈	8・8	16
千那	3・7	10
稚奈	13・8	21
治奈	8・8	16
千奈	3・8	11
智夏	12・10	22
知南	8・9	17
千夏	3・10	13
稚南	13・9	22
知菜	8・11	19
千菜	3・11	14
智菜	12・11	23
治菜	8・11	19
智七	12・2	14
稚夏	13・10	23
智那	12・7	19
茅那	8・7	15
稚菜	13・11	24
智奈	12・8	20
千愛	3・13	16

ちなつ Chinatsu

活発な「ちな」に、緊張感ある「つ」の音が冷静さをプラス

名前	画数	総画
千奈津	3・8・9	20
知夏	8・10	18
茅夏	8・10	18
千夏	3・10	13

あかるい

ちなみ Chinami

屈託のない「ちな」にやわらかい「み」を加え、ほがらかさが際立つ

名前	画数	総画
智奈美	12・8・9	29
千菜美	3・11・9	23
知凡	8・3	11
千波	3・8	11

はなやか

ちの Chino

どちらも古典的な響きをもち、清楚で奥ゆかしく品を感じさせる

名前	画数	総画
智乃	12・2	14
知乃	8・2	10
千之	3・3	6
千乃	3・2	5

やさしい

ちはや Chihaya

あかるく前向きな「ち」にシャープな「はや」の音が機敏な印象に

名前	画数	総画
千羽矢	3・6・5	14
知早	8・6	14
千隼	3・10	13
千早	3・6	9
千葉耶	3・12・9	24
知羽弥	8・6・8	22
智隼	12・10	22
知隼	8・10	18

かわいい

ちはる Chiharu

「ち」の元気さを高揚感のある「はる」の音がやわらかくまとめる

名前	画数	総画
千晴	3・12	15
千桜	3・10	13
千華	3・10	13
千春	3・9	12
智遥	12・12	24
治晴	8・12	20
知春	8・9	17
千暖	3・13	16

あかるい

ちひろ Chihiro

強めの「ち」音と「ひろ」のやわらかさが好相性。知的な雰囲気に

名前	画数	総画
千裕	3・12	15
千尋	3・12	15
知央	8・5	13
千紘	3・10	13
智優	12・17	29
茅優	8・17	25
知尋	8・12	20
知宙	8・8	16

やさしい

ちふみ Chifumi

「ち」「ふみ」ともに文学的素養を感じさせる響きで、気品が漂う

名前	画数	総画
智風実	12・9・8	29
千風美	3・9・9	21
知文	8・4	12
千郁	3・9	12

やさしい

ちほ Chiho

快活な「ち」とほのぼの感ある「ほ」が好バランスで、人気の名前

名前	画数	総画
知穂	8・15	23
智帆	12・6	18
千歩	3・8	11
千帆	3・6	9

かわいい

ちゆ Chiyu

初々しい「ち」とみずみずしい「ゆ」が、愛らしい響きを生む

名前	画数	総画
千優	3・17	20
千結	3・12	15
知由	8・5	13
千侑	3・8	11

はなやか

ちゆき Chiyuki

繊細な「ち」を和の風情ある「ゆき」で受け、しっとりとした印象

名前	画数	総画
千優希	3・17・7	27
千結希	3・12・7	22
千雪	3・11	14
千幸	3・8	11

知的

ちゆめ Chiyume

かわいらしい「ち」に続く「ゆめ」が女の子らしくロマンチック

名前	画数	総画
智夢	12・13	25
知由芽	8・5・8	21
知夢	8・13	21
千夢	3・13	16

かわいい

ちゆり Chiyuri

高貴な響きの「ゆり」により「ち」音に礼儀正しい気品が備わる

名前	画数	総画
千優里	3・17・7	27
智由利	12・5・7	24
知百合	8・6・6	20
千百合	3・6・6	15

あかるい

つ

五行　火
困難に負けない

ちよ [Chiyo]

知的

響き自体はかわいらしいものの「千代」に通じスケール感も。レトロ感ある響きが新鮮な印象

- 千(3)代(5) — 8
- 千(3)夜(8) — 11
- 知(8)世(5) — 13
- 知(8)代(5) — 13
- 治(8)代(5) — 13
- 千(3)陽(12) — 15
- 知(8)良(7) — 15
- 治(8)夜(8) — 16
- 智(12)代(5) — 17
- 智(12)良(7) — 19
- 稚(13)良(7) — 20
- 稚(13)佳(8) — 21

つきこ Tsukiko

やさしい

落ち着いた「こ」の音が「つき」と調和し、謙虚で純粋なイメージ

- 月(4)子(3) — 7
- 月(4)心(4) — 8
- 月(4)希(7)子(3) — 14
- 槻(15)子(3) — 18

つきな Tsukina

かわいい

やさしい「な」が「つき」をふんわり包み、安らぎを感じさせる

- 月(4)那(7) — 11
- 月(4)奈(8) — 12
- 月(4)菜(11) — 15
- 槻(15)那(7) — 22

ちよか Chiyoka

はなやか

奥ゆかしい「ちよ」にはなやかな響きの「か」を添え積極性をプラス

- 千(3)代(5)佳(8) — 16
- 千(3)代(5)香(9) — 17
- 智(12)代(5)加(5) — 22
- 知(8)世(5)華(10) — 23

つかさ Tsukasa

知的

さわやかな「さ」の余韻が印象的。あかるさと知性も併せもつ響き

- 司(5) — 5
- 司(5)沙(7) — 12
- 月(4)咲(9) — 13
- 津(9)香(9)沙(7) — 25

つきの Tsukino

やさしい

ゆかしい止め字「の」により「つき」の古風な印象がグッと強まる

- 月(4)乃(2) — 6
- 月(4)野(11) — 15
- 槻(15)乃(2) — 17
- 津(9)希(7)之(3) — 19

ちより Chiyori

やさしい

古風な「ちよ」に現代的止め字「り」が美しく涼やかな流れを生む

- 千(3)依(8) — 11
- 千(3)和(8) — 11
- 千(3)代(5)里(7) — 15
- 智(12)代(5)梨(11) — 28

つき [Tsuki]

あかるい

深みある「つ」に鋭い「き」の音がクールに響く。「月」のイメージから幻想的な印象ももつ

- 月(4) — 4
- 槻(15) — 15
- 月(4)輝(15) — 19

つきは Tsukiha

あかるい

勢いある止め字「は」が、「つき」の音が秘める強さを際立たせる

- 月(4)羽(6) — 10
- 月(4)葉(12) — 16
- 槻(15)羽(6) — 21
- 都(11)季(8)葉(12) — 31

つきか Tsukika

はなやか

強くはなやかな「か」音により「つき」がよりくっきりと鮮やかに

- 月(4)花(7) — 11
- 月(4)香(9) — 13
- 月(4)華(10) — 14
- 月(4)歌(14) — 18

つくし Tsukushi

知的

「土筆（つくし）」に通じる、かわいらしい響き。素朴で親しみやすい印象

- 月(4)紫(12) — 16
- 都(11)久(3)志(7) — 21
- 筑(12)紫(12) — 24
- 月(4)玖(7)詩(13) — 24

つぐみ Tsugumi

元気な小鳥「鶫（つぐみ）」に通じるかわいらしい響きで「ぐ」の音が印象的

名前	総画
緒14 美9	23
嗣13 実8	21
愛13 実8	21
亜7 美9	16

かわいい

つばき Tsubaki

容姿端麗で気品のあるイメージ。「き」が凛とした余韻を添える

名前	総画
椿13 姫10	23
椿13 希7	20
椿13 花7	20
椿13	13

はなやか

つばさ Tsubasa

「翼」に通じ、開放的で自由な印象。「さ」のさわやかさが際立つ

名前	総画
撞15 芭7 沙7	29
翼17 沙7	24
椿13 咲9	22
翼17	17

あかるい

つむぎ Tsumugi

素朴ながら繊細さを感じさせる。こもった「む」がかわいらしい

名前	総画
紬11 希7	18
紡10 希7	17
紬11	11
紡10	10

やさしい

つゆみ Tsuyumi

「つゆ」音がもつうるおい感が止め字「み」で温かくまとまる

名前	総画
露21 美9	30
露21 実8	29
津9 由5 美9	23
都11 弓3	14

知的

て

五行 火

まじめで信頼感を得る

てまり Temari

「手毬」に通じ優美な印象が漂う。「まり」のなめらかさも魅力的

名前	総画
輝15 麻11 里7	33
照13 茉8 莉10	31
手4 鞠17	21
天4 毬11	15

かわいい

てる [Teru]

あかるい

かための音の「て」に、あかるさをもつ「る」が続き、輝きと同時に品のよさを感じさせる

名前	総画
輝15	15
照13	13
光6	6

てるか Teruka

「てる」「か」ともに輝き感のある響きで、強い女性を思わせる

名前	総画
輝15 夏10	25
輝15 香9	24
照13 香9	22
天4 琉11 加5	20

はなやか

てるは Teruha

艶やかな「てる」に続く「は」が、あかるく芯の強さを感じさせる

名前	総画
照13 葉12	25
皓12 葉12	24
輝15 羽6	21
光6 葉12	18

やさしい

てんか Tenka

弾けるような「てん」と「か」の音がはつらつとした躍動感を生む

名前	総画
展10 香9	19
天4 歌14	18
天4 花7	11
天4 加5	9

あかるい

と

五行 火

洞察力に優れる

とあ Toa

芯の強い音「と」と開放的な「あ」の対比が鮮やかで個性的な響き

名前	総画
翔12 愛13	25
都11 亜7	18
永5 愛13	18
友4 彩11	15

はなやか

とうか Toka

知的

涼やかな「とう」と鮮やかな「か」で、冷静と情熱を併せもつ名前

桃10 花7	透10 花7	冬5 香9	冬5 花7
17	17	14	12

とうこ Toko

知的

なめらかな「とう」音が「こ」に自然に着地した気品のある名前

董12 子3	透10 子3	桃10 子3	柊9 子3
15	13	13	12
藤18 子3	瞳17 子3	橙16 子3	柊9 胡9
21	20	19	18

ときわ Tokiwa

やさしい

不変なものを表す「常磐（ときわ）」に通じ伝統の重みと風格を感じさせる

斗4 樹16 羽6	常11 盤15	時10 和8	時10 羽6
26	26	18	16

としみ Toshimi

あかるい

聡明な響きの「とし」に温かみある「み」が人のよさを感じさせる

歳13 実8	敏10 美9	俊9 美9	利7 美9
21	19	18	16

とも〔Tomo〕

かわいい

歯切れよい「と」に温かみある「も」の音がやさしく響く。「友」に通じフレンドリーな印象も

智12	朋8	友4
12	8	4

ともえ Tomoe

知的

陽気な止め字「え」により「とも」がより親しみやすいイメージに

登12 茂8 枝8	朋8 恵10	友4 瑛12	友4 恵10
28	18	16	14

ともか Tomoka

やさしい

女の子らしい「とも」に、「か」が快活さとはなやかさをプラス

知8 佳8	友4 華10	巴4 伽7	友4 花7
16	14	11	11
智12 香9	朋8 楓13	朋8 華10	朋8 夏10
21	21	18	18

ともこ Tomoko

あかるい

ほっこりとした響きの「とも」と止め字「こ」で安心感が倍増

智12 子3	朋8 子3	知8 子3	友4 子3
15	11	11	7

ともな Tomona

やさしい

温かい「とも」に続くやわらかい響きの「な」が素直さを強調する

智12 菜11	朝12 南9	朋8 奈8	友4 奈8
23	21	16	12

ともね Tomone

かわいい

古風な止め字「ね」が親しみある「とも」に知的な雰囲気を添える

友4 寧14	知8 音9	朋8 音9	友4 峰10
18	17	17	14

ともは Tomoha

あかるい

温厚な「とも」に止め字「は」の開放感を加え、軽やかな印象に

朝12 波8	友4 葉12	朋8 芭7	朋8 羽6
20	16	15	14

ともみ Tomomi

やさしい

やさしい「とも」に、ぬくもり感ある「み」を添え、女の子らしく

知8 美9	朋8 実8	巴4 美9	友4 美9
17	16	13	13
智12 美9	智12 実8	朋8 峰10	朝12 未5
21	20	18	17

ともよ Tomoyo

やさしい

かわいらしい「とも」に添う、深い響きの「よ」が安心感を高める

名前	画数
朋8 葉12	20
朋8 代5	13
朋8 世5	13
知8 世5	13

とよこ Toyoko

知的

福々しい「とよ」の音に古典的止め字「こ」を添えた和風の名前

名前	画数
登12 世5 子3	20
都11 世5 子3	19
途10 代5 子3	18
豊13 子3	16

どれみ Doremi

はなやか

「ドレミ」に通じる現代名。歌い出したくなる陽気さが魅力

名前	画数
土3 麗19 美9	31
都11 玲9 実8	28
努7 怜8 美9	24
登12 礼5 未5	22

とわ Towa

あかるい

「永久」に通じ、壮大な印象の名前。「わ」の深い余韻が際立つ

名前	画数
都11 和8	19
遥12 羽6	18
永5 遠13	18
叶5 羽6	11

とわこ Towako

やさしい

悠然とした響きの「とわ」に伝統的止め字「こ」が気品をプラス

名前	画数
十2 環17 子3	22
都11 羽6 子3	20
十2 和8 子3	13
永5 久3 子3	11

な

五行 火

粘り強くがんばる

なお [Nao]

知的

やわらかい「な」に、落ち着いた「お」が素直に響く。感受性が豊かで、心やさしい印象も

名前	画数
直8	8
那7 音9	16
奈8 保9	17
七2 桜10	12
菜11 央5	16
夏10 桜10	20
那7 央5	12
菜11 生5	16
直8 緒14	22
奈8 生5	13
渚11 央5	16
奈8 穂15	23

なおか Naoka

はなやか

温かい「なお」に添う、明快な響きの「か」が積極性を高める

名前	画数
奈8 央5 香9	22
尚8 香9	17
直8 花7	15
直8 加5	13

なおこ Naoko

やさしい

落ち着きある止め字「こ」が「なお」をよりやさしく響かせる

名前	画数
奈8 緒14 子3	25
直8 心4	12
直8 子3	11
尚8 子3	11

なおみ Naomi

かわいい

優美さのなかに活発さも備える「み」が「なお」を力強く後押しする

名前	画数
南9 生5 美9	23
奈8 央5 未5	18
直8 美9	17
尚8 美9	17

なぎ Nagi

知的

海が静かな状態を示す語で穏やかなイメージ。「ぎ」の余韻も新鮮

名前	画数
那7 来7	14
凪6 沙7	13
梛11	11
凪6	6

なぎさ Nagisa

あかるい

波打ち際を表す語で、さわやかさとともにロマンチックな印象も

名前	画数
凪6 咲9	15
凪6 沙7	13
渚11	11
汀5	5
渚11 彩11	22
夏10 渚11	21
和8 咲9	17
凪6 紗10	16

なつ [Natsu]

やさしい

「な」のやさしさと強い「つ」が好バランス。「夏」に通じ、開放感とあかるさに満ちた響き

- 奈8 津9　17
- 菜11 月4　15
- 夏10　10

なこ Nako

やさしい「な」音から「こ」への移行が軽快で、かわいらしく響く

- 南9 香9　18
- 七2 瑚13　15
- 菜11 子3　14
- 奈8 子3　11

やさしい

なつこ Natsuko

快活な「なつ」を受け止める落ち着いた「こ」で安心感が生まれる

- 菜11 津9 子3　23
- 奈8 津9 子3　20
- 懐16 心4　20
- 夏10 子3　13

やさしい

なつえ Natsue

晴れやかな「なつ」とほがらかな「え」が、初夏の陽気を思わせる

- 奈8 津9 笑10　27
- 夏10 絵12　22
- 夏10 枝8　18
- 夏10 江6　16

知的

なごみ Nagomi

人をホッとさせるやさしい響き。「ご」の重みが信頼感を醸し出す

- 和8 海9　17
- 和8 未5　13
- 和8 心4　12
- 和8　8
- 奈8 吾7 美9　24
- 直8 心4 美9　21
- 和8 珠10　18
- 和8 美9　17

やさしい

なつね Natsune

和の趣ある止め字「ね」により「なつ」が晩夏のように落ち着く

- 菜11 都11 音9　31
- 懐16 音9　25
- 夏10 寧14　24
- 夏10 音9　19

かわいい

なつか Natsuka

上昇音の「か」が強い輝きを放ち、夏の太陽のイメージに

- 奈8 津9 花7　24
- 夏10 華10　20
- 夏10 香9　19
- 夏10 花7　17

はなやか

なつは Natsuha

新感覚の止め字「は」が強い「なつ」の音にさらなる勢いを与える

- 奈8 都11 羽6　25
- 夏10 波8　18
- 夏10 羽6　16
- 夏10 巴4　14

あかるい

なつき Natsuki

シャープな止め字「き」により「なつ」に風のようなさわやかさが

- 梨11 月4　15
- 渚11 月4　15
- 菜11 月4　15
- 奈8 月4　12
- 夏10 輝15　25
- 捺11 希7　18
- 夏10 希7　17
- 夏10 妃6　16

あかるい

なずな Nazuna

春の七草のひとつ。可憐さと和の情趣が感じられる風流な名前

- 奈8 瑞13 菜11　32
- 菜11 津9 奈8　28
- 夏10 砂9　19
- 菜11 沙7　18

かわいい

なつほ Natsuho

穏やかな「ほ」音が「なつ」を包み、あかるく親しみやすい印象

- 夏10 穂15　25
- 南9 津9 帆6　24
- 夏10 歩8　18
- 夏10 帆6　16

やさしい

なち Nachi

やわらかい「な」を「ち」音が引き締め、強い意志を感じさせる

- 菜11 智12　23
- 那7 智12　19
- 菜11 千3　14
- 夏10 月4　14

あかるい

なつみ Natsumi

はつらつとした「なつ」に「み」が情緒をプラスし、女性らしく

知的

- 夏10 実8（18）
- 夏10 海9（19）
- 菜11 月4 実8（23）
- 奈8 津9 美9（26）

ななえ Nanae

気さくな響きの止め字「え」が「なな」に親しみやすさを加える

あかるい

- 七2 重9（11）
- 七2 恵10（12）
- 奈8 々3 恵10（21）
- 菜11 々3 恵10（24）

ななは Nanaha

三連続する母音「あ」が前進力と開放感を生み、個性的な響きに

やさしい

- 七2 羽6（8）
- 七2 葉12（14）
- 奈8 々3 羽6（17）
- 菜11 々3 羽6（20）

なつめ Natsume

赤い実の「棗（なつめ）」と同音でナチュラルな雰囲気。知的な印象も

あかるい

- 夏10 芽8（18）
- 夏10 愛13（23）
- 菜11 摘14（25）
- 奈8 津9 萌11（28）

ななか Nanaka

スイートな「なな」の音に「か」が強さとはなやかさを添える

はなやか

- 七2 香9（11）
- 那7 々3 花7（17）
- 菜11 々3 香9（23）
- 那7 奈8 夏10（25）

ななほ Nanaho

好感度の高い「なな」に止め字「ほ」でおっとりと穏やかな名前に

はなやか

- 七2 帆6（8）
- 七2 穂15（17）
- 南9 々3 帆6（18）
- 菜11 々3 穂15（29）

なな [Nana]

やさしい

「な」の繰り返しにより、ふんわりとしたやさしさが強調される。長年人気を誇る響きのひとつ

- 七2（2）
- 奈8 々3（11）
- 七2 菜11（13）
- 七2 彩11（13）
- 七2 渚11（13）
- 凪6 那7（13）
- 那7 名6（13）
- 七2 愛13（15）
- 那7 奈8（15）
- 奈8 那7（15）
- 那7 南9（16）
- 南9 那7（16）
- 菜11 生5（16）
- 楠13 々3（16）
- 奈8 南9（17）
- 南9 奈8（17）
- 菜11 那7（18）
- 菜11 奈8（19）
- 夏10 菜11（21）
- 菜11 愛13（24）
- 渚11 愛13（24）

ななこ Nanako

連続する「なな」が愛らしく「こ」が物腰のやわらかい印象に

かわいい

- 七2 奈8 子3（13）
- 奈8 々3 子3（14）
- 夏10 々3 子3（16）
- 菜11 々3 子3（17）
- 奈8 那7 子3（18）
- 菜11 奈8 子3（22）
- 南9 菜11 子3（23）
- 菜11 夏10 子3（24）

ななみ Nanami

連続する「な」も丸みのある「み」も、女性らしく、やさしい音

かわいい

- 七2 海9（11）
- 七2 美9（11）
- 奈8 波8（16）
- 奈8 南9（17）
- 凪6 々3 美9（18）
- 菜11 波8（19）
- 南9 菜11 実8（28）
- 菜11 渚11 美9（31）

ななせ Nanase

甘さのある「なな」と静かなさわやかさをもつ「せ」が見事に調和

あかるい

- 七2 星9（11）
- 七2 聖13（15）
- 七2 瀬19（21）
- 奈8 々3 瀬19（30）

なの Nano

のどかな二音ながら、小ささを表す単位と同音で近未来的イメージ

知的

- 那7 乃2（9）
- 奈8 乃2（10）
- 菜11 乃2（13）
- 菜11 希7（18）

なのか Nanoka

やさしい

春に咲く菜の花のように可憐。「か」の快活な響きが彩りを添える

- 奈8 乃2 佳8 — 18
- 菜11 乃2 香9 — 22
- 菜11 乃2 華10 — 23
- 菜11 野11 花7 — 29

なのは Nanoha

かわいい

菜の花に近い音で、「は」音が飾らない自然体の魅力を醸し出す

- 七2 葉12 — 14
- 奈8 花7 — 15
- 奈8 乃2 羽6 — 16
- 菜11 羽6 — 17

- 菜11 花7 — 18
- 菜11 乃2 羽6 — 19
- 渚11 乃2 波8 — 21
- 菜11 乃2 葉12 — 25

なほ Naho

知的

「な」「ほ」ともにホッとする温かい音で癒やし系のイメージ

- 七2 帆6 — 8
- 那7 帆6 — 13
- 奈8 帆6 — 14
- 奈8 歩8 — 16

- 夏10 帆6 — 16
- 奈8 保9 — 17
- 南9 穂15 — 24
- 菜11 穂15 — 26

なほこ Nahoko

あかるい

「ほ」の優美でていねいな響きが際立ち、たおやかなイメージ

- 直8 心4 — 12
- 尚8 心4 — 12
- 奈8 保9 子3 — 20
- 菜11 穂15 子3 — 29

なみ [Nami]

あかるい

しなやかな「な」に親しみ感ある「み」を合わせた。「波」から、さわやかで柔軟な印象も

- 七2 実8 — 10
- 那7 巳3 — 10
- 七2 海9 — 11
- 七2 美9 — 11
- 那7 水4 — 11
- 奈8 未5 — 13
- 南9 水4 — 13
- 成6 海9 — 15
- 那7 海9 — 16
- 那7 美9 — 16
- 奈8 実8 — 16
- 菜11 未5 — 16
- 那7 珠10 — 17
- 奈8 海9 — 17
- 奈8 美9 — 17
- 南9 美9 — 18
- 菜11 実8 — 19
- 菜11 海9 — 20
- 菜11 美9 — 20
- 菜11 満12 — 23
- 鳴14 海9 — 23

なみえ Namie

はなやか

やわらかな「なみ」に添えた止め字「え」が陽気さをプラス

- 凡3 永5 — 8
- 七2 海9 江6 — 17
- 波8 笑10 — 18
- 奈8 美9 恵10 — 27

なゆ Nayu

かわいい

やさしい「な」にみずみずしい「ゆ」が新鮮で耳に心地よく響く

- 七2 夕3 — 5
- 汀5 夕3 — 8
- 那7 由5 — 12
- 奈8 柚9 — 17

なりみ Narimi

あかるい

温かみある音の間で「り」の涼やかな響きが冴え、知的な印象に

- 也3 実8 — 11
- 生5 実8 — 13
- 成6 美9 — 15
- 形7 美9 — 16

なる Naru

やさしい

やわらかい「な」と艶感ある「る」の響きが不思議な気品を生む

- 成6 — 6
- 那7 琉11 — 18
- 成6 瑠14 — 20
- 菜11 瑠14 — 25

なるみ Narumi

やさしい

やわらかさのなかに「る」の楽しい響きを入れ、躍動感ある名前に

- 成6 未5 — 11
- 成6 海9 — 15
- 成6 美9 — 15
- 愛13 心4 — 17

- 愛13 実8 — 21
- 鳴14 美9 — 23
- 奈8 留10 美9 — 27
- 那7 瑠14 美9 — 30

に

五行 火

穏やかで愛情がある

にちか Nichika

はっきりとあかるい音の組み合わせが新鮮で、インパクト大

知的

- 仁4 智12 花7　23
- 二2 千3 歌14　19
- 日4 夏10　14
- 日4 香9　13

にな Nina

しなやかな「な」行音で構成した短音名で、スタイリッシュな響き

かわいい

- 新13 菜11　24
- 似7 奈8　15
- 仁4 奈8　12
- 仁4 那7　11

にいな Niina

のびのある「にい」とやさしい「な」が、おっとりとした響き

はなやか

- 新13 奈8　21
- 初7 菜11　18
- 仁4 愛13　17
- 仁4 奈8　12

にか Nika

しなやかな「に」音にあかるい「か」がリズミカルで活発な印象に

あかるい

- 虹9 花7　16
- 似7 花7　14
- 仁4 香9　13
- 仁4 花7　11

にこ Niko

笑みをたたえたようなほがらかな印象。かわいらしく呼びやすい

やさしい

- 二2 瑚13　15
- 笑10 子3　13
- 虹9 心4　13
- 仁4 心4　8

ぬ

五行 火

才能と知性が豊富

ぬい Nui

あまり例のない「ぬ」音から始まる名前で、唯一無二の個性を発揮

あかるい

- 縫16 衣6　22
- 絵12 以5　17
- 縫16　16
- 絵12　12

ね

五行 火

つながりを大切にする

ねい Nei

しとやかな「ね」音に奥ゆかしい「い」を添え、きめ細やかな印象

あかるい

- 寧14 依8　22
- 音9 好6　15
- 音9 衣6　15
- 寧14　14

ねいろ Neiro

「音色」に通じ音楽的素養を感じる。「ろ」の清涼感が心地よい

やさしい

- 寧14 彩11　25
- 音9 彩11　20
- 祢9 色6　15
- 音9 色6　15

ねお Neo

英語の「neo」に通じるシャープな名前ながら、温かみがある

はなやか

- 寧14 音9　23
- 音9 緒14　23
- 音9 桜10　19
- 音9 央5　14

ねおん Neon

「ネオン」と同音で異彩を放つ名前。クールで鋭い感性を思わせる

はなやか

漢字（画数）	総画
寧14 音9	23
音9 遠13	22
祢9 恩10	19
音9 恩10	19

ねね［Nene］

かわいい

奥ゆかしくも芯の強さを感じさせる「ね」を繰り返した斬新な名前。少女らしい愛らしさも

漢字（画数）	総画
音9 祢9	18
希7 音9	16
音9 々3	12
寧14 心4	18
寧14 子3	17
音9 心4	13
音9 寧14	23
寧14 々3	17
寧14	14
寧14 音9	23
祢9 音9	18
音9 色6	15

ねねか Neneka

しとやかな繰り返し音に止め字「か」が利発な印象をプラス

あかるい

漢字（画数）	総画
寧14 々3 歌14	31
音9 々3 香9	21
寧14 花7	21
音9 々3 花7	19

ねねこ Neneko

かわいらしい「ねね」と伝統的止め字の「こ」で、凛とした雰囲気に

やさしい

漢字（画数）	総画
祢9 音9 子3	21
寧14 々3 子3	20
音9 々3 子3	15
祢9 々3 子3	15

ねむ Nemu

控えめながら、かわいらしくロマンチックな響きで個性を発揮

かわいい

漢字（画数）	総画
寧14 舞15	29
音9 舞15	24
祢9 夢13	22
音9 夢13	22

の

五行 火

知識が豊かで情に厚い

のあ Noa

キリスト教における人類の始祖と同名。「あ」の余韻が愛くるしい

かわいい

漢字（画数）	総画
希7 明8	15
希7 空8	15
乃2 愛13	15
乃2 蒼13	15
望11 愛13	24
希7 綾14	21
望11 亜7	18
叶5 愛13	18

のい Noi

穏やかな「の」と知的な「い」、めずらしい組み合わせがクールに響く

あかるい

漢字（画数）	総画
望11 衣6	17
乃2 唯11	13
乃2 依8	10
乃2 衣6	8

のえ Noe

控えめながらやわらかい組み合わせ。おとなしく女の子らしい印象

やさしい

漢字（画数）	総画
暖13 笑10	23
野11 恵10	21
乃2 絵12	14
乃2 映9	11

のえる Noeru

クリスマスと縁の深い言葉で、神聖さと幸福感に満ちあふれた名前

はなやか

漢字（画数）	総画
乃2 絵12 瑠14	28
如6 恵10 留10	26
乃2 依8 瑠14	24
乃2 画8 路13	23

のぞみ Nozomi

「望み」に通じる人気名。しなやかな音に濁音の重みが好バランス

あかるい

漢字（画数）	総画
望11 心4	15
稀12	12
望11	11
希7	7
望11 海9	20
望11 美9	20
和8 華10	18
希7 深11	18

のどか Nodoka

おっとりとした音の組み合わせで、ほがらかな素直さを思わせる

やさしい

- 和(8)香(9) — 17
- 和(8)花(7) — 15
- 温(12) — 12
- 和(8) — 8

のの〔Nono〕

かわいい

安心感ある「の」が重なって、のんびりとした人柄を思わせる。どこかノーブルな印象も

- 希(7)音(9) — 16
- 希(7)乃(2) — 9
- 乃(2)々(3) — 5

ののか Nonoka

止め字「か」の可憐さが「のの」と好相性で女の子らしさがアップ

やさしい

- 野(11)々(3)香(9) — 23
- 暖(13)華(10) — 23
- 野(11)乃(2)香(9) — 22
- 希(7)果(8) — 15

ののこ Nonoko

三音とも母音「お」でユニークな響き。愛称的な親しみやすさが◎

あかるい

- 望(11)之(3)子(3) — 17
- 野(11)々(3)子(3) — 17
- 野(11)乃(2)子(3) — 16
- 乃(2)々(3)子(3) — 8

ののは Nonoha

「野の葉」を思わせ、ナチュラルで順朴・温和な人柄を思わせる

やさしい

- 望(11)乃(2)葉(12) — 25
- 乃(2)々(3)葉(12) — 17
- 希(7)乃(2)羽(6) — 15
- 希(7)羽(6) — 13

のぶこ Nobuko

素朴な「のぶ」がなじみ深い「こ」に落ち着き、安心感の高い名前

知的

- 暢(14)子(3) — 17
- 信(9)心(4) — 13
- 宣(9)子(3) — 12
- 伸(7)子(3) — 10

のりか Norika

気品ある「のり」にはなやかな止め字「か」が添いオーラ感が高まる

はなやか

- 乃(2)梨(11)香(9) — 22
- 徳(14)花(7) — 21
- 紀(9)華(10) — 19
- 紀(9)香(9) — 18

のりこ Noriko

「のり」のなめらかで優雅な響きを、伝統の止め字「こ」がまとめる

やさしい

- 紀(9)子(3) — 12
- 法(8)心(4) — 12
- 法(8)子(3) — 11
- 典(8)子(3) — 11

- 徳(14)里(7)子(3) — 24
- 徳(14)子(3) — 17
- 倫(10)子(3) — 13
- 乃(2)里(7)子(3) — 12

のわ Nowa

温厚な「の」を深く響く「わ」で受け、スケール感のある名前に

あかるい

- 暖(13)和(8) — 21
- 希(7)羽(6) — 13
- 乃(2)和(8) — 10
- 乃(2)羽(6) — 8

のん Non

やわらかく躍動感ある人気の止め字「のん」をそのまま二音名前に

かわいい

- 希(7)音(9) — 16
- 暖(13) — 13
- 乃(2)音(9) — 11
- 音(9) — 9

は

五行 水

強い意志で行動する

はぐみ Hagumi

ほがらかな「は」音に続く、濁音「ぐ」「み」がかわいらしく響く

かわいい

- 羽(6)空(8)美(9) — 23
- 育(8)美(9) — 17
- 育(8)実(8) — 16
- 育(8)未(5) — 13

はすみ Hasumi

さっぱりとした「はす」を「み」がやわらかく包み、和の風情が

あかるい

- 波(8)澄(15) — 23
- 蓮(13)美(9) — 22
- 羽(6)澄(15) — 21
- 芭(7)純(10) — 17

はつ [Hatsu]

知的

やわらかい「は」が、りりしい「つ」で引き締まる。「初」に通じ、初々しさも併せもつ

- 初7（7）
- 羽6 津9（15）
- 葉12 津9（21）

はつえ Hatsue

やさしい

やわらかみと強さのある「はつ」に「え」があかるさを添える

- 初7 恵10（17）
- 初7 瑛12（19）
- 初7 絵12（19）
- 羽6 津9 恵10（25）

はづき Hazuki

あかるい

和暦「葉月」に通じ、のびやかに枝葉をのばす樹木のように健やか

- 羽6 月4（10）
- 初7 妃6（13）
- 初7 季8（15）
- 葉12 月4（16）

はつな Hatsuna

はなやか

止め字「な」で、「はつ」の純粋さや女の子らしさが際立つ

- 初7 奈8（15）
- 初7 夏10（17）
- 初7 菜11（18）
- 葉12 綱14（26）

はつね Hatsune

かわいい

清廉な印象の「はつ」にしっとりとした「ね」がクラシカルに響く

- 初7 音9（16）
- 羽6 常11（17）
- 初7 寧14（21）
- 葉12 津9 音9（30）

はつみ Hatsumi

やさしい

潔い「はつ」に丸みを帯びた「み」の響きが思いやりの深い印象に

- 初7 実8（15）
- 初7 美9（16）
- 羽6 積16（22）
- 葉12 摘14（26）

はな [Hana]

やさしい

そのまま「花」に通じる女の子らしい響き。「は」のあかるさと「な」のやさしさが好相性

- 花7（7）
- 英8（8）
- 華10（10）
- 巴4 那7（11）
- 羽6 那7（13）
- 花7 凪6（13）
- 波8 奈8（16）
- 花7 夏10（17）
- 花7 菜11（18）
- 波8 夏10（18）
- 葉12 那7（19）
- 晴12 南9（21）

はなえ Hanae

あかるい

女性らしい止め字「え」により「はな」の優美さが際立って、はなやか

- 花7 苗8（15）
- 花7 笑10（17）
- 華10 英8（18）
- 華10 枝8（18）

はなか Hanaka

かわいい

三音とも母音「あ」から成り、あかるくまとまった華のある名前

- 花7 夏10（17）
- 花7 華10（17）
- 英8 香9（17）
- 華10 香9（19）

はなこ Hanako

知的

女子の定番名。シンプルな飾り気のなさがかえって個性的に響く

- 花7 子3（10）
- 華10 子3（13）
- 芭7 南9 子3（19）
- 葉12 菜11 子3（26）

はなね Hanane

はなやか

しとやかな止め字「ね」で、「はな」がロマンチックな響きに

- 花7 音9（16）
- 華10 音9（19）
- 華10 祢9（19）
- 花7 寧14（21）

はなの Hanano

あかるい

クラシカルな止め字「の」が「はな」におとなっぽい艶感を添える

- 花7 乃2（9）
- 華10 乃2（12）
- 花7 野11（18）
- 華10 野11（21）

はなみ Hanami

やさしい

気さくなかわいさの止め字「み」で、「はな」がのどかな印象に

- 花7 未5（12）
- 花7 実8（15）
- 花7 深11（18）
- 華10 実8（18）

はなよ Hanayo

かわいい

レトロ感のある止め字「よ」が、可憐な「はな」に和の深みを加える

- 花7 代5（12）
- 華10 世5（15）
- 花7 宵10（17）
- 華10 葉12（22）

はのん Hanon

ピアノの教本と同名で音楽的素養を感じさせる、やわらかい印象

漢字	画数	総画
羽音	6・9	15
芭音	7・9	16
遥音	12・9	21
花穏	7・16	23

はなやか

はる [Haru]

あかるい

「春」や「晴れ」に通じ好感度の高い響き。陽気で曇りのないイメージが時代を問わず愛される

漢字	画数	総画
春	9	9
悠	11	11
温	12	12
晴	12	12
遥	12	12
陽	12	12
暖	13	13
羽留	6・10	16
羽流	6・10	16
花春	7・9	16
羽琉	6・11	17
波流	8・10	18
波琉	8・11	19
羽瑠	6・14	20
花瑠	7・14	21
華琉	10・11	21
波瑠	8・14	22
葉流	12・10	22
春瑠	9・14	23
葉琉	12・11	23
葉瑠	12・14	26

はるあ Harua

すべてあかるく開放感ある音で、周囲を照らす輝きを放つ

漢字	画数	総画
春亜	9・7	16
陽亜	12・7	19
悠愛	11・13	24
遥愛	12・13	25

はなやか

はるか Haruka

素直なあかるさをもつ音の連なりが美しい。なだらかなトーンが雄大さも感じさせ、長年人気を誇る

漢字	画数	総画
永	5	5
悠	11	11
遥	12	12
日香	4・9	13
遙	14	14
春花	9・7	16
春果	9・8	17
陽加	12・5	17
春香	9・9	18
晴香	12・9	21
遥香	12・9	21
晴華	12・10	22

あかるい

はるき Haruki

鋭い止め字「き」で、あかるさのなかにもキラッと知性が光る

漢字	画数	総画
春姫	9・10	19
遥希	12・7	19
暖姫	13・10	23
晴輝	12・15	27

知的

はるこ Haruko

自然体のあかるさをもつ名前。飾り気なく素直な響きが好感度大

漢字	画数	総画
温子	12・3	15
晴子	12・3	15
遥子	12・3	15
陽子	12・3	15

やさしい

はるな Haruna

ほがらかで陽気な「はる」にやさしい「な」を添え、愛され力アップ

漢字	画数	総画
春七	9・2	11
春那	9・7	16
桜奈	10・8	18
晴奈	12・8	20
陽菜	12・11	23
晴菜	12・11	23
春留奈	9・10・8	27
花瑠奈	7・14・8	29

かわいい

はるね Harune

広がり感ある「はる」を「ね」で収め、和のかわいらしさをプラス

漢字	画数	総画
美音	9・9	18
晴音	12・9	21
遥音	12・9	21
陽寧	12・14	26

あかるい

はるの Haruno

素直なあかるさをもつ「はる」にやさしい和風音の「の」が好相性

漢字	画数	総画
春乃	9・2	11
美乃	9・2	11
遥乃	12・2	14
晴野	12・11	23

やさしい

はるひ Haruhi

春の日だまりを思わせる響き。やわらかい音がのどかな雰囲気に

漢字	画数	総画
春妃	9・6	15
陽日	12・4	16
遥妃	12・6	18
遥陽	12・12	24

かわいい

はるほ Haruho

ふわっとした三音がうまく調和し、心の温かい女の子のイメージ

- 春9 歩8 17
- 陽12 帆6 18
- 遥12 帆6 18
- 晴12 穂15 27

やさしい

はるみ Harumi

あかるさとしっとり感をもつ響きで、思いやり深いイメージ

- 陽12 心4 16
- 治8 美9 17
- 遥12 未5 17
- 春9 美9 18

- 晴12 海9 21
- 晴12 美9 21
- 遥12 海9 21
- 陽12 美9 21

あかるい

はんな Hanna

あかるく躍動感ある名前。海外でも一般的でグローバルな印象

- 帆6 那7 13
- 帆6 奈8 14
- 帆6 南9 15
- 帆6 菜11 17

- 絆11 花7 18
- 絆11 那7 18
- 絆11 奈8 19
- 絆11 夏10 21

はなやか

ひ

五行 水

努力家で強運を備える

ひいろ Hiiro

個々のやさしい音がまとまってやわらかく聡明な響きを生み出す

- 妃6 彩11 17
- 陽12 色6 18
- 陽12 彩11 23
- 緋14 彩11 25

はなやか

ひおり Hiori

やわらかい響きの「ひ」を「おり」が温かくまとめ、育ちのいい印象に

- 陽12 栞10 22
- 日4 桜10 莉10 24
- 日4 緒14 里7 25
- 姫10 織18 28

はなやか

ひかり Hikari

止め字「り」がシャープな知性を感じさせ、やわらかい輝きを放つ

- 光6 6
- 輝15 15
- 光6 莉10 16
- 耀20 20

あかるい

ひかる Hikaru

「光」に通じる輝きを帯びた響き。止め字「る」によりあかるさが増す

- 光6 6
- 晄10 10
- 輝15 15
- 光6 流10 16

- 光6 琉11 17
- 光6 瑠14 20
- 比4 加5 瑠14 23
- 輝15 琉11 26

やさしい

ひさき Hisaki

やわらかい「ひ」にスピード感ある「さき」を添え、利発な印象に

- 久3 季8 11
- 日4 咲9 13
- 妃6 咲9 15
- 陽12 咲9 21

かわいい

ひさな Hisana

「ひさ」のていねいで誠実な響きに「な」の女の子らしさを添えて

- 久3 那7 10
- 悠11 菜11 22
- 日4 紗10 奈8 22
- 緋14 真10 24

知的

ひさの Hisano

やわらかく聡明な「ひさ」に古典的止め字「の」が和風に響く

- 久3 乃2 5
- 尚8 乃2 10
- 悠11 乃2 13
- 日4 沙7 野11 22

やさしい

ひなき Hinaki

女の子らしい「ひな」に添えた「き」が凛とした強さを感じさせる

雛18 姫10	雛18 妃6	日4 奈8 季8	比4 那7 季8
28	24	20	19
緋14 奈8 紀9	陽12 菜11 希7	陽12 向6 葵12	雛18 葵12
31	30	30	30

かわいい

ひなこ Hinako

シンプルな止め字「こ」で、「ひな」の素朴なかわいさが際立つ

日4 菜11 子3	妃6 奈8 子3	比4 奈8 子3	日4 奈8 子3
18	17	15	15
陽12 菜11 子3	姫10 菜11 子3	陽12 奈8 子3	雛18 子3
26	24	23	21

やさしい

ひなた Hinata

「日向（ひなた）」に通じ、じんわりとした温かみを感じさせる人気の名前

雛18 詩13	日4 菜11 向6	比4 奈8 多6	日4 向6
31	21	18	10

あかるい

ひとみ Hitomi

「瞳」に通じ、純真で輝きに満ちたイメージ。収まりのよさも魅力

瞳17	仁4 海9	仁4 美9	仁4 未5
17	13	13	9
緋14 斗4 美9	妃6 登12 美9	瞳17 美9	瞳17 実8
27	27	26	25

やさしい

ひな [Hina]

かわいい

「小さいもの」を意味する言葉で、あどけなく愛らしい雰囲気から近年、高い人気を誇る響き

陽12 南9	雛18	妃6 七2
21	18	8

ひなか Hinaka

かわいい「ひな」に前向きな勢いのある「か」を添え、元気に

比4 菜11 香9	日4 奈8 果8	日4 向6 香9	陽12 花7
24	20	19	19
陽12 那7 夏10	緋14 奈8 加5	雛18 香9	雛18 花7
29	27	27	25

あかるい

ひじり Hijiri

「聖」に通じる高貴な響き。濁音「じ」が強い意志を感じさせる

緋14 知8 璃15	聖13 梨11	日4 自6 梨11	聖13
37	24	21	13

知的

ひすい Hisui

鮮やかな緑色が美しい宝石「翡翠（ひすい）」に通じ、気品があり希少な印象

姫10 翠14	陽12 粋10	妃6 翠14	日4 翠14
24	22	20	18

はなやか

ひでみ Hidemi

賢い印象の「ひで」に温かい「み」を添えて親しみやすくまとめた

日4 出5 海9	英8 美9	英8 実8	秀7 美9
18	17	16	16

あかるい

ひとえ Hitoe

「単衣（ひとえ）」に通じる雅な響き。シンプルな音の連なりが安心感を生む

妃6 都11 絵12	姫10 都11 江6	仁4 絵12	仁4 栄9
29	27	16	13

やさしい

ひとは Hitoha

素直な音の集まりが和の趣を醸し出し、まっすぐな意志を感じさせる

壱7 葉12	一1 葉12	妃6 羽6	一1 華10
19	13	12	11

かわいい

ひなつ　Hinatsu

知的

開放感のある「ひ」とあかるい「なつ」がなじみ、はつらつと響く

- 日(4)夏(10)　14
- 妃(6)夏(10)　16
- 妃(6)捺(11)　17
- 緋(14)夏(10)　24

ひなね　Hinane

はなやか

個々のやさしい音が不思議と調和を見せ、平和的でのどかな印象に

- 日(4)奈(8)音(9)　21
- 妃(6)菜(11)祢(9)　26
- 雛(18)音(9)　27
- 雛(18)寧(14)　32

ひなの　Hinano

やさしい

やわらかい「ひな」にしなやかな「の」が素直な愛らしさをプラス

- 日(4)向(6)乃(2)　12
- 妃(6)那(7)乃(2)　15
- 日(4)菜(11)乃(2)　17
- 雛(18)乃(2)　20

- 陽(12)那(7)乃(2)　21
- 陽(12)奈(8)乃(2)　22
- 妃(6)奈(8)音(9)　23
- 姫(10)愛(13)乃(2)　25

ひなみ　Hinami

あかるい

人気の「ひな」を止め字「み」でまとめぬくもりとあかるさをプラス

- 妃(6)波(8)　14
- 日(4)向(6)海(9)　19
- 陽(12)南(9)　21
- 雛(18)未(5)　23

ひなり　Hinari

かわいい

穏やかな「ひ」にしっとりとした「なり」が育ちのよさを醸し出す

- 妃(6)音(9)　15
- 妃(6)莉(10)　16
- 日(4)菜(11)里(7)　22
- 雛(18)里(7)　25

ひの　Hino

やさしい

めずらしい組み合わせの短音名前。気さくなかわいらしさがある

- 日(4)乃(2)　6
- 妃(6)乃(2)　8
- 陽(12)乃(2)　14
- 緋(14)乃(2)　16

ひのか　Hinoka

あかるい

穏やかな「ひ」、安心感ある「の」、華麗な「か」の三音がまとまった

- 妃(6)ノ(1)香(9)　16
- 陽(12)乃(2)花(7)　21
- 姫(10)乃(2)華(10)　22
- 陽(12)乃(2)香(9)　23

ひびき　Hibiki

知的

「響」に通じ、音楽的な素養を感じさせる。「び」の重みが格調高い

- 響(20)　20
- 陽(12)々(3)季(8)　23
- 響(20)希(7)　27
- 響(20)姫(10)　30

ひふみ　Hifumi

やさしい

「一二三」に対応した和風の響き。まっすぐな実直さを思わせる

- 一(1)二(2)三(3)　6
- 妃(6)文(4)　10
- 姫(10)文(4)　14
- 日(4)歩(8)未(5)　17

ひまり　Himari

あかるい

近年人気の名前で、やわらかい「ひ」にあかるい「まり」が好相性

- 日(4)葵(12)　16
- 向(6)葵(12)　18
- 日(4)鞠(17)　21
- 向(6)日(4)葵(12)　22

ひまわり　Himawari

はなやか

「向日葵(ひまわり)」に通じ、底抜けのあかるさとはつらつさを感じさせる

- 日(4)周(8)里(7)　19
- 向(6)日(4)葵(12)　22
- 日(4)周(8)璃(15)　27
- 緋(14)周(8)吏(6)　28

ひめ [Hime]

かわいい

「姫」に通じる、女の子ならではの響き。「ひ」の奥ゆかしさと「め」のあかるさが好感度大

- 妃(6)　6
- 姫(10)　10
- 媛(12)　12
- 日(4)芽(8)　12
- 比(4)芽(8)　12
- 妃(6)芽(8)　14
- 姫(10)芽(8)　18
- 陽(12)芽(8)　20
- 陽(12)明(8)　20
- 緋(14)芽(8)　22
- 緋(14)明(8)　22
- 陽(12)愛(13)　25

ひめあ Himea

やさしい

しとやかな「ひめ」に止め字「あ」が屈託のないあかるさをプラス

- 姫10 愛13 — 23
- 日4 芽8 亜7 — 19
- 妃6 愛13 — 19
- 姫10 亜7 — 17

ひめか Himeka

はなやか

気品あふれる「ひめ」に続く止め字「か」が愛らしく可憐な印象に

- 妃6 芽8 加5 — 19
- 姫10 香9 — 19
- 妃6 香9 — 15
- 妃6 花7 — 13

- 姫10 歌14 — 24
- 媛12 香9 — 21
- 媛12 珂9 — 21
- 姫10 華10 — 20

ひめな Himena

かわいい

初々しい「ひめ」に、やさしい響きの「な」が清楚な乙女を思わせる

- 姫10 愛13 — 23
- 妃6 芽8 奈8 — 22
- 姫10 菜11 — 21
- 姫10 奈8 — 18

ひめの Himeno

あかるい

止め字「の」が愛らしい「ひめ」にしっとりとした色香を添えた

- 姫10 望11 — 21
- 媛12 乃2 — 14
- 姫10 乃2 — 12
- 妃6 乃2 — 8

ひめり Himeri

はなやか

落ち着いた「ひめ」に止め字「り」が新鮮。個性的かつ知的な響き

- 妃6 芽8 璃15 — 29
- 姫10 璃15 — 25
- 姫10 梨11 — 21
- 媛12 里7 — 19

ひよ [Hiyo]

やさしい

平和的な響きの「ひ」に落ち着いた和の風情ある「よ」の組み合わせ。あどけない印象も漂う

- 陽12 葉12 — 24
- 日4 陽12 — 16
- 妃6 世5 — 11

ひより Hiyori

かわいい

「晴天」を意味する言葉で、やさしい音の集まりが平和的なムードを醸し出す。近年の人気名前のひとつ

- 妃6 依8 — 14
- 日4 和8 — 12
- 日4 依8 — 12
- 妃6 由5 — 11

- 緋14 和8 — 22
- 姫10 和8 — 18
- 飛9 和8 — 17
- 姫10 由5 — 15

- 陽12 愛13 — 25
- 陽12 順12 — 24
- 日4 陽12 依8 — 24
- 陽12 理11 — 23

ひらり Hirari

はなやか

人気の擬態語をそのまま名前化。軽やかで活発な女の子のイメージ

- 陽12 良7 里7 — 26
- 比4 良7 璃15 — 26
- 比4 良7 里7 — 18
- 平5 梨11 — 16

ひろ [Hiro]

知的

広がりのある「ひ」と深みを感じさせる「ろ」の音の組み合わせが、器の大きさを印象づける

- 陽12 路13 — 25
- 尋12 — 12
- 紘10 — 10

ひろか Hiroka

はなやか

ゆったりとした「ひろ」に続く止め字「か」が元気な躍動感を生む

- 宏7 伽7 — 14
- 弘5 香9 — 14
- 広5 花7 — 12
- 大3 佳8 — 11

- 優17 果8 — 25
- 博12 香9 — 21
- 比4 呂7 花7 — 18
- 紘10 加5 — 15

ひろこ Hiroko

やさしい

大らかさを感じさせる「ひろ」が止め字「こ」を美しく着地させている

- 寛13 子3 — 16
- 尋12 子3 — 15
- 紘10 子3 — 13
- 弘5 子3 — 8

ひろな Hirona

あかるい

愛らしい止め字「な」が「ひろ」に若々しさと素直さをプラス

- 寛13 菜11 …24
- 裕12 菜11 …23
- 宏7 奈8 …15
- 弘5 奈8 …13

ひろね Hirone

かわいい

個性的な止め字「ね」が、素朴な「ひろ」にしなやかな艶をプラス

- 優17 音9 …26
- 尋12 音9 …21
- 紘10 祢9 …19
- 広5 寧14 …19

ひろの Hirono

あかるい

止め字「の」で、強さのある「ひろ」にクラシカルな気品が

- 紘10 乃2 …12
- 洋9 乃2 …11
- 弘5 乃2 …7
- 央5 乃2 …7

ひろみ Hiromi

あかるい

「ひろ」のふくよかな響きが「み」のぬくもりと調和し情深い印象

- 紘10 美9 …19
- 洋9 海9 …18
- 尋12 未5 …17
- 弘5 美9 …14

ひろよ Hiroyo

やさしい

力強い「ひろ」に止め字「よ」を添え、穏やかな安心感が芽生える

- 妃6 呂7 代5 …18
- 尋12 代5 …17
- 紘10 良7 …17
- 弘5 代5 …10

ふ

五行 水

頭脳明晰(めいせき)で意志が強い

ふう [Fu]

やさしい

「風」に通じる軽やかさと膨らみ感が、愛くるしい。素直な響きが天真爛漫(らんまん)さも印象づける

- 風9 羽6 …15
- 楓13 …13
- 風9 …9

ふうあ Fua

はなやか

ふわっと軽い響きの「ふう」を「あ」がより高く舞いあがらせる

- 楓13 彩11 …24
- 風9 愛13 …22
- 楓13 杏7 …20
- 風9 亜7 …16

ふうか Fuka

かわいい

キリッとした止め字「か」が「ふう」を引き締め、快活な印象に

- 風9 薫16 …25
- 風9 佳8 …17
- 風9 花7 …16
- 芙7 香9 …16

ふうこ Fuko

あかるい

かわいさを引き立てる止め字「こ」で、「ふう」がキュートに

- 芙7 宇6 心4 …17
- 芙7 羽6 子3 …16
- 楓13 子3 …16
- 風9 子3 …12

ふうな Funa

はなやか

女の子らしい音がなだらかにつながり、素直な愛らしさを強調

- 楓13 菜11 …24
- 楓13 奈8 …21
- 風9 渚11 …20
- 風9 菜11 …20

ふうり Furi

かわいい

やわらかい「ふう」に続く「り」音がシャープな知性を感じさせる

- 楓13 梨11 …24
- 楓13 莉10 …23
- 冬5 羽6 梨11 …22
- 風9 里7 …16

ふき Fuki

知的

春の到来を告げる植物「蕗」に通じ、素朴な女の子らしさを醸し出す

- 風9 希7 …16
- 蕗16 …16
- 吹7 季8 …15
- 芙7 希7 …14

- 蕗16 季8 …24
- 吹7 樹16 …23
- 芙7 樹16 …23
- 風9 季8 …17

ふさ Fusa

おっとりとした響きをもつ。昭和的な音がかえって新鮮に耳に残る

名前	画数	総画
芙沙	7・7	14
歩砂	8・9	17
阜咲	8・9	17
風紗	9・10	19

やさしい

ふたば Futaba

植物の芽「双葉」に通じ、かわいらしさとあかるさを併せもつ。新しく、純真な印象を与える

名前	画数	総画
二羽	2・6	8
二芭	2・7	9
双羽	4・6	10
二葉	2・12	14
歩束	8・7	15
双葉	4・12	16
風束	9・7	16
布多芭	5・6・7	18
富束	12・7	19
歩汰羽	8・7・6	21
風多羽	9・6・6	21
冨多葉	11・6・12	29

かわいい

ふづき Fuzuki

和暦「文月（ふづき）」に通じる古式ゆかしい名前。文学的素養も感じさせる

名前	画数	総画
文月	4・4	8
風月	9・4	13
楓月	13・4	17
芙津妃	7・9・6	22

知的

ふみ [Fumi]

あかるい

控えめなやさしさをもつ「ふ」と温かみある「み」の組み合わせ。「文」に通じ知的な印象も

名前	画数	総画
文	4	4
史	5	5
郁	9	9

ふみか Fumika

知的な「ふみ」と華麗な「か」が引き立て合い、才色兼備の印象に

名前	画数	総画
文花	4・7	11
文香	4・9	13
史香	5・9	14
史華	5・10	15

やさしい

ふみな Fumina

やわらかい止め字「な」で、「ふみ」がグッと女性的な響きに

名前	画数	総画
文那	4・7	11
史奈	5・8	13
文菜	4・11	15
芙美奈	7・9・8	24

はなやか

ふみの Fumino

和の情緒をもつ伝統的な音を重ね、奥ゆかしく詩的な雰囲気に

名前	画数	総画
文乃	4・2	6
史乃	5・2	7
郁乃	9・2	11
吹美野	7・9・11	27

かわいい

ふゆ Fuyu

「冬」に通じクールなイメージながら響き自体はほっこりと温かい

名前	画数	総画
冬	5	5
吹夕	7・3	10
芙由	7・5	12
風優	9・17	26

あかるい

ふゆか Fuyuka

冴えた空気のなかに凛とした美しさが感じられる、風情ある名前

名前	画数	総画
冬花	5・7	12
冬佳	5・8	13
冬香	5・9	14
冬華	5・10	15
風由佳	9・5・8	22
風友夏	9・4・10	23
歩結日	8・12・4	24
風優香	9・17・9	35

やさしい

ふれあ Furea

ゆらめく炎を表し、やわらかく浮遊感があり、不思議と引きつける

名前	画数	総画
歩礼亜	8・5・7	20
風礼亜	9・5・7	21
風礼空	9・5・8	22
富礼有	12・5・6	23
歩怜空	8・8・8	24
歩玲亜	8・9・7	24
風玲空	9・9・8	26
富玲空	12・9・8	29

はなやか

ふわり Fuwari

最近人気の擬態語をそのまま名前に。軽やかでやさしいイメージに

名前	画数	総画
歩羽吏	8・6・6	20
歩波里	8・8・7	23
風和莉	9・8・10	27
富和李	12・8・7	27

やさしい

へ

五行　水

慎重な努力家

べに［Beni］

和の色彩「紅」に通じ、日本女性の強さと気品、艶を感じさせる

名前	画数	総画
紅仁	紅9 仁4	13
紅日	紅9 日4	13
紅	紅9	9
朱	朱6	6

やさしい

べにお［Benio］

止め字「お」がクラシカルな響きで、不思議な色香を感じさせる

名前	画数	総画
紅織	紅9 織18	27
紅緒	紅9 緒14	23
紅桜	紅9 桜10	19
紅生	紅9 生5	14

知的

べにか［Benika］

強い止め字「か」が「べに」をいっそう色鮮やかに感じさせる

名前	画数	総画
紅香	紅9 香9	18
紅佳	紅9 佳8	17
紅花	紅9 花7	16
朱華	朱6 華10	16

はなやか

ほ

五行　水

創造力に恵まれている

ほたる［Hotaru］

「蛍」に通じ、静かな輝きを感じさせる和風情緒にあふれた名前

名前	画数	総画
穂多琉	穂15 多6 琉11	32
蛍瑠	蛍11 瑠14	25
帆汰流	帆6 汰7 流10	23
蛍	蛍11	11

あかるい

ほなつ［Honatsu］

やわらかい「ほ」と強い「なつ」が好対照で快活なイメージ

名前	画数	総画
歩菜都	歩8 菜11 都11	30
保奈津	保9 奈8 津9	26
穂夏	穂15 夏10	25
帆夏	帆6 夏10	16

やさしい

ほなみ［Honami］

ホッとするやさしさをもつ「ほ」に「なみ」のしなやかさが映える

名前	画数	総画
穂奈美	穂15 奈8 美9	32
穂南	穂15 南9	24
歩波	歩8 波8	16
帆美	帆6 美9	15

はなやか

ほの［Hono］

やさしい

「かすか」なさまを意味する言葉で、控えめな印象をもつ。温かく思いやりの深い印象も

名前	画数	総画
穂音	穂15 音9	24
歩乃	歩8 乃2	10
帆乃	帆6 乃2	8

ほのか［Honoka］

ほのぼのとしたあかるさと温かみを感じさせる女の子らしい人気名

名前	画数	総画
萌加	萌11 加5	16
歩花	歩8 花7	15
芳佳	芳7 佳8	15
歩叶	歩8 叶5	13
萌乃香	萌11 乃2 香9	22
穂花	穂15 花7	22
保乃花	保9 乃2 花7	18
帆乃香	帆6 乃2 香9	17

かわいい

ほのみ［Honomi］

ふわりとした響きの「ほの」に「み」のやさしさが溶け込んでいる

名前	画数	総画
保野美	保9 野11 美9	29
穂乃美	穂15 乃2 美9	26
穂実	穂15 実8	23
帆乃美	帆6 乃2 美9	17

知的

ほのり［Honori］

温かい「ほの」とクールな「り」の、対照的な響きが耳に新鮮に残る

名前	画数	総画
穂乃莉	穂15 乃2 莉10	27
穂乃里	穂15 乃2 里7	24
歩里	歩8 里7	15
帆紀	帆6 紀9	15

やさしい

ほまれ Homare

「誉」に通じ、晴れやかな輝きのなかに勇敢さと一途な意志を秘める

あかるい

名前	総画
誉13	13
帆6 希7	13
歩8 稀12	20
穂15 希7	22

ま

五行 水

賢く機転が利く

まあさ Maasa

あかるく大らかな母音「あ」が続き、めんどう見よくやさしい印象

あかるい

名前	総画
万3 亜7 紗10	20
真10 麻11	21
磨16 旭6	22
麻11 朝12	23

まあや Maaya

「まあ」のほがらかな流れに「や」が弾みをつけ、陽気さが増す

かわいい

名前	総画
茉8 絢12	20
真10 彩11	21
真10 綾14	24
麻11 亜7 耶9	27

まい [Mai]

やさしい

陽気な「ま」と知的な「い」の響きが絶妙に交ざり合う。「舞」に通じ、艶やかさと気品さも

名前	総画
舞15	15
麻11 井4	15
茉8 依8	16
眞10 衣6	16
麻11 衣6	17
真10 依8	18
眞10 依8	18
茉8 愛13	21
真10 唯11	21
摩15 衣6	21
磨16 依8	24
舞15 彩11	26

まいか Maika

なめらかな「まい」に輝き感のある止め字「か」が高貴さを添える

かわいい

名前	総画
苺8 香9	17
舞15 花7	22
茉8 衣6 香9	23
舞15 香9	24
麻11 衣6 花7	24
舞15 夏10	25
真10 生5 夏10	25
舞15 翔12	27

まいこ Maiko

定番の止め字「こ」で、「まい」の洗練された美が引き立つ

知的

名前	総画
苺8 子3	11
舞15 心4	19
真10 依8 子3	21
真10 唯11 子3	24

まいな Maina

やさしい止め字「な」が「まい」のあかるさに愛らしさを添える

やさしい

名前	総画
苺8 那7	15
舞15 名6	21
舞15 奈8	23
麻11 李7 那7	25

まいみ Maimi

優雅な「まい」の響きに温かみある「み」音を添え、情感豊かに

かわいい

名前	総画
苺8 実8	16
舞15 実8	23
茉8 依8 美9	25
舞15 彩11 未5	31

まいら Maira

異国情緒あふれる止め字「ら」が「まい」の華麗さを際立たせる

はなやか

名前	総画
舞15 良7	22
真10 依8 良7	25
苺8 羅19	27
舞15 楽13	28

まう Mau

陽気な「ま」を力強い「う」で支えた、簡潔かつ個性的な響き

あかるい

名前	総画
真10 生5	15
麻11 羽6	17
舞15 生5	20
磨16 羽6	22

まえ Mae

「前」に通じ、あかるくポジティブな印象をいだかせる、新鮮な名前

やさしい

名前	総画
万3 江6	9
真10 依8	18
麻11 恵10	21
舞15 絵12	27

まお Mao

かわいい

温かみと奥行き感のある響きを重ね、愛情深さを感じさせる名前

名前	画数	総画
舞乙	15・1	16
真央	10・5	15
茉生	8・5	13
万青	3・8	11
真緒	10・14	24
真碧	10・14	24
茉緒	8・14	22
麻桜	11・10	21

まおな Maona

やさしい

情愛に富んだ「まお」にやさしくあかるい「な」の響きが溶けむ

名前	画数	総画
麻緒那	11・14・7	32
真桜菜	10・10・11	31
万織奈	3・18・8	29
真生菜	10・5・11	26

まおり Maori

はなやか

やわらかい「まお」になクールな響きの「り」を添え、若々しく

名前	画数	総画
舞織	15・18	33
真織	10・18	28
万緒里	3・14・7	24
麻生吏	11・5・6	22

まき Maki

あかるい

あかるい「ま」にりりしい「き」が添い、潔く、純真な響きの名前

名前	画数	総画
真輝	10・15	25
麻貴	11・12	23
真妃	10・6	16
万稀	3・12	15

まきあ Makia

はなやか

快活な「まき」に新感覚の止め字「あ」を添え、愛らしく

名前	画数	総画
麻喜亜	11・12・7	30
磨生空	16・5・8	29
真希空	10・7・8	25
真妃亜	10・6・7	23

まきの Makino

知的

和の止め字「の」で、あかるい「まき」にしとやかな落ち着きが

名前	画数	総画
蒔野	13・11	24
麻紀乃	11・9・2	22
茉希乃	8・7・2	17
槙乃	14・2	16

まこ Mako

あかるい

あかるい陽の音「ま」と低く安定感ある「こ」のギャップが、新鮮なかわいらしさを生む

名前	画数	総画
茉湖	8・12	20
眞心	10・4	14
茉子	8・3	11
真珠	10・10	20
麻子	11・3	14
真子	10・3	13
磨心	16・4	20
愛心	13・4	17
眞子	10・3	13
真瑚	10・13	23
磨子	16・3	19
真心	10・4	14

まこと Makoto

知的

男子名にも用いられる中性的な響きで、強い意志を感じさせる

名前	画数	総画
麻古都	11・5・11	27
真珠	10・10	20
茉琴	8・12	20
真采	10・8	18

まさ Masa

あかるい

光沢感のある「ま」音とさわやかな「さ」音の組み合わせ。誠実さを感じさせる人気の響き

名前	画数	総画
磨紗	16・10	26
真咲	10・9	19
麻早	11・6	17

まさき Masaki

やさしい

あかるい「ま」に続く「さき」のスピード感が知的な印象を強める

名前	画数	総画
麻紗季	11・10・8	29
優希	17・7	24
雅姫	13・10	23
茉咲	8・9	17

まさこ Masako

あかるい

伝統の止め字「こ」でまとめることで「まさ」の優雅さが際立つ

名前	画数	総画
麻沙子	11・7・3	21
雅心	13・4	17
万咲子	3・9・3	15
晶子	12・3	15

まさみ Masami

かわいい

ていねいな響きの「まさ」に親しみ感ある「み」で愛され力アップ

名前	画数	総画
麻紗実	11・10・8	29
万彩美	3・11・9	23
昌美	8・9	17
正実	5・8	13

ましろ Mashiro

知的

「真っ白」に通じ、汚れなく純粋なイメージ。呼びやすさも魅力

名前	画数	総画
麻白	11・5	16
純白	10・5	15
真白	10・5	15
茉白	8・5	13

まな [Mana]

やさしい

丸みを帯びてあかるい「ま」、柔軟でやさしい「な」の、女性に人気の高い音を組み合わせた

- 麻11 夏10 21
- 真10 奈8 18
- 茉8 那7 15
- 愛13 奈8 21
- 麻11 奈8 19
- 万3 愛13 16
- 愛13 菜11 24
- 愛13 那7 20
- 茉8 南9 17
- 舞15 南9 24
- 真10 渚11 21
- 真10 那7 17

まなつ Manatsu

あかるい

あかるく明確な響きの組み合わせ。真夏の強い日差しを思わせる

- 愛13 奈8 都11 32
- 真10 那7 津9 26
- 真10 夏10 20
- 茉8 夏10 18

ますみ Masumi

あかるい

陽気な「ま」、すがすがしい「すみ」、対照的な要素が見事に収まった

- 真10 澄15 25
- 満12 寿7 未5 24
- 万3 珠10 美9 22
- 真10 純10 20

まなほ Manaho

かわいい

なめらかな「まな」音に温かい「ほ」音をプラスし、ほのぼのと

- 舞15 菜11 歩8 34
- 麻11 奈8 穂15 34
- 愛13 穂15 28
- 真10 帆6 16

まち Machi

やさしい

あかるく主張のある「ま」「ち」音を重ねた、活発な響き

- 舞15 知8 23
- 真10 稚13 23
- 磨16 千3 19
- 万3 智12 15

まなみ Manami

やさしい

三音ともやわらかくうるおい感のある響きで、愛情深い印象に

- 愛13 実8 21
- 愛13 未5 18
- 真10 波8 18
- 茉8 波8 16

- 麻11 菜11 美9 31
- 真10 奈8 美9 27
- 真10 成6 美9 25
- 愛13 海9 22

まなえ Manae

あかるい

愛くるしい「まな」に素直な響きの「え」を添え、のびのびと

- 舞15 菜11 江6 32
- 茉8 奈8 絵12 28
- 愛13 依8 21
- 愛13 永5 18

まちこ Machiko

やさしい

止め字「こ」を添えることで「まち」がレトロな響きを帯びる

- 満12 智12 子3 27
- 麻11 智12 子3 26
- 万3 智12 子3 18
- 待9 子3 12

まなか Manaka

はなやか

やわらかい響きの「まな」に止め字「か」が真摯さをプラス

- 茉8 奈8 果8 24
- 愛13 椛11 24
- 愛13 加5 18
- 真10 佳8 18

- 真10 菜11 香9 30
- 真10 那7 佳8 25
- 茉8 奈8 香9 25
- 愛13 翔12 25

まつり Matsuri

あかるい

「祭り」に通じ、にぎやかさと神聖さを併せもつ名前。流れも美しい

- 茉8 莉10 18
- 茉8 里7 15
- 茉8 利7 15
- 祭11 11

まの Mano

あかるい

あかるい「ま」に、しとやかな「の」を添え、新しい響きの名前に

- 舞15 野11 26
- 茉8 野11 19
- 愛13 乃2 15
- 真10 乃2 12

まどか Madoka

かわいい

「円満」を意味する語で、名前としての収まりも◎。あかるい響き

- 円4 椛11 15
- 円4 華10 14
- 円4 香9 13
- 円4 4

まや Maya

神秘性を帯びた止め字「や」で、「ま」に不思議な艶が生まれる

真10耶9	真10弥8	麻11矢5	茉8弥8
19	18	16	16
摩15椰13	磨16耶9	真10彩11	茉8椰13
28	25	21	21

やさしい

まほ Maho

のびのびとした「ま」と力が抜けた「ほ」の音が、のどかに響く

万3穂15	眞10帆6	茉8歩8	万3歩8
18	16	16	11
舞15穂15	茉8穂15	麻11保9	真10宝8
30	23	20	18

やさしい

まのん Manon

陽気な「ま」から「ん」に抜ける、跳ねたリズムが元気さを強調

真10穏16	舞15音9	真10音9	茉8音9
26	24	19	17

はなやか

まひる Mahiru

全体に平和的で温かい響きで、止め字「る」が包容力を感じさせる

麻11陽12流10	舞15日4琉11	真10妃6瑠14	茉8日4瑠14
33	30	30	26

あかるい

まゆ〔Mayu〕

かわいい

シルクの原料となる「繭」に通じ、純粋なイメージ。なめらかな艶感があり、女性らしい

磨16由5 21	繭18 18	万3侑8 11
磨16有6 22	麻11佑7 18	茉8由5 13
愛13悠11 24	茉8唯11 19	万3結12 15
茉8優17 25	舞15友4 19	真10由5 15
真10優17 27	茉8結12 20	麻11友4 15
舞15結12 27	磨16友4 20	茉8柚9 17
磨16唯11 27	真10悠11 21	麻11有6 17

まほこ Mahoko

止め字「こ」により「ほ」の存在感が際立ち、物腰やわらかい印象

真10穂15子3	麻11帆6子3	茉8保9子3	真10帆6子3
28	20	20	19

かわいい

まひろ Mahiro

元気な「ま」音を奥行き感のある「ひろ」が受け、心の広い印象に

真10宙8	茉8弥8	真10央5	万3紘10
18	16	15	13
希7優17	麻11尋12	茉8寛13	真10洋9
24	23	21	19

知的

まみ Mami

あかるい「ま行」から、とくに人気の音を重ねた好感度の高い名前

磨16美9	真10美9	真10実8	茉8未5
25	19	18	13

あかるい

まみこ Mamiko

かわいさを光らせる「こ」で、「まみ」の女性らしさが際立つ

磨16美9心4	麻11美9子3	真10実8子3	茉8美9子3
29	23	21	20

あかるい

まり [Mari]

あかるい

円満なイメージをもつ「ま」音に、クールな「り」音が動きを与え、あかるく活発な印象に

真10 璃15	麻11 莉10	麻11 里7
25	21	18

まゆう Mayu

陽気な響きの「ま」をやさしくしなやかな響きの「ゆう」で収める

真10 優17	真10 悠11	麻11 祐9	舞15 夕3
27	21	20	18

はなやか

まゆか Mayuka

女性らしい「まゆ」に添えた止め字「か」が凛とした強さをプラス

真10 優17 香9	真10 結12 花7	麻11 由5 果8	万3 友4 佳8
36	29	24	15

かわいい

まゆき Mayuki

シャープな止め字「き」で、「まゆ」の純粋さがより際立つ

舞15 雪11	麻11 雪11	真10 幸8	茉8 幸8
26	22	18	16

知的

まゆこ Mayuko

「まゆ」の浮遊感を「こ」で落ち着かせ、地に足の着いた印象に

麻11 由5 子3	万3 柚9 子3	万3 佑7 子3	万3 由5 子3
19	15	13	11
真10 結12 子3	真10 悠11 子3	麻11 祐9 子3	繭18 子3
25	24	23	21

やさしい

まゆな Mayuna

やわらかい止め字「な」が、清純な「まゆ」に優美さを添える

真10 優17 奈8	万3 優17 菜11	真10 結12 那7	麻11 由5 奈8
35	31	29	24

やさしい

まゆみ Mayumi

純粋な「まゆ」に止め字「み」が溶け込み自然な女性らしさを強調

茉8 由5 実8	万3 有6 実8	麻11 弓3	真10 弓3
21	17	14	13
真10 裕12 美9	麻11 友4 美9	眞10 由5 美9	真10 由5 美9
31	24	24	24

あかるい

まゆり Mayuri

清らかな「まゆ」にクールな止め字「り」を添え、知的さが増す

真10 優17 莉10	舞15 有6 里7	真10 百6 合6	茉8 百6 合6
37	28	22	20

はなやか

まよ Mayo

前向きな響きの「ま」と安定感ある「よ」の音が互いを活かし合う

磨16 代5	真10 代5	真10 世5	万3 葉12
21	15	15	15

知的

まりあ Maria

聖母マリアに通じる高貴な響きで、純粋さと慈愛を感じさせる名前

茉8 莉10 愛13	真10 莉10 亜7	真10 里7 亜7	万3 梨11 亜7
31	27	24	21
舞15 里7 愛13	麻11 梨11 愛13	真10 莉10 愛13	真10 璃15 亜7
35	35	33	32

はなやか

まりか Marika

白く可憐なジャスミンの花を意味する語。清楚で気品あるイメージ

真10 莉10 香9	鞠17 香9	万3 理11 華10	鞠17 花7
29	26	24	24

かわいい

まりこ Mariko

落ち着いた止め字「こ」で、「まり」のあかるさが際立つ

真10 理11 子3	真10 梨11 子3	満12 李7 心4	麻11 里7 子3
24	24	23	21

やさしい

まりな Marina

親しみ深い「まり」と好感度の高い「な」が好かれる組み合わせ

麻11 里7 奈8	万3 莉10 菜11	茉8 里7 奈8	毬11 奈8
26	24	23	19
真10 璃15 奈8	真10 莉10 愛13	満12 理11 奈8	麻11 莉10 奈8
33	33	31	29

あかるい

まりの Marino

はつらつとした「まり」に古典的止め字「の」で落ち着きをプラス

舞15 里7 乃2	真10 理11 乃2	毬11 野11	茉8 梨11 乃2
24	23	22	21

やさしい

まりも Marimo

「毬藻」に通じるユニークな名前。親しみ感にあふれ記憶に残る

舞15 里7 萌11	真10 理11 望11	真10 理11 萌11	鞠17 萌11
33	32	32	28

かわいい

まりや Mariya

弾むような「まり」に「や」を添え、抜けるようなあかるさに

舞15 李7 弥8	麻11 莉10 弥8	麻11 理11 矢5	真10 里7 耶9
30	29	27	26

はなやか

まりん Marin

海のイメージをもつ名で、あかるい太陽とさわやかな潮風を感じる

真10 鈴13	真10 梨11	茉8 鈴13	茉8 梨11
23	21	21	19
舞15 梨11	麻11 凛15	真10 凜15	真10 凛15
26	26	25	25

はなやか

まるみ Marumi

音のとおり丸く角のない響きが、思いやりの深い人柄を思わせる

真10 留10 美9	万3 流10 美9	円4 美9	丸3 実8
29	22	13	11

あかるい

まれい Marei

丸みを帯びた「ま」と麗しい響きの「れい」が独特の余韻を残す

真10 麗19	茉8 麗19	舞15 礼5	真10 伶7
29	27	20	17

やさしい

み

五行 水

芸術的センスがある

みあ [Mia]

あかるい

愛らしく情感豊かな「み」音に開放的な「あ」が添い、屈託のないあかるさを感じさせる

美9 彩11	心4 愛13	未5 亜7
20	17	12
実8 愛13	美9 空8	三3 愛13
21	17	16
海9 愛13	未5 愛13	美9 亜7
22	18	16
深11 愛13	実8 彩11	美9 杏7
24	19	16

みあい Miai

楽しげな響きの「みあ」に「い」を添え、知的な落ち着きをプラス

深11 藍18	美9 藍18	美9 愛13	心4 愛13
29	27	22	17

やさしい

みあん Mian

はなやか

しっとりとした「み」が「あん」であかるく歯切れよくまとまる

- 美9 晏10（19）
- 珠10 杏7（17）
- 美9 杏7（16）
- 心4 杏7（11）

みい [Mii]

かわいい

英語の「Me（私に）」に当たり、あかるい「み」に「い」がやさしい余韻を加え、女の子らしく

- 実8 依8（16）
- 未5 唯11（16）
- 美9 衣6（15）

みいこ Miiko

あかるい

キュートな響きの「みい」を「こ」でまとめ、呼びやすい名前に

- 美9 似7 子3（19）
- 未5 唯11 子3（19）
- 美9 衣6 子3（18）
- 実8 衣6 子3（17）

みいな Miina

かわいい

あかるくやわらかい流れをもち、外国の女子名のようにスマート

- 未5 唯11 奈8（24）
- 美9 衣6 奈8（23）
- 未5 衣6 奈8（19）
- 未5 奈8（13）

- 美9 唯11 菜11（31）
- 美9 唯11 奈8（28）
- 美9 衣6 菜11（26）
- 実8 衣6 菜11（25）

みう Miu

かわいい

女の子らしい「み」を深い「う」音で受け、安定感と柔軟さをもつ

- 心4 海9（13）
- 未5 有6（11）
- 未5 宇6（11）
- 心4 羽6（10）

- 美9 雨8（17）
- 心4 結12（16）
- 美9 生5（14）
- 実8 羽6（14）

みうな Miuna

はなやか

「みう」から「な」へのしなやかな流れが、自然体のあかるさをもつ

- 美9 羽6 菜11（26）
- 美9 宇6 奈8（23）
- 美9 海9（18）
- 弥8 海9（17）

みえ Mie

知的

温かい「み」に安定感ある「え」を合わせた和の情緒が漂う名前

- 美9 絵12（21）
- 美9 瑛12（21）
- 美9 笑10（19）
- 未5 恵10（15）

みえこ Mieko

あかるい

包み込むやさしさをもつ「みえ」に古風な「こ」が添い、おとなっぽく

- 美9 恵10 心4（23）
- 美9 笑10 子3（22）
- 未5 映9 子3（17）
- 三3 枝8 子3（14）

みお [Mio]

知的

あかるいぬくもりをもつ「み」に伝統的な止め字「お」で深みを与え、簡潔で美しい響きに

- 美9 緒14（23）
- 未5 織18（23）
- 美9 桜10（19）

みおな Miona

やさしい

女性らしい「みお」に「な」が、しなやかな気品を生んでいる

- 美9 緒14 奈8（31）
- 澪16 奈8（24）
- 美9 央5 那7（21）
- 実8 央5 奈8（21）

みおり Miori

はなやか

和の風情を感じさせる「おり」で全体にしっとりと可憐に響く

- 実8 桜10 里7（25）
- 澪16 里7（23）
- 心4 織18（22）
- 美9 央5 里7（21）

- 美9 織18（27）
- 美9 桜10 里7（26）
- 澪16 莉10（26）
- 実8 織18（26）

みおん Mion

かわいい

あかるい「み」に続く、弾ける「おん」の音が元気いっぱいに響く

- 澪16 音9（25）
- 美9 穏16（25）
- 美9 音9（18）
- 実8 音9（17）

みか [Mika]

あかるい

長年人気の短音名前。温かみと快活さが同居。まとまりのよい響きで、呼びやすさも魅力

名前	総画
美9 果8	17
実8 果8	16
未5 夏10	15
美9 佳8	17
美9 伽7	16
光6 香9	15
美9 香9	18
未5 翔12	17
実8 花7	15
樹16 果8	24
弥8 香9	17
実8 佳8	16

みかこ Mikako

かわいい

古風な止め字「こ」で「みか」の積極性と躍動感がより際立つ

名前	総画
美9 夏10 子3	22
実8 花7 子3	18
未5 華10 子3	18
実8 日4 子3	15

みき Miki

知的

温かみある「み」に添えた鋭い「き」が、あかるく利発な印象

名前	総画
美9 季8	17
樹16	16
美9 妃6	15
未5 姫10	15
海9 輝15	24
美9 綺14	23
美9 稀12	21
美9 貴12	21

みきえ Mikie

やさしい

秘めた知性を感じさせる「みき」に、親しみ感ある「え」が添う

名前	総画
美9 紀9 恵10	28
未5 喜12 江6	23
幹13 恵10	23
未5 来7 枝8	20

みきこ Mikiko

あかるい

思慮深い響きの「こ」で、「みき」の知性的な面が強調される

名前	総画
美9 樹16 子3	28
美9 貴12 心4	25
実8 希7 子3	18
未5 記10 子3	18

みく Miku

やさしい

独特の甘い雰囲気をもち、愛され力の高い女の子を思わせる

名前	総画
美9 久3	12
未5 来7	12
生5 来7	12
三3 久3	6
美9 紅9	18
美9 玖7	16
未5 徠11	16
光6 玖7	13

みくる Mikuru

はなやか

陽気な三音を連ねた、跳ねるようなリズムが楽しい元気な名前

名前	総画
望11 来7	18
美9 来7	16
実8 来7	15
未5 來8	13

みこ Miko

知的

かわいい短音名前ながら「巫女」に通じ、神聖なイメージをまとう

名前	総画
美9 瑚13	22
未5 虹9	14
美9 心4	13
実8 子3	11

みこと Mikoto

あかるい

「命」に通じる日本の言葉と同音で、高貴かつ神秘的な響きをもつ

名前	総画
美9 詞12	21
実8 琴12	20
心4 琴12	16
命8	8

みさ [Misa]

やさしい

あかるくしっとりとした「み」と「さ」のドライなさわやかさが好バランスで、愛される響き

名前	総画
実8 咲9	17
未5 紗10	15
三3 沙7	10
実8 紗10	18
光6 咲9	15
心4 咲9	13
美9 砂9	18
美9 佐7	16
水4 咲9	13
美9 彩11	20
海9 沙7	16
心4 彩11	15

みさえ Misae

あかるい

陽気でさわやかな「みさ」音を安定感ある「え」が、やさしく支える

名前	総画
美9 咲9 恵10	28
美9 紗10 江6	25
美9 彩11	20
美9 冴7	16

みさき Misaki

親しみ感のある「み」に続く「さき」が、潔く知的な余韻を添える

美9 沙7 季8	24
実8 咲9 希7	24
美9 咲9	18
岬8	8

はなやか

みさと Misato

ぬくもり感ある「み」に素朴な「さと」で、めんどう見のよい印象

美9 沙7 都11	27
美9 郷11	20
弥8 里7	15
美9 仁4	13

あかるい

みず [Mizu]

あかるい

「水」のイメージにつながり、うるおい感やすがすがしさ、汚れのない純粋さを感じさせる響き

美9 珠10	19
弥8 都11	19
未5 寿7	12

みずか Mizuka

透明感のある「みず」を華麗な響きの止め字「か」が鮮やかに彩る

瑞13 華10	23
瑞13 香9	22
瑞13 加5	18
水4 夏10	14

はなやか

みずき Mizuki

中性的な落ち着きのあるさわやかさが好感度高く、長年人気を保つ

瑞13 稀12	25
瑞13 葵12	25
瑞13 希7	20
水4 姫10	14

やさしい

みすず Misuzu

しっとりとした「み」音が「すず」の響きの清涼感を際立たせる

珠10 鈴13	23
実8 鈴13	21
美9 寿7 々3	19
未5 涼11	16

かわいい

みずな Mizuna

「みず」の音がもつ透明感に「な」の女らしさを加えてしなやかに

瑞13 菜11	24
瑞13 奈8	21
瑞13 那7	20
水4 南9	13

かわいい

みずは Mizuha

「は」が波紋のような印象を生み、独特の静けさを感じさせる

瑞13 葉12	25
瑞13 羽6	19
水4 波8	12
水4 羽6	10

はなやか

みずほ Mizuho

みずみずしい「みず」とやわらかい「ほ」が和の美しさを醸し出す

瑞13 帆6	19
水4 穂15	19
水4 保9	13
水4 帆6	10
美9 珠10 保9	28
瑞13 穂15	28
美9 寿7 宝8	24
瑞13 保9	22

やさしい

みその Misono

あかるい「み」に端正な響きの「その」が続き、品よくまとまる

美9 薗16	25
美9 園13	22
弥8 苑8	16
未5 苑8	13

あかるい

みそら Misora

温かみのある「み」が、すがすがしい「そら」に女の子らしさを加えた

美9 宙8	17
実8 空8	16
未5 昊8	13
未5 空8	13

知的

みち [Michi]

あかるい

あかるさと寛容さをもつ「み」に、主張性のある「ち」の力強さをプラスし、活発な印象に

美9 智12	21
美9 知8	17
路13	13

みちか Michika

あかるい音のまとまりで、弾むリズムが元気な女の子を思わせる

美9 知8 香9	26
未5 知8 翔12	25
実8 千3 花7	18
未5 幾12	17

はなやか

みちの Michino

しっとりとした止め字「の」が「みち」を奥ゆかしく清楚に響かせる

美9 智12 野11	32
道12 野11	23
美9 千3 乃2	14
倫10 乃2	12

やさしい

みちる Michiru

かわいい

「満ちる」イメージで月や海を思わせる、ロマンチックな響き

弥8 千3 瑠14	25
倫10 琉11	21
光6 千3 琉11	20
三3 千3 留10	16

みつき Mitsuki

知的

美しさを醸し出す音「み」に「つき」の音が品よく、詩的に響く

美9 槻15	24
光6 姫10	16
充6 希7	13
光6 希7	13

みづき Mizuki

かわいい

濁音「づ」を活かした美しい響きで、古風でしとやかなイメージ

美9 月4	13
実8 月4	12
水4 月4	8
心4 月4	8
美9 月4 姫10	23
碧14 月4	18
望11 月4	15
深11 月4	15

みつは Mitsuha

やさしい

おとなびた「みつ」に積極性をもつ「は」が添う。和の趣もある

満12 羽6	18
光6 葉12	18
光6 波8	14
光6 羽6	12

みと Mito

あかるい

やわらかい「み」と耳当たりのよい「と」を重ねためずらしい二音

美9 都11	20
未5 翔12	17
美9 杜7	16
未5 都11	16

みどり Midori

知的

「緑」のいきいきとした輝きを思わせ、強い存在感のある名前

碧14 里7	21
美9 鳥11	20
緑14	14
翠14	14

みな [Mina]

やさしい

あかるく親しみ感ある「み」とやさしい「な」の響きが溶け合い、思いやりの深いイメージ

美9 奈8	17
美9 凪6	15
心4 那7	11
美9 南9	18
美9 名6	15
水4 奈8	12
実8 菜11	19
未5 菜11	16
未5 奈8	13
弥8 菜11	19
美9 那7	16
実8 那7	15

みなえ Minae

かわいい

女性らしい三音がやわらかく波打つように響き、やさしさいっぱい

海9 南9 江6	24
三3 奈8 絵12	23
南9 枝8	17
美9 苗8	17

みなぎ Minagi

知的

あかるい「みな」に、強い意志を感じさせる「ぎ」がインパクト大

美9 渚11	20
美9 凪6	15
海9 凪6	15
水4 渚11	15

みなこ Minako

やさしい

やわらかい「みな」にオーソドックスな「こ」が安心感を生む

美9 夏10 子3	22
美9 南9 心4	22
実8 奈8 子3	19
実8 那7 子3	18

みなつ Minatsu

あかるい

明朗な「なつ」に情感的な「み」が繊細なニュアンスを添える

碧14 夏10	24
美9 夏10	19
海9 夏10	19
実8 夏10	18

みなと Minato

はなやか

「港」に通じるさわやかさ。「と」の余韻がボーイッシュな印象

美9 南9 都11	29
湊12 音9	21
水4 都11	15
湊12	12

みなほ Minaho

やさしい

やわらかくたゆたうリズムをもち、人をホッとさせる響き

美9 奈8 穂15	32
美9 奈8 保9	26
未5 南9 歩8	22
南9 帆6	15

みなみ
Minami

素直な「な」音を挟んだ繰り返しの「み」が、しなやかで女性的

- 実8 南9　17
- 美9 波8　17
- 南9 美9　18
- 南9 海9　18

- 未5 奈8 実8　21
- 美9 夏10 水4　23
- 美9 那7 海9　25
- 美9 菜11 実8　28

あかるい

みなも
Minamo

「水面（みなも）」に通じ、うるおい感と静けさを感じさせる、情景的な名前

- 水4 萌11　15
- 水4 那7 萌11　22
- 美9 七2 萌11　22
- 三3 菜11 萌11　25

あかるい

みの
Mino

温かい「み」と安心感ある「の」ともに、シンプルゆえの深みがある

- 未5 乃2　7
- 実8 乃2　10
- 弥8 野11　19
- 美9 野11　20

やさしい

みのあ
Minoa

素朴な「みの」に添えた「あ」が新鮮で、グッとしゃれた雰囲気に

- 弥8 乃2 有6　16
- 実8 乃2 空8　18
- 美9 乃2 亜7　18
- 未5 野11 亜7　23

はなやか

みのり
Minori

しっとりとしたなめらかさをもつ響きが、誠実さと品を感じさせる

- 心4 乃2 里7　13
- 穂15　15
- 実8 祈8　16
- 実8 典8　16

- 美9 祈8　17
- 美9 紀9　18
- 美9 乃2 里7　18
- 美9 乃2 莉10　21

知的

みはな
Mihana

美しさを象徴する音「み」に「はな」が、より深い彩りを与える

- 心4 華10　14
- 未5 華10　15
- 実8 花7　15
- 望11 花7　18

やさしい

みはね
Mihane

落ち着いた「み」と軽やかな「はね」の開放感が互いの音を活かす

- 未5 羽6　11
- 海9 羽6　15
- 望11 羽6　17
- 美9 羽6 音9　24

かわいい

みはや
Mihaya

しっとりした「み」とスピード感ある「はや」が好バランス

- 美9 早6　15
- 実8 羽6 矢5　19
- 美9 颯14　23
- 美9 羽6 弥8　23

あかるい

みはる
Miharu

美しさを強調する「み」音が「はる」の輝きに深みを添える

- 心4 春9　13
- 未5 悠11　16
- 海9 晴12　21
- 美9 遥12　21

やさしい

みひろ
Mihiro

うるおい感のある「み」音で、「ひろ」がより愛情深い響きに

- 美9 弘5　14
- 未5 紘10　15
- 美9 宙8　17
- 美9 弦8　17

- 実8 紘10　18
- 美9 洋9　18
- 心4 優17　21
- 美9 裕12　21

知的

みふゆ
Mifuyu

「み」のぬくもり感が「ふゆ」のもつ、凛とした雰囲気を際立たせる

- 実8 冬5　13
- 美9 冬5　14
- 弥8 布5 由5　18
- 美9 風9 優17　35

やさしい

みほ
Miho

やわらかい「み」と癒やしの響きをもつ「ほ」がなじみ、好感度大

- 未5 帆6　11
- 美9 帆6　15
- 三3 穂15　18
- 実8 穂15　23

かわいい

みみ Mimi

丸みを帯び、情緒豊かな「み」を繰り返し、愛くるしい雰囲気

はなやか

名前	画数	総画
美心	9・4	13
未実	5・8	13
実水	8・4	12
実々	8・3	11
魅美	15・9	24
美海	9・9	18
未満	5・12	17
未海	5・9	14

みむ Mimu

「み」「む」ともに、こぢんまりとした独特のかわいさがある

あかるい

名前	画数	総画
美夢	9・13	22
実夢	8・13	21
弥夢	8・13	21
未夢	5・13	18

みや [Miya]

知的

やわらかい「み」、高揚感のある「や」の組み合わせ。「宮」に通じ、和風の高貴な雰囲気も

名前	画数	総画
美哉	9・9	18
美弥	9・8	17
実耶	8・9	17

みやこ Miyako

優美な響きの三音が美しく並ぶ。歴史的なスケール感も備える

やさしい

名前	画数	総画
美弥子	9・8・3	20
都古	11・5	16
都	11	11
京	8	8

みやび Miyabi

女性らしい優雅な気品を感じさせ、濁音「び」が格調高く響く

はなやか

名前	画数	総画
雅美	13・9	22
京珠	8・10	18
京美	8・9	17
雅	13	13

みゆ Miyu

温かみのある「み」に、初々しい響きの「ゆ」がかわいらしい

かわいい

名前	画数	総画
望結	11・12	23
美結	9・12	21
未唯	5・11	16
未祐	5・9	14

みゅう Myu

やわらかい流れのなかの拗音(ようおん)「ゅ」が愛くるしく、純情な印象

かわいい

名前	画数	総画
心優	4・17	21
美悠	9・11	20
心夢	4・13	17
美羽	9・6	15

みゆう Miyu

安定感ある「う」が添うことで「みゆ」に落ち着きと気品が生まれる

かわいい

名前	画数	総画
美汐	9・6	15
未祐	5・9	14
未侑	5・8	13
実夕	8・3	11
美優	9・17	26
海遊	9・12	21
海結	9・12	21
未悠	5・11	16

みゆか Miyuka

みずみずしい響きの「みゆ」が、止め字「か」で艶やかさを帯びる

はなやか

名前	画数	総画
美優花	9・17・7	33
実結花	8・12・7	27
美友香	9・4・9	22
美夕日	9・3・4	16

みゆき Miyuki

やわらかい「みゆ」とりりしい「き」が調和し、まとまりある響き

知的

名前	画数	総画
美優紀	9・17・9	35
美幸	9・8	17
幸季	8・8	16
未侑	5・8	13

みゆな Miyuna

みずみずしい「みゆ」にやさしい「な」が合わさり好感がもてる

やさしい

名前	画数	総画
美結菜	9・12・11	32
心優菜	4・17・11	32
美由南	9・5・9	23
実由奈	8・5・8	21

みゆり Miyuri

しっとりした「み」音で、「ゆり」がもつ清純な響きが際立つ

あかるい

名前	画数	総画
美優里	9・17・7	33
弥由梨	8・5・11	24
実侑里	8・8・7	23
美百合	9・6・6	21

みよ Miyo

素朴な響きながら元気な女の子のイメージで昭和のレトロ感が漂う

やさしい

名前	画数	総画
美陽	9・12	21
実葉	8・12	20
美宵	9・10	19
美世	9・5	14

みら Mira

しっとりした「み」からはなやかな「ら」への移行がドラマチック

名前	画数	総画
未羅	5・19	24
美楽	9・13	22
美良	9・7	16
未來	5・8	13

かわいい

みらい Mirai

「未来」に通じ、ロマンを感じさせる響き。清涼感ある音も魅力

名前	画数	総画
望来	11・7	18
弥来	8・7	15
美礼	9・5	14
未来	5・7	12

あかるい

みり Miri

ほどよい緊張感をもつ響きで、止め字「り」がクールな余韻を残す

名前	画数	総画
未理	5・11	16
実李	8・7	15
実里	8・7	15
水里	4・7	11

かわいい

みりあ Miria

知的な印象の「みり」にあかるい「あ」を添えた新鮮な響きの名前

名前	画数	総画
美梨愛	9・11・13	33
美璃亜	9・15・7	31
美莉亜	9・10・7	26
美李空	9・7・8	24

はなやか

みれい Mirei

美しく落ち着いた流れをもつ響きで、洗練された女性のイメージ

名前	画数	総画
未令位	5・5・7	17
美礼	9・5	14
未伶	5・7	12
光礼	6・5	11
碧麗	14・19	33
美澪	9・16	25
実嶺	8・17	25
心麗	4・19	23

かわいい

みわ Miwa

簡潔さのなかに「み」のぬくもりと「わ」の和の情緒を秘める

名前	画数	総画
美羽	9・6	15
実羽	8・6	14
心和	4・8	12
未羽	5・6	11
未環	5・17	22
美葉	9・12	21
美和	9・8	17
弥和	8・8	16

知的

みわこ Miwako

情感豊かな「みわ」を「こ」の重みで落ち着かせ信頼感が高まる

名前	画数	総画
美和心	9・8・4	21
実和心	8・8・4	20
実和子	8・8・3	19
美羽子	9・6・3	18

やさしい

む

五行 水

思慮深く温厚な性格

むつき Mutsuki

和暦「睦月」に通じ、しっとりとした響きが和の情緒を感じさせる

名前	画数	総画
睦樹	13・16	29
睦紀	13・9	22
夢月	13・4	17
睦月	13・4	17

知的

むつみ Mutsumi

おとなしめの三音の連なりが、実直で人情深い人柄を連想させる

名前	画数	総画
夢摘	13・14	27
睦海	13・9	22
睦美	13・9	22
睦未	13・5	18

あかるい

むつよ Mutsuyo

静かな「むつ」に添えた深い「よ」が、秘めた愛情を感じさせる

名前	画数	総画
睦良	13・7	20
睦代	13・5	18
睦世	13・5	18
六代	4・5	9

やさしい

め

五行 水

熱い情熱を備える

めあり Meari

あかるくなめらかな流れをもつ響きで、外国人名の印象も

- 瞳17 有6 — 23
- 芽8 亜7 里7 — 22
- 明8 亜7 李7 — 22
- 芽8 有6 李7 — 21
- 愛13 空8 璃15 — 36
- 鳴14 亜7 梨11 — 32
- 芽8 愛13 里7 — 28
- 芽8 空8 李7 — 23

はなやか

めい [Mei]

やさしい

英語の「May（5月）」に当たり、気さくなかわいさをもつ響きが、だれからも好かれる

- 芽8 衣6 — 14
- 芽8 — 8
- 明8 — 8

めいこ Meiko

陽気な「めい」を止め字「こ」で落ち着かせたバランスのよい名前

- 芽8 依8 子3 — 19
- 芽8 以5 子3 — 16
- 明8 心4 — 12
- 明8 子3 — 11

かわいい

めいさ Meisa

好感度の高い「めい」を清涼感ある「さ」でまとめ、スマートに

- 芽8 衣6 沙7 — 21
- 明8 紗10 — 18
- 明8 咲9 — 17
- 芽8 沙7 — 15

はなやか

めいな Meina

人気の「めい」に意外な止め字「な」が添い、個性が光る

- 芽8 依8 奈8 — 24
- 明8 菜11 — 19
- 萌11 那7 — 18
- 芽8 奈8 — 16

やさしい

めぐ [Megu]

あかるい

若々しい「め」に続く濁音「ぐ」のこもった響きが、独特のかわいらしさを生み出す

- 芽8 紅9 — 17
- 愛13 — 13
- 恵10 — 10
- 芽8 虹9 — 17
- 芽8 来7 — 15
- 萌11 — 11
- 瞳17 久3 — 20
- 芽8 玖7 — 15
- 芽8 久3 — 11
- 愛13 来7 — 20
- 明8 玖7 — 15
- 明8 久3 — 11

めぐみ Megumi

止め字「み」で、濁音「ぐ」にやわらかい落ち着きが生まれる

- 恵10 未5 — 15
- 愛13 — 13
- 萌11 — 11
- 恵10 — 10
- 萌11 珠10 — 21
- 萌11 美9 — 20
- 恵10 美9 — 19
- 萌11 未5 — 16

かわいい

めぐる Meguru

純真なかわいらしさを放つ「めぐ」に「る」が添い、ボーイッシュに

- 愛13 瑠14 — 27
- 明8 玖7 流10 — 25
- 愛13 琉11 — 24
- 芽8 久3 留10 — 21

あかるい

めばえ Mebae

純真な響きで、開放感ある「ば」がのびやかな可能性を感じさせる

- 明8 映9 — 17
- 芽8 栄9 — 17
- 萌11 生5 — 16
- 芽8 生5 — 13

かわいい

めぶき Mebuki

初々しい響きで、内にこもる濁音「ぶ」が秘めた情熱を感じさせる

- 明8 蕗16 — 24
- 芽8 蕗16 — 24
- 明8 吹7 — 15
- 芽8 吹7 — 15

知的

も
五行 水
あかるく社交的

めり Meri
やわらかくも主張のある二音から成り、強い輝きを感じさせる
あかるい

- 愛(13)璃(15) — 28
- 芽(8)梨(11) — 19
- 萌(11)里(7) — 18
- 明(8)李(7) — 15

めりい Merii
きらめき感ある「めり」に控えめな母音「い」が落ち着きを添える
はなやか

- 明(8)梨(11)依(8) — 27
- 芽(8)理(11)衣(6) — 25
- 明(8)里(7)李(7) — 22
- 芽(8)里(7)衣(6) — 21

めりか Merika
輝きを帯びた「めり」にはなやかな「か」が添い、個性をさらに主張
やさしい

- 明(8)梨(11)花(7) — 26
- 明(8)李(7)夏(10) — 25
- 芽(8)里(7)香(9) — 24
- 芽(8)利(7)加(5) — 20

める Meru
あどけない印象の二音の組み合わせが新鮮。愛称のような親しみが
かわいい

- 愛(13)瑠(14) — 27
- 愛(13)流(10) — 23
- 芽(8)瑠(14) — 22
- 芽(8)琉(11) — 19

めるも Merumo
個性的な音が、キャラクターのようなかわいらしさを感じさせる
やさしい

- 芽(8)瑠(14)萌(11) — 33
- 明(8)琉(11)萌(11) — 30
- 明(8)流(10)萌(11) — 29
- 芽(8)留(10)萌(11) — 29

もあ Moa
温和な「も」と開放感ある「あ」を重ねた、外国的雰囲気の名前
かわいい

- 萌(11)夢(13) — 24
- 百(6)愛(13) — 19
- 望(11)杏(7) — 18
- 萌(11)亜(7) — 18

もえ [Moe]
やさしい

「萌」に通じ、奥ゆかしさのなかに若々しさや可憐さを垣間見る響き。高い人気を誇る

- 萌(11)恵(10) — 21
- 百(6)絵(12) — 18
- 萌(11) — 11
- 萌(11)瑛(12) — 23
- 百(6)愛(13) — 19
- 百(6)笑(10) — 16
- 望(11)絵(12) — 23
- 萌(11)依(8) — 19
- 望(11)永(5) — 16
- 望(11)愛(13) — 24
- 萌(11)英(8) — 19
- 百(6)萌(11) — 17

もえか Moeka
愛くるしい「もえ」に止め字「か」が意志の強さを感じさせる
あかるい

- 百(6)絵(12)花(7) — 25
- 萌(11)香(9) — 20
- 萌(11)果(8) — 19
- 萌(11)花(7) — 18

もえは Moeha
人気の「もえ」にめずらしい止め字「は」を用い、個性を主張
やさしい

- 百(6)絵(12)羽(6) — 24
- 萌(11)葉(12) — 23
- 萌(11)波(8) — 19
- 萌(11)羽(6) — 17

もえみ Moemi
やわらかい「もえ」を「み」が情緒豊かにまとめ、より女性らしく
かわいい

- 萌(11)笑(10) — 21
- 萌(11)美(9) — 20
- 萌(11)弥(8) — 19
- 萌(11)心(4) — 15

もえり Moeri
鋭い「り」音で、ふわりとした「もえ」がグッと利発な印象に
はなやか

- 萌(11)理(11) — 22
- 萌(11)梨(11) — 22
- 百(6)江(6)李(7) — 19
- 萌(11)利(7) — 18

もか Moka
斬新な響きの名前。コーヒーの「モカ」に通じるかわいらしさも
やさしい

- 萌(11)歌(14) — 25
- 望(11)叶(5) — 16
- 萌(11)加(5) — 16
- 百(6)華(10) — 16

もとか Motoka
あかるい

実直な響きの「もと」に止め字「か」を加え、はなやかさをプラス

- 望11 都11 夏10 — 32
- 萌11 音9 花7 — 27
- 素10 香9 — 19
- 元4 香9 — 13

もとこ Motoko
知的

三音とも低く落ち着いた響きで、母性的包容力とまじめさが光る

- 望11 都11 子3 — 25
- 源13 子3 — 16
- 素10 心4 — 14
- 元4 子3 — 7

もとみ Motomi
やさしい

素朴な「もと」と実直な「み」の響きが好相性で、信頼感が増す

- 素10 海9 — 19
- 素10 実8 — 18
- 求7 美9 — 16
- 元4 弥8 — 12

もな Mona
はなやか

やわらかくしっとりした二音ながら組み合わせが新鮮で個性が光る

- 望11 奈8 — 19
- 茂8 菜11 — 19
- 萌11 那7 — 18
- 百6 南9 — 15

もなみ Monami
かわいい

丸みを帯びた音の連なりが、包み込むようなぬくもりを感じさせる

- 萌11 菜11 実8 — 30
- 萌11 奈8 美9 — 28
- 萌11 奈8 弥8 — 27
- 百6 波8 — 14

もね Mone
あかるい

しっとりとした二音が美しく重なり、芸術的素養を感じさせる名前

- 萌11 寧14 — 25
- 桃10 寧14 — 24
- 萌11 音9 — 20
- 桃10 音9 — 19

もみじ Momiji
やさしい

しとやかな「ま行」の二音に続く「じ」が、独特のセンスを感じさせる

- 萌11 美9 路13 — 33
- 萌11 実8 路13 — 32
- 紅9 葉12 — 21
- 椛11 — 11

もも [Momo]
かわいい

「桃」がもつ、みずみずしさと芳醇な香りを連想させる。繰り返しの音もかわいらしく響く

- 百6 — 6
- 杏7 — 7
- 李7 — 7
- 桃10 — 10
- 百6 杏7 — 13
- 桃10 々3 — 13
- 萌11 々3 — 14
- 桃10 百6 — 16
- 百6 望11 — 17
- 萌11 百6 — 17
- 桃10 萌11 — 21
- 萌11 望11 — 22

ももあ Momoa
はなやか

人気の「もも」に多用されていない止め字「あ」を合わせ個性的に

- 萌11 々3 愛13 — 27
- 桃10 杏7 — 17
- 桃10 亜7 — 17
- 百6 彩11 — 17

ももえ Momoe
あかるい

女の子らしい「もも」に添えた「え」で、微笑(ほほえ)み感がアップ

- 萌11 々3 恵10 — 24
- 桃10 江6 — 16
- 百6 恵10 — 16
- 桃10 永5 — 15

ももか Momoka
かわいい

止め字「か」で、やわらかい響きの「もも」に活発さが加わる

- 桃10 加5 — 15
- 杏7 佳8 — 15
- 李7 佳8 — 15
- 百6 香9 — 15
- 百6 萌11 香9 — 26
- 萌11 々3 花7 — 21
- 桃10 夏10 — 20
- 百6 々3 果8 — 17

ももこ Momoko
やさしい

落ち着いた止め字「こ」で、「もも」の素朴なかわいらしさが活きる

- 萌11 々3 子3 — 17
- 桃10 々3 子3 — 16
- 桃10 心4 — 14
- 桃10 子3 — 13

ももな Momona
かわいい

愛らしい「もも」に可憐な「な」を添え、乙女感たっぷりの響きに

- 萌11 々3 奈8 — 22
- 桃10 菜11 — 21
- 百6 奈8 — 14
- 百6 那7 — 13

や

五行 土

行動力で好機を活かす

ももね Momone

やさしい和風音「ね」で、「もも」がグッと和風の響きを帯びる

漢字(画数)	総画
萌11 々3 寧14	28
桃10 寧14	24
桃10 音9	19
百6 々3 音9	18

かわいい

ももは Momoha

落ち着いた「もも」と活動的な「は」音の対比が新しい余韻を生む

漢字(画数)	総画
桃10 葉12	22
萌11 々3 羽6	20
桃10 芭7	17
百6 花7	13

やさしい

ももみ Momomi

うるおい感ある「ま行」音だけで構成され、みずみずしさが際立つ

漢字(画数)	総画
桃10 実8	18
李7 実8	15
百6 美9	15
百6 海9	15

やさしい

ももよ Momoyo

やわらかい「もも」に安定感ある「よ」を添えしっかり者の印象に

漢字(画数)	総画
李7 葉12	19
桃10 代5	15
桃10 世5	15
百6 代5	11

かわいい

もゆ Moyu

ともに控えめながら組み合わせの妙で、秘めた情熱が感じられる

漢字(画数)	総画
萌11 夢13	24
百6 結12	18
望11 由5	16
萌11 友4	15

はなやか

やえ Yae

「八重」に通じ、古式ゆかしい印象。クラシカルな響きが逆に新鮮

漢字(画数)	総画
椰13 恵10	23
耶9 絵12	21
弥8 英8	16
弥8 生5	13

知的

やすえ Yasue

気さくな印象の「やす」に、親しみ感ある「え」の止め字がマッチ

漢字(画数)	総画
泰10 笑10	20
保9 恵10	19
恭10 江6	16
安6 枝8	14

やさしい

やすか Yasuka

なじみやすい「やす」の音に「か」が高貴さと女性らしさをプラス

漢字(画数)	総画
穏16 香9	25
保9 夏10	19
康11 花7	18
恭10 加5	15

かわいい

やすこ Yasuko

さっぱりとした親しみ感がある「やす」を「こ」が自然にまとめる

漢字(画数)	総画
寧14 子3	17
恭10 心4	14
泰10 子3	13
八2 寿7 子3	12

あかるい

やすは Yasuha

気取らずサバサバした「やす」に「は」が勢いと元気さを添える

漢字(画数)	総画
泰10 葉12	22
恭10 葉12	22
恭10 波8	18
泰10 羽6	16

かわいい

やちる Yachiru

シャープな「や」に、かわいらしい「ちる」が新鮮さをもたらす

漢字(画数)	総画
弥8 知8 瑠14	30
八2 知8 留10	20
矢5 千3 琉11	19
八2 千3 流10	15

はなやか

やや Yaya

陽気な響きの「や」の繰り返しで、純粋無垢(むく)なかわいさが際立つ

漢字(画数)	総画
弥8 耶9	17
耶9 々3	12
弥8 々3	11
也3 矢5	8

かわいい

やよい Yayoi

3月の「弥生」に通じ、奥ゆかしく、春の花のような可憐さが

漢字(画数)	総画
弥8 代5 生5	18
弥8 佳8	16
弥8 生5	13
矢5 生5	10

やさしい

ゆ

五行　土

感受性が豊かで敏感

ゆあ　Yua

かわいい

みずみずしい「ゆ」の音にあかるい「あ」を添え、若々しい印象に

名前	画数	総画
唯杏	唯11 杏7	18
夕愛	夕3 愛13	16
侑杏	侑8 杏7	15
友彩	友4 彩11	15
結愛	結12 愛13	25
優亜	優17 亜7	24
夢亜	夢13 亜7	20
結空	結12 空8	20

ゆあん　Yuan

はなやか

やわらかい「ゆ」に「あん」の響きが潔くスタイリッシュに響く

名前	画数	総画
結安	結12 安6	18
柚杏	柚9 杏7	16
侑杏	侑8 杏7	15
由晏	由5 晏10	15

ゆい［Yui］

あかるい

やさしげな「ゆ」に控えめな知性を感じさせる「い」が奥ゆかしい女性らしさを醸し出す

名前	画数	総画
悠依	悠11 依8	19
結	結12	12
唯	唯11	11

ゆいあ　Yuia

はなやか

うるおい感ある「ゆい」に開放的な「あ」音が、のびのびとした印象

名前	画数	総画
唯愛	唯11 愛13	24
結亜	結12 亜7	19
唯空	唯11 空8	19
結有	結12 有6	18

ゆいか　Yuika

かわいい

若々しい「ゆい」に意志の強さを感じさせる「か」の強さが好相性

名前	画数	総画
唯伽	唯11 伽7	18
友委加	友4 委8 加5	17
結叶	結12 叶5	17
由衣加	由5 衣6 加5	16
唯夏	唯11 夏10	21
由衣花	由5 衣6 花7	18
由以果	由5 以5 果8	18
唯花	唯11 花7	18
悠衣花	悠11 衣6 花7	24
柚衣香	柚9 衣6 香9	24
結夏	結12 夏10	22
祐李加	祐9 李7 加5	21

ゆいこ　Yuiko

あかるい

女性らしい「ゆい」を伝統的止め字「こ」で清楚にまとめた

名前	画数	総画
結心	結12 心4	16
結子	結12 子3	15
唯心	唯11 心4	15
由衣子	由5 衣6 子3	14

ゆいな　Yuina

やさしい

さわやかな「ゆい」にしなやかな「な」を添え、愛くるしさを強調

名前	画数	総画
結菜	結12 菜11	23
結凪	結12 凪6	18
唯那	唯11 那7	18
由奈	由5 奈8	13

ゆいは　Yuiha

かわいい

可憐な印象の「ゆい」に力強い「は」の音が元気いっぱいに響く

名前	画数	総画
唯葉	唯11 葉12	23
結波	結12 波8	20
結羽	結12 羽6	18
由葉	由5 葉12	17

ゆいみ　Yuimi

かわいい

みずみずしい「ゆい」に温かみある「み」が添い、愛情深い印象に

名前	画数	総画
結実	結12 実8	20
唯美	唯11 美9	20
唯弥	唯11 弥8	19
唯未	唯11 未5	16

ゆいり　Yuiri

やさしい

止め字「り」のクールな響きで、「ゆい」の知的さが際立つ

名前	画数	総画
結依梨	結12 依8 梨11	31
結梨	結12 梨11	23
唯莉	唯11 莉10	21
由衣里	由5 衣6 里7	18

ゆう [Yu]

知的

やさしくはかなげな「ゆ」をやわらかく安定感ある「う」が支える、女性らしさが際立つ響き

佑7	7
由5 宇6	11
優17	17
柚9	9
結12	12
結12 生5	17
友4 羽6	10
佑7 羽6	13
優17 雨8	25
悠11	11
結12 友4	16
優17 風9	26

ゆうあ Yua

やわらかい「ゆう」の音に陽気な「あ」を添え、あかるく快活に

由5 亜7	12
佑7 亜7	14
友4 彩11	15
夕3 愛13	16

かわいい

ゆうか Yuka

「ゆう」のやさしさと「か」の華麗さが絶妙なバランスの人気名前

祐9 加5	14
佑7 夏10	17
結12 叶5	17
裕12 花7	19
悠11 華10	21
裕12 香9	21
優17 花7	24
優17 香9	26

あかるい

ゆうき Yuki

やさしげな「ゆう」音にシャープな「き」が冴え、さわやかな印象

有6 希7	13
祐9 生5	14
由5 起10	15
有6 紀9	15
祐9 希7	16
結12 季8	20
佑7 騎18	25
優17 姫10	27

知的

ゆうこ Yuko

落ち着いた止め字「こ」が「ゆう」の女性らしさを最大限に引き出す

由5 布5 子3	13
結12 子3	15
優17 子3	20
優17 羽6 子3	26

やさしい

ゆうな Yuna

ふんわりとした「ゆう」に甘い響きの「な」で、愛くるしさ満点

祐9 七2	11
由5 奈8	13
有6 那7	13
悠11 那7	18

やさしい

ゆうね Yune

優美な「ゆう」を古風な止め字「ね」が収め、しとやかな印象に

祐9 祢9	18
悠11 音9	20
結12 祢9	21
優17 音9	26

かわいい

ゆうの Yuno

好感度の高い「ゆう」音に奥ゆかしい「の」が添い品よくまとまる

悠11 乃2	13
優17 乃2	19
柚9 野11	20
結12 野11	23

かわいい

ゆうは Yuha

定番人気の「ゆう」が新感覚の止め字「は」で、しなやかな印象に

夕3 葉12	15
悠11 花7	18
結12 羽6	18
優17 羽6	23

あかるい

ゆうひ Yuhi

「夕日」に通じ情趣あふれる。やわらかい響きがやさしく包み込む

祐9 飛9	18
悠11 陽12	23
優17 姫10	27
優17 陽12	29

あかるい

ゆうほ Yuho

いずれもやさしい響きで、人をホッとさせるオーラに満ちている

佑7 帆6	13
祐9 歩8	17
祐9 穂15	24
優17 歩8	25

やさしい

ゆうみ Yumi

温かみある「み」が「ゆう」を引き立て、心やさしい印象が強まる

夕3 海9	12
佑7 美9	16
悠11 未5	16
侑8 美9	17

かわいい

ゆうゆ Yuyu

うるおい感ある「ゆ」の音が、揺れ動くようなキュートな印象

- 優17 結12 — 29
- 悠11 有6 — 17
- 結12 友4 — 16
- 悠11 由5 — 16

はなやか

ゆうら Yura

やさしい「ゆう」を力強い「ら」で受け、スケールの大きさを強調

- 結12 羅19 — 31
- 優17 来7 — 24
- 悠11 良7 — 18
- 由5 楽13 — 18

あかるい

ゆうり Yuri

やわらかい三音をなだらかなトーンでつなげた、聡明さが光る名前

- 結12 梨11 — 23
- 侑8 凛15 — 23
- 夕3 莉10 — 13
- 由5 吏6 — 11

- 悠11 璃15 — 26
- 優17 李7 — 24
- 夢13 莉10 — 23
- 裕12 理11 — 23

やさしい

ゆうわ Yuwa

ふんわりとした「ゆう」の音を低い「わ」音で支えた、力強い名前

- 優17 和8 — 25
- 結12 羽6 — 18
- 悠11 羽6 — 17
- 宥9 和8 — 17

かわいい

ゆえ Yue

みずみずしい「ゆ」と陽気な「え」の音が快活な女の子を思わせる

- 優17 笑10 — 27
- 結12 瑛12 — 24
- 夢13 恵10 — 23
- 夕3 映9 — 12

知的

ゆか Yuka

やさしい「ゆ」と活発な「か」が好バランスで、長年人気の名前

- 由5 華10 — 15
- 宥9 加5 — 14
- 由5 佳8 — 13
- 有6 加5 — 11

- 優17 茄8 — 25
- 結12 花7 — 19
- 柚9 香9 — 18
- 有6 華10 — 16

あかるい

ゆかこ Yukako

躍動感のある「ゆか」を古風な止め字「こ」でまとめ清楚な印象に

- 遊12 花7 心4 — 23
- 由5 香9 子3 — 17
- 夕3 夏10 子3 — 16
- 友4 佳8 子3 — 15

やさしい

ゆかな Yukana

しなやかな「な」音によりあかるい「ゆか」が古風な響きを帯びる

- 夢13 奏9 — 22
- 由5 加5 奈8 — 18
- 夢13 叶5 — 18
- 友4 奏9 — 13

かわいい

ゆかり Yukari

あかるい「ゆか」から清涼感ある「り」への美しい流れが古風

- 友4 華10 里7 — 21
- 有6 何7 里7 — 20
- 由5 可5 里7 — 17
- 紫12 — 12

知的

ゆき［Yuki］

あかるい

みずみずしい「ゆ」と清廉な印象の「き」の組み合わせが好感度大。「雪」に通じ、清純さも

- 幸8 — 8
- 倖10 — 10
- 雪11 — 11
- 友4 季8 — 12
- 友4 紀9 — 13
- 由5 季8 — 13
- 由5 紀9 — 14
- 結12 己3 — 15
- 由5 貴12 — 17
- 有6 規11 — 17
- 憂15 妃6 — 21
- 優17 希7 — 24

ゆきあ Yukia

静かな「ゆき」にあかるい「あ」音が冴え、雪明かりのような印象に

- 結12 希7 愛13 — 32
- 幸8 愛13 — 21
- 千3 愛13 — 16
- 幸8 亜7 — 15

はなやか

ゆきえ Yukie

「ゆき」から「え」が自然に流れ、女子名として長年人気を博す

- 友4 貴12 恵10 — 26
- 雪11 絵12 — 23
- 由5 希7 恵10 — 22
- 幸8 恵10 — 18

やさしい

ゆず [Yuzu]

かわいい

「柚子」に通じフレッシュでかわいらしい。ほかの柑橘類に比べ和風で素朴な印象も

名前	画数	総画
夕珠	3・10	13
柚子	9・3	12
柚	9	9

ゆきね Yukine

やさしい

しんしんと雪の降る山を思わせる響き。「ね」の余韻が美しい

名前	画数	総画
由岐音	5・7・9	21
雪音	11・9	20
幸祢	8・9	17
幸音	8・9	17

ゆきか Yukika

かわいい

やわらかい「ゆ」に「か」行の二音が格調高さとはなやかさを添える

名前	画数	総画
雪香	11・9	20
雪花	11・7	18
幸香	8・9	17
幸果	8・8	16

ゆずか Yuzuka

やさしい

いまにも柚子の香りが漂ってきそうな凛とした響きが女の子らしい

名前	画数	総画
柚子夏	9・3・10	22
由津加	5・9・5	19
柚華	9・10	19
柚花	9・7	16

ゆきの Yukino

あかるい

古典的止め字「の」で、「ゆき」の静けさがいっそう引き立つ

名前	画数	総画
有希乃	6・7・2	15
友紀乃	4・9・2	15
由妃乃	5・6・2	13
幸乃	8・2	10
優稀乃	17・12・2	31
雪野	11・11	22
結希乃	12・7・2	21
由姫乃	5・10・2	17

ゆきこ Yukiko

あかるい

古典的止め字「こ」で、「ゆき」の静けさがいっそう引き立つ

名前	画数	総画
優貴子	17・12・3	32
由紀子	5・9・3	17
有希子	6・7・3	16
夕起子	3・10・3	16

ゆずき Yuzuki

知的

鋭い止め字「き」が、かわいい「ゆず」の音に聡明さを加える

名前	画数	総画
柚綺	9・14	23
柚貴	9・12	21
柚希	9・7	16
柚妃	9・6	15

ゆきな Yukina

やさしい

すがすがしい「ゆき」に素直な響きの「な」が添い女の子らしく

名前	画数	総画
友妃奈	4・6・8	18
雪凪	11・6	17
侑奈	8・8	16
幸那	8・7	15
優姫奈	17・10・8	35
悠夏	11・10	21
幸菜	8・11	19
由希名	5・7・6	18

ゆずな Yuzuna

やさしい

みずみずしい「ゆず」に愛らしい「な」が添い、純粋無垢な印象に

名前	画数	総画
柚子菜	9・3・11	23
柚夏	9・10	19
柚那	9・7	16
柚凪	9・6	15

ゆきは Yukiha

はなやか

勢いある「は」で、「ゆき」に力強さと自己主張力が増す

名前	画数	総画
由希葉	5・7・12	24
雪華	11・10	21
倖羽	10・6	16
幸羽	8・6	14

ゆづき Yuzuki

知的

和の風情が漂う響き。「づ」を用いることで「月」の印象が際立つ

名前	画数	総画
柚姫	9・10	19
夢月	13・4	17
裕月	12・4	16
結月	12・4	16

ゆきほ Yukiho

かわいい

怜悧な「ゆき」と温かみある「ほ」が好対照。ホッとする響き

名前	画数	総画
悠希帆	11・7・6	24
幸穂	8・15	23
友妃歩	4・6・8	18
倖歩	10・8	18

ゆな Yuna

うるおい感ある「ゆ」に続く「な」音が、愛らしく素直な印象に

あかるい

- 有6 那7　13
- 友4 渚11　15
- 柚9 凪6　15
- 結12 夏10　22

ゆの Yuno

ローマ神話の結婚の女神と同名。しっとりとした女らしさが漂う

あかるい

- 由5 乃2　7
- 結12 望11　23
- 夢13 野11　24
- 優17 音9　26

ゆのん Yunon

やさしげな「ゆ」に続く人気の止め字「のん」が、かわいらしく響く

はなやか

- 由5 音9　14
- 夢13 音9　22
- 結12 穏16　28
- 優17 穏16　33

ゆほ Yuho

やわらかくふんわりした二音で、穏やかで心やさしい人柄を思わせる

やさしい

- 有6 帆6　12
- 由5 歩8　13
- 悠11 帆6　17
- 夢13 帆6　19
- 佑7 穂15　22
- 柚9 穂15　24
- 優17 歩8　25
- 優17 渉11　28

ゆま Yuma

あかるさと強さをもつ「ま」で、「ゆ」がクールでりりしく響く

あかるい

- 夕3 茉8　11
- 侑8 万3　11
- 由5 茉8　13
- 友4 栞10　14
- 結12 万3　15
- 有6 麻11　17
- 由5 舞15　20
- 夢13 麻11　24

ゆみ Yumi

「ゆ」「み」ともにしっとりとした響きで、女性らしさが際立つ

かわいい

- 夕3 海9　12
- 友4 美9　13
- 由5 実8　13
- 祐9 未5　14
- 遊12 水4　16
- 有6 望11　17
- 夢13 未5　18
- 結12 美9　21

ゆみか Yumika

艶感のある「ゆみ」に「か」の鮮やかな響きがさらなる華を添える

はなやか

- 弓3 華10　13
- 由5 巳3 香9　17
- 悠11 美9 加5　25
- 優17 美9 花7　33

ゆみこ Yumiko

女の子らしい「ゆみ」が王道の止め字「こ」で古風に落ち着く

あかるい

- 弓3 子3　6
- 悠11 海9 子3　23
- 結12 実8 子3　23
- 裕12 美9 子3　24

ゆめ［Yume］

かわいい

「夢」に通じるロマンチックさをもつ名前。女の子らしいみずみずしさと純真さをもつ響き

- 夕3 芽8　11
- 夕3 萌11　14
- 柚9 芽8　17
- 友4 芽8　12
- 結12 女3　15
- 侑8 愛13　21
- 夢13　13
- 由5 萌11　16
- 優17 明8　25
- 由5 芽8　13
- 侑8 芽8　16
- 優17 芽8　25

ゆめか Yumeka

可憐な「ゆめ」に気品ある「か」を添え、自信あふれる印象に

はなやか

- 夢13 叶5　18
- 夢13 佳8　21
- 有6 芽8 香9　23
- 優17 芽8 花7　32

ゆめこ Yumeko

キラキラ感のある「ゆめ」を女の子らしい「こ」がまとめ清楚に

あかるい

- 夢13 子3　16
- 夢13 心4　17
- 夢13 湖12　25
- 優17 芽8 子3　28

ゆめな Yumena

やさしい

ふわっとした「ゆめ」にやさしげな「な」を添えさらにかわいらしく

優明菜	優17 明8 菜11	36
由萌奈	由5 萌11 奈8	24
夢那	夢13 那7	20
夢成	夢13 成6	19

ゆめの Yumeno

かわいい

ロマンチックな「ゆめ」としとやかな止め字「し」で、レトロ調の響きに

結芽野	結12 芽8 野11	31
結愛乃	結12 愛13 乃2	27
夢野	夢13 野11	24
夢乃	夢13 乃2	15

ゆら Yura

はなやか

やさしく軽い「ゆ」と深い響きの「ら」の、双方の魅力が混在し、ゆらめくようなイメージがかわいらしい

由良	由5 良7	12
由来	由5 来7	12
夕來	夕3 來8	11
夕来	夕3 来7	10
柚来	柚9 来7	16
侑良	侑8 良7	15
幸来	幸8 来7	15
佑來	佑7 來8	15
結良	結12 良7	19
悠良	悠11 良7	18
悠来	悠11 来7	18
友楽	友4 楽13	17

ゆり [Yuri]

かわいい

やさしい「ゆ」と涼やかな「り」が美しい調和を見せる人気名前。花の「百合（ゆり）」に通じ、高貴な印象

悠里	悠11 里7	18
祐里	祐9 里7	16
友李	友4 李7	11
結里	結12 里7	19
柚李	柚9 李7	16
友莉	友4 莉10	14
結莉	結12 莉10	22
柚里	柚9 里7	16
由莉	由5 莉10	15
優璃	優17 璃15	32
侑莉	侑8 莉10	18
侑里	侑8 里7	15

ゆりあ Yuria

はなやか

気品ある「ゆり」にほがらかな「あ」を添え、親しみやすい印象に

優理愛	優17 理11 愛13	41
有梨亜	有6 梨11 亜7	24
由里彩	由5 里7 彩11	23
友莉杏	友4 莉10 杏7	21

ゆりえ Yurie

やさしい

流れるような美しさをもつ名前で、優美さと上品さを感じさせる

悠理枝	悠11 理11 枝8	30
祐里恵	祐9 里7 恵10	26
友莉絵	友4 莉10 絵12	26
友里恵	友4 里7 恵10	21

ゆりか Yurika

かわいい

純潔な響きの「ゆり」に続く「か」の音が気高さと自信を漂わせる

優理花	優17 理11 花7	35
裕莉香	裕12 莉10 香9	31
友梨華	友4 梨11 華10	25
由梨佳	由5 梨11 佳8	24

ゆりこ Yuriko

あかるい

なじみ深い止め字「こ」が高貴な「ゆり」に親しみやすさを添える

優理子	優17 理11 子3	31
柚李子	柚9 李7 子3	19
由莉子	由5 莉10 子3	18
友里子	友4 里7 子3	14

ゆりな Yurina

やさしい

純粋な「ゆり」にのびのびした「な」を添えた、広く愛される名前

百合菜	百6 合6 菜11	23
夕莉南	夕3 莉10 南9	22
百合奈	百6 合6 奈8	20
友里奈	友4 里7 奈8	19
結璃奈	結12 璃15 奈8	35
裕理菜	裕12 理11 菜11	34
悠里那	悠11 里7 那7	25
祐利奈	祐9 利7 奈8	24

ゆりの Yurino

かわいい

しとやかな「の」が「ゆり」の清楚さを際立たせ、思慮深い印象に

由梨野	由5 梨11 野11	27
結梨乃	結12 梨11 乃2	25
悠理乃	悠11 理11 乃2	24
百合野	百6 合6 野11	23

ゆわ Yuwa

あかるい

やさしく愛らしい「ゆ」と壮大でおとなびた「わ」の対比が新鮮

優和	優17 和8	25
結和	結12 和8	20
有波	有6 波8	14
由羽	由5 羽6	11

よ

五行 土

やさしく献身的

ようこ Yoko

あかるさのなかに知的な落ち着きをもつ「よう」の魅力を発揮

燿18 心4	22
蓉13 子3	16
陽12 心4	16
遥12 子3	15

あかるい

よしか Yoshika

純真な響きの「よし」を「か」がキレよくまとめりりしい女の子に

嘉14 香9	23
佳8 夏10	18
佳8 加5	13
好6 花7	13

かわいい

よしの Yoshino

桜の名所「吉野」に通じる風流な響き。文学的で聡明な印象も強い

慶15 乃2	17
吉6 野11	17
美9 乃2	11
由5 乃2	7

知的

よしみ Yoshimi

穏やかな「よし」になじみ深い「み」を添え安心できる人柄を強調

慶15 未5	20
佳8 実8	16
芳7 美9	16
良7 美9	16

やさしい

よつば Yotsuba

「四葉」に通じ、平和的で幸運なイメージ。「ば」も元気に響く

世5 都11 葉12	28
代5 都11 波8	24
四5 葉12	17
四5 羽6	11

あかるい

よりえ Yorie

誠実な印象の「より」に「え」が女性らしいほがらかさを添える

夜8 梨11 絵12	31
容10 莉10 江6	26
頼16 恵10	26
依8 絵12	20

かわいい

よりか Yorika

ていねいな響きの「より」に前向きな止め字「か」が頼もしい

依8 里7 香9	24
頼16 加5	21
自6 華10	16
依8 花7	15

やさしい

よりこ Yoriko

安心感ある「より」を伝統の止め字「こ」で受け、実直な印象に

陽12 里7 心4	23
頼16 子3	19
順12 子3	15
依8 子3	11

あかるい

ら

五行 火

賢く考えが柔軟

らいか Raika

大らかな「らい」に華麗な「か」が堂々とした風格を感じさせる

蕾16 咲9	25
来7 夏10	17
來8 花7	15
来7 果8	15

はなやか

らいむ Raimu

果物のライムのようにみずみずしく、清純なかわいらしさをもつ

蕾16 夢13	29
徠11 夢13	24
來8 夢13	21
来7 夢13	20

あかるい

らら Rara

あかるく弾けた印象の「ら」が重なり、歌うような響きに

羅19 々3	22
楽13 来7	20
楽13 々3	16
來8 々3	11

やさしい

り

五行 火

はなやかで話題の中心に

らん Ran

躍動感ある「ら」を「ん」で強め、勇ましさと気品を併せもつ

- 蘭19　19
- 藍18　18
- 嵐12　12
- 乱7　7

知的

りあ Ria

涼しげな「り」、あかるい「あ」の二音があどけなく愛らしい印象

- 璃15 空8　23
- 里7 愛13　20
- 梨11 亜7　18
- 莉10 朱6　16

あかるい

りいこ Riiko

聡明さを感じさせるクールな「りい」を「こ」がやさしく収める

- 璃15 衣6 子3　24
- 理11 依8 子3　22
- 莉10 依8 子3　21
- 里7 李7 子3　17

やさしい

りえ Rie

澄んだ「り」とほがらかな「え」がバランスよく、好感度の高い響き

- 璃15 依8　23
- 里7 瑛12　19
- 利7 衣6　13
- 里7 英8　15

かわいい

りお Rio

清涼感ある「り」と深みある「お」が引き立て合いしゃれた印象に

- 璃15 央5　20
- 理11 音9　20
- 莉10 生5　15
- 李7 生5　12

知的

りおな Riona

オシャレな「りお」に「な」が女の子らしいやさしさをプラス

- 理11 音9 菜11　31
- 里7 桜10 菜11　28
- 梨11 生5 奈8　24
- 莉10 央5 那7　22

はなやか

りおん Rion

クールな「り」を「おん」が歯切れよく収め、はつらつ感がアップ

- 里7 穏16　23
- 莉10 音9　19
- 里7 音9　16
- 李7 苑8　15

あかるい

りか Rika

知的な「り」と元気な「か」がマッチ。はつらつとしたイメージに

- 理11 佳8　19
- 莉10 花7　17
- 利7 華10　17
- 里7 香9　16

あかるい

りかこ Rikako

活発な「りか」に和風の止め字「こ」が添い、清純さが際立つ

- 里7 歌14 子3　24
- 梨11 花7 子3　21
- 李7 華10 心4　21
- 里7 香9 子3　19

知的

りこ Riko

止め字「こ」で、「り」の鈴の音のようなかわいさが活きる

- 里7 琴12　19
- 李7 湖12　19
- 璃15 子3　18
- 莉10 子3　13

かわいい

りさ Risa

清廉な「り」、さわやかな「さ」の相乗効果で、スマートな印象に

- 理11 紗10　21
- 梨11 沙7　18
- 利7 咲9　16
- 吏6 沙7　13

あかるい

りさこ Risako

おしゃれ感がある「りさ」と伝統的な「こ」が美しい調和を見せる

- 理11 彩11 子3　25
- 莉10 紗10 子3　23
- 理11 佐7 子3　21
- 里7 沙7 子3　17

やさしい

りせ Rise

人気の「り」に止め字「せ」が新鮮。軽快でスタイリッシュな響き

- 里7 瀬19　26
- 莉10 聖13　23
- 璃15 世5　20
- 理11 世5　16

知的

りつ Ritsu

あかるい

明朗な響き。「律」に通じ、正義感が強くまじめな印象も

名前	画数
李7 都11	18
里7 津9	16
吏6 津9	15
律9	9

りつこ Ritsuko

やさしい

端正な「りつ」音になじみある止め字「こ」でしっかり者の印象に

名前	画数
里7 都11 子3	21
李7 津9 子3	19
率11 子3	14
律9 子3	12

りな Rina

はなやか

時代を問わず愛されるあかるい響きの二音。天真爛漫（らんまん）な印象に

名前	画数
莉10 那7	17
里7 南9	16
李7 奈8	15
吏6 那7	13

りの Rino

かわいい

艶感ある「り」に、奥ゆかしく清楚な「の」がしっとりと響く

名前	画数
莉10 野11	21
凛15 乃2	17
梨11 乃2	13
里7 乃2	9

りほ Riho

かわいい

シャープな「り」音を「ほ」音がホッとさせ親しみやすくまとめる

名前	画数
莉10 穂15	25
凛15 歩8	23
梨11 帆6	17
里7 歩8	15

りま Rima

やさしい

歯切れのよい二音が引き立て合い、利発さと陽気さが強調される

名前	画数
璃15 麻11	26
梨11 真10	21
莉10 麻11	21
李7 茉8	15

りみ Rimi

あかるい

クールで潔い「り」に続く「み」のぬくもり感が映え、情深い印象

名前	画数
凛15 海9	24
莉10 実8	18
理11 未5	16
李7 実8	15

りよ Riyo

かわいい

聡明な響きの「り」と安心感ある「よ」が調和し、誠実なイメージ

名前	画数
凛15 宵10	25
莉10 陽12	22
理11 世5	16
梨11 代5	16

りょう [Ryo]

知的

美しい流れをもち、風のさわやかさ、水のうるおいを感じさせる。男女問わず人気の響き

名前	画数
綾14	14
椋12	12
涼11	11

りょうか Ryoka

はなやか

涼しげな「りょう」と華麗な止め字「か」が美しいコントラストを生む

名前	画数
椋12 夏10	22
涼11 華10	21
涼11 香9	20
亮9 香9	18

りょうこ Ryoko

やさしい

涼しげな流れの「りょう」が「こ」に美しく収束し、安心感がある

名前	画数
瞭17 子3	20
遼15 子3	18
諒15 子3	18
怜8 子3	11

りら Rira

あかるい

「ら行」音の透明感が活きる二字名前。イタリア語で「ライラック」

名前	画数
璃15 楽13	28
里7 羅19	26
梨11 良7	18
莉10 良7	17

りり [Riri]

かわいい

清楚で好感度の高い「り」音の重なりで、乙女チックなかわいらしさがさらに強調

名前	画数
李7 璃15	22
里7 莉10	17
吏6 梨11	17

りりか Ririka

はなやか

初々しい「り」に「か」音が華を添え、可憐で純真なイメージ

名前	画数
莉10 李7 花7	24
莉10 里7 花7	24
梨11 々3 花7	21
李7 里7 花7	21
梨11 理11 花7	29
凛15 々3 香9	27
莉10 里7 佳8	25
鈴13 遥12	25

るな Runa

怜悧な「る」とやさしい「な」が◎。ローマ神話の月の女神と同音

瑠14奈8	琉11菜11	瑠14那7	月4
22	22	21	4

かわいい

りんな Rinna

「りん」のスマートな音を「な」がやわらかく包み、女性らしく

凛15南9	鈴13菜11	琳12菜11	鈴13奈8
24	24	23	21

やさしい

りりこ Ririko

古典的止め字「こ」により「りり」がグッと知的で落ち着いた響きに

璃15里7子3	凛15々3子3	理11々3子3	莉10々3子3
25	21	17	16

やさしい

るの Runo

明朗な「る」としとやかな「の」の、静と動の魅力が同居する名前

流10野11	瑠14乃2	琉11乃2	流10乃2
21	16	13	12

あかるい

る

五行 火

穏やかで誠実な人柄

りん Rin

鈴の音のようなかわいらしい響きで、呼びやすく愛され力も高い

凛15	鈴13	琳12	梨11
15	13	12	11

知的

るみ [Rumi]

やさしい

あかるく陽気な「る」音をしっとりとした安定感をもつ「み」でまとめた、好感度の高い響き

琉11美9 20	留10美9 19	留10未5 15
琉11海9 20	留10海9 19	琉11未5 16
瑠14実8 22	流10美9 19	流10実8 18
瑠14美9 23	瑠14未5 19	留10実8 18

りんか Rinka

軽やかな「りん」に強い「か」音が続き、リズミカルで活発な印象

琳12果8	梨11花7	倫10佳8	林8花7
20	18	18	15

凛15華10	鈴13夏10	凜15伽7	琳12香9
25	23	22	21

はなやか

るい Rui

中性的な響きをもつ音で構成された二字名前。外国的な雰囲気も

琉11維14	瑠14伊6	瑠14衣6	琉11生5
25	20	20	16

知的

るみか Rumika

止め字に強い響きの「か」が添い、「るみ」の輝きが増す

瑠14美9佳8	留10美9香9	流10未5華10	流10水4夏10
31	28	25	24

はなやか

るか Ruka

躍動感が生まれる組み合わせで、陽気で活発な女の子のイメージ

琉11夏10	瑠14加5	留10佳8	流10禾5
21	19	18	15

やさしい

りんこ Rinko

重みある「こ」が添い、「りん」に軽やかな動きが生まれる

綸14子3	鈴13子3	稟13子3	倫10子3
17	16	16	13

かわいい

るみこ Rumiko
かわいい

はなやかな「るみ」に「こ」が落ち着きを添える安心感のある響き

名前	画数	総画
瑠美子	14・9・3	26
琉海心	11・9・4	24
留深子	10・11・3	24
瑠未子	14・5・3	22

るり [Ruri]
知的

濃紺の宝石「瑠璃」に通じるエキゾチックな名前。清涼感ある連なりで響きが美しい

名前	画数	総画
瑠璃	14・15	29
瑠莉	14・10	24
琉梨	11・11	22

るりか Rurika
やさしい

ロマンチックな「るり」に晴れやかな「か」で、音の美しさが映える

名前	画数	総画
瑠璃花	14・15・7	36
瑠莉香	14・10・9	33
瑠里夏	14・7・10	31
流里香	10・7・9	26

るりこ Ruriko
かわいい

美しい「るり」の音を安定感ある「こ」でまとめ奥ゆかしい印象に

名前	画数	総画
瑠璃子	14・15・3	32
瑠莉子	14・10・3	27
留梨子	10・11・3	24
留李子	10・7・3	20

るる Ruru
はなやか

陽気な「る」音の重なりでハミングするような軽やかさが伝わる

名前	画数	総画
琉瑠	11・14	25
瑠流	14・10	24
流留	10・10	20
琉々	11・3	14

れ

見識が広く信頼を得る

五行 火

れあ Rea
はなやか

あかるい二音のシンプルな重なり。英語で「めずらしい」の意も

名前	画数	総画
麗愛	19・13	32
恋空	10・8	18
玲杏	9・7	16
怜亜	8・7	15

れい [Rei]
知的

気品ある「れ」、知性を感じさせる「い」の二音が美しく流れる。女性らしい艶感も併せもつ

名前	画数	総画
澪	16	16
伶生	7・5	12
伶	7	7
玲依	9・8	17
鈴	13	13
怜	8	8
麗	19	19
零	13	13
玲	9	9
麗衣	19・6	25
玲衣	9・6	15
礼伶	5・7	12

れいあ Reia
やさしい

止め字「あ」が「れい」の華麗さを引き立て、格調高く響き渡る

名前	画数	総画
玲愛	9・13	22
礼愛	5・13	18
玲亜	9・7	16
怜亜	8・7	15

れいか Reika
かわいい

主張ある「か」を添え「れい」の可憐さと堂々とした風格が際立つ

名前	画数	総画
澪花	16・7	23
礼華	5・10	15
礼香	5・9	14
怜加	8・5	13

れいこ Reiko
あかるい

和の情趣をもつ止め字「こ」により「れい」が知的でエレガントに

名前	画数	総画
麗心	19・4	23
麗子	19・3	22
玲子	9・3	12
礼心	5・4	9

れいな Reina
やさしい

なめらかな響きでクールな「れい」と親しみやすい「な」が好相性

名前	画数	総画
玲奈	9・8	17
怜奈	8・8	16
礼奈	5・8	13
礼那	5・7	12
麗奈	19・8	27
麗来	19・7	26
玲菜	9・11	20
伶菜	7・11	18

れもん Remon

あかるい

果物のレモンと同音。さわやかさのなかにかわいらしさも秘める

名前	画数	総画
麗紋	19・10	29
麗門	19・8	27
礼紋	5・10	15
玲文	9・4	13

れな Rena

かわいい

人気の「れ」「な」をシンプルに組み合わせた、好感度の高い名前

名前	画数	総画
怜南	8・9	17
玲那	9・7	16
礼菜	5・11	16
令菜	5・11	16
麗奈	19・8	27
澪奈	16・8	24
鈴菜	13・11	24
蓮奈	13・8	21

れいみ Reimi

かわいい

理知的な「れい」に「み」がしっとりとした落ち着きを添える

名前	画数	総画
澪海	16・9	25
玲実	9・8	17
怜実	8・8	16
伶美	7・9	16

れん [Ren]

知的

奥ゆかしくも聡明な印象のある「れ」を「ん」がキレよくまとめる。和の趣も漂い人気が高い

名前	画数	総画
蓮	13	13
恋	10	10
怜	8	8

れいら Reira

はなやか

「ら」行音が艶やかでカリスマ性を備える。響きも流麗で品がある

名前	画数	総画
麗羅	19・19	38
莉来	10・7	17
玲來	9・8	17
怜良	8・7	15

れんか Renka

はなやか

上昇音「か」が古風な落ち着きをもつ「れん」をはなばなしく彩る

名前	画数	総画
蓮夏	13・10	23
蓮香	13・9	22
怜華	8・10	18
恋花	10・7	17

れの Reno

知的

洋風の響きの「れ」と古風でしとやかな止め字「の」が好バランス

名前	画数	総画
麗乃	19・2	21
蓮乃	13・2	15
玲乃	9・2	11
礼乃	5・2	7

れお Reo

知的

英語の「獅子」に通じクールな響きながら真摯な強さを秘める

名前	画数	総画
麗央	19・5	24
玲緒	9・14	23
玲桜	9・10	19
礼保	5・9	14

れんげ Renge

かわいい

蓮華の花のイメージから、神秘的な気品と清楚さをたたえた名前

名前	画数	総画
蓮華	13・10	23
蓮花	13・7	20
恋華	10・10	20
恋夏	10・10	20

れのん Renon

やさしい

麗しく品ある「れ」をかわいらしい「のん」で収め現代風の響きに

名前	画数	総画
麗音	19・9	28
恋音	10・9	19
玲音	9・9	18
礼音	5・9	14

れおな Reona

はなやか

怜悧(れいり)な「れ」、深みある「お」、やさしい「な」の三音が絶妙に調和

名前	画数	総画
蓮桜菜	13・10・11	34
怜緒菜	8・14・11	33
玲生奈	9・5・8	22
礼央那	5・5・7	17

れんな Renna

やさしい

「れん」のスマートさをやさしい「な」で受け止め、清楚な印象に

名前	画数	総画
蓮菜	13・11	24
蓮奈	13・8	21
恋菜	10・11	21
恋那	10・7	17

れみ Remi

はなやか

利発な印象の「れ」を収める、温かい「み」がぬくもり感を添える

名前	画数	総画
麗美	19・9	28
玲美	9・9	18
玲未	9・5	14
礼実	5・8	13

れおん Reon

やさしい

クールな「れ」と愛情深さを感じさせる「おん」が美しく収まる

名前	画数	総画
蓮音	13・9	22
恋音	10・9	19
玲音	9・9	18
礼音	5・9	14

わ

五行 土
コツコツ努力できる

ろ

五行 火
リーダーシップがある

わかば Wakaba

「若葉」のイメージで、生命力にあふれ快活なオーラをもつ名前

名前	画数	総画
和夏羽	8・10・6	24
和香羽	8・9・6	23
稚波	13・8	21
若葉	8・12	20
和歌羽	8・14・6	28
和賀波	8・12・8	28
羽佳葉	6・8・12	26
稚葉	13・12	25

知的

わこ Wako

おっとりとした「わ」と控えめな「こ」の組み合わせが潔く響く

名前	画数	総画
琶虹	12・9	21
和瑚	8・13	21
環子	17・3	20
和心	8・4	12

あかるい

わか [Waka]

あかるい

「和歌」に通じる優美なイメージに加え「若」の印象ももつ。古風さと初々しさが同居した響き

名前	画数	総画
環佳	17・8	25
羽華	6・10	16
和花	8・7	15

ろうさ Rosa

落ち着きある「ろう」からさわやかな「さ」への流れが美しく異国的

名前	画数	総画
桜彩	10・11	21
桜咲	10・9	19
桜佐	10・7	17
桜沙	10・7	17

はなやか

わみ Wami

深みのある「わ」に親しみやすい「み」音が愛情深さを印象づける

名前	画数	総画
和満	8・12	20
波海	8・9	17
和実	8・8	16
羽美	6・9	15

かわいい

わかこ Wakako

伝統の止め字「こ」が「わか」を落ち着け、グッと知的な雰囲気に

名前	画数	総画
和歌子	8・14・3	25
和花子	8・7・3	18
羽佳子	6・8・3	17
若心	8・4	12

やさしい

ろこ Roko

ハワイの地元民「ロコ」と同じ響き。陽気でフレンドリーな印象

名前	画数	総画
露瑚	21・13	34
蕗子	16・3	19
呂湖	7・12	19
路子	13・3	16

やさしい

わかな Wakana

すべて母音「あ」で、あかるくのびやか。「な」の余韻が女の子らしい

名前	画数	総画
和華那	8・10・7	25
稚菜	13・11	24
若奈	8・8	16
羽叶	6・5	11

はなやか

ろっか Rokka

深い響きの「ろ」からあかるい「か」へ跳ねるリズムが耳に残る

名前	画数	総画
六歌	4・14	18
六華	4・10	14
六香	4・9	13
六花	4・7	11

知的

「響き」から考える そのほかの名前

女の子

女の子向けの響き例はまだまだあります。
これらの例からも、ぜひ候補を見つけてください。

あ

あいき
亜(7)依(8)希(7) 22
藍(18)季(8) 26
愛(13)樹(16) 29

あいの
相(9)乃(2) 11
亜(7)衣(6)乃(2) 15

あえか
愛(13)恵(10)歌(14) 37

あおか
葵(12)佳(8) 20

あおさ
葵(12)沙(7) 19
蒼(13)麻(11) 24

あおな
青(8)奈(8) 16
碧(14)菜(11) 25

あおね
葵(12)祢(9) 21
亜(7)桜(10)音(9) 26

あおは
葵(12)葉(12) 24

あおみ
碧(14)海(9) 23

あきか
亜(7)希(7)花(7) 21

あきせ
亜(7)希(7)世(5) 19
秋(9)瀬(19) 28

あきね
明(8)寧(14) 22

あきの
亜(7)樹(16)乃(2) 25
亜(7)季(8)野(11) 26

あきみ
暁(12)美(9) 21

あきよ
明(8)世(5) 13

あさえ
亜(7)紗(10)絵(12) 29

あさこ
朝(12)子(3) 15

あさな
朝(12)那(7) 19
麻(11)菜(11) 22

あさね
麻(11)寧(14) 25

あさの
杏(7)沙(7)乃(2) 16
朝(12)咲(9)乃(2) 23

あさよ
朝(12)世(5) 17
亜(7)沙(7)良(7) 21

あつえ
篤(16)恵(10) 26

あつな
敦(12)菜(11) 23
亜(7)都(11)奈(8) 26

あつね
亜(7)津(9)音(9) 25

あつの
惇(11)乃(2) 13
篤(16)乃(2) 18

あつほ
篤(16)歩(8) 24

あつよ
充(6)良(7) 13
敦(12)美(9) 21

あな
空(8)奈(8) 16

あなみ
亜(7)波(8) 15

あねか
亜(7)音(9)花(7) 23
杏(7)音(9)花(7) 23

あの
空(8)乃(2) 10

あま
有(6)麻(11) 17
愛(13)麻(11) 24

あまの
亜(7)麻(11)乃(2) 20

あまみ
愛(13)真(10)美(9) 32

あまり
天(4)李(7) 11

あみえ
亜(7)美(9)恵(10) 26
愛(13)実(8)恵(10) 31

あみこ
亜(7)泉(9)子(3) 19

あみさ
亜(7)未(5)紗(10) 22

あみな
亜(7)泉(9)奈(8) 24
亜(7)美(9)菜(11) 27

あみは
安(6)美(9)葉(12) 27

あみり
愛(13)海(9)里(7) 29

あみん
空(8)明(8) 16

あむろ
愛(13)夢(13)路(13) 39

あやえ
亜(7)矢(5)恵(10) 22

あやお
彩(11)央(5) 16
絢(12)緒(14) 26
綾(14)緒(14) 28

あやき
采(8)希(7) 15

あやさ
史5紗10 15

あやほ
絢12帆6 18
亜7弥8穂15 30

あやむ
綾14夢13 27

あやも
絢12守6 18

あゆう
亜7優17 24

あゆき
空8幸8 16

あゆさ
愛13友4沙7 24
杏7優17咲9 33

あゆね
愛13悠11寧14 38
綾14優17音9 40

あゆの
愛13友4乃2 19

あゆは
愛13柚9葉12 34

あゆめ
愛13夢13 26

あり
空8李7 15

ありえ
愛13里7英8 28
亜7莉10絵12 29

ありか
有6香9 15
亜7理11歌14 32

ありこ
亜7梨11子3 21

ありね
有6音9 15
亜7莉10音9 26

ありむ
亜7璃15夢13 35

ありん
愛13鈴13 26
愛13凛15 28

ある
亜7瑠14 21

あれな
有6玲9奈8 23
亜7玲9菜11 27
亜7麗19奈8 34

あんの
杏7野11 18

あんみ
杏7実8 15

い

いあん
衣6杏7 13
依8杏7 15

いくこ
伊6空8子3 17

いくの
衣6空8乃2 16
惟11玖7乃2 20

いくほ
育8帆6 14
郁9穂15 24

いくよ
衣6玖7良7 20

いさえ
衣6冴7 13
依8沙7英8 23
惟11佐7江6 24

いさこ
以5咲9子3 17

いさみ
伊6佐7実8 21
伊6佐7美9 22

いせ
依8世5 13
衣6瀬19 25

いせな
唯11世5奈8 24
惟11世5菜11 27

いちこ
壱7子3 10

いちは
一1波8 9

いちほ
一1帆6 7
壱7帆6 13

いつか
乙1華10 11
逸11花7 18

いつこ
伊6津9子3 18

いとえ
紘11江6 17
紘11恵10 21

いとこ
愛13恋10 23

いとせ
愛13世5 18
維14都11世5 30

いとの
伊6都11乃2 19
衣6都11乃2 19

いとは
衣6都11波8 25

いとみ
紘11美9 20
泉9永5実8 22

いとよ
綸14世5 19
伊6都11代5 22

いな
伊6奈8 14
衣6菜11 17
維14奈8 22

いなこ
伊6奈8子3 17

いなほ
苗8穂15 23
衣6南9穂15 30

いの
唯11乃2 13

いのか
衣6乃2佳8 16
依8乃2果8 18

いほ
衣6歩8 14
泉9帆6 15

いほせ
衣6歩8世5 19

いよ
伊9良7 13

いりあ
衣6凛15空8 29

いりさ
唯11里7沙7 25
依8梨11沙7 26

いりす
衣6梨11澄15 32

いりの
伊6里7乃2 15

いりま
衣6理11麻11 28

う

ういこ
憂15依8子3 26

うきこ
羽6希7子3 16

うさ
宇(6)咲(9) 15

うさこ
宇(6)佐(7)湖(12) 25

うしお
海(9)潮(15) 24

うたえ
詩(13)恵(10) 23
歌(14)恵(10) 24
歌(14)絵(12) 26

うたは
唄(10)波(8) 18
宇(6)多(6)葉(12) 24

うため
歌(14)女(3) 17

うみえ
海(9)絵(12) 21
宇(6)美(9)江(6) 21
羽(6)美(9)枝(8) 23

うみか
海(9)歌(14) 23
祐(9)海(9)佳(8) 26
有(6)美(9)嘉(14) 29

うみこ
海(9)瑚(13) 22

うみの
宇(6)美(9)乃(2) 17

うみほ
羽(6)海(9)歩(8) 23
海(9)美(9)帆(6) 24

うめ
有(6)女(3) 9

うめか
梅(10)和(8) 18
梅(10)佳(8) 18
初(7)芽(8)花(7) 22

うめこ
梅(10)湖(12) 22

うめの
有(6)目(5)乃(2) 13

うわ
羽(6)和(8) 14

え

えあ
絵(12)愛(13) 25

えい
詠(12) 12
枝(8)衣(6) 14
恵(10)依(8) 18

えいな
永(5)七(2) 7
詠(12)菜(11) 23
笑(10)衣(6)奈(8) 24

えつ
恵(10)津(9) 19
絵(12)都(11) 23

えつこ
恵(10)津(9)子(3) 22

えつみ
悦(10)実(8) 18
絵(12)都(11)実(8) 31

えつよ
絵(12)津(9)代(5) 26

えと
絵(12)永(5) 17

えとな
瑛(12)都(11)奈(8) 31
笑(10)都(11)菜(11) 32

えなみ
江(6)南(9) 15
恵(10)南(9) 19

えの
江(6)野(11) 17

えまき
恵(10)真(10)樹(16) 36

えみな
笑(10)奈(8) 18
恵(10)美(9)奈(8) 27

えみね
笑(10)寧(14) 24
恵(10)美(9)寧(14) 33

えみの
恵(10)美(9)乃(2) 21
絵(12)美(9)乃(2) 23

えりさ
恵(10)里(7)沙(7) 24
絵(12)梨(11)紗(10) 33

えりの
英(8)梨(11)乃(2) 21
絵(12)莉(10)乃(2) 24

えるな
恵(10)琉(11)名(6) 27

えるも
瑛(12)瑠(14)奈(8) 34

えん
苑(8) 8

えんか
苑(8)香(9) 17
縁(15)花(7) 22

お

おきえ
沖(7)恵(10) 17
緒(14)希(7)恵(10) 31

おとえ
乙(1)依(8) 9
音(9)江(6) 15

おとの
音(9)乃(2) 11
乙(1)野(11) 12

おとほ
音(9)歩(8) 17
音(9)穂(15) 24

おとみ
音(9)実(8) 17
音(9)海(9) 18

おりえ
織(18)依(8) 26
織(18)枝(8) 26

おりか
音(9)李(7)花(7) 23
緒(14)梨(11)華(10) 35

おりこ
織(18)梨(11)子(3) 32

おりな
緒(14)里(7)菜(11) 32
織(18)里(7)奈(8) 33

おりね
織(18)寧(14) 32

おりほ
央(5)里(7)穂(15) 27
緒(14)李(7)帆(6) 27

おりみ
織(18)未(5) 23

おん
音(9) 9

か

かいね
夏(10)衣(6)音(9) 25

かいら
海(9)楽(13) 22

かおこ
佳(8)緒(14)子(3) 25

かおん
花(7)乙(1) 8
佳(8)音(9) 17

かさね
笠(11)寧(14) 25

かつこ
香(9)津(9)子(3) 21

かつの
- 克7乃2 9
- 夏10津9野11 30

かつみ
- 果8津9実8 25
- 佳8都11美9 28

かなた
- 叶5多6 11
- 奏9天4 13

かなの
- 叶5乃2 7

かなめ
- 加5菜11女3 19
- 果8奈8芽8 24

かなり
- 香9菜11李7 27

かのえ
- 夏10乃2依8 20
- 佳8野11恵10 29

かのか
- 華10乃2佳8 20
- 花7野11香9 27

かほこ
- 香9保9子3 21

かほり
- 佳8保9利7 24
- 佳8穂15里7 30
- 花7穂15梨11 33

かほる
- 佳8穂15瑠14 37

かやこ
- 花7弥8子3 18
- 華10耶9子3 22

かやな
- 茅8菜11 19
- 歌14弥8奈8 30

かやり
- 香9耶9梨11 29

かゆ
- 花7友4 11

かゆこ
- 華10優17子3 30

かよこ
- 嘉14世5子3 22
- 歌14好6子3 23

かよみ
- 花7代5未5 17
- 華10詠12 22

からん
- 歌14蘭19 33

かりの
- 夏10莉10乃2 22

かりみ
- 香9里7海9 25
- 花7理11実8 26

かるな
- 佳8留10奈8 26

き

きあ
- 季8空8 16
- 紀9亜7 16

きあい
- 希7相9 16
- 希7藍18 25

きか
- 季8花7 15
- 希7歌14 21
- 希7嘉14 21

きき
- 希7々3 10
- 希7姫10 17

きくえ
- 菊11依8 19

きくこ
- 菊11瑚13 24

きくみ
- 菊11未5 16
- 鞠17美9 26

きさこ
- 妃6沙7子3 16

きさと
- 希7里7 14

きせ
- 季8世5 13
- 希7瀬19 26

きなり
- 希7奈8里7 22

きぬえ
- 絹13江6 19
- 絹13依8 21

きぬよ
- 絹13世5 18

きみえ
- 希7美9恵10 26
- 喜12美9恵10 31

きみこ
- 紀9美9子3 21

きみよ
- 希7未5代5 17
- 季8実8良7 23

きゆか
- 希7由5佳8 20

きよえ
- 清11恵10 21
- 希7代5恵10 22

きよこ
- 聖13子3 16

きよせ
- 清11世5 16
- 希7良7瀬19 33

きよな
- 希7世5奈8 20
- 季8代5菜11 24

きよの
- 清11野11 22
- 樹16代5乃2 23

きりあ
- 希7里7亜7 21
- 希7李7空8 22

きりえ
- 希7里7依8 22
- 季8理11絵12 31
- 貴12理11絵12 35

きりか
- 桐10華10 20
- 希7里7香9 23

きりこ
- 希7理11子3 21
- 希7梨11子3 21

きりの
- 希7梨11乃2 20
- 桐10野11 21

きりよ
- 桐10世5 15

きわこ
- 季8和8子3 19

きわみ
- 紀9和8美9 26

く

くおん
- 久3音9 12
- 玖7音9 16

くにえ
- 邦7依8 15

くにか
- 久3仁4香9 16

くにこ
- 玖7仁4子3 14

くによ
- 久3似7代5 15

くみか
- 來8 未5 花7　20

くみよ
- 久3 実8 世5　16

くり
- 久3 李7　10

くりえ
- 栗10 依8　18
- 久3 利7 絵12　22

くりこ
- 玖7 梨11 子3　21

くるり
- 玖7 留10 李7　24

くれな
- 久3 麗19 奈8　30

け

けいほ
- 恵10 歩8　18
- 圭6 穂15　21

けいみ
- 慧15 実8　23
- 慶15 美9　24

けいら
- 恵10 良7　17

けう
- 希7 羽6　13

こ

こい
- 恋10 衣6　16

こいか
- 恋10 花7　17
- 恋10 夏10　20
- 恋10 歌14　24

こいと
- 子3 弦8　11
- 子3 綸14　17

こいろ
- 心4 色6　10
- 心4 彩11　15

ここり
- 心4 李7　11
- 心4 里7　11
- 心4 梨11　15

ここわ
- 心4 琶12　16

こそら
- 子3 空8　11
- 小3 昊8　11

ことあ
- 古5 都11 亜7　23
- 琴12 愛13　25

ことい
- 琴12 依8　20

ことせ
- 心4 都11 世5　20
- 琴12 瀬19　31

ことわ
- 琴12 羽6　18

こひな
- 心4 陽12 菜11　27

こふゆ
- 子3 歩8 優17　28

こま
- 小3 麻11　14

こまり
- 心4 鞠17　21
- 胡9 麻11 里7　27

こゆみ
- 小3 夕3 美9　15
- 心4 友4 美9　17

こゆり
- 小3 由5 里7　15

こよみ
- 小3 詠12　15

さ

さい
- 沙7 委8　15
- 咲9 衣6　15

さえか
- 冴7 花7　14
- 冴7 夏10　17
- 佐7 江6 花7　20

さえき
- 沙7 英8 季8　23

さえみ
- 冴7 美9　16
- 沙7 英8 実8　23
- 咲9 絵12 未5　26

さきえ
- 咲9 恵10　19
- 早6 紀9 江6　21
- 早6 希7 恵10　23

さきね
- 咲9 寧14　23

さきの
- 早6 希7 乃2　15

さきは
- 咲9 波8　17

さきみ
- 紗10 季8 美9　27
- 沙7 樹16 未5　28

さきよ
- 紗10 季8 代5　23

ささら
- 笹11 良7　18

さちえ
- 幸8 江6　14
- 佐7 智12 枝8　27

さちな
- 幸8 奈8　16
- 紗10 千3 菜11　24

さちみ
- 幸8 海9　17
- 紗10 千3 実8　21

さちよ
- 幸8 代5　13
- 咲9 千3 代5　17
- 佐7 智12 良7　26

さとえ
- 里7 英8　15
- 智12 絵12　24

さとり
- 里7 梨11　18

さの
- 咲9 乃2　11

さはね
- 咲9 羽6　15
- 紗10 羽6　16

さほこ
- 早6 穂15 子3　24
- 咲9 穂15 子3　27

さやな
- 紗10 綾14 奈8　32

さやみ
- 咲9 弥8 美9　26
- 紗10 耶9 実8　27

さゆか
- 紗10 友4 花7　21
- 沙7 優17 華10　34
- 彩11 優17 歌14　42

さゆこ
- 咲9 優17 子3　29

さゆな
- 咲9 由5 奈8　22
- 沙7 優17 菜11　35

さらら
- 咲9 蘭19 々3　31

さん
- 珊9　9

し

しい
椎12 12

しえみ
志7笑10 17
志7恵10実8 25
志7絵12美9 28

しおこ
潮15子3 18

しおな
潮15奈8 23
潮15菜11 26

しおの
汐6乃2 8

しおみ
汐6美9 15

しきこ
史5記10子3 18
志7季8子3 18

しなの
志7菜11乃2 20

しのあ
志7乃2愛13 22
志7野11亜7 25

しほこ
史5穂15子3 23

しほみ
姿9保9美9 27
志7穂15美9 31

しまこ
志7摩15子3 25

しゆ
志7友4 11

しん
芯7 7

しんか
真10花7 17
心4歌14 18

しんら
芯7良7 14

しんり
心4梨11 15
新13梨11 24

す

すいか
水4花7 11
粋10華10 20
朱6衣6歌14 26

すいこ
粋10子3 13
翠14子3 17

すう
澄15羽6 21

すえこ
末5子3 8

すなお
澄15奈8央5 28

すまこ
寿7麻11子3 21
澄15眞10子3 28

すみ
清11 11
須12美9 21

すみえ
純10絵12 22
澄15恵10 25
須12美9江6 27

すみこ
寿7美9子3 19
珠10海9子3 22

すみな
素10美9奈8 27

すみほ
純10歩8 18
澄15保9 24

すみよ
清11代5 16

すもも
澄15桃10 25

せ

せいみ
聖13実8 21

せいらん
青8藍18 26

せきこ
世5希7子3 15

せつ
瀬19都11 30

せつこ
雪11子3 14

せつな
世5津9奈8 22
瀬19津9菜11 39

せの
世5野11 16

せのん
世5音9 14

せんか
千3華10 13
泉9花7 16
泉9華10 19

せんな
千3那7 10
泉9奈8 17

せんり
茜9里7 16

そ

そう
奏9 9
相9羽6 15

そなみ
奏9浪10 19
想13奈8美9 30

そのえ
曽11乃2恵10 23
湊12乃2絵12 26

そのみ
園13実8 21
園13美9 22

そのよ
曽11野11代5 27

そよ
湊12良7 19

そらみ
宙8美9 17

た

たいこ
泰10胡9 19
泰10湖12 22

たえこ
妙7子3 10
多6江6子3 15

たえみ
多6恵10美9 25
多6絵12実8 26

たお
天4央5 9
丹4音9 13
多6織18 24

たかえ
孝7恵10 17
貴12恵10 22
多6嘉14依8 28

たかね
貴12音9 21

たかほ
多6花7穂15 28

たかみ	丹4 華10 美9	23
	多6 歌14 実8	28
たかよ	貴12 良7	19
たきえ	多6 希7 絵12	25
	多6 喜12 依8	26
たきこ	多6 輝15 子3	24
たきの	多6 樹16 乃2	24
たきよ	多6 紀9 良7	22
たつき	樹16	16
	多6 槻15	21
たつこ	起10 子3	13
たつの	達12 乃2	14
たつみ	立5 海9	14
	多6 津9 美9	24
たな	多6 菜11	17
たまえ	珠10 依8	18
	珠10 瑛12	22
	多6 麻11 依8	25
たまこ	環17 子3	20
たまね	珠10 寧14	24
たまの	多6 麻11 乃2	19
たまり	圭6 梨11	17
	多6 麻11 李7	24
たみ	多6 実8	14
たみえ	民5 江6	11
	多6 美9 恵10	25
たみこ	多6 未5 子3	14
たみよ	民5 代5	10

ち

ちあ	千3 有6	9
	千3 亜7	10
	智12 亜7	19
ちい	千3 衣6	9
	知8 依8	16
ちえか	千3 枝8 花7	18
	智12 恵10 佳8	30
	智12 慧15 歌14	41
ちえこ	千3 恵10 子3	16
	知8 永5 子3	16
ちえな	千3 詠12 奈8	23
	知8 英8 那7	23
ちえの	稚13 恵10 乃2	25
ちお	茅8 桜10	18
ちかい	千3 海9	12
	誓14 衣6	20
ちかえ	千3 佳8 恵10	21
ちかね	千3 花7 寧14	24
ちかよ	千3 香9 世5	17
ちこ	稚13 子3	16
ちこと	稚13 子3 都11	27
ちさき	稚13 咲9	22
	知8 紗10 季8	26
ちさの	千3 紗10 乃2	15
	千3 桜10 乃2	15
ちさよ	智12 沙7 代5	24
	稚13 咲9 世5	27
ちしお	千3 汐6	9
ちなり	千3 奈8 李7	18
ちはな	千3 華10	13
	稚13 花7	20
ちひな	千3 陽12 菜11	26
	知8 姫10 奈8	26
	稚13 雛18	31
ちふゆ	知8 歩8 優17	33
ちほこ	稚13 帆6 子3	22
ちほみ	千3 穂15 実8	26
	千3 穂15 美9	27
ちほり	千3 帆6 里7	16
	稚13 歩8 梨11	32
ちま	千3 真10	13
ちやこ	千3 耶9 子3	15
	稚13 弥8 子3	24
ちゆな	千3 唯11 南9	23
	稚13 百6 菜11	30
ちゆみ	智12 弓3	15
	千3 由5 実8	16
ちよこ	知8 世5 子3	16
ちよの	知8 世5 乃2	15
	知8 代5 野11	24
ちよみ	千3 世5 未5	13
	千3 誉13 美9	25
ちり	知8 里7	15
	智12 璃15	27
ちりこ	千3 里7 子3	13
	知8 利7 子3	18

つ

つきね	月4 寧14	18
	槻15 寧14	29
つきほ	月4 歩8	12
	槻15 穂15	30
つきみ	槻15 実8	23
	槻15 美9	24
つきよ	月4 世5	9

読み	名前（画数）	総画
つくみ	都11 久3 実8	22
	摘14 來8 未5	27
つなこ	維14 子3	17
	津9 菜11 子3	23
つねか	雅13 花7	20
	常11 華10	21
つや	摘14 弥8	22
つやこ	月4 夜8 子3	15
つゆ	都11 夢13	24
つゆこ	津9 友4 子3	16
つる	津9 瑠14	23

て

読み	名前（画数）	総画
てつこ	天4 津9 子3	16
てるえ	光6 依8	14
	輝15 恵10	25
てるこ	輝15 湖12	27
てるさ	輝15 咲9	24
てるな	光6 奈8	14
	輝15 月4	19
	輝15 菜11	26
てるほ	光6 歩8	14
	煌13 帆6	19
	輝15 穂15	30
てるみ	光6 海9	15
	輝15 美9	24
	照13 満12	25
てるよ	輝15 代5	20
てんな	天4 奈8	12
	典8 菜11	19

と

読み	名前（画数）	総画
とき	永5 希7	12
	永5 樹16	21
ときえ	永5 希7 恵10	22
	登12 紀9 依8	29
ときこ	斗4 希7 子3	14
とこ	永5 子3	8
とし	寿7	7
	利7	7
としえ	寿7 枝8	15
	利7 依8	15
	寿7 絵12	19
としこ	利7 子3	10
としよ	寿7 良7	14
となみ	斗4 南9	13
	都11 波8	19
	永5 奈8 美9	22
とみ	登12 美9	21
とみえ	永5 実8 絵12	25
	都11 美9 恵10	30
とみこ	冨11 子3	14
	十2 美9 子3	14
ともの	朋8 乃2	10
	智12 乃2	14
とよえ	斗4 良7 恵10	21
	豊13 代5 絵12	30
とよか	永5 世5 歌14	24
とよみ	斗4 良7 実8	19
	都11 世5 美9	25
とりこ	永5 梨11 子3	19
とりみ	斗4 里7 海9	20
	都11 梨11 深11	33
とわな	永5 遠13 奈8	26

な

読み	名前（画数）	総画
なえ	苗8	8
	七2 枝8	10
	奈8 江6	14
なえみ	奈8 笑10	18
	奈8 恵10 美9	27
	菜11 絵12 美9	32
なおえ	南9 桜10 恵10	29
なおは	奈8 緒14 葉12	34
なおん	那7 音9	16
	奈8 音9	17
なかこ	奈8 可5 子3	16
	奈8 佳8 子3	19
なさ	奈8 咲9	17
なさみ	菜11 紗10 美9	30
なつい	凪6 津9 衣6	21
なつな	夏10 菜11	21
	七2 都11 奈8	21
なつの	菜11 都11 乃2	24
なつひ	夏10 妃6	16
なつよ	凪6 津9 夜8	23
	奈8 津9 良7	24
ななお	七2 桜10	12
	奈8 々3 生5	16
	那7 々3 桜10	20
ななね	七2 寧14	16
	奈8 々3 寧14	25
ななの	菜11 奈8 乃2	21
ななひ	奈8 々3 妃6	17
	菜11 々3 姫10	24
なのこ	菜11 乃2 子3	16
なは	菜11 葉12	23

なほみ
- 菜11保9美9 29
- 奈8穂15美9 32

なみか
- 南9果8 17
- 奈8美9花7 24

なみこ
- 南9子3 12
- 成6実8子3 17
- 奈8美9子3 20

なみの
- 奈8美9乃2 19

なみよ
- 菜11美9世5 25

なゆか
- 那7由5佳8 20
- 奈8有6華10 24

なゆき
- 奈8幸8 16
- 那7友4希7 18

なゆこ
- 奈8優17子3 28

なゆみ
- 菜11弓3 14
- 奈8友4美9 21

なよこ
- 奈8世5子3 16

なりこ
- 菜11里7子3 21
- 奈8理11子3 22

なりは
- 奈8梨11波8 27

なるか
- 成6花7 13

なるせ
- 菜11留10瀬19 40

なるは
- 那7瑠14葉12 33

に

にき
- 仁4希7 11
- 仁4樹16 20

にしき
- 錦16葵12 28

にちこ
- 仁4智12子3 19

にと
- 仁4斗4 8
- 新13永5 18

になよ
- 仁4奈8代5 17
- 二2菜11良7 20

にの
- 二2乃2 4

にも
- 新13萌11 24

にれ
- 仁4玲9 13

ぬ

ぬいこ
- 縫16衣6子3 25

ぬのえ
- 布5依8 13
- 布5恵10 15

ね

ねいね
- 寧14子3 17
- 音9衣6祢9 24

ねな
- 音9菜11 20
- 寧14菜11 25

ねねこ
- 祢9々3子3 15

ねり
- 祢9里7 16
- 音9梨11 20

ねる
- 音9瑠14 23

の

のえか
- 乃2絵12佳8 22
- 乃2恵10歌14 26
- 野11江6夏10 27

のえこ
- 乃2恵10子3 15

のえみ
- 乃2笑10 12
- 乃2恵10美9 21

のえり
- 乃2衿9 11
- 乃2英8梨11 21

のこ
- 宣9子3 12
- 乃2湖12 14

のな
- 乃2名6 8
- 乃2那7 9
- 野11奈8 19

のなみ
- 乃2奈8美9 19

ののみ
- 乃2々3美9 14
- 野11々3未5 19

のほ
- 乃2帆6 8
- 乃2歩8 10

のも
- 乃2苺8 10

のもこ
- 野11萌11子3 25

のもみ
- 乃2萌11未5 18

のゆみ
- 乃2由5実8 15
- 乃2祐9実8 19

のりえ
- 紀9恵10 19
- 典8愛13 21

のりな
- 則9奈8 17
- 紀9菜11 20

のりほ
- 紀9帆6 15
- 典8歩8 16
- 典8穂15 23

のりみ
- 紀9実8 17

のりよ
- 則9世5 14

のんこ
- 暢14子3 17

のんの
- 穏16乃2 18

は

はすね
- 蓮13寧14 27
- 波8須12音9 29

はすの
- 芙7乃2 9
- 蓮13野11 24

はすよ
- 蓮13良7 20

はつか
- 初7花7 14
- 初7夏10 17

はつこ
- 初7胡9 16

はつせ
初(7)世(5) 12

はつの
羽(6)津(9)乃(2) 17
葉(12)津(9)乃(2) 23

はつひ
初(7)妃(6) 13
初(7)姫(10) 17

はつほ
初(7)帆(6) 13
初(7)保(9) 16
初(7)穂(15) 22

はつめ
羽(6)津(9)芽(8) 23

はつよ
初(7)良(7) 14

はの
波(8)乃(2) 10
羽(6)野(11) 17

はまの
浜(10)乃(2) 12
羽(6)麻(11)乃(2) 19

はやか
早(6)香(9) 15

はやみ
羽(6)弥(8)実(8) 22
颯(14)美(9) 23
波(8)耶(9)海(9) 26

はゆき
波(8)幸(8) 16
葉(12)優(17)希(7) 36

はるえ
晴(12)絵(12) 24
波(8)留(10)絵(12) 30

はるせ
暖(13)瀬(19) 32

はるよ
春(9)夜(8) 17
晴(12)良(7) 19

ひ

ひあな
妃(6)亜(7)菜(11) 24
姫(10)空(8)奈(8) 26

ひい
妃(6)依(8) 14
姫(10)泉(9) 19

ひお
妃(6)音(9) 15
陽(12)央(5) 17

ひおの
陽(12)音(9)乃(2) 23
灯(6)織(18)乃(2) 26

ひさ
妃(6)紗(10) 16
姫(10)咲(9) 19
陽(12)咲(9) 21

ひさえ
久(3)恵(10) 13
寿(7)恵(10) 17
妃(6)彩(11)恵(10) 27

ひさこ
妃(6)佐(7)子(3) 16
陽(12)冴(7)子(3) 22
緋(14)紗(10)子(3) 27

ひさみ
久(3)実(8) 11
陽(12)桜(10)実(8) 30
陽(12)彩(11)美(9) 32

ひさよ
尚(8)代(5) 13

ひとか
一(1)華(10) 11
一(1)歌(14) 15

ひとね
一(1)祢(9) 10
仁(4)寧(14) 18

ひなほ
灯(6)奈(8)帆(6) 20
妃(6)奈(8)穂(15) 29
陽(12)奈(8)穂(15) 35

ひみ
姫(10)美(9) 19
陽(12)味(8) 20
陽(12)海(9) 21

ひみか
灯(6)美(9)花(7) 22
妃(6)美(9)歌(14) 29
陽(12)海(9)夏(10) 31

ひみこ
陽(12)実(8)胡(9) 29

ひめこ
姫(10)恋(10) 20

ひめは
姫(10)波(8) 18
媛(12)波(8) 20

ひめみ
姫(10)美(9) 19
陽(12)芽(8)実(8) 28

ひろえ
尋(12)恵(10) 22
洋(9)榎(14) 23
尋(12)絵(12) 24

ひろは
広(5)華(10) 15
妃(6)呂(7)波(8) 21

ひわこ
妃(6)和(8)子(3) 17
陽(12)和(8)子(3) 23

ふ

ふいこ
歩(8)依(8)子(3) 19
歩(8)衣(6)瑚(13) 27

ふえか
笛(11)歌(14) 25
風(9)恵(10)花(7) 26
歩(8)恵(10)華(10) 28

ふえこ
笛(11)湖(12) 23
歩(8)絵(12)子(3) 23

ふえの
風(9)江(6)乃(2) 17
歩(8)絵(12)乃(2) 22

ふえみ
笛(11)未(5) 16
笛(11)実(8) 19

ふきこ
歩(8)希(7)子(3) 18
風(9)紀(9)子(3) 21

ふきの
歩(8)季(8)乃(2) 18

ふくえ
福(13)笑(10) 23
風(9)来(7)絵(12) 28

ふくか
福(13)花(7) 20
福(13)華(10) 23
冨(11)久(3)華(10) 24

ふくこ
芙(7)久(3)子(3) 13
歩(8)玖(7)子(3) 18

ふくの
歩(8)久(3)乃(2) 13
吹(7)野(11) 18

ふさえ
房(8)恵(10) 18
総(14)絵(12) 26

ふさこ
風(9)咲(9)子(3) 21

ふさの
風(9)沙(7)乃(2) 18

ふさよ
滋12 代5　17
風9 小3 夜8　20
歩8 紗10 世5　23

ふみえ
史5 依8　13
歩8 美9 依8　25
歩8 実8 絵12　28

ふみお
風9 澪16　25
歩8 美9 織18　35

ふみこ
歩8 未5 子3　16

ふみよ
文4 世5　9
史5 良7　12
風9 美9 代5　23

ふゆえ
風9 友4 絵12　25
歩8 優17 恵10　35

ふゆき
冬5 希7　12
冬5 樹16　21
歩8 優17 樹16　41

ふゆこ
風9 優17 湖12　38

ふゆな
冬5 奈8　13
歩8 唯11 南9　28
歩8 結12 菜11　31

ふゆね
冬5 寧14　19
風9 遊12 音9　30

ふゆの
風9 友4 乃2　15
芙7 優17 乃2　26

ふゆみ
風9 弓3　12
歩8 結12 美9　29
歩8 優17 美9　34

ふゆめ
歩8 夢13　21

ふら
歩8 楽13　21

ほ

ほしか
星9 花7　16
星9 華10　19
帆6 志7 歌14　27

ほしこ
星9 湖12　21
穂15 志7 子3　25

ほしな
星9 那7　16
帆6 志7 奈8　21
歩8 史5 菜11　24

ほしの
帆6 篠17　23
保9 志7 野11　27

ほしみ
星9 未5　14
星9 実8　17
穂15 志7 美9　31

ほとり
歩8 斗4 梨11　23

ほほみ
歩8 々3 実8　19
保9 々3 美9　21
穂15 々3 未5　23

ま

まいあ
舞15 有6　21
真10 伊6 亜7　23
真10 衣6 空8　24
麻11 衣6 亜7　24
麻11 衣6 愛13　30

まいき
舞15 姫10　25
麻11 依8 希7　26
舞15 委8 妃6　29

まいさ
真10 衣6 沙7　23
舞15 咲9　24
真10 衣6 紗10　26

まいね
麻11 衣6 音9　26
舞15 寧14　29

まいの
真10 依8 乃2　20
麻11 衣6 野11　28

まいは
舞15 羽6　21
舞15 波8　23
麻11 以5 波8　24
舞15 委8 羽6　29

まおと
麻11 乙1　12
真10 音9　19
麻11 音9　20

まおん
麻11 音9　20
真10 穏16　26
麻11 穏16　27

まきえ
真10 希7 恵10　27
真10 希7 絵12　29
真10 樹16 恵10　36

まきこ
真10 希7 子3　20

まきせ
薪16 世5　21
真10 希7 世5　22
麻11 季8 世5　24

まきな
茉8 希7 奈8　23
茉8 希7 菜11　26
麻11 紀9 菜11　31

まきほ
麻11 希7 歩8　26
真10 木4 穂15　29
麻11 季8 穂15　34

まきよ
真10 季8 世5　23
真10 希7 良7　24

まさえ
麻11 冴7　18
真10 沙7 英8　25

まさな
昌8 奈8　16
昌8 菜11　19
雅13 奈8　21

まさの
麻11 沙7 乃2　20
真10 咲9 乃2　21

まさよ
麻11 小3 夜8　22
麻11 紗10 世5　26

まさら
真10 佐7 良7　24
麻11 佐7 良7　25
麻11 咲9 楽13　33

ますよ
益10 代5　15

まちか
麻11 千3 花7　21
真10 千3 香9　22
麻11 千3 華10　24

まつえ
麻11 津9 江6　26
真10 津9 恵10　29

まつか
- 末(5)花(7) 12
- 茉(8)津(9)花(7) 24
- 麻(11)津(9)華(10) 30

まなこ
- 真(10)菜(11)子(3) 24

まなせ
- 茉(8)菜(11)世(5) 24
- 真(10)瀬(19) 29
- 愛(13)奈(8)瀬(19) 40

まなは
- 真(10)菜(11)波(8) 29
- 麻(11)那(7)葉(12) 30
- 舞(15)菜(11)羽(6) 32

まなる
- 茉(8)成(6) 14

まね
- 真(10)寧(14) 24
- 麻(11)寧(14) 25

まは
- 麻(11)羽(6) 17
- 麻(11)葉(12) 23

まはな
- 茉(8)華(10) 18
- 麻(11)花(7) 18

まひな
- 真(10)雛(18) 28
- 麻(11)雛(18) 29
- 真(10)陽(12)菜(11) 33

まふみ
- 真(10)文(4) 14
- 麻(11)史(5) 16
- 麻(11)歩(8)美(9) 28

まふゆ
- 真(10)歩(8)結(12) 30
- 麻(11)歩(8)優(17) 36

まほみ
- 茉(8)歩(8)美(9) 25
- 真(10)保(9)美(9) 28

まほろ
- 麻(11)帆(6)露(21) 38

まみえ
- 万(3)実(8)絵(12) 23
- 真(10)美(9)恵(10) 29
- 舞(15)美(9)絵(12) 36

まみか
- 麻(11)己(3)花(7) 21
- 真(10)心(4)華(10) 24
- 麻(11)実(8)花(7) 26

まみや
- 万(3)美(9)弥(8) 20
- 真(10)海(9)耶(9) 28
- 麻(11)美(9)弥(8) 28

まやこ
- 麻(11)也(3)子(3) 17

まやみ
- 真(10)矢(5)美(9) 24
- 真(10)弥(8)美(9) 27
- 麻(11)弥(8)美(9) 28

まゆの
- 麻(11)友(4)乃(2) 17
- 麻(11)由(5)乃(2) 18
- 真(10)由(5)野(11) 26

まゆは
- 茉(8)友(4)羽(6) 18
- 真(10)夕(3)波(8) 21
- 茉(8)由(5)葉(12) 25

まゆほ
- 舞(15)友(4)歩(8) 27
- 茉(8)優(17)帆(6) 31
- 麻(11)悠(11)穂(15) 37

まよこ
- 麻(11)世(5)胡(9) 25

まりえ
- 鞠(17)依(8) 25
- 茉(8)里(7)絵(12) 27
- 真(10)里(7)恵(10) 27
- 真(10)梨(11)恵(10) 31

まりお
- 真(10)莉(10)緒(14) 34
- 麻(11)凛(15)緒(14) 40

まりさ
- 鞠(17)咲(9) 26
- 茉(8)莉(10)紗(10) 28
- 真(10)理(11)沙(7) 28

まりよ
- 真(10)里(7)良(7) 24
- 真(10)莉(10)世(5) 25
- 麻(11)理(11)世(5) 27

まりら
- 茉(8)莉(10)羅(19) 37
- 麻(11)里(7)蘭(19) 37
- 真(10)理(11)羅(19) 40

まるこ
- 丸(3)子(3) 6

まれあ
- 真(10)玲(9)亜(7) 26
- 麻(11)礼(5)愛(13) 29

まれみ
- 稀(12)未(5) 17
- 稀(12)実(8) 20
- 真(10)麗(19)海(9) 38

まれん
- 真(10)恋(10) 20
- 麻(11)恋(10) 21
- 麻(11)蓮(13) 24

み

みあり
- 未(5)亜(7)里(7) 19
- 美(9)亜(7)李(7) 23
- 美(9)朝(12)梨(11) 32

みいろ
- 実(8)衣(6)呂(7) 21

みえい
- 美(9)栄(9) 18
- 美(9)詠(12) 21
- 美(9)恵(10)衣(6) 25

みえる
- 美(9)恵(10)瑠(14) 33

みおう
- 未(5)央(5) 10
- 美(9)桜(10) 19

みおこ
- 未(5)央(5)子(3) 13
- 弥(8)音(9)子(3) 20
- 澪(16)胡(9) 25
- 美(9)緒(14)子(3) 26

みおね
- 未(5)央(5)寧(14) 24
- 望(11)央(5)音(9) 25
- 澪(16)寧(14) 30
- 美(9)緒(14)寧(14) 37

みかえ
- 未(5)果(8)絵(12) 25

みかさ
- 美(9)佳(8)沙(7) 24
- 美(9)花(7)咲(9) 25
- 美(9)夏(10)咲(9) 28

みかな
- 美(9)果(8)奈(8) 25
- 美(9)香(9)菜(11) 29
- 美(9)歌(14)奈(8) 31

みかの
- 美(9)花(7)乃(2) 18
- 美(9)夏(10)乃(2) 21

みかん
- 未(5)栞(10) 15

みきな
- 未(5)来(7)奈(8) 20
- 美(9)紀(9)奈(8) 26
- 美(9)希(7)菜(11) 27

みきほ
未来歩（5・7・8）20
美希穂（9・7・15）31
美樹帆（9・16・6）31

みきよ
美姫世（9・10・5）24
美紀良（9・9・7）25

みくも
未雲（5・12）17
実雲（8・12）20
美雲（9・12）21

みさお
美紗央（9・10・5）24
実桜音（8・10・9）27
美咲桜（9・9・10）28
美紗緒（9・10・14）33

みさこ
実佐子（8・7・3）18
美沙子（9・7・3）19
美咲子（9・9・3）21
美砂胡（9・9・9）27

みさち
美祥（9・10）19
美沙智（9・7・12）28
聖沙稚（13・7・13）33

みさの
美沙乃（9・7・2）18
美朝乃（9・12・2）23

みさよ
美佐世（9・7・5）21
実咲夜（8・9・8）25

みさわ
未佐波（5・7・8）20
実咲羽（8・9・6）23
美砂羽（9・9・6）24

みすみ
実純（8・10）18
美純（9・10）19
実澄（8・15）23

みちえ
未知恵（5・8・10）23
美千絵（9・3・12）24
未稚恵（5・13・10）28
美智慧（9・12・15）36

みちお
三千緒（3・3・14）20
美千音（9・3・9）21
美稚麻（9・13・11）33
美智織（9・12・18）39

みちこ
道子（12・3）15
美千子（9・3・3）15
美知子（9・8・3）20
実智子（8・12・3）23

みちな
路菜（13・11）24
美智奈（9・12・8）29
美稚菜（9・13・11）33

みちほ
美知帆（9・8・6）23
美千穂（9・3・15）27
路穂（13・15）28

みちよ
実千良（8・3・7）18
美智世（9・12・5）26

みつ
光（6）6
実摘（8・14）22

みつえ
充恵（6・10）16
満依（12・8）20

みつか
光華（6・10）16
美津花（9・9・7）25
美都花（9・11・7）27
美津歌（9・9・14）32

みつこ
光胡（6・9）15
美津子（9・9・3）21

みつな
光奈（6・8）14
満菜（12・11）23
未津菜（5・9・11）25

みつの
光野（6・11）17
美津乃（9・9・2）20

みつほ
実津歩（8・9・8）25
満穂（12・15）27
美都穂（9・11・15）35

みつみ
光実（6・8）14
光美（6・9）15
満実（12・8）20
美津実（9・9・8）26

みつよ
光代（6・5）11
充良（6・7）13
満良（12・7）19

みつる
満（12）12

みとり
美斗梨（9・4・11）24

みなの
美奈乃（9・8・2）19
望奈乃（11・8・2）21
瑞奈乃（13・8・2）23

みなよ
美那代（9・7・5）21
海菜代（9・11・5）25

みね
実音（8・9）17
美祢（9・9）18
海寧（9・14）23

みねか
嶺花（17・7）24
美祢歌（9・9・14）32
美音歌（9・9・14）32

みねこ
弥音心（8・9・4）21
海寧子（9・14・3）26

みねよ
美音代（9・9・5）23

みねり
峰梨（10・11）21

みのか
稔花（13・7）20
稔佳（13・8）21
稔歌（13・14）27

みのん
満音（12・9）21

みふえ
海笛（9・11）20
美歩絵（9・8・12）29

みふね
美歩音（9・8・9）26
実風寧（8・9・14）31

みふよ
美歩良（9・8・7）24

みほこ
未歩心（5・8・4）17
珠帆心（10・6・4）20
美穂心（9・15・4）28

みまり
美麻里（9・11・7）27

みみか
未々花（5・3・7）15
実々夏（8・3・10）21
美々歌（9・3・14）26

みみこ
未々子（5・3・3）11
美々心（9・3・4）16

読み	名前（画数）	総画
みむら	実8 夢13 羅19	40
みめい	実8 明8	16
	海9 明8	17
	美9 愛13 依8	30
みもり	美9 萌11 梨11	31
みやか	雅13 華10	23
	美9 弥8 佳8	25
	美9 椰13 花7	29
みよか	美9 世5 花7	21
	美9 代5 佳8	22
	美9 陽12 夏10	31
みよこ	弥8 世5 子3	16
	美9 陽12 心4	25
みよし	実8 佳8	16
	海9 佳8	17
みらん	海9 藍18	27
みりか	未5 梨11 花7	23
	美9 里7 花7	23
	美9 梨11 華10	30
みりな	未5 莉10 那7	22
	美9 里7 菜11	27
	実8 梨11 菜11	30
みる	実8 留10	18
	海9 瑠14	23
	美9 瑠14	23
みるい	海9 瑠14 衣6	29
みるく	美9 心4	13
みれ	実8 令5	13
	美9 玲9	18
みれか	美9 令5 佳8	22
	実8 礼5 華10	23
	美9 玲9 夏10	28
みれな	実8 玲9 菜11	28
	美9 玲9 菜11	29
	美9 麗19 奈8	36
みろく	美9 緑14	23

む

読み	名前（画数）	総画
むあ	夢13 空8	21
	睦13 空8	21
	陸11 愛13	24
むうあ	陸11 羽6 空8	25
	夢13 羽6 亜7	26
	夢13 生5 愛13	31
むつえ	睦13 江6	19
	睦13 絵12	25
	夢13 都11 恵10	34
むつか	睦13 果8	21
	睦13 華10	23
	夢13 都11 佳8	32
むつこ	夢13 都11 心4	28
むつは	睦13 羽6	19
	睦13 波8	21
むつほ	睦13 帆6	19
	睦13 歩8	21
	夢13 都11 穂15	39
むねか	宗8 華10	18
	夢13 音9 花7	29
	睦13 祢9 歌14	36
むねよ	夢13 寧14 世5	32

め

読み	名前（画数）	総画
めあ	芽8 相9	17
	姫10 亜7	17
	瞳17 愛13	30
めいあ	愛13 生5 亜7	25
	明8 依8 愛13	29
めいか	姫10 衣6 花7	23
	芽8 唯11 香9	28
	愛13 生5 歌14	32
めいね	芽8 以5 音9	22
	恵10 衣6 祢9	25
めいみ	明8 実8	16
	愛13 唯11 美9	33
めいら	芽8 依8 楽13	29
めいり	明8 梨11	19
	姫10 衣6 里7	23
	愛13 依8 璃15	36
めの	姫10 乃2	12
	瞳17 乃2	19
めりな	姫10 里7 菜11	28
	芽8 璃15 奈8	31
	瞳17 理11 名6	34

も

読み	名前（画数）	総画
もえこ	萌11 心4	15
もえな	萌11 依8 奈8	27
	萌11 恵10 菜11	32
	萌11 絵12 菜11	34
もえの	萌11 野11	22
	萌11 笑10 乃2	23
もえむ	萌11 絵12 睦13	36
もこ	萌11 湖12	23
もとえ	基11 依8	19
	萌11 斗4 恵10	25
	望11 都11 依8	30
もとな	元4 奈8	12
	元4 菜11	15
	萌11 都11 菜11	33
もとね	望11 斗4 祢9	24
	萌11 永5 音9	25
もとは	元4 波8	12
	萌11 斗4 波8	23
もとよ	元4 世5	9
	萌11 都11 世5	27
もなこ	桃10 南9 心4	23

ももせ
桃(10)瀬(19) 29

ももの
百(6)々(3)乃(2) 11
桃(10)野(11) 21

もゆる
萌(11)友(4)琉(11) 26

もりえ
茂(8)里(7)恵(10) 25
萌(11)梨(11)絵(12) 34

もりさ
望(11)里(7)沙(7) 25
雲(12)梨(11)紗(10) 33

もりな
苺(8)璃(15)奈(8) 31
萌(11)莉(10)菜(11) 32

もりね
茂(8)利(7)音(9) 24
萌(11)璃(15)音(9) 35

もりの
茂(8)莉(10)乃(2) 20

もりみ
雲(12)里(7)海(9) 28

や

やいこ
耶(9)衣(6)子(3) 18

やえこ
夜(8)衣(6)子(3) 17
弥(8)恵(10)子(3) 21

やえの
八(2)重(9)乃(2) 13

やおこ
耶(9)織(18)心(4) 31

やすい
靖(13)依(8) 21

やすね
泰(10)音(9) 19

やすの
靖(13)乃(2) 15

やすほ
靖(13)穂(15) 28
弥(8)澄(15)帆(6) 29

やすみ
弥(8)澄(15)歩(8) 31
泰(10)美(9) 19
靖(13)美(9) 22

やすよ
靖(13)代(5) 18
弥(8)澄(15)世(5) 28

やちよ
弥(8)智(12)代(5) 25
弥(8)稚(13)世(5) 26

ややか
弥(8)々(3)佳(8) 19

ややこ
弥(8)哉(9)心(4) 21

やよ
八(2)代(5) 7
弥(8)良(7) 15

ゆ

ゆいね
唯(11)寧(14) 25
結(12)衣(6)音(9) 27

ゆいの
由(5)衣(6)乃(2) 13

ゆいほ
結(12)衣(6)帆(6) 24
由(5)衣(6)穂(15) 26
結(12)穂(15) 27

ゆうさ
悠(11)沙(7) 18
優(17)紗(10) 27

ゆうめ
友(4)姫(10) 14

ゆえり
友(4)英(8)梨(11) 23
優(17)絵(12)莉(10) 39

ゆおん
祐(9)音(9) 18

ゆきみ
有(6)希(7)実(8) 21
友(4)姫(10)美(9) 23

ゆきよ
友(4)紀(9)世(5) 18
優(17)希(7)代(5) 29

ゆこ
結(12)子(3) 15

ゆさ
由(5)紗(10) 15
結(12)咲(9) 21

ゆさこ
悠(11)紗(10)子(3) 24
遊(12)彩(11)心(4) 27

ゆつき
優(17)槻(15) 32

ゆね
柚(9)音(9) 18

ゆのか
由(5)乃(2)花(7) 14
結(12)乃(2)佳(8) 22

ゆふこ
結(12)歩(8)子(3) 23

ゆまこ
由(5)真(10)子(3) 18

ゆみえ
祐(9)実(8)恵(10) 27
優(17)美(9)依(8) 34

ゆみさ
友(4)美(9)沙(7) 20

ゆみな
柚(9)美(9)奈(8) 26
結(12)海(9)菜(11) 32

ゆみは
有(6)美(9)羽(6) 21
結(12)実(8)波(8) 28

ゆみほ
悠(11)美(9)帆(6) 26
柚(9)実(8)穂(15) 32

ゆみよ
裕(12)実(8)世(5) 25

ゆめあ
結(12)愛(13)亜(7) 32

ゆめき
由(5)夢(13)希(7) 25

ゆめさ
夢(13)沙(7) 20

ゆめね
夢(13)音(9) 22
結(12)女(3)寧(14) 29

ゆめは
夢(13)波(8) 21

ゆめほ
結(12)女(3)穂(15) 30

ゆめみ
夢(13)実(8) 21

ゆめり
夢(13)李(7) 20

ゆゆ
悠(11)友(4) 15
結(12)由(5) 17

ゆゆこ
悠(11)々(3)心(4) 18

ゆゆな
友(4)優(17)奈(8) 29

ゆゆみ
由(5)裕(12)実(8) 25

ゆらり
悠(11)楽(13)里(7) 31

ゆりね
百(6)合(6)音(9) 21

読み	漢字（画数）	総画
ゆりめ	由5 梨11 姫10	26
ゆりや	友4 里7 弥8	19
	結12 梨11 耶9	32

よ

読み	漢字（画数）	総画
よう	蓉13	13
よしえ	佳8 依8	16
よしき	吉6 希7	13
よしこ	佳8 心4	12
よしな	世5 史5 奈8	18
よしは	由5 羽6	11
	芳7 羽6	13
よしほ	吉6 穂15	21
よつは	世5 津9 羽6	20
よな	代5 奈8	13
	嘉14 菜11	25
よの	佳8 乃2	10
よりみ	依8 実8	16

ら

読み	漢字（画数）	総画
らいさ	礼5 咲9	14
らいな	礼5 菜11	16
	雷13 奈8	21
らいら	来7 笑10	17
らさ	羅19 桜10	29
らな	楽13 菜11	24
	蘭19 菜11	30
らなみ	良7 波8	15
らむ	楽13 夢13	26
ららか	蘭19 々3 香9	31
らんか	藍18 花7	25
らんこ	蘭19 心4	23
らんな	藍18 那7	25
らんの	蘭19 乃2	21

り

読み	漢字（画数）	総画
りあな	凜15 空8 奈8	31
りあん	里7 杏7	14
りい	理11 唯11	22
りいさ	里7 依8 紗10	25
	璃15 衣6 沙7	28
りう	李7 羽6	13
りえか	梨11 恵10 華10	31
りえこ	理11 英8 子3	22
りえな	利7 恵10 奈8	25
	莉10 愛13 菜11	34
りく	陸11	11
りさの	梨11 咲9 乃2	22
りさら	鈴13 沙7 羅19	39
りせこ	李7 聖13 子3	23
りせら	浬10 世5 良7	22
りちの	梨11 千3 乃2	16
りつか	梨11 津9 花7	27
りっか	立5 夏10	15
	立5 歌14	19
りつき	鈴13 月4	17
りと	凜15 利7	22
りなこ	李7 奈8 子3	18
	璃15 奈8 子3	26
りね	梨11 音9	20
りのあ	莉10 乃2 愛13	25
りのか	梨11 乃2 花7	20
	璃15 乃2 佳8	25
りのん	俐9 音9	18
りは	浬10 波8	18
りほか	莉10 帆6 佳8	24
りほこ	里7 歩8 子3	18
	梨11 帆6 子3	20
	莉10 歩8 心4	22
りまこ	李7 眞10 子3	20
	梨11 麻11 子3	25
りみか	莉10 実8 花7	25
	璃15 美9 佳8	32
りむ	鈴13 夢13	26
りや	利7 弥8	15
りやこ	里7 耶9 子3	19
	梨11 弥8 心4	23
りょうは	綾14 巴4	18
りよこ	莉10 世5 子3	18
	梨11 代5 子3	19
りりあ	李7 々3 亜7	17
	梨11 里7 杏7	25
りりえ	梨11 理11 依8	30
りりさ	璃15 々3 咲9	27
りりな	莉10 々3 奈8	21
	璃15 々3 夏10	28
りりは	莉10 々3 羽6	19
りる	梨11 瑠14	25

りるか
- 李7 流10 香9 ― 26
- 鈴13 留10 花7 ― 30

りるは
- 俐9 琉11 波8 ― 28

りろ
- 莉10 呂7 ― 17

りんこ
- 鈴13 胡9 ― 22

る

るあ
- 月4 空8 ― 12
- 流10 空8 ― 18

るあん
- 留10 杏7 ― 17

るいか
- 琉11 伊6 佳8 ― 25
- 瑠14 衣6 花7 ― 27

るいこ
- 留10 依8 心4 ― 22
- 瑠14 衣6 子3 ― 23

るいな
- 琉11 偉12 奈8 ― 31

るう
- 留10 宇6 ― 16

るうみ
- 瑠14 海9 ― 23
- 流10 海9 未5 ― 24

るえ
- 流10 依8 ― 18
- 瑠14 絵12 ― 26

るお
- 留10 織18 ― 28

るき
- 留10 希7 ― 17
- 流10 輝15 ― 25
- 琉11 樹16 ― 27

るきあ
- 瑠14 稀12 空8 ― 34
- 瑠14 輝15 愛13 ― 42

るきな
- 瑠14 妃6 菜11 ― 31
- 瑠14 希7 菜11 ― 32

るこ
- 琉11 心4 ― 15

るね
- 琉11 祢9 ― 20
- 流10 寧14 ― 24

るのん
- 月4 音9 ― 13

るま
- 流10 真10 ― 20
- 留10 麻11 ― 21

るみな
- 琉11 海9 奈8 ― 28
- 流10 望11 奈8 ― 29
- 琉11 瑞13 奈8 ― 32

るりな
- 留10 里7 那7 ― 24
- 琉11 璃15 奈8 ― 34

るるか
- 流10 々3 華10 ― 23
- 瑠14 々3 果8 ― 25

るるな
- 流10 月4 ― 14
- 琉11 々3 奈8 ― 22

るるみ
- 流10 々3 美9 ― 22
- 留10 流10 美9 ― 29

れ

れあん
- 玲9 晏10 ― 19

れいく
- 伶7 衣6 久3 ― 16

れいさ
- 莉10 咲9 ― 19

れいね
- 零13 音9 ― 22

れいの
- 麗19 乃2 ― 21

れいは
- 伶7 羽6 ― 13

れいほ
- 羚11 帆6 ― 17

れま
- 礼5 麻11 ― 16

れみか
- 玲9 海9 歌14 ― 32

れみな
- 玲9 美9 菜11 ― 29

れり
- 令5 莉10 ― 15
- 礼5 梨11 ― 16
- 連10 莉10 ― 20

れんこ
- 恋10 仔5 ― 15

れんり
- 恋10 里7 ― 17
- 蓮13 利7 ― 20

ろ

ろえ
- 呂7 絵12 ― 19
- 露21 依8 ― 29

ろか
- 呂7 花7 ― 14
- 露21 佳8 ― 29
- 露21 華10 ― 31

ろさ
- 芦7 咲9 ― 16

ろな
- 蕗16 菜11 ― 27
- 露21 奈8 ― 29

ろね
- 呂7 祢9 ― 16
- 路13 音9 ― 22

ろみ
- 路13 満12 ― 25
- 露21 美9 ― 30

わ

わかえ
- 稚13 絵12 ― 25
- 和8 花7 恵10 ― 25
- 和8 歌14 恵10 ― 32

わかさ
- 和8 夏10 沙7 ― 25
- 和8 華10 咲9 ― 27
- 和8 嘉14 桜10 ― 32

わかね
- 羽6 香9 音9 ― 24
- 和8 花7 音9 ― 24

わかの
- 稚13 乃2 ― 15
- 琶12 夏10 乃2 ― 24

わかは
- 羽6 佳8 波8 ― 22
- 和8 香9 葉12 ― 29

わかほ
- 和8 夏10 帆6 ― 24
- 稚13 穂15 ― 28
- 和8 歌14 歩8 ― 30

わかよ
- 和8 花7 代5 ― 20
- 琶12 果8 世5 ― 25

わの
- 羽6 乃2 ― 8
- 環17 乃2 ― 19

わのこ
- 波8 乃2 心4 ― 14

拗音（ようおん）・促音（そくおん）のある名前

拗音「ゃ」「ゅ」「ょ」を含むとやわらかくのびのびした印象になります。促音「っ」を含むと弾むイメージでポップな印象を与えられます。

女の子

拗音

読み	漢字（画数）
あいしゃ	愛13 紗10
あいじゅ	藍18 珠10
あしゃ	亜7 沙7
あじゅ	有6 樹16
あしゅな	空8 朱6 奈8
あしゅり	愛13 珠10 梨11
あんじゅ	杏7 樹16
おうじゅ	桜10 樹16
かじゅ	華10 寿7
ききょう	桔10 梗11
きゃら	伽7 蘭19
きゅうこ	久3 心4
きょうな	恭10 波8
きょうの	響20 乃2
きょうみ	京8 泉9
さしゃ	早6 紗10
じゅあん	珠10 杏7
しゅい	朱6 依8
しゅう	珠10 羽6
しゅうか	志7 優17 花7
しゅうこ	秋9 心4
じゅえり	樹16 永5 梨11
じゅえる	寿7 恵10 瑠14
しゅか	朱6 佳8
じゅか	珠10 香9
しゅしゅ	朱6 珠10
じゅじゅ	寿7 珠10
じゅな	樹16 南9
じゅね	珠10 祢9
しゅの	朱6 乃2
しゅり	珠10 梨11
じゅり	寿7 莉10
じゅんか	純10 歌14
じゅんな	閏12 奈8
じゅんね	淳11 音9
じゅんり	准10 鈴13
しょうか	咲9 花7
しょうの	祥10 乃2
しんじゅ	心4 樹16
せいじゅ	星9 寿7
せんじゅ	千3 樹16
ちゃこ	茶9 仔5
ちゃみ	茶9 実8
ちょうこ	暢14 子3
ちょうみ	蝶15 美9
びじゅ	美9 樹16
ひゅうな	比4 宇6 奈8
まあしゃ	茉8 亜7 沙7
まじゅ	麻11 珠10
みいしゃ	美9 唯11 紗10
みりゅう	海9 流10
みりょう	実8 綾14
ゆうしゃ	友4 紗10
りいしゃ	理11 衣6 砂9
りゅうか	瑠14 花7
りゅうこ	琉11 胡9
りょうか	涼11 香9
りょうな	綾14 南9

促音

読み	漢字（画数）
いっき	一1 希7
きっか	桔10 花7
きっこ	菊11 子3
にっき	日4 姫10
ゆっこ	結12 胡9
りっか	律9 華10
ろっか	緑14 香9

長音・濁音のある名前

女の子

長音を含む名前はのびやかで好印象です。濁音が入ると安定感が出て凛とした雰囲気を感じさせる名前になります。

長音

- ありい　愛13 梨11 衣6
- いちよう　壱7 遥12
- えりい　絵12 里7 惟11
- おうあ　桜10 空8
- おうわ　央5 羽6
- かあい　佳8 藍18
- かあや　香9 彩11
- きいこ　希7 衣6 子3
- けいな　恵10 奈8
- けいの　慧15 乃2
- こうか　幸8 華10
- しいの　志7 唯11 乃2
- せりい　瀬19 里7 衣6
- ちいこ　智12 唯11 子3
- とうみ　桃10 美9
- にいか　新13 花7
- にいの　新13 乃2
- にゆう　弐6 優17
- ひいな　姫10 衣6 奈8
- ふうね　風9 羽6 音9
- ふうの　風9 乃2
- ふうみ　風9 海9
- まあこ　茉8 亜7 子3
- まりい　真10 理11 衣6
- みいか　実8 惟11 歌14
- みいさ　美9 伊6 咲9
- ゆうい　結12 依8
- ゆりい　百6 合6 唯11
- ようか　陽12 花7
- りいか　里7 衣6 佳8
- りいな　梨11 以5 南9
- りりい　璃15 々3 衣6
- るうな　瑠14 海9 奈8

濁音

- あずは　梓11 波8
- うぶき　初7 希7
- かぐや　佳8 虹9 弥8
- かぐら　神9 楽13
- かざは　風9 果8
- こぎく　心4 菊11
- さぎり　咲9 桐10
- しずは　志7 津9 羽6
- すずせ　鈴13 聖13
- すずみ　紗10 美9
- ちかぜ　智12 風9
- ちぐさ　千3 久3 紗10
- つぶら　津9 舞15 良7
- なぎな　渚11 菜11
- にじほ　虹9 帆6
- はぎの　波8 葵12 乃2
- ひでか　日4 出5 花7
- ひばり　陽12 葉12 里7
- ますず　麻11 寿7 々3
- みかぜ　実8 夏10 世5
- みずさ　瑞13 咲9
- むぎは　麦7 羽6
- むぎほ　夢13 希7 歩8
- もえぎ　萌11 姫10
- やまぶき　山3 吹7
- ゆきじ　憂15 希7 志7
- ゆずさ　由5 子3 彩11
- ゆずひ　有6 珠10 妃6
- ゆずみ　譲20 美9
- ゆずゆ　柚9 悠11
- らぶ　蘭19 歩8
- りづ　梨11 津9

ひらがな・カタカナの名前

ひらがなはやわらかく、カタカナは新鮮な印象を与えられます。いずれも漢字の意味にとらわれず自由な発想ができるので、おすすめです。

女の子

ひらがな

- あめり 3 2 2
- いまり 2 4 2
- いろは 2 2 4
- うらら 2 3 3
- かのん 3 1 2
- かりん 3 2 2
- かれん 3 3 2
- きよら 4 3 3
- きらら 4 3 3
- きらり 4 3 2
- くらら 1 3 3
- くるみ 1 3 3
- こころ 2 2 2
- こずえ 2 5 3
- さくら 3 1 3
- さゆり 3 3 2
- しいな 1 2 5
- しほり 1 5 2
- せりな 3 2 5
- そよか 3 3 3
- ちはや 3 4 3
- てら 2 3
- ななみ 5 5 3
- ののか 1 1 3
- はぐみ 4 3 3
- ほたる 5 4 3
- まゆ 4 3
- みふゆ 3 4 3
- ももこ 3 3 2
- ゆめこ 3 2 2
- よしの 3 1 1
- りお 2 4
- るい 3 2

カタカナ

- アイリン 2 2 2 2
- アクア 2 2 2
- アリア 2 2 2
- ウテナ 3 3 2
- キリン 3 2 2
- サラン 3 2 2
- シアン 3 2 2
- ジーナ 5 1 2
- シエラ 3 3 2
- シエル 3 3 2
- セイア 2 2 2
- セシル 2 3 2
- セリア 2 2 2
- セレネ 2 1 4
- ソアラ 2 2 2
- ダリア 5 2 2
- ニア 2 2
- ハノア 2 1 2
- ハレイ 2 1 2
- マイン 2 2 2
- マオミ 2 3 3
- ミニー 3 2 1
- ミラノ 3 2 1
- ミリヤ 3 2 2
- モニカ 3 2 2
- ユミリ 2 3 2
- ユリン 2 2 2
- ライア 2 2 2
- リズム 2 4 2
- リンネ 2 2 4
- レアラ 1 2 2
- ローラ 3 1 2

女の子

愛称から考える名前

「赤ちゃんをかわいい愛称で呼びたい」――そんな思いから名前を考えるのもひとつの手。声に出して、よいと感じたものを探してみましょう。

愛称	名前	画数
あっきーな	明菜	8 11
あっちゃん	敦美	12 9
あみちゃん	亜美菜	7 9 11
あやりん	史子	5 3
あーちゃん	明日菜	8 4 11
いっちゃん	一夏	1 10
いーちゃん	一穂	1 15
うーたん	歌乃	14 2
えりちゃん	英里子	8 7 3
えりー	恵里菜	10 7 11
かおりん	香織	9 18
かなちゃん	香苗	9 8
かんちゃん	栞那	10 7
かーこ	佳子	8 3
きみちゃん	公佳	4 8
きょん	京実	8 8
きょんきょん	恭子	10 3
くーちゃん	来未	7 5
さとみん	里美	7 9
さりちゃん	咲里歩	9 7 8
さりー	早織	6 18
さーや	沙耶	7 9
しほりん	紫帆里	12 6 7
しーたん	椎菜	12 11
しーちゃん	志保	7 9
しーの	椎乃	12 2
たまちゃん	珠世	10 5
ちゃこ	尚子	8 3
ちよちゃん	智代梨	12 5 11
ちーちゃん	智恵	12 10
ちーちゃん	千菜	3 11
ともたん	知美	8 9
ともちゃん	灯花	6 7
なっち	夏海	10 9
なっつ	夏帆	10 6
なってぃー	菜都	11 11
なーたん	菜々	11 3
なーみん	那美	7 9
のんちゃん	望	11
のんのん	暢子	14 3
はるちゃん	春子	9 3
はるる	遥加	12 5
はーちゃん	春妃	9 6
ひかりん	光李	6 7
ひーたん	日向	4 6
まいきー	舞子	15 3
まゆちゃん	真優香	10 17 9
まりちゃん	満里奈	12 7 8
みぃ	美乃里	9 2 7
みっちょん	深幸	11 8
みっちー	美智香	9 12 9
みゆみゆ	美優	9 17
むっちゃん	睦	13
めーちゃん	恵未	10 5
もえぴー	萌乃	11 2
もっちー	元美	4 9
やっちゃん	泰葉	10 12
ゆうちゃん	優泉	17 9
ゆきりん	幸穂	8 15
ゆっきーな	由希奈	5 7 8
ゆっぴ	優樹	17 16
よっしー	好恵	6 10
よっちゃん	芳佳	7 8
らぶちゃん	愛	13
りっちゃん	律花	9 7
りょんりょん	諒子	15 3
りんちゃん	倫心	10 4
りーたん	律羽	9 6
わーちゃん	若奈	8 8

音から引く漢字一覧

名前に使える漢字を五十音順に並べているので、使いたい音をかんたんに探せます。
漢字の右側の数字は画数を示しています。また、色文字の漢字は４章のP340～417で詳しく紹介しています。

あ

読み	漢字（画数）
あ	安6 有6 亜7 吾7 阿8 娃9
ああ	於8
あい	合6 娃9 挨10 愛13 曖17 藍18
あう	合6 会6 逢11
あお	青8 葵12 蒼13 碧14
あおい	青8 葵12
あおぎり	梧11
あか	朱6 明8 茜9 紅9 緋14
あかし	丹4 証12
あかつき	暁12
あかね	茜9
あかり	灯6 明8
あがる	昂8 昊8
あかるい	明8
あき	了2 夫4 文4 日4 旦5 旭6 在6 光6 成6 壮6 見7 亨7 英8 旺8 知8 昊8 享8 東8 昂8 昌8 明8 尭8 荘9 威9 秋9 昭9 信9 研9 亮9 玲9 映9 哲10 紋10 晃10 晋10 朗10 晄10 晟10 菊11 啓11 章11 郷11 爽11 彬11 晨11 紹11 晶12 瑛12 暁12 皓12 斐12 陽12 覚12 敬12 卿12 滉13 愛13 暉13 照13 誠13 煌13 彰14 聡14 璃15 諒15 謙17 瞭17 顕18 曜18 燿18 鏡19 耀20
あきら	了2 士3 公4 壬4 丹4 央5 礼5 旦5 全6 旭6 在6 名6 光6 良7 見7 亨7 英8 旺8 果8 学8 享8 東8 昂8 昌8 明8 昊8 威9 秋9 昭9 亮9 玲9 映9 省9 祥10 敏10 剣10 晟10 哲10 晃10 高10 朗10 啓11 章11 郷11 爽11 彬11 彪11 景12 智12 晶12 瑛12 暁12 皓12 斐12 陽12 覚12 暉13 照13 新13 滉13 僚14 彰14 翠14 聡14 爾14 徹15 輝15 慧15 憲16 瞭17 瞳17 顕18 曜18 燿18 麗19 鏡19 耀20 露21
あきらか	明8 亮9 晃10 晄10 瞭17
あけ	旦5 朱6 南9 暁12 緋14
あける	空8 開12
あげる	擢17

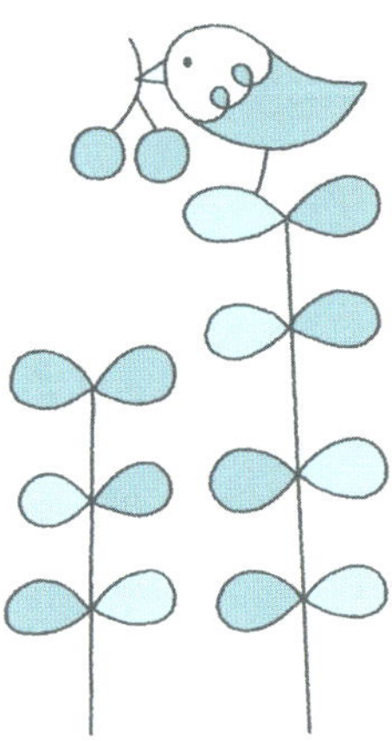

読み	漢字（画数）
あさ	元4 日4 旦5 旭6 麻11 滋12 朝12 諒15
あさひ	旭6
あし	芦7 足7 脚11 葦13
あした	旦5 晨11 朝12
あずける	托6
あずさ	梓11
あずま	東8 春9 雷13
あそぶ	遊12
あたたか	暖13
あたたかい	温12
あたらしい	新13
あたる	任6
あつ	功5 充6 孝7 宏7 孜7 京8 昌8 忠8 按9 厚9 春9 重9 純10 富11 陸11 淳11 惇11 敦12 温12 渥12 貴12 豊13 暖13 斡14 徳14 諄15 熱15 篤16
あつい	厚9 惇11 渥12 敦12 篤16
あつし	忠8 厚9 重9 純10 陸11 淳11 惇11 温12 敦12 渥12 篤16
あつむ	伍6 侑8 修10
あま	天4 雨8 海9
あまね	周8
あめ	天4 雨8
あや	文4 礼5 朱6 英8 采8 郁9 紋10 恵10 純10 琢11 理11 彩11 彪11 章11 彬11 斐12 絢12 彰14 綺14 綾14 操16
あやめ	菖11
あゆ	鮎16
あゆみ	歩8
あゆむ	歩8
あら	新13
あらし	嵐12
あらた	新13
あり	也3 可5 有6 在6 作7 惟11
ある	在6 有6
あるく	歩8
あん	安6 行6 杏7 按9 晏10 庵11
あんず	杏7

い

読み	漢字（画数）
い	以5 伊6 衣6 壱7 依8 威9 泉9 惟11 唯11 椅12 偉12 葦13
いお	庵11

読み	漢字（画数）
いおり	庵11
いき	粋10 蘇19
いきおい	勢13
いきる	生5 活9
いく	生5 如6 行6 育8 郁9 活9 幾12
いけ	池6
いこい	憩16
いさ	功5 伊6 沙7 武8 勇9 勉10 義13 勲15
いさお	力2 功5 勇9 庸11 勲15
いさぎよい	潔15
いさご	砂9
いさみ	勇9 敢12
いさむ	力2 武8 勇9 浩10 偉12 敢12
いし	石5
いず	出5
いずみ	泉9
いずる	出5
いそ	勤12 勲15 磯17
いたる	至6 到8 周8 造10 致10 達12 暢14 徹15 諄15 親16
いち	一1 市5 壱7 逸11 都11
いちご	苺8
いつ	一1 乙1 五4 伍6 逸11 厳17
いつき	樹16 厳17
いつくしむ	慈13
いと	糸6 弦8 絃11 綸14
いのち	命8
いのり	祈8 祷11
いま	未5
いろ	色6 紅9 彩11
いろどる	彩11
いわ	磐15
いわう	祝9
いん	音9 隠14 蔭14 韻19

う

読み	漢字（画数）
う	右5 生5 羽6 宇6 有6 佑7 侑8 胡9 鵜22
うい	初7
うえ	上3 高10
うえる	蒔13
うお	魚11
うさぎ	兎7
うし	丑4 牛4

読み	漢字（画数）
うしお	潮15
うず	太4
うた	詠12 詩13 歌14 謡16
うたう	詠12 歌14 謡16
うつくしい	美9
うつす	映9
うな	海9
うま	宇6 馬10
うまれる	生5
うみ	海9 洋9 湖12
うめ	梅10
うやうやしい	恭10
うやまう	敬12
うらら	麗19
うるう	閏12
うるおう	渥12 潤15
うるわしい	麗19
うれしい	嬉15
うん	雲12

え

読み	漢字（画数）
え	永5 会6 江6 衣6 画8 依8 枝8 杷8 苗8 重9 栄9 恵10 笑10 絵12 瑛12 詠12 慧15 衛16
えい	永5 泳8 英8 映9 栄9 瑛12 詠12 衛16
えだ	枝8 幹13 繁16
えつ	悦10
えのき	榎14
えびす	胡9
えみ	咲9 笑10
えらい	偉12
えん	円4 苑8 延8 媛12 遠13 園13 圓13 薗16

お

読み	漢字（画数）
お	乙1 力2 士3 小3 夫4 巨5 広5 弘5 生5 央5 乎5 百6 壮6 均7 臣7 男7 良7 於8 和8 弦8 郎9 彦9 保9 音9 桜10 朗10 隆11 麻11 絃11 雄12 緒14 綸14 廣15 穂15
おう	王4 央5 旺8 欧8 皇9 桜10 凰11 煌13 鷗22 鷹24
おお	大3 太4 巨5 多6
おおい	多6 偉12

読み	漢字（画数）
おおかみ	狼10
おおきい	大3 浩10
おおとり	凰11 鳳14
おおやけ	公4
おき	気6 宋7 沖7 宙8 典8 恩10 起10 致10 隆11 幾12 興16
おきる	起10
おける	於8
おこす	起10
おごそか	厳17
おこなう	行6
おこる	起10 興16
おさ	令5 吏6 紀9 政9 容10 修10 理11 脩11 順12 総14
おさむ	乃2 士3 収4 司5 平5 伊6 攻7 京8 治8 紀9 秋9 倫10 耕10 修10 脩11 経11 道12 統12 敦12 靖13 蔵15 徹15 整16 磨16 穣18 鎮18
おさめる	収4 治8 修10
おしえる	教11
おだやか	穏16
おつ	乙1
おと	乙1 己3 呂7 男7 吟7 音9 律9 響20
おとこ	男7
おのれ	己3
おぼえる	覚12
おみ	臣7
おも	主5
おもう	惟11 想13
おもねる	阿8
おや	親16
おり	織18
おん	苑8 音9 恩10 温12 遠13 園13 穏16 薗16
おんな	女3

か

読み	漢字（画数）
か	力2 日4 可5 加5 甲5 乎5 圭6 伽7 花7 芳7 庚8 和8 佳8 河8 果8 珂9 珈9 迦9 耶9 郁9 香9 哉9 華10 夏10 椛11 賀12 翔12 歌14 榎14 嘉14 樺14 駕15 霞17 蘭19 馨20
が	牙4 我7 伽7 画8 芽8 河8

	峨10 賀12 雅13 駕15
かい	介4 合6 会6 快7 恢9 海9 皆9 開12 堺12 絵12 凱12 櫂18 鎧18
がい	凱12
かいり	浬10
かえで	楓13
かおり	香9 薫16 馨20
かおる	芳7 郁9 香9 薫16 馨20
かがみ	鏡19
かがやく	煌13 輝15 燿18 耀20
かく	此6 画8 拡8 覚12 鶴21
がく	岳8 学8 楽13
かげ	景12 蔭14 影15
かける	翔12 駆14 駈15
かざ	風9
かじ	舵11 梶11 櫂18

かしこい	賢16
かしら	孟8
かす	春9
かず	一1 二2 七2 八2 千3 万3 三3 円4 収4 司5 冬5 主5 年6 多6 寿7 利7 壱7 良7 知8 法8 宗8 紀9 政9 春9 重9 航10 兼10 起10 教11 策12 萬12 葛12 数13 圓13 憲16 麗19
かすみ	霞17
かぜ	風9
かた	才3 石5 功5 名6 兼10 崇11

	結12 賢16 謙17
かつ	万3 且5 甲5 克7 活9 勝12
がつ	月4
がっ	合6
かつみ	克7
かつら	桂10 葛12 藤18
かど	圭6 門8 葛12 廉13
かな	協8 門8 哉9 奏9
かなう	叶5
かなでる	奏9
かなめ	要9
かぬ	兼10 謙17
かね	宝8 周8 兼10 務11 詠12 鉄13 銀14 錦16 謙17 鏡19
かのう	叶5 協8
かば	椛11 樺14
かぶと	兜11

かみ	三3 天4 守6 甫7 昇8 省9 竜10 卿12 龍16
かみなり	雷13
かもしか	羚11
かもめ	鷗22
かや	茅8 草9 萱12
から	空8
かる	駆14 駈15
かわ	河8
かわる	代5
かん	甲5 完7 柑9 栞10 莞10 菅11 寛13 勧13 幹13 斡14 綸14 環17

き

き	己3 寸3 木4 甲5 生5 気6 妃6 希7 玖7 求7 来7 季8 祈8 來8 林8 枝8 宜8 紀9 祇9 城9 哉9 起10 記10 姫10 基11 規11 埼11 徠11 揮12 幾12 葵12 稀12 貴12 喜12 暉13 幹13 綺14 旗14 輝15 嬉15 毅15 畿15 槻15 樹16 興16 騎18 麒19
ぎ	宜8 祇9 葵12 義13 儀15 毅15 麒19
きく	利7 菊11 掬11
きさき	妃6
きざし	萌11
きずな	絆11
きた	北5 朔10

きたる	来7 來8 徠11 儀15
きち	吉6
きつ	吉6 桔10
きぬ	衣6 絹13
きば	牙4
きびしい	峻10 厳17
きみ	王4 仁4 公4 江6 君7 林8 竜10 卿12 鉄13 龍16
きゃ	伽7
きゅう	久3 弓3 究7 玖7 求7 赳10 球11 毬11 窮15
きよ	人2 心4 氷5 汐6 圭6 斉8 青8 洋9 研9 政9 淑11 雪11 淳11 清11 晴12 陽12 舜13 廉13 聖13 静14 摩15 潔15 澄15 磨16 馨20
きょ	巨5

きょう	叶5 匡6 共6 杏7 亨7 享8 協8 京8 岬8 香9 恭10 教11 郷11 強11 経11 梗11 卿12 喬12 興16 鏡19 響20 馨20
ぎょう	行6 尭8 暁12 堯12
きよし	圭6 忠8 泉9 美9 純10 浩10 淑11 雪11 淳11 清11 晴12 陽12 靖13 碧14 潔15 澄15
きら	晄10 晃10
きらめく	煌13
きり	桐10 霧19
きわめる	究7
きん	均7 芹7 君7 欣8 菫11 琴12 勤12 欽12 錦16 檎17
ぎん	吟7 菫11 銀14

く

く	久3 工3 公4 功5 玖7 来7 穹8 空8 紅9 貢10 琥12 駆14 駒15 駈15
ぐ	弘5
くう	空8
くさ	色6 草9
くすのき	樟15
くつろぐ	寛13
くに	乙1 之3 州6 呉7 邦7 邑7 国8 城9 洲9 晋10 都11 葉12
くも	雲12
くら	椋12 蔵15
くる	来7 來8
くれ	呉7 紅9
くれない	紅9
くろ	玄5
くろがね	鉄13
くん	君7 勲15 薫16

け

け	斗4 気6 圭6 迦9 華10 稀12 蹴19
げ	牙4 夏10 霞17
けい	圭6 径8 佳8 京8 恵10 桂10 啓11 渓11 経11 蛍11 彗11 景12 敬12 卿12 詣13 肇14 慶15 慧15 稽15 馨20
けつ	桔10 結12 潔15
げつ	月4

こ

読み	漢字（画数）
ける	蹴19
けん	見7 建9 研9 柑9 兼10 拳10 剣10 健11 菅11 舷11 萱12 絢12 絹13 権15 憲16 賢16 謙17 鍵17 顕18
げん	元4 玄5 弦8 彦9 原10 拳10 舷11 絃11 源13 賢16 厳17 鍵17 験18 厳20

読み	漢字（画数）
こ	子3 小3 女3 己3 木4 仔5 乎5 児7 来7 虎8 胡9 虹9 琥12 湖12 瑚13 鼓13 醐16
ご	五4 心4 伍6 呉7 冴7 吾7 胡9 悟10 梧11 瑚13 醐16 檎17 護20
こい	恋10

読み	漢字（画数）
こう	工3 公4 甲5 功5 弘5 巧5 広5 江6 考6 行6 好6 光6 向6 亘6 孝7 更7 宏7 亨7 昊8 昂8 岡8 幸8 岬8 庚8 洸9 恒9 厚9 皇9 香9 紅9 虹9 恰9 航10 晃10 浩10 貢10 倖10 高10 耕10 紘10 晄10 恋10 康11 皐11 梗11 凰11 皓12 港12 煌13 滉13 幌13 閤14 廣15 興16 縞16 轟21
ごう	合6 剛10 郷11 強11 豪14 轟21
こく	石5 克7 国8 欽12

読み	漢字（画数）
ここ	心4 此6
こころ	心4
こし	江6 輿17
こずえ	梢11 梶11 槙14
こと	士3 功5 采8 殊10 琴12 詞12 肇14 勲15
ことば	詞12
ことぶき	寿7
この	好6 此6
このむ	好6
こぶし	拳10
こま	駒15
これ	之3 也3 以5 伊6 此6 実8 是9 時10 惟11 維14
ころも	衣6
こん	欣8 建9 渾12
ごん	欣8 琴12 勤12 渾12 権15 厳17

さ

読み	漢字（画数）
さ	二2 三3 小3 左5 早6 佐7 沙7 作7 冴7 砂9 茶9 咲9 紗10 倖10 彩11 爽11 朝12 瑳14 聡14
さい	才3 再6 采8 哉9 彩11 菜11 偲11
さいわい	幸8 倖10 禎13
さえ	冴7 朗10
さか	坂7 阪7
さかえ	秀7 栄9 冨11 富12 潤15
さかえる	栄9 榮14
さかき	榊14
さかん	史5 壮6 旺8 昌8 盛11
さき	先6 早6 咲9 祥10 埼11 福13 興16
さぎ	鷺24
さく	作7 咲9 朔10 策12 開12
さくら	桜10
さご	砂9
ささ	小3 楽13 篠17
さざなみ	漣14
さだ	正5 安6 完7 究7 定8 治8 貞9 信9 真10 晏10 渉11 覚12 節13 禎13 寧14 憲16
さだめる	定8
さち	吉6 征8 幸8 祐9 倖10 祥10 葛12 福13 禎13
さつ	颯14
さっ	早6
さつき	皐11
さと	了2 公4 仁4 吏6 里7 邑7 学8 知8 怜8 俐9 彦9 悟10
	敏10 哲10 恵10 郷11 都11 智12 覚12 達12 誠13 聖13 徳14 聡14 慧15 賢16 諭16 識19
さとし	里7 知8 怜8 俐9 悟10 敏10 哲10 啓11 捷11 惺12 智12 暁12 聖13 聡14 慧15 諭16 賢16
さとる	了2 知8 学8 悟10 哲10 惺12 智12 暁12 聖13 聡14 慧15 諭16 賢16
さな	真10 眞10
さね	人2 収4 心4 以5 平5 守6 志7 壱7 尚8 実8 城9 真10 翔12 愛13 嗣13 護20

読み	漢字（画数）
さぶ	三3 珊9
さます	覚12
さむい	凜15 凛15
さむらい	侍8
さや	爽11 清11
さら	更7
さわ	沢7 爽11
さわやか	爽11
さん	三3 珊9 撰15 讃22

し

読み	漢字（画数）
し	士3 之3 巳3 心4 司5 史5 市5 仔5 矢5 石5 至6 糸6 此6 次6 志7 孜7 枝8 始8 茂8 祇9 柿9 視11 梓11 偲11 崇11 詞12 紫12 獅13 詩13 嗣13 資13 蒔13 識19
じ	二2 史5 司5 次6 弐6 児7 侍8 治8 時10 滋12 道12 慈13 馳13 嗣13 路13 蒔13 爾14
しあわせ	幸8 倖10
しい	椎12
しお	汐6 栞10 潮15
しおり	栞10
しき	布5 色6 織18 識19
じき	直8
しげ	木4 以5 成6 臣7 茂8 枝8 林8 草9 城9 重9 恵10 盛11 彬11 董12 賀12 順12 森12 滋12 慈13 誉13 誠13 義13 諄15 薫16 樹16 繁16 篤16 穣18
しげる	成6 秀7 茂8 重9 森12 滋12 蒼13 慈13 繁16
しず	康11 靖13 寧14 静14 穏16
しずか	静14
しずく	雫11
しち	七2
じつ	日4 実8
しな	色6 枝8 品9 科9 姿9
しの	忍7 信9 要9 篠17
しのぐ	凌10 駕15
しのぶ	忍7 恕10 偲11
しま	州6 洲9 島10 嶋14 縞16
しゃ	沙7 砂9 紗10
しゅ	主5 朱6 守6 珠10 殊10 修10 諏15

じゅ	寿7 珠10 樹16 鷲23
しゅう	収4 州6 舟6 秀7 宗8 周8 秋9 柊9 洲9 祝9 修10 脩11 集12 萩12 嵩13 楢13 輯16 蹴19 鷲23
じゅう	充6 重9 柔9
しゅく	祝9 淑11 蹴19
しゅん	旬6 俊9 春9 洵9 隼10 峻10 竣12 楯13 舜13 詢13 馴13 諄15 駿17 瞬18
じゅん	旬6 洵9 純10 准10 隼10 淳11 惇11 順12 閏12 絢12 準13 詢13 楯13 馴13 潤15 諄15
しょ	初7 渚11 楚13 諸14
じょ	女3 如6 助7
しょう	小3 生5 正5 匠6 庄6 尚8 昌8 昇8 青8 松8 征8 昭9 咲9 省9 星9 政9 祥10 将10 笑10 章11 渉11 捷11 梢11 菖11 笙11 清11 湘12 晶12 翔12 勝12 照13 奨13 聖13 楢13 彰14 嘗14 樟15 篠17
じょう	丈3 成6 定8 城9 晟10 常11 盛11 靖13 静14 嘗14 穣18 譲20
しるし	瑞13 徽17
しるす	記10
しろ	代5 城9 素10
しろい	皓12
しん	心4 臣7 辰7 伸7 芯7 信9 津9 晋10 真10 訊10 紳11 晨11 進11 深11 清11 森12 新13 慎13 槙14 榛14 親16 薪16
じん	人2 仁4 壬4 迅6 臣7 辰7 訊10 晨11 深11 進11 尋12 稔13

す

す	主5 守6 州6 宋7 寿7 洲9 春9 素10 珠10 栖10 順12 須12 数13 諏15 蘇19
ず	杜7 津9 途10 瑞13 鶴21
すい	水4 出5 粋10 彗11 椎12 翠14 穂15
すう	崇11 数13 嵩13
すえ	与3 末5 君7 季8 梢11 陶11 淑11

すが	菅11 清11 廉13
すき	透10
すく	好6 透10
すぐ	直8
すぐる	克7 卓8 英8 俊9 逸11 捷11 勝12 豪14 賢16
すぐれる	優17
すけ	介4 友4 夫4 左5 右5 弐6 如6 佐7 助7 佑7 甫7 良7 延8 典8 育8 宥9 祐9 哉9 亮9 将10 高10 涼11 脩11 裕12 喬12 資13 奨13 輔14 播15 翼17
すこやか	健11
すず	紗10 涼11 鈴13
すずしい	凉10 涼11
すすむ	二2 万3 収4 先6 年6 亨7 延8 享8 昇8 侑8 歩8 晋10 将10 貢10 勉10 進11 皐11 達12 萬12 勧13 新13 奨13 範15
すずめ	雀11
すな	沙7 砂9
すなお	忠8 直8 是9 純10 素10 淳11 惇11 順12 廉13
すばる	昴9
すべる	統12 綜14
すみ	了2 好6 在6 邑7 宜8 恭10 純10 淑11 清11 統12 遥12 誠13 遙14 澄15 篤16
ずみ	泉9
すみれ	菫11
すむ	澄15
すもも	李7
すん	寸3 峻10

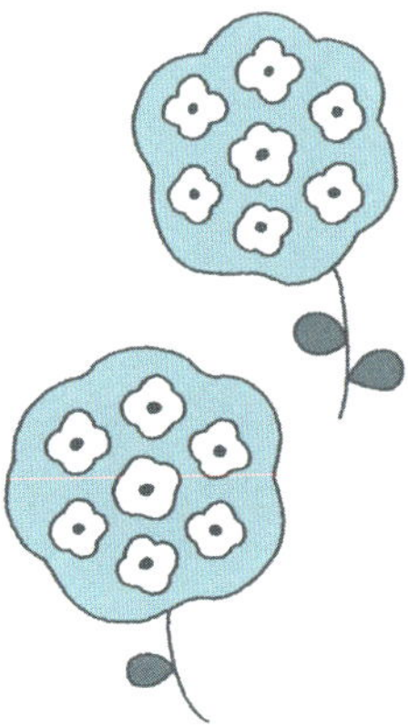

せ

せ	世5 聖13 瀬19
せい	生5 正5 世5 成6 斉8 征8 青8 省9 星9 政9 晟10 清11 盛11 笙11 彗11 惺12 晴12 勢13 聖13 靖13 誠13 静14 誓14 整16
せき	夕3 石5 汐6
せつ	雪11 節13 綴14
せり	芹7
せん	千3 仙5 先6 宣9 茜9 泉9 染9 閃10 撰15
ぜん	全6 善12 禅13

そ

そ	衣6 征8 素10 曽11 曾12 想13 楚13 蘇19
そう	三3 壮6 早6 庄6 宋7 宗8 荘9 奏9 草9 爽11 曽11 窓11 笙11 崇11 湊12 創12 湘12 惣12 曾12 蒼13 想13 奨13 聡14 総14 綜14 颯14 漕14 漱14 操16 叢18 瀧19
ぞう	三3 造10 曽11 蔵15
そそぐ	雪11
そだつ	育8
その	苑8 圃10 園13 薗16
そめる	初7 染9
そら	天4 空8 昊8 宙8 穹8
そん	尊12 鱒23

た

た	太4 多6 汰7 舵11
だ	那7 梛11 舵11
たい	大3 太4 代5 汰7 泰10 敦12
だい	乃2 大3 太4 代5 奈8 醍16
だいだい	橙16
たいら	水4 平5 庄6
たえ	才3 巧5 布5 糸6 妙7 克7 紗10
たか	一1 乙1 才3 万3 女3 王4 天4 公4 太4 立5 正5 考6

（たか）	宇6 竹6 好6 共6 孝7 良7 尭8 卓8 岳8 宜8 宝8 享8 昂8 幸8 茂8 学8 和8 空8 尚8 昊8 威9 荘9 飛9 香9 高10 剛10 能10 峰10 恭10 峻10 猛11 堂11 渉11 琢11 皐11 梢11 理11 隆11 教11 崇11 章11 啓11 喬12 尊12 登12 貴12 敬12 雄12 萬12 陽12 嵩13 節13 誉13 誠13 旗14 鳳14 賢16 厳17 顕18 鷹24
たかし	天4 仙5 立5 充6 任6 孝7 宗8 尚8 尭8 卓8 岳8 京8 昂8 俊9 荘9 郁9 剛10 峰10 峻10 高10 陸11 隆11 梁11 崇11 猛11 喬12 尊12 貴12 敬12 幹13 嵩13 節13 駿17
たから	宝8

読み	漢字（画数）
たき	滝13 瀧19
たく	托6 沢7 卓8 拓8 琢11 擢17 櫂18
たくま	逞11
たくみ	工3 巧5 匠6
たけ	丈3 広5 竹6 壮6 岳8 虎8 孟8 武8 宝8 長8 威9 建9 勇9 赳10 剛10 勉10 高10 猛11 健11 彪11 強11 崇11 盛11 偉12 雄12 貴12 滝13 嵩13 豪14 毅15 廣15
たけお	猛11
たけし	丈3 大3 壮6 英8 孟8 武8 洸9 威9 建9 赳10 剛10 馬10 健11 彪11 猛11 雄12 豪14 毅15 瀧19
たける	武8 建8 威9 健11 猛11 尊12

読み	漢字（画数）
たすく	介4 比4 匡6 丞6 佐7 助7 佑7 侑8 相9 祐9 資13 奨13 輔14
ただ	一1 工3 也3 公4 旦5 矢5 由5 正5 只5 旬6 匡6 考6 伊6 江6 均7 妙7 伸7 直8 斉8 忠8 周8 侃8 貞9 祇9 政9 恭10 真10 祥10 挺10 粋10 規11 渉11 理11 惟11 唯11 萱12 達12 董12 喬12 欽12 覚12 雅13 資13 禎13 肇14 蔵15 維14
ただし	仁4 正5 旦5 匡6 伊6 斉8 征8 延8 忠8 直8 是9 貞9 律9 荘9 恕10 将10 規11 淳11 理11 善12 廉13 禎13 肇14 徳14 儀15 憲16 賢16
ただす	正5 匡6 孜7 征8 直8 治8

読み	漢字（画数）
たつ	迪8 貞9 律9 規11 理11 董12 立5 辰7 武8 建9 竜10 起10 達12 龍16 樹16
たつき	樹16
たっとい	貴12 尊12
たて	立5 律9 建9 楯13
たね	苗8 甚9 種14
たのしい	楽13
たのしむ	喜12 嬉15
たのむ	頼16
たま	丸3 玉5 圭6 玖7 珀9 玲9 珠10 球11 瑶13 瑞13 碧14 環17

たまき	環17
たみ	民5 彩11
たもつ	有6 全6 完7 扶7 保9 将10 惟11
たよる	頼16
たん	丹4 旦5
だん	男7 暖13

ち

ち	千3 市5 知8 治8 茅8 祐9 致10 智12 集12 道12 稚13 馳13
ちえ	智12
ちか	寸3 丸3 比4 元4 央5 史5 至6 次6 年6 見7 近7 京8 知8 周8 和8 直8 実8 恒9 信9 哉9 時10 峻10 眞10 悠11 務11 規11 幾12 尋12 登12 集12 義13 慎13 愛13 慈13 睦13 新13 誓14 静14 爾14 慶15 畿15 親16
ちかう	誓14
ちから	力2
ちく	竹6
ちゃ	茶9
ちゅう	宙8 忠8
ちょ	緒14
ちょう	長8 重9 挺10 張11 鳥11 頂11 朝12 跳13 禎13 肇14 暢14 潮15 澄15 蝶15 橙16 聴17 寵19
ちょく	直8

つ

つ	津9 通10 都11 鶴21
づ	津9
ついたち	朔10
つう	通10
つかさ	士3 司5 主5 吏6
つき	月4 槻15
つぎ	二2 世5 次6 亜7 連10 嗣13
つぐ	乙1 二2 壬4 世5 次6 亜7 更7 治8 庚8 紀9 倫10 継13 嗣13 禎13 緒14 静14 諭16 麗19
つくる	作7 造10 創12
つつしむ	欽12 慎13
つづみ	鼓13
つづる	綴14
つと	朝12

つどう	集12
つとむ	力2 工3 司5 功5 励7 孜7 努7 孟8 剣10 耕10 拳10 勉10 務11 強11 勤12 敦12 義13 奨13 勲15
つとめる	勉10 務11 勤12
つな	卓8 是9 紘10 統12 綱14
つね	久3 比4 玄5 典8 法8 実8 則9 恒9 倫10 常11 庸11 経11 曽11 尋12 統12 雅13 識19
つばさ	翼17
つばめ	燕16
つぶら	円4 圓13
つぼみ	蕾16
つみ	摘14
つゆ	露21
つよ	張11 健11 務11 豪14 厳17
つよし	威9 剛10 彪11 強11 豪14 毅15
つら	糸6 享8 定8 宣9 貞9 連10 葛12 羅19 麗19
つる	弦8 絃11 敦12 鶴21
つるぎ	剣10

て

てい	汀5 定8 貞9 挺10 逞11 禎13 綴14 醍16
てつ	哲10 鉄13 綴14 徹15
てる	央5 旭6 光6 明8 昆9 昭9 映9 栄9 晟10 晄10 晃10 皓12 晴12 瑛12 照13 暉13 煌13 彰14 輝15 顕18 燿18 曜18 耀20
でる	出5
てん	天4 典8 展10 槙14

と

と	人2 士3 斗4 太4 百6 任6 年6 杜7 門8 音9 途10 留10 都11 兜11 登12 富12 豊13
とう	斗4 冬5 茂8 延8 到8 東8 透10 桐10 桃10 泰10 能10 訊10 深11 陶11 祷11 兜11 萄11 菫12 塔12 統12 登12 道12 勝12 嶋14 橙16 瞳17 櫂18 藤18
どう	同6 洞9 桐10 萄11 堂11 道12 童12 銅14 導15 瞳17 藤18
とうとぶ	貴12 尊12

とお	在6 更7 延8 卓8 茂8 途10 通10 竜10 野11 埜11 深11 遥12 達12 遠13 遙14 遼15 龍16
とおい	遠13
とおる	亘6 利7 亨7 享8 亮9 泰10 通10 透10 竜10 博12 達12 暢14 徹15 澄15 龍16
とき	世5 迅6 旬6 辰7 季8 刻8 宗8 怜8 林8 則9 祝9 秋9 春9 時10 朗10 常11 晨11 隆11 凱12 朝12 暁12 論15 稽15
ときわ	常11
とく	更7 徳14 篤16
とし	才3 冬5 代5 世5 平5 年6 迅6 考6 寿7 利7 亨7 季8 宗8 斉8 知8 和8 星9 俊9 要9 紀9 秋9 勇9 哉9 記10 隼10 敏10 倫10 峻10 恵10 捺11 逸11 逞11 淑11 捷11 理11 健11 惇11 敬12 智12 勤12 暁12 準13 舜13 稔13 馳13 資13 鉄13 福13 照13 聖13 肇14 豪14 聡14 蔵15 毅15 穏16 繁16 憲16 賢16 駿17
とせ	年6
とどろき	轟21
とぶ	飛9 翔12 跳13
とみ	吉6 臣7 宝8 冨11 富12 福13
とむ	冨11 富12
とめ	留10 徠11
とも	丈3 与3 友4 巴4 文4 比4 以5 共6 伍6 有6 那7 呂7 作7 朋8 始8 幸8 宝8 茂8 知8 和8 皆9 毘9 流10 倫10 致10 兼10 張11 智12 朝12 寛13 義13 節13 禎13 僚14 賑14 諄15 興16 類18
ともえ	巴4
とよ	晨11 富12 豊13
とら	玄5 虎8 彪11 寅11
とん	惇11 敦12

な

な	七2 己3 女3 水4 名6 多6 那7 来7 奈8 來8 南9 梛11 菜11 樹16
ない	乃2

なえ	苗8
なお	三3 公4 収4 巨5 矢5 正5 如6 多6 均7 君7 作7 尚8 若8 直8 斉8 実8 真10 通10 挺10 野11 埜11 脩11 順12 董12
なおき	直8
なおる	治8
なか	収4 心4 水4 中4 央5 仲6 尚8 務11 陽12
なが	久3 永5 市5 呂7 寿7 延8 長8 律9 祥10 隆11 遊12 温12 詠12 斐12 暢14
ながい	永5 脩11
なかば	央5
ながれ	流10
なぎ	凪6 渚11 梛11
なぎさ	汀5 渚11

なごむ	和8
なす	成6
なだ	洋9 灘22
なつ	夏10 捺11
なでる	撫15
なな	七2
なみ	因6 甫7 並8 波8 南9 洋9 浪10 漣14
なり	也3 令5 平5 考6 成6 孝7 均7 克7 作7 育8 宜8 斉8 忠8 苗8 音9 城9 容10 記10 造10 教11 規11 曽11 詞12 晴12 曾12 勢13 愛13 稔13 慈13 誠13 徳14 整16
なる	匠6 成6 考6 完7 育8 登12 稔13 鳴14 徳14 親16
なん	男7 南9 楠13

に

に	二2 仁4 丹4 弐6 児7 爾14
にい	新13
にぎやか	賑14
にじ	虹9
にしき	錦16
にち	日4
にん	人2 仁4 壬4 忍7

ぬ

ぬ	野11 埜11

ぬく	挺10 擢17
ぬし	主5
ぬの	布5

ね

ね	子3 宇6 祢9 音9 峰10 峯10 道12 嶺17
ねい	寧14
ねん	年6 念8 稔13 粘16
ねんごろ	諄15

の

の	乃2 之3 野11 埜11
のう	能10
のぞみ	希7 志7 望11
のぞむ	志7 望11
のっと	浬10
のどか	和8 温12
のばす	和8 延8
のびる	伸7 延8
のぶ	一1 之3 与3 円4 仁4 収4 永5 布5 亘6 江6 伸7 辰7 更7 寿7 房8 宜8 延8 治8 宣9 恒9 洵9 毘9 信9 政9 悦10 展10 進11 庸11 経11 常11 惟11 脩11 董12 葉12 達12 喬12 敦12 喜12 順12 遥12 寛13 睦13 靖13 照13 暢14 総14 遙14 撰15 諄15 整16

のべる	延8 暢14
のぼる	伸7 昇8 昂8 登12
のり	了2 寸3 士3 文4 仙5 永5 玄5 令5 礼5 以5 代5 功5 至6 舟6 行6 考6 孝7 児7 里7 甫7 利7 尭8 昇8 典8 宗8 法8 学8 実8 周8 忠8 命8 宣9 則9 祝9 紀9 祇9 律9 威9 准10 能10 記10 悟10 恕10 恭10 修10 哲10 倫10 基11 啓11 庸11 郷11 教11 経11 章11 理11 規11 賀12 詞12 幾12 順12 勝12 尋12 道12 卿12 敬12 統12 登12 智12 朝12 雄12 遥12 勤12 稚13 準13 路13 慎13 雅13 寛13 数13 愛13 義13 誉13 節13 遙14 徳14 緑14 慶15 範15 論15 権15

のり	のん
儀15 駕15 稽15 毅15 頼16 憲16 賢16 謙17 騎18 識19 譲20	音9

は

は	ば	ばい	はえ	はかる	はぎ
巴4 牙4 羽6 芭7 波8 杷8 華10 琶12 葉12 播15	羽6 芭7 馬10	苺8 梅10	映9 栄9	斗4 法8 計9 量12 詢13 諏15	萩12

はく	はげむ	はじめ	はじめる	はす	はせる	はた	はたけ	はたす	はち	はつ	はっ	はて	はな
白5 珀9 舶11 博12	励7	一1 大3 元4 玄5 吉6 甫7 児7 壱7 初7 東8 孟8 祝9 哉9 春9 朔10 素10 基11 啓11 創12 朝12 源13 新13 肇14	始8 肇14	芙7 蓉13 蓮13	馳13	果8 秦10 旗14 機16	圃10	果8	八8	初7 発9 逸11 肇14	法8	果8	花7 芳7 英8 華10

はね	はや	はやい	はやお	はやし	はやと	はやぶさ	はる	はるか	はるき	はれ
羽6	迅6 早6 快7 勇9 隼10 敏10 逸11 捷11 颯14 鋭15 駿17	早6	駿17	林8 隼10 馳13 駿17	隼10	隼10	元4 日4 令5 玄5 合6 花7 始8 青8 東8 治8 孟8 知8 明8 春9 昭9 美9 華10 時10 浩10 流10 晏10 敏10 張11 脩11 喜12 開12 遥12 温12 晴12 陽12 暖13 斡14 榛14 遙14 蘇19	永5 悠11 遥12 遙14 遼15	開12	晴12

はん	帆6 汎6 絆11 範15 磐15 播15 繁16
ばん	万3 絆11 萬12 満12 播15 磐15

ひ

ひ	比4 日4 氷5 妃6 飛9 毘9 菊11 斐12 琵12 陽12 緋14
び	未5 弥8 毘9 美9 梶11 琵12
ひいでる	秀7
ひいらぎ	柊9
ひがし	東8
ひかり	光6 晄10 晃10 暉13
ひかる	光6 晄10 晃10 皓12 輝15
ひこ	人2 久3 先6 彦9
ひさ	久3 之3 比4 仙5 永5 央5 向6 玖7 寿7 尚8 学8 恒9 宣9 胡9 桐10 留10 剛10 悠11 常11 喜12 藤18
ひさし	久3 永5 寿7 庇7 弥8 尚8 恒9 栄9 悠11 常11
ひし	菱11
ひじり	聖13
ひだり	左5
ひで	之3 未5 次6 成6 求7 秀7 季8 幸8 英8 東8 栄9 淑11 嗣13 榮14 薫16
ひと	一1 人2 士3 仁4 民5 史5 仙5 均7 侍8 寛13
ひとし	一1 人2 与3 仁4 平5 旬6 伍6 均7 斉8 洵9 恒9 将10 結12 欽12 準13 舜13 整16
ひとみ	眸11 瞳17
ひびき	響20
ひめ	妃6 姫10 媛12
ひゃく	百6 珀9 碧14
ひょう	氷5 彪11
ひら	平5 旬6 均7 拓8 英8 数13 衡16
ひらく	托6 拓8 通10 開12
ひらめく	閃10
ひろ	丈3 大3 弘5 広5 礼5 央5 玄5 托6 先6 汎6 光6 宏7 完7 助7 昊8 拡8 拓8 弥8 門8 宗8 恢9 洸9 宥9 彦9 厚9 洋9 展10 紘10 泰10 容10 浩10 野11 埜11 啓11 都11 康11

ひろ	尋12 裕12 景12 博12 皓12 達12 滉13 豊13 寛13 嘉14 潤15 廣15 勲15 播15 衛16 優17
ひろい	広5 弘5 汎6 宏7 恢9 浩10 滉13 廣15
ひろし	大3 弘5 広5 央5 汎6 亘6 宏7 完7 宙8 昊8 拡8 拓8 京8 周8 洸9 厚9 洋9 紘10 泰10 容10 恕10 浩10 啓11 湖12 裕12 博12 尋12 皓12 滉13 豊13 寛13 潤15 廣15
ひろむ	弘5 拡8 啓11 博12 裕12
ひん	品9 彬11
びん	敏10

ふ

ふ	二2 夫4 布5 生5 芙7 扶7 甫7 巫7 歩8 風9 峯10 冨11 富12 楓13 節13 輔14 撫15
ぶ	生5 芙7 巫7 武8 歩8 葡12 輔14 撫15 舞15
ふう	夫4 風9 富12 楓13
ふえ	笛11 笙11
ふか	作7 武8 深11 興16
ふかし	玄5 洸9 深11 淑11
ふき	吹7 蕗16
ふく	冨11 富12 福13
ふさ	芳7 房8 弦8 宣9 重9 記10 惣12 葉12 幾12 総14 興16
ふし	節13
ふじ	藤18
ふたつ	二2
ふとい	太4
ふね	舟6 船11
ふみ	文4 史5 典8 郁9 美9 章11 詞12
ふもと	麓19
ふゆ	冬5
ふる	経11
ふん	分4 墳15
ぶん	文4

へ

へい	平5 兵7 並8
へき	碧14
べに	紅9

へる	経11
べん	勉10

ほ

ほ	帆6 甫7 秀7 歩8 保9 圃10 葡12 輔14 穂15
ほう	邦7 芳7 亨7 宝8 朋8 法8 峰10 峯10 萌11 逢11 豊13 鳳14 蓬14
ぼう	房8 茅8 苺8 昴9 望11 萌11 眸11
ほうき	彗11

ほがら	朗10
ほく	北5
ぼく	木4 牧8 睦13
ほし	斗4 星9
ほたる	蛍11
ほっ	法8
ほまれ	誉13
ほめる	誉13 讃22
ほろ	幌13
ほん	汎6

ま

ま	万3 茉8 真10 馬10 麻11 萬12 満12 摩15 舞15 磨16
まい	苺8 詣13 舞15
まいる	哩10 詣13
まう	舞15
まかす	任6
まき	牧8 蒔13 槙14
まく	蒔13 播15
まこと	一1 良7 卓8 実8 命8 亮9 洵9 信9 真10 純10 淳11 惇11 董12 欽12 誠13 詢13 慎13 諒15 諄15
まさ	予4 元4 仁4 公4 巨5 正5 庄6 匡6 多6 旬6 壮6 求7 完7 甫7 均7 若8 昌8 征8 宜8 尚8 斉8 柾9 毘9 祐9 信9 祇9 政9 晟10 容10 連10 将10 剛10 修10 真10 逸11 理11 董12 萱12 晶12 勝12 道12 温12 滋12 絹13 雅13 幹13 聖13 誠13 暢14 諒15 蔵15 整16 薫16 優17 譲20

- まさき：柾9
- まさし：正5 匡6 昌8 政9 晶12 雅13
- まさる：大3 甲5 多6 克7 果8 昌8 卓8 俊9 勉10 将10 健11 捷11 勝12 雅13 潤15 優17
- ます：丈3 斗4 加5 助7 昌8 祐9 勉10 曽11 満12 賀12 勝12 滋12 増14 潤15 鱒23
- またたく：瞬18
- まち：市5 町7 待9 街12
- まつ：茉8 松8
- まど：円4 窓11 圓13
- まどか：円4 圓13
- まな：真10 愛13
- まなぶ：学8
- まもり：守6 衛16
- まもる：守6 保9 葵12 衛16 鎮18 護20
- まり：茉8 毬11 球11 鞠17
- まる：丸3 円4 斡14
- まるい：丸3 円4 圓13
- まれ：希7 稀12
- まろ：丸3 満12 麿18
- まわり：周8
- まん：万3 孟8 満12 萬12

み

- み：三3 巳3 己3 子3 壬4 心4 水4 仁4 未5 民5 巨5 史5 生5 充6 究7 見7 臣7 弥8 実8 美9 皆9 海9 省9 泉9 洋9 看9 珠10 視11 梶11 望11 深11 規11 登12 満12 幹13 親16 鏡19
- みお：澪16
- みがく：琢11 磨16
- みき：幹13 樹16
- みぎ：右5
- みぎわ：汀5
- みさ：操16
- みさお：貞9 節13 操16
- みさき：岬8
- みず：水4 壬4 瑞13
- みずうみ：湖12
- みせる：見7
- みたす：満12
- みち：礼5 至6 充6 有6 行6 孝7

- （みち）：吾7 芳7 利7 亨7 往8 迪8 径8 宙8 典8 享8 宝8 学8 皆9 信9 途10 恕10 通10 倫10 峻10 康11 進11 陸11 教11 務11 理11 道12 遥12 裕12 満12 順12 達12 路13 義13 総14 遙14 慶15 徹15 導15
- みちる：満12
- みつ：三3 円4 広5 弘5 光6 充6 完7 秀7 弥8 苗8 実8 明8 則9 映9 美9 貢10 恭10 晃10 晄10 盛11 満12 尋12 順12 圓13 舜13 慎13 照13 蜜14 暢14 廣15 潤15
- みつぎ：貢10
- みつる：光6 在6 充6 満12 富12 暢14
- みどり：翠14 碧14 緑14
- みな：水4 汎6 皆9 南9
- みなと：港12 湊12
- みなみ：南9
- みなもと：源13
- みね：峰10 峯10 嶺17
- みの：稔13 穣18
- みのる：年6 実8 季8 秋9 登12 稔13 豊13 穂15 穣18
- みやこ：京8 都11
- みやび：雅13
- みょう：名6 妙7 茅8 明8 命8
- みる：見7 臣7 省9 視11
- みん：民5

む

- む：六4 武8 務11 陸11 夢13 睦13 霧19
- むく：向6 椋12
- むすぶ：掬11 結12
- むつ：六4 陸11 睦13
- むつみ：睦13
- むね：心4 至6 忍7 志7 宗8 念8 梁11 統12 致10
- むら：邑7 宣9 城9 紫12 樹16 叢18
- むらさき：紫12
- むろ：室9

め

- め：人2 女3 目5 芽8 苺8 梅10

め	馬10 萌11 瞳17
めい	名6 明8 芽8 命8 盟13
めぐ	愛13
めぐみ	恩10 恵10 竜10 萌11 愛13
めぐむ	恵10 竜10 萌11 愛13

も

も	百6 茂8 雲12 模14
もう	孟8 猛11 望11
もうでる	詣13
もえ	萌11
もえる	萌11
もく	木4 睦13
もち	才3 以5 有6 茂8 卓8 保9 時10 将10 望11 庸11 操16
もと	元4 収4 心4 太4 司5 民5 如6 扶7 花7 求7 初7 孝7 志7 甫7 芳7 始8 征8 林8 宗8 東8 茂8 孟8 紀9 泉9 朔10 素10 倫10 基11 規11 喬12 智12 統12 源13 楽13 資13 誉13 幹13 福13 雅13 寛13 親16
もとい	基11
もとむ	求7 要9
もとめる	求7
もみじ	椛11
もも	百6 李7 桃10
もり	司5 主5 守6 托6 名6 壮6 杜7 林8 保9 容10 彬11 盛11 森12 策12 衛16 護20
もる	盛11
もん	文4 門8 紋10

や

や	八2 也3 文4 矢5 乎5 夜8 弥8 耶9 哉9 泰10 野11 埜11 陽12 椰13
やぐら	櫓19
やさしい	優17
やし	椰13
やす	予4 文4 叶5 安6 考6 快7 那7 協8 夜8 育8 定8 弥8 庚8 祇9 彦9 毘9 保9 要9 耕10 晏10 泰10 連10 恭10 恵10 祥10 容10 修10 康11 庸11 逸11 健11 裕12 楊13 暖13 慈13 廉13

	靖13 誉13 寧14 静14 徳14 慶15 撫15 穏16
やすし	予4 安6 欣8 保9 泰10 恭10 康11 靖13 寧14
やつ	八2
やなぎ	柳9 楊13
やまなし	杜7
やわ	和8 柔9
やわらぐ	和8

ゆ

ゆ	弓3 夕3 友4 水4 由5 有6 佑7 柚9 勇9 悠11 遊12 結12 裕12 湧12 愉12 諭16 優17
ゆい	由5 惟11 唯11 結12
ゆう	夕3 友4 右5 由5 有6 佑7 邑7 侑8 勇9 柚9 祐9 宥9

	悠11 脩11 裕12 雄12 遊12 湧12 結12 釉12 楢13 優17
ゆき	千3 之3 介4 元4 由5 以5 礼5 先6 至6 如6 行6 孝7 来7 志7 育8 到8 門8 侑8 幸8 征8 享8 是9 祥10 晋10 起10 倖10 時10 透10 恕10 敏10 致10 将10 通10 雪11 逞11 進11 教11 章11 普12 遊12 喜12 敬12 順12 道12 勧13 詣13 廉13 潔15 徹15 薫16
ゆず	柚9
ゆずる	譲20
ゆたか	完7 紘10 泰10 浩10 隆11 裕12 温12 豊13 寛13 優17 穣18
ゆみ	弓3
ゆめ	夢13

よ

よ	与3 予4 世5 代5 吉6 於8 夜8 勇9 洋9 要9 容10 葉12 誉13 輿17
よい	良7 佳8 宵10 善12 嘉14 徽17
よう	八2 洋9 要9 容10 庸11 陽12 葉12 遥12 湧12 瑛12 蓉13 楊13 瑶13 遙14 養15 謡16 燿18 曜18 耀20 鷹24
よし	工3 女3 之3 与3 介4 壬4 元4 仁4 可5 巧5 由5 布5

よし

令(5) 礼(5) 伊(6) 吉(6) 圭(6) 好(6) 合(6) 至(6) 如(6) 成(6) 全(6) 孝(7) 那(7) 志(7) 佐(7) 快(7) 君(7) 辰(7) 利(7) 良(7) 孝(7) 克(7) 秀(7) 甫(7) 芳(7) 佳(8) 到(8) 欣(8) 若(8) 宜(8) 尚(8) 典(8) 幸(8) 治(8) 昌(8) 斉(8) 宝(8) 弥(8) 林(8) 洋(9) 彦(9) 香(9) 俊(9) 是(9) 南(9) 宣(9) 毘(9) 美(9) 省(9) 祐(9) 亮(9) 倖(10) 悦(10) 殊(10) 桂(10) 能(10) 記(10) 時(10) 哲(10) 恵(10) 剛(10) 純(10) 恕(10) 祥(10) 泰(10) 敏(10) 容(10) 致(10) 陶(11) 康(11) 逞(11) 惟(11) 啓(11) 淑(11) 淳(11) 彬(11) 董(12) 順(12) 善(12) 賀(12) 凱(12) 喜(12) 晶(12) 斐(12) 温(12) 覚(12) 貴(12) 敬(12) 勝(12) 雄(12) 欽(12) 滝(13) 源(13) 楽(13) 寛(13) 舜(13) 資(13) 慎(13) 愛(13) 義(13) 慈(13) 新(13) 福(13) 睦(13) 誉(13) 禎(13) 禅(13) 嘉(14) 静(14) 徳(14) 穀(14) 嬉(15) 権(15) 儀(15) 慶(15) 稽(15) 潔(15) 蔵(15) 毅(15) 撫(15) 頼(16) 整(16) 賢(16) 謙(17) 厳(17) 徽(17) 瀧(19) 麗(19) 馨(20) 譲(20)

よしみ

好(6) 美(9) 嘉(14)

よみがえる

蘇(19)

よむ

詠(12)

よもぎ

蓬(14)

より

之(3) 可(5) 由(5) 代(5) 以(5) 利(7) 依(8) 若(8) 尚(8) 典(8) 亮(9) 保(9) 時(10) 偉(12) 賀(12) 順(12) 愛(13) 幹(13) 義(13) 資(13) 撫(15) 頼(16) 親(16) 麗(19)

よる

依(8) 夜(8)

よろい

鎧(18)

よろこぶ

欣(8) 喜(12)

よろず

万(3) 萬(12)

ら

ら

良(7) 楽(13) 螺(17) 羅(19)

らい

礼(5) 来(7) 來(8) 徠(11) 雷(13) 頼(16) 蕾(16)

らく

楽(13)

らん

嵐(12) 藍(18) 蘭(19)

り

り

力(2) 吏(6) 利(7) 里(7) 李(7) 俐(9) 厘(9) 莉(10) 哩(10) 浬(10) 理(11) 梨(11) 璃(15)

りき	りく	りつ	りゅう	りょ	りょう	りょく	りん
力 2	陸 11	立 5 律 9	立 5 柳 9 竜 10 留 10 流 10 隆 11 琉 11 笠 11 瑠 14 龍 16	呂 7 侶 9 旅 10 慮 15 鷲 23	了 2 令 5 良 7 伶 7 怜 8 亮 9 玲 9 凌 10 竜 10 涼 11 梁 11 菱 11 羚 11 椋 12 綾 14 僚 14 遼 15 諒 15 燎 16 龍 16 瞭 17 嶺 17	力 2 緑 14	林 8 厘 9 倫 10 琳 12 鈴 13 綸 14 凜 15 凛 15 臨 18

る

る	るい
児 7 留 10 流 10 琉 11 瑠 14 瀧 19	類 18

れ

れ	れい	れん
礼 5 伶 7 怜 8 玲 9 鈴 13 澪 16 麗 19	令 5 礼 5 励 7 伶 7 怜 8 玲 9 羚 11 鈴 13 黎 15 澪 16 嶺 17 麗 19	怜 8 恋 10 連 10 廉 13 蓮 13 漣 14

ろ

ろ	ろう	ろく	ろん
呂 7 芦 7 路 13 櫓 19 露 21 鷺 24	郎 9 浪 10 朗 10 狼 10 滝 13 瀧 19 露 21	鹿 11 禄 12 緑 14 録 16 麓 19	論 15

わ

わ
八 2 羽 6 我 7 和 8 輪 15 環 17

わか	わが	わかい	わく	わし	わたる	わらう	わらべ	われ
王 4 若 8 童 12 稚 13	吾 7	若 8	湧 12 稚 13	鷲 23	亘 6 恒 9 航 10 渉 11 道 12	笑 10	童 12	我 7 吾 7

こんな
名づけ方も①

歴史上の人物にあやかる

**歴史の流れや文化を変えた偉人たちのパワーを
わが子の名前にもらう方法もあります。**

「時代を担う人」にという願いを込めて

「坂本龍馬」「小野小町」など、歴史上の人物にちなんだ名づけはだれもが一度は耳にしているのでインパクトが強く、覚えやすい名前にできます。

しかし、古風すぎて現代にはあまりそぐわないこともあります。その場合は名前の一字をもらったり、読みはそのままで人気の漢字に変えて組み合わせたりすると違和感がなくなります。

また、無理に合わせるものではないので、イメージのよくない人物は避けましょう。最終決定する前にその人物の生涯を調べてみてください。

男の子

名前（画数）	読み	人物
家(10)康(11)	いえやす	徳川家康（武将）
勇(9)	いさみ	近藤勇（新撰組の局長）
寛(13)	かん	菊池寛（小説家、劇作家）
謙(17)信(9)	けんしん	上杉謙信（武将）
信(9)玄(5)	しんげん	武田信玄（武将）
蒼(13)石(5)	そうせき	夏目漱石（作家）
歳(13)三(3)	としぞう	土方歳三（新撰組の副長）
信(9)長(8)	のぶなが	織田信長（武将）
英(8)世(5)	ひでよ	野口英世（細菌学者）
秀(7)義(13)	ひでよし	豊臣秀吉（武将）
平(5)八(2)	へいはち	東郷平八郎（元帥海軍大将）
龍(16)馬(10)	りょうま	坂本龍馬（武士）

女の子

名前（画数）	読み	人物
晶(12)子(5)	あきこ	与謝野晶子（歌人、作家）
一(1)葉(12)	いちょう	樋口一葉（小説家）
春(9)日(4)	かすが	春日局（徳川家光の乳母）
香(9)乃(2)子(3)	かのこ	岡本かの子（小説家）
小(3)町(7)	こまち	小野小町（歌人）
須(12)磨(16)子(3)	すまこ	松井須磨子（新劇女優）
智(12)恵(10)子(3)	ちえこ	高村智恵子（洋画家）
巴(4)	ともえ	巴御前（武将）
寧(14)々(3)	ねね	寧々（豊臣秀吉の正室）
妃(6)美(9)胡(9)	ひみこ	卑弥呼（倭国の女王）
芙(7)美(9)子(3)	ふみこ	林芙美子（小説家）
美(9)鈴(13)	みすず	金子みすゞ（詩人）

第3章

願いを込めたイメージを贈る

「イメージ」から名前を考えよう

好きなイメージから連想したり、「こんなふうに育ってほしい」と願いを込めたりするのもすてきな名づけ法です。

イメージをめぐらせて自由に発想する

「思いやりのある子に育ってほしい」「つねに穏やかでいてほしい」などの願いを込めたり、生まれた季節や両親の好きな山・海などの自然をモチーフに名前を考えたりするのも楽しいものです。あるいは、「将来は教師になって、実直に働いてほしい」「芸能人として輝いてほしい」と職業を当て込んだ名前にしてもよいでしょう。

まずは、ぼんやりとでもよいのでイメージに合うキーワードを挙げましょう。思いやイメージが固まったら、それらを連想させる漢字を選びます。たとえば「広大」や「桜」のように直接表したり「陽気な性格になってほしい」との願いを「陽」の字に込めたりもできます。さらに「陽」に一字加えて「遥陽」などとすると、バリエーションが広がります。このとき漢和辞典、類語辞典などを用いると便利です。

名前に込めた願いや由来がはっきりしていると、自己紹介のときにも役立ちます。

世界を見据えた名前や古風な名前も人気に

日本もグローバル化が進んでいるので、海外でも通用する名前や外国人でも発音しやすい名前、外国語の単語にちなんだ名前をつけるケースが増えています。

わが子が将来、世界で活躍する姿を思い描きながら考えるのもすてきです。

その一方で、あえて古風な字を用いて日本の伝統を活かした名前も人気が続いています。

さまざまなアプローチ方法

1 月の異名や二十四節気

2月なら「如月」「立春」、5月なら「皐月」「立夏」などの漢字を活かすとよい。季語も活用すると発想が広がりやすい。

2 星座

たとえば7月28日生まれの男の子には、獅子座の「獅」を用いたり、英名の「Leo」から「礼央(れお)」としたりしてもよい。「羊」「双」「乙」「女」「天」など、名前に適した漢字を選んで。

3 花言葉

花にちなんだ場合、花言葉を調べると思いを込めやすい。たとえば「桜」は「優れた美人」、「かすみ草」は「清い心」。ただし花は人気が高いので、漢字の組み合わせを工夫してオリジナリティーを出したい。

「イメージ」から考えるステップ

1 好きなものをたくさん挙げる

力強さや思慮深さなどの性格、生まれた季節、山や海の自然、宝石の名にちなむなど思い浮かぶイメージをふくらませ、キーワードをいくつか挙げてみましょう。夫婦の趣味や、和洋どちらにするかなども決め手のひとつです。

2 連想しながら具体化する

挙げたキーワードから、イメージに合う漢字や思いついた言葉を書き出してみましょう。文字にすることで、イメージがはっきりしたり違う発想が湧いたりします。

3 イメージに合う響き・漢字を選ぶ

願いを込めた名前 → P308～
世界で活躍しそうな名前 → P314～
こんな職業についてほしい → P318～
ものにちなんだ名前 → P322～
季節にちなんだ名前 → P326～
兄弟姉妹でつながりのある名前 → P334～
干支にちなんだ名前 → P336

イメージにぴったりと合う響きや字を探し、候補を考えましょう。人気のあるイメージは次ページから、漢字や名前例を紹介しています。漢字の正確な意味を把握することも忘れずに。

4 姓とのバランスや画数の最終確認！

最終的に姓とつなげ、フルネームにしたときのバランスはよいか、よくない意味になっていないか、呼びやすいか、奇抜すぎないかなどを確認します。

願いを込めた名前

大らかで穏やかな子に育ってほしい

イメージに合う漢字

千3　万3　大3　天4　広5　弘5　和8　海9　宥9　悠11

男の子

- 敦12弘5　あつひろ
- 永5大3　えいた
- 海9晟10　かいせい
- 和8真10　かずま
- 広5河8　こうが
- 千3里7　せんり
- 天4緒14　たかお
- 万3里7　ばんり
- 裕12海9　ひろみ
- 大3和8　やまと
- 悠11大3　ゆうだい
- 宥9鳳14　ゆうほ

女の子

- 海9香9　うみか
- 永5万3　えま
- 和8菜11　かずな
- 久3海9　くみ
- 天4祢9　そらね
- 千3洋9　ちひろ
- 遥12海9　はるみ
- 美9広5　みひろ
- 悠11可5　ゆうか
- 悠11未5　ゆうみ
- 宥9里7　ゆうり
- 和8苑8　わおん
- 和8可5南9　わかな

美しく気品のある子に育ってほしい

イメージに合う漢字

冴7　英8　美9　珠10　雅13　瑶13　緋14　瑠14　綺14　麗19

男の子

- 英8雅13　えいが
- 圭6冴7　けいご
- 冴7樹16　さえき
- 珠10輝15　たまき
- 飛9雅13　ひゅうが
- 雅13英8　まさひで
- 雅13宏7　まさひろ
- 瑶13司5　ようじ
- 美9宗8　よしむね
- 瑠14斗4　りゅうと

女の子

- 緋14音9　あかね
- 杏7珠10　あんじゅ
- 英8佳8　えいか
- 綺14楽13　きら
- 冴7織18　さおり
- 珠10英8　たまえ
- 瑶13姫10　たまき
- 芙7美9　ふみ
- 美9華10　みか
- 雅13美9　みやび
- 美9瑶13　みよう
- 佳8美9　よしみ
- 瑠14珈9　るか
- 麗19良7　れいら
- 麗19奈8　れな

思いやりのある子に育ってほしい

イメージに合う漢字

心4 仁4 佑7 厚9 恵10 温12 想13 慈13 篤16 優17

男の子

愛13 助7	あいすけ
篤16 司5	あつし
厚9 弥8	あつや
厚9 郎9	あつろう
温12	おん
恵10 吾7	けいご
恵10 心4	けいしん
慈13 永5	じえい
慈13 人2	しげと
心4 市5	しんいち
仁4 聖13	じんせい
心4 太4 郎9	しんたろう
想13 治8	そうじ
想13 楽13	そら
貴12 仁4	たかひと
佑7	たすく
温12 希7	はるき
優17 我7	ゆうが
優17 心4	ゆうしん
佑7 典8	ゆうすけ
佑7 三3	ゆうぞう

女の子

愛13 波8	あいな
篤16 子3	あつこ
恵10 茉8	えま
心4 愛13	ここあ
志7 温12	しおん
想13 奈8	そな
仁4 心4	にこ
仁4 菜11 子3	になこ
茉8 温12	まおん
麻11 優17	まゆ
未5 優17	みゆ
優17 李7	ゆうり
佑7 実8 李7	ゆみり
佑7 梨11 那7	ゆりな
優17 花7	ゆうか
結12 仁4	ゆに

リーダーシップのある子に育ってほしい

イメージに合う漢字

一1 元4 治8 要9 将10 揮12 結12 幹13 魁14 総14

男の子

総14 武8	おさむ
魁14	かい
魁14 司5	かいじ
魁14 人2	かいと
要9	かなめ
幹13 史5	かんじ
揮12 一1	きいち
賢16 治8	けんじ
元4 弥8	げんや
公4 将10	こうすけ
総14 一1	そういち
総14 吾7	そうご
大3 揮12	だいき
春9 揮12	はるき
将10 和8	まさかず
将10 揮12	まさき
将10 都11	まさと
誠13 治8	まさなお
幹13 矢5	みきや
元4 幹13	もとき
元4 治8	もとはる
結12 汰7	ゆうた
要9 次6	ようじ
由5 揮12	よしき

女の子

一1 野11	いちの
治8 歩8	ちほ
治8 実8	なおみ
万3 結12	まゆ
未5 揮12	みき
幹13 季8	みき
幹13 子3	みきこ
幹13 乃2	みきの
元4 来7	もとこ
元4 美9	もとみ
結12 夏10	ゆいか
結12 揮12	ゆき
要9 果8	ようか

健康で生命力のある子に育ってほしい

イメージに合う漢字

元4 生5 壮6 伸7 育8 芽8 旺8 康11 健11 萌11

男の子

旺8	あきら
育8摩15	いくま
壱7生5	いっせい
旺8太4	おうた
元4生5	げんき
健11剛10	けんごう
元4汰7	げんた
健11人2	けんと
伸7次6	しんじ
壮6	そう
太4生5	たいき
健11生5	たけき
壮6流10	たける
史5康11	ふみやす
雅13旺8	まさお
壮6大3	まさひろ
芽8武8	めぐむ
元4季8	もとき
康11之3	やすゆき
康11盛11	やすもり

女の子

旺8恵10	あきえ
育8美9	いくみ
育8依8	いくよ
壮6菜11	そな
壮6心4	たけこ
未5衣6萌11	みいも
満12生5	みき
芽8依8	めい
芽8衣6菜11	めいな
芽8生5	めぐみ
萌11美9	めぐみ
萌11依8	もえ
萌11菜11	もえな
萌11南9未5	もなみ
萌11々3世5	ももよ
康11子3	やすこ
佑7生5	ゆうき

素直で純粋な子に育ってほしい

イメージに合う漢字

怜8 信9 真10 透10 粋10 純10 素10 清11 順12 澄15

男の子

粋10人2	きよと
清11陽12	きよはる
清11真10	きよまさ
順12伍6	じゅんご
純10平5	じゅんぺい
信9壱7	しんいち
粋10	すい
澄15哉9	すみや
素10生5	そう
透10吾7	とうご
透10真10	とうま
透10	とおる
信9之3	のぶゆき
陽12素10	はるもと
真10純10	まさずみ
素10揮12	もとき
素10永5	もとなが
諒15真10	りょうま
怜8緒14	れお

女の子

粋10香9	きよか
清11羽6	きよは
純10加5	じゅんか
順12那7	じゅんな
澄15栄9	すみえ
素10実8子3	すみこ
清11奈8	せいな
透10子3	とうこ
信9栄9	のぶえ
茉8澄15	ますみ
真10純10	ますみ
真10澄15	ますみ
未5怜8	みれい
素10花7	もとか
優17真10	ゆま
怜8加5	れいか
怜8夏10	れいか
怜8心4	れいこ

友情を大切にする子に育ってほしい

イメージに合う漢字

友4 仁4 佑7 朋8 祐9 倫10 絆11 結12 睦13 類18

男の子

篤(16)睦(13)	あつむ
千(3)朋(8)	かずとも
絆(11)季(8)	きずき
絆(11)	きずな
健(11)祐(9)	けんゆう
仁(4)	じん
真(10)佑(7)	しんすけ
朋(8)和(8)	ともかず
倫(10)紀(9)	とものり
友(4)仁(4)	ともひと
友(4)史(5)	ともふみ
倫(10)実(8)	ともみ
倫(10)敦(12)	のりあつ
仁(4)也(3)	ひとなり
睦(13)季(8)	むつき
佑(7)護(20)	ゆうご
祐(9)史(5)	ゆうし
結(12)人(2)	ゆうと
結(12)希(7)生(5)	ゆきお
類(18)	るい

女の子

倫(10)英(8)	ともえ
朋(8)未(5)	ともみ
絆(11)鳴(14)	はんな
仁(4)英(8)	ひとえ
仁(4)実(8)	ひとみ
麻(11)友(4)	まゆ
魅(15)佑(7)	みゆう
睦(13)海(9)	むつみ
結(12)愛(13)	ゆあ
佑(7)紀(9)	ゆうき
結(12)那(7)	ゆうな
祐(9)里(7)	ゆうり
友(4)深(11)	ゆみ
倫(10)花(7)	りんか
倫(10)子(3)	りんこ
倫(10)音(9)	りんね
類(18)香(9)	るか

向上心と開拓心のある子に育ってほしい

イメージに合う漢字

志7 克7 拓8 昇8 耕10 展10 渉11 開12 新13 磨16

男の子

新(13)	あらた
開(12)人(2)	かいと
克(7)矢(5)	かつや
耕(10)史(5)	こうじ
耕(10)佑(7)	こうすけ
耕(10)陽(12)	こうよう
昇(8)市(5)	しょういち
渉(11)一(1)	しょういち
昇(8)翔(12)	しょうと
新(13)太(4)	しんた
創(12)磨(16)	そうま
拓(8)司(5)	たくじ
拓(8)摩(15)	たくま
拓(8)未(5)	たくみ
展(10)治(8)	のぶはる
展(10)之(3)	のぶゆき
開(12)行(6)	はるゆき
秀(7)克(7)	ひでかつ
大(3)志(7)	ひろし
佑(7)磨(16)	ゆうま
夢(13)志(7)	ゆめじ
義(13)克(7)	よしかつ
渉(11)	わたる

女の子

克(7)帆(6)	かつほ
志(7)依(8)南(9)	しいな
志(7)音(9)	しおん
志(7)紀(9)	しき
志(7)帆(6)	しほ
志(7)歩(8)	しほ
渉(11)子(3)	しょうこ
新(13)穂(15)	にいほ
拓(8)乃(2)	ひろの
磨(16)絢(12)	まあや
磨(16)喜(12)	まき
美(9)開(12)	みはる
由(5)磨(16)	ゆま
理(11)磨(16)	りま

独創性のある子に育ってほしい

イメージに合う漢字

才3 生5 成6 匠6 卓8 建9 能10 彩11 創12 織18

男の子

名前	画数	読み
加織	5・18	かおる
建治郎	9・8・9	けんじろう
彩我	11・7	さいが
才都	3・11	さいと
才門	3・8	さいもん
匠造	6・10	しょうぞう
匠汰	6・7	しょうた
卓	8	すぐる
成児	6・7	せいじ
生哉	5・9	せいや
創史	12・5	そうじ
創多	12・6	そうた
創渡	12・12	そうど
太成	4・6	たいせい
能吉	10・6	たかよし
匠磨	6・16	たくま
卓巳	8・3	たくみ
唯能	11・10	ただたか
征能	8・10	まさたか
侑成	8・6	ゆうせい

女の子

名前	画数	読み
彩	11	あや
彩祢	11・9	あやね
彩未	11・5	あやみ
織我	18・7	おりが
才花	3・7	さいか
紗織	10・18	さおり
沙生	7・5	さき
才加	3・5	さやか
彩良	11・7	さら
志織	7・18	しおり
匠美	6・9	しょうみ
生湖	5・12	せいこ
奈生	8・5	なお
成未	6・5	なるみ
万織	3・18	まお
実彩	8・11	みあや
唯生	11・5	ゆい

芯の強い子に育ってほしい

イメージに合う漢字

元4 心4 礼5 正5 芯7 英8 真10 途10 義13 誠13

男の子

名前	画数	読み
礼汰	5・7	あやた
英司	8・5	えいじ
英心	8・4	えいしん
将真	10・10	しょうま
真	10	しん
真元	10・4	しんげん
芯典	7・8	しんすけ
芯矢	7・5	しんや
春元	9・4	はるもと
英陽	8・12	ひではる
誠	13	まこと
正志	5・7	まさし
真正	10・5	まさただ
正文	5・4	まさふみ
途貴	10・12	みちたか
途俊	10・9	みちとし
実義	8・13	みよし
元鳴	4・14	もとなり
元誠	4・13	もとまさ
勇芯	9・7	ゆうしん
義紀	13・9	よしのり
礼	5	れい
礼真	5・10	れいま

女の子

名前	画数	読み
英心	8・4	えいこ
英那	8・7	えな
正湖	5・12	しょうこ
正海	5・9	しょうみ
芯楽	7・13	しんら
誠子	13・3	せいこ
誠良	13・7	せいら
真紗来	10・10・7	まさき
正実	5・8	まさみ
未英	5・8	みえ
途来	10・7	みちこ
未礼	5・5	みれい
元花	4・7	もとか
礼良	5・7	れいら

夢と希望いっぱいに育ってほしい

イメージに合う漢字

叶5 未5 希7 明8 展10 望11 翔12 誉13 夢13 輝15

男の子

名前	画数	読み
明未	8・5	あきみ
明	8	あきら
翔	12	しょう
叶都	5・11	かなと
叶	5	かのう
輝一	15・1	きいち
叶吾	5・7	きょうご
晃希	10・7	こうき
誉人	13・2	たかと
拓未	8・5	たくみ
知展	8・10	とものぶ
飛翔	9・12	ひしょう
弘希	5・7	ひろき
大夢	3・13	ひろむ
誉	13	ほまれ
明斗	8・4	めいと
誉保	13・9	もとやす
夢人	13・2	ゆめと
来夢	7・13	らいむ

女の子

名前	画数	読み
明祢	8・9	あかね
明李	8・7	あかり
明希	8・7	あき
育未	8・5	いくみ
叶栄	5・9	かなえ
叶葉	5・12	かなは
希々	7・3	きき
希良	7・7	きら
咲輝	9・15	さき
千翔	3・12	ちか
希望	7・11	のぞみ
未羽	5・6	みう
望來	11・8	みらい
夕輝	3・15	ゆうき
夢乃	13・2	ゆの
有未	6・5	ゆみ
夢可	13・5	ゆめか
夢鳴	13・14	ゆめな

愛されて幸福な子に育ってほしい

イメージに合う漢字

好6 寿7 和8 幸8 祥10 恵10 晏10 愛13 聖13 慶15

男の子

名前	画数	読み
愛吾	13・7	あいご
晏司	10・5	あんじ
和寿	8・7	かずとし
慶伍	15・6	けいご
慶太	15・4	けいた
好史	6・5	こうじ
幸典	8・8	こうすけ
幸平	8・5	こうへい
聖弥	13・8	せいや
寿明	7・8	としあき
友幸	4・8	ともゆき
晏斗	10・4	はると
聖	13	ひじり
実好	8・6	みよし
有聖	6・13	ゆうせい
好生	6・5	よしお
慶喜	15・12	よしのぶ
和賀	8・12	わか
和太留	8・4・10	わたる

女の子

名前	画数	読み
愛来	13・7	あいら
安寿	6・7	あんじゅ
恵那	10・7	えな
恵実	10・8	えみ
慶子	15・3	けいこ
幸実	8・8	こうみ
好羽	6・6	このは
幸栄	8・9	さちえ
幸乃	8・2	さちの
祥帆	10・6	さちほ
寿茉子	7・8・3	すまこ
聖依良	13・8・7	せいら
千愛	3・13	ちあき
千聖	3・13	ちせ
寿英	7・8	としえ
愛美	13・9	まなみ
幸波	8・8	ゆきは
好実	6・8	よしみ

世界で活躍しそうな名前

英語にちなんだ名前

男の子

名前（画数）	読み	英語	読み方	意味
英斗（8・4）	えいと	eight	エイト	8
王雅（4・13）	おうが	August	オーガスト	8月
可亜人（5・7・2）	かあと	Cart	カート	人名
剛（10）	ごう	go	ゴー	行く
虎南（8・9）	こなん	Conan	コナン	人名
蹴人（19・2）	しゅうと	shoot	シュート	シュートする

名前（画数）	読み	英語	読み方	意味
空快（8・7）	すかい	sky	スカイ	空
聖（13）	せい	saint	セイント	聖人
奏登（9・12）	そうど	sword	ソード	剣
乃斗（2・4）	ないと	knight	ナイト	騎士
羽李偉（6・7・12）	はりい	Harry	ハリー	人名
飛色（9・6）	ひいろ	hero	ヒーロー	英雄
礼斗（5・4）	らいと	light	ライト	光、輝き

女の子

名前（画数）	読み	英語	読み方	意味
英羽（8・6）	えば	Eva	エバ	人名
園寿（13・7）	えんじゅ	angel	エンジェル	天使
心南（4・9）	ここな	coconut	ココナッツ	ココナッツ
朱志加（6・7・5）	じぇしか	Jessica	ジェシカ	人名
紗音（10・9）	しゃいん	shine	シャイン	輝く
智世心（12・5・4）	ちよこ	choco	チョコ	チョコレート
米琉（6・11）	べる	Belle	ベル	人名
万智（3・12）	まち	March	マーチ	3月
茉里愛（8・7・13）	まりあ	Maria	マリア	人名
萌加（11・5）	もか	mocha	モカ	モカ
李穏（7・16）	りおん	Leon	リオン	人名
楼砂（13・9）	ろうざ	Rosa	ローザ	人名
楼寿（13・7）	ろうず	rose	ローズ	薔薇（ばら）

ハワイ語にちなんだ名前

男の子

名前（画数）	読み	由来	カタカナ	意味
江6緒14	えお	eo	エオ	勝つ
衣6瑠14亜7	えるあ	elua	エルア	2
海9	かい	kai	カイ	海
奈8瑠14	なる	nalu	ナル	波
乃2英8	のえ	noe	ノエ	霧
帆6来7	ほく	hoku	ホク	星
真10乃2空8	まのあ	manoa	マノア	厚い、広大な
芽8礼5	めれ	mele	メレ	歌
玲9偉12	れい	lei	レイ	花輪

女の子

名前（画数）	読み	由来	カタカナ	意味
藍18風9	あいか	aikane	アイカネ	友達
有6玖7亜7	あくあ	akua	アクア	神
羽6亜7	うあ	ua	ウア	雨
羽6美9	うみ	umi	ウミ	10
衣6莉10真10	えりま	elima	エリマ	5
南9流10	なる	nalu	ナル	波
乃2空8	のあ	noah	ノア	自由
麻11陽12奈8	まひな	mahina	マヒナ	月
麗19亜7	れいあ	leia	レイア	天使

フランス語にちなんだ名前

男の子

名前（画数）	読み	由来	カタカナ	意味
明8日4飛9	あすと	astre	アストル	天体
安6浬10	あんり	Henri	アンリ	人名
英8流10	えいる	ailes	エール	羽、翼
来7里7絵12	くりえ	courrier	クーリエ	郵便
玄5和8	くろわ	croix	クロワ	十字架
志7衣6留10	しえる	ciel	スィエル	空
素10玲9	それい	soleil	ソレイユ	太陽
風9良7夢13	ふらむ	flamme	フラム	炎
呂7和8	ろわ	roi	ロワ	王

女の子

名前（画数）	読み	由来	カタカナ	意味
愛13泉9	あみ	ami	アミ	友達
晏10	あん	un	アン	1
衣6李7寿7	いりす	iris	イリス	あやめ
樹16音9	じゅね	jeunesse	ジュネス	若さ
風9瑠14	ふる	fleur	フルール	花
麻11論15	まろん	marron	マロン	くり
美9衣6流10	みえる	miel	ミエル	蜂蜜
芽8流10	める	mer	メール	海
礼5縫16	れいぬ	reine	レーヌ	女王

ドイツ語にちなんだ名前

男の子

名前	画数	読み	由来	読み方	意味
英実流	8 8 10	えみる	Emil	エーミール	人名
可実瑠	5 8 14	かみる	Kamil	カミル	人名
玄偉	5 12	くろい	kreuz	クロイツ	十字架
天央	4 5	てお	Theo	テオ	人名
乃音	2 9	のいん	neun	ノイン	9
波衣里	8 6 7	はいり	heilig	ハイリヒ	聖なる、神聖な
麻羽人	11 6 2	まはと	macht	マハト	力
李衣斗	7 6 4	りいと	lied	リート	歌
理仁	11 4	りひと	licht	リヒト	光、明かり

女の子

名前	画数	読み	由来	読み方	意味
伊留万	6 10 3	いるま	Irma	イルマ	人名
依真	8 10	えま	Emma	エマ	人名
加亜良	5 7 7	かあら	Karla	カーラ	人名
花実楽	7 8 13	かみら	Kamilla	カミラ	人名
紗音	10 9	しゃおん	schaum	シャオム	泡
珠音	10 9	しゅね	schnee	シュネー	雪
汰緒	7 14	たお	tau	タオ	露
歩留寿	8 10 7	ふるす	fluss	フルス	川、流れ
明亜	8 7	めいあ	meer	メーア	海

スペイン語にちなんだ名前

男の子

名前	画数	読み	由来	読み方	意味
明日弥	8 4 8	あすや	azucena	アスセーナ	ゆり
明日流	8 4 10	あする	azul	アスル	青
空楽	8 13	あら	ala	アラ	翼
加実呂	5 8 7	かみろ	Camilo	カミロ	人名
世玲寿	5 9 7	せれす	celeste	セレステ	空色
歩理央	8 11 5	ふりお	julio	フリオ	7月
真留素	10 10 10	まるそ	Marzo	マルソ	3月
万玲	3 9	まれ	mar	マレ	海
礼衣	5 6	れい	rey	レイ	王様

女の子

名前	画数	読み	由来	読み方	意味
空良奈	8 7 8	あらな	Alana	アラナ	人名
宇乃	6 2	うの	uno	ウノ	1
英玲奈	8 9 8	えれな	Elena	エレナ	人名
可美羅	5 9 19	かみら	Camila	カミラ	人名
加里菜	5 7 11	かりな	Carina	カリナ	人名
瀬里南	19 7 9	せりな	Celina	セリナ	人名
世礼素	5 5 10	せれそ	cerezo	セレーソ	桜
世玲乃	5 9 2	せれの	sereno	セレノ	穏やかな
里沙	7 7	りさ	risa	リサ	笑い

イタリア語にちなんだ名前

男の子

名前	画数	読み	由来		意味
天音	4・9	あまと	Amato	アマート	人名
織天	18・4	おるて	ortensia	オルテーンシア	紫陽花（あじさい）
加留呂	5・10・7	かるろ	Carlo	カルロ	人名
玖礼斗	7・5・4	くれと	Cleto	クレート	人名
天衣楽	4・6・13	てぃら	tela	テーラ	キャンバス
仁乃	4・2	にの	Nino	ニーノ	人名
音露	9・21	ねろ	nero	ネロ	黒
李江人	7・6・2	りえと	Lieto	リエト	人名
浪都	10・11	ろうと	loto	ロート	蓮（はす）

女の子

名前	画数	読み	由来		意味
衣里寿	6・7・7	いりす	iris	イリス	あやめ
江留真	6・10・10	えるま	Elma	エルマ	人名
佳里奈	8・7・8	かりな	Carina	カリーナ	人名
知里衣	8・7・6	ちりえ	ciliegio	チリエージョ	桜
照沙	13・7	てれさ	Teresa	テレーザ	人名
乃江美	2・6・9	のえみ	Noemi	ノエミ	人名
乃々	2・3	のの	nono	ノォーノ	9番目の
美萌沙	9・11・7	みもざ	mimosa	ミモーサ	ミモザ
礼亜	5・7	れいあ	Lea	レーア	人名

フィンランド語にちなんだ名前

男の子

名前	画数	読み	由来		意味
有飛	6・9	あると	Arto	アルト	人名
江留乃	6・10・2	えるの	Erno	エルノ	人名
椎李	12・7	しいり	siili	シーリ	にしん
由歩	5・8	ゆほ	Juho	ユホ	人名
浬玖	10・7	りく	Riku	リク	人名
泰河	10・8	たいか	taika	タイカ	魔法
汰路	7・13	たろ	talo	タロ	家
東李	8・7	とうり	tuuli	テゥーリ	風
舞飛	15・9	まいと	maito	マイトー	牛乳

女の子

名前	画数	読み	由来		意味
愛楽	13・13	あいら	Aila	アイラ	人名
恵利紗	10・7・10	えりさ	Elisa	エリサ	人名
小芽那	3・8・7	おめな	omena	オメナ	りんご
歌有	14・6	かあり	kaali	カーリ	キャベツ
来羽	7・6	くう	kuu	クー	月
志江似	7・6・7	しえに	sieni	シエニ	きのこ
芽璃	8・15	めり	meri	メリ	海
来楽	7・13	らいら	Raila	ライラ	人名
露陽	21・12	ろひ	lohi	ロヒ	鮭（さけ）

こんな職業についてほしい

専門的な職業（医者、科学者など）

イメージに合う漢字

究7 英8 佳8 拓8 知8
怜8 研9 俊9 哲10 数13

男の子

名前	画数	読み
英智	8・12	えいち
究道	7・12	きゅうどう
究向	7・6	きわむ
研矢	9・5	けんや
俊一	9・7	しゅんいち
拓海	8・9	たくみ
哲慈	10・13	てつじ
知英	8・8	ともひで
秀数	7・13	ひでかず
匡英	6・8	まさひで
佳秀	8・7	よしひで
怜人	8・2	れいと
怜弥	8・8	れいや

女の子

名前	画数	読み
佳心	8・4	かこ
数音	13・9	かずね
数未	13・5	かずみ
佳奈子	8・8・3	かなこ
俊華	9・10	しゅんか
知絵	8・12	ともえ
英佳	8・8	ひでか
拓世	8・5	ひろよ
未佳	5・8	みか
美怜香	9・8・9	みれか
佳乃	8・2	よしの
怜菜	8・11	れいな

地域を守る職業（警察官、消防士など）

イメージに合う漢字

心4 公4 仁4 正5 守6
安6 治8 統12 義13 誠13

男の子

名前	画数	読み
英心	8・4	えいしん
統	12	おさむ
公紀	4・9	きみのり
公平	4・5	こうへい
仁	4	じん
誠也	13・3	せいや
統治	12・8	とうじ
治弥	8・8	なおや
紀仁	9・4	のりひと
正義	5・13	まさよし
守	6	まもる
安義	6・13	やすよし
勇誠	9・13	ゆうせい

女の子

名前	画数	読み
安菜	6・11	あんな
安寧	6・14	あんね
公佳	4・8	きみか
公実	4・8	くみ
心美	4・9	ここみ
守璃	6・15	しゅり
誠奈	13・8	せいな
誠菜	13・11	せいな
仁恵	4・10	ひとえ
真心	10・4	まこ
正子	5・3	まさこ
義佳	13・8	よしか

実直な職業（教師、公務員など）

イメージに合う漢字

亮9 敏10 修10 教11 啓11
規11 愛13 慈13 徳14 諄15

男の子

- 亮9保9 あきやす
- 諄15士3 あつし
- 修10 おさむ
- 克7敏10 かつとし
- 啓11伍6 けいご
- 啓11亮9 けいすけ
- 慈13栄9 じえい
- 修10治8 しゅうじ
- 諄15太4 じゅんた
- 諄15也3 じゅんや
- 聖13慈13 せいじ
- 教11貴12 たかき
- 敏10生5 としお
- 智12規11 ともなり
- 紀9教11 のりたか
- 秀7教11 ひでのり
- 啓11武8 ひろむ
- 基11徳14 もとのり
- 要9慈13 ようじ
- 亮9慈13 りょうじ

女の子

- 愛13波8 あいな
- 愛13乃2 あいの
- 亮9奈8 あきな
- 諄15音9 あつね
- 教11子3 きょうこ
- 啓11子3 けいこ
- 諄15 じゅん
- 聖13愛13 せいあ
- 教11恵10 たかえ
- 敏10美9 としみ
- 徳14香9 のりか
- 徳14子3 のりこ
- 愛13花7 まなか
- 美9規11 みのり
- 悠11規11 ゆうき
- 亮9香9 りょうか
- 亮9菜11 りょうな

スポーツに関わる職業（選手、監督など）

イメージに合う漢字

迅6 早6 俊9 健11 康11
捷11 逞11 勝12 継13 颯14

男の子

- 英8捷11 えいしょう
- 勝12磨16 かつま
- 勝12実8 かつみ
- 健11吾7 けんご
- 健11治8 けんじ
- 康11汰7 こうた
- 俊9也3 しゅんや
- 捷11栄9 しょうえい
- 勝12平5 しょうへい
- 勝12利7 しょうり
- 迅6 じん
- 聖13勝12 せいしょう
- 早6樹16 そうじゅ
- 颯14汰7 そうた
- 逞11真10 たくま
- 健11之3 たけゆき
- 逞11真10 ていま
- 俊9生5 としき
- 俊9広5 としひろ
- 俊9康11 としやす
- 迅6翔12 はやと
- 康11快7 やすよし
- 佳8継13 よしつぐ

女の子

- 勝12希7 かつき
- 継13花7 けいか
- 早6織18 さおり
- 早6輝15 さき
- 颯14月4 さつき
- 颯14楽13 さら
- 俊9菜11 しゅんな
- 捷11子3 しょうこ
- 健11実8 たけみ
- 継13美9 つぐみ
- 俊9深11 としみ
- 早6菜11 はやな
- 未5早6緒14 みさお
- 康11海9 やすみ

音楽に関わる職業（演奏家、歌手など）

イメージに合う漢字

弦8 音9 律9 奏9 琴12 弾12 詩13 楽13 鳴14 響20

男の子

名前	画数	読み
羽響	6・20	うきょう
音史	9・5	おとふみ
楽音	13・9	がくと
奏音	9・9	かなと
奏也	9・3	かなや
響平	20・5	きょうへい
琴史	12・5	きんじ
弦	8	げん
弦治	8・8	げんじ
琴也	12・3	ことや
詩門	13・8	しもん
詩弦	13・8	しづる
奏汰	9・7	そうた
弾	12	だん
鳴	14	なる
伴太	7・4	はんた
律	9	りつ
鈴平	13・5	りんぺい

女の子

名前	画数	読み
詩絵	13・12	うたえ
唄羽	10・6	うたは
詩依	13・8	うたよ
音歌	9・14	おとか
音祢	9・9	おとね
奏笑	9・10	かなえ
響奈	20・8	きょうな
琴奈	12・8	ことな
鈴鳴	13・14	すずな
鳴実	14・8	なるみ
弾美	12・9	はずみ
伴美	7・9	はんみ
笛心	11・4	ふえこ
未琴	5・12	みこと
海鈴	9・13	みすず
美鳴	9・14	みな
実笛	8・11	みふえ
律花	9・7	りつか
律美	9・9	りみ

芸術に関わる職業（デザイナー、画家など）

イメージに合う漢字

文4 作7 美9 紗10 絵12 創12 綺14 綿14 綜14 藺18

男の子

名前	画数	読み
綺太	14・4	あやた
絵衣路	12・6・13	えいじ
綜武	14・8	おさむ
絵斗	12・4	かいと
藺市	18・5	けんいち
藺太	18・4	けんた
公綺	4・14	こうき
孝作	7・7	こうさく
作太郎	7・4・9	さくたろう
晋作	10・7	しんさく
生彩	5・11	せいあ
創輝	12・15	そうき
綜吾	14・7	そうご
綜士	14・3	そうじ
匠美	6・9	たくみ
文矢	4・5	ふみや
悠芸	11・7	ゆうき
悠作	11・7	ゆうさく

女の子

名前	画数	読み
亜芸絵	7・7・12	あきえ
彩心	11・4	あやこ
文美	4・9	あやみ
色花	6・7	いろか
色羽	6・6	いろは
絵衣奈	12・6・8	えいな
絵美琉	12・9・11	えみる
織絵	18・12	おりえ
綺羅	14・19	きら
紗衣	10・6	さえ
色奈	6・8	しきな
創美	12・9	そうみ
文花	4・7	ふみか
藺香	18・9	まゆか
美衣紗	9・6・10	みいさ
美紗	9・10	みさ
実芸	8・7	みき
木綿子	4・14・3	ゆうこ
綿奈	14・8	わたな

食に関わる職業（料理人、パティシエなど）

イメージに合う漢字

杏7 苺8 柑9 香9 菓11 理11 梨11 葡12 量12 檎17

男の子

名前	画数	読み
菓衣斗	11・6・4	かいと
和葡	8・12	かずほ
柑慈	9・13	かんじ
香市	9・5	きょういち
杏伍	7・6	きょうご
京檎	8・17	けいご
香雅	9・13	こうが
理志	11・7	さとし
大檎	3・17	だいご
橙斗	16・4	だいと
苺玖	8・7	まいく
理道	11・12	まさみち
柚月	9・4	ゆづき
梨一	11・1	りいち
梨人	11・2	りひと
量史	12・5	りょうじ

女の子

名前	画数	読み
杏樹	7・16	あんじゅ
苺花	8・7	いちか
菓那	11・7	かな
果葡	8・12	かほ
花梨	7・11	かりん
柑菜	9・11	かんな
杏子	7・3	きょうこ
香子	9・3	きょうこ
枝葡	8・12	しほ
葡波	12・8	ほなみ
苺子	8・3	まいこ
美杏	9・7	みあん
美菓	9・11	みか
実柑	8・9	みかん
味穂	8・15	みほ
麦穂	7・15	むぎほ
桃	10	もも
悠味	11・8	ゆみ
理花	11・7	りか
梨保	11・9	りほ
林檎	8・17	りんご

芸能界に関わる職業（俳優、モデルなど）

イメージに合う漢字

王4 光6 皇9 星9 華10 雅13 照13 魁14 鋭15 麗19

男の子

名前	画数	読み
鋭汰	15・7	えいた
王牙	4・4	おうが
王司	4・5	おうじ
魁史	14・5	かいじ
光一	6・1	こういち
皇雅	9・13	こうが
照太	13・4	しょうた
新	13	しん
星夜	9・8	せいや
天	4	てん
北翔	5・12	ほくと
星斗	9・4	ほしと
雅輝	13・15	まさき
光稀	6・12	みつき
流星	10・9	りゅうせい
龍登	16・12	りゅうと
麗司	19・5	れいじ
麗生	19・5	れお

女の子

名前	画数	読み
有寿	6・7	ありす
華奈	10・8	かな
稀沙	12・7	きさ
輝保	15・9	きほ
妃良	6・7	きら
紗映	10・9	さえ
星羅	9・19	せいら
天楽	4・13	てら
新菜	13・11	にいな
華絵	10・12	はなえ
光	6	ひかる
姫香	10・9	ひめか
舞良	15・7	まいら
雅菜	13・11	まさな
美姫	9・10	みき
光姫	6・10	みつき
雅	13	みやび
璃沙	15・7	りさ
麗美	19・9	れいみ

ものにちなんだ名前

海、川、湖をイメージした名前

イメージに合う漢字

汐6　波8　海9　砂9　洋9
浬10　渚11　漣14　潮15　櫂18

男の子

名前	画数	読み
青波	8・8	あおば
海青	9・8	かいせい
櫂斗	18・4	かいと
航典	10・8	こうすけ
知洋	8・9	ちひろ
渚仁	11・4	なぎと
浪人	10・2	なみと
真砂斗	10・9・4	まさと
岬紀	8・9	みさき
洋祐	9・9	ようすけ
浬人	10・2	りひと
漣人	14・2	れんと

女の子

名前	画数	読み
一帆	1・6	いちほ
千砂	3・9	かずさ
汐那	6・7	しおな
潮里	15・7	しおり
青波	8・8	せいな
千浬	3・10	ちり
渚歩	11・8	なぎほ
波花	8・7	なみか
洋夏	9・10	ひろか
洋実	9・8	ひろみ
未海	5・9	みう
璃瑚	15・13	りこ
浬奈	10・8	りな

山、谷、自然をイメージした名前

イメージに合う漢字

大3　岳8　峡9　高10　渓11
野11　悠11　森12　葉12　樹16

男の子

名前	画数	読み
岳	8	がく
峡也	9・3	きょうや
渓市	11・5	けいいち
渓吾	11・7	けいご
森司	12・5	しんじ
大地	3・6	だいち
高磨	10・16	たかま
岳斗	8・4	たけと
飛高	9・10	ひだか
大翔	3・12	ひろと
峰樹	10・16	みねき
勇野	9・11	ゆうや
陸人	11・2	りくと

女の子

名前	画数	読み
峡菜	9・11	きょうな
清実	11・8	きよみ
渓花	11・7	けいか
樹音	16・9	じゅね
樹梨	16・11	じゅり
乃野未	2・11・5	ののみ
悠河	11・8	はるか
歩野果	8・11・8	ほのか
実樹	8・16	みき
萌葉	11・12	もえは
悠菜	11・11	ゆうな
悠未花	11・5・7	ゆみか

光、太陽をイメージした名前

イメージに合う漢字

日4 光6 明8 晃10 晴12 陽12 暁12 照13 煌13 輝15

男の子

名前	画数	読み
亜煌	7・13	あきら
和輝	8・15	かずき
煌来	13・7	こうき
晃汰	10・7	こうた
晃平	10・5	こうへい
照栄	13・9	しょうえい
晴司	12・5	せいじ
太晴	4・12	たいせい
太陽	4・12	たいよう
泰陽	10・12	たいよう
陽生	12・5	はるき
晴陽	12・12	はるひ
晴真	12・10	はるま
光留	6・10	ひかる
昌輝	8・15	まさき
光明	6・8	みつあき
光矢	6・5	みつや
夕輝	3・15	ゆうき
陽史	12・5	ようじ

女の子

名前	画数	読み
明梨	8・11	あかり
暁	12	あき
暁江	12・6	あきえ
明日美	8・4・9	あすみ
輝加	15・5	きか
煌楽	13・13	きらら
沙輝	7・15	さき
千陽	3・12	ちはる
陽加	12・5	はるか
陽輝	12・15	はるき
陽未	12・5	はるみ
陽奈	12・8	ひな
日菜子	4・11・3	ひなこ
日実夏	4・8・10	ひみか
美日子	9・4・3	みかこ
未輝	5・15	みき
光樹	6・16	みつき
優煌	17・13	ゆきら

空、宇宙、星をイメージした名前

イメージに合う漢字

月4 天4 広5 宇6 空8 宙8 昊8 星9 惺12 銀14

男の子

名前	画数	読み
銀河	14・8	ぎんが
空弥	8・8	くうや
煌星	13・9	こうせい
広大	5・3	こうだい
翔天	12・4	しょうた
星汰	9・7	せいた
昊斗	8・4	そらと
昊飛	8・9	そらと
空翔	8・12	そらと
大星	3・9	たいせい
大宙	3・8	たかひろ
宇広	6・5	たかひろ
天夜	4・8	たかや
天良	4・7	たから
智宙	12・8	ちひろ
月矢	4・5	つきや
虹翔	9・12	にじと
星都	9・11	ほしと
万惺	3・12	まさと
満天	12・4	みちたか
光夜	6・8	みつや
悠空	11・8	ゆうあ
勇星	9・9	ゆうせい

女の子

名前	画数	読み
空澄	8・15	あすみ
天祢	4・9	あまね
星空	9・8	せいあ
星加	9・5	せいか
星万	9・3	せいま
惺良	12・7	せいら
昊音	8・9	そらね
千宙	3・8	ちひろ
月心	4・4	つきこ
奈々虹	8・3・9	ななこ
美宙	9・8	みそら
満月	12・4	みつき
悠宇	11・6	ゆう
優羽空	17・6・8	ゆうあ

草花や果実をイメージした名前

イメージに合う漢字

芹7 芭7 実8 桜10 桐10
桂10 菜11 葵12 椋12 葉12

男の子

名前	画数	読み
桜介	10・4	おうすけ
桐矢	10・5	きりや
桂珠	10・10	けいじゅ
桜司	10・5	さくじ
柊慈	9・13	しゅうじ
松太	8・4	しょうた
菖太	11・4	しょうた
榛治	14・8	しんじ
榛弥	14・8	しんや
藤伍	18・6	とうご
桐治	10・8	とうじ
芭流	7・10	はる
楓生	13・5	ふうき
楓太	13・4	ふうた
柾樹	9・16	まさき
悠梧	11・11	ゆうご
椋司	12・5	りょうじ
椋斗	12・4	りょうと
椋也	12・3	りょうや

女の子

名前	画数	読み
葵伊	12・6	あおい
綾芽	14・8	あやめ
杏祢	7・9	あんね
梅菜	10・11	うめな
音葉	9・12	おとは
菊音	11・9	きくね
桂果	10・8	けいか
桂来	10・7	けいこ
心梅	4・10	こうめ
桜羽	10・6	さくは
菫蓮	11・10	すみれ
芹加	7・5	せりか
芭那	7・7	はな
茉咲実	8・9・8	まさみ
未柑	5・9	みかん
萌梨	11・11	もえり
柚芭	9・7	ゆずは
梨梧	11・11	りんご

色をイメージした名前

イメージに合う漢字

朱6 青8 茜9 紅9 紫12
緋14 銀14 翠14 橙16 藍18

男の子

名前	画数	読み
藍司	18・5	あいじ
朱緒	6・14	あきお
亜藍	7・18	あらん
銀慈	14・13	ぎんじ
紅雅	9・13	こうが
紅多	9・6	こうた
朱理	6・11	しゅり
紫浪	12・10	しろう
青磁	8・14	せいじ
青磨	8・16	せいま
蒼太朗	13・4・10	そうたろう
橙来	16・7	だいき
橙真	16・10	とうま
橙弥	16・8	とうや
緋色	14・6	ひいろ
陽翠	12・14	ひすい
勇青	9・8	ゆうせい
悠白	11・5	ゆうはく
緑真	14・10	ろくま

女の子

名前	画数	読み
藍那	18・7	あいな
蒼葉	13・12	あおは
茜	9	あかね
赤音	7・9	あかね
朱李	6・7	あかり
朱魅	6・15	あけみ
愛里朱	13・7・6	ありす
紅実心	9・8・4	くみこ
紫野	12・11	しの
朱梨	6・11	しゅり
翠菜	14・11	すいな
翠蓮	14・13	すいれん
橙果	16・8	とうか
紅子	9・3	べにこ
磨白	16・5	ましろ
碧子	14・3	みどりこ
美藍	9・18	みらん
桃波	10・8	ももは

宗教や神様をイメージした名前

イメージに合う漢字

天4 白5 羽6 亜7 寿7 空8 武8 玲9 真10 雅13

男の子

名前	画数	読み
空麻	8・11	ああさ
亜天	7・4	あてん
有保路	6・9・13	あぽろ
有聞	6・14	あもん
涯亜	11・7	がいあ
加向依	5・6・8	かむい
雅門	13・8	がもん
玖李寿	7・7・7	くりす
玄乃	5・2	くろの
玄武	5・8	げんぶ
秦	10	しん
朱雀	6・11	すざく
青龍	8・16	せいりゅう
世都	5・11	せと
双樹	4・16	そうじゅ
武留	8・10	たける
斗真寿	4・10・7	とます
白虎	5・8	はくと
流加	10・5	るか
玲亜	9・7	れあ

女の子

名前	画数	読み
藍李	18・7	あいり
有天那	6・4・7	あてな
亜南	7・9	あなん
衣舞	6・15	いぶ
絵亜	12・7	えあ
英衣瑠	8・6・14	えいる
英真	8・10	えま
絵羽	12・6	えば
沙羅	7・19	さら
世玲音	5・9・9	せれね
真衣亜	10・6・7	まいあ
磨留寿	16・10・7	まうす
真耶	10・9	まや
万梨空	3・11・8	まりあ
美嘉	9・14	みか
実柚子	8・9・3	みゆず
柚乃	9・2	ゆの

宝石をイメージした名前

イメージに合う漢字

玉5 珠10 琥12 晶12 瑚13 瑞13 瑠14 翠14 璃15 磨16

男の子

名前	画数	読み
藍王	18・4	あいお
栄磨	9・16	えいま
黄水	11・4	おうみ
幸琳	8・12	こうりん
琥太郎	12・4・9	こたろう
琥珀	12・9	こはく
三瑚	3・13	さんご
壮瑠	6・14	たける
珠季	10・8	たまき
瑞輝	13・15	みずき
満琉	12・11	みつる
璃来	15・7	りく
琉真	11・10	りゅうま
瑠伊	14・6	るい

女の子

名前	画数	読み
晶	12	あきら
安珠	6・10	あんじゅ
瑚海	13・9	こうみ
紅水	9・4	こうみ
琥南	12・9	こなみ
瑚珀	13・9	こはく
紫水	12・4	しすい
珠璃	10・15	しゅり
玉愛	5・13	たまえ
珠衣	10・6	たまえ
珠心	10・4	たまこ
玉魅	5・15	たまみ
珠美	10・9	たまみ
珠世	10・5	たまよ
野乃瑚	11・2・13	ののこ
飛翠	9・14	ひすい
磨珠	16・10	まじゅ
実璃	8・15	みり
瑞希	13・7	みずき
璃衣奈	15・6・8	りいな
璃子	15・3	りこ
璃々加	15・3・5	りりか
流璃羽	10・15・6	るりは

春にちなんだ名前

イメージに合う漢字

日4 花7 芽8 咲9 桜10
桃10 華10 爽11 菜11 萌11
温12 陽12 颯14 雛18 麗19

男の子

映9 日4	あきひ
温12 司5	あつし
桜10 芽8	おうが
桜10 介4	おうすけ
桜10 弥8	おうや
華10 菜11 多6	かなた
咲9 汰7	さくた
咲9 都11	さくと
春9 平5	しゅんぺい
颯14 紀9	そうき
爽11 吾7	そうご
爽11 介4	そうすけ
颯14 介4	そうすけ
爽11 汰7	そうた
大3 芽8	たいが
桃10 護20	とうご
桃10 理11	とうり
桃10 留10	とうる
菜11 皇9	なお
菜11 由5 多6	なゆた
颯14 多6	はやた
颯14 斗4	はやと
春9 樹16	はるき
温12 季8	はるき
春9 成6	はるなり
温12 仁4	はるひと
晴12 陽12	はるひと
陽12 色6	ひいろ
雛18 多6	ひなた
日4 菜11 太4	ひなた
雛18 人2	ひなと
日4 和8	ひより
風9 季8	ふうき
風9 太4	ふうた
風9 斗4	ふうと
風9 哉9	ふうや
萌11 夢13	めぐむ
芽8 來8	めぐる
雄12 芽8	ゆうが
陽12 丞6	ようすけ
陽12 大3	ようた
蕾16 多6	らいた
蕾16 市5	らいち
蕾16 斗4	らいと
麗19 仁4	れいと

麗也	19・3	れいや
若臣	8・7	わかおみ
若斗	8・4	わかと
若文	8・4	わかふみ

女の子

爽奈	11・8	あきな
明日葉	8・4・12	あすは
温心	12・4	あつこ
咲	9	えみ
央華	5・10	おうか
桜未	10・5	おうみ
花笑	7・10	かえ
華生	10・5	かお
禾菫	5・11	かすみ
小雛	3・18	こひな
小萌	3・11	こもえ
咲桜	9・10	さお
咲帆	9・6	さきほ
咲満	9・12	さくみ
桜楽	10・13	さくら
颯葵	14・12	さつき
爽来	11・7	さわこ
爽音	11・9	さわね
志温	7・12	しおん
菫江	11・6	すみえ
菫花	11・7	すみか
菫菜	11・11	すみな
菫礼	11・5	すみれ
朱桃	6・10	すもも
颯花	14・7	そうか
蕾美	16・9	つぼみ
菜々巳	11・3・3	ななみ
菜帆実	11・6・8	なほみ
日花	4・7	にちか
花奈	7・8	はな
華英	10・8	はなえ
華実	10・8	はなみ
春芽	9・8	はるめ
春依	9・8	はるよ
飛菜	9・11	ひな
雛恋	18・10	ひなこ
陽向	12・6	ひなた
雛未	18・5	ひなみ
日美菜	4・9・11	ひみな
日陽里	4・12・7	ひより
風羽	9・6	ふう
風歌	9・14	ふうか
風菜	9・11	ふうな
万菫	3・11	ますみ
摩菜	15・11	まな
万雛	3・18	まひな
実温	8・12	みおん
未花	5・7	みか
美花	9・7	みか
魅咲	15・9	みさき
未春	5・9	みはる
実蕾	8・16	みらい
未麗	5・19	みれい
芽伊	8・7	めい
芽依南	8・8・9	めいな
芽玖	8・7	めぐ
萌菜	11・11	もえな
萌未	11・5	もえみ
萌李	11・7	もえり
萌南	11・9	もな
桃風	10・9	ももか
桃南	10・9	ももな
侑華	8・10	ゆうか
結芽	12・8	ゆめ
陽風	12・9	ようか
陽心	12・4	ようこ
蕾向	16・6	らいむ
麗亜	19・7	れいあ
麗禾	19・5	れいか
麗那	19・7	れいな
若加	8・5	わか
若那	8・7	わかな
若歩	8・8	わかほ

夏にちなんだ名前

イメージに合う漢字

帆6 壮6 波8 昊8 青8
茉8 海9 航10 莉10 蛍11
渚11 涼11 葵12 輝15 樹16

男の子

名前	画数	読み
葵志	12・7	あおし
葵空	12・8	あおぞら
青太	8・4	あおた
葵斗	12・4	あおと
青野	8・11	あおの
輝良	15・7	あきら
樹基	16・11	いつき
海路	9・13	かいじ
海太朗	9・4・10	かいたろう
海都	9・11	かいと
樹市	16・5	きいち
梗馬	11・10	きょうま
梗弥	11・8	きょうや
蛍市	11・5	けいいち
蛍吾	11・7	けいご
航市	10・5	こういち
航我	10・7	こうが
航来	10・7	こうき
晶輝	12・15	こうき
虹司	9・5	こうじ
虹茉	9・8	こうま
燦吾	17・7	さんご
茂明	8・8	しげあき
茂紀	8・9	しげき
青也	8・3	せいや
壮輝	6・15	そうき
壮護	6・20	そうご
壮慈	6・13	そうじ
壮亮	6・9	そうすけ
壮大	6・3	そうだい
昊多	8・6	そらた
昊都	8・11	そらと
南央	9・5	なお
渚砂	11・9	なぎさ
渚音	11・9	なぎと
夏芽	10・8	なつめ
波輝	8・15	なみき
二千夏	2・3・10	にちか
波月	8・4	はづき
波音	8・9	はのん
帆純	6・10	ほずみ
帆貴	6・12	ほだか
茉綸	8・14	まいと
茉生	8・5	まお
光樹	6・16	みつき

名前	画数	読み
実南斗	8・9・4	みなと
勇輝	9・15	ゆうき
葉治	12・8	ようじ
葉亮	12・9	ようすけ
葉太	12・4	ようた
雷太	13・4	らいた
雷斗	13・4	らいと
雷向	13・6	らいむ
雷也	13・3	らいや
莉央	10・5	りお
莉人	10・2	りひと
涼我	11・7	りょうが
涼介	11・4	りょうすけ
蓮路	13・13	れんじ
蓮斗	13・4	れんと
蓮弥	13・8	れんや

女の子

名前	画数	読み
青依	8・8	あおい
葵依	12・8	あおい
葵乃	12・2	あおの
海香	9・9	うみか
海帆	9・6	うみほ
夏歩	10・8	かほ
夏莉南	10・10・9	かりな
輝花	15・7	きか
樹心	16・4	きこ
輝咲	15・9	きさき
梗加	11・5	きょうか
梗心	11・4	きょうこ
蛍湖	11・12	けいこ
虹心	9・4	こうこ
航心	10・4	こうこ
梗美	11・9	こうみ
小涼	3・11	こすず
茂美	8・9	しげみ
涼音	11・9	すずね
壮美	6・9	そうみ
昊花	8・7	そらか
昊音	8・9	そらね
渚咲	11・9	なぎさ
渚保	11・9	なぎほ
夏陽	10・12	なつひ
南々保	9・3・9	ななほ
波恵	8・10	なみえ
虹花	9・7	にじか
波南	8・9	はな
葉奈江	12・8・6	はなえ
波穏	8・16	はのん
陽夏	12・10	はるか
向日葵	6・4・12	ひまわり
蛍流	11・10	ほたる
帆波	6・8	ほなみ
帆乃香	6・2・9	ほのか
茉音	8・9	まおん
万樹	3・16	まき
万南	3・9	まな
茉那香	8・7・9	まなか
愛海	13・9	まなみ
万莉	3・10	まり
茉里那	8・7・7	まりな
実青	8・8	みお
実涼	8・11	みすず
実菜	8・11	みな
南海	9・9	みなみ
未帆	5・6	みほ
美葉	9・12	みよ
茂空	8・8	もあ
茂江	8・6	もえ
悠葵	11・12	ゆうき
結茉	12・8	ゆま
葉香	12・9	ようか
葉心	12・4	ようこ
莉緒	10・14	りお
莉実	10・8	りみ
涼加	11・5	りょうか
莉李	10・7	りり
蓮美	13・9	れみ
若海	8・9	わかみ

秋にちなんだ名前

イメージに合う漢字

漢字	画数
夕	3
月	4
禾	5
実	8
昴	9
紅	9
桔	10
菊	11
梨	11
椛	11
萩	12
豊	13
楓	13
穂	15
穣	18

男の子

名前	画数	読み
秋成	9・6	あきなり
秋則	9・9	あきのり
秋仁	9・4	あきひと
秋実	9・8	あきみ
秋弥	9・8	あきや
依月	8・4	いつき
穣	18	おさむ
椛衣	11・6	かい
我紅斗	7・9・4	がくと
一豊	1・13	かずとよ
椛月	11・4	かづき
菊彦	11・9	きくひこ
菊也	11・3	きくや
桔太	10・4	きった
桔都	10・11	きっと
桔平	10・5	きっぺい
紅季	9・8	こうき
紅陽	9・12	こうよう
穣来	18・7	しげき
穣流	18・10	しげる
萩英	12・8	しゅうえい
萩基	12・11	しゅうき
萩悟	12・10	しゅうご
秋馬	9・10	しゅうま
秋也	9・3	しゅうや
穣史	18・5	じょうじ
稔一	13・1	じんいち
昴流	9・10	すばる
天基	4・11	そらき
天都	4・11	たかと
月也	4・3	つきや
天馬	4・10	てんま
豊和	13・8	とよかず
豊路	13・13	とよじ
英秋	8・9	ひであき
楓我	13・7	ふうが
楓来	13・7	ふうき
昴世	9・5	ぼうせ
昴斗	9・4	ぼうと
豊鳴	13・14	ほうめい
穂高	15・10	ほだか
穂積	15・16	ほづみ
実来也	8・7・3	みきや
実斗	8・4	みと
稔史	13・5	みのじ

実流	8・10	みのる
稔留	13・10	みのる
夢月	13・4	むつき
夕我	3・7	ゆうが
夕輝	3・15	ゆうき
有萩	6・12	ゆうしゅう
夕稔	3・13	ゆうじん
夕汰	3・7	ゆうた
有豊	6・13	ゆうと
悠穂	11・15	ゆうほ
梨津	11・9	りつ

女の子

秋那	9・7	あきな
秋保	9・9	あきほ
明穂	8・15	あきほ
秋美	9・9	あきみ
亜月	7・4	あづき
天祢	4・9	あまね
花楓	7・13	かえで
楓奈	13・8	かえな
楓良	13・7	かえら
椛生	11・5	かお
和実	8・8	かずみ
華月	10・4	かつき
禾菜	5・11	かな
椛音	11・9	かのん
禾穂	5・15	かほ
桔京	10・8	ききょう
菊栄	11・9	きくえ
菊那	11・7	きくな
菊音	11・9	きくね
菊乃	11・2	きくの
菊世	11・5	きくよ
桔花	10・7	きっか
輝昴	15・9	きぼう
紅良々	9・7・3	くらら
紅羽	9・6	くれは
紅心	9・3	こうこ
紅実	9・8	こうみ
志穂	7・15	しほ
秋華	9・10	しゅうか
萩花	12・7	しゅうか
智秋	12・9	ちあき
千穂	3・15	ちほ
月羽	4・6	つきは
天華	4・10	てんか
豊美	13・9	とよみ
萩乃	12・2	はぎの
雛菊	18・11	ひなぎく
裕禾	12・5	ひろか
椛奈	11・8	ふうな
紅果	9・8	べにか
豊子	13・3	ほうこ
穂南	15・9	ほなみ
穂乃	15・2	ほの
穂乃果	15・2・8	ほのか
穂乃李	15・2・7	ほのり
茉穂	8・15	まほ
茉夕	8・3	まゆう
実玖	8・7	みく
美紅	9・9	みく
魅天	15・4	みそら
魅月	15・4	みつき
稔里	13・7	みのり
実乃梨	8・2・11	みのり
実穂	8・15	みほ
実弥	8・8	みや
美梨	9・11	みり
椛	11	もみじ
悠桔	11・10	ゆうき
夕那	3・7	ゆうな
夕月	3・4	ゆづき
弓禾	3・5	ゆみか
夕女	3・3	ゆめ
梨胡	11・9	りこ
梨保	11・9	りほ
里実	7・8	りみ
梨里	11・7	りり

冬にちなんだ名前

イメージに合う漢字

白5 北5 冴7 柊9 柚9
純10 透10 清11 雪11 清11
椿13 聖13 銀14 凜15 凛15

男の子

名前	画数	読み
清斗	11・4	きよと
聖紀	13・9	きよのり
清昌	11・8	きよまさ
聖将	13・10	きよまさ
銀河	14・8	ぎんが
銀次	14・6	ぎんじ
銀治	14・8	ぎんじ
銀太	14・4	ぎんた
銀汰	14・7	ぎんた
冴玖	7・7	さく
冴介	7・4	さすけ
聖志	13・7	さとし
柊季	9・8	しゅうき
柊護	9・20	しゅうご
柊亮	9・9	しゅうすけ
純市	10・5	じゅんいち
純吾	10・7	じゅんご
純児	10・7	じゅんじ
純弥	10・8	じゅんや
仁聖	4・13	じんせい
澄人	15・2	すみと
澄則	15・9	すみのり
澄也	15・3	すみや
聖我	13・7	せいが
清伍	11・6	せいご
清司	11・5	せいじ
正柊	5・9	せいしゅう
清純	11・10	せいじゅん
清太	11・4	せいた
清弥	11・8	せいや
想冴	13・7	そうご
透来	10・7	とうき
冬護	5・20	とうご
透五	10・4	とうご
透馬	10・10	とうま
冬理	5・11	とうり
透	10	とおる
透流	10・10	とおる
白都	5・11	はくと
白夜	5・8	びゃくや
洋雪	9・11	ひろゆき
冬樹	5・16	ふゆき
冬斗	5・4	ふゆと
冬馬	5・10	ふゆま
北星	5・9	ほくせい

名前	画数	読み
北斗	5・4	ほくと
歩澄	8・15	ほずみ
真冴騎	10・7・18	まさき
雪人	11・2	ゆきと
雪平	11・5	ゆきひら
雪弥	11・8	ゆきや
柚紀	9・9	ゆずき
柚流	9・10	ゆずる
凜多	15・6	りんた
凜太郎	15・4・9	りんたろう
凜登	15・12	りんと
凜弥	15・8	りんや
玲司	9・5	れいじ
玲汰	9・7	れいた
玲真	9・10	れいま

女の子

名前	画数	読み
愛銀	13・14	あかね
梅加	10・5	うめか
梅那	10・7	うめな
花凜	7・15	かりん
香凜	9・15	かりん
北英	5・8	きたえ
北実	5・8	きたみ
清加	11・5	きよか
清菜	11・11	きよな
清音	11・9	きよね
清実	11・8	きよみ
聖良	13・7	きよら
小梅	3・10	こうめ
冴亜弥	7・7・8	さあや
冴菜	7・11	さえな
冴良	7・7	さえら
柊花	9・7	しゅうか
柊奈	9・8	しゅうな
純菜	10・11	じゅんな
純音	10・9	じゅんね
純花	10・7	すみか
澄加	15・5	すみか
純乃	10・2	すみの
澄玲	15・9	すみれ
聖空	13・8	せいあ
清華	11・10	せいか
聖子	13・3	せいこ
聖奈	13・8	せいな
聖良	13・7	せいら
雪香	11・9	せつか
千雪	3・11	ちゆき
椿稀	13・12	つばき
椿咲	13・9	つばさ
冬歌	5・14	とうか
透花	10・7	とうか
透子	10・3	とうこ
羽澄	6・15	はすみ
芭純	7・10	はすみ
芭雪	7・11	はゆき
冬華	5・10	ふゆか
冬奈	5・8	ふゆな
冬音	5・9	ふゆね
冬美	5・9	ふゆみ
茉白	8・5	ましろ
麻雪	11・11	まゆき
美聖	9・13	みさと
実冬	8・5	みふゆ
深雪	11・11	みゆき
雪亜	11・7	ゆきあ
雪乃	11・2	ゆきの
柚香	9・9	ゆずか
柚菜	9・11	ゆずな
柚夕	9・3	ゆずゆ
柚野	9・11	ゆの
凜々奈	15・3・8	りりな
凜加	15・5	りんか
凜心	15・4	りんこ
凜菜	15・11	りんな
玲衣	9・6	れい
玲花	9・7	れいか
玲那	9・7	れいな
玲実	9・8	れいみ

兄弟姉妹でつながりのある名前

イメージをそろえる

空
- 昊8 也3　そらや
- 美9 空8　みそら

海
- 海9 慈13　かいじ
- 凪6 紗10　なぎさ

光
- 明8 羅19　あきら
- 大3 輝15　だいき
- 明8 李7　あかり

夢
- 希7 向6　のぞむ
- 夢13 花7　ゆめか

花
- 茉8 莉10 香9　まりか
- 百6 合6 依8　ゆりえ

音
- 音9 弥8　おとや
- 響20 季8　ひびき
- 奏9 心4　かなこ

太陽
- 陽12 治8　ようじ
- 晴12 陽12　はるひ

色
- 碧14 士3　きよし
- 朱6 理11　あかり

植物
- 蓮13 人2　れんと
- 花7 梨11　かりん
- 桜10 子3　さくらこ

止め字をそろえる

人
- 彩11 人2　さいと
- 雅13 人2　まさと
- 理11 人2　りひと

吾
- 慶15 吾7　けいご
- 悠11 吾7　ゆうご

士
- 敬12 士3　けいじ
- 奏9 士3　そうじ

大
- 宏7 大3　こうだい
- 勇9 大3　ゆうだい

矢
- 和8 矢5　かずや
- 柾9 矢5　まさや

菜
- 実8 菜11　みな
- 結12 菜11　ゆうな
- 梨11 菜11　りな

帆
- 万3 帆6　まほ
- 海9 帆6　みほ
- 莉10 帆6　りほ

姫
- 真10 姫10　まき
- 実8 姫10　みき

衣
- 麻11 衣6　まい
- 優17 衣6　ゆい

漢字をそろえる

分類	名前	画数	読み
愛	愛仁	13・4	あいと
愛	愛奈	13・8	あいな
愛	美愛	9・13	みあ
心	徹心	15・4	てっしん
心	雄心	12・4	ゆうしん
星	星斗	9・4	ほしと
星	星菜	9・11	せいな
星	星羅	9・19	せいら
麻	紘麻	10・11	ひろま
麻	真麻	10・11	まあさ
麻	麻琴	11・12	まこと
輝	幸輝	8・15	こうき
輝	弘輝	5・15	ひろき
輝	輝咲	15・9	きさ
太	壮太	6・4	そうた
太	太市	4・5	たいち
太	太洋	4・9	たいよう
和	和仁	8・4	かずひと
和	悠和	11・8	ゆわ
紀	行紀	6・9	ゆきのり
紀	紀心	9・4	きこ
紀	有紀	6・9	ゆうき
音	音哉	9・9	おとや
音	音美	9・9	おとみ
音	万音	3・9	まお
生	香生	9・5	こうき
生	治生	8・5	なおき
生	万咲生	3・9・5	まさき
大	大季	3・8	だいき
大	温大	12・3	はると
大	大和	3・8	やまと
馬	統馬	12・10	とうま
馬	晴馬	12・10	はるま

文字数や響きをそろえる

分類	名前	画数	読み
一字＋「～う」	幸	8	こう
一字＋「～う」	総	14	そう
一字＋「～う」	洋	9	よう
一字＋「～い」	藍	18	あい
一字＋「～い」	翠	14	すい
一字＋「～い」	唯	11	ゆい
一字＋「～ん」	蓮	13	れん
一字＋「～ん」	杏	7	あん
一字＋「～ん」	凜	15	りん
二字＋「～子」	希子	7・3	きこ
二字＋「～子」	莉子	10・3	りこ
二字＋二音	由良	5・7	ゆら
二字＋二音	蒼空	13・8	そら
二字＋二音	羽奈	6・8	はな
二字＋四音	光佑	6・7	こうすけ
二字＋四音	泰聖	10・13	たいせい
二字＋四音	桜心	10・4	さくらこ
二字＋拗音	章介	11・4	しょうすけ
二字＋拗音	涼太	11・4	りょうた
二字＋拗音	恭香	10・9	きょうか
二字＋「～々」	美々	9・3	みみ
二字＋「～々」	瑠々	14・3	るる
二字＋「～輔」	正輔	5・14	しょうすけ
二字＋「～輔」	壮輔	6・14	そうすけ
二字＋「～輔」	要輔	9・14	ようすけ
三字＋三音	七緒矢	2・14・5	なおや
三字＋三音	真虎斗	10・8・4	まこと
三字＋三音	茉里奈	8・7・8	まりな
三字＋三音	友梨佳	4・11・8	ゆりか
三字＋「～郎」	光太郎	6・4・9	こうたろう
三字＋「～郎」	新治郎	13・8・9	しんじろう
三字＋「～美」	明日美	8・4・9	あすみ
三字＋「～美」	陽呂美	12・7・9	ひろみ

干支にちなんだ名前

イメージに合う漢字

子3 巳3 卯5 未5 酉7
辰7 虎8 馬10 寅11 龍16

男の子

名前	画数	読み
朝巳	12・3	あさみ
篤未	16・5	あつみ
宇龍	6・16	うりゅう
和寅	8・11	かずとら
勝巳	12・3	かつみ
瑚卯貴	13・5・12	こうき
修馬	10・10	しゅうま
子竜	3・10	しりゅう
辰也	7・3	しんや
拓未	8・5	たくみ
辰之介	7・3・4	たつのすけ
辰真	7・10	たつま
寅治	11・8	とらじ
虎之助	8・3・7	とらのすけ
巳希哉	3・7・9	みきや
未礼	5・5	みらい
由卯基	5・5・11	ゆうき
酉登	7・12	ゆうと
酉磨	7・16	ゆうま
優馬	17・10	ゆうま
羊志	6・7	ようし
羊平	6・5	ようへい
龍臣	16・7	りゅうじん
龍助	16・7	りゅうすけ
竜太郎	10・4・9	りゅうたろう
竜斗	10・4	りゅうと
龍司	16・5	りょうじ

女の子

名前	画数	読み
愛子	13・3	あいこ
亜巳	7・3	あみ
卯乃	5・2	うの
卯美	5・9	うみ
卯美香	5・9・9	うみか
卯梨	5・11	うり
辰姫	7・10	たつき
辰音	7・9	たつね
麻巳	11・3	まみ
未緒	5・14	みお
巳果	3・8	みか
巳希	3・7	みき
未季	5・8	みき
未紅	5・9	みく
巳咲	3・9	みさ
巳奈	3・8	みな
未弥子	5・8・3	みやこ
未夢	5・13	みゆ
未玲	5・9	みれい
結卯	12・5	ゆう
酉妃	7・6	ゆうき
優子	17・3	ゆうこ
夕卯菜	3・5・11	ゆうな
結未	12・5	ゆうみ
酉里花	7・7・7	ゆりか

第4章

しあわせ漢字を贈る

P340から始まる表の見方

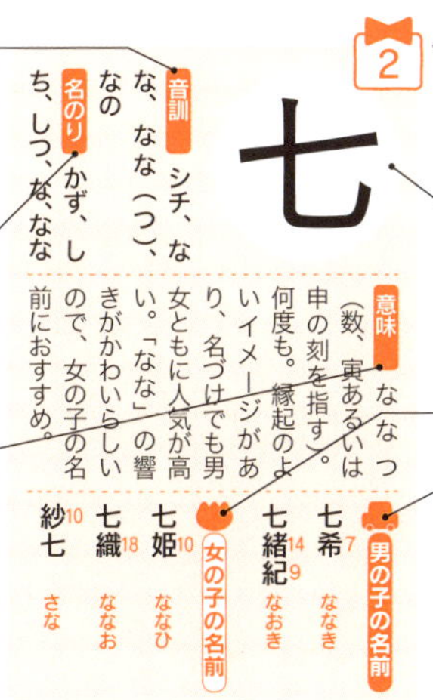

2
七
音訓 シチ、なな、なな（つ）、なの
名のり かず、しち、しつ、な、なな
意味 ななつ（数、寅あるいは申の刻を指す）。何度も。縁起のよいイメージがあり、名づけでも男女ともに人気が高い。「なな」の響きがかわいらしいので、女の子の名前におすすめ。
男の子の名前
七希7 なき
七緒紀14 9 なおき
女の子の名前
七姫10 ななひ
七織18 ななお
紗10七 さな

音訓
音読みをカタカナ、訓読みをひらがなで表しています。

名のり
比較的よく使われる読みを優先に入れています。

意味
その漢字の代表的な意味や名づけでのポイントを紹介しています。

画数
その漢字の画数を示しています。

漢字

女の子の名前

男の子の名前
漢字を使った男の子と女の子の名前例を挙げました。漢字の右側にある数字は、画数を表しています。読み方は一例です。

「漢字」から名前を考えよう

漢字のもつ意味、またはそこからふくらむイメージを名前に活かすのもすてきです。

意味はもちろん字面のよしあしも考える

漢字の意味や字形を重視して名前を考える方法です。具体的には一字で用いる、止め字を添えたりほかの字と組み合わせたりして二字名、三字名にするなどが考えられます。また万葉仮名風に一音に一字ずつ当てはめることもできます。

しかし、名前に使える漢字は常用漢字と人名用漢字を合わせた約3000字もあり、選ぶのは大変です。P340からのおすすめ漢字や名前例、また字典を参考に、響きやイメージと合わせて理想の漢字を探すとよいでしょう。

用いる漢字の候補を選んだら終わり、というわけではありません。字を組み合わせたときのバランスを考えましょう。文字にしたときに、縦割れにならないか、線が多く重たい印象にならないかなどをフルネームでチェックするのを忘れないでください。

響きやイメージから考えた場合でも、どの漢字を使うかで印象が変わります。

漢字にわが子への愛情を込め生涯、大切に思える名前をつけてあげてください。

意味の二面性や組み合わせに注意

漢字には一つずつ異なる意味やイメージがあります。名前に用いる場合は、よくない意味のほうが一般的な「悪」や「獄」などのマイナスな印象の漢字は避けましょう。とくに「優」と「憂」など、似た形の字には注意が必要です。ネガティブな印象の名前にならないよう気をつけてください。

また、同じ字でもプラスとマイナスの意味を兼ね備えた漢字もあります。たとえば「空」は「大空」の意味のほかに「むなしい、からっぽ」の意味もあります。しかし、これをあまり気にしすぎると、名前はなかなか決まりません。どちらの面を重視するかは人それぞれなので、意味には二面性があると理解したうえで漢字を選びましょう。

さらに、単独では問題なくても、「心太（しんた）」は「ところてん」、「海月（みづき）」は「くらげ」と読むなど、組み合わせると名前向きでない意味や読み方をする場合があります。

実際に書いて確かめながら、ふさわしい漢字の組み合わせを考えてください。

「漢字」から考えるステップ

1 好きな漢字をいくつか挙げる

好きな漢字や使いたい漢字を思いつくままに書き出しましょう。P340からは、名づけにおすすめの漢字を紹介しているので参考にしてください。または字典を用いたり、家族や友人の名前に目を向けたりしてもよいでしょう。

2 どんな読み方があるか確認する

しあわせ「漢字」を贈る → P337〜

漢字には「音読み」「訓読み」「名のり」の、さまざまな読み方があります。なじみのない読み方は不便に感じることも。

3 組み合わせを考える

「一字名」「二字名」「三字名」と、使う字数によって印象は変わります。また、漢字を入れ替えることでバリエーションも増やせます。お気に入りの一字があるなら、「止め字」（P418）と組み合わせるのもひとつの手です。

4 響きや画数の最終確認！

姓と名前を合わせたときにバランスや意味が悪くならないか、声に出して読みにくくないかを確認しましょう。姓名判断を意識するなら、画数も確認します。

一 1

音訓 イチ、イツ、ひと、ひと（つ）

名のり い、いち、いつ、おさむ、か、かず、かた、かつ、くに、すすむ、ただ、ち、のぶ、はじむ、はじめ、ひ、ひさ、ひじ、ひで、ひと、ひとし、まこと、まさ、まさし、もと

意味 ひとつのもの。最初の数。物事の始まり。一本気を感じさせる。

男の子の名前
- 一護 20 いちご
- 一之真 3 10 いちのしん
- 光一 6 こういち

女の子の名前
- 一佳 8 いちか
- 一野 11 いちの

人 2

音訓 ジン、ニン、ひと

名のり きよ、さね、じん、たみ、と、ひこ、ひと、ひとし、ふと、め、むと

意味 人間。人柄、性質。末広がりで左右対称の字が、大地に足をつけたたくましい印象がある。「と」の読みのなかでは「斗」「翔」の次に人気の止め字。

男の子の名前
- 且人 5 かつと
- 悠人 11 ゆうと
- 滋人 12 しげと
- 瞬人 18 しゅんと
- 万紗人 3 10 まさと
- 唯良人 11 7 ゆらと

八 2

音訓 ハチ、ハツ、や、やつ、や（つ）、やっ（つ）、よう

名のり かず、は、はち、や、やつ、わ、わかつ

意味 やっつ。八度。八番目。別れる、分ける。「八百万」のように数が多いこと。字が末広がりのため縁起がよいとされ、万葉仮名風の名前に多く用いられる。

男の子の名前
- 八陽 12 やひろ
- 八潮 15 やしお

女の子の名前
- 八絵乃 12 2 やえの
- 八智世 12 5 やちよ
- 八輝 15 はつき

乙 1

音訓 イツ、オツ

名のり お、おと、き、きのと、くに、たか、つぎ、つぐ、と、とどむ

意味 甲の次、二番目。粋なこと、味なこと。小さく愛らしい様子。ひとつ。つばめ。読んだ本の読み止まりにつける印。きのと。十干の第二位。一画で書けるシンプルな字で和風なイメージ。

男の子の名前
- 乙史 5 おとふみ
- 乙基 11 おとき

女の子の名前
- 乙乃 2 おとの
- 乙美 9 おとみ
- 乙恵 10 おとえ

乃 2

音訓 ダイ、ナイ

名のり いまし、おさむ、だい、の、のり、ゆき、ゆく

意味 すなわち。以前。おまえ。ひらがなの「の」は、乃の草書体、カタカナの「ノ」は、乃の字体の省略。女の子の止め字として定番だが、男女問わず二文字目に用いることもある。

男の子の名前
- 乃渡 12 だいと
- 藍乃介 18 4 あいのすけ
- 亮乃輔 9 14 りょうのすけ

女の子の名前
- 乃々未 3 5 ののみ
- 優乃 17 ゆの

力 2

音訓 リキ、リョク、ちから

名のり いさお、いさむ、お、か、ちか、ちから、つとむ、よし、り、りき

意味 ちから。筋肉の働き。勢い。効きめ。恩恵。仕事に励む。力を尽くす。努力。つわもの。わんぱくで力強いイメージから、男の子に人気がある。

男の子の名前
- 力丸 3 りきまる
- 力矢 5 りきや
- 力利 7 りきと
- 力来 7 りく
- 力都 11 りきと
- 壱力 7 いちりき

七 2

音訓 シチ、なな、なな（つ）、なの

名のり かず、しち、しつ、な、なな

意味 ななつ（数、寅あるいは申の刻を指す）。何度も。縁起のよいイメージがあり、名づけでも男女ともに人気が高い。「なな」の響きがかわいらしいので、女の子の名前におすすめ。

男の子の名前
- 七希 7 ななき
- 七緒紀 14 9 なおき

女の子の名前
- 七姫 10 ななひ
- 七織 18 ななお
- 紗七 10 さな

二 2

音訓 ニ、ジ、ふた、ふた（つ）

名のり かず、さ、し、じ、すすむ、つぎ、つぐ、に、ふ、ぶ、ふた

意味 ふたつ。ふたたび。二分する、二倍にする。匹敵するもの。男の子の止め字として定番。万葉仮名のように「に」や「ふ」と単音で読ませることが増えている。

男の子の名前
- 二識 19 にしき
- 堅二郎 12 9 けんじろう
- 慎二郎 13 9 しんじろう

女の子の名前
- 二奈代 8 5 になよ
- 二萌 11 にも

丸 3

音訓 ガン、まる、まる（い）、まる（める）

名のり たま、ち、か、まる、まろ

意味 立体的に丸い。小さくて丸いもの。玉。まるまる、完全。すべてを包み込む大らかな印象の字。かつては、「牛若丸」など、男の子の幼名の止め字として使われた。

男の子の名前
- 風路丸 9 13 ふじまる
- 康丸 11 やすまる
- 噴丸 15 ふくまる

女の子の名前
- 丸心 4 まるこ
- 丸海 9 まるみ

弓 3

音訓 キュウ、クウ、ゆみ

名のり み、ゆ、ゆげ、ゆみ

意味 弓。弓を射る技術。弓の形をしている柔軟さと、凛としたたくましさを連想させる字。「ゆみ」の響きで女の子の名前として用いられるが、「ゆ」や「きゅう」を男の子の名前に使用することも多い。

男の子の名前
- 弓也 3 ゆみなり
- 弓陽虎 12 8 ゆみひこ

女の子の名前
- 弓香 9 ゆみか
- 千弓 3 ちゆみ
- 空弓 8 あゆみ

三 3

音訓 サン、み、み(つ)、みっ(つ)

名のり かず、こ、さ、ざ、さぶ、ざぶ、さむ、さん、ざん、そ、ぞう、そう、ただ、なお、み、みつ、みる

意味 みっつ。みたび。三分する、三倍する。男の子の止め字の定番だが、「み」としての響きを活かすことが増えた。

男の子の名前
- 三千聡 3 14 みちさと
- 帝三 9 たいぞう
- 洸三 9 こうぞう

女の子の名前
- 三知佳 8 8 みちか
- 三野 11 みの

之 3

音訓 シ、この、これ、の、ゆく

名のり いたる、くに、これ、し、つな、の、のぶ、ひさ、ひで、やす、ゆき、よし、より

意味 行く、出る。至る。止め字の「ゆき」として男の子の名前の定番。また「の」の響きを活かし、性別を問わず用いられている。

男の子の名前
- 芙海之 7 9 ふみゆき
- 虹之輔 9 14 にじのすけ
- 陽之介 12 4 ようのすけ

女の子の名前
- 之実 8 ゆきみ
- 美之莉 9 10 みのり

久 3

音訓 キュウ、ク、ひさ(しい)

名のり き、きゅう、く、ぐ、つね、なが、ひこ、ひさ、ひさし

意味 久しい。行末が長い。古くからの。久しくする。時間を長く延ばす。字自体にのびやかさがあり、いつまでも続く時間の流れをイメージできる縁起のよい字。

男の子の名前
- 寿久 7 かずひさ
- 亜令久 7 5 あれく
- 玲久 9 れいく

女の子の名前
- 久依 8 ひさえ
- 海久茂 9 8 みくも

士 3

音訓 シ、ジ

名のり あき、あきら、お、おさむ、こと、さち、し、じ、ただ、つかさ、と、のり、ひと、まもる

意味 物事を処理する才能がある人。従事する。役人。検察、裁判をつかさどる人。学問、知識によって身を立てる人。道を志す人。力強いイメージがあり、男の子向け。

男の子の名前
- 尚士 8 なおと
- 幸士朗 8 10 こうしろう
- 疾士 10 はやし
- 麻紗士 11 10 まさし
- 晴士 12 はるし
- 盟士 13 めいじ

女 3

音訓 ジョ、ニョ、ニョウ、おんな、め

名のり こ、たか、ひめ、め、よし

意味 女、女性。娘。小さくてかわいいもの。意味や形から、女性らしさや愛らしさをイメージする字。近年では「め」の響きを活かした女の子の名前も多い。

女の子の名前
- 女衣咲 6 9 めいさ
- 女依菜 8 11 めいな
- 友女祢 4 9 ゆめね
- 羽女 6 うめ
- 彩女 11 あやめ
- 悠女 11 ゆめ

己 3

音訓 コ、キ、おのれ

名のり お、おと、おとこ、き、これ、つち、な、み

意味 おのれ。つちのと、十干の第六位。止め字として男女ともに用いられる。別字の「巳」と似ていて、間違われやすい印象もある。男女両方に使える。

男の子の名前
- 治己 8 ちき
- 奏己 9 そうき
- 隆己 11 そうき

女の子の名前
- 真己花 10 7 まみか
- 悠己 11 ゆうき

子 3

音訓 シ、ス、こ

名のり こ、さね、し、しげ、しげる、たか、ただ、たね、ちか、つぐ、とし、ね、み、みる、やす

意味 子ども。果実、種。「遊子＝旅人」「舟子＝船頭」のように、何かをする人のこと。思想家、学者。慈しむ、愛する。女の子の止め字の定番。

女の子の名前
- 奈子 8 なこ
- 香子 9 かこ
- 千莉子 3 10 ちりこ
- 絵都子 12 11 えつこ
- 愛海子 13 9 あみこ
- 寧々子 14 3 ねねこ

小 3

音訓 ショウ、こ、お、ちい(さい)

名のり お、こ、さ、ささ、ちいさ、わか

意味 小さい。細かい。少ない。若い、幼い。「小社」など自分を謙遜するときに使う。女の子の「小雪」や「小春」などかわいらしさをイメージさせる名前に適している。

男の子の名前
- 小治郎 8 9 こじろう
- 小寅 11 ことら

女の子の名前
- 小衣希 6 7 こいき
- 小空 8 こそら
- 小真 10 こま

夕 3

音訓 セキ、ジャク、ゆう
名のり すえ、ゆ、ゆう
意味 ゆうべ、日暮れ。夜。月を祭ること。年や月の末。字形が月の形を表した曲線的な字なので、角ばった字と合わせるのがおすすめ。落ち着きのある「ゆう」のやさしい響きは、男女問わず人気。

男の子の名前
- 夕一朗 1 10 ゆういちろう
- 夕雅 13 ゆうが

女の子の名前
- 夕姫 10 ゆめ
- 夕羅 19 ゆら
- 舞夕 15 まゆう

万 3

音訓 マン、バン
名のり かず、かつ、すすむ、たか、つむ、つもる、ま、まさ、まん、よろず
意味 千の十倍。数が多いこと。多様である。極めて。数字の大きさから、心の広さをイメージさせる字。画数が少ないので、複雑な字とも合わせやすい。

男の子の名前
- 万沙仁 7 4 まさと
- 芙羽万 7 6 ふうま
- 奏万 9 そうま

女の子の名前
- 伊万梨 6 11 いまり
- 絵万 12 えま

王 4

音訓 オウ
名のり お、き、きみ、こきし、こにきし、たか、まさ、み、わ、わか
意味 君主。徳によって天下を治めること。大きい。立派な。最高位のもの。雄々しく威厳のあるさまを連想する字で、インパクト大。男の子の止め字の「お」として用いることも増えている。

男の子の名前
- 王我 7 おうが
- 王昊 8 おおぞら
- 王緒 14 きみお
- 羽瑠王 6 14 はるお
- 開王 12 かいおう
- 貴志王 12 7 きしお

千 3

音訓 セン、ち
名のり かず、せん、ち、ゆき
意味 百の十倍。千回。「一騎当千」のように数が多いこと。シンプルな形だが、縦線と横線のバランスがよく、どの字とも相性がよい。「ち」の響きで名前に用いるのが定番だが、「かず」と読ませるケースも。

男の子の名前
- 千斗 4 せんと
- 千磨 16 かずま

女の子の名前
- 千花 7 ちか
- 千幸 8 ちさ
- 実千瑠 8 14 みちる

也 3

音訓 ヤ、なり
名のり あり、これ、ただ、なり、また、や
意味 疑問や反語、呼びかけなどで用いる助字。男の子の止め字として定番で、「弥」や「哉」と肩を並べる。画数が少ないことからどの字とも相性がよい。「なり」と読み間違われやすい面も。

男の子の名前
- 衣玖也 6 7 いくや
- 京也 8 けいや
- 航也 10 こうや

女の子の名前
- 也海 9 なりみ
- 実也 8 みや

牙 4

音訓 ガ、ゲ、きば
名のり が
意味 歯。犬歯。ライオンや犬などの大きく成長した歯。将軍の旗。役所。めばえる。シンプルな字面だが、じつは牙の上下が交わった象形文字。男の子の名前として、凛々しさやたくましさを表せる。

男の子の名前
- 牙空 8 がく
- 太牙 4 おおが
- 平牙 5 ひょうが
- 吟牙 7 ぎんが
- 勇牙 9 ゆうが
- 聖牙 13 せいが

大 3

音訓 タイ、ダイ、おお
名のり お、おい、おう、おうい、おうき、き、た、たい、だい、たかし、たけし、とも、なが、はじめ、はる、ひろ、ひろし、ふと、ふとし、まさる、もと、ゆたか
意味 形が大きい。地位や人格などが高く立派である。心の広さを感じさせる。

男の子の名前
- 大瑚 13 だいご
- 大輝 15 ひろき
- 俊大 9 としひろ
- 蒼大 13 あおと
- 慧大 15 けいた
- 篤大 16 あつひろ

円 4

音訓 エン、まる(い)
名のり かず、つぶら、のぶ、まど、まどか、まる、みつ
意味 まるい。まろやか。つぶら。欠けた部分がない。円満。やわらかく穏やかな響きや意味がある一方で、字形は直線的でやや硬い印象がある。

男の子の名前
- 円司 5 えんじ
- 円哉 9 えんや

女の子の名前
- 円花 7 まどか
- 円李 7 まどり
- 円実 8 まどみ まるみ

介 4

音訓 カイ
名のり あき、かたし、かつ、すけ、たすく、ゆき、よし
意味 助ける、助ける人。人を引き合わせる。区切る。間にある。よろいをつける。堅く守る。大きくする。両側から中のものを守ったり、中から両者を取りもったりすること。男の子の止め字「すけ」の定番。

男の子の名前
- 介治郎 8 9 かいじろう
- 永介 5 えいすけ
- 圭介 6 けいすけ
- 旺介 8 おうすけ
- 滉介 13 こうすけ
- 蔵ノ介 15 1 くらのすけ

4

月

音訓 ガツ、ゲツ、つき

名のり つき、つぎ、づき

意味 つき。地球の衛星。月光。一年を12で分けた期間。月日。月ごと、毎月。形は三日月を表している。夜空でほのかに輝く月のやさしいイメージがある。日ごとに見え方が変わる神秘的な要素もある。

男の子の名前
- 伊月 6 いづき
- 亜月 7 あつき

女の子の名前
- 佐月 7 さつき
- 花月 7 かつき
- 空月 8 あづき

4

心

音訓 シン、こころ

名のり きよ、ご、ここ、ごり、さね、し、しん、なか、み、むね、もと

意味 心。精神。気持ち。趣。心臓。あるいは胸。中央。中心の物。近年は女の子に「ここ」の響きで用いるのが人気に。また、止め字「こ」としてもかわいい。

男の子の名前
- 心吾 7 しんご
- 栄心 9 えいしん

女の子の名前
- 心亜 7 ここあ
- 愛心 13 あこ
- 歌心 14 うたこ

4

太

音訓 タ、タイ、ふと(い)

名のり うず、お、おお、だい、たか、と、ひろ、ふとし、ます、み、もと

意味 はなはだしい。大きい。極限の。安らか。太い。肥えている。気が強い。図々しい。太る。心豊かでたくましいイメージから、男の子の名前に人気。

男の子の名前
- 太史 5 ふとし
- 太市 5 たいち
- 太洋 9 たいよう
- 治太 8 はるた
- 隆太 11 りゅうた
- 想太 13 そうた

4

元

音訓 ゲン、ガン、もと

名のり あさ、げん、ちか、つかさ、とも、なが、はじむ、はじめ、はる、まさ、もと、もとい、もとし、ゆき、よし

意味 源。始め。君主。人民。年号。大きい。正しく、美しい。「元気」からわんぱくで健やかな印象が強い。リーダーのイメージも。

男の子の名前
- 元希 7 げんき
- 元昭 9 もとあき
- 元樹 16 はるき
- 飛元 9 ひげん

女の子の名前
- 元佳 8 もとか

4

仁

音訓 ジン、ニ、ニン

名のり きみ、さと、ただし、と、のぶ、のり、ひさし、ひと、ひとし、まさ、まさし、み、めぐみ、めぐむ、やすし、よし

意味 他人への思いやり。愛情。情け。人。人の心。慈しむ。徳のある人。字形や意味から凛とした印象がある。

男の子の名前
- 仁耶 9 じんや
- 亜希仁 7 7 あきと

女の子の名前
- 仁子 3 にこ
- 仁花 7 にか
- 仁菜 11 にいな

4

天

音訓 テン、あま、あめ

名のり あま、あめ、かみ、そら、たか、たかし

意味 空。天体。太陽。自然。君主。天気。天候。運命。生まれつきのもの。世の中。天地創造の神が住むところ。広がりのある字形と意味から器の大きさを感じさせる。

男の子の名前
- 天舞 15 てんま
- 天樹 16 そらき
- 聖天 13 きよたか

女の子の名前
- 天香 9 てんか
- 実天 8 みそら

4

公

音訓 コウ、ク、おおやけ

名のり あきら、いさお、き、きみ、きん、く、くに、こう、さと、たか、ただ、ただし、とうる、とおる、とも、なお、ひと、ひろ、ひろし、まさ、ゆき

意味 公正、公平。おおやけ。天子。五等爵の第一位。年長者などに対する敬称。

男の子の名前
- 公成 6 こうせい
- 公雪 11 きみゆき

女の子の名前
- 公佳 8 きみか
- 公実 8 くみ
- 公絵 12 きみえ

4

水

音訓 スイ、みず

名のり すい、たいら、な、なか、み、みず、みな、ゆ、ゆく

意味 水。河川や池などの水辺。うるおう。五行のひとつ。水の流れる様子を表した字形から、柔軟さと実直さを感じさせる。こうした意味から透明感や涼しさも連想できる。

男の子の名前
- 水星 9 すいせい
- 水樹 16 みずき

女の子の名前
- 水帆 6 みずほ
- 依子水 8 3 いずみ
- 藍水 18 あいみ

4

斗

音訓 ト、ツ、トウ

名のり け、と、とう、はかる、はるか、ほし、ます

意味 容量の単位。量器の総称。ひしゃく。柄のついた器。空の南、または北にある星座。量の少ないこと。止め字「と」として男の子の名前に用いるのに、「人」と人気を二分している。

男の子の名前
- 斗亜 7 とあ
- 兼斗 10 けんと
- 章斗 11 あきと

女の子の名前
- 斗空 8 とあ
- 陽斗美 12 9 ひとみ

日 4

音訓 ニチ、ジツ、か、ひ

名のり あき、か、はる、ひ、ひる

意味 太陽。日光。昼。一日。月日。時期、時代。日にち。日々。日を数える語。太陽を表した字形で、他人を巻き込むようなあかるい印象がある。画数が少なく、どの字とも合わせやすい。

男の子の名前
- 明(8)日仁(4) あすと
- 靖(13)日 はるひ

女の子の名前
- 日香(9) はるか
- 日華(10) にちか
- 桜(10)世(5)日 さよひ

夫 4

音訓 フ、ブ、フウ、おっと

名のり あき、お、すけ、ぶ、ゆう、よし

意味 妻のある男性。一人前の男性。兵士。また、詠嘆や指示詞として用いられる。広がりのある字形。どっしりと構えた性格を思わせ、男の子の止め字として伝統的に使われている。

男の子の名前
- 久(3)仁(4)夫 くにお
- 比(4)出(5)夫 ひでお
- 斗(4)海(9)夫 とみお
- 明(8)夫輝(15) めぶき
- 茂(8)里(7)夫 もりお
- 飛(9)砂(9)夫 ひさお

友 4

音訓 ユウ、ウ、とも

名のり すけ、とも、ゆ、ゆう

意味 友達。仲間。きょうだいの仲がよいこと。字形は手を組み合わせた様子を表したもの。広がりがあり、大らかさや、友達を大切にするやさしさを連想させる。どの字とも相性がよく、男女問わず人気。

男の子の名前
- 友輝(15) ともき
- 有(6)友利(7) あゆと
- 靖(13)友 はると

女の子の名前
- 友愛(13) とあ
- 沙(7)友 さゆ

巴 4

音訓 ハ、ヘ、うずまき、ともえ

名のり とも、ともえ

意味 虫の名前。水流が「巴」の形のようにうずまく様子、うずまき。地名。鞆(とも)に描かれた絵。神社などにある渦巻状の模様のことも表し、神秘的なイメージがある。女性的な強さやたくましさも連想する。

男の子の名前
- 巴紀(9) ともき
- 巴流(10)季(8) はるき

女の子の名前
- 巴依(8) ともえ
- 衣(6)呂(7)巴 いろは
- 綾(14)巴 あやは

文 4

音訓 ブン、モン、ふみ

名のり あき、あや、いと、すじめ、とも、のぶ、のり、ひさ、ひとし、ふ、ふみ、ふみし、ふむ、ぶん、み、や、やす、ゆき、よし

意味 模様。文字。言葉。文章。手紙、書物。学問。芸術。めぐみ深い徳。知性を感じさせる字。

男の子の名前
- 文矢(5) ふみや
- 直(8)文 なおふみ

女の子の名前
- 文菜(11) あやな
- 文嘉(14) ふみか
- 文槻(15) ふづき

以 5

音訓 イ

名のり い、これ、さね、しげ、とも、のり、もち、ゆき、より

意味 用いる。率いる。理由、わけ。思う。より。はなはだ。すでに。助字としても多用される。ひらがな「い」の原形。強い意味をもたないので、たんなる響きとして用いやすい字。

男の子の名前
- 留(10)以斗(4) るいと
- 悠(11)以基(11) ゆいき

女の子の名前
- 姫(10)以子(3) めいこ
- 結(12)以菜(11) ゆいな
- 瑠(14)以 るい

比 4

音訓 ヒ、くら(べる)

名のり これ、たか、たすく、ちか、つな、つね、とも、なみ、ひ、び、ひさ

意味 善悪や優劣を考えること。照らし合わせる。争う、競う。しきりに。同類。先例。比率。仲間を作る。「ひ」に当てて、万葉仮名風にも使える。

男の子の名前
- 比呂(7) ひろ
- 比那(7)斗(4) ひなと
- 日(4)比希(7) ひびき

女の子の名前
- 比那(7)多(6) ひなた
- 比菜(11) ひな

木 4

音訓 モク、ボク、き、こ

名のり き、こ、しげ、ぼく

意味 木。立ち木の総称。材木。五行のひとつ。棺(ひつぎ)、棺桶(かんおけ)。七曜のひとつ。ありのままで飾り気のないこと。地中に根を張ることから安定を、天に向かって成長することからのびやかさを連想させる。

男の子の名前
- 透(10)木 とうき

女の子の名前
- 木乃(2)花(7) このか
- 木未(5) このみ
- 木羽(6) このは
- 木綿(14)奈(8) ゆうな

右 5

音訓 ウ、ユウ、みぎ

名のり あき、あきら、う、え、これ、さだ、すけ、たか、たすく、なが、のぶ、まさ、みぎ、ゆう

意味 右。西。上位。そば、かたわら。勢力がある。重んじる、尊ぶなどの意味もある。また、「右腕」など頼りになるイメージも。

男の子の名前
- 右京(8) うきょう
- 勇(9)右 ゆうすけ
- 航(10)右 こうすけ

女の子の名前
- 右奈(8) ゆな
- 美(9)右 みゆう

永 5

音訓 エイ、ヨウ、なが（い）
名のり え、えい、つね、とう、なが、ながし、のぶ、のり、はるか、ひさ、ひさし、ひら

意味 物、距離、時間が長い。永久。長くする。字形は、水の流れが長い様子を表している。近年は「えい」の響きが人気で、性別を問わず用いられる。

男の子の名前
- 永司 5 えいじ
- 永基 11 えいき

女の子の名前
- 永花 7 えいか
- 永麻 11 えま
- 永美嘉 9 14 えみか

加 5

音訓 カ、ケ、くわ（える）、くわ（わる）
名のり か、ます、また

意味 増す。重ねる。多くなる。施す。乗せる。着る。仲間にする。凌ぐ。勝つ。足し算。「か」の響きで、万葉仮名風に用いることがほとんど。プラスのイメージが強いため好まれる。

男の子の名前
- 加津彦 9 9 かつひこ
- 太加楽 4 13 たから
- 智加良 12 7 ちから

女の子の名前
- 衣里加 6 7 えりか
- 愛加 13 あいか

巧 5

音訓 コウ、キョウ、たくみ
名のり こう、たえ、たく、たくみ、よし

意味 上手なこと。腕前。たくらみ、からくり。企てること。偽り。上手に行うこと。手先の器用さや努力を怠らない子どもに、との願いを込められる。男の子に用いられることが多い。

男の子の名前
- 巧斗 4 たくと
- 巧哉 9 たくや
- 巧睦 13 たくむ
- 巧磨 16 たくま

女の子の名前
- 巧実 8 こうみ

央 5

音訓 オウ、エイ、ヨウ
名のり あき、あきら、お、おう、ちか、てる、なか、なかば、ひさ、ひさし、ひろ、ひろし、よう

意味 中心。真っ最中。尽きる。広い。あざやかな様子。声がやわらぐ。心が広い印象を与える。止め字として女の子にも用いられる。

男の子の名前
- 斗樹央 4 16 ときお
- 那央希 7 7 なおき

女の子の名前
- 祢央 9 ねお
- 美央奈 9 8 みおな
- 歌央 14 かお

玄 5

音訓 ゲン、ケン
名のり くろ、げん、しず、しずか、つね、とう、とら、のり、はじめ、はる、はるか、ひかる、ひろ、ふか、ふかし、みち、もと

意味 黒い色。天の色、天。北向き。静か。「玄人」など、何かに非常に優れていることも意味する。

男の子の名前
- 玄李 7 げんり
- 玄開 12 げんかい
- 玄輝 15 げんき
- 清玄 11 せいげん
- 悠玄 11 ゆうげん
- 陽玄 12 ひげん

功 5

音訓 コウ、ク
名のり あう、あつ、いさ、いさお、いさおし、かた、かつ、こう、こと、つとむ、とし、なり、なる、のり、よし

意味 功績。仕事。効きめ。努力を重ねた仕事の成果。男の子の名前に使われる印象が強いが、「く」の響きで女の子の名前にも。

男の子の名前
- 功信 9 こうしん
- 功睦 13 いさむ
- 功磨 16 こうま

女の子の名前
- 功仁依 4 8 くにえ
- 功実 8 くみ

可 5

音訓 カ、コク
名のり あり、か、とき、よく、よし、より

意味 よい。聞き入れる。また、可能や許可、適当などを表す助字。「可能性」から未来への希望を感じさせ、「可愛い」から愛らしさを連想できる。角の多い字形なので、実直なイメージも込められる。

女の子の名前
- 可奈子 8 3 かなこ
- 可南 9 かな
- 可恋 10 かれん
- 可澄 15 かすみ
- 英梨可 8 11 えりか
- 結可莉 12 10 ゆかり

甲 5

音訓 コウ、カン
名のり か、かつ、かぶと、き、きのえ、こう、は、まさる

意味 十干の第一位。よろい。甲羅、殻。物事の最初。手足や琴の爪。もっとも優れたもの。縁起のよい字とされる。よろいやかぶとなどの意味から、勢いを感じさせる。

男の子の名前
- 甲斗 4 かぶと
- 甲司 5 こうし
- 甲斐 12 かい

女の子の名前
- 甲実 8 こうみ
- 甲湖 12 こうこ

弘 5

音訓 コウ、グ、ひろ（い）
名のり お、こう、ひろ、ひろし、ひろむ、みつ、ゆき

意味 広い。大きい。両手を大きく開き、弓を張る様子を表した字形。角が多いが、心が広く穏やかな印象を与える字。左右に分かれない文字と合わせ、バランスのよい名前に。

男の子の名前
- 弘芯 7 こうしん
- 弘祐 9 こうすけ
- 弘誠 13 こうせい
- 拓弘 8 たくひろ
- 竜弘 10 たつひろ
- 暁弘 12 あきひろ

5 広

音訓 コウ、ひろ（い）、ひろ（がる）、ひろ（げる）、ひろ（まる）、ひろ（める）

名のり お、こう、たけ、とう、ひろ、ひろし、みつ、やす

意味 ひろい。広大。広める。広まる。東西の広さ。直径。むなしい。広がりのある字形から、器の大きさを感じさせる。

男の子の名前
- 広太 4 こうだい
- 広道 12 ひろみち
- 直広 8 なおひろ

女の子の名前
- 広音 9 ひろね
- 広歌 14 ひろか

5 市

音訓 シ、ジ、いち

名のり いち、いつ、ち、なが、まち

意味 市場。人や物が多く集まる場所。街。家や人が多くにぎやかなところ。「いち」の響きで、「一」の名前と差別化できる。直線が多くバランスのよい字形で、実直なイメージもある。

男の子の名前
- 市露 21 いちろ
- 希市 7 きいち
- 荘市 9 そういち

女の子の名前
- 市香 9 いちか
- 市野 11 いちの

5 生

音訓 ショウ、セイ、ソウ、い（きる）、う（む）、お（う）、き、なま、は（える）

名のり あり、い、いき、いく、う、うぶ、お、おき、き、しょう、すすむ、せい、たか、なり、のう、のり、ひさむ、ふ、ぶ、ふゆ、み、ゆき、よ

意味 生命力の高さをイメージさせる。

男の子の名前
- 生麻 11 いくま
- 藍生 18 あいき

女の子の名前
- 生紅 9 みく
- 南生 9 なお
- 綾生 14 やえ

5 司

音訓 シ

名のり おさむ、かず、し、じ、つかさ、つぐ、つとむ、もと、もり

意味 役人。役所。つかさどる。職務、責任者として行う。管理する。意味から、まじめでしっかりとしたイメージを感じさせる字。名前のどの部分にも置くことができる。

男の子の名前
- 司摩 15 かずま
- 晏司 10 あんじ
- 詠司 12 えいじ

女の子の名前
- 司咲 9 つかさ
- 都 11 司江 6 としえ

5 矢

音訓 シ、や

名のり ただ、ただし、ちかう、ちこう、なお、や、やはぎ

意味 矢。並べる。正しい。正しくする。誓う。施す。矢の形を表した字で、何事にもまっすぐ突き進む印象がある。男の子の止め字として人気だが、女の子でもまじめなイメージになる。

男の子の名前
- 壱矢 7 いちや
- 託矢 10 たくや
- 透矢 10 とうや
- 廣矢 15 ひろや

女の子の名前
- 有 6 矢芽 8 あやめ

5 正

音訓 ショウ、セイ、ただ（しい）、ただ（す）、まさ

名のり あき、あきら、おさ、かみ、きみ、さだ、しょう、せい、たか、ただ、ただし、ただす、つら、なお、のぶ、ま、まさ、まさし、よし

意味 正しい。直す。心や行いをきちんとする。まじめで誠実な性格を想像させる字。

男の子の名前
- 正昭 9 ただあき
- 健正 11 けんせい
- 照正 13 てるまさ

女の子の名前
- 正花 7 せいか
- 正海 9 まさみ

5 史

音訓 シ

名のり さかん、し、じ、ちか、ちかし、てる、のぶ、ひさ、ひと、ふひと、ふの、ふみ、み

意味 主君や国の記録をつかさどる人。歴史の書物。美しいこと。知的な印象を与え、やわらかい雰囲気の字形なので男女ともに使われる。

男の子の名前
- 史暁 12 ふみあき
- 憲史 16 けんし

女の子の名前
- 史依 8 しえ
- 史奈 8 しいな
- 史菜 11 あやな

5 主

音訓 シュ、ス、おも、ぬし

名のり かず、きみ、す、つかさ、ぬし、むね、もと、もり、ゆき

意味 ぬし、あるじ。一家の長。主君、主人。所有者。当事者。根本。中心的な。支配や統率を行うこと。重視する。主体的に行動する強さを感じさせる字。

男の子の名前
- 主紘 10 かずひろ
- 主麻 11 かずま
- 主聞 14 しゅもん
- 主羅 19 ちから
- 香 9 主舞 15 かずま
- 豪 14 主 ごうしゅ

5 世

音訓 セ、セイ、よ

名のり せ、せい、つぎ、つぐ、とき、とし、よ

意味 人の生涯。その時代。世間、世の中の人。代々。生まれる、生じる。女の子に使用すると、「せ」と「よ」で読み間違えられる場合がある。丸い響きと、実直さのある字形の相性がよい。

男の子の名前
- 世凪 6 せな
- 世櫂 18 せかい
- 康世 11 こうせい

女の子の名前
- 亜 7 弥 8 世 あやせ
- 梨世 11 りせ

5

仙

音訓 セン

名のり せん、たかし、のり、ひさ、ひと

意味 仙人。俗界から離れた人、場所。非凡な。美しい。詩歌や書画などの才能に優れた人。男の子の名前に用いられることが多い。能力の高い子に育つよう願いを込めて。

男の子の名前
- 仙太朗 4 10 せんたろう
- 仙多 6 せんた
- 仙隆 11 せんりゅう
- 雄仙 12 ゆうせん

女の子の名前
- 仙菜 11 せんな

5

汀

音訓 チョウ、テイ、みぎわ

名のり てい、なぎさ、みぎわ

意味 波打ち際。岸、浜。水が波立たず平らなこと。字形は、寄せる波がなだらかになる場所を示す。意味から、落ち着いた人柄を連想させる。また、直線が多くまっすぐな意志の強さも思わせる。

男の子の名前
- 汀 なぎさ
- 汀渡 12 ていと

女の子の名前
- 汀友 4 なゆ
- 汀香 9 ていか
- 汀咲 9 なぎさ

5

平

音訓 ヘイ、ビョウ、たい(ら)、ひら

名のり おさむ、さね、たいら、たか、つね、とし、なり、なる、はかる、ひとし、ひら、へい、べい、まさる、もち、やす、よし

意味 凹凸がない。安らかなこと。丸く収まる。平生。平穏な人柄を思わせる字。

男の子の名前
- 平滋 12 へいじ
- 宏平 7 こうへい
- 享平 8 きょうへい
- 勇平 9 ゆうへい
- 奏平 9 そうへい
- 菊平 11 きっぺい

5

代

音訓 タイ、ダイ、か(える)、か(わる)、しろ、よ

名のり しろ、だい、とし、のり、よ、より

意味 変わる。時代。代々。代金。材料。「よ」の響きで、女の子の止め字として人気がある。4画目の曲線が響きのやわらかさと相まって、女性的な印象を与える。

男の子の名前
- 代帆 6 よはん

女の子の名前
- 希代 7 きよ
- 花代 7 はなよ
- 咲代 9 さよ
- 唄代 10 うたよ

5

冬

音訓 トウ、ふゆ

名のり かず、と、とし、ふ

意味 ふゆ。12月～翌年の2月。立冬から立春まで。陰暦では10月～12月。冬ごもりをする。冬を越す。「とう」はシャープで凛とした印象を、「ふゆ」は寒さのなかのホッとするぬくもりを感じさせる。

男の子の名前
- 冬利 7 ふゆと
- 冬波 8 とわ

女の子の名前
- 冬羽梨 6 11 ふうり
- 冬歌 14 ふゆか
- 光冬 6 みふゆ

5

北

音訓 ホク、きた

名のり きた、きたばしり、た、ほく

意味 方角のひとつ。北に行く、北に向かう。分ける。寒い地域や冷たい風を連想させる一方、「北斗七星」のように星もイメージできる。「ほく」の響きで男の子の名前に用いることが多い。

男の子の名前
- 北利 7 ほくと
- 北清 11 ほくせい
- 北都 11 ほくと

女の子の名前
- 北未 5 きたみ
- 北絵 12 きたえ

5

旦

音訓 タン、ダン、あした、あさ

名のり あき、あきら、あけ、あさ、かず、ただ、ただし

意味 朝。夜明け、朝方。字形は、太陽が地平線から昇ることを表している。周囲を照らす元気な子にと願いを込めて。「あす」の響きで、オリジナリティーのある名前に。

男の子の名前
- 旦玖 7 あすく
- 旦都 11 あすと
- 旦悟 10 たんご

女の子の名前
- 旦花 7 あすか
- 旦実奈 8 8 あみな

5

布

音訓 フ、ぬの、しき

名のり しき、たえ、ぬの、のぶ、よし

意味 ぬの。麻や葛の織物や、綿布。織物の総称。貨幣。広げる、行き渡らせる。字形は、砧(きぬた)という道具で艶を出した布を表している。何かを敷くという意味も。布のように広い懐で包み込むイメージ。

女の子の名前
- 布美 9 ふみ
- 布咲子 9 3 ふさこ
- 布恵 10 ぬのえ
- 友布子 4 3 ゆうこ
- 由布歩 5 8 ゆうほ
- 美布結 9 12 みふゆ

5

未

音訓 ミ、ビ

名のり いま、いや、ひつじ、ひで、み

意味 ひつじ、十二支の第八位。未然や否定などの意味で助字としても多く用いられる。字は、若い枝が生長している木の形で、まだ小さく若いことを表している。未来への希望、可能性のある名前になる。

男の子の名前
- 未輝斗 15 4 みきと

女の子の名前
- 波瑠未 8 14 なるみ
- 朋未 8 ともみ
- 奈心未 8 4 なごみ
- 憂未 15 うみ

民 5

音訓 ミン、たみ

名のり たみ、ひと、み、みたみ、みん、もと

意味 一般の人。国家や君主に統治される人。庶民。素朴だが平穏な性格を連想できる。「みん」は人との輪を大切にするイメージを、「たみ」はゆったりと構えている様子を思わせる。

男の子の名前
- 民仁 4 たみひと
- 民登 12 たみと
- 民緒 14 たみお

女の子の名前
- 民花 7 みんか たみか
- 民湖 12 たみこ

令 5

音訓 レイ、リョウ

名のり おさ、なり、のり、はる、よし、れい

意味 命じる。君主の命令。掟、法令。戒め、教訓。立派な、優れた。使役や仮定などを表す助字。字形はシンプルなもの の、意味から、実直に周囲を率いる能力があることを思わせる。

男の子の名前
- 令音 9 れおと
- 令紀 9 れいき

女の子の名前
- 令奈 8 れな
- 令葉 12 れいは
- 美令依 9 8 みれい

衣 6

音訓 イ、エ、ころも

名のり い、え、き、きぬ、そ、みそ

意味 上着。上半身に着るもの。衣服。覆い包むもの。動物の羽や果実の皮。衣服などの布のイメージがあり、たおやかさを思わせる。「い」の響きで、女の子の名前によく用いられる。

男の子の名前
- 衣羅 19 いら
- 衣俐也 9 3 いりや

女の子の名前
- 衣千花 3 7 いちか
- 祢衣 9 ねい
- 憂衣 15 うい

由 5

音訓 ユ、ユイ、ユウ、よし

名のり ただ、みち、ゆ、ゆき、よし、より

意味 基づく。頼り従う。手本とする、真似(まね)る。理由、原因。方法。切り株から育った芽。画数が少なく、左右対称でどんな字とも相性がよい。直線が誠実さを思わせ、温順な響きとマッチ。

男の子の名前
- 有由輝 6 15 あゆき
- 朋由基 8 11 ともゆき
- 由磨 16 ゆうま

女の子の名前
- 由羽奈 6 8 ゆうな
- 咲由 9 さゆ

礼 5

音訓 レイ、ライ

名のり あき、あきら、あや、いや、うや、かた、と、なり、のり、ひろ、ひろし、まさ、まさし、みち、ゆき、よし、れい

意味 神をまつる。礼儀、作法。人が踏み行うべき道。礼を尽くしてもてなすこと。礼儀正しい子になる期待を込めて。

男の子の名前
- 礼都 11 あやと
- 直礼 8 なおゆき

女の子の名前
- 沙礼 7 さあや
- 絵礼奈 12 8 えれな
- 澄礼 15 すみれ

伊 6

音訓 イ、これ

名のり い、いさ、おさむ、ただ、ただし、よし

意味 これ。かれ。あまり多くない「い」の響き。男の子に用いることもできる。先頭に置かれることが多いが、女の子なら止め字にしてもかわいい。姓に多い字なので、重ならないよう注意を。

男の子の名前
- 伊千太 3 4 いちた
- 伊央里 5 7 いおり
- 伊吹 7 いぶき

女の子の名前
- 伊沙希 7 7 いさき
- 伊紅 9 いく

立 5

音訓 リツ、リュウ、た(つ)、た(てる)

名のり たか、たかし、たち、たつ、たつる、たて、たてる、はる

意味 まっすぐ立つ。一人前になる。決定する。成し遂げる。意味や地に両足をつけて立つ姿を表した字形から、安定と意志の強さが感じられる。

男の子の名前
- 立弘 5 たつひろ
- 立彦 9 たつひこ
- 立樹 16 たつき

女の子の名前
- 立代 5 たつよ
- 立歌 14 りつか

安 6

音訓 アン、やす(い)

名のり あ、あん、さだ、やす、やすし

意味 静か。穏やか。落ち着く。緩やか。治まる。安心する。楽しむ。好む。やすらぎ。静かに落ち着いて。意味や響きから、和やかな雰囲気で、安心感をもたらすやさしい印象がある。

男の子の名前
- 安悟 10 あんご
- 安智 12 あさと
- 安羅汰 19 7 あらた

女の子の名前
- 安希子 7 3 あきこ
- 樹安 16 じゅあん

宇 6

音訓 ウ

名のり いえ、う、うま、そら、たか、たかね、のき

意味 軒、ひさし。家。無限の空間。天、空。心、魂。精神。器量。「宇宙」からスケールの大きさを連想する字で、神秘的な印象がある。例の少ない「う」の響きとして、男女ともに用いられやすい。

男の子の名前
- 宇巳 3 うみ
- 宇汰 7 そらた
- 久宇雅 3 13 くうが

女の子の名前
- 宇蘭々 19 3 うらら
- 叶宇 5 かなう

6 羽

音訓 ウ、は、はね

名のり ば、ぱ、はもと、わ、わね

意味 鳥や虫の羽。助けとなるもの。空を羽ばたく軽やかなイメージ。また、羽毛のもつやわらかく人当たりのよい印象も出せる。女の子の名前に用いられることが多いが、近年は男の子にも使われる。

男の子の名前
- 羽耶(9)斗(4)　はやと
- 守(6)羽　しゅう

女の子の名前
- 古(5)都(11)羽　ことは
- 風(9)羽梨(11)　ふわり
- 鈴(13)羽　すずは

6 匡

音訓 キョウ、コウ、ただ(す)

名のり きょう、こう、すく(う)、たすく、ただ、ただし、ただす、まさ、まさし

意味 正しくする。正して助ける。大らかなイメージの「王」が、「匚」に収まり、開けた印象をもつ字。響きも相まって、まじめで真心のある性格を思わせる。

男の子の名前
- 匡志(7)　まさし
- 匡臣(7)　まさおみ
- 匡和(8)　まさかず
- 匡輔(14)　きょうすけ
- 右(5)匡　うきょう
- 寿(7)匡　かずまさ

6 伍

音訓 ゴ、くみ

名のり あつむ、いつ、くみ、ご、たすく、とも、ひとし

意味 5を一組とする単位。仲間。交わる。意味から、友達や仲間を大切にする子になってほしいとの願いを込められる。「ご」の響きとしては「悟」や「吾」とひと味違う印象になる。

男の子の名前
- 伍郎(9)　ごろう
- 秀(7)伍　しゅうご
- 芯(7)伍　しんご
- 星(9)伍　せいご
- 兼(10)伍　けんご
- 准(10)伍　じゅんご

6 気

音訓 キ、ケ

名のり おき、き、とき

意味 水蒸気。かすみ。空気。風雨や寒暑などの自然現象。身体のもととなる活動力。元気。勢い。心持ち。生まれつき。香り。趣。時候や季節。字形は米粒のように小さいものを表している。活発なイメージが強い。

男の子の名前
- 玄(5)気　げんき
- 栄(9)気　えいき
- 悠(11)気　ゆうき

女の子の名前
- 気絵(12)　きえ
- 由(5)気　ゆき

6 旭

音訓 キョク、コク、あさひ

名のり あき、あきら、あさ、あさひ、てる

意味 朝日。日が昇る様子。得意なさま。字形は隠れていた太陽が顔を出し輝く瞬間を表している。太陽が夜の暗闇を徐々に照らし出すように、ほがらかに周囲をあかるくする印象がある。

男の子の名前
- 旭典(8)　あさのり
- 旭基(11)　あさき

女の子の名前
- 旭世(5)　あきよ
- 旭歩(8)　あさほ
- 麻(11)旭　まあさ

6 江

音訓 コウ、ゴウ、え

名のり え、きみ、こう、こし、ただ、のぶ

意味 川の名前。大きな川、大河。海や湖などの陸地に入り込んだところ。字形も、たくさんの水を広く飲み込むほど大きな川を表している。最初や中間で用いると、現代風の名前に。

女の子の名前
- 江美(9)　えみ
- 江璃(15)　えり
- 江麗(19)奈(8)　えれな
- 沙(7)江　さえ
- 花(7)南(9)江　かなえ
- 依(8)来(7)江　いくえ

6 吉

音訓 キチ、キツ

名のり さち、とみ、はじめ、よ、よし

意味 優れている。立派。めでたい。しあわせ。やや古風な印象を受けるものの、縁起がよく満たされた雰囲気の字。形は左右対称でバランスもよい。「きち」以外の響きなら、新鮮さも出そう。

男の子の名前
- 吉昭(9)　よしあき
- 寿(7)吉　かずよし
- 栄(9)吉　えいきち
- 暁(12)吉　あきよし

女の子の名前
- 吉乃(2)　よしの

6 圭

音訓 ケイ、たま

名のり か、かど、きよ、きよし、け、けい、たま、ます、よし

意味 角のある玉。いさぎよい。字形は上が円い、下が方形の玉を表し、直線で整いすっきりとした印象がある。組み合わせるなら、やわらかい形の字がおすすめ。

男の子の名前
- 圭市(5)朗(10)　けいいちろう
- 圭祐(9)　けいすけ
- 圭輝(15)　けいき

女の子の名前
- 圭香(9)　けいか
- 圭緒(14)里(7)　かおり

6 光

音訓 コウ、ひかり、ひか(る)

名のり あき、あきら、あり、かぬ、かね、こう、さかえ、てる、ひかり、ひかる、ひこ、ひろ、ひろし、み、みつ、みつる、みち

意味 明かり。輝き。ほまれ。光沢のあるもの。照らすこと。広い。才知の優れた子にと願って。

男の子の名前
- 光斗(4)　あきと
- 光英(8)　こうえい

女の子の名前
- 光海(9)　こうみ
- 光梨(11)　ひかり
- 小(3)奈(8)光　こなみ

6 亘

音訓 コウ、カン、ガン、セン、わたる

名のり こう、とおる、のぶ、もとむ、ひろし、わたり、わたる

意味 めぐる。物が旋回している形を表した字。だれとでも仲良くできる心の豊かさを思わせる。人気なのは、男の子向けの「わたる」や「こう」の響き。

男の子の名前
- 亘太 4 かんた
- 亘市 5 こういち
- 亘治 8 のぶはる

女の子の名前
- 亘依 8 のぶえ
- 亘実 8 のぶみ

6 向

音訓 コウ、キョウ、ショウ、む(く)、む(ける)

名のり こう、ひさ、むか、むかう、むき、むけ

意味 面と向かう。その方向に赴く。心が向かう。志す。以前。いまさっき。適合する。「向日葵」や「日向」に用いることが多い。目標に向かう積極さを思わせる。

男の子の名前
- 仁向 4 ひとむ
- 夏向 10 かなた

女の子の名前
- 日向花 4 7 ひなか
- 亜妃向 7 6 あいむ
- 姫向 10 ひな

6 至

音訓 シ、いた(る)

名のり いたる、し、じ、ちか、のり、みち、むね、ゆき、よし

意味 来る、やって来る。到達する。最高に達する。極める。行き届いている。この上なく。「極み」。コツコツと着実に目標と向き合い、夢を叶えられるようなイメージがある。

男の子の名前
- 至恩 10 しおん
- 至康 11 しこう
- 勘至 11 かんじ
- 慧至 15 けいし

女の子の名前
- 至衣 6 しえ

6 考

音訓 コウ、かんが(える)

名のり こう、たか、ただ、ちか、とし、なか、なり、なる、のり、やす、よし

意味 思案する。観察し、明らかにする。吟味する。終える。長生きする。何事も慎重にとらえる堅実な印象に。字形の似た「孝」より使われる機会は少ない。

男の子の名前
- 考介 4 こうすけ
- 考太 4 こうた
- 考史 5 こうし たかし
- 利考 7 かずたか

女の子の名前
- 考代 5 たかよ

6 合

音訓 ゴウ、カッ、ガッ、あ(う)、あ(わす)、あ(わせる)

名のり あい、あう、かい、はる、よし

意味 ひとつになる。まじる。集まる。ぴったり合わせる。蓋のある容器。容量、土地などの単位。周囲との関係を円滑に保てるイメージがある。

男の子の名前
- 合汰 7 ごうた

女の子の名前
- 百合乃 6 2 ゆりの
- 百合南 6 9 ゆりな
- 実百合 8 6 みゆり
- 麻百合 11 6 まゆり

6 糸

音訓 シ、いと

名のり いと、たえ、ため、つら、より

意味 綿や麻、繭などからとった糸。糸のように細く長いもの。糸を張った弦楽器。絹糸、絹糸で織った織物。糸を紡ぐ。細かいこと。はかなげな繊細さと、凛とした雰囲気を併せもつ。

男の子の名前
- 駕糸 15 かいと

女の子の名前
- 糸羽 6 いとは
- 糸衣那 6 7 しいな
- 糸祢 9 いとね
- 糸絵 12 いとえ

6 好

音訓 コウ、この(む)、す(く)

名のり こ、こう、このみ、このむ、すみ、たか、み、みよし、よ(い)、よし、よしみ

意味 正しい。優れている。人柄がよい。美しい。仲がよい。親しみ。好む。母親が子どもをいだく姿を表した字形が好ましく、意味も美しい。

男の子の名前
- 好多 6 こうた
- 充好 6 あつよし
- 暁好 12 あきよし

女の子の名前
- 好佳 8 よしか
- 好華 10 このか

6 在

音訓 ザイ、サイ、あ(る)

名のり あき、あきら、あり、ざい、すみ、たみ、とお、まき、みつる

意味 ある。生きている。はっきり見る。自由自在。字形には、災害から人を守り、存在させるものとの意味がある。名前例が少ないので、個性や存在感のある印象になる。

男の子の名前
- 在利 7 あると
- 在麻 11 ありま

女の子の名前
- 在早菜 6 11 あさな
- 在奈 8 ありな
- 在紗 10 ありさ

6 次

音訓 ジ、シ、つぎ、つ(ぐ)

名のり し、じ、ちか、つぎ、つぐ、なみ、ひで、やどる

意味 続く。二番目。順序をつける。編集する。宿泊する。吐息をつく人の姿を表した字形から、ほっとして宿るとの意味がある。かつては次男の止め字に用いられた。

男の子の名前
- 次寿 7 つぐとし
- 圭次 6 けいじ
- 琴次 12 きんじ
- 弊次 15 へいじ
- 慧次郎 15 9 けいじろう
- 憲次 16 けんじ

朱 6

音訓 シュ、ス

名のり あか、あけ、あけみ、あや、じゅ、す

意味 あか。深赤色。赤色の顔料。松や柏などの中心の赤い木。「しゅ」や「じゅ」の響きはかわいらしさがあり、女の子の名前におすすめ。「朱雀」から高貴なイメージがあり、意志の強さも感じられる。

男の子の名前
- 朱李7 しゅり

女の子の名前
- 朱花7 あすか
- 朱寧14 あかね
- 朱歌14 しゅか
- 朱凜15 じゅり

充 6

音訓 ジュウ、あ（てる）

名のり あつ、じゅう、たかし、ただ、まき、まこと、み、みち、みつ、みつる、よし

意味 満ちる。当てる。備わる。多い。覆う。「充実」から満ち足りた様子を連想でき、幸福感のある字。さまざまな読み方ができ、男女ともに使用できる。

男の子の名前
- 充基11 みつき
- 充幹13 あつみき
- 充樹16 あつき
- 春9充 はるみち

女の子の名前
- 充葵12 みつき

迅 6

音訓 ジン

名のり し、とき、とし、はや、はやし

意味 はやい。すみやか。力の強い狼。独特な形で、印象に残りやすい字。曲線のなめらかさと、中心にある縦横の直線がキリッとしたスピード感を思わせる。かっこよく爽快なイメージから、男の子向き。

男の子の名前
- 迅 じん
- 迅乃2介4 じんのすけ
- 迅利7 はやと
- 迅哉9 じんや
- 迅磨16 はやま
- 有6迅 ゆうじん

守 6

音訓 シュ、ス、まも（る）

名のり え、かみ、さね、し、ま、まもり、まもる、もり、もれ

意味 保つ。保持する。保護する。番をする。つかさどる。処理する。大切にする。みさお。宮殿などを手で守る様子を表した字。正義感や責任感とともに、ぬくもりが伝わる。

男の子の名前
- 守斗4 しゅうと
- 守央5 もりお
- 守羽6 しゅう

女の子の名前
- 守実8 すみ
- 愛13守 あじゅ

旬 6

音訓 シュン、ジュン

名のり じゅん、ただ、とき、ひとし、ひら、まさ

意味 十単位の日数、回数、年月。広く行き渡ること。等しいこと。物事を行う最適な時期。一字で男の子に使う場合が多いが、女の子に用いれば個性を出すこともできる。

男の子の名前
- 旬斗4 しゅんと
- 旬太4朗10 しゅんたろう
- 旬汰7 しゅんた

女の子の名前
- 旬那7 じゅんな
- 旬香9 しゅんか

成 6

音訓 セイ、ジョウ、な（す）、な（る）

名のり あき、あきら、おさむ、さだ、さだむ、しげ、しげる、じょう、せい、ぜい、なり、なる、のり、はかる、はる、ひで、ひら、ふさ、まさ、みち、みのる、よし

意味 仕上がる。実る。成し遂げる。和解する。立派。

男の子の名前
- 海9成 かいせい
- 章11成 あきなり

女の子の名前
- 成奈8 せいな
- 成美9 なみ
- 千3成 ちな

舟 6

音訓 シュ、シュウ、ふな、ふね

名のり のり、ふな、ふね

意味 船。水を渡るための乗り物。小型の船。身につける。与える。授ける。小舟に乗り、ゆったりと水の流れに身をまかせるイメージがある。穏やかで心にゆとりがある印象の字。

男の子の名前
- 櫂18舟 かいしゅう
- 舟登12 しゅうと
- 舟舞15 しゅうま

女の子の名前
- 舟花7 しゅうか
- 末5舟 みふね

匠 6

音訓 ショウ、ゾウ

名のり しょう、たくみ、なり、なる

意味 大工。職人。技術者。技芸家。先生。細工。工夫。趣向を凝らすこと。感性が豊かで、芸術的なセンスを備えた名前になる。堂々とした字形で、自分の意見や思いを大切にできそう。

男の子の名前
- 匠之3助7 しょうのすけ
- 匠正5 しょうせい
- 匠矢5 しょうや
- 匠吾7 しょうご
- 匠真10 しょうま
- 匠都11 たくと

汐 6

音訓 セキ、ジャク、しお

名のり うしお、きよ

意味 しお。潮。海水が満ちたり引いたりする現象。とくに夕方の干満、引き潮をいう。そのため「夕」は日暮れを意味している。やさしげな印象のなかに、水の凛とした雰囲気が感じられる字。

男の子の名前
- 汐矢5 しおや
- 紀9汐 きしお

女の子の名前
- 汐梨11 しおり
- 汐穏16 しおん
- 海9汐 みゆう

全 6

音訓 ゼン、セン、まったく

名のり あきら、うつ、ぜん、たもつ、とも、はる、まさ、また、みつ、やす、よし

意味 すべて。備わっている。欠けたところがない。無事。治る。完全に保持する。成し遂げる。あらゆる。何事もやり遂げる精神力を感じさせる。

男の子の名前
- 全 ぜん
- 全紘 10 よしひろ
- 貴 12 全 たかよし

女の子の名前
- 全花 7 よしか
- 全実 8 よしみ

多 6

音訓 タ、おお(い)

名のり おうし、おお、おおし、おおの、かず、た、ただ、とみ、な、なお、まさ、まさる

意味 数や量が多いこと。増す。ありがたいと思う。勝っていると思う、重視する。「太」や「汰」よりも、「た」の響きとして女の子にも使用できる。

男の子の名前
- 多紋 10 たもん
- 徹 15 多 てった

女の子の名前
- 多依 8 たえ
- 宇 6 多子 3 うたこ
- 憂 15 多 うた

凪 6

音訓 なぎ、なぐ

名のり なぎ

意味 なぐ。風や波が静まること。意味のとおり、字形は「風」が「止(む)」ことを表している。海面が平らで波風のないイメージから、安穏とした雰囲気を思わせる。「な」の音は、男女ともにさまざまな名前に利用できる。

男の子の名前
- 凪斗 4 なぎと
- 凪沙 7 なぎさ

女の子の名前
- 凪々 3 海 9 ななみ
- 凪衣 6 なぎ
- 綾 14 凪 あやな

壮 6

音訓 ソウ

名のり あき、お、さかり、さかん、そう、たけ、たけし、つよし、まさ、もり

意味 若く元気いっぱいの年ごろ。若者。大きい。立派で勢いがある。気力にあふれ、勇ましい。体力がさかんである。「壮大」から、スケールが大きく、みなぎるパワーを感じさせる字。

男の子の名前
- 壮司 5 そうじ
- 壮台 5 そうだい
- 壮吾 7 そうご
- 壮治郎 8 9 そうじろう
- 壮祐 9 そうすけ
- 壮基 11 そうき

竹 6

音訓 チク、たけ

名のり たか、たけ

意味 たけ。笛。竹で作った吹く楽器、笙(しょう)など。紙のなかった時代に文字を書いたもの。書物。まっすぐにのびることから、健やかな成長をイメージする字。かたい地面にも根を張るたくましさや柔軟さも感じる。

男の子の名前
- 竹人 2 たけひと
- 竹斗 4 たけと
- 竹央 5 たけお
- 竹司 5 たけし
- 竹治 8 たけはる
- 竹彦 9 たけひこ

汎 6

音訓 ハン、ホン、あまねし、うかぶ、ひろい

名のり ひろ、ひろし、ひろむ、みな

意味 水に浮かぶ、浮かべる。漂う。広く行き渡る。軽い。字形は風のように浮いて広がる意味を表す。フットワークが軽く、視野の広い印象がある。一般的な響きも個性的な字面になる。

男の子の名前
- 汎利 7 はんと
- 汎登 12 ひろと
- 匡 6 汎 まさひろ

女の子の名前
- 汎香 9 ひろか
- 汎菜 11 はんな

早 6

音訓 ソウ、サッ、はや(い)、はや(まる)、はや(める)

名のり さ、さお、さき、そう、はや

意味 朝早いこと。時期より早いこと。速やか。若い。急に。すでに。響きは颯爽(さっそう)とした印象で、直線でできた字形からは実直さを感じさせる。女の子の名前が多い。

男の子の名前
- 早汰 7 そうた
- 早磨 16 そうま

女の子の名前
- 早希 7 さき
- 早依 8 さえ
- 早緒 14 莉 10 さおり

灯 6

音訓 トウ、とも(す)、ひ

名のり あかり

意味 ともしび。明かり。油を入れて火をともす道具。「街灯」から、日が暮れてからともる、ほのかな光を連想する。控えめだが、確実に周囲をあかるくさせる雰囲気がある。「とう」の響きはまっすぐな印象も。

男の子の名前
- 灯 あかし
- 灯弥 8 とうや
- 灯磨 16 とうま

女の子の名前
- 灯里 7 あかり
- 灯音 9 あかね

帆 6

音訓 ハン、ボン、ほ

名のり ほ

意味 風を受けて船を走らせる布。帆船。帆を上げて走ること。女の子の止め字「ほ」として人気がある。海に吹く風を連想することから、物事を広い視点でとらえるイメージ。「はん」の響きは洋風で、現代的な印象に。

男の子の名前
- 帆尭 8 ほたか
- 帆澄 15 ほずみ

女の子の名前
- 帆乃 2 花 7 ほのか
- 帆波 8 ほなみ
- 帆奈 8 津 9 ほなつ

妃 6

音訓 ヒ、ハイ
名のり え、き、ひめ
意味 きさき。妻。連れそう。女

神の尊称。もとは雨の神に仕える女性の意味が始まり。画数は少ないものの、高貴な雰囲気が漂い凛とした印象がある。偏の「女」や響きから、女の子の名前に用いる場合が多い。

女の子の名前
- 妃小菜 3 11 ひさな
- 妃衣呂 6 7 ひいろ
- 妃沙 7 きさ
- 妃織 18 ひおり
- 羽瑠妃 6 14 はるひ
- 悠妃 11 ゆうき

有 6

音訓 ユウ、ウ、あ（る）
名のり あ、あり、くに、すみ、たもつ、とお、とも、なお、なり、みち、もち、ゆ、ゆう
意味 空間に人や物が存在すること。生じる。備えている。維持する、転じて、統治する。富、財産。意味のイメージが強くなく、響き重視の名前に便利。

男の子の名前
- 有宇 6 ゆう
- 有基 11 ゆうき
- 夕有 3 ゆうあ

女の子の名前
- 有花里 7 7 ゆかり
- 優有 17 ゆうゆ

杏 7

音訓 アン、キョウ、ギョウ、コウ、あんず
名のり あん、きょう
意味 あんず。小さめの実と、「あんず」のような響きが相まって愛らしい印象の名前。女の子向きだが、「きょう」なら男の子にも◎。バランスのよい字形で、どんな文字とも合わせやすい。

男の子の名前
- 杏吾 7 あんご
- 杏寿磨 7 16 あずま

女の子の名前
- 杏以 5 あい
- 杏夏莉 10 10 あかり
- 杏葵 12 あき

百 6

音訓 ヒャク、ハク
名のり お、と、はげむ、ひゃく、も、もも
意味 十の十倍。百たび。数が多いこと。「も」や「もも」の響きで、女の子向け。男の子に用いても、温和で包み込むようなやさしさを連想させる。使用例が少なく、個性を発揮できる。

男の子の名前
- 飛百矢 9 5 ともや

女の子の名前
- 百永梨 5 11 もえり
- 百衣未 6 5 もえみ
- 百江波 6 8 もえは
- 百笑 10 もえ

吏 6

音訓 リ
名のり おさ、さと、つかさ、とおる、のぶ、り
意味 役人。役人になっておさめること。「り」の響きで「里」や「李」などが女の子に使われるのに対し、男の子につけやすい字。何事にも真摯な態度で向き合う、まじめな印象を与える。

男の子の名前
- 吏一 1 りいち
- 勇吏 9 ゆうり

女の子の名前
- 吏咲 9 りさ
- 吏菜 11 りな
- 吏緒 14 りお

壱 7

音訓 イチ、イツ、ひとつ
名のり い、いち、いっ、かず、さね、はじめ、もろ
意味 ひとつ。一度。すべて。同じ。集合する。字形には、物事が成功するよう力を保ち凝らす、との意味がある。「一」の使用を避けたいときに用いるとインパクトが出る。

男の子の名前
- 壱多 6 いちた
- 壱哉 9 いちや
- 壱碁 13 いちご

女の子の名前
- 壱乃 2 いちの
- 壱花 7 いちか

名 6

音訓 メイ、ミョウ、な
名のり あきら、かた、なずく、もり
意味 名前。文字。名づける。言い表す。優れている、立派である。有名。「な」の響きで万葉仮名風に使用することが多い。「名声」のように、実績や成果を世間に認められる子にとの願いを込めて。

男の子の名前
- 名央基 5 11 なおき
- 名利 7 めいと
- 名音 9 なおと

女の子の名前
- 名咲 9 めいさ
- 名摘 14 なつみ

亜 7

音訓 ア
名のり あ、つぐ、つぎ
意味 次位。分岐点。字形は縦と横の直線で成り立ち、安定感がある。近年は「2番目」の意味より「あ」の響きを重視し、万葉仮名風に用いられることが多い。また「亜細亜（アジア）」から、雄大な雰囲気もある字。

男の子の名前
- 亜紀彦 9 9 あきひこ
- 亜聖 13 あさと

女の子の名前
- 亜弥野 8 11 あやの
- 亜耶美 9 9 あやみ
- 亜結 12 あゆ

伽 7

音訓 カ、ガ、キャ、とぎ
名のり とぎ
意味 梵語（ぼんご）でカ、ガ・キャの音を表す。人のそばに居て相手をする、退屈を慰めるなどの意味があり、温かみを思わせる。一般的に「か」の漢字より使用頻度は少ないため個性を出しやすく、新鮮味がある。

男の子の名前
- 伽伊 6 かい
- 伽緒留 14 10 かおる
- 伽槻 15 かつき

女の子の名前
- 伽恵 10 かえ
- 伽恋 10 かれん

7

花

音訓 カ、はな

名のり か、け、とし、はな、はる、みち、もと

意味 草木の花の総称、観賞用の花が咲く植物。牡丹や海棠の花の名前。花の形をしたもの。美女。はなやか、美しい、派手。模様入りの。桜、梅の花。栄えること。外見。名誉。女の子に安定して人気の字。

女の子の名前

- 花音 9 かのん
- 花南絵 9 12 かなえ
- 花槻 15 かづき
- 羽依花 6 8 ういか
- 奈乃花 8 2 なのか
- 詠花 12 えいか

7

希

音訓 キ、ケ

名のり き、け、のぞ、のぞみ、のぞむ、まれ

意味 まれ。かすか。望む、仰ぐ。こいねがう、求める。健やかな成長や、未来への可能性を託せる字。男女ともに人気があるので、性別がわかりにくくならないよう、合わせる字の選択が重要になる。

男の子の名前

- 希芯 7 きしん
- 希睦 13 のぞむ
- 希潮 15 きしお

女の子の名前

- 希空楽 8 13 きあら
- 希愛 13 のあ

7

求

音訓 キュウ、グ、もと（める）

名のり き、く、ひで、まさ、もと、もとむ、やす

意味 自分のものにしようとする。探し求める。望む、願い求める。最後。「探求」のように好奇心旺盛で、行動力のあるさまを連想できる。名前例は少なく、プラスのイメージなのでおすすめ。

男の子の名前

- 求紀 9 もとき
- 求晴 12 もとはる

女の子の名前

- 求子 3 もとこ
- 求花 7 もとか
- 求美 9 もとみ

7

快

音訓 カイ、ケ、こころ（よ）

名のり はや、やす、よし

意味 気持ちがよい、楽しい、喜ばしい。すばやい。思う存分。するどい。心がいきいきしている。さわやかな印象だが、「かい」以外の響きはなじみがない。どちらかというと男の子向き。

男の子の名前

- 快斗 4 かいと
- 快紀 9 かいき
- 快修 10 かいしゅう
- 快誠 13 かいせい

女の子の名前

- 快梨 11 かいり

7

玖

音訓 キュウ、ク

名のり き、く、ぐ、たま、ひさ

意味 黒色の玉のように美しい石。「く」の響きとして用いる場合、「久」よりもオリジナリティーが加えられる。画数は少ないものの存在感がある。さらに、高貴なイメージと心が清らかな印象を併せもつ。

男の子の名前

- 玖右 5 くう
- 玖宇我 6 7 くうが
- 玖有吾 6 7 くうご

女の子の名前

- 玖良々 7 3 くらら
- 玖美 9 くみ

7

芹

音訓 キン、ゴン、せり

名のり き、せり、まさ、よし

意味 せり。水辺の湿地に生える食用の水草。春の七草のひとつで、季節感がある。また、直線と曲線から成る字は、芯の強さと温厚な性格を連想させる。「せり」は女の子、「きん」は男の子向き。

男の子の名前

- 芹司 5 きんじ
- 芹以雅 5 13 せいが

女の子の名前

- 芹里 7 せり
- 芹華 10 せりか
- 芹菜 11 せな

7

完

音訓 カン、ガン

名のり かん、さだ、たもつ、なる、ひろ、ひろし、まさ、また、またし、みつ、ゆたか

意味 欠けたところがない。保つ、しっかり守る。治める。完成する。終わる。物事を最後までやり遂げる意志や努力を表す。「かん」の響きが一般的。

男の子の名前

- 完 かん
- 完汰 7 かんた
- 完利 7 かんと
- 完滋 12 かんじ

女の子の名前

- 完菜 11 かんな

7

究

音訓 キュウ、ク、きわ（める）

名のり きわみ、きわむ、さだ、すみ、ふかし、み

意味 きわめる、最後までさぐる。極限に達する。終わり。謀る、考える。「学問を究める」の意味から、勤勉な印象を与える。名前例が少ないので、オリジナリティーを出しやすい。

男の子の名前

- 究志 7 きゅうじ
- 究汰 7 きゅうた
- 究馬 10 きゅうま
- 究夢 13 きわむ

女の子の名前

- 究香 9 きわか

7

君

音訓 クン、きみ

名のり きみ、きん、こ、すえ、なお、よし

意味 諸侯や大名。君主の正妻。君主としての役目を果たす。リーダーシップをとり、周囲の人々をまとめる印象に。男の子の名前では「〜君」と書かれることを考慮する。

男の子の名前

- 君斗 4 きみと
- 君隆 11 きみたか

女の子の名前

- 君子 3 きみこ
- 君花 7 きみか
- 君菜 11 きみな

見 7

音訓 ケン、ゲン、み（える）、み（せる）、み（る）

名のり あき、あきら、けん、ちか、のり、み

意味 目でみる。認める。見分ける。考える。悟る。考え。会う。現れる。はっきりさせる。隅々まで目を配る印象を与える。使用頻度は少なめなので、個性的な名前になる。

男の子の名前
- 見基央（11・5） みきお

女の子の名前
- 見希（7） みき
- 見唯（11） みい
- 見曽乃（11・2） みその
- 見智（12） みち

吾 7

音訓 ゴ、われ

名のり あ、ご、ごろう、みち、わが、われ

意味 自分、自分の。相手を親しんで呼ぶ際に添える語。留める。「ご」として男の子の止め字の定番。女の子に用いるのは稀（まれ）だが、「あ」の響きできでかわいらしく、落ち着いた印象の名前に。

男の子の名前
- 吾宇樹（6・16） ごうき
- 灯吾（6） とうご
- 壮吾（6） そうご
- 雄吾（12） ゆうご
- 翔吾（12） しょうご
- 堅吾（12） けんご

更 7

音訓 コウ、キョウ、あらた（める）、さら、ふ（かす）、ふ（ける）

名のり こう、さら、つぐ、とお、とく、のぶ

意味 重ねて。ますます。新しいこと。夜が遅い、歳をとる、深まる。入れ替わり、新しくなる印象がある。改めて、よい方向へ進む意味を込められる。

男の子の名前
- 更依（8） さらい
- 更飛（9） こうと

女の子の名前
- 更 さら
- 更咲（9） さらさ
- 更歌（14） さらか

冴 7

音訓 コ、ゴ、さ、さえ、さ（える）

名のり さえ、さや

意味 凍る。寒い。鮮やか。思考や腕前がよい。しんしんと冷える。頭の回転の速さはもちろん、センスのよさを表す。キリッとシャープなイメージが強い。「こ」や「ご」の止め字としても使用できる。

男の子の名前
- 冴来（7） さく
- 冴輔（14） さすけ
- 奏冴（9） そうご

女の子の名前
- 冴楽（13） さえら
- 冴愛耶（13・9） さあや

宏 7

音訓 コウ、オウ、ひろ（い）

名のり あつ、こう、ひろ、ひろし

意味 広い。大きい。字形は、屋内の深い広がりを表しており、バランスもよい。器が大きく、包容力のあることを連想させる。だれとでも分け隔てなく接し、打ち解けられる印象に。

男の子の名前
- 宏暁（12） ひろあき
- 宏樹（16） ひろき

女の子の名前
- 宏音（9） ひろね
- 宏菜（11） ひろな
- 宏歌（14） ひろか

克 7

音訓 コク

名のり いそし、かつ、かつみ、すぐる、たえ、なり、まさる、みつ、よし

意味 能力がある。耐える。治める。充分に。争いに勝つ。困難を乗り越えて次のステップに到達する意味をもつ。「克服」などの意味から精神力や忍耐力が表れる。

男の子の名前
- 克也（3） かつなり
- 克矢（5） かつや

女の子の名前
- 克乃（2） かつの
- 克奈（8） かつな
- 克寧（14） かつね

呉 7

音訓 ゴ

名のり く、くに、くれ、ご

意味 大声でいう。大きい。与える。人が口を開けて笑っている様子を表した字で、あかるく楽しげなイメージがある。重量感のある「ご」は男の子に、軽快な「くれ」は女の子につけるのがおすすめ。

男の子の名前
- 呉宇（6） ごう
- 珊呉（9） さんご
- 瑛呉（12） えいご
- 憲呉（16） けんご

女の子の名前
- 奈呉美（8・9） なごみ

孝 7

音訓 コウ、キョウ

名のり あつ、こう、たか、たかし、なり、のり、みち、もと、ゆき、よし

意味 孝行、先祖をまつり、その志を継ぐこと。「孝行」から、つねに感謝の思いを大切にする心を思わせる。男の子の名前として「たか」が定番だが、「こう」も増えつつある。

男の子の名前
- 孝汰（7） こうた
- 孝作（7） こうさく
- 孝誠（13） こうせい

女の子の名前
- 孝子（3） たかこ
- 孝蘭（19） たから

佐 7

音訓 サ

名のり さ、すけ、たすく、よし

意味 助ける、補佐する。手伝い。下役。勧める。周囲への助けを惜しまない人にとの思いを込められる。男女ともに「さ」の響きでつけることが多い。「すけ」として男の子の名前に用いると、個性的になる。

男の子の名前
- 佐利希（7・7） さとき
- 佐紅太（9・4） さくた
- 佐輔（14） さすけ

女の子の名前
- 佐里奈（7・8） さりな
- 佐莉依（10・8） さりい

沙 7

音訓 サ、シャ、すな

名のり いさ、さ、ざ、す

意味 砂。砂のある水辺。水で悪いものを洗う。選び分ける。字形は、水のなかの砂や小さな石を表している。繊細さと、しなやかな水の流れを連想させる。「紗」とともに「さ」の響きとして多用される。

男の子の名前
- 沙斗 4 さと
- 沙利樹 7 16 さとき

女の子の名前
- 沙央 5 さお
- 沙季菜 8 11 さきな
- 沙恵蘭 10 19 さえら

児 7

音訓 ジ、ニ

名のり こ、じ、ちご、のり、はじめ、る

意味 乳飲み子。童。男の子。子供。青年、若者。わんぱくなイメージが強い。男の子の止め字「じ」として、兄弟の有無にかかわらず使用でき、元気いっぱいな印象。子どもへの愛情を込められる。

男の子の名前
- 歩児斗 8 4 ふじと
- 平児 5 へいじ
- 悠児 11 ゆうじ
- 陽児梨 12 11 ひじり
- 茂美児 8 9 もみじ
- 静児 14 せいじ

初 7

音訓 ショ、うい、そ(める)、はじ(め)、はじめて、はつ

名のり のぶ、は、はじめ、はつ、もと

意味 始まり。起こり。始めの。やっと。始め。世間慣れしていないこと。初々しくかわいらしいさまと、初心を忘れない堅実さを兼ね備えた印象に。

男の子の名前
- 初也 3 はつや
- 初衣 6 うい
- 初志雄 7 12 うしお
- 初海 9 うみ
- 初夏 10 ういか
- 初瑠々 14 3 うるる

作 7

音訓 サク、サ、つく(る)

名のり あり、さき、さく、たつ、つくり、つくる、とも、なお、なり、ふか

意味 こしらえる。はじめる。著作。耕す。起こす。成し遂げる。任命する。奮い立たせる。立ち上がる。作用。男の子の止め字の定番だけに、先頭や中間に用いれば新鮮さも。

男の子の名前
- 作睦 13 さむ
- 修作 10 しゅうさく

女の子の名前
- 作美 9 さくみ
- 作羽 6 さくは
- 作蘭 19 さくら

寿 7

音訓 ジュ、ス、ことぶき

名のり いき、かず、かつ、ことぶき、じ、じゅ、じゅう、す、ず、たもつ、つね、とし、としなが、なが、のぶ、ひさ、ひさし、ひで、ひろし、ほぎ、ます、やすし、よし

意味 寿命が長い。年齢。祝う、祝い事。縁起がよく、めでたい印象。

男の子の名前
- 寿也 3 すみや
- 寿昭 9 としあき

女の子の名前
- 寿菜 11 じゅな
- 寿莉 10 じゅり
- 稚寿 13 ちず

助 7

音訓 ジョ、ソ、すけ、たす(かる)、たす(ける)

名のり すけ、たすく、ひろ、ます

意味 助ける、力を添える。援助する。手伝い、加勢。困っている人を助けてあげる心の広さをイメージする字。男の子の止め字の定番で古風な印象だが、逆に新鮮味も感じられる。

男の子の名前
- 大助 3 だいすけ
- 永助 5 えいすけ
- 旺助 8 おうすけ
- 虎之助 8 3 とらのすけ
- 洋助 9 ようすけ
- 将助 10 しょうすけ

志 7

音訓 シ、こころざし、こころざ(す)

名のり さね、じ、しする、しるす、のぞみ、のぞむ、ふみ、むね、もと、もとむ、ゆき、よし

意味 心の向かうところ。考え、望み、目標。目標を立てる。記憶する。親切。自分で決めた目標を努力して達成する心の強さを感じる。

男の子の名前
- 清志 11 きよし
- 蒼志 13 あおし
- 慧志 15 けいし

女の子の名前
- 志音 9 しのん
- 志織 18 しお

秀 7

音訓 シュウ、ひい(でる)

名のり さかえ、さかり、しげる、しゅう、しょう、すえ、すぐる、てる、のぶ、ひいず、ひで、ひでし、ほ、ほず、ほら、みつ、みのる、ゆき、よし

意味 優れる。ぬきんでる。成長する。開花する。優れた人やもの。優秀な子にと願いを込めて。

男の子の名前
- 秀斗 4 しゅうと
- 秀希 7 ひでき
- 秀章 11 ひであき

女の子の名前
- 秀乃 2 ひでの
- 秀花 7 しゅうか

芯 7

音訓 シン

名のり しん

意味 物の中央。心。体の中心にある「心」の意味から、物事の中心を表す。自分のなかに筋が一本通り、まじめで安定感があるイメージを含む。「しん」の響きのなかで、新鮮さやオリジナリティーがある字。どちらかというと男の子向き。

男の子の名前
- 芯 しん
- 芯壱 7 しんいち
- 芯悟 10 しんご

女の子の名前
- 芯野 11 しの
- 芯舞 15 しま

臣 7

音訓 シン、ジン

名のり お、おか、おみ、おん、きむ、きん、じ、しげ、しん、たか、ちか、とし、とみ、み、みつ、みる

意味 家来として仕える。家来としての本分を尽くす。一般の民。縁の下の力持ちのイメージがあり、真心や誠実さを思わせる。

男の子の名前
- 臣哉 9 じんや
- 竜臣 10 りゅうじん
- 康臣 11 こうしん
- 将臣 10 まさおみ
- 貴臣 12 たかおみ
- 雅臣 13 まさおみ

汰 7

音訓 タ、タイ

意味 波、大波。ぜいたくをする。はなはだしい。通り過ぎる。洗う。

水で洗って悪い部分を取り除く。潤す。古くから男の子の止め字として定番の「太」に続いて人気がある。字形は、水にゆったりつかっている人を表し、穏やかな雰囲気。

男の子の名前
- 泉汰 9 せんた
- 陽汰 12 ようた

女の子の名前
- 汰佳子 8 3 たかこ
- 汰恵 10 たえ
- 汰麻希 11 7 たまき

那 7

音訓 ナ、ダ

名のり とも、な、ふゆ、やす

意味 多い。美しい。曲線が多く、しなやかな印象を与える字。「那覇」から、あかるくカラッとしたイメージもある。あまり意味を感じさせないので、響き重視で用いることができる。比較的、男の子にも使いやすい。

男の子の名前
- 那央隆 5 11 なおたか
- 那治 8 なち
- 那織斗 18 4 なおと

女の子の名前
- 那寿奈 7 8 なずな
- 那津絵 9 12 なつえ

伸 7

音訓 シン、の(ばす)、の(びる)、の(べる)

名のり しん、ただ、のびる、のぶ、のぶる、のぼる、のり

意味 長くなる。のびのびする、ゆったりする。背伸びする。勢いや成績が伸びる。心にゆとりをもちながら、自ら成長しようとする意志の強さがある。

男の子の名前
- 伸斗 4 しんと
- 春伸 9 はるのぶ
- 伸壱郎 7 9 しんいちろう
- 伸哉 9 しんや

女の子の名前
- 伸胡 9 のぶこ

男 7

音訓 ダン、ナン、おとこ

名のり お、おと

意味 男性。息子。血気盛んな若者。田畑を耕す働き手を表した字形から、力が強く頼りがいのある印象に。男の子の止め字として定番だったが、古風なイメージがあり、人気が落ちぎみ。

男の子の名前
- 可男琉 5 11 かおる
- 寿男 7 ひさお
- 玲男 9 れお
- 留男 10 るお
- 貴志男 12 7 きしお
- 嘉男 14 よしお

芭 7

音訓 バ、ハ

名のり はな

意味 「芭蕉」は熱帯を中心に育つ多年草で、背が高く葉も大きい。南国のイメージから、ゆったりとした雰囲気を連想させる。「は」や「ば」の響きとして万葉仮名風に用いることも。ほかの字との差別化ができ、オリジナリティーが出る。

男の子の名前
- 碧芭 14 あおば
- 澄芭流 15 10 すばる

女の子の名前
- 芭那 7 はな
- 二芭 2 ふたば
- 有芭 6 ゆうは

辰 7

音訓 シン、ジン、たつ

名のり しん、たつ、とき、のぶ、のぶる、よし

意味 十二支の第5位、竜。時刻。早朝。太陽や月がそのときにある場所。太陽、月、星。精神力があり勇敢なイメージなので、男の子向け。生まれ年の干支にちなんで用いることも。

男の子の名前
- 辰斗 4 たつと
- 辰司 5 たつし
- 辰矢 5 たつや
- 辰助 7 しんすけ
- 辰基 11 たつき
- 辰磨 16 たつま

杜 7

音訓 ト、ズ、ド、ふさぐ、やまなし

名のり あかなし、あり、と、もり

意味 やまなし、バラ科の木でりんごに似た小さな実をつける。ふさぐ。森林。日本では神社の森を意味する。神聖で厳かな雰囲気がある。「と」として男の子の止め字で用いると、新鮮味がある。

男の子の名前
- 杜登 12 もりと
- 杜雄 12 もりお
- 優杜 17 ゆうと

女の子の名前
- 杜野 11 もりの
- 満杜 12 みもり

芙 7

音訓 フ、はす

名のり はす、ふ、ぶ

意味 草花の名前。はす。「艹(くさかんむり)」と「夫」の広がりのある字形が、上品さとやさしげな雰囲気を醸し出すことから、女の子の名前におすすめ。左右対称でバランスがよく、安定感もありのびやかな印象の字。

男の子の名前
- 芙行 6 ふゆき
- 芙馬 10 ふうま

女の子の名前
- 芙唯南 11 9 ふゆな
- 芙蓉 13 ふよう
- 芙憂空 15 8 ふうあ

甫 7

音訓 ホ、フ、はじ（め）

名のり かみ、すけ、とし、なみ、のり、はじめ、ほ、まさ、み、もと、よし

意味 物事の始まり。大きい。広い。多い。使われる機会の少ない字だが、止め字の「すけ」として男の子に、「ほ」として女の子に用いると新鮮味が出せる。

男の子の名前
- 圭甫 6 けいすけ
- 相甫 9 そうすけ
- 憲甫 16 けんすけ

女の子の名前
- 甫乃 2 ほの
- 甫野花 11 7 ほのか

妙 7

音訓 ミョウ、ビョウ

名のり さ、たう、たえ、ただ、たふ、たゆ、とう、み

意味 このうえなく優れていること。美しい。人知では、計り知れない優れた働き。奥深い。普通ではなく、変わっている。字形は奥ゆかしい女性を表しているので、女の子向き。

女の子の名前
- 妙子 3 たえこ
- 妙帆 6 たえほ
- 妙美 9 たえみ たゆみ
- 妙莉 10 たえり
- 妙楽 13 たえら
- 妙歌 14 たえか

利 7

音訓 リ、き（く）

名のり かが、かず、さと、と、とうる、とおる、とし、のり、まさ、みち、みのる、よし、より

意味 鋭い、よく切れる。賢い。すばやい。順調な。役に立つ。利益を得る。技量がある。聡明で頭の回転が速く、何事も都合よく進められる器用さを思わせる。

男の子の名前
- 利一 1 りいち
- 利音 9 りおん
- 利基 11 としき

女の子の名前
- 利世 5 りよ
- 利衣子 6 3 りいこ

邦 7

音訓 ホウ

名のり くに、ほう

意味 大国。天下。諸侯の領地。ほかの語の上につくと「わが国の」の意味に。「国」よりもスケールの大きいイメージから、心が広くゆったりとした印象がある。簡単には動じない落ち着きも感じられる。

男の子の名前
- 邦比古 4 5 くにひこ
- 邦政 9 くにまさ
- 邦雄 12 くにお
- 正邦 5 まさくに

女の子の名前
- 邦夏 10 くにか

佑 7

音訓 ユウ、ウ、たす（ける）

名のり じょう、すけ、たすく、ゆ、ゆう

意味 助ける。画数が少なく、雰囲気がソフトなことから、同音の「祐」よりやさしげな字。多く「ゆう」の響きとして用いられるが、「すけ」として男の子の止め字で使うとめずらしい。

男の子の名前
- 佑有 6 ゆうあ
- 佑助 7 ゆうすけ
- 佑樹 16 ゆうき

女の子の名前
- 佑奈 8 ゆうな
- 佑華 10 ゆうか

李 7

音訓 リ、すもも

名のり き、すもも、もも

意味 すもも、桃に似た果樹。使者。実がたくさんなるすももを表した字形。ほぼ左右対称でバランスがよく、画数が少ないのでどの字とも組み合わせやすい。「り」は性別問わず、「もも」は女の子向き。

男の子の名前
- 李久斗 3 4 りくと
- 李玖 7 りく
- 李和 8 りお

女の子の名前
- 李々 3 りり
- 李千花 3 7 いちか

芳 7

音訓 ホウ、かんば（しい）

名のり か、かお、かおる、かんばし、はな、ふさ、ほう、み、みち、もと、よ、よし

意味 かぐわしい、よい香り。評判がよい、名声が高い。優れた人物、賢者。心地よい、焦げたようなにおいがすること。評判が香りのように広く行き渡る印象がある。

男の子の名前
- 芳斗 4 よしと
- 芳昭 9 よしあき
- 芳樹 16 よしき

女の子の名前
- 芳香 9 ほのか
- 芳野 11 よしの

来 7

音訓 ライ、きた（す）、きた（る）、くる

名のり き、きた、る、く、くる、こ、な、ゆき、らい

意味 来る。来させる。招く。将来。今に至るまで。さまざまな響きがあるが、どれもなじみ深いので用いやすい。そのぶん、読み間違われやすい組み合わせにも注意が必要。

男の子の名前
- 来斗 4 らいと
- 来希 7 らいき
- 来紅 9 らいく

女の子の名前
- 来花 7 らいか
- 来睦 13 らいむ

里 7

音訓 リ、さと

名のり さと、さとし、のり、り

意味 村里。屋敷、住まい。悲しい、また憂い。「故郷」を連想させ、ぬくもりがあり安心感を与える印象。「り」の響きの定番で、女の子の名前に使用されることが多い。どんな字とも組み合わせやすい。

男の子の名前
- 里季 8 さとき
- 里瑠 14 さとる

女の子の名前
- 里花 7 りか
- 里歌 14 さとか
- 悠里 11 ゆうり

良 7

音訓 リョウ、ロウ、よ(い)

名のり あきら、お、かず、かた、さね、すけ、たか、なが、ながし、はる、ひこ、ひさ、ふみ、まこと、よし、ら、りょう、ろ、ろう

意味 よい。優れている。男女問わず昔から人気がある。近年は「ら」の響きで用いることが多い。

男の子の名前
- 良汰 7 りょうた
- 良雅 13 りょうが
- 亜良士 7 3 あらし

女の子の名前
- 良衣夢 6 13 らいむ
- 良華 10 りょうか

呂 7

音訓 ロ、リョ

名のり おと、とも、なが、ふえ、ろ

意味 連なった背骨。意味にあまりなじみはないが、体を中心で支えることから芯の強さを連想できるよい意味の字。また、少ない「ろ」の響きで、性別を問わず用いやすい。形が特殊なので、合わせる字には注意を。

男の子の名前
- 呂未緒 5 14 ろみお
- 呂衣 6 ろい
- 呂玖哉 7 9 ろくや

女の子の名前
- 呂湖 12 ろこ
- 陽呂世 12 5 ひろよ

育 8

音訓 イク、そだ(つ)、そだ(てる)、はぐく(む)

名のり いく、すけ、なり、なる、やす、ゆき

意味 育てる、養う。成長する。生まれる。穏やかでやさしく、健康的なイメージの強い字。「いく」では「郁」の人気も増しているが、「はぐ」の響きなら新鮮味がある。

男の子の名前
- 育哉 9 いくや
- 育都 11 いくと
- 育摩 15 いくま

女の子の名前
- 育美 9 いくみ
- 育恵 10 いくえ

励 7

音訓 レイ、はげ(ます)、はげ(む)

名のり い、すすむ、つとむ、はげむ、れい

意味 励む、努める。勧める。名前にはあまり使われないが、物事に実直に取り組む意志の強さを感じさせる。「れい」の響きで用いると、個性を出しやすい。

男の子の名前
- 励斗 4 れいと
- 励司 5 れいじ
- 励汰 7 れいた

女の子の名前
- 励奈 8 れいな
- 励羅 19 れいら

阿 8

音訓 ア、オ、くま、おもね(る)

名のり あ、くま、ひさ

意味 へつらう。大きい丘。寄りかかる。軒、ひさし。カタカナの「ア」の元になった字。響き重視で、万葉仮名風に用いることが多い。「阿部」など姓に多いので、ほかの字との組み合わせ方がポイント。

男の子の名前
- 阿多留 6 10 あたる
- 阿津史 9 5 あつし

女の子の名前
- 阿希 7 あき
- 阿佳音 8 9 あかね
- 阿胡 9 あこ

雨 8

音訓 ウ、あま、あめ

名のり う、さめ、ふる、め

意味 雨。友人。空中から物が落ちる。潤す。「雨」にもさまざまな降り方があるが、どちらかというとしっとりした雰囲気。大地に恵みを与える慈悲深さがあるよう願いを込めて。

男の子の名前
- 雨汰矢 7 5 うたや
- 雨響 20 うきょう

女の子の名前
- 雨乃 2 うの
- 雨衣 6 うい
- 雨音 9 あまね

伶 7

音訓 レイ、リョウ、わざおぎ

名のり とし、り、よう、れ、れい

意味 わざおぎ。楽師、俳優。かしこい。音楽や演劇の才能を意味するので、芸術分野で活躍するよう期待を込められる。召し使いの意味もあり、細やかな気配りができる性格も連想させる。

男の子の名前
- 伶平 5 りょうへい
- 伶矢 5 れいや

女の子の名前
- 伶子 3 りょうこ
- 伶花 7 りょうか
- 伶空 8 れいあ

依 8

音訓 イ、エ、よ(る)

名のり い、え、すけ、つぐ、より

意味 寄りすがる。頼む。従う。なぞらえる。助ける、慈しむ。ほがらかで、信頼感のある印象。「衣」と並んで「い」の響きで用いることが多いが、「え」や「より」で使うとやや個性的になる。

男の子の名前
- 依斗 4 よりと
- 亜依都 7 11 あいと
- 碧依 14 あおい

女の子の名前
- 依恵 10 よりえ
- 希依 7 きえ

英 8

音訓 エイ、エ、ヨウ

名のり あきら、あや、え、えい、すぐる、たけし、つね、てる、とし、はな、はなぶさ、ひで、ひでる、ひら、ふさ、ぶさ、よし

意味 美しい。優れている。「英知」のような賢さと、「英雄」のような力強いイメージを併せもつ。

男の子の名前
- 英士 3 えいじ
- 英樹 16 えいき

女の子の名前
- 英花 7 えいか
- 英胡 9 えいこ
- 英美 9 えいみ

8 苑

音訓 エン、ウチ、ウツ、オン、その、の（びる）

名のり あや、しげ、すすむ、その、なが、のぶ、のぶる

意味 草木のある庭園。宮中の庭園。草木が茂る様子。どことなく優雅で気品が漂う。同音の「園」より画数が少なく、ほかの字とも合わせやすい。

男の子の名前
- 苑司 5 えんじ
- 織苑 18 おりおん

女の子の名前
- 衣苑 6 いおん
- 美苑 9 みおん
- 寧苑 14 ねおん

8 旺

音訓 オウ

名のり あき、あきら、お、さかん

意味 盛んな様子。美しい光。美しい。「王」は大きいこと。「日」と合わせて大きく盛んな太陽を表している。輝かしいイメージや、活力にあふれた印象も。使われる頻度が少ないので、新鮮味のある名前にできる。

男の子の名前
- 旺介 4 おうすけ
- 旺葵 12 おうき
- 旺雅 13 おうが

女の子の名前
- 旺花 7 おうか
- 南旺子 9 3 なおこ

8 果

音訓 カ、は（たす）、は（て）、は（てる）

名のり あき、あきら、か、はた、はたす、まさる

意味 果物、木の実。終わり、仕上がり。成し遂げる。勇ましい。果物のイメージからみずみずしい印象で、女の子の名前に多用される。最後までやり抜く意志の強さもある。

男の子の名前
- 果伊 6 かい

女の子の名前
- 果奈胡 8 9 かなこ
- 果菜 11 かな
- 果織 18 かおり
- 唯果 11 ゆいか

8 延

音訓 エン、の（ばす）、の（びる）、の（べる）

名のり すけ、すすむ、ただし、とう、とし、なが、のぶ、のぶる

意味 引き延ばす。案内する。招く。長くする。広がる。ゆっくりと突き進むさまを連想させ、ゆったりとした余裕を感じる。「のぶ」の響きが多め。

男の子の名前
- 延仁 4 のぶひと
- 延弥 8 のぶや
- 延紀 9 のぶき
- 正延 5 ただのぶ

女の子の名前
- 延歌 14 のぶか

8 河

音訓 カ、ガ、かわ

名のり かわ

意味 川の名前。もとは大きな川を指した。天の川、銀河。規模が大きく、悠然とした水の流れを感じさせる。「が」の響きで男の子の止め字で使われることが多いので、女の子に用いると個性が出る。

男の子の名前
- 久羽河 3 6 くうが
- 吟河 7 ぎんが
- 晃河 10 こうが

女の子の名前
- 河歩 8 かほ
- 河恋 10 かれん

8 芽

音訓 ガ、め

名のり め、めい

意味 草木の芽。芽生える、芽が出始める。始まる。兆しがあること。芽が花を咲かせることから、コツコツ努力を重ねて成長し、夢を叶えることを連想させる。女の子に使われることが多いが、組み合わせに気をつければ男の子にも◎。

男の子の名前
- 芽来 7 めぐる
- 泰芽 10 たいが

女の子の名前
- 芽咲 9 めいさ
- 芽菜 11 めいな
- 芽愛莉 13 10 めあり

8 於

音訓 オ、ヨ、ああ、お（いて）、よ

名のり うえ、お、おうい

意味 場所や対象などを表す助字。ひらがなの「お」とカタカナの「オ」の元になった字。表立った意味がないので、響き重視で用いることができる。同音のほかの字に比べ、オリジナリティーがある。

男の子の名前
- 奈於 8 なお
- 幸於 8 ゆきお さちお
- 麗於 19 れお

女の子の名前
- 李於 7 りお
- 早於莉 6 10 さおり

8 佳

音訓 カ、カイ、ケ、よ（い）

名のり か、けい、よし

意味 美しい。優れている。立派である。好む。「圭」は均整がとれていることを意味し、「イ」と合わせて心身ともに美しい人を表す。バランスが整った字で、性別を問わず使用しやすい。

男の子の名前
- 佳壱 7 かいち
- 佳悟 10 けいご
- 佳衣斗 6 4 かいと

女の子の名前
- 佳夏 10 よしか
- 佳菜恵 11 10 かなえ

8 岳

音訓 ガク、たけ

名のり おか、たか、たかし、たけ、たけし

意味 高大な山。険しい山。どっしりと構え簡単には動じない安定感のある字。厳しい条件にも耐えられる精神の強さをもつ子に育つよう願いを託して。

男の子の名前
- 岳斗 4 たけと
- 岳文 4 たけふみ
- 岳宏 7 たけひろ
- 岳春 9 たけはる
- 岳都 11 がくと
- 岳緒 14 たけお

8
学
音訓 ガク、まな(ぶ)
名のり あきら、さと、さとる、さね、たか、のり、ひさ、まさ、まな、まなぶ、みち
意味 勉強する。見習う。学ぶ人。かつては男の子に「まなぶ」の響きを用いることが定番だったが、近年は「ガク」の例が増えている。

男の子の名前
- 学　がく
- 学斗 4　がくと
- 学太 4　まなた
- 学武 8　まなむ

女の子の名前
- 学花 7　まなか

8
宜
音訓 ギ、よろ(しい)
名のり き、すみ、たか、なり、のぶ、のり、のる、まさ、よし、より、よろし
意味 よろしい。筋道が通っている。都合がよい。落ち着くところ。もっともである。まじめで慎み深い印象のある字。使われるのは稀なので、オリジナリティーがある。

男の子の名前
- 宜生 5　のりお
- 宜史 5　のりふみ
- 宜飛 9　のりと
- 幸宜 8　ゆきのり

女の子の名前
- 美宜 9　みのり

8
尭
音訓 ギョウ、たか(い)
名のり あき、たか、たかし、のり、よし
意味 高い。豊か。字形は、平らなものに土を高く盛るという意味がある。気高さを思わせる特徴的な字で、威厳があることから男の子向き。ただし、めずらしいので読みを間違われやすい。

男の子の名前
- 尭良 7　あきら
- 尭志 7　たかし
- 尭季 8　たかき

女の子の名前
- 尭代 5　あきよ
- 尭南 9　あきな

8
季
音訓 キ
名のり き、すえ、とき、とし、のり、ひで、みのる
意味 末っ子。若い、幼い。季節、時節。四季折々の変化を大切にする心やさしい子になるよう期待を込めて。「き」の響きとして女の子向けの印象が強いが、男の子に用いることも少なくない。

男の子の名前
- 季潮 15　きしお
- 季羅斗 19 4　きらと

女の子の名前
- 季来乃 7 2　きくの
- 季依 8　きえ
- 季愛良 13 7　きあら

8
享
音訓 キョウ、コウ
名のり あき、あきら、きょう、すすむ、たか、つら、とおる、みち、ゆき
意味 受け納める。捧げる。もてなす。祭り。「享楽」から、何事も楽しんで行うポジティブさを感じられる。名のりは多いものの、あまり使われていないので新鮮なイメージに。

男の子の名前
- 享　きょう
- 享介 4　きょうすけ
- 享平 5　きょうへい
- 享汰 7　きょうた

女の子の名前
- 享花 7　きょうか

8
欣
音訓 キン、コン、ゴン、よろこ(ぶ)
名のり きん、やすし、よし
意味 喜ぶ、笑い喜ぶ。楽しむ。楽しく笑っており、呼吸が小刻みになるほど喜んでいる意味を含む。幸せに満たされている様子を連想させる。周囲をもあかるくするパワーの持ち主であることを期待して。

男の子の名前
- 欣士 3　きんじ
- 欣成 6　よしなり
- 欣哉 9　きんや

女の子の名前
- 欣野 11　よしの
- 欣湖 12　よしこ

8
祈
音訓 キ、いの(る)
名のり いのり
意味 神仏に福を願う。求める。神や人に告げる。熱心に祈るイメージから、おごそかで純粋な雰囲気のある字。高尚な印象があり、ほかの一般的な「き」の字から一線を画した名前にできる。

男の子の名前
- 祈芳 7　きよし
- 祈望 11　きぼう

女の子の名前
- 祈寿奈 7 8　きずな
- 祈沙羅 7 19　きさら
- 祈梨 11　いのり

8
京
音訓 キョウ、ケイ、みやこ
名のり あつ、おさむ、きょう、たかし、ちか、ひろし、みやこ
意味 都。高く大きい丘。盛ん。都会のきらびやかさと気品を兼ね備えている。男女ともに用いられ、人気が衰えない。数の大きさを表すことから、大らかな印象も。

男の子の名前
- 京壱 7　きょういち
- 京哉 9　きょうや
- 京護 20　きょうご

女の子の名前
- 京胡 9　けいこ
- 京華 10　けいか

8
空
音訓 クウ、コウ、あ(く)、あ(ける)、から、そら
名のり あける、く、そら、たか
意味 空。大きい。広い。虚心の様子。空にする。青空のすがすがしいイメージが強く、スケールの大きさも感じられる。男女ともに「海」と同じくらい人気があり、定番になりつつある。

男の子の名前
- 空汰 7　そらた
- 空基 11　そらき
- 碧空 14　あおぞら

女の子の名前
- 空那 7　そらな
- 空祢 9　そらね

8

弦

音訓 ゲン、ケン、つる

名のり いと、お、げん、つる、ふさ、ゆづる

意味 弓のつる。弓なりの月。楽器の糸。やや神秘的でほのかに照らす月の光のように穏やかなことを思わせる。楽器に張る弦のように、一本筋の通った様子も思わせる。

男の子の名前
- 弦太4 げんた
- 弦基11 げんき
- 結12弦 ゆづる

女の子の名前
- 弦波8 いとは
- 志7弦 しづる

8

昂

音訓 コウ、ゴウ、あ（がる）、たか（い）

名のり あき、あきら、たか、たかし、のぼる

意味 日が昇る。高くなる。意気が高まる。明らか。つねに意識が高く向上心にあふれた人柄を思わせ、積極的な印象がある。似ている字に「昴」があるので注意。

男の子の名前
- 昂史5 たかし／たかふみ
- 昂助7 こうすけ
- 昂児7 こうじ
- 昂宗8 こうしゅう

女の子の名前
- 昂那7 あきな

8

采

音訓 サイ、と（る）

名のり あや、うね、こと

意味 選び取る。領地。彩り。模様。姿、形。官職。貢物。「彩」の左側にあり、彩りや模様などの意味をもつ。あまりなじみがないぶん、新鮮味があり個性的な名前にできる。どちらかというと女の子向き。

男の子の名前
- 采都11 あやと

女の子の名前
- 采那7 ことな
- 采姫10 あやめ
- 采聖13 あやせ
- 采歌14 さいか

8

虎

音訓 コ、とら

名のり こ、たけ、とら

意味 勇敢なことのたとえ。字は虎の形を表している。たけだけしい力強さを感じさせ、たくましい子になるよう願いを込め、男の子の名前に用いることが多い。虎はネコ科なので、どことなくかわいらしさもある。

男の子の名前
- 虎之輔3 14 とらのすけ
- 虎基11 とらき
- 虎汰7 こた
- 玖7虎 くうと
- 博12虎 はくと
- 影15虎 かげとら

8

岬

音訓 コウ、キョウ、みさき

名のり みさき

意味 山のかたわら。山と山の間。山あい。陸地が海のほうに突き出した部分。常識にとらわれない視野の広さを感じさせる。山の広大さと海に開けた開放感から、健康的でのびのびした印象も。

男の子の名前
- 岬 みさき
- 岬樹16 みさき

女の子の名前
- 岬代5 みさよ
- 岬希7 みさき
- 岬利7 みさと

8

枝

音訓 シ、キ、ギ、えだ

名のり え、えだ、き、しげ、しな

意味 枝。木の幹から分かれた部分。おおもとから分かれたもの。ばらばらになる。支える、支柱。女の子の「え」として用いられることが多い。樹木から、自然のイメージが強く、温和な性格を感じさせる。

男の子の名前
- 崇11枝 こうし
- 貴12枝 たかしげ

女の子の名前
- 枝奈8 えな
- 枝麻11 えま
- 美9枝子3 みえこ

8

昊

音訓 コウ、ゴウ

名のり あきら、そら、とお、ひろ、ひろし

意味 空。大きくさかんな様子。澄みきった青空のイメージで、元気のよさやわんぱくさを連想できる。「空」がからっぽの意味もあるのに比べ、マイナスの印象がなく使いやすい。

男の子の名前
- 昊斗4 そらと
- 昊多6 そらた

女の子の名前
- 昊奈8 そらな
- 昊歌14 そらか
- 昊寧14 そらね

8

幸

音訓 コウ、ギョウ、さいわ（い）、さち、しあわ（せ）

名のり あき、き、ご、こう、さい、さき、さち、たか、たつ、とも、ひで、みゆき、むら、ゆき、よし

意味 しあわせ。めぐり合わせがよいこと。運に恵まれた出来事。幸福感いっぱいで、昔から好まれ人気も安定している。

男の子の名前
- 幸永5 こうえい
- 幸朔10 こうさく

女の子の名前
- 幸帆6 さちほ
- 幸佳8 さちか
- 幸智12 さち

8

治

音訓 ジ、チ、おさ（まる）、おさ（める）、なお（す）、なお（る）

名のり おさむ、さだ、ただす、つぐ、はる、よし

意味 統治する。安定させる。管理、経営する。整理する。修理、治療する。正す。功績。建造する。安寧な世のような、穏やかな雰囲気がある。

男の子の名前
- 治都11 なおと
- 治暁12 なおあき
- 治貴12 なおたか
- 詠12治 えいじ

女の子の名前
- 治未5 はるみ

実 8

音訓 ジツ、み、みの（る）

名のり これ、さね、ざね、じつ、ちか、つね、なお、のり、ま、まこと、み、みつ、みつる、みのる、みる、よし

意味 充実する。中身が詰まっている。育つ。果物。明らかにする。心が豊かさにあふれ真心を尽くせる人柄に。

男の子の名前
- 実登 12 みと
- 実樹也 16 3 みきや

女の子の名前
- 実杏 7 みあん
- 実維那 14 7 みいな
- 実憂 15 みう

周 8

音訓 シュウ、まわ（り）

名のり あまね、あまねし、いたる、かた、かぬ、かね、しゅう、ただ、ちか、ちかし、なり、のり、ひろ、ひろし、まこと

意味 まわり、周囲。行き渡る。至る。誠実で親密なこと。周囲に目が行き届き、細やかな気遣いができるよう願って。

男の子の名前
- 周希 7 しゅうき
- 周詠 12 しゅうえい
- 周悟 10 しゅうご

女の子の名前
- 周花 7 しゅうか
- 周祢 9 あまね

昇 8

音訓 ショウ、のぼ（る）

名のり かみ、しょう、すすむ、のぼり、のぼる、のり、よう

意味 日が昇る。高くのぼる。「升」にはすくい上げるという意味がある。より高みを目指そうとする意志やまじめさを連想する。「しょう」の響きで用いると現代的に。

男の子の名前
- 昇司 5 しょうじ
- 昇希 7 しょうき
- 昇護 20 しょうご

女の子の名前
- 昇乃 2 しょうの
- 昇子 3 しょうこ

若 8

音訓 ジャク、ニャ、ニャク、わか（い）、も（しくは）

名のり なお、まさ、よし、より、わか、わく

意味 従う。若い。字は、髪を振り乱して熱心に神意を聞く巫女(みこ)の形を表している。青々とした若葉のイメージが好まれ、男女ともに人気がある。

男の子の名前
- 若史 5 わかふみ
- 若利 7 わかと

女の子の名前
- 若那 7 わかな
- 若佳 8 わか
- 若胡 9 わかこ

尚 8

音訓 ショウ、ジョウ

名のり さね、たか、たかし、なお、ひさ、ひさし、まさ、よし、より

意味 希望する。敬う。尊重する。好む。助ける。程度を高める。凌ぐ。勝る。つかさどる。「なお」の響きのなかでも、人気が高い。バランスがよく、まじめさを思わせる。

男の子の名前
- 尚矢 5 なおや
- 尚雅 13 なおまさ

女の子の名前
- 尚果 8 なおか
- 尚胡 9 なおこ
- 尚海 9 なおみ

征 8

音訓 ショウ、セイ

名のり いく、さち、せい、ただ、ただし、ただす、はや、ひで、まさ、もと、ゆき、ゆく、さち、そ、もと、ゆく

意味 遠くへ行く、旅に出る。利益をとる。字形は、まっすぐ進撃する様子を表し、勇敢さと目標へ突き進む熱心な雰囲気がある。

男の子の名前
- 征吾 7 せいご
- 征汰 7 せいた
- 秀征 7 ひでまさ

女の子の名前
- 征奈 8 せいな
- 実征 8 みゆき

宗 8

音訓 シュウ、ソウ

名のり かず、しゅう、そう、たか、たかし、とき、とし、のり、ひろ、むね、もと

意味 中心となるもの。尊い。おごそかな雰囲気のある字。左右対称でバランスがよく、どんな字とも組み合わせられる。男の子の名前で用いやすい。

男の子の名前
- 宗尚 8 むねひさ
- 宗飛 9 しゅうと
- 宗慈 13 そうじ
- 宗詩 13 そうし
- 宗護 20 そうご
- 匡宗 6 まさむね

昌 8

音訓 ショウ、さか（ん）

名のり あき、あきら、あつ、さかえ、さかん、しょう、すけ、まさ、まさし、まさる、よ、よし

意味 盛ん、栄える。あかるい。美しい。日の光。光を放つ太陽を表した字形。「日」よりもあかるいイメージがある。周囲を元気にするよう期待を込めて。

男の子の名前
- 昌士 3 まさし
- 昌樹 16 まさき
- 隆昌 11 たかまさ

女の子の名前
- 昌実 8 まさみ
- 昌胡 9 まさこ

青 8

音訓 セイ、ショウ、あお、あお（い）

名のり あお、お、きよ、じょう、せい、つら、はる、よし

意味 青色。若い。馬の俗称。未熟なこと。若々しいイメージがあり、すがすがしく誠実な雰囲気。「あお」は「蒼」や「碧」が人気なので、逆に新鮮味がある。

男の子の名前
- 青乃 2 あおの
- 青士 3 あおし
- 青利 7 あおと

女の子の名前
- 青波 8 あおば
- 青依 8 あおい

斉 8

音訓 セイ

名のり いつ、いつき、きよ、さい、ただ、ただし、とき、とし、なお、なり、ひとし、まさ、むね、よし

意味 等しい。そろっている。合わせる。偏らない。中央、へそ。厳か。限る。穀物の穂が生えそろっている形を表した字。姓にも多い字なので注意を。

男の子の名前
- 斉4斗4 さいと
- 斉太4郎9 さいたろう
- 斉紋10 さいもん
- 雄12斉 ゆうせい

女の子の名前
- 斉歌14 さいか

知 8

音訓 チ、し(る)

名のり あき、あきら、おき、かず、さと、さとし、さとる、し、じ、しり、しる、ち、ちか、つぐ、とし、とも、のり、はる

意味 認める、気づく。意識する。記憶する。見分ける。習得する。賢い。男女ともに定番なので、組み合わせに気をつけて。

男の子の名前
- 知昭9 ちあき
- 知哉9 ともや

女の子の名前
- 知羽6 ともは
- 知奈8 ともな
- 知緒14里7 ちおり

直 8

音訓 チョク、ジ、ジキ、チ、ただ(ちに)、なお(す)、なお(る)

名のり あたい、すぐ、すな、すなお、ただ、ただし、ただす、ちか、な、なお、なおし、なおき、なが、ね、のぶる、ま、まさ

意味 まっすぐである。正しい、正直。向かい進む。純粋さとまじめさを思わせる。

男の子の名前
- 直希7 なおき
- 直英8 なおひで

女の子の名前
- 直胡9 なおこ
- 直夏10 なおか
- 直愛13 なおみ

卓 8

音訓 タク

名のり すぐる、たか、たかい、つな、とお、まこと、まさる、もち

意味 優れている。高く抜け出ている。机、テーブル。男の子の名前に定番の字で、やや古い印象がある。才能にあふれ、並ぶものがないほど優秀になるよう期待を込めて。

男の子の名前
- 卓巳3 たくみ
- 卓弘5 たくひろ
- 卓帆6 たくほ
- 卓利7 たくと
- 卓弥8 たくや
- 卓馬10 たくま

宙 8

音訓 チュウ

名のり おき、そら、ひろ、ひろし、みち

意味 大空、天。空間。時間。暗記していること。永遠に通じる時間の意味を表した字で、無限の広がりを感じさせる。形や意味のインパクトが強いので、組み合わせる字はやや限られる。

男の子の名前
- 宙斗4 そらと
- 朋8宙 ともひろ

女の子の名前
- 宙乃2 そらの
- 宙羽6 そらは
- 宙祢9 そらね

典 8

音訓 テン

名のり おき、すけ、つかさ、つね、とも、のり、ひろ、ふみ、みち、もり、よし、より

意味 貴ぶべき書物。書籍。手本。教え。礼式。上品。司る。「教典」や「式典」などからおごそかな雰囲気や実直さを連想させる。「のり」や「すけ」の響きで用いられる。

男の子の名前
- 典幸8 のりゆき
- 典昭9 のりあき
- 貴12典 たかのり

女の子の名前
- 典華10 のりか
- 美9典 みのり

拓 8

音訓 タク、セキ、ラク

名のり ひら、ひらく、ひろ、ひろし

意味 未開の地をひらく、広げる。手で押す。拾う。折る。「開拓」など、新しいことに向かっていけるエネルギーのある字。未来への可能性を感じさせる。

男の子の名前
- 拓也3 たくや
- 拓郎9 たくろう
- 拓睦13 たくむ

女の子の名前
- 拓良7 ひろよ
- 舞15拓 まひろ

忠 8

音訓 チュウ

名のり あつ、あつし、きよし、じょう、すなお、ただ、ただし、ただす、ちゅう、つら、なり、のり、ほどこす

意味 真心を尽くす。君主に仕える。忠義。忠実。正しい。字形にも、真心という意味が込められている。誠実で、まじめなイメージの名前になる。

男の子の名前
- 忠司5 ただし
- 忠伸7 ただのぶ
- 忠秋9 ただあき
- 尚8忠 なおただ

女の子の名前
- 忠歩8 あつほ

東 8

音訓 トウ、ひがし

名のり あがり、あきら、あずま、き、こち、と、とう、はじめ、はる、ひがし、ひで、もと

意味 東。東のほうへ行くこと。主人。太陽の昇る方角であることから、希望や新しさを感じさせる字。「春」の意味もあり、穏やかなイメージもある。

男の子の名前
- 東 あずま
- 東紀9 とうき
- 東悟10 とうご

女の子の名前
- 東心4 とうこ
- 東花7 とうか

8
奈
音訓 ナ、ダ、ダイ、いかん、なに
名のり な、なに、なん
意味 べにりん
ご。字形や響きのかわいらしさから、女の子の名前に多く用いられる。バランスがよく、合わせる字を選ばないので重宝する。男の子にも「菜」や「那」より使用しやすい。

男の子の名前
奈央人[5 2] なおと
奈槻[15] なつき

女の子の名前
奈友[4] なゆ
奈瑠海[14 9] なるみ
里美奈[7 9] りみな

8
弥
音訓 ビ、ミ、や
名のり いや、いよ、ひさ、ひさし、ひろ、ます、み、みつ、や、やす、よし、わたり、わたる
意味 久しい。遠い。行き渡る。月日を重ねる。みなぎる、満ちる。大きい。極める。繕う。意味があまり前面に出ず、「や」の響きとして人気の字。

男の子の名前
弥宏[7] みひろ
悠弥[11] ゆうや
雅弥[13] まさや

女の子の名前
弥宵[10] やよい
空弥[8] あや

8
歩
音訓 ホ、フ、ブ、ある（く）、あゆ（む）
名のり あゆ、あゆみ、あゆむ、すすむ、ほ、ぽ
意味 徒歩で行く。前進する。めぐり合わせ、運命。推し量る。努力を重ねて前進する堅実さを感じさせる。自立心や未来への希望も。男女ともに人気がある。

男の子の名前
歩利[7] あゆと
歩樹[16] あゆき
市歩[5] いちほ

女の子の名前
歩那[7] あゆな
歩里[7] あゆり

8
波
音訓 ハ、なみ
名のり な、なみ、ば
意味 波状のもの。波立つこと。波のように伝わること。海の光り輝く穏やかな水面をイメージする。海に関係のある字のなかでも人気。性別を問わず用いられるため、性別がわかりにくくならないように要注意。

男の子の名前
波樹[16] なみき
波槻[15] はづき

女の子の名前
波奈代[8 5] はなよ
波音[9] はのん
波絵[12] なみえ

8
苗
音訓 ビョウ、ミョウ、なえ、なわ
名のり え、たね、なえ、なり、みつ
意味 苗。穀物。田畑に生える草を意味する字形からも、健やかに育ち、豊かに実ることを連想させる。やさしげな雰囲気で、女の子に用いられる。姓の「田」との重なりに注意を。

女の子の名前
苗実[8] なえみ
哉苗[9] かなえ
咲苗[9] さなえ
華苗[10] かなえ
菜苗[11] ななえ
麻苗[11] まなえ

8
法
音訓 ホウ、ハッ、ホッ
名のり かず、つね、のり、はかる、ほう
意味 おきて、定め。手本、模範。様式。法を適用する。知的さと、ルールを守り公平さを大切にするやさしさを兼ね備えた印象がある。男女ともに「のり」の響きで用いることが多い。

男の子の名前
法仁[4] のりひと
康法[11] やすのり
匡法[6] まさつね
嘉法[14] よしのり

女の子の名前
法衣[6] のりえ

8
苺
音訓 バイ、ボウ、マイ、メ、モ、いちご
意味 いちご。苺の花や実の愛らしい雰囲気から、女の子の名前向き。「いちご」のほか、「いち」や「まい」の響きに用いるとオリジナリティーが出る。ただし名前での使用は好みが分かれるので慎重に。

女の子の名前
苺 いちご
苺乃[2] いちの
苺子[3] まいこ
苺花[7] いちか まいか
苺檎[17] いちご
苺琉[11] いちる

8
武
音訓 ブ、ム
名のり いさ、いさむ、たけ、たけし、たける、たつ、ぶ、ふか、む、ん
意味 強い、猛々しい。戦乱を留めること。つわもの。越える。ほこを携え戦いに行くことを表した字形。「武将」の勇敢さを備え、たくましい男の子に育つよう願いを込めて。

男の子の名前
武志[7] たけし
武翔[12] たけと
望武[11] のぞむ
武昌[8] たけまさ
武蔵[15] むさし
有登武[6 12] あとむ

8
朋
音訓 ホウ、ボウ、とも
名のり とも、ほう
意味 友達。仲間。宝。意味から友情を大切にする子に育つよう願いが込められる。対等に肩を並べているという意味で、仲間をより思いやる力を期待させる。「月」が並んだ字形から、温厚な性格も連想する。

男の子の名前
朋之[3] ともゆき
朋紀[9] ともき

女の子の名前
朋南[9] ともな
朋絵[12] ともえ
朋寧[14] ともね

房（8画）

音訓 ボウ、ふさ

名のり お、のぶ、ふさ、ぼう

意味 部屋。居間や寝室。住まい。花や実が群がってついたもの。ぶどうのように実り豊かな果実を連想する字。やさしい「ふさ」の響きから女の子向きだが、男の子に用いても穏やかな印象になってよい。

男の子の名前
- 房史 5 ふさし
- 康房 11 やすのぶ

女の子の名前
- 房未 5 ふさみ
- 房絵 12 ふさえ
- 房歌 14 ふさか

明（8画）

音訓 メイ、ミョウ、あ（かす）、あ（かり）、あか（るい）、あか（るむ）、あか（らむ）、あき（らか）、あ（く）、あ（くる）、あ（ける）

名のり あか、あかり、あき、あきら、あけ、きよし、てる、はる、みつ

意味 光が照らしてあかるい。明白。鮮やか。賢い。男女ともに人気がある。

男の子の名前
- 明央 5 あきお
- 明利 7 あきと
- 充明 6 みつあき

女の子の名前
- 明瑠 14 める
- 明歌音 14 9 あかね

夜（8画）

音訓 ヤ、よ、よる

名のり やす、よ、よる

意味 日没から日の出までのあいだ。日暮れ。夜中。夜更け。字形は、月が低く落ちて夜になる意味を表している。月や星を連想させ、ロマンチックな印象がある。「夜明け」から希望も感じる。

男の子の名前
- 夜志基 7 11 よしき
- 希夜 7 きよ

女の子の名前
- 夜梨華 11 10 よりか
- 弥夜依 8 8 やよい
- 麻夜 11 まや

牧（8画）

音訓 ボク、モク、まき

名のり ぼく、まき

意味 牛飼い。牧場。牛や馬を放し飼いにすること。役人。治める。動物を養う。「牧場」から、心にゆとりがあり大らかなイメージがある。周囲に思いやりをもって接することができるよう願いを込めて。

男の子の名前
- 牧都 11 まきと
- 牧緒 14 まきお

女の子の名前
- 牧 まき
- 牧乃 2 まきの
- 牧愛 13 まきあ

茂（8画）

音訓 モ、ボウ、しげ（る）

名のり あり、いかし、し、しげ、しげい、しげみ、しげる、たか、とう、とお、とも、もち、もと、ゆた

意味 草木の枝や葉が生長する。豊か。才徳が優れている。立派な。美しい。励む。充実したイメージから、才能の豊かさを思わせる。

男の子の名前
- 茂秋 9 しげあき
- 茂基 11 しげき
- 貴茂 12 たかしげ

女の子の名前
- 茂恵 10 もえ
- 茂絵花 12 7 もえか

侑（8画）

音訓 ユウ、ウ、たす（ける）、すす（める）

名のり あつむ、いく、すけ、すすむ、たすく、ゆ、ゆう、ゆき

意味 勧める。助ける。手を取り合い助ける。「ゆう」の響きを重視して用いることが多いが、親切心のある子にとの願いを込めることもできる。

男の子の名前
- 侑悟 10 ゆうご
- 侑基 11 ゆうき
- 侑雅 13 ゆうが

女の子の名前
- 侑香 9 ゆうか
- 侑菜 11 ゆうな

茉（8画）

音訓 マ、バツ、マチ、マツ

名のり ま

意味 「茉莉」は樹木の名前で、ジャスミンの一種。ジャスミン茶の香りのような上品さが感じられる。「ま」の響きで用いられ、とくに女の子っぽい雰囲気を醸すことから男の子に使われるケースは少なめ。

男の子の名前
- 茉央 5 まお
- 茉伊都 6 11 まいと

女の子の名前
- 茉彩 11 まあや
- 茉琴 12 まこと
- 茉愛咲 13 9 まあさ

門（8画）

音訓 モン、かど

名のり かど、かな、と、ひろ、もん、ゆき

意味 角。門前。家。教育を受ける場所。同じ教えを受けた仲間。ものの生まれるところ。通らなければならない大切なところ。画数が少ないながらバランスがよく、重厚感のある字。

男の子の名前
- 門汰 7 もんた
- 門麻 11 かどま
- 史門 5 しもん
- 匡門 6 まさひろ
- 空門 8 あもん
- 賀門 12 がもん

怜（8画）

音訓 リョウ、レイ、レン、あわ（れ）、さと（い）

名のり さとし、とき、れ、れい

意味 賢い。憐れむ。慈しむ。「令」には「澄み透る」の意味があり、心（忄）が澄んで賢いことを表す。鋭い感覚と、慈しみ深い心を備える子になるよう期待して。

男の子の名前
- 怜司 5 れいじ
- 怜伊 6 れい
- 怜汰 7 れいた

女の子の名前
- 怜花 7 れいか
- 怜空 8 れいあ

8 和

音訓 ワ、オ、なご(む)、やわ(らぐ)

名のり あい、あき、か、かず、かた、かつ、かのう、たか、ちか、とし、とも、な、のどか、ひとし、ふみ、まさ、ます、みきた、やす、やすし、やまと、やわ、やわら、よし、より、わ

意味 やわらぐ。のどか。穏やかなイメージの字。

男の子の名前
- 和典 8 8 かずのり
- 和佳史 8 8 5 わかふみ
- 尚和 8 8 なおかず

女の子の名前
- 和胡 8 9 わこ
- 和美 8 9 わみ

9 映

音訓 エイ、うつ(す)、うつ(る)、は(える)

名のり あき、あきら、え、えい、てる、みつ

意味 うつす。光や色が反射する。像をうつし出す。色が鮮やかに見える。光を受け、本来の色がはえる。才能を秘め、ここぞというときに発揮できる能力を連想させる。

男の子の名前
- 映紀 9 9 えいき
- 映悟 9 10 えいご

女の子の名前
- 映華 9 10 えいか
- 映子 9 3 えいこ
- 映美 9 9 えいみ

9 珂

音訓 カ

名のり か、たま、てる

意味 玉の名前。くつわ貝。くつわ貝で作ったもの。字形はよい玉を表す。宝石の「白めのう」も意味し、白く輝く上品な美しさを思わせる。あまり名前に使われないぶん、オリジナリティーのある名前にできる。

男の子の名前
- 珂那斗 9 7 4 かなと
- 珂津 9 9 かつ
- 珂都也 9 11 3 かつや

女の子の名前
- 珂奈 9 8 かな
- 珂絵 9 12 かえ

9 威

音訓 イ

名のり あきら、い、おどし、たか、たけ、たけし、たける、つよ、つよし、なり、のり

意味 強い。おごそか。勢い。人を従わせる力。「威風堂々」など、どっしり構えた安定感や厳格な雰囲気のある字。名前に使われることは少ないぶん、個性が出やすい。

男の子の名前
- 威千 9 3 いち
- 威久利 9 3 7 いくと
- 威利 9 7 いと
- 威玖也 9 7 3 いくや
- 威来真 9 7 10 いくま
- 威緒 9 14 いお

9 栄

音訓 エイ、さか(える)、は(え)、は(える)

名のり え、さか、さかえ、しげ、しげる、てる、はる、ひさし、ひで、よし

意味 草木が盛んに茂る。花を咲かせる。名声が上がる。名誉。幸福感を思わせる字。「栄華」などはなやかで、きらびやかな印象も。

男の子の名前
- 栄太 9 4 えいた
- 栄志 9 7 えいし
- 栄朔 9 10 えいさく

女の子の名前
- 栄奈 9 8 えいな
- 美栄 9 9 みえ

9 迦

音訓 カ、ケ

名のり か、け

意味 梵語の「カ」の音を表した字。「釈迦」の「迦」なので、厳かで尊いイメージがある。2004年に人名用漢字として加わったため、名前でのなじみは低め。安定感のある字と組み合わせるとよい。性別を問わず用いられる。

男の子の名前
- 迦伊志 9 6 7 かいし
- 迦綸 9 14 かいと

女の子の名前
- 迦乃 9 2 かの
- 迦奈 9 8 かな
- 迦弥 9 8 かや

9 郁

音訓 イク

名のり あや、か、かおり、かおる、たかし、ふみ

意味 かぐわしい。文化が盛んであること。あたたかい。栄えてにぎやかなイメージがある。「いく」のほか「あや」「ふみ」「かおる」などの響きもあり、性別を問わず用いやすい。

男の子の名前
- 郁斗 9 4 あやと
- 郁真 9 10 いくま

女の子の名前
- 郁美 9 9 いくみ
- 郁笑 9 10 いくえ
- 郁華 9 10 ふみか

9 音

音訓 オン、イン、おと、ね

名のり お、おと、と、なり、ね、のん

意味 音。声。節、音色。音楽。言葉。訪れ、便り。どの名のりも穏やかな響きで、男女ともに温かい印象の名前になる。そのぶん、性別がわかりにくくならないよう組み合わせを考えて。

男の子の名前
- 音矢 9 5 おとや
- 詠音 12 9 えいと

女の子の名前
- 音姫 9 10 おとめ
- 音愛 9 13 おとあ
- 綾音 14 9 あやね

9 珈

音訓 カ、ガ、ケ

意味 女性の髪飾り。玉が垂れたかんざしの一種。「珈琲」の印象が強いが、本来は女性らしさのある字。「か」の響きを当てる際、新鮮味やオリジナリティーを出したいときにおすすめ。画数が多く見えるので、シンプルな字と合わせたい。

男の子の名前
- 珈寿 9 7 かず
- 珈織 9 18 かおる

女の子の名前
- 珈音 9 9 かのん
- 珈恋 9 10 かれん
- 珈凛 9 15 かりん

9 恢

音訓 カイ

名のり ひろ

意味 広い。大きい。広める、盛んにする。用意する。取り返す。字形は、心が広くて大きい意味を表す。パソコンですぐに変換できないので、あまりなじみがない字。ただし個性的で、スケールの大きさが感じられる意味はとても魅力的。

男の子の名前
- 恢昭9 ひろあき
- 恢寿7 ひろかず
- 恢智12 かいち

女の子の名前
- 恢奈8 ひろな
- 恢梨11 かいり

9 柑

音訓 カン、ケン、みかん

意味 みかんの一種。実はやや小さめで、皮が薄くて黄色く、酸味が強い。みかんの鮮やかなオレンジ色を連想し、活発さをイメージする字。人名用漢字に2004年に追加された。

男の子の名前
- 柑司5 かんじ
- 柑助7 かんすけ
- 柑汰7 かんた

女の子の名前
- 柑奈8 かんな
- 蜜14柑 みかん

9 研

音訓 ケン、と(ぐ)

名のり あき、かず、きし、きよ、きわむ、けん、とぎ

意味 とぐ、みがく。物事の道理をきわめる。すずり。「研学」や「研鑽」から、何事も真剣に取り組み、成果を出すまじめな印象がある。鋭い感性も養われるよう願いを込めて。

男の子の名前
- 研乃助2 7 けんのすけ
- 研杜7 けんと
- 研汰7 けんた
- 研佑7 けんすけ
- 研誠13 けんせい
- 剛10研 ごうけん

9 海

音訓 カイ、うみ

名のり あま、うな、うみ、か、かい、み

意味 海。湖、池。物事が集まる場所。広くて大きい。スケールの大きさから、懐の深さを感じる。すがすがしいイメージもあり、人気が高い。まぎらわしくないよう、合わせる字に注意を。

男の子の名前
- 海津留9 10 みつる
- 海智12 みち

女の子の名前
- 海歌14 うみか
- 愛13奈8海 まなみ
- 瑠14海花7 るみか

9 紀

音訓 キ

名のり あき、おさ、おさむ、かず、かなめ、き、きい、きの、こと、しるす、しする、すみ、ただ、ただし、つぐ、つな、とし、のり、はじめ、ひろ、ふみ、みち、もと、もとい、よし、より

意味 秩序を正す。糸口。要点。人の踏み行うべき道。歳月。

男の子の名前
- 紀汐6 きしお
- 紀壱7 きいち

女の子の名前
- 紀依8 きい
- 紀緒14 きお
- 夏10紀 なつき

9 彦

音訓 ゲン、ひこ

名のり お、げん、さと、のり、ひこ、ひろ、やす、よし

意味 才徳が優れた男性。男性の美称。定番の止め字で、やや古風なイメージがある。たくましく、風格のある印象なので、用いると逆に新鮮味が出る。「彦星」から、幻想的な印象にも。

男の子の名前
- 彦哉9 ひこや
- 弦8彦 ゆみひこ
- 弥8都11彦 みつひこ
- 幹13彦 みきひこ
- 香9津9彦 かつひこ
- 清11彦 きよひこ

9 活

音訓 カツ、ガチ、い(かす)、い(きる)

名のり いく、いけ、かつ

意味 生命を保つ。生計を立てる。命が助かる。生き返らせる。いきいきしている。意味は、水が堰を切るように流れることを表した字形に由来している。活動的で、元気なイメージ。

男の子の名前
- 活也3 かつなり
- 活希7 かつき
- 活則9 かつのり
- 嘉14活 よしかつ

女の子の名前
- 活実8 かつみ

9 建

音訓 ケン、コン、た(つ)、た(てる)

名のり けん、たけ、たけし、たけ る、たつ、たつる、たて

意味 家が建つ。始める。定める。申し成し遂げる。立てる。布告する。のびやかに立つことを表した字。建物がそびえるような安定感を連想する。

男の子の名前
- 建士3 けんし
- 建壱7 けんいち
- 建汰7 けんた
- 建悟10 けんご
- 昌8建 まさたけ
- 幸8建 ゆきたけ

9 胡

音訓 コ、ウ、ゴ、えびす、なんぞ

名のり ひさ

意味 えびす。長生き。遠い。取り留めがない。「胡麻」や「胡弓」から、オリエンタルな雰囲気を感じさせる字。男女ともに使用され、とくに女の子の場合、「こ」の響きを活かすために「子」の代わりによく用いられる。

男の子の名前
- 胡宇6 こう
- 胡宇樹6 16 こうき

女の子の名前
- 胡々3菜11 ここな
- 胡波8 こなみ
- 胡都11 こと

9 洸

音訓 コウ、オウ

名のり たけ、たけし、ひろ、ひろし、ふかし

意味 水が湧き立ち光る様子。水が押し寄せる様子。水のさわやかさと光のきらめきを感じられる字。「こう」の響きで男の子の名前に多用されがちだが、「ひろ」なら女の子にもつけやすい。

男の子の名前
- 洸一 1 こういち
- 洸希 7 こうき
- 洸賀 12 こうが

女の子の名前
- 洸実 8 ひろみ
- 洸姫 10 こうめ

9 皇

音訓 コウ、オウ、きみ、すめら、すめら(ぎ)

名のり すべ、すめら

意味 君主。大きい、広い。美しい。おごそか。ただす。高貴で荘厳な印象を与える字で、偉大さとともに、人を慈しむ心の豊かさを思わせる。字形も安定感があり、どの字とも合わせやすい。

男の子の名前
- 皇平 5 こうへい
- 皇我 7 おうが
- 皇征 8 きみまさ
- 皇哉 9 こうや
- 皇真 10 こうま
- 皇樹 16 こうき

9 虹

音訓 コウ、グ、ゴウ、にじ

名のり こ、じ

意味 虹。空に現れる七色のアーチ。橋。字形は、虹を空を貫く蛇ととらえて表したもの。スケールの大きさと、あかるく輝いたイメージのある字。「こう」の響きで性別を問わずに用いられる。

男の子の名前
- 虹志 7 こうじ
- 虹朔 10 こうさく
- 虹磨 16 こうま

女の子の名前
- 虹妃 6 こうき
- 広虹 5 ひろこ

9 恒

音訓 コウ

名のり こう、たけ、たけし、ちか、つね、のぶ、ひさ、ひさし、ひとし、ひろ、ひろし、ふかし

意味 日常。永久に。弓張り月。つねに気持ちが安定し、性格の穏やかさ思わせる字。「つね」になじみがあるが、「こう」が現代的。

男の子の名前
- 恒比古 4 5 つねひこ
- 恒助 7 こうすけ
- 恒汰 7 こうた
- 恒星 9 こうせい

女の子の名前
- 恒実 8 つねみ

9 香

音訓 コウ、キョウ、か、かお(り)、かお(る)

名のり か、かが、かおり、かおる、こう、たか、よし

意味 よいにおい。芳(かぐわ)しい。香料。香道。かわいらしさと、凛としたイメージを併せもつ字。ほのかに漂う香りのようなしとやかな部分と、意志の強さを感じさせる。

男の子の名前
- 香綸 14 かいと

女の子の名前
- 香苗 8 かなえ
- 空香 8 そらか
- 萌香 11 もか
- 香織 18 かおる

9 砂

音訓 サ、シャ、すな

名のり いさご、さ、さご、すな

意味 とても細かく砕けた岩石の粒。「さ」の響きでは「紗」や「沙」の人気が高めだが、男の子にも用いやすい。サラサラとした砂の繊細な印象と、「星の砂」のように派手でない美しさを思わせる。

男の子の名前
- 砂久哉 3 9 さくや
- 砂来利 7 7 さくと
- 砂樹斗 16 4 さきと

女の子の名前
- 砂依 8 さえ
- 智砂 12 ちさ

9 厚

音訓 コウ、グ、あつ(い)

名のり あつ、あつし、こう、ひろ、ひろし

意味 丁寧、親切。多い、長い、濃い、立派など程度が大きいこと。度合いを高める。情が厚く気配りができ、だれからも好かれる人望のある子に、と願いを込めて。

男の子の名前
- 厚利 7 あつと
- 厚基 11 あつき
- 浩厚 10 ひろあつ

女の子の名前
- 厚美 9 あつみ
- 厚葵 12 あつき

9 紅

音訓 コウ、ク、グ、くれない、べに

名のり あか、いろ、くれ、こう、べに、もみ

意味 あざやかな赤い色。「工」は赤いかがり火を意味する。はっきりとした赤色を連想させ、自分の意見をしっかりもつ芯の強さを感じさせる。はなやかな印象も。

男の子の名前
- 雅紅斗 13 4 がくと

女の子の名前
- 紅波 8 くれは
- 紅華 10 べにか
- 紅羅々 19 3 くらら
- 実紅 8 みく

9 哉

音訓 サイ、かな、や

名のり えい、か、き、すけ、ちか、とし、なり、はじめ、や

意味 はじまり。止め字の「や」として、「也」「弥」とともに定番の字。男の子の名前によく用いられるが響きが多数あり、女の子に使われることもある。

男の子の名前
- 礼哉 5 れいや
- 朋哉 8 ともや
- 航哉 10 こうや

女の子の名前
- 哉嘉 14 やよい
- 美哉 9 みちか

珊　9

音訓 サン、サツ

名のり さぶ、さん、たま

意味 珊瑚。海中に生息する珊瑚虫の石灰質の骨格が集まったもの。南国の青い海に彩りを添えるイメージ。「さん」の響きでよく用いられるパターンは少なめだが、見た目にオリジナリティーのある名前になる。

男の子の名前
- 珊史 5 さんし
- 珊汰 7 さんた
- 珊護 20 さんご

女の子の名前
- 珊南 9 さな
- 珊瑚 13 さんご

重　9

音訓 ジュウ、チョウ、え、おも(い)、かさ(なる)、かさ(ねる)

名のり あつ、あつし、いかし、え、おもし、かさぬ、かず、かたし、しげ、しげし、しげる、じゅう、のぶ、ふさ

意味 重い。身分が高い。落ち着いている。どっしりとした安定感のある字。

男の子の名前
- 重希 7 しげき
- 重隆 11 しげたか
- 昭重 9 あきしげ

女の子の名前
- 奈美重 8 9 なみえ
- 桃重 10 ももえ

春　9

音訓 シュン、はる

名のり あずま、あつ、かす、かず、す、しゅん、す、とき、は、はじめ、はる

意味 春。年の初め。青少年期。字形は、草が太陽を浴びて群がるように生長する様子を表し、ほがらかな雰囲気を思わせる。男女ともに人気が高い。

男の子の名前
- 春亮 9 はるあき
- 春喜 12 はるき

女の子の名前
- 春空 8 はるあ
- 春南 9 はるな
- 春音 9 はるね

秋　9

音訓 シュウ、あき

名のり あき、あきら、おさむ、しゅう、とき、とし、みのる

意味 秋。大事なとき。穀物が実ること、その時期。歳月。紅葉の色合いや実り豊かなイメージから、穏やかな印象を与える。「あき」で用いることが多い。

男の子の名前
- 秋人 2 しゅうと
- 秋也 3 あきなり
- 秋紀 9 あきのり

女の子の名前
- 秋菜 11 あきな
- 秋穂 15 あきほ

洵　9

音訓 シュン、ジュン、まことに

名のり のぶ、ひとし、まこと

意味 まことに。均(ひと)しい。涙が流れる。「旬」は美しい模様を意味し、「氵」と合わせて水の渦巻模様を表している。「しゅん」や「じゅん」の響きとして、個性を出すのにおすすめ。

男の子の名前
- 洵也 3 じゅんや
- 洵平 5 じゅんぺい
- 洵汰 7 じゅんた

女の子の名前
- 洵奈 8 じゅんな
- 洵胡 9 じゅんこ

咲　9

音訓 ショウ、さ(く)、わら(う)

名のり え、えみ、さ、さき、さく

意味 「笑」の古字。笑う。花が咲く。「さき」や「さ」の響きを活かし、女の子の名前に用いられることが多いが、あかるいイメージは男の子にも◎。努力の成果が実るなど、ポジティブな意味合いが強い。

男の子の名前
- 咲矢 5 さくや
- 咲磨 16 さくま

女の子の名前
- 咲奈 8 さきな
- 咲楽 13 さくら
- 実咲 8 みさき

柊　9

音訓 シュウ、シュ、ひいらぎ

意味 モクセイ科の木の名前。堅めの葉には光沢があり、縁はとげとげしている。秋に白い小花をつけ、実を結ぶ。クリスマスの装飾でなじみのある「西洋柊」も連想させる。「しゅう」の響きとして、女の子にも使用しやすい。

男の子の名前
- 柊介 4 しゅうすけ
- 柊樹 16 しゅうき
- 柊檎 17 しゅうご
- 聖柊 13 せいしゅう

女の子の名前
- 柊歌 14 しゅうか

俊　9

音訓 シュン

名のり すぐる、たか、たかし、とし、まさり、まさる、よし

意味 優れている。才知が優れている人。大きい。高い。厳しい。ぬきんでた人を表した字。男の子の名前に用いられることが多い。頭がよく、行動の機敏な子になるよう願いを込めて。

男の子の名前
- 俊 しゅん
- 俊斗 4 しゅんと
- 俊汰 7 しゅんた
- 隆俊 11 たかとし

女の子の名前
- 俊衣 6 としえ

昭　9

音訓 ショウ

名のり あき、あきら、いか、しょう、てる、のり、はる

意味 日が照り輝いてあかるい。はっきり現れている。「日を招く」の意味から、「明らか」と変化した。隅々まで照らすように元気を振りまき、周囲をあかるくさせる雰囲気がある。

男の子の名前
- 昭斗 4 あきと
- 昭成 6 あきなり
- 昭則 9 あきのり

女の子の名前
- 昭帆 6 あきほ
- 昭羽 6 あきは

省 9

音訓 セイ、ショウ、かえり（みる）、はぶ（く）

名のり あきら、かみ、しょう、せい、はぶく、み、みる、よし

意味 反省する。思い返す。注意して見る。名前例は少ないが、物事を慎重に進め、失敗してもそこから学び取る力が備わりそうな字。

男の子の名前
- 省平5 しょうへい
- 省俐9 しょうり
- 省紀9 しょうき
- 省真10 しょうま

女の子の名前
- 省子3 しょうこ

信 9

音訓 シン

名のり あき、あきら、こと、さだ、さね、し、しの、しん、ただ、ちか、とき、とし、のぶ、のぶる、まこと、まさ、みち

意味 発言や約束を守ること。誠実であること。規則正しい。明らかにする。信用する。他人から信頼感を得られる、正直さを感じさせる。

男の子の名前
- 信矢5 しんや
- 信希7 のぶき
- 信哉9 のぶや
- 亮信9 あきのぶ

女の子の名前
- 信子3 のぶこ

政 9

音訓 セイ、ショウ、まつりごと

名のり おさ、かず、きよ、こと、すなお、せい、ただ、ただし、ただす、つかさ、なり、のぶ、のり、まさ、まさし、まん、ゆき

意味 まつりごと。おきて。正す。頭の回転が速く、リーダーシップをとって周囲をまとめる力を備えている印象がある。

男の子の名前
- 政汰7 せいた
- 政斗4 せいと
- 政真10 せいま

女の子の名前
- 政子3 せいこ
- 政菜11 せいな

城 9

音訓 ジョウ、しろ

名のり き、くに、さね、しげ、じょう、しろ、なり、むら

意味 城。城壁を築くこと。荘厳な印象のある字で、「き」の響きを活かす名前が多い。少し詰まって見える字形なので、画数の少ないシンプルな字と組み合わせたい。

男の子の名前
- 城 じょう
- 城士3 じょうじ
- 城太朗4 10 じょうたろう
- 悠城11 ゆうき

女の子の名前
- 麻城11 ましろ

是 9

音訓 ゼ、シ

名のり じ、すなお、ただし、つな、これ、ゆき、よし

意味 正しい。よくする。「是非」の本来の意味は「よしあし」。道理にかなった行動のとれる、実直な人柄を連想させる。名前としてあまりなじみがないぶん、人と違う印象を出しやすい。

男の子の名前
- 是仁4 これひと
- 是匡6 これまさ
- 是貴12 これたか

女の子の名前
- 是実8 このみ
- 是波8 これは

宣 9

音訓 セン

名のり しめす、すみ、せん、ぜん、たか、つら、のぶ、のぶる、のり、ひさ、ひろ、ふさ、むら、よし、より

意味 広める。行き渡らせる。知らせる。述べる。表明する。流れを通す。どの名のりもなじみ深いが、そのぶん読み間違われることもよくある。

男の子の名前
- 宣太朗4 10 せんたろう
- 宣利7 せんと
- 宣汰7 せんた
- 征宣8 まさのぶ

女の子の名前
- 実宣8 みのり

津 9

音訓 シン、つ

名のり しん、ず、づ、わた

意味 港。渡し場。岸。集まる。重要なところ。手立て、方法。うるおう。ほかに例の少ない「つ」の響きをもつ字。人や物が集まる港から、にぎやかな雰囲気を感じ取れる。「しん」の響きとして用いると新鮮味がある。

男の子の名前
- 津芳7 つよし
- 津樹斗16 4 つきと

女の子の名前
- 津妃6 つき
- 津希奈7 8 つきな
- 結津12 ゆづ

星 9

音訓 セイ、ショウ、ほし

名のり あかり、せ、せい、つら、とし、ほし

意味 星。歳月、光陰。点々とした小さいもののたとえ。天体。重要な地位にある人。朝早く。運勢、運命。夜空に輝く星のロマンチックなイメージ。性別問わず「せ」や「せい」で使われる。

男の子の名前
- 星司5 せいじ
- 星悟10 せいご

女の子の名前
- 星乃2 ほしの
- 星華10 せいか
- 星羅19 せいら

泉 9

音訓 セン、ゼン、いず

名のり い、きよし、ずみ、なみ、み、みぞ、みず、もと

意味 地中から湧き出している水。水源。字形は、岩のすき間から湧き出る泉を表している。澄んだ水のさわやかなイメージから、男女ともに使えるため、組み合わせる字に工夫を。

男の子の名前
- 泉巳3 いずみ
- 泉斗4 せんと
- 泉樹16 いずき

女の子の名前
- 泉歩8 いずほ
- 亜弥泉7 8 あやみ

9 茜

音訓 セン、あかね

名のり あか

意味 茜草、日本では赤色の染料として用いられてきた。茜色、茜染め。夕焼けの温かみのある色のことで、あかるく穏やかな印象を与える。女の子向きだが、「せん」の響きなら男の子にも用いることができる。

男の子の名前
- 茜汰 7 せんた

女の子の名前
- 茜音 9 あかね
- 茜祢 9 あかね
- 茜南 9 せんな
- 茜梨 11 あかり

9 奏

音訓 ソウ、かな（でる）

名のり かな、そう

意味 勧める。差し上げる。音楽を演奏する。赴く。集まる。「奏でる」から音楽の美しい調べを連想させる。また、「功を奏す」から成果を上げるために努力できる力を備えた印象もある。

男の子の名前
- 奏也 3 そうや
- 奏斗 4 かなと
- 奏明 8 かなめ

女の子の名前
- 奏恵 10 かなえ
- 奏華 10 かなか

9 貞

音訓 テイ、ジョウ、チョウ

名のり さだ、さだし、ただ、ただし、ただす、つら、てい、みさお

意味 占う。正しい。信念を固く守り、節を曲げないこと。古風だが何事にも簡単には動じない冷静さを感じさせる。誠実で、道徳心のある子になるよう願いを込めて。

男の子の名前
- 貞志 7 ただし
- 貞伸 7 ただのぶ
- 貞昭 9 ただあき

女の子の名前
- 貞帆 6 さだほ
- 貞絵 12 さだえ

9 草

音訓 ソウ、くさ

名のり かや、くさ、くさか、さ、しげ、そう

意味 くさ、草原。下書きする。草原の広々とした雰囲気や青々としたさわやかさのある字。「雑草」のイメージも、たくましく生きる力と解釈できる。どちらかというと男の子向き。

男の子の名前
- 草平 5 そうへい
- 草真 10 そうま
- 草鳴 14 そうめい
- 草樹 16 そうき

女の子の名前
- 稚草 13 ちぐさ

9 則

音訓 ソク

名のり つね、とき、のり、みつ

意味 法則、法律。手本、模範。「のり」の響きで使われることが多い。意味からはルールを守る実直さを思わせる。縦に二つに割れる字形なので、左右に分かれていない字と組み合わせると、まとまりがよくなる。

男の子の名前
- 則之 3 のりゆき
- 則孝 7 のりたか
- 昭則 9 あきのり

女の子の名前
- 則子 3 のりこ
- 則花 7 のりか

9 南

音訓 ナ、ナン、みなみ

名のり あけ、な、なみ、なん、み、みな、みなみ、よし

意味 南の方角。南国。南へ行くこと。君主。「南国」から、あたたかい雰囲気のある字で、男女ともに人気がある。左右対称でバランスがよく、どの字とも相性がよい。

男の子の名前
- 南々利 3 7 ななと
- 南斗 4 みなと
- 南月 4 なつき

女の子の名前
- 麻南 11 まな
- 歌南 14 かなみ

9 荘

音訓 ソウ、ショウ

名のり さこう、これ、しげ、しょう、そう、たか、たかし、ただし、まさし

意味 厳か、重々しい。六方に通じる道。字形は、草の生長が盛んなことを表している。名前ではめずらしいが、荘厳な雰囲気と、穏やかで落ち着きを感じさせる。

男の子の名前
- 荘司 5 そうし
- 荘吾 7 そうご
- 荘祐 9 そうすけ

女の子の名前
- 荘子 3 しょうこ
- 荘那 7 そな

9 茶

音訓 チャ、タ、ダ、サ

名のり さ、ちゃ

意味 茶の木、またその葉を摘んでつくった飲料品。新茶。茶の湯。茶色。茶道から、伝統を大切にする心の豊かさを感じる字。「ちゃ」はあまり名前向きではないが、「さ」を活かすと個性的な組み合わせの名前に。

男の子の名前
- 茶助 7 さすけ
- 茶槻 15 さつき

女の子の名前
- 茶衣佳 6 8 さいか
- 茶亜良 7 7 さあら
- 茶綾 14 さあや

9 祢

音訓 ネ、デイ、ナイ

意味 祖先、とくに父のおたまや。親の霊廟（れいびょう）にまつった父。「禰」の俗字。あまり意味を意識せず、「ね」の響きとして万葉仮名風に用いることが多い。2004年から人名用漢字として使えるようになった。

男の子の名前
- 祢央 5 ねお
- 祢苑 8 ねおん

女の子の名前
- 祢々 3 ねね
- 祢依 8 ねい
- 祢音歌 9 14 ねねか

9

珀

音訓 ハク、ヒャク

名のり すい、たま

意味 琥珀。玉の名前。樹皮が長い年月をかけて固まった「琥珀」から、神秘的な雰囲気を感じさせる。透き通った色から、純粋さも連想できる。「はく」を活かして組み合わせると新鮮な名前に。

男の子の名前
- 珀栄 9 はくえい
- 珀翔 12 はくと
- 胡 9 珀 こはく

女の子の名前
- 珀空 8 はくあ
- 珀恵 10 はくえ

9

風

音訓 フウ、フ、かざ、かぜ

名のり かざ、かぜ、ふう

意味 かぜ。風が吹く。涼む。風のように速い。ほがらかな雰囲気があり、「ふう」の響きからやさしさを感じさせる字で、男女ともに人気がある。風のようにのびのびと育つよう願いを込めて。

男の子の名前
- 風汰 7 ふうた
- 風基 11 ふうき
- 風檎 17 ふうご

女の子の名前
- 風空 8 ふうあ
- 風梨 11 ふうり

9

柾

音訓 まさ

名のり ただ、まさき

意味 木材の木目がまっすぐ縦に通った状態。生垣に多用されるニシキギ科の木の名前。国字（日本で作られた字）のため訓読みしかない。あまりなじみはないが、木目のようにまっすぐ実直な子になるよう願いを込められる。

男の子の名前
- 柾人 2 まさと
- 柾史 5 まさし
- 貴 12 柾 たかまさ

女の子の名前
- 柾妃 6 まさき
- 柾美 9 まさみ

9

飛

音訓 ヒ、と(ばす)、と(ぶ)

名のり たか、ひ

意味 空を飛ぶ。跳ね上がる。超える。はやく行く。飛ぶように速いこと。翼や羽ばたくことのイメージから、開放感や希望を連想させる。やや詰まって見える形なので、シンプルな字と組み合わせてバランスをとりたい。

男の子の名前
- 飛伊路 6 13 ひいろ
- 春 9 飛 はるひ
- 悠 11 飛 ゆうひ

女の子の名前
- 飛咲 9 ひさき
- 飛夏 10 あすか

9

保

音訓 ホ、ホウ、たもつ

名のり お、たもつ、ほ、まもる、もち、もり、や、やす、やすし、より

意味 保つ。守る。助ける。養う。責任をもつ。頼みとする。「やす」や「ほ」の響きで性別を問わず用いられる。周囲の人を守ったり助けたりする思いやりを感じさせる。

男の子の名前
- 保久斗 3 4 ほくと
- 保泉 9 ほずみ

女の子の名前
- 保乃 2 ほの
- 保奈美 8 9 ほなみ
- 保夏津 10 9 ほなつ

9

耶

音訓 ヤ、シャ、ジャ

名のり か

意味 疑問や反語などを表す助字。あまり意味にとらわれず、「や」の響きとして万葉仮名風に用いられる。止め字として使うことが多い。女の子に多く用いられるが、男の子に使っても違和感はない。

男の子の名前
- 壱 7 耶 いちや
- 奏 9 耶 そうや
- 恭 10 耶 きょうや

女の子の名前
- 耶良 7 やよい
- 耶恵 10 やえ

9

美

音訓 ビ、ミ、うつく(しい)

名のり あい、うま、うま、うまし、きよし、し、とみ、はし、はる、び、ふみ、み、みつ、よ、よし、よしみ

意味 綺麗。優れている。上品なイメージで、女の子の名前に用いられることが多い。「よし」などの響きで男の子に使われる場合も。

男の子の名前
- 美雄 12 よしお

女の子の名前
- 美千花 3 7 みちか
- 美愛 13 みあ
- 美稚奈 13 8 みちな
- 裕 12 美 ゆみ ゆうみ

9

昴

音訓 ボウ、モウ、すばる

意味 すばる。プレアデス星団のひとつで、秋の代表的な星座。宇宙を連想させ、ロマンチックな雰囲気を感じさせる。「すばる」の響きが一般的だが、「ぼう」を活かしても◎。どちらかというと男の子向き。

男の子の名前
- 昴 すばる
- 昴都 11 ぼうと
- 昴瑠 14 すばる
- 昴瀬 19 ぼうせ

女の子の名前
- 紀 9 昴 きぼう

9

柚

音訓 ユ、ユウ、ジク、チク、ゆず

名のり ゆ

意味 ゆず。みかんに似た柑橘（かんきつ）類の一種で、香り豊かな実をつける。「ゆ」「ゆず」の響きや、イメージがかわいらしい字。植物に関する字のなかで、女の子だけでなく男の子にも好まれる数少ない字。

男の子の名前
- 柚希 7 ゆずき
- 柚瑠 14 ゆずる

女の子の名前
- 柚乃 2 ゆの
- 柚南 9 ゆずな
- 柚歌 14 ゆずか

勇 9

音訓 ユウ、いさ（む）

名のり いさ、いさお、いさみ、いさむ、お、さ、そよ、たけ、たけし、とし、はや、ゆ、ゆう、よ

意味 雄々しい。元気がある。敵を恐れない。思いきりがよい。勇気をもって突き進む心の強さを感じさせる。男らしいイメージ。

男の子の名前
- 勇一 1 ゆういち
- 勇亜 7 ゆうあ
- 勇奈 8 ゆうな
- 勇雅 13 ゆうが

女の子の名前
- 勇音 9 ゆうね

要 9

音訓 ヨウ、い（る）、かなめ

名のり かなめ、しの、とし、め、もとむ、やす、よう

意味 かなめ。大切なところ。求める。合わせる。正す。明らかにする。成就する。大事な局面でも、役割をしっかり果たせる強さを連想させる。頼りになる印象も。

男の子の名前
- 要 かなめ
- 要一 1 よういち
- 要太 4 ようた
- 要祐 9 ようすけ

女の子の名前
- 要子 3 ようこ

亮 9

音訓 リョウ、あき（らか）

名のり あき、あきら、かつ、きよし、すけ、たすく、とうる、とおる、ふさ、まこと、よし、より、りょう、ろ

意味 あかるい。まこと。さまざまな物事にあかるいことを表す字形から、賢い印象。また、あかるく誠実な性格を感じさせる。

男の子の名前
- 亮也 3 りょうや あきや
- 亮真 10 りょうま
- 亮翔 12 りょうと

女の子の名前
- 亮子 3 あきこ
- 亮花 7 りょうか

祐 9

音訓 ユウ、ウ、ジョウ、たす（ける）

名のり さち、すけ、たすく、ち、ひろ、まさ、ます、むら、ゆ、ゆう、よし

意味 助ける。神、天の助け。「ゆう」の響きのなかでも、神のイメージから厳かな雰囲気がある。生まれつき徳をもち、大らかな性格を連想させる。

男の子の名前
- 祐史 5 ひろし
- 祐助 7 ゆうすけ

女の子の名前
- 祐子 3 ひろこ
- 祐花 7 ひろか
- 祐美 9 ゆみ ゆうみ

洋 9

音訓 ヨウ、ショウ、ゾウ

名のり うみ、おき、きよ、なだ、なみ、ひろ、ひろし、ふかし、み、よ、よう、よし

意味 大海。大きな波。水の流れる様子。広く大きい、満ちあふれる。外国、とくに西洋のこと。海の印象で寛容な人柄を思わせる。「ひろ」の響きが新鮮。

男の子の名前
- 洋一郎 1 9 よういちろう
- 洋太朗 4 10 ようたろう
- 洋平 5 ようへい

女の子の名前
- 洋子 3 ようこ
- 麻洋 11 まひろ

玲 9

音訓 レイ、リョウ

名のり あき、あきら、たま、ほまれ、れ、れい

意味 玉や金属が触れ合って美しい音が鳴ること。透き通るような美しさ。「れい」の響きをもつ字のなかでも、字形のバランスや意味のよさからとくに人気がある。心のきれいさを連想する。

男の子の名前
- 玲士 3 れいじ
- 玲多 6 れいた

女の子の名前
- 玲心 4 れいこ
- 玲南 9 れいな
- 玲美 9 れいみ

宥 9

音訓 ユウ、ウ、ゆる（す）

名のり すけ、ひろ

意味 許す。大目にみる。寛大。なだめる。「ゆう」の響きは人気だが、そのなかでも、名前にはあまり用いられていないので新鮮。心が広く、人に気遣える子にと願いを込めて。

男の子の名前
- 宥一 1 ゆういち
- 宥汰 7 ゆうた
- 宥誠 13 ゆうせい

女の子の名前
- 宥友 4 ゆうゆ
- 宥依 8 ゆい

律 9

音訓 リツ、リチ

名のり おと、ただし、ただす、たて、なが、のり、みち、りつ

意味 おきて、定め。手本とする。音楽の調子。自分に厳しく、まじめで堅実さをイメージさせる。「りつ」の響きで用いるのが一般的。精神力の強い子になるよう願いを込めて。

男の子の名前
- 律利 7 りつと
- 律貴 12 りつき

女の子の名前
- 律心 4 りつこ
- 律良 7 りつよ
- 律歌 14 りつか

郎 9

音訓 ロウ

名のり いらつこ、お、ろ、ろう

意味 おとこ。男性の美称。若者、息子、父、旦那、夫。男の子の止め字として定番。男らしさのなかに、穏やかさを感じさせる「ろう」の響きで用いるのが一般的だが「お」とすると、やや個性的な印象になる。

男の子の名前
- 志郎 7 しろう
- 呉郎 7 ごろう
- 勇次郎 9 6 ゆうじろう
- 智郎 12 ともろう ともお
- 詠太郎 12 4 えいたろう
- 慧一郎 15 1 けいいちろう

10
晏

音訓 アン、エン、おそ、くれる
名のり さだ、はる、やす
意味 おそい。安らか、静か。空が晴れ渡る。夕方。

穏やかな晴れの日を意味する。あまりなじみがないぶん、新鮮味がありオリジナリティーを出せる。「あん」「はる」の響きで、男女ともに使用できる。

男の子の名前
晏志 7 あんじ
晏悟 10 あんご

女の子の名前
晏奈 8 あんな
晏珠 10 あんじゅ
晏莉 10 あんり

10
夏

音訓 カ、ゲ、なつ
名のり か、なつ
意味 夏。大きい。盛ん。字形は冠などをつけて踊る雅な夏祭りの舞を意味する。夏のカラッとした天気や輝く太陽を連想させ、元気いっぱいの活発さを思わせる。「なつ」のほかに「か」の響きも定番になりつつある。

男の子の名前
日夏 4 にちか
豊夏 13 ゆたか

女の子の名前
初夏 7 ういか
咲千夏 9 3 さちか
瑠夏 14 るか

10
栞

音訓 カン、しおり
名のり けん、しお
意味 本のあいだに挟み、読みかけの場所を示すもの。案内、手引き。「しおり」のしとやかな響きは女の子向き。「り」の止め字を添えることが多い。「かん」の響きなら男の子に用いてもかっこいい。

男の子の名前
栞介 4 かんすけ
栞滋 12 かんじ

女の子の名前
栞 しおり
栞野 11 しおの
未栞 5 みしお

10
悦

音訓 エツ
名のり のぶ、よし
意味 喜ぶ。楽しむ。喜んで従う。心のなかのわだかまりが解け、喜ぶ様子。自ら楽しみを発見し、周囲のだれとでも親しくなれる人柄を思わせる。やや古風な意味をもつが、ポジティブなイメージの字。

男の子の名前
志悦 7 しのぶ
忠悦 8 ただのぶ
義悦 13 よしのぶ

女の子の名前
悦子 3 えつこ
悦歌 14 よしか

10
華

音訓 カ、ケ、は、はな、はる
名のり か、きよ、げ、は、はな、はる、ふさ、よし
意味 花、草木に咲く花の総称。はなやか、美しい。彩り。名声が上がること。「花」よりはなやかな印象で女の子に使われることが多い。詰まって見えるのでシンプルな字と組み合わせたい。

女の子の名前
華衣 6 はなえ かえ
華歩 8 かほ
華美 9 はなみ
華歌 14 はなか
魅華 15 みか
澪華 16 れいか

10
起

音訓 キ、お(きる)、お(こす)、お(こる)
名のり おき、おこし、おこす、かず、き、たつ、もと、ゆき
意味 起き上がる。始まる。生じる。支える。癒やす。物事の始まりとして、すがすがしさを連想させる。決心したことを成し遂げる行動力も感じられる。

男の子の名前
起汐 6 きしお
起佑 7 きすけ
尚起 8 なおき

女の子の名前
悠起 11 ゆうき
舞起 15 まき

10
桜

音訓 オウ、さくら
名のり お、おう、さくら、はる
意味 桜桃。バラ科の木。日本の国花。薄紅色の花びらからはかなげなやさしさを感じさせる。春のイメージで、温厚な印象もある。男女問わず人気があり、近年は「お」の響きを活かす名づけが増えている。

男の子の名前
桜汰 7 おうた
桜祐 9 おうすけ
桜雅 13 おうが

女の子の名前
桜心 4 さくらこ
桜華 10 おうか

10
峨

音訓 ガ
名のり たか、たかし
意味 高い。高く険しい山。高い峰。厳か。「我」はぎざぎざした刃の斧(おの)を表し、転じて、険しい山を意味する。「が」の響きの止め字として「我」よりもたくましさが感じられ、近年人気がある。男の子向き。

男の子の名前
峨伊亜 6 7 がいあ
峨玖 7 がく
峨聞 14 がもん
了峨 2 りょうが
太峨 4 たいが
勇峨 9 ゆうが

10
記

音訓 キ、しる(す)
名のり き、しるす、とし、なり、のり、ひみ、ふさ、ふみ、よし
意味 書く、書きとめる。覚える。心に刻む。文書、記録。印。文才のある知性を感じさせる字。直線の多い字形から、シンプルな字や曲線のある字と合わせるとよい。

男の子の名前
羽津記 6 9 はづき
奏記 9 そうき
晴記 12 はるき

女の子の名前
記代 5 きよ
結記 12 ゆうき ゆいき

10
姫

音訓 キ、ひめ
名のり ひめ
意味 姫。天子の娘、女性の美称。妃。小さくてかわいらしいものにつける語。「妃」よりも愛らしさが際立つ字で、女の子ならではの名前にできる。「き」の響きなら、あらゆる組み合わせが可能で、オリジナリティーを出しやすい。

女の子の名前
- 姫子 3 きこ
- 姫央 5 きお
- 姫李 7 ひめり
- 姫菜良 11 7 きさら
- 悠姫 11 ゆうき
- 陽姫 12 はるき

10
恭

音訓 キョウ、ク、うやうや(しい)
名のり うや、きょう、く、すけ、すみ、たい、たか、たかし、ただ、ただし、ちか、つか、のり、みつ、やす、やすし、ゆき、よし
意味 慎む。礼儀正しい。意味から、品のよさを連想させる。謙虚で、だれからも好かれる子にと願いを込めて。

男の子の名前
- 恭佑 7 きょうすけ
- 恭磨 16 きょうま

女の子の名前
- 恭心 4 きょうこ
- 恭代 5 やすよ
- 恭佳 8 きょうか

10
拳

音訓 ケン、ゲン、こぶし
名のり かたし、つとむ
意味 こぶし、げんこ。にぎる。勇気、気力。指を曲げてこぶしを作った手を表した字。体力的な強さはもちろん、精神面の強靭(きょうじん)さを連想させ男の子向け。詰まって見えるので、画数の少ない字と合わせたい。

男の子の名前
- 拳士 3 けんし
- 拳壱 7 けんいち
- 拳悟 10 けんご
- 拳朔 10 けんさく
- 拳夢 13 こうむ
- 雄拳 12 ゆうけん

10
桔

音訓 キツ、ケチ、ケツ
名のり きつ
意味 はねつるべ。井戸水をくみ上げるしかけ。桔梗(ききょう)は山野で自生する多年草で、秋に紫や白の花をつける。秋の七草のひとつ。一本芯の通った実直さを思わせる。響きのパターンが少なく応用はやや難しい。

男の子の名前
- 桔多 6 きった
- 桔兵 7 きっぺい
- 桔登 12 きっと

女の子の名前
- 桔梗 11 ききょう
- 優桔 17 ゆき ゆうき

10
桂

音訓 ケイ、カイ、かつら
名のり かつ、よし
意味 モクセイ科の木の名前。秋に、かぐわしい小花を咲かす。また、カツラ科の木。月に生えているといわれる伝説上の木。バランスのよい字形で、落ち着いた印象がある。「けい」の響きで用いると新鮮。

男の子の名前
- 桂史 5 けいし
- 桂寿 7 けいじゅ
- 桂悟 10 けいご

女の子の名前
- 桂子 3 けいこ
- 桂花 7 けいか

10
剣

音訓 ケン、つるぎ
名のり あきら、つとむ、はや
意味 つるぎ。刺す、斬る。剣術。字形は均等にきたえられた両刃のつるぎを表している。剣のイメージから、鋭い感性を連想させる。男の子向きだが使用例は少なく、個性的な名前にできる。

男の子の名前
- 剣正 5 けんせい
- 剣史朗 5 10 けんしろう
- 剣汰 7 けんた
- 剣登 12 はやと
- 剣瑚 13 けんご
- 悠剣 11 ゆうけん

10
赳

音訓 キュウ
名のり たけ、たけし、つよし
意味 強く、猛々しいさま。勇ましいさま。屈強なイメージがあり、男の子向け。勇敢さを備え、困難があっても自ら解決できる力を備えた印象。「たけ」の例が多く、「きゅう」「つよし」なら新鮮味が出せる。

男の子の名前
- 赳士 3 たけし
- 赳斗 4 たけと
- 赳司 5 きゅうじ
- 赳和 8 たけお
- 赳留 10 たける
- 尚赳 8 なおたけ

10
恵

音訓 ケイ、エ、めぐ(む)
名のり あや、え、けい、さと、さとし、しげ、とし、めぐ、めぐみ、めぐむ、やす、よし
意味 恩を施す。慈しむ。思いやり。賢い。素直。美しい。字形は、人に対して心を傾ける慈悲深さを表している。男女問わず用いられる。

男の子の名前
- 恵祐 9 けいすけ
- 恵斗 4 けいと

女の子の名前
- 恵歌 14 けいか
- 恵琉 11 めぐる
- 由恵 5 めぐみ ゆえ

10
悟

音訓 ゴ、さと(る)、さとる
名のり ご、さと、さとし、さとる、のり
意味 さとる、理解する。迷いが解消する。目覚める。「吾」が、あかるくなることを表している。聡明さと実直な印象がある。止め字の「ご」として男の子によく用いられる。

男の子の名前
- 悟 さとる
- 悟弥 8 しんや
- 悟基 11 さとき
- 大悟 3 だいご

女の子の名前
- 実悟 8 みさと

航 10

音訓 コウ、ゴウ

名のり かず、こう、つら、ふね、わたる

意味 船。船を並べて造った橋。海や空を連想することから、スケールの大きさを思わせる。また、大変な局面でも、冷静にとらえて対処できる力を備えたイメージがある。

男の子の名前
- 航 こう／わたる
- 航一 1 こういち
- 航雅 13 こうが
- 航輝 15 こうき

女の子の名前
- 航子 3 こうこ

晄 10

音訓 コウ、あき(らか)

名のり あき、あきら、きら、ご、こう、てる、ひかる、みつ

意味 「晃」の異体字。「日」と「光」が横に並び、「晃」とはまた違った印象に。縦割れの字形なので、左右に割れない字と組み合わせたい。

男の子の名前
- 晄也 3 こうや
- 晄明 8 こうめい
- 晄陽 12 こうよう

女の子の名前
- 晄羽 6 てるは
- 晄歩 8 あきほ

浩 10

音訓 コウ、おおきい、ひろ(い)

名のり いさむ、おうい、おおい、きよし、こう、はる、ひろ、ひろし、ゆたか

意味 水が広々とした様子。広い、大きい。豊富。字形は、満たされるほどの充実した水を意味する。包容力のある性格になるよう期待を込めて。

男の子の名前
- 浩一 1 こういち
- 浩牙 4 こうが
- 浩栄 9 こうえい

女の子の名前
- 浩奈 8 ひろな
- 浩歌 14 ひろか

紘 10

音訓 コウ、オウ、ひろ(い)、ひも

名のり こう、つな、ひろ、ひろし、ゆたか

意味 冠のひも。大きな綱。縄張り、境界。広い。意味はあまりなじみがないが、心の豊かさを連想できて名前向き。「ひろ」や「こう」の響きで、性別を問わず使用される。

男の子の名前
- 紘哉 9 こうや
- 紘樹 16 ひろき

女の子の名前
- 紘花 7 ひろか
- 紘奈 8 ひろな
- 紘寧 14 ひろね

倖 10

音訓 コウ、ギョウ、さいわ(い)

名のり あき、あきら、きら、さち、てる、ひかる、みつ、ゆき

意味 思いがけない幸い。お気に入り。願い望む。「幸」よりもさらにうれしさの強い幸運を表す。運の強さとともに人を幸せにできる人柄のよさもイメージできる。

男の子の名前
- 倖司 5 こうし／ゆきじ
- 倖作 7 こうさく
- 倖兼 10 こうけん

女の子の名前
- 倖良 7 さちよ
- 倖実 8 こうみ

耕 10

音訓 コウ、たがや(す)

名のり おさむ、こう、たがやす、つとむ、やす、やすし

意味 耕す。ならす、平らにする。農業に励む。耕すのに使う鋤(すき)。田畑の作物を育てるイメージから、コツコツと努力を積み重ねられる性格を連想させる。男の子向き。

男の子の名前
- 耕太朗 4 10 こうたろう
- 耕平 5 こうへい
- 耕次 6 こうじ
- 耕宏 7 やすひろ
- 耕真 10 こうま
- 広 5 耕 ひろやす

晃 10

音訓 コウ、オウ、あき(らか)

名のり あき、あきら、きら、ご、こう、てる、ひかり、ひかる、みつ

意味 明らか。光る、輝く。日光を意味する。いつも陽気で、周囲を照らすような、明るい性格を思わせる。男の子の例が多いが、女の子でも違和感はない。

男の子の名前
- 晃佑 7 こうすけ
- 晃汰 7 こうた
- 晃誠 13 こうせい
- 征 8 晃 まさあき

女の子の名前
- 稚 13 晃 ちあき

高 10

音訓 コウ、たか、たか(い)、たか(まる)、たか(める)

名のり あきら、うえ、かぎり、こう、すけ、たか、たかい、たかし、たけ、ほど

意味 位置、丈が高い。名高い、世間に聞こえる。盛んである。貴ぶ。左右対称でバランスがよく、安定感のある字。

男の子の名前
- 高士 3 たかし
- 高亮 9 たかあき
- 高都 11 たかと
- 芳 7 高 よしたか

女の子の名前
- 高香 9 こうか／こうこ

剛 10

音訓 ゴウ、コウ

名のり かた、かたし、ごう、こわし、たか、たかし、たけ、たけし、つよ、つよし、のり、ひさ、まさ、よし

意味 強い、かたい。武芸に優れていること。豪腕な印象で、男の子らしい。縦線や角ばった形から、まっすぐな意志とまじめさも感じる。

男の子の名前
- 剛士 3 つよし
- 剛史 5 ごうし／つよし
- 剛宏 7 たけひろ
- 剛希 7 ごうき
- 剛汰 7 ごうた
- 優 17 剛 ゆうごう

紗 10

音訓 サ、シャ、うすぎぬ

名のり さ、すず、たえ

意味 うすぎぬ。薄くて目の粗い布。響きや意味から、たおやかな雰囲気があり、女の子に多く用いられる。あまり例のない「しゃ」の響きを活かすと、個性的な名前になる。

男の子の名前
- 紗久利 3 7 さくと
- 由紗 5 ゆさ

女の子の名前
- 紗文 4 さあや
- 紗緒 14 さお
- 智紗 12 ちさ

珠 10

音訓 シュ

名のり じゅ、す、たま、み

意味 真珠のように貝がらのなかで作られる玉。真珠のような丸い粒状のもの。美しいもののたとえ。「真珠」さながらの上品な美しさを連想させ、女の子の名前によく用いられる。「じゅ」の響きがめずらしい。

男の子の名前
- 珠斗 4 しゅうと
- 珠磨 16 しゅうま

女の子の名前
- 珠妃 6 たまき
- 珠佳 8 たまよ
- 珠美 9 たまみ

峻 10

音訓 シュン、スン、たか（い）、きびしい、けわ（しい）

名のり たか、たかし、ちか、とし、みち

意味 高くて大きい。険しい。険しい山を表す字形から、高い志をもって努力できるイメージ。「俊」や「駿」より例が少ないので、個性が出しやすい。

男の子の名前
- 峻介 4 しゅんすけ
- 峻斗 4 しゅんと
- 峻吾 7 しゅんご
- 峻都 11 たかと

女の子の名前
- 峻心 4 しゅんこ

朔 10

音訓 サク、ついたち

名のり かた、きた、さく、はじめ、もと

意味 月の最初の日。ついたち。天子の命令。こよみ。欠けた月がもとに戻る様子を表した字で、初心を忘れない着実さを思わせる。「さく」の響きで、性別を問わず用いられる。

男の子の名前
- 朔多 6 さくた
- 朔太郎 4 9 さくたろう
- 悠朔 11 ゆうさく

女の子の名前
- 朔心 4 さくこ
- 朔海 9 さくみ

修 10

音訓 シュウ、シュ、ス、ズ、おさ（める）、おさ（まる）

名のり あつむ、おさ、おさむ、さね、しゅう、なお、なが、ながき、ながし、のぶ、のり、ひさ、まさ、みち、もと、もろ、やす、よし、よしみ

意味 正しくする。学ぶ。模様をつける。優れている。実直なイメージのある字。

男の子の名前
- 修平 5 しゅうへい
- 修真 10 しゅうま
- 修樹 16 しゅうき
- 宏修 7 ひろのぶ

女の子の名前
- 修未 5 おさみ

純 10

音訓 ジュン、シュン、トン、ドン

名のり あつ、あつし、あや、いたる、いと、きよし、じゅん、すなお、すみ、ずみ、ただし、つな、とう、まこと、よし

意味 いと。混じりけがないこと。自然のままであること。けがれなく、心のきれいな人物になるよう願いを込めて。

男の子の名前
- 純一 1 じゅんいち
- 純護 20 じゅんご

女の子の名前
- 純心 4 じゅんこ
- 純奈 8 じゅんな
- 純玲 9 すみれ

時 10

音訓 ジ、シ、とき

名のり これ、じ、ちか、とき、はる、もち、ゆき、よし、より

意味 時刻。四季。歳月の流れ。時代。時勢。めぐり合わせ。今を大切に、一歩一歩着実に進んで未来に成果をあげそうなイメージがある。例は少なく、やや新鮮な印象。

男の子の名前
- 時央 5 ときお
- 時利 7 ときと
- 時弥 8 ときや
- 泰時 10 やすとき

女の子の名前
- 時波 8 ときわ

隼 10

音訓 シュン、ジュン、はやぶさ

名のり たか、とし、はや、はやし、はやと、はやぶさ

意味 はやぶさ。ワシタカ科の鳥。勇猛な鳥の総称。はやぶさのように動きが機敏で、シャープな雰囲気のある字。縦と横の線からなる形が、スマートな印象をより強める。

男の子の名前
- 隼斗 4 はやと
- 隼多 6 はやた
- 隼輝 15 はやて
- 悠隼 11 ゆうしゅん

女の子の名前
- 隼夏 10 しゅんか

恕 10

音訓 ジョ、ショ、ゆする

名のり くに、しのぶ、ただし、のり、はかる、ひろ、ひろし、ひろむ、みち、もろ、ゆき、ゆるし、よし

意味 思いやり、慈しみ。「如」は女性の上品さを表し、しなやかな心を意味する。新しさはあるが、「怒」と間違われやすいので注意。

男の子の名前
- 恕生 5 くにお
- 恕史 5 ただし
- 恕紀 9 ひろき
- 恕緒 14 くにお
- 史恕 5 しのぶ
- 宏恕 7 ひろただ ひろのぶ

将 10

音訓 ショウ

名のり しょう、すけ、すすむ、たか、たすく、ただし、たもつ、のぶ、はた、ひとし、まさ、まさし、まさる、もち、ゆき

意味 率いる、従える。「大将」など、周囲の人を引っ張る判断力や行動力を連想する字。懐の深さを感じさせる。

男の子の名前
- 将司 5 しょうじ
- 将広 5 まさひろ
- 将吾 7 しょうご
- 将寿 7 まさかず
- 主将 5 かずまさ
- 宏将 7 ひろまさ

真 10

音訓 シン、ま

名のり あつ、さだ、さな、さね、ざね、しん、ただ、ただし、ちか、なお、ま、まき、まこと、まさ、ます、また、まな、み、みち、もと

意味 いつわりがない。正しい。まじめ。よい意味なので、性別を問わず人気がある。字形も左右対称で安定している。

男の子の名前
- 真人 2 まさと まさひと
- 真孝 7 まさたか

女の子の名前
- 真帆 6 まほ
- 真奈香 8 9 まなか
- 結真 12 ゆま

泰 10

音訓 タイ

名のり あきら、た、たい、だい、とう、とうる、とおる、ひろ、ひろし、や、やす、やすし、ゆたか、よし

意味 極めて大きい。広い。豊か。のびのびしている。心にゆとりのある様子を想像できる。何事にも動じない落ち着きのある子になるよう願いを込めて。

男の子の名前
- 泰志 7 たいし
- 泰誠 13 たいせい
- 泰輝 15 たいき
- 浩泰 10 ひろやす

女の子の名前
- 泰羽 6 やすは

祥 10

音訓 ショウ

名のり あきら、さか、さき、さち、さむ、しょう、ただ、なか、ひろ、やす、ゆき、よし

意味 めでたいこと。吉事の前兆。神が与える幸福を表した字で、縁起がよい。男女問わず「さち」や「しょう」の響きが一般的だが、「よし」にすると新鮮になる。

男の子の名前
- 祥瑛 12 しょうえい
- 祥樹 16 しょうき

女の子の名前
- 祥心 4 しょうこ
- 祥帆 6 さちほ
- 祥花 7 さちか

晋 10

音訓 シン、すす(む)

名のり あき、くに、しん、すすむ、つき、ゆき

意味 進む。おさえる、慎む。的に向かってまっすぐ突き進む矢を連想させる字。目標に向けて自ら努力できるイメージがある。男の子に多く用いられる。「普」に似ているので注意を。

男の子の名前
- 晋 しん すすむ
- 晋一 1 しんいち
- 晋志 7 しんじ
- 晋吾 7 しんご
- 晋治 8 しんじ
- 晋策 12 しんさく

通 10

音訓 ツウ、ツ、かよ(う)、とお(す)、とお(る)

名のり つ、とう、とうり、とお、とおる、とし、なお、のぶ、ひらく、みち、みつ、やす、ゆき

意味 貫く。達する。つながる。広く行き渡らせる。意味はよいが、名前にはあまり使われないぶん個性的な印象に。

男の子の名前
- 通 とおる
- 通貴 12 みちたか
- 雅通 13 まさみち

女の子の名前
- 通衣 6 みちえ
- 通瑠 14 みちる

笑 10

音訓 ショウ、え(む)、わら(う)

名のり え、えみ、さき

意味 わらう。喜んで笑う、うれしがる。花が咲く。ほほえむ。「笑顔」を連想し、幸福感にあふれた字。つねに笑いを絶やさず、困難な場面でも笑って乗り切る強さが備わるよう願いを込めて。

男の子の名前
- 笑真 10 しょうま
- 笑都 11 えみと しょうと

女の子の名前
- 笑帆 6 えみほ
- 笑里 7 えみり
- 智笑 12 ちえ ちえみ

素 10

音訓 ス、ソ

名のり しろ、しろし、すなお、そ、つね、はじめ、もと、もとい、もとむ

意味 はじめ、根本。飾りのない。性質。まこと。自然のままの無垢(むく)なイメージがある。また、「素敵」のようにポジティブな印象もあり、前向きな字。「もと」の響きを活かすことが多い。

男の子の名前
- 素成 6 もとなり
- 素基 11 もとき

女の子の名前
- 素子 3 もとこ
- 素花 7 もとか
- 素弥礼 8 5 すみれ

哲 10

音訓 テツ

名のり あき、あきら、さと、さとし、さとる、てつ、てつし、のり、よし

意味 明らか。賢い。見識が高い人。複雑な物事をわかりやすくするとの字形から、状況を把握できる頭のよさをイメージできる。どちらかというと男の子に多用される。

男の子の名前
- 哲央 5 てつお
- 哲史 5 てつし
- 将哲 10 まさと

女の子の名前
- 哲野 11 あきの
- 哲絵 12 さとえ

展 10

音訓 テン

名のり のぶ、ひろ、より

意味 転がる。のびのびする。広がる。並べる。眺める。お参りする。「発展」から、才能を発揮して物事がさかんになる力を連想させる。「てん」のほかに「のぶ」「ひろ」などの響きで名前に用いられる。

男の子の名前
- 展汰7 てんた
- 展信9 てんしん
- 展誠13 てんせい
- 将10展 まさのぶ

女の子の名前
- 展香9 てんか

桃 10

音訓 トウ、ドウ、もも

名のり とう、もも

意味 果樹、バラ科の木。字形は二つに割れる桃の実を表している。やわらかい実や、「もも」の響きが愛らしく女の子向き。「桃太郎」から勇敢さとやさしさも思わせ、男の子に用いても違和感はない。

男の子の名前
- 桃護20 とうご

女の子の名前
- 桃依8 ももえ
- 桃愛13 ももあ
- 桃歌14 ももか
- 留10桃 とも

敏 10

音訓 ビン

名のり あきら、さと、さとし、すすむ、つとむ、と、とし、はや、はやし、はる、びん、みぬ、ゆき、よし

意味 すばやい。賢い。勉める。「俊敏」や「機敏」から、頭の回転が速く、行動力を思わせる。近年はあまり用いられないだけに、逆に新鮮味が出せそう。

男の子の名前
- 且5敏 かつとし
- 敏弘5 としひろ
- 敏幸8 としゆき
- 敏哉9 としや

女の子の名前
- 敏実8 さとみ

透 10

音訓 トウ、す(かす)、す(く)、す(ける)

名のり す、すく、と、とう、とうる、とおる、ゆき

意味 透き通る。通す。漏れる。「秀」は「長くのびる」の意味で、「辶」と合わせて突き抜けるという意味に。純粋で穏やかな印象を与え、誠実さも思わせる。

男の子の名前
- 透吾7 とうご
- 透真10 とうま
- 透樹16 とうき

女の子の名前
- 透心4 とうこ
- 透華10 とうか

馬 10

音訓 バ、マ、メ、うま、ま

名のり うま、たけし、ば、ま、むめ、め

意味 馬。月、月の精。馬をかたどった字形。駆け抜ける躍動感や、疾走感を連想させる。大きくしなやかな体から、たくましい印象もあり男の子によく使用される。「ま」の響きが一般的。

男の子の名前
- 衣6玖7馬 いくま
- 和8馬 かずま
- 治8馬 はるま
- 荘9馬 そうま
- 琢11馬 たくま
- 涼11馬 りょうま

勉 10

音訓 ベン、つと(める)

名のり いさ、かつ、すすむ、たけ、つとむ、はや、まさる、ます、やす

意味 勉める、励む。力を込めてつとめるとの字形から、勤勉で目標のためにコツコツ努力できる、意志の強い子にと願いを込めて。

男の子の名前
- 勉 まさる
- 勉向6 つとむ
- 勉弥8 かつみ まさみ
- 勉哉9 かつや
- 勉流10 まさる
- 勉夢13 つとむ

桐 10

音訓 トウ、ドウ、きり

名のり きり、とう、どう、ひさ

意味 ゴマノハグサ科の木。筒状の薄紫色の花を咲かせる。また、アオギリ科の木。桐で作られる琴。10mもの高さにまっすぐのびる幹や花の様子から、一本芯が通っており、凛とした印象の名前に。

男の子の名前
- 桐也3 きりや とうや
- 桐悟10 とうご
- 桐磨16 とうま

女の子の名前
- 桐子3 とうこ
- 桐花7 とうか

梅 10

音訓 バイ、うめ

名のり うめ、め

意味 梅。早春にいち早く花を咲かせることから、縁起がよく、物事の始まりをイメージする。生命力の強さも感じさせる。「上品」の花言葉もあり、「桜」や「桃」より使用例は少ないものの、女の子の名前に適している。

女の子の名前
- 梅世5 うめよ
- 梅良7 うめよ
- 梅歩8 うめほ
- 梅奈8 うめな
- 梅歌14 うめか
- 胡9梅 こうめ

峰 10

音訓 ホウ、みね

名のり お、たか、たかし、ね、ほう、みね

意味 山頂。高く険しい山。「連峰」から標高の高い山々が悠々とそびえ立つイメージ。心が広く、物事を冷静に対処できる落ち着きを感じさせる。名前ではめずらしく、オリジナリティーが出せる。

男の子の名前
- 峰翔12 みねと
- 秀7峰 ひでたか
- 茂8峰 しげたか

女の子の名前
- 峰香9 みねか
- 心4峰 こみね

10 紋

音訓 モン、ブン

名のり あき、あや、もん

意味 あや、織物の織り目の模様。しわ。家紋。

彩りのある模様の美しさと、家紋のように威厳のある雰囲気とを兼ね備える。男女ともに「あや」が一般的な響きで、「もん」を用いると個性的になる。

男の子の名前
- 紋斗 4 あやと
- 有紋 6 あもん

女の子の名前
- 紋乃 2 あやの
- 紋菜 11 あやな
- 小紋 3 さあや

10 哩

音訓 リ、まいる

意味 マイル、ヤード・ポンド法の距離の単位。2004年に人名用漢字に加えられた。意味のイメージが強くないことから、「り」の響きを重視して用いることができる。「里」「理」「浬」と差をつけたり、画数を調整したりするのにおすすめ。

男の子の名前
- 哩久 3 りく
- 哩玖斗 7 4 りくと
- 市哩 5 いちり

女の子の名前
- 哩音 9 りおん
- 哩歌 14 りか

10 留

音訓 リュウ、ル、と（まる）、と（める）

名のり たね、と、とめ、ひさ、る

意味 その場所に留まる。久しい。

字形に安定感があり、意味をあまり重視せずに、「る」の響きに使用することが多い。男女ともに使用されるが、近年は「琉」や「瑠」の人気に押されぎみ。

男の子の名前
- 留伊 6 るい
- 留緒 14 るお

女の子の名前
- 留実花 8 7 るみか
- 留南 9 るな
- 羽留 6 はる

10 容

音訓 ヨウ、ユウ、い（れる）

名のり いるる、おさ、かた、なり、ひろ、ひろし、まさ、もり、やす、よ、よう、よし

意味 器のなかに入れる、盛る。包み込む。受け入れる。聞き入れる。姿。立ち居振舞い。やすらか。やさしい。心に余裕があり、大らかな印象を与える。

男の子の名前
- 容一 1 よういち
- 容助 7 ようすけ
- 容汰 7 ようた

女の子の名前
- 容子 3 ようこ
- 容夏 10 ようか

10 莉

音訓 リ、レイ

名のり まり、り

意味 「茉莉」で木の名。ジャスミン。「り」の響きのなかでも女の子向きで人気の高い字。ジャスミンのはなやかな香りのように、上品で穏やかな性格の女性にと願いを込めて。男の子に用いてもオリジナリティーが出せる。

男の子の名前
- 莉津 9 りつ
- 莉都 11 りと

女の子の名前
- 莉心 4 りこ
- 莉咲 9 りさ
- 由莉奈 5 8 ゆりな

10 流

音訓 リュウ、ル、なが（す）、なが（れる）

名のり いたる、しく、とも、はる

意味 流れる。漂う。なめらか。広く行き渡る。川や海の水が流れる様子を連想する字。清涼感があり、さわやかな印象。同音で字形の似た「琉」が人気になりつつあり、逆に新鮮味がある。

男の子の名前
- 流平 5 りゅうへい
- 流哉 9 りゅうや
- 流真 10 りゅうま

女の子の名前
- 流弥 8 るみ
- 流南 9 るな

10 浬

音訓 リ、かいり、のっと

意味 海里、海上の距離の単位。海に関係する字のひとつで、スケールの大きいイメージ。同音の字のなかでも「里」や「理」などに比べ例があまり多くないので、新鮮な名前にできる。また、「氵」がさわやかな雰囲気を醸し出す。

男の子の名前
- 浬一 1 りいち
- 浬紀 9 りき

女の子の名前
- 浬衣子 6 3 りいこ
- 浬絵 12 りえ
- 浬愛 13 りあ

10 竜

音訓 リュウ、たつ

名のり かみ、きみ、しげみ、たつ、とうる、とお、とおる、めぐむ、りゅう、りょう

意味 竜。想像上の動物。優れた人物、物事のたとえ。大きい。穏やか。縁起がよく、雄々しいイメージから、男の子向け。

男の子の名前
- 竜希 7 たつき
- 竜志 7 たつし
- 竜汰 7 りゅうた
- 竜星 9 りゅうせい
- 竜雅 13 りゅうが
- 羽竜 6 うりゅう

10 倫

音訓 リン

名のり おさむ、しな、つぐ、つね、とし、とも、のり、ひと、ひとし、みち、もと

意味 人の守るべき道。道理。仲間。道徳心があり、実直で正義感の強さを思わせる。例の少ない印象だが、名のりが多く、バリエーションが豊かで男女ともにおすすめ。

男の子の名前
- 倫三 3 りんぞう
- 倫太郎 4 9 りんたろう
- 倫正 5 りんせい
- 倫汰 7 りんた

女の子の名前
- 麻倫 11 まりん

恋 10

音訓 レン、こい、こ（う）、こい（しい）

意味 恋しく思う、慕う。男女間で慕い合う気持ち。はなやかな印象の字。男女ともに、「れん」の響きを活かして名づけられることが多い。人を慈しむ心を連想させ、だれからも好かれるよう願いを込めて。

男の子の名前
- 恋士 3 れんじ
- 恋斗 4 れんと

女の子の名前
- 恋奈 8 れんな
- 恋華 10 れんげ
- 歌恋 14 かれん

朗 10

音訓 ロウ、ほが（らか）

名のり あき、あきら、お、さえ、とき、ほがら、ろう

意味 ほがらか。あかるく広々とした様子。くもりがない。快活。ほがらかであかるいイメージがあり、穏やかさを感じさせる字。「郎」とともに男の子の止め字として定番。

男の子の名前
- 朗楽 13 あきら
- 一朗 1 いちろう
- 永太朗 5 4 えいたろう
- 卓朗 8 たくろう
- 尚汰朗 8 7 なおたろう
- 龍朗 16 たつろう

逸 11

音訓 イチ、イツ

名のり いち、いつ、すぐる、とし、はつ、はや、まさ、ます、やす

意味 走る。速い。優れる、ぬきんでる。楽しむ。気まま。ゆるやか。「逸材」など追随を許さないほど才能や能力にあふれる雰囲気。「いつ」の響きが多用される。

男の子の名前
- 逸也 3 いちや
- 逸輝 15 いつき
- 逸露 21 いちろ

女の子の名前
- 逸花 7 いちか
- 逸姫 10 いつき

連 10

音訓 レン、つら（なる）、つら（ねる）、つ（れる）

名のり つぎ、つら、まさ、むらじ、やす、れん

意味 連なる。引き続く。関係する。つながる。人や物事のつながりを大切にするイメージ。「れん」の響きでは「蓮」の人気が高めなことから、逆に個性が出せそう。

男の子の名前
- 連之助 3 7 れんのすけ
- 連真 10 れんま
- 有連 6 あれん

女の子の名前
- 連花 7 れんか
- 連南 9 れんな

庵 11

音訓 アン、オウ

名のり あん、いお、いおり

意味 いおり。草ぶきの小さな家。僧や尼が仏をまつって住む小さな家。雅号に添える語。日本の古きよき情緒を感じさせ、文化的な趣がある。「あん」の響きとして、知的な雰囲気を感じさせる。

男の子の名前
- 庵吾 7 あんご
- 庵志 7 あんじ
- 李庵 7 りあん

女の子の名前
- 庵珠 10 あんじゅ
- 庵菜 11 あんな

凰 11

音訓 オウ、コウ、おおとり

意味 おおとり、鳳凰。天下泰平のときに現れる想像上の鳥。高貴さと神聖な雰囲気の強い字。気品があり落ち着いた子にと願いを込めて。字形は安定感こそあるものの、詰まった印象があるので、シンプルな字と合わせたい。

男の子の名前
- 凰壱 7 こういち
- 凰栄 9 こうえい
- 凰紀 9 おうき こうき
- 凰賀 12 こうが

女の子の名前
- 凰弥 8 こうみ

浪 10

音訓 ロウ、ラン

名のり なみ

意味 大きな波。波の総称。起こる、きざす。「浪人」のイメージもあるが、大波を表すスケールの大きな印象を与える。「氵」が波風のさわやかな雰囲気を際立たせる。「なみ」や、止め字の「ろう」に用いるとちょっと新鮮に。

男の子の名前
- 浪司 5 ろうじ
- 浪幸 8 なみゆき
- 浪輝 15 なみき
- 浪樹 16 なみき
- 志浪 7 しろう
- 慧士浪 15 3 けいじろう

惟 11

音訓 イ、ユイ、おも（う）、これ、ただ

名のり あり、ただ、たもつ、のぶ、よし

意味 思う。よく考える。字形は、ひとつのことに心をつなぎとめるという意味を表している。慎重に行動し、特定の分野で成功を遂げるイメージがある。

男の子の名前
- 惟也 3 ただなり
- 惟翔 12 ゆいと

女の子の名前
- 惟子 3 ゆいこ
- 惟香 9 ゆいか
- 惟愛 13 ゆいあ

椛 11

音訓 かば、もみじ

名のり か

意味 もみじ。「樺」の略字。字は、葉が花のように色づくもみじの意味を表す。紅葉した景色の美しさと色のあたたかさが相まって、温厚な人柄を連想させる。二字名で使用すると新鮮な印象になる。

男の子の名前
- 椛伊 6 かい
- 椛都 11 かつ

女の子の名前
- 椛央 5 かお
- 椛依蘭 8 19 かえら
- 椛南 9 かな ふうな

基 11

音訓 キ、もと、もとい

名のり き、のり、はじむ、はじめ、みき、もと、もとい、もとき、もとし、もとや

意味 建物の土台。根本。よりどころ。基づく。意味から、どっしりと構えた印象で安心感を与える。形もバランスがよく、どの字とも合わせやすい。

男の子の名前
- 基昭9 もとあき
- 基樹16 もとき
- 秀7基 ひでき

女の子の名前
- 基心4 もとこ
- 基美9 もとみ

教 11

音訓 キョウ、おし（える）、おそ（わる）

名のり おしえ、かず、きょう、こ、たか、なり、のり、みち、ゆき

意味 教える、諭す、導く。自ら学ぼうとする積極さがあり、人に教えられるほど知識を得られるイメージがある。近年、名前例は少なめなので、逆に新鮮に。

男の子の名前
- 教平5 きょうへい
- 教行6 たかゆき
- 教輔14 きょうすけ

女の子の名前
- 教子3 きょうこ たかこ
- 教佳8 きょうか

菫 11

音訓 キン、ギン、コン、すみれ

名のり すみれ

意味 すみれ。春に紫紅色の花を咲かす。花の凛とした雰囲気を感じる字で、どちらかというと女の子向き。安定感のある字形だが、直線が多いので曲線などのある字と組み合わせてバランスをとりたい。

女の子の名前
- 菫令5 すみれ
- 菫代5 すみよ
- 菫奈8 すみな
- 菫南9 すみな
- 菫夏10 すみか
- 花7菫 かすみ

菊 11

音訓 キク

名のり あき、きく、ひ

意味 キク科の多年草。秋に花を咲かす。字形は、両手の指をそろえて水をすくうように咲く花を表している。古風で日本的な趣を感じさせる。近年は名前例をあまりみないが、性別を問わず用いることができる。

男の子の名前
- 菊比古4 5 きくひこ
- 菊弥8 きくや

女の子の名前
- 菊代5 あきよ きくよ
- 菊依8 あきえ きくえ
- 菊野11 きくの

郷 11

音訓 キョウ、コウ、ゴウ

名のり あき、あきら、さと、のり

意味 故郷。村里、田舎。国。字形も曲線があり、温かいイメージも相まって、穏やかな性格を連想する。詰まった印象の字形から、画数の少ない字と組み合わせたい。

男の子の名前
- 郷士3 さとし
- 郷太4 ごうた
- 郷基11 ごうき
- 郷輝15 さとき

女の子の名前
- 弥8郷 みさと

啓 11

音訓 ケイ

名のり あき、あきら、けい、さとし、たか、てる、のぶ、のり、はじめ、はる、ひ、ひで、ひら、ひらき、ひろ、ひろし、ひろむ、よし

意味 開放する。導く。広げる。始める。起こす。豊富な知識をもち、物事をあかるいほうへ導くイメージがある。

男の子の名前
- 啓司5 けいし
- 啓吾7 けいご
- 啓汰7 けいた

女の子の名前
- 啓心4 けいこ
- 啓花7 けいか

毬 11

音訓 キュウ、グ、いが、まり

意味 まり。まりのように丸いもの。いが、栗などのとげ。毛糸などを丸めた様子を表した字。同じ意味の「鞠」は革製のたまを指す。かわいらしい印象で女の子向きだが、画数の少ない字と組み合わせてバランスをとりたい。

女の子の名前
- 毬子3 まりこ
- 毬咲9 まりさ
- 毬華10 まりか
- 毬愛13 まりあ
- 小3毬 こまり
- 日4毬 ひまり

強 11

音訓 キョウ、ゴウ、し（いる）、つよ（い）、つよ（まる）、つよ（める）

名のり あつ、かつ、きょう、ご、こわ、すね、たけ、つとむ、つよし

意味 力がある。大きい。健やか。努力する。男の子の名前に適した意味が多い。肉体、精神ともに丈夫で健康的な印象を受ける。

男の子の名前
- 強之助3 7 きょうのすけ
- 強汰7 ごうた
- 強志7 つよし
- 強哉9 きょうや
- 強磨16 きょうま
- 勇9強 ゆうごう

経 11

音訓 ケイ、キョウ、へ（る）

名のり おさむ、けい、つね、のぶ、のり、ふ、ふる

意味 経過する。筋道、道理。法則。統治する。実直さと誠実さを感じさせる。経験をもとに、より高みへ進む印象も。名前例が少ないぶん、個性を出しやすい。

男の子の名前
- 経太朗4 10 けいたろう
- 経哉9 けいや
- 経真10 けいま

女の子の名前
- 経子3 きょうこ けいこ
- 経香9 きょうか けいか

11 蛍

音訓 ケイ、ほたる

意味 虫の名。夏に水辺で生まれ、夜に光を放つ。

日本の夏の風物詩。幻想的な雰囲気があり、「虫」の入る字のなかでも比較的好印象の字。苦労しながら勉強するという意味の「蛍雪」から、勤勉なイメージもある。

男の子の名前
- 蛍壱7　けいいち
- 蛍悟10　けいご

女の子の名前
- 蛍心4　けいこ
- 蛍音9　けいと
- 蛍華10　けいか

11 康

音訓 コウ

名のり こう、しず、しずか、つね、ひろ、みち、やす、やすし、よし

意味 安らか。丈夫、健やか。仲がよい。楽しむ。大きい。「健康」から、健やかな印象を与える字。温厚で心にゆとりのある様子も感じられる。穏やかな性格になることを願って。

男の子の名前
- 康志7　やすし
- 康亮9　やすあき
- 康輝15　こうき
- 浩10康　ひろやす

女の子の名前
- 康羽6　やすは

11 紺

音訓 コン、カン

意味 紺色、少し赤みを含んだ濃い青色。紫と青を合わせた色。上品ではっきりとした「紺色」のイメージから、知性と芯の強さを感じる字。名前例があまり多くないぶん、組み合わせる字を工夫すれば新鮮な印象を与えられる。

男の子の名前
- 紺　こん
- 紺平5　こんぺい
- 紺多6　こんた

女の子の名前
- 紺奈8　かんな
- 紺菜11　かんな

11 舷

音訓 ケン、ゲン、ふなばた

名のり けん、げん

意味 船べり。船の側面。「玄」は弦に通じ、弦を張ったような反りのある船の側面を意味した字形。水の流れに漂うイメージから、穏やかさを感じる。似た字のなかでも使用例が少なく、新鮮味がある。

男の子の名前
- 舷　げん
- 舷市5　けんいち
- 舷多6　けんた
- 舷汰7　げんた
- 舷基11　げんき
- 勇9舷　ゆうげん

11 梗

音訓 コウ、キョウ、やまにれ

名のり きょう、たけし、つよし、なお

意味 山野に自生するニレ科の木。とげがある。猛々しい。まっすぐ、正しい、正直。「桔梗(ききょう)」は秋の七草のひとつ。青紫色の花のイメージから、可憐さと凛とした雰囲気を感じさせる。

男の子の名前
- 梗也3　きょうや／こうや
- 梗真10　こうま

女の子の名前
- 梗花7　きょうか
- 梗海9　こうみ
- 梗姫10　こうめ

11 彩

音訓 サイ、いろど(る)

名のり あ、あや、いろ、さ、たみ、てる

意味 彩り、模様、艶、輝き。色をつける、飾る。美しい。つねにあかるく快活な性格を思わせる字。「綾」や「絢」とともに人気が高く、「さい」や「さ」の響きを取り入れた例も増えている。

男の子の名前
- 彩文4　さいもん
- 彩太朗4 10　さいたろう

女の子の名前
- 彩心4　あやこ
- 彩南9　あやな
- 歌14彩　かあや

11 健

音訓 ケン、ゲン、すこ(やか)

名のり かつ、きよ、きよし、たけ、たけし、たける、たつ、たて、たる、つよ、つよし、とし、まさる、やす

意味 健やか、体が丈夫なこと。健康的で力にあふれ、たくましさを連想させる。「けん」の響きで、男の子の名前に多用される。

男の子の名前
- 健　けん／たける
- 健斗4　けんと
- 健汰7　けんた
- 健呉7　けんご
- 健哉9　けんや
- 夕3健　ゆうけん

11 皐

音訓 コウ

名のり さ、さつき、すすむ、たか、たかし

意味 沢。水際。水辺の曲がっているところ。陰暦で5月を表す「皐月」をそのまま用いることが多い。「き」の響きを工夫したり、ほかの名のりを使用したりすることでオリジナリティーを出せる。

男の子の名前
- 皐佑7　さすけ
- 皐汰7　こうた

女の子の名前
- 皐実8　たかみ
- 皐紀9　さつき
- 皐恵10　さえ

11 菜

音訓 サイ、な

名のり な、よし

意味 青物、野菜。葉、茎、根を食用にする草の総称。副食物。春に花を咲かせる「菜の花」の印象もあり、愛らしく穏やかな雰囲気のある字。女の子の名前として「な」の響きで人気がある。「艹」の字と合わせると、よりかわいい。

女の子の名前
- 菜々花3 7　ななか
- 菜心4　なこ
- 菜津依9 8　なつえ
- 菜野11　なの
- 未5菜　みな
- 緋14菜　ひな

梓 11

音訓 シ、あずさ

名のり あずさ

意味 あずさ、木の名。版木に文書を彫って印刷すること。建具師。あまり意味を重視せずに、「あず」や「あずさ」の響きを活かした名づけの多い字。縦割れの字形から、左右に分かれない字と合わせたい。

男の子の名前
- 梓杏 7 しあん
- 梓真 10 あずま

女の子の名前
- 梓妃 6 あずき
- 梓沙 7 あずさ
- 梓奈 8 あずな

淑 11

音訓 シュク、ジュク

名のり きよ、きよし、すえ、すみ、とし、よひで、ふかし、よし

意味 善良である、徳がある。慎ましい、上品。美しい。修養して立派になること。「淑女」のイメージが強く、女の子に用いられることが多い。本来は性別を問わない。

男の子の名前
- 淑哉 9 としや
- 淑晴 12 としはる
- 淑樹 16 としき

女の子の名前
- 淑美 9 としみ
- 実淑 8 みよし

渚 11

音訓 ショ、なぎさ、みぎわ

名のり お、なぎ、なぎさ

意味 水際。中洲、土砂が積もって川や湖にできた小島。海や川などの水辺を連想させ、さわやかな雰囲気がある。打ち寄せては返す波のように、穏やかで人を和ませるイメージも。

男の子の名前
- 渚斗 4 なぎと
- 渚差 10 なぎさ

女の子の名前
- 渚小 3 なぎさ
- 渚心 4 なぎこ
- 未渚 5 みなぎ

偲 11

音訓 シ、サイ、しの（ぶ）

名のり しのぶ

意味 強い。賢い、才能がある。思い慕う。字形は思慮深く、賢いことを表している。また「人（イ）」を「思う」ことから、思いやりのある人柄を思わせる。名前例は少ないので、男女ともに新鮮味が出せる。

男の子の名前
- 偲利 7 さいと
- 偲歩 8 しのぶ
- 偲紋 10 さいもん

女の子の名前
- 偲花 7 さいか
- 偲李 7 しのり

淳 11

音訓 シュン、ジュン、あ（い）、すなお

名のり あき、あつ、あつし、きよ、きよし、しゅん、じゅん、すな、すなお、ただし、よし、ぬ、まこと、よし

意味 情が深い。素直、飾り気がない。誠実で、細やかな気遣いのできる子にと願いを込めて。

男の子の名前
- 淳太 4 じゅんた
- 淳悟 10 じゅんご
- 淳基 11 あつき

女の子の名前
- 淳心 4 じゅんこ
- 淳奈 8 じゅんな

渉 11

音訓 ショウ

名のり さだ、しょう、たか、ただ、わたり、わたる

意味 水中を歩いて、あるいは水上を舟で渡る。経過する。達する。関係する。広く見聞する。「氵」があり、清らかな印象がある。さまざまな物事から知識を得て、成長できるよう願いを込めて。

男の子の名前
- 渉太 4 しょうた
- 渉平 5 しょうへい
- 留渉 10 りゅうしょう

女の子の名前
- 渉子 3 しょうこ
- 渉夢 13 あゆむ

脩 11

音訓 シュウ、シュ、ユウ、おさ（める）、なが（い）、ほじし

名のり おさ、おさむ、さね、しゅう、すけ、なお、なが、のぶ、はる、もろ

意味 修める、整える。戒める。飾る。もとは別の字だった「修」と、後世になって混用された経緯がある。実直さと誠実さを連想させる。

男の子の名前
- 脩司 5 しゅうじ
- 脩吾 7 しゅうご
- 脩季 8 しゅうき
- 脩麻 11 しゅうま

女の子の名前
- 脩華 10 しゅうか

惇 11

音訓 シュン、ジュン、トン、あつ（い）

名のり あつ、あつし、じゅん、すなお、とし、まこと、よし

意味 人情が厚い。真心。「淳」と字形も意味も似ているが、「忄（心）」があるぶん、より思いやりがあると想像できる。あまり使われておらず、新鮮さも。

男の子の名前
- 惇也 3 じゅんや
- 惇之助 3 7 じゅんのすけ
- 惇平 5 じゅんぺい

女の子の名前
- 惇子 3 じゅんこ
- 惇那 7 じゅんな

章 11

音訓 ショウ

名のり あき、あや、き、あきら、しょう、たか、とし、のり、ふさ、ふみ、ゆき

意味 美しい模様。印。楽曲や詩文の一節。明らかにする。手本、法律。左右対称でバランスのよい字形。意味もよく、男女ともに多用される。

男の子の名前
- 章典 8 あきのり
- 章羅 19 あきら
- 大章 3 ひろあき

女の子の名前
- 章羽 6 あきは
- 章奈 8 あきな

菖 11

音訓 ショウ、しょうぶ
名のり あやめ、しょう
意味 しょうぶ。

水辺に自生する香草。染め色のひとつで、やや青みがかった紫のもの。「あや」や「しょう」の響きで多用される。横線の多いイメージなので、組み合わせには工夫を凝らしたい。

男の子の名前
- 菖平5 しょうへい
- 菖哉9 しょうや
- 菖磨16 しょうま

女の子の名前
- 菖子3 しょうこ
- 菖明8 あやめ

進 11

音訓 シン、すす(める)、すす(む)
名のり しん、す、すすみ、すすむ、のぶ、みち、ゆき
意味 前に出る。階級が上がる。役人となる。進歩する。励む。優れる。尽くす。自ら進歩しようとする向上心を思わせる。男の子の名前に用いられることが多い。

男の子の名前
- 進弥8 しんや
- 進朔10 しんさく
- 進留10 しんと
- 進睦13 すすむ
- 匡進6 まさみち
- 栄進9 えいしん

崇 11

音訓 スウ、シュウ、ズウ、ソウ
名のり かた、かたし、し、そう、たか、たかし、たけ、なり、むね
意味 山が高く大きい。崇める。標高の高い山が連なったイメージから、気高さや荘厳な雰囲気がある。リーダーシップがあり、周りの人に慕われる人柄にと願って。

男の子の名前
- 崇仁4 しゅうと たかひと
- 崇史5 たかふみ
- 崇司5 たかし
- 崇留10 たかと
- 崇陽12 たかはる
- 崇頼16 たかより

捷 11

音訓 ショウ、ジョウ、か(つ)、はや(い)
名のり かち、かつ、さとし、しょう、すぐる、とし、はや、まさる
意味 勝つ、勝ちいくさ。速い、すばやい。近道をする。賢い。行動力のあるイメージから、男の子向け。名前に用いることが少ないので、新鮮味がある。

男の子の名前
- 捷仁4 はやと
- 捷成6 かつなり
- 捷則9 かつのり
- 捷樹16 かつき

女の子の名前
- 捷子3 しょうこ としこ

深 11

音訓 シン、ジン、ふか(い)、ふか(まる)、ふか(める)
名のり しん、とう、とお、ふか、ふかい、ふかし、み
意味 下や奥に深いこと。通暁している。盛んである。人間として深みがあり、落ち着きのあるイメージ。物事を慎重にとらえ、成功を遂げられそう。

男の子の名前
- 深士3 しんじ
- 深佑7 しんすけ
- 深都11 しんと

女の子の名前
- 深幸8 みゆき
- 由深5 ゆみ ゆうみ

清 11

音訓 セイ、ショウ、きよ(い)、きよ(まる)、きよ(める)
名のり き、きよ、きよし、さや、しん、すが、すみ、すむ、せ、せい
意味 水が澄んでいる。にごりや汚れがなく明らか。邪念がない。さわやか。涼しい。誠実でだれからも好かれる人柄のよさを思わせる。

男の子の名前
- 清志7 せいじ
- 清吾7 せいご
- 清都11 きよと

女の子の名前
- 清香9 きよか せいか
- 清寧14 きよね

紳 11

音訓 シン
名のり おび、しん
意味 高位高官の人、役人。高位高官者の礼装に使われた装飾用の帯。「紳士」から、気品があり知的な印象を与える。心にゆとりがあり、だれにでも穏やかに対応する子にと期待を込めて。

男の子の名前
- 紳一1 しんいち
- 紳矢5 しんや
- 紳平5 しんぺい
- 紳吾7 しんご
- 紳櫂18 しんかい
- 勇紳9 ゆうしん

彗 11

音訓 スイ、ズイ、セイ、エ、ケイ、ほうき
名のり さと、さとし
意味 ほうき。ほうき星。掃く。「彗星」のイメージで、宇宙を連想させる。スケールの大きさやロマンチックな雰囲気を漂わせる。直線の多い字形から、組み合わせる字に注意を。

男の子の名前
- 彗矢5 せいや
- 彗司5 せいじ
- 彗悟10 せいご

女の子の名前
- 彗奈8 せいな
- 彗華10 せいか

盛 11

音訓 セイ、ジョウ、さか(る)、さか(ん)、も(る)
名のり さかり、しげ、しげる、しょう、せい、たけ、みつ、もり
意味 容器にものをいっぱいにする。勢いが強い。満ちあふれている。富み栄えている。立派。たくましく周囲を巻き込む力強さを連想させる。

男の子の名前
- 盛仁4 もりと もりひと
- 盛央5 もりお
- 盛芳7 もりよし
- 市盛5 いっせい
- 竜盛10 りゅうせい
- 隆盛11 たかもり

11

雪

音訓 セツ、ゆき

名のり きよ、きよし、きよみ、きよむ、せつ、そそぐ、ゆき

意味 雪。雪が降る。洗い清める。白い様子のたとえ。高潔。雪のイメージから、清く美しい雰囲気のある字。女の子の名前に多いことから、男の子に用いると新鮮になる。

男の子の名前
- 雪翔12 ゆきと
- 裕雪12 ひろゆき

女の子の名前
- 雪愛13 ゆきあ
- 雪歌14 せつか ゆきか
- 羽雪6 はゆき

11

爽

音訓 ソウ、さわ（やか）

名のり あき、あきら、さ、さや、さやか、さわ、そう

意味 はっきりしている。あかるい。明らかにする。すがすがしい。さわやかでさっぱりとした印象の字。字形は安定感があるが詰まって見えるので、シンプルな字と組み合わせたい。

男の子の名前
- 爽多6 そうた
- 爽助7 そうすけ
- 爽悟10 そうご

女の子の名前
- 爽心4 さわこ
- 爽寧14 さわね

11

逞

音訓 テイ、チョウ、たくま（しい）

名のり たくま、てい、とし、ゆき、ゆた、よし

意味 たくましい。快い。勇ましい。尽くす、極める。速い。意味から、勢いがあり力強い様子を連想させる。2004年から人名用漢字に加えられた。

男の子の名前
- 逞巳3 たくみ
- 逞市5 ていいち
- 逞弥8 ていや
- 逞都11 ていと
- 逞夢13 たくむ
- 逞磨16 たくま

11

曽

音訓 ソ、ゾ、ソウ、ゾウ、かつて、すなわち

名のり かつ、そ、そう、つね、なり、ます

意味 重なる。増える。意味をあまり重視せず、「そ」の響きとして用いることが多い。左右対称でバランスがよい。画数の少ない字と組み合わせるのがベター。

男の子の名前
- 曽太4 そうた
- 曽楽13 そら

女の子の名前
- 曽乃子2 3 そのこ
- 曽乃花2 7 そのか
- 曽奈8 そな

11

雫

音訓 ダ、ナ、しずく

名のり しずく

意味 しずく。雫。水のしたたり。雫がゆっくりポタポタ落ちる様子から、コツコツ努力する堅実さを思わせる。「しずく」の響きを活かして、女の子の名前に用いられることが多い。「しず」にアレンジを加える場合もある。

男の子の名前
- 雫矢5 しずや
- 雫杜7 しずと

女の子の名前
- 雫来7 しずく
- 雫菜11 しずな
- 雫瑠14 しずる

11

都

音訓 ト、ツ、みやこ

名のり いち、くに、さと、つ、づ、と、とし、ひろ、みや、みやこ

意味 都。天子の城がある地。都を定める。統べる。美しい。字形は人が多く集まる都を意味している。響きを重視して名づけられることが多い。

男の子の名前
- 都宇6 とう
- 夕都3 ゆうと

女の子の名前
- 都萌11 ともえ
- 実都8 みと
- 南都9 なつ

11

窓

音訓 ソウ、まど

名のり まど

意味 窓。明かり取り。風や光の通り道であることから、心を開くことを連想させる。また誠実で、だれとでも分け隔てなく接する人柄も思わせる。名前例ではめずらしいので、個性が出しやすい。シンプルな字と合わせて。

男の子の名前
- 窓矢5 そうや
- 窓多6 そうた
- 窓壱7 そういち

女の子の名前
- 窓心4 そうこ
- 窓花7 まどか

11

琢

音訓 タク

名のり あや、たか、たく、たつ、みが（く）

意味 みがく。玉を打つ。徳や技修養などによって立派に成長すること。飾る。「切磋琢磨」のイメージ。目標を立てて成果を上げる意志の強さを感じさせる。

男の子の名前
- 琢司5 たくじ
- 琢帆6 たくほ
- 琢宏7 たくひろ
- 琢朗10 たくろう
- 琢真10 たくま
- 琢都11 たくと

11

陶

音訓 トウ、ドウ、ヨウ

名のり す、すえ、ただ、とう、のぶ、よし

意味 せともの。変化させる。教え導く。養う。喜ぶ。芸術的センスをイメージする。また、ポジティブな意味を多く含むことから名前向き。陶器のように深みがあり、繊細な感性を連想させる。

男の子の名前
- 陶吾7 とうご
- 陶真10 とうま
- 陶樹16 とうき

女の子の名前
- 陶心4 とうこ
- 陶華10 とうか

11

兜

音訓 トウ、ツ、ト、かぶと

意味 かぶと。帽子、頭巾。囲む、包む。戦国時代の武将を連想させ、勇敢でたくましいイメージがある。男の子向けの字。独特な字形とともに個性が強いので、組み合わせるときはシンプルな字を選びたい。

男の子の名前
- 兜 かぶと
- 兜斗4 かぶと ひろと
- 兜麻11 とうま
- 宏7兜 ひろと
- 勇9兜 ゆうと
- 栄9兜 えいと

11

逢

音訓 ホウ、ブ、あ（う）、むか（える）

名のり あい

意味 出会う、偶然会う。出迎える。さまざまな人との出会いによって、人間的に成長できるよう願いを込めて。字形がやや詰まった印象なので、画数の少ない字と組み合わせたい。

男の子の名前
- 逢生5 あいお
- 逢市5 ほういち
- 逢志7 あいし

女の子の名前
- 逢心4 あいこ
- 逢依8 あい

11

麻

音訓 マ、あさ

名のり あさ、お、ぬさ、ま

意味 あさ。クワ科の植物で、糸を作ったり布を織ったりする。麻糸、麻布。胡麻（ごま）。植物や布に関連した字なので、どちらかというと女の子向き。同音の「真」や「磨」よりやさしい印象を与える。

男の子の名前
- 麻音9 まおと
- 勇9麻 ゆうま

女の子の名前
- 麻花7 あさか
- 麻里7夏10 まりか
- 麻南9 まな

11

絆

音訓 ハン、バン、きずな、ほだ（し）、ほだす

意味 きずな。ものをつなぎとめるもの。人と人とのつながりを大切にするイメージがあり名前向きの字だが、使えそうな響きは少なめ。「はん」「ばん」を工夫すると、個性を出しやすい。

男の子の名前
- 絆留10 はんと
- 絆都11 はんと

女の子の名前
- 絆奈8 きずな
- 絆南9 はんな
- 絆莉10 ばんり

11

萌

音訓 ホウ、ボウ、きざ（す）、も（える）

名のり きざし、め、めぐみ、めみ、もえ、もゆ

意味 芽生え。草や木の芽が出る。物事が起ころうとしている。兆し。「も」や「もえ」の響きで女の子に人気。未来への希望が感じられ、性別を問わず用いられる。

男の子の名前
- 萌向6 めぐむ

女の子の名前
- 萌未5 めぐみ
- 萌華10 もえか
- 萌理10 もえり
- 萌愛13 もあ

11

猛

音訓 モウ、ミョウ

名のり たか、たかし、たけ、たけお、たけき、たけし、たける

意味 勇ましい、荒々しい。厳しい、激しい。精神的、体力的に力強さを感じさせ、男の子向きの字。独特な字形から、安定感のある字と組み合わせるとバランスがとれる。

男の子の名前
- 猛士3 たけし
- 猛史5 たけし つよし
- 猛紀9 たけき
- 猛都11 たけと
- 猛晴12 たけはる
- 和8猛 かずたか

11

彬

音訓 ヒン、あき（らか）、そなわる

名のり あき、あきら、あや、しげ、しげし、ひで、もり、よし

意味 明らか。鮮やか。外見と内容が備わる意味から、見た目も心も優れた人物を想像させる。左右に分かれる字形なので、縦割れにならない字と合わせたい。

男の子の名前
- 彬斗4 あきと
- 彬央5 あきお
- 彬成6 あきなり
- 宏7彬 ひろあき

女の子の名前
- 彬奈8 あきな

11

望

音訓 ボウ、モウ、のぞ（む）

名のり のぞみ、のぞむ、み、もち

意味 見渡す。願う、期待する。仰ぎ見る、敬う。見晴らし。名声。将来への希望や期待を込められる字。男の子は「のぞむ」、女の子は「のぞみ」の響きで使用することが多い。

男の子の名前
- 望武8 のぞむ
- 広5望 ひろみ

女の子の名前
- 望有6 のあ
- 望海9 のぞみ
- 春9望 はるの

11

野

音訓 ヤ、ショ、ジョ、の

名のり とお、なお、ぬ、の、ひろ

意味 野原。町外れ。田舎。民間。畑。飾り気がない。野原の広さから、心のゆとりを感じさせる。また豊かな自然をイメージさせ、穏やかな印象もある。姓と間違われないよう、組み合わせる字に注意。

男の子の名前
- 野歩8 のぶ
- 史5野 ふみや
- 勝12野 しょうや まさや

女の子の名前
- 野波8 のなみ
- 奈8野 なの

埜 11

音訓 ヤ、の

名のり とお、なお、ぬ、ひろ

意味 野原。町外れ。田舎。民間。畑。飾り気がない。

「野」の古字。姓のように思われることを避けるために代用することもできる。独特な字形に合った字を選ぶが、なじみが少ないぶん個性的な名前に。

男の子の名前
- 宏埜7 ひろの
- 延埜8 のぶや

女の子の名前
- 埜恵10 のえ
- 埜愛13 のあ
- 明埜8 あきの

理 11

音訓 リ

名のり あや、おさ、おさむ、さ、さだむ、さと、すけ、たか、ただ、ただし、ただす、とし、のり、まさ、まろ、みち、よし

意味 おさめる。整える、筋を通す。道理、理屈。人の従うべき道。物事を冷静に対処できる理性をもった子に育つようにと願って。

男の子の名前
- 理市5 りいち
- 理空8 りく
- 理緒14 りお

女の子の名前
- 理依8 りえ
- 理愛13 りあ

琉 11

音訓 リュウ、ル

意味 「瑠」と同じで、「琉璃」は玉の名前。意味から美しいイメージを、「琉球」から沖縄のさわやかな雰囲気を感じさせる。「る」「りゅう」の響きで個性が出る字として近年、人気がある。どちらかというと、男の子に使用されることが多い。

男の子の名前
- 琉伊6都11 るいと
- 琉架9 るか
- 琉緒14 るお

女の子の名前
- 琉依8 るい
- 琉南9 るな

唯 11

音訓 ユイ、イ

名のり い、ただ、ゆ

意味 はい。すぐに返事をすること。限定を表す「ただ…のみ」の助字として用いられる。「唯一」から、特別な我が子という意味を込められる。あまり意味が前面に出ない字なので、響きを活かして使用することが多い。

男の子の名前
- 唯斗4 ゆいと
- 唯輝15 ゆいき

女の子の名前
- 唯亜7 ゆいあ
- 唯南9 ゆいな
- 唯歌14 ゆいか

梨 11

音訓 リ、なし

名のり なし、り、ん、りん

意味 なし、果樹の名前。バラ科の木。4月ごろに白い花を咲かす。梨の実のみずみずしいイメージから、かわいらしい印象がある。「り」の響きで女の子に用いられることが多い。バランスがよく、合わせる字に苦労しない。

男の子の名前
- 梨珀9 りはく
- 梨都11 りつ

女の子の名前
- 梨心4 りこ
- 梨音9 りおん
- 実梨8 みり

隆 11

音訓 リュウ

名のり お、おき、しげ、たか、たかし、とき、なが、もり、ゆたか、り、ゆう、る

意味 高い。貴い。盛んになる、栄える。多い、長い。字形は、豊かに大きくなる意味を表している。勢いがありさかんなイメージから、どちらかというと男の子向き。

男の子の名前
- 隆也3 たかや
- 隆行6 たかゆき
- 隆多6 りゅうた
- 隆良7 たから
- 芳隆7 まさたか　よしたか
- 宏隆7 ひろたか

悠 11

音訓 ユウ、ユ

名のり ちか、ちかし、なが、はるか、ひさ、ひさし、ゆ、ゆう

意味 憂える。思う。遠い、はるか。ゆったりしている様子。穏やかでゆとりのある雰囲気から、雄大さを感じさせる。男女ともに人気。響きは「ゆう」が多いが、「ひさ」も一般的に。

男の子の名前
- 悠一1 ゆういち
- 悠弥8 ひさや　ゆうや
- 悠雅13 ゆうが

女の子の名前
- 悠花7 ゆうか
- 悠稀12 ゆうき

陸 11

音訓 リク、ロク

名のり あつ、あつし、くが、たか、たかし、ひとし、みち、む、むつ、りく、ろく

意味 高く平らな土地。丘。大きな丘。道、陸路。飛び跳ねる。きちんとしている。まとも。「大陸」から、スケールの大きさを感じさせる。「りく」が一般的。

男の子の名前
- 陸 りく
- 陸矢5 りくや
- 陸汰7 りくた
- 陸留10 りくと

女の子の名前
- 陸夏10 みちか　りっか

涼 11

音訓 リョウ、すず（しい）、すず（む）

名のり あつ、きよ、すけ、すず、りょう

意味 心地よい冷たさ。「京」が「良」に通じ、よい水の意味から涼しいことを表す。字形、意味、響きともさわやかな印象を受けることから男女ともに人気がある。

男の子の名前
- 涼士3 りょうじ
- 涼牙4 りょうが

女の子の名前
- 涼子3 りょうこ
- 涼花7 すずか　りょうか
- 涼奈8 すずな

菱 11

音訓 リョウ、ひし

名のり みち、ゆう

意味 水草の名前。池や沼に自生し、葉は水面に浮く。夏に白い花を咲かせ、秋にひし形の実をつける。「ひし」「りょう」の響きで用いられる。画数が多いので、シンプルな字と合わせたい。

男の子の名前
- 菱大 3 りょうだい
- 菱汰 7 りょうた
- 菱輔 14 りょうすけ

女の子の名前
- 菱子 3 りょうこ
- 菱花 7 りょうか

偉 12

音訓 イ、えら(い)

名のり あや、い、いさむ、おお、おおい、たけ、ひで、よし、より

意味 えらい。優れている。大きい。立派な。字形は並から離れた人、優れた人を表している。立派なイメージから、スケールの大きさを感じさせ、男の子に人気の字。

男の子の名前
- 偉月 4 いづき
- 偉央 5 いお
- 偉史 5 たけし たけふみ
- 偉玖 7 いく
- 可偉 5 かい
- 留偉 10 るい

詠 12

音訓 エイ、うた(う)、よ(む)

名のり うた、え、えい、かね、かねなが

意味 うたう。声を長く引いて詩歌をうたう。詩歌、和歌を作ること。文学的な素養を感じさせ、優雅な印象もある。「えい」「え」の響きで用いることが多い。

男の子の名前
- 詠司 5 えいじ
- 詠勝 12 えいしょう
- 詠輔 14 えいすけ

女の子の名前
- 詠心 4 えいこ
- 美詠 9 みえ

梁 11

音訓 リョウ、はし、はり、やな

名のり たかし、はり、むね、やな、やね

意味 はり。屋根を支える大きな木材。橋。橋をかけること。魚を捕まえる仕掛け。屋根を支えるような信頼感がある印象。人の助けとなる子にと願いを込めて。

男の子の名前
- 梁平 5 りょうへい
- 梁哉 9 りょうや
- 梁磨 16 りょうま

女の子の名前
- 梁心 4 りょうこ
- 梁香 9 りょうか

絵 12

音訓 エ、カイ

名のり え

意味 絵画。描く、彩る。色彩をつけた絵を描く。模様。芸術的センスを感じさせ、穏やかな雰囲気もある。バランスもよく、どんな字とも組み合わせやすい。女の子には「え」の、男の子には「かい」の響きを用いることが多い。

男の子の名前
- 絵依 8 えい
- 絵都 11 かいと

女の子の名前
- 絵心 4 えこ
- 絵麻 11 えま
- 花絵 7 はなえ

媛 12

音訓 エン、ひめ

名のり ひめ、よし

意味 姫。美しくしとやかな女性。字形は心をひかれるほど美しい女性を表している。意味から女の子向け。かわいらしい「姫」より上品な雰囲気がある。読み方は少なめだが、個性が出しやすい。

女の子の名前
- 媛乃 2 ひの ひめの
- 媛亜 7 ひめあ
- 媛香 9 ひめか
- 媛南 9 ひめな
- 媛望 11 ひめの
- 麻媛 11 あさひ

羚 11

音訓 レイ、リョウ、かもしか

意味 かもしか。ウシ科カモシカ属の哺乳類。標高の高い山にすみ、やぎに似て大きな角をもつ。動きがすばやいことや、姿の美しさを連想する。なじみのある「れい」の響きに、この字で新鮮味を出せる。

男の子の名前
- 羚矢 5 りょうや
- 羚汰 7 れいた

女の子の名前
- 羚子 3 れいこ
- 羚華 10 れいか
- 羚愛 13 れいあ

瑛 12

音訓 エイ、ヨウ

名のり あき、あきら、え、えい、たま、てる

意味 水晶のように透明な玉。玉の光。近年、男女ともに人気が高い。意味から誠実な心を連想させる。左右に分かれる字なので、縦割れにならない字と組み合わせたい。

男の子の名前
- 瑛史 5 えいし
- 瑛護 20 えいご

女の子の名前
- 瑛李 7 えり
- 瑛香 9 えいか
- 瑛美 9 えいみ えみ

温 12

音訓 オン、あたた(か)、あたた(かい)、あたた(まる)、あたた(める)

名のり あつ、あつし、いろ、すなお、ただす、つつむ、なが、ならう、のどか、はる、まさ、みつ、やす、ゆたか、よし

意味 あたたかい。大切にする。穏やか。人のぬくもりを感じる。

男の子の名前
- 温人 2 あつと はると
- 温史 5 あつし
- 温輝 15 あつき はるき

女の子の名前
- 汐温 6 しおん
- 温香 9 のどか はるか

賀 12

音訓 カ、ガ

名のり か、しげ、のり、ます、よし、より

意味 祝う。言葉やものを贈って祝福する。喜び。ねぎらう。「賀正」や「祝賀」など縁起のよいイメージのある字。安定感があり横線の多い字形から、横線の少ない字と合わせるとよい。

男の子の名前
- 賀久斗 3 4 がくと
- 賀伊亜 6 7 がいあ
- 賀玖 7 がく
- 夕賀 3 ゆうが

女の子の名前
- 千賀 3 ちか

揮 12

音訓 キ

名のり き、てる

意味 振り回す。表す。動かす、ゆり動かす。指図する。指揮の「揮」で、音楽的なセンスを感じさせる。また、合唱や演奏をひとつにまとめることから、人をまとめるリーダシップも連想できる。めずらしく新鮮な名前にできる。

男の子の名前
- 揮汐 6 きしお
- 揮芯 7 きしん
- 勇揮 9 ゆうき
- 春揮 9 はるき

女の子の名前
- 揮衣 6 きい

葵 12

音訓 キ、ギ、あおい

名のり あお、あおい、まもる

意味 あおい。種類の多い観賞用の草花。字形も太陽のほうに向かって花が回るあおいを表すことから、上品で優美な雰囲気がある。1字で「あおい」が人気だが、近年は「き」として用いることも多い。

男の子の名前
- 葵士 3 あおし
- 葵宇 6 あおぞら
- 葵都 11 あおと

女の子の名前
- 葵望 11 あおの
- 舞葵 15 まき

凱 12

音訓 カイ、ガイ、かちどき

名のり かつ、たのし、とき、やす、よし

意味 戦いに勝ってあげる声。和らぐ、楽しむ。「凱旋」から受けるたくましいイメージから、男の子に使用される。「戦いに勝って喜ぶ」意味から、ポジティブな雰囲気がある。

男の子の名前
- 凱 がい
- 凱矢 5 がいや
- 凱世 5 かいせ
- 凱希 7 かいき
- 凱空 8 がいあ
- 凱誠 13 かいせい

幾 12

音訓 キ、ケ、ゲ、いく

名のり いく、おき、ちか、ちかし、のり、ふさ

意味 兆し、前触れ。こいねがう。使用例が少ないので、新鮮味が出せる字。性別を問わずに用いることができる。詰まった印象の字形から、シンプルな字と組み合わせたい。

男の子の名前
- 幾斗 4 いくと
- 幾和 8 いくお
- 幾真 10 いくま

女の子の名前
- 幾依 8 いくえ きい
- 幾美 9 いくみ

貴 12

音訓 キ、たっと(い)、たっと(ぶ)、とうと(い)、とうと(ぶ)

名のり あつ、あて、き、たか、たかし、たけ、とし、むち、よし

意味 身分や位が高い。大切である、優れている。栄える。重んずる、大切にする。男女ともに使用される。実直さをうかがわせる。

男の子の名前
- 貴祐 9 きすけ
- 貴望 11 きぼう
- 浩貴 10 ひろたか

女の子の名前
- 貴心 4 たかこ
- 貴代 5 きよ

開 12

音訓 カイ、あ(く)、あ(ける)、ひら(き)、ひら(く)、ひら(ける)

名のり さき、さく、さと、はる、はるき、ひら、ひらかす、ひらき、ひらく

意味 開く、開ける。広がる。ほころび咲く。新しく始める。開放的で分け隔てなく人と関われるよう願って。

男の子の名前
- 開汰 7 かいた
- 開莉 10 かいり
- 開翔 12 かいと
- 俊開 9 としはる

女の子の名前
- 実開 8 みはる

稀 12

音訓 キ、ケ、まれ

名のり き、まれ

意味 まれ。少ない、希少。めったにない。字形はまばらに植えられた稲の苗を表している。「希」がなじみ深い字であるのに対し、それほど例がないのでオリジナリティーが出せる。

男の子の名前
- 稀羅 19 きら
- 保稀 9 ほまれ

女の子の名前
- 稀乃 2 きの
- 稀美 9 きみ
- 稀穂 15 きほ

喜 12

音訓 キ、よろこ(ぶ)

名のり き、きよ、このむ、たのし、のぶ、はる、ひさ、ゆき、よし

意味 よろこぶ。うれしがる。祝う。めでたいこと。左右対称でバランスがよい。周囲に喜びをもたらし、自らもしあわせな人生を歩めるよう、我が子に願いを込めて。

男の子の名前
- 喜延 8 よしのぶ
- 直喜 8 なおき
- 麻喜 11 あさき

女の子の名前
- 奈津喜 8 9 なつき
- 春喜 9 はるき

暁 12

音訓 ギョウ、あかつき

名のり あかつき、あき、あきら、あけ、かつ、さとし、さとる、とき、とし

意味 あかつき。夜明け、明け方。明る、よくわかる。明らか。夜が明けるイメージで、希望や新たな始まりを連想させる。「通暁」から多くの物事を知る知的な印象もいだかせる。

男の子の名前
- 暁一(1) きょういち
- 暁吾(7) きょうご
- 暁輔(14) きょうすけ

女の子の名前
- 暁絵(12) あきえ
- 千(3)暁 ちあき

景 12

音訓 ケイ、エイ、キョウ、ヨウ

名のり あきら、かげ、けい、ひかり、ひろ

意味 光、日差し。明らか。景色、眺め。趣、風情。めでたい。堂々としている。穏やか。光によって作られる影。光で照らすよう周囲をあかるくする人柄を思わせる。どんな字とも合う。

男の子の名前
- 景司(5) けいし
- 景吾(7) けいご
- 景稀(12) けいき

女の子の名前
- 景華(10) けいか
- 稚(13)景 ちかげ

絢 12

音訓 ケン、あや

名のり あや、じゅん、はる

意味 あや。織物の美しい模様。「旬」は「均」に通じ、「等しい」の意味で幾何学的な美しい模様を表した字形。同音の「彩」「綾」と同じくらい人気があり、女の子によく用いられるが、男の子にも向いている。

男の子の名前
- 絢汰(7) あやた
- 絢留(10) あやと

女の子の名前
- 絢美(9) あやみ
- 絢姫(10) あやめ
- 絢梨(11) あやり

喬 12

音訓 ギョウ、キョウ、たか(い)

名のり きょう、すけ、たか、たかし、ただ、のぶ、もと

意味 たかい。高くそびえる、高く立つ。上部の曲がっている高い木。日常あまり使われないが、「橋」の字などでなじみがある。安定感のある字から、どんな字とも合わせやすい。

男の子の名前
- 喬史(5)郎(9) きょうしろう
- 喬多(6) きょうた
- 喬悟(10) きょうご

女の子の名前
- 喬子(3) きょうこ
- 喬花(7) きょうか

敬 12

音訓 ケイ、キョウ、うやま(う)

名のり あき、あつ、いつ、うや、かた、けい、たか、たかし、ちか、とし、のり、はや、ひろ、ひろし、ゆき、よし

意味 うやまう。慎む。真心を込め、つとめる。他者への尊敬の気持ちを忘れない子に育つよう願いを込めて。

男の子の名前
- 敬都(11) たかと
- 敬磨(16) けいま
- 史(5)敬 ふみたか
- 匡(6)敬 まさたか

女の子の名前
- 敬実(8) たかみ

堅 12

音訓 ケン、かた(い)

名のり かき、かた、かたし、けん、すえ、たか、つよし、み、よし

意味 かたい土。つよい、しっかりしている。かためる。「もろい」の反対が「堅」。「堅実」から、しっかりとして実直なイメージがある。男の子に使用されることが多い。

男の子の名前
- 堅一(1) けんいち
- 堅士(3) けんし
- 堅斗(4) けんと
- 堅汰(7) けんた
- 堅悟(10) けんご
- 浩(10)堅 ひろたか

琴 12

音訓 キン、ゴン、こと

名のり きん、こと

意味 こと。弦楽器の一種。箏(そう)や琴など似た弦楽器の総称。日本でも昔から使われている楽器で、古風なイメージがあり落ち着いた印象。女の子によく使われるが、「きん」の響きで男の子に用いても。

男の子の名前
- 琴矢(5) ことや
- 真(10)琴 まこと

女の子の名前
- 琴花(7) ことか
- 琴依(8) ことえ
- 実(8)琴 みこと

結 12

音訓 ケツ、ケイ、ゲイ、ケチ、むす(ぶ)、ゆ(う)、ゆ(わえる)

名のり かた、ひとし、ゆ、ゆい、ゆう

意味 結ぶ。糸や縄をつなぐ。ものをつなぎ合わせる。束ねる。まとめる。約束する。草木の実がなる。人と人との結びつきを大事にするイメージ。

男の子の名前
- 結宇(6) ゆう
- 結壱(7) ゆういち

女の子の名前
- 結羽(6)乃(2) ゆうの
- 結奈(8) ゆうな ゆな
- 結音(9) ゆうね

琥 12

音訓 コ、ク

名のり く、こは、たま

意味 虎の形をした玉の器。「琥珀」で玉の名前。「虎」の猛々しいイメージを「王」が気品漂う優美な印象にしている。中性的な雰囲気があるので、組み合わせる字で男女を区別できるように。

男の子の名前
- 琥太(4)郎(9) こたろう
- 琥司(5) こうじ
- 琥来(7) こうき
- 琥治(8)郎(9) こじろう
- 琥哲(10) こてつ
- 李(7)琥 りく

湖 12

音訓 コ、ゴ、うみ、みずうみ
名のり こ、ひろし、れい
意味 みずうみ。

「胡」は「巨」に通じ、大きいことを意味し大きな池や湖を表す。海とは異なる広大さと自然の豊かさを連想させる。「こ」の響きで「子」の代わりに用いると新鮮味が出せる。

男の子の名前
- 湖宇真 6 10 こうま
- 湖南 9 こなん

女の子の名前
- 七湖 2 ななこ
- 汀湖 5 なぎこ
- 里湖 7 りこ

詞 12

音訓 シ、ジ、ことば
名のり こと、し、じ、なり、のり、ふみ
意味 言葉。単語、文章、言語。告げる、説く。字形は神意をうかがい知るための言葉の意味を表し、神聖な雰囲気がある。文学的なイメージと、「作詞」から、音楽的素養も思わせる。

男の子の名前
- 詞音 9 しおん
- 詞庵 11 しあん

女の子の名前
- 詞央 5 しお
- 詞英梨 8 11 しえり
- 詞稀 12 しき

萩 12

音訓 シュウ、シュ、はぎ
名のり はぎ
意味 よもぎ。ひさぎ。はぎ。山野に自生する木で、秋に紫紅色や白色のかわいらしい花を咲かす。秋の七草のひとつで、古くから日本人になじみがある。字形の似た「荻」と間違われやすい。

男の子の名前
- 萩吾 7 しゅうご
- 萩栄 9 しゅうえい
- 萩基 11 しゅうき
- 夕萩 3 ゆうしゅう

女の子の名前
- 萩華 10 しゅうか

皓 12

音訓 コウ、ゴウ、しろ(い)、ひか(る)
名のり あき、あきら、こう、つく、てる、ひかる、ひろ、ひろし
意味 白い。白く光る。あかるい。清い。「皓月」はあかるい月、「明眸皓歯」は瞳が澄み、歯が白く清らかな美人を表す。性別を問わず名前向けの字。

男の子の名前
- 皓希 7 こうき
- 皓芯 7 こうしん
- 皓星 9 こうせい

女の子の名前
- 皓実 8 ひろみ
- 千皓 3 ちひろ

紫 12

音訓 シ、むらさき
名のり し、むら、むらさき
意味 色の名。青と赤のまじった色。むらさき草。根からむらさき色の染料をとる。「しょうゆ」の別名。高貴な印象で、落ち着きを漂わせる。特徴的な字形から、シンプルな字と合わせると互いの字が引き立つ。

男の子の名前
- 紫高 10 しこう
- 紫堂 11 しどう
- 紫藍 18 しあい

女の子の名前
- 紫音 9 しのん
- 紫麻 11 しま

順 12

音訓 ジュン、シュン
名のり あや、あり、おさ、おさむ、かず、しげ、したがう、じゅん、す、すなお、とし、なお、のぶ、のり、はじめ、まさ、みち、みつ、むね、もと、やす、ゆき、よし、より
意味 従う。ものに寄り添う。温厚で素直な印象を与える字。

男の子の名前
- 順之助 3 7 じゅんのすけ
- 順兵 7 じゅんぺい
- 順哉 9 じゅんや

女の子の名前
- 順心 4 じゅんこ
- 順菜 11 じゅんな

港 12

音訓 コウ、みなと
名のり みなと
意味 入り海、入り江になっている、舟がとまるところ。舟の通る道。船着場。分かれて流れる小川。意味からさまざまな人を受け入れる心の広さを感じさせる字。どちらかというと男の子向き。

男の子の名前
- 港 みなと
- 港一 1 こういち
- 港斗 4 みなと
- 港史朗 5 10 こうしろう
- 港基 11 こうき
- 港憲 16 こうけん

滋 12

音訓 ジ
名のり あさ、じ、し、しく、しげ、しげし、しげる、ふさ、まさ、ます、よし
意味 増す。ますます。茂る。多い、成長する。植える、種をまく。うるおす、浸す。栄養分があること。「しげる」の響きがなじみ深いが、「じ」を活かすと新鮮さが出る。

男の子の名前
- 滋 しげる
- 滋昭 9 しげあき
- 滋隆 11 しげたか
- 滋喜 12 しげき
- 宥滋 9 ひろしげ
- 篤滋 16 とくしげ

閏 12

音訓 ジュン、ニン、うるう
名のり うる、じゅん
意味 うるう。一年の月日が平年より多いこと。閏年の「閏」で、やや特別感のある印象。左右対称で安定感はあるが横線が多いので、横線の少ない字と組み合わせたい。

男の子の名前
- 閏汰 7 じゅんた
- 閏星 9 じゅんせい
- 閏護 20 じゅんご

女の子の名前
- 閏子 3 じゅんこ
- 閏奈 8 じゅんな

勝 12

音訓 ショウ、か（つ）、まさ（る）

名のり かず、かち、かつ、しょう、すぐる、すぐれ、とう、のり、まさ、まさる、ます、よし

意味 敵にうちかつ。優れる、勝る。よくする。持ちこたえる。残らない。努力や忍耐の結果勝利を収める精神力の強さを連想させる。男の子向き。

男の子の名前
- 勝心4 しょうこ
- 勝壱7 しょういち
- 勝英8 しょうえい
- 勝悟10 しょうご
- 由5勝 ゆうしょう
- 昌8勝 まさかつ

森 12

音訓 シン、もり

名のり しげ、しげる、しん、もり

意味 樹木の茂る様子、樹木の多いさま。ものが多いこと、さかんなこと。奥深い。森の深さから、懐の深さをイメージする。名前例が少ないので、新鮮味がある。姓に「木」の要素がないか確認を。

男の子の名前
- 森志7 しんじ
- 森哉9 しんや
- 森悟10 しんご
- 幸8森 ゆきもり

女の子の名前
- 森乃2 もりの

晴 12

音訓 セイ、は（らす）、は（れる）

名のり きよ、きよし、せい、てる、なり、はる、はれ

意味 はれる。雲が散って青空が現れる。うららかな天気、好天気。はれやかな、晴れ晴れとした。青空が澄み渡る様子から、心のきれいな性格を思わせる。さわやかな印象が人気。

男の子の名前
- 晴玖7 はるく
- 晴稀12 はるき

女の子の名前
- 晴南9 はるな
- 晴華10 はるか
- 晴愛13 はるあ

晶 12

音訓 ショウ、セイ

名のり あき、あきら、しょう、てる、まさ、まさし、まさる、よ、よし

意味 明らか。きらきら輝く様子。鉱物の水晶。澄みきった星の輝きをかたどった字形から、光の意味を表す。澄んだ輝きが、心の美しさも連想させる字。

男の子の名前
- 晶央5 あきお
- 晶典8 あきのり

女の子の名前
- 晶恵10 あきえ
- 晶奈8 あきな
- 稚13晶 ちあき

尋 12

音訓 ジン、たず（ねる）、ひろ

名のり じん、ちか、つね、のり、ひつ、ひろし、みつ

意味 たずねる。探す。聞き出す。訪問する。探究心があり、何事も熱心に極めるまじめさを感じさせる。いろいろな要素で成り立つ字から、シンプルな字と組み合わせるとよい。

男の子の名前
- 尋哉9 じんや
- 辰7尋 たつひろ
- 隆11尋 たかひろ

女の子の名前
- 尋祢9 ひろね
- 稚13尋 ちひろ

善 12

音訓 ゼン、セン、よ（い）

名のり さ、ぜん、ただし、たる、よし

意味 正しい、道理にかなっている。優れている、立派。巧み。仲むつまじい。親切に。丁寧に。正しく行う。よい意味を表し、左右対称で安定感のある字なので名前向き。

男の子の名前
- 善人2 よしと
- 善紀9 よしき
- 昭9善 あきよし

女の子の名前
- 善乃2 よしの
- 未5善 みよし

翔 12

音訓 ショウ、かけ（る）、と（ぶ）

名のり か、かけ、かける、さね、しょう、と

意味 かける。飛ぶ。鳥が空高く飛ぶ。両手を翼のように張る。めぐる。近年、男の子の名前で人気の高い字。空をかけるイメージから、スケールが大きくたくましい印象。

男の子の名前
- 翔 かける しょう
- 翔矢5 しょうや
- 翔多6 しょうた
- 翔利7 しょうり
- 翔留10 かける
- 翔磨16 しょうま

惺 12

音訓 セイ、ショウ、さと（る）

名のり あきら、さと、さとし、さとる、しず、しずか

意味 さとい。静か、心が静か。字形は澄みきった心を表している。「星」から輝くように美しい心を思わせる。2004年から人名用漢字に加わった。

男の子の名前
- 惺司5 せいじ
- 惺多6 せいた
- 惺吾7 せいご

女の子の名前
- 惺南9 せいな
- 惺蘭19 せいら

創 12

音訓 ソウ、ショウ、つく（る）

名のり そう、ぞう、はじめ、はじむ

意味 始める。作る。初めてことを起こす。「創造性」からクリエイティブな能力に長けたことを連想させる。可能性を感じさせ、新しいものを作り出せる柔軟さのある子にと願いを込めて。

男の子の名前
- 創 そう はじめ
- 創一1 そういち
- 創士3 そうし
- 創汰7 そうた
- 創冴7 そうご
- 創護20 そうご

湊

12

音訓 ソウ、シュ、あつ（まる）、みなと

名のり のぶ、すすむ、み、みなと

意味 集まる。水が集まる。ものや人の集まるところ。舟の集まるところ、船着き場。向かう。「港」より趣を感じさせる。「氵」が海、「奏」が通り抜ける風を連想させるさわやかなイメージ。

男の子の名前

名前	画数	読み
湊矢	5	そうや
湊多郎	6 9	そうたろう
湊都	11	そうと
湊翔	12	みなと

女の子の名前

名前	画数	読み
湊子	3	そうこ

智

12

音訓 チ、さえ

名のり あきら、さかし、さと、さとし、さとる、じ、ち、とし、とみ、とも、のり、まさる、もと

意味 智恵。物事を知り分ける能力。賢いイメージのある字。読み方がさまざまで、組み合わせのバリエーションも多いことから男女に用いられる。

男の子の名前

名前	画数	読み
智矢	5	さとや
智基	11	さとき

女の子の名前

名前	画数	読み
智佳	8	ちか ともか
智咲	9	ちさ
智笑	10	ちえみ

登

12

音訓 トウ、ト、のぼ（る）

名のり たか、ちか、と、どう、とう、とみ、とも、なり、なる、のぶ、のぼる、のり、み、みのる

意味 のぼる、高いところに上がる、舟や車に乗る。合格する。出発する。山を登るように努力を重ねる精神力の強さを連想させる。

男の子の名前

名前	画数	読み
登		のぼる
登瑠	14	のぼる
七々登	2 3	ななと
亜季登	7 8	あきと
尚登	8	なおと
宥登	9	ひろと

尊

12

音訓 ソン、たっと（い）、たっと（ぶ）、とうと（い）、とうと（ぶ）

名のり きみ、そん、たか、たかし、たける

意味 身分や価値などが高い。敬う、重んじる。たかぶる。厳粛な印象があり、独特な字形から、組み合わせる字はシンプルにしたい。

男の子の名前

名前	画数	読み
尊		たける
尊治	8	たけはる
尊彦	9	たけひこ
尊流	10	たける
広尊	5	ひろたけ
秋尊	9	あきたけ

朝

12

音訓 チョウ、あさ

名のり あき、あさ、あした、かた、さ、ちょう、つと、とき、とも、のり、はじめ

意味 あさ。始め。字形は、草原に上がる太陽を表している。朝の穏やかな雰囲気と、まばゆい光がすがすがしい。「あさ」「とも」の響きが一般的。

男の子の名前

名前	画数	読み
朝飛	9	あさひ
朝留	10	あさと
朝樹	16	あさき ともき

女の子の名前

名前	画数	読み
朝妃	6	あさひ
朝胡	9	あさこ

董

12

音訓 トウ、ツウ、ただ（す）

名のり しげ、しげる、ただ、ただし、なお、のぶ、まこと、まさ、よし

意味 正す。監督する、見張る。真をもって間違いを正せる強さをイメージする字。安定感のある字形だが、横線が多いので合わせる字に注意したい。

男の子の名前

名前	画数	読み
董吾	7	とうご
董真	10	とうま
董輝	15	とうき

女の子の名前

名前	画数	読み
董子	3	とうこ
董花	7	とうか

達

12

音訓 タツ

名のり いたる、かつ、さと、さとし、さとる、しげ、すすむ、ただ、たつ、たて、と、とう、とうる、とお、とおる、のぶ、ひろ、みち、よし

意味 道が通じる。至る。貫く。世に知られている。努力を積み重ね、物事を成し遂げられる意志の強さを感じさせる。

男の子の名前

名前	画数	読み
達		さとる
達斗	4	たつと
達地	6	たつじ
達志	7	たつし
達樹	16	たつき
明達	8	あきたつ

統

12

音訓 トウ、す（べる）

名のり おさ、おさむ、かね、すみ、すめる、つぐ、つづき、つな、つね、とう、とし、とも、のり、はじめ、むね、もと

意味 ひとつにまとめる。統治する。大筋。血筋。実直で、リーダーシップをもって周囲を導く力強さを思わせる。

男の子の名前

名前	画数	読み
統		おさむ
統也	3	とうや
統悟	10	とうご
統磨	16	とうま

女の子の名前

名前	画数	読み
統華	10	とうか

道

12

音訓 ドウ、トウ、みち

名のり おさむ、おさめ、じ、ち、つな、つね、どう、なおし、ね、のり、まさ、みち、みつ、ゆき、より、わたる

意味 通り道。道理。筋、方法や手段。導く。ひとつの道を極める芯の強さを感じさせる。決めた目標に突き進むイメージも。

男の子の名前

名前	画数	読み
道俊	9	みちとし
道雄	12	みちお
寛道	13	ひろみち

女の子の名前

名前	画数	読み
道乃	2	みちの
道琉	11	みちる

敦 12

音訓 トン、タイ、ツイ、あつ（い）

名のり あつ、あつし、おさむ、たい、つとむ、つる、とし、のぶ

意味 手厚い、人情が厚い。重んじる。正す。盛んな。思いやりがあり、誠実さをイメージさせる。「あつ」の響きが一般的だが、「のぶ」も斬新。

男の子の名前
- 敦人 2 あつと
- 敦希 7 あつき

女の子の名前
- 敦心 4 あつこ
- 敦美 9 あつみ
- 敦姫 10 あつき

斐 12

音訓 ヒ、ハイ、あや

名のり あき、あきら、あやる、い、なか、なが、よし

意味 美しい様子。「非」「文」ともに飾りや模様を表す。「あや」の響きは「彩」「綾」などが人気なことから個性を出しやすい。字形が左右対称で安定感がある。

男の子の名前
- 斐汰 7 あやた
- 斐翔 12 あやと

女の子の名前
- 斐羽 6 あやは
- 斐芽 8 あやめ
- 夕斐 3 ゆうひ

葡 12

音訓 ブ、ホ

意味 「葡萄（ぶどう）」で果樹の名、またその果実。2004年に人名用漢字に加わった。葡萄の実のように、フレッシュ感を思わせる字。あまりなじみがないぶん新鮮さのある名前にできるが、読みにくいと思われるおそれもある。

男の子の名前
- 一葡 1 かずほ
- 由葡 5 ゆうほ
- 想葡 13 そうほ

女の子の名前
- 葡波 8 ほなみ
- 和葡 8 かずほ

琶 12

音訓 ハ、バ

名のり わ

意味 弦楽器の弦をかき鳴らすこと。「琵琶」で弦楽器の名前。エキゾチックな雰囲気があり音色の美しさを連想させる。2004年に人名用漢字に加わった。「は」の響きで万葉仮名風に用いられる。

男の子の名前
- 琶玖 7 わく
- 琶華 10 利 7 わかと
- 琶樺 14 わかば

女の子の名前
- 琶美 9 わみ
- 琶香 9 菜 11 わかな

琵 12

音訓 ビ、ヒ

意味 弦楽器の弦を、押し鳴らすこと。「琵琶」で、弦楽器の名前。「琶」同様、2004年に名前に使えるようになった。意味をあまり主張しないことから、響き重視の名前での使用がおすすめ。横線が多いので、横線の少ない字と組み合わせて。

男の子の名前
- 琵佐 7 央 5 ひさお
- 琵彩 11 ひいろ

女の子の名前
- 琵和 8 ひより
- 琵紗 10 奈 8 ひさな
- 琵楽 13 梨 11 ひらり

満 12

音訓 マン、み（たす）、み（ちる）

名のり あり、ばん、ま、ます、まろ、まん、み、みき、みち、みつ、みつる

意味 いっぱいになる。一定の標準に達する。水が容器いっぱいに満ちた様子。満ち足りて心が豊かなイメージ。

男の子の名前
- 満宏 7 みちひろ
- 敏満 10 としみち

女の子の名前
- 満月 4 みつき
- 満華 10 みちか
- 満琉 11 みちる

博 12

音訓 ハク、バク

名のり とうる、とおる、はか、ひろ、ひろし、ひろむ

意味 行き渡っている。広く通じている。大きい。勤勉で、さまざまな分野の知識が豊富な印象に。縦と横の線が多い字形なので、女の子の名前には曲線など丸みのある字と合わせるとよい。

男の子の名前
- 博人 2 ひろと
- 博紀 9 ひろのり
- 寿博 7 としひろ

女の子の名前
- 博心 4 ひろこ
- 博奈 8 ひろな

富 12

音訓 フ、フウ、とみ、と（む）

名のり あつ、あつし、さかえ、と、とます、とみ、とめり、とめる、とよ、ひさ、ふく、ます、まろ、みつる、ゆたか、よし

意味 豊か。財産が多いこと。落ち着いた雰囲気がある。近年人気は低めだが、組み合わせ方によって新鮮味も出る。

男の子の名前
- 富士 3 翔 12 ふじと
- 富央 5 とみお
- 富憂 15 哉 9 ふうや

女の子の名前
- 富美 9 那 7 ふみな
- 富結 12 花 7 ふゆか

裕 12

音訓 ユウ

名のり しげ、すけ、ひろ、ひろし、ひろむ、まさ、みち、やす、ゆ、ゆう、ゆたか、よし

意味 満ち足りて不足のない様子。のびやか、寛大。やすらか。ゆとり。心が広く大らかな雰囲気を思わせる字。組み合わせる字によっては、別の読み方をされるので注意を。

男の子の名前
- 裕李 7 ゆうり
- 裕樹 16 ひろき

女の子の名前
- 裕美 9 ひろみ
- 裕南 9 ゆうな
- 裕海 9 ゆうみ

雄 12

音訓 ユウ、オ、お、おす

名のり あき、お、かず、かた、かつ、たか、たけ、たけし、のり、まさ、ゆ、ゆう、ゆき、よし

意味 おす、生物の雄性の総称。勝る、優れる。勇ましい、強い。盛ん。力があり雄々しいイメージから、周りを率いるリーダーシップも感じる。男の子向き。

男の子の名前
- 雄司5 ゆうし
- 雄生5 ゆうせい
- 雄吾7 ゆうご
- 雄昌8 ゆうしょう
- 昌雄8 まさお
- 常雄11 ときお

葉 12

音訓 ヨウ、ショウ、は

名のり くに、すえ、たに、のぶ、は、ば、ふさ、よ、よう

意味 草木の葉。葉のように平たいもの。新緑のイメージから、青くすがすがしい印象があり、生命力も思わせる。「よう」や止め字の「は」として用いられることが多い。

男の子の名前
- 葉平5 ようへい
- 葉汰7 ようた
- 葉祐9 ようすけ

女の子の名前
- 葉奈子8 3 はなこ
- 音葉9 おとは

嵐 12

音訓 ラン、あらし

名のり あらし

意味 山中のもや、山にたちこめる青々とした空気。山の風。つむじ風。やや荒々しい印象を保ちつつ、さわやかさもある字。どちらかというと男の子向き。嵐も吹き飛ばす力強い子にと願いを込めて。

男の子の名前
- 嵐 あらし らん
- 嵐丸3 らんまる
- 嵐史5 あらし
- 嵐真10 らんま
- 嵐麻11 らんま
- 空嵐8 あらん

遊 12

音訓 ユウ、ユ、あそ(ぶ)

名のり とも、なが、ゆ、ゆき

意味 好きなことを楽しむ。旅をする。漂う。楽しげでのびやかな印象で、あかるい人柄を思わせる。使用例が少ないので、オリジナリティーを出せる。シンプルな字と組み合わせたい。

男の子の名前
- 遊平5 ゆうへい
- 遊磨16 ゆうま

女の子の名前
- 遊奈8 ゆうな
- 遊香9 ゆうか
- 遊音9 ゆうね

遥 12

音訓 ヨウ、はるか

名のり すみ、とお、のぶ、のり、はる、はるか、みち

意味 はるか、遠い。時間的・距離的に隔たりがある。長い。スケールの大きさから、心の広さを連想させる。「はる」「よう」などの響きも穏やかでかわいらしく、男女ともに人気。

男の子の名前
- 遥彬11 はるあき
- 遥輝15 はるき

女の子の名前
- 遥南9 はるな
- 遥愛13 はるあ
- 千遥3 ちはる

椋 12

音訓 リョウ、ロウ、むく

名のり くら

意味 むくの木、けやきに似たニレ科の木。紫黒色の小さな実をつけ、葉の表面は荒く、ものを磨くのに用いられる。やさしさのなかに、凛とした雰囲気を感じさせる。生長の早いむくの木のように、立派に育つように。

男の子の名前
- 椋士3 りょうじ
- 椋汰7 りょうた
- 椋雅13 りょうが

女の子の名前
- 椋子3 りょうこ
- 椋歌14 りょうか

湧 12

音訓 ユウ、ヨウ、わ(く)

名のり いさむ、ゆ、ゆう、わか、わき、わく

意味 わく、水がわき出る。水が勢いよく出るようエネルギーがあふれるイメージ。「氵」が加わることでさわやかな雰囲気も醸し、たくましさの強めな「勇」よりやさしげ。

男の子の名前
- 湧斗4 ゆうと
- 湧里7 ゆうり
- 湧和8 ゆうわ
- 湧陽12 ゆうひ

女の子の名前
- 湧美9 ゆうみ

陽 12

音訓 ヨウ

名のり あき、あきら、お、おき、きよ、きよし、たか、てる、なか、はる、ひ、ひさ、や、よう

意味 日なた、日の当たる場所。太陽。あたたか。明らか。太陽のようにあかるく、陽気な雰囲気が漂う。「よう」のほか「ひ」などの響きにも人気がある。

男の子の名前
- 陽市5 よういち
- 陽奈多8 6 ひなた
- 陽亮9 ようすけ

女の子の名前
- 陽子3 ようこ
- 陽仲6 ひなか

愛 13

音訓 アイ

名のり あ、あい、あき、さね、ちか、ちかし、つね、なり、なる、のり、ひで、まな、まなみ、めぐ、めぐむ、やす、よし、より

意味 かわいがる。男女が思い合う。親しむ。賞美する。両親からの愛をいっぱい受け入れ、ほかの人を思いやれる子にと願いを込めて。

男の子の名前
- 愛斗4 あいと
- 愛騎18 あいき

女の子の名前
- 愛心4 あいこ
- 愛紅9 あいく
- 愛咲9 あいさ

遠 13

音訓 エン、オン、とお（い）

名のり と、とう、とうし、とお、とおし

意味 距離が長い。久しい。長期にわたる、範囲が広い。奥深い。「おん」の響きを活かし、「久遠」や「永遠」のように用いることが多い。独特の字形から、シンプルな字と組み合わせて。

男の子の名前
- 遠士3 えんじ
- 遠吾7 とうご
- 遠季8 とうき

女の子の名前
- 遠花7 とうか
- 遠胡9 とうこ

楽 13

音訓 ガク、ラク、たの（しい）、たの（しむ）

名のり ささ、たのし、もと、よし、ら

意味 音楽。奏でる。楽器。歌手、演奏者。楽しむ。好む。あかるく楽しげな様子をイメージさせる。左右対称で安定感があり、どんな字とも組み合わせやすい。

男の子の名前
- 楽伊樹6 16 らいき
- 楽都11 がくと

女の子の名前
- 楽衣花6 7 らいか
- 楽羅19 らら
- 舞楽15 まいら

暉 13

音訓 キ、かがや（く）、ひかり

名のり あき、あきら、き、てらす、てる

意味 輝く、光る、照る。輝き、光。日がめぐり輝くことを表している。同音同義の「輝」より名前例が少ないので、新鮮味が出せる。周りを照らすような、あかるい子にと願って。

男の子の名前
- 志暉7 しき
- 旺暉8 おうき
- 茂暉8 しげき
- 朝暉12 あさき

女の子の名前
- 奈津暉8 9 なつき

園 13

音訓 エン、オン、その

名のり その

意味 野菜、果樹、草花の畑。庭。囲いをめぐらせた場所を表す。野菜や果物などの実りを感じる名前。字にどっしりとした安定感があるので、画数が少なめの字と組み合わせてバランスをとりたい。

男の子の名前
- 園矢5 えんや

女の子の名前
- 園心4 そのこ
- 園羽6 そのは
- 園花7 そのか
- 箕園14 みその

寛 13

音訓 カン、くつろ（ぐ）

名のり お、おき、かん、ちか、とう、とお、とみ、とも、とら、のぶ、のり、ひと、ひろ、ひろし、ひろじ、みつ、むね、もと、ゆたか、よし

意味 心にゆとりがあり、ゆったりとしている。のびやか、穏やか。度量の大きな子にと期待を込めて。

男の子の名前
- 寛多6 かんた
- 寛留10 ひろと
- 寛磨16 ひろま

女の子の名前
- 寛奈8 かんな
- 寛南9 ひろな

義 13

音訓 ギ

名のり あき、いさ、ぎ、しげ、たけ、ただし、ちか、つとむ、とも、のり、みち、よし、よしのり、より

意味 よい、正しい。道理にかなっている。ものの処置・対応が適切。「正義」や「道義」のように人の踏むべき道を意味する。責任感があり実直な印象に。

男の子の名前
- 義人2 よしと
- 義樹16 よしき
- 明義8 あきよし

女の子の名前
- 義花7 よしか
- 義野11 よしの

雅 13

音訓 ガ

名のり が、ただ、ただし、つね、なり、のり、ひとし、まさ、まさし、まさり、まさる、みやび、もと、よし

意味 みやびやか。上品で優美なこと。艶やか。高貴な印象を与える字。近年は、「が」の響きで男の子の止め字として好まれている。

男の子の名前
- 雅志7 まさし
- 雅紀9 まさき
- 雅登12 まさと

女の子の名前
- 雅 みやび
- 雅実8 まさみ

幹 13

音訓 カン、みき

名のり えだ、から、かん、き、くる、たかし、たる、つね、つよし、とし、とも、まさ、み、みき、もと、もとい、もとき、もとし、よし、よみ、より

意味 木の幹。物事の主要なところ。骨組み。腕前。一本筋が通り、強い意志をもつイメージ。

男の子の名前
- 幹斗4 みきと
- 幹央5 みきお
- 幹矢5 みきや

女の子の名前
- 幹心4 みきこ
- 幹依8 みきえ

継 13

音訓 ケイ、つ（ぐ）、まま

名のり けい、つぎ、つぐ、つね、ひで

意味 つなぐ。続ける。受け継ぐ。後を引き受ける。意味から、家族を大切にするやさしさを連想させる。かつては多く長男に用いられたが、今はこだわりなく使用される。

男の子の名前
- 継史5 けいし
- 継吾7 けいご
- 正継5 まさつぐ

女の子の名前
- 継実8 つぐみ
- 継華10 けいか

13 詣

音訓 ケイ、ゲイ、まいる、もうでる

名のり いたる、まい、ゆき

意味 いたる。到着する。やって来る。たずねる。学問などが深い境地に進むこと。「参詣」から、神聖な雰囲気がある。また、「造詣」から、ひとつのことを極める精神力の強さも感じさせる。

男の子の名前
- 詣太朗 4 10 けいたろう
- 詣亮 9 けいすけ
- 詣真 10 けいしん
- 由詣 5 ゆうけい

女の子の名前
- 詣子 3 けいこ

13 瑚

音訓 コ、ゴ

意味 「珊瑚」で珊瑚虫の骨格が集まったもの。穏やかな海のなかを連想させ、自然の豊かさも思わせる。「こ」の響きを活かし、女の子の止め字に使用することが増えた。字形がやや詰まった印象なので、シンプルな字と合わせて、バランスをとって。

男の子の名前
- 瑚白 5 こはく
- 瑚哲 10 こてつ
- 瑚楠 13 こなん

女の子の名前
- 瑚乃美 2 9 このみ
- 瑚華 10 こはな

13 滉

音訓 コウ、オウ、ひろい

名のり あき、あきら、こう、ひろ、ひろし

意味 水が深く広い様子。「晃」の太陽があかるく照らすイメージと、「氵」のさわやかな雰囲気を併せもつ。「こう」の響きをもつ人名用漢字のなかでは例が少なく、新鮮味がある。

男の子の名前
- 滉希 7 こうき
- 滉星 9 こうせい
- 滉輔 14 こうすけ

女の子の名前
- 滉乃 2 あきの
- 千滉 3 ちあき

13 絹

音訓 ケン、きぬ

名のり きぬ、まさ

意味 きぬ。蚕の繭からとった糸、またそれを用いた織物。絹織物のなめらかさや上品さを感じさせる。古風な雰囲気が逆に新鮮。「きぬ」は女の子に、「けん」を男の子によく用いる。

男の子の名前
- 絹太 4 けんた
- 絹誠 13 けんせい
- 絹輔 14 けんすけ

女の子の名前
- 絹世 5 きぬよ
- 絹華 10 きぬか

13 鼓

音訓 コ、つづみ

意味 つづみ、太鼓。楽器のひとつ。打つ、叩く、奏でる。太鼓から和のイメージや伝統的な雰囲気を感じさせる。太鼓を叩くたくましい姿を連想させ、男の子向き。止め字の「こ」で女の子に用いても◎。自らを奮い立たせる心の強い子にと願って。

男の子の名前
- 鼓宇多 6 6 こうた
- 鼓羽枝 6 8 こうし
- 鼓南 9 こなん

女の子の名前
- 鼓羽 6 こはね
- 鼓愛 13 こあ

13 嗣

音訓 シ、ジ

名のり あき、さね、し、じ、つぎ、つぐ、ひで、みつぐ

意味 つぐ、あとを受け継ぐ。跡継ぎ。意味から、かつては長男に用いられる場合がほとんどだった。「し」の読みで先頭に置くと、性別を問わず現代風な名前にできる。

男の子の名前
- 嗣俊 9 つぐとし
- 由嗣 5 ゆうじ
- 相嗣 9 そうじ
- 隆嗣 11 たかし

女の子の名前
- 嗣実 8 ゆぐむ

13 源

音訓 ゲン、ガン、みなもと

名のり げん、はじめ、もと、よし

意味 みなもと。水流の発する場所。物事の始め、根本。生命の源からエネルギーがあふれるイメージ。「みなもと」と読む姓にもあることから、名前例は少ない。どちらかというと男の子向き。

男の子の名前
- 源 はじめ
- 源太 4 げんた
- 源基 11 げんき
- 源路 13 げんじ
- 正源 5 せいげん
- 勇源 9 ゆうげん

13 煌

音訓 コウ、オウ、かがや（く）、きら（めく）

名のり あき、あきら、てる

意味 輝く。輝くほど美しい様子。盛ん。盛んな火が光り輝くことを表す。意味が名前向きで字形もかっこよく、男女ともに人気がある。「こう」や「きら」の響きを活かすことが多い。

男の子の名前
- 煌利 7 きらと
- 煌基 11 こうき
- 煌朔 10 こうさく

女の子の名前
- 煌美 9 こうみ
- 煌璃 15 きらり

13 詩

音訓 シ

名のり うた、し、ゆき

意味 唐歌。漢詩。「ポエム」のイメージとともに、ほがらかな雰囲気があり穏やかな印象を与える。男女ともに使えるが、女の子に用いられることが多い。文学的素養が身につくよう願いを込めて。

男の子の名前
- 詩哉 9 うたや
- 詩晏 10 しあん

女の子の名前
- 詩香 9 うたか
- 詩南 9 うたな
- 詩胡 9 うたこ

13 獅

音訓 シ、しし

名のり し、しし、たけ

意味 しし。ライオン。ライオンの勇ましく力強いイメージとやさしさとを連想させる字で、男の子向き。「し」の響きを活かすことが多い。詰まって見える字形から、シンプルな字と組み合わせたい。

男の子の名前
- 獅牙4 しげ
- 獅生5 ししお
- 獅庵11 しあん
- 獅基11 しき
- 香9獅 こうし
- 泰10獅 たいし

13 奨

音訓 ショウ、ソウ

名のり しょう、すけ、すすむ、たすく、つとむ

意味 励ます。取りもつ。推薦する。ほめる。助ける。名前例はあまり見ないが、同音の響きの字と差別化が図れる。詰まった印象の字形なので、画数が少なめの字と合わせるとよい。

男の子の名前
- 奨 しょう すすむ
- 奨太4 しょうた
- 奨英8 しょうえい
- 奨胡9 しょうご
- 奨基11 しょうき
- 有6奨 ゆうしょう

13 慎

音訓 シン、つつし(む)

名のり しん、ちか、のり、まこと、みつ、よし

意味 つつしむ。注意深くする。大切にする。控えめで物静か。よく考えてから行動に移す堅実さを思わせる。「真」に「忄(心)」が加わることで、より誠実さを感じる字。

男の子の名前
- 慎 しん まこと
- 慎一1 しんいち
- 慎午4 しんご
- 慎司5 しんじ
- 慎助7 しんすけ
- 有6慎 ゆうしん

13 慈

音訓 ジ、いつく(しむ)

名のり し、じ、しげ、しげる、ちか、なり、やす、よし

意味 いつくしむ。かわいがる。情けをかける。「じ」の響きで男の子の止め字に用いられることが多い。愛情深く、だれにでも思いやりをもって接することのできる子にと期待して。

男の子の名前
- 慈栄9 じえい
- 慈愛13 じあい
- 芯7慈 しんじ
- 夕3慈 ゆうじ
- 好6慈 こうじ
- 実8慈 みのじ

13 照

音訓 ショウ、て(らす)、て(る)、て(れる)

名のり あき、あきら、あり、しょう、てら、てらす、てり、てる、とし、のぶ、みつ

意味 光る。あかるく輝く。基準とする。日の光。影を映す。まわりの人の気持ちもあかるくするような、元気のよさを思わせる。

男の子の名前
- 照人2 てると
- 照希7 てるき
- 柾9照 まさてる

女の子の名前
- 照乃2 てるの
- 照子3 しょうこ

13 稔

音訓 ジン、ニン、ネン、みの(り)

名のり とし、なり、なる、ねん、のり、みのる、ゆたか

意味 みのる。稲が成熟する、穀物が実る。「実」と同じ意味で、実り豊かで満ち足りたイメージ。努力の成果が実るよう願いを込めて。「じん」の響きが独特。

男の子の名前
- 稔 じん
- 稔市5 じんいち
- 稔瑠14 みのる
- 由5稔 ゆうじん

女の子の名前
- 稔梨11 みのり

13 準

音訓 ジュン、シュン、セチ、セツ

名のり かね、じゅん、せつ、とし、ならう、なろう、のり、ひとし、ひら

意味 たいら。水平。法則、手本。なぞらえる。推し量る。許可する。だれとでも対等に向き合い、手本となるような正しい行いができるよう願いを込めて。

男の子の名前
- 準壱7 じゅんいち
- 準吾7 じゅんご
- 準誠13 じゅんせい

女の子の名前
- 準子3 じゅんこ
- 準奈8 じゅんな

13 新

音訓 シン、あたら(しい)、あら(た)、にい

名のり あきら、あら、あらた、しん、すすむ、ちか、はじめ、よし

意味 あたらしい。改める。初めて。新たな船出を連想させ、未来への希望を感じさせる。女の子には「にい」の響きを用いるとかわいらしくなる。

男の子の名前
- 新多6 あらた
- 新海9 しんかい
- 新悟10 しんご
- 右5新 ゆうしん

女の子の名前
- 新南9 にいな

13 瑞

音訓 ズイ、スイ、しるし、みず

名のり ず、たま、みず

意味 しるしの玉。めでたいしるし。喜ばしいこと。みずみずしい。すがすがしさのある字で、男女ともに使われる。そのぶん性別を間違われやすいので、組み合わせる字を工夫したい。

男の子の名前
- 瑞保9 みずほ
- 瑞基11 みずき

女の子の名前
- 瑞花7 みずか
- 瑞歩8 みずほ
- 瑞姫10 みずき

嵩 13

音訓 スウ、シュウ、たか（い）

名のり す、たか、たかし、たけ

意味 たかい。

高くて大きい。高くそびえる山のような雄大な印象を与える字。字形も左右対称で安定感があり、落ち着きが感じられる。「たか」の響きを使用することが多いので、「しゅう」だと新鮮。

男の子の名前
- 嵩史5 たかし
- 嵩利7 たかと
- 嵩彬11 たかあき
- 正嵩5 まさたか

女の子の名前
- 嵩子3 たかこ

靖 13

音訓 セイ、ジョウ、やす（んじる）

名のり おさむ、さきよ、きよし、さか（ん）、しず、せい、のぶ、やす、やす（い）、やすし

意味 安らか、静か。思う。よい。

穏やかで落ち着いた雰囲気がある。左右に分かれる字形から、縦割れにならない字と組み合わせたい。

男の子の名前
- 靖士3 やすし
- 靖孝7 やすたか
- 靖昭9 やすあき

女の子の名前
- 靖恵10 やすえ
- 靖華10 やすか

蒼 13

音訓 ソウ、あお、あお（い）

名のり あおい、しげる、ひろ

意味 あおい。

草のような青色。深い青色。青く茂る様子。「蒼海」や「蒼天」から、草原だけでなくさまざまな青さをイメージできる。さわやかな雰囲気で、「あお」の響きのなかでも人気が高い。

男の子の名前
- 蒼士3 あおし
- 蒼志7 そうし
- 蒼翔12 あおと

女の子の名前
- 蒼羽6 あおば
- 蒼唯11 あおい

聖 13

音訓 セイ、ショウ

名のり あき、あきら、きよ、きよし、さと、さとし、さとる、しょう、せい、たかし、たから、せ、とし、ひじり、ひと、まさ、よし

意味 ひじり。

知恵と徳行に優れた人。美しい、汚れがない。神聖なイメージで、清らかな印象を与える。

男の子の名前
- 聖希7 せいき
- 聖雅13 せいが

女の子の名前
- 聖心4 せいこ
- 聖和8 せいな
- 聖香9 せいか

誠 13

音訓 セイ、まこと

名のり あき、あきら、かね、さと、さね、しげ、すみ、せい、たか、たかし、たね、とも、なが、なり、なる、のぶ、のり、まこと、まさ、み、もと、よし

意味 まこと、真実。真心。

誠意をもって人と接し、人望を集められる子にと願って。

男の子の名前
- 誠 まこと
- 誠多6 せいた
- 誠壱7 せいいち
- 誠志7 せいじ
- 誠悟10 せいご
- 誠輝15 せいき

想 13

音訓 ソウ、ソ、おも（う）

意味 おもう。思いめぐらす。推し量る。考え、イメージ。

「思」より恋心を連想させロマンチックな雰囲気がある。「そ」や「そう」の響きで、性別を問わずに用いられる。相手を思いやる想像力があるやさしい子に育つよう願いを込めて。

男の子の名前
- 想平5 そうへい
- 想汰7 そうた
- 想利7 そうと

女の子の名前
- 想子3 そうこ
- 想菜11 そな

勢 13

音訓 セイ、いきお（い）

名のり せ、せい、なり

意味 活動する力、行動力。威力。はずみ、機会。

周囲を巻き込むほどの勢いを感じる字。困難にも突き進んで成長するたくましさを思わせる。男の子向きだが、「せ」の響きなら女の子にも。

男の子の名前
- 勢ノ介1 4 せいのすけ
- 勢壱7 せいいち
- 勢弥8 せいや

女の子の名前
- 千勢3 ちせ
- 李勢7 りせ

楚 13

音訓 ソ、ショ、いばら、しもと、すわえ

名のり いばら、しもと、たか、つえ、つら

意味 いばら。

「清楚」の楚で、よい意味だが、とげのイメージもあるので要注意。意味より「そ」の響きを重視し、万葉仮名風に用いたい。

男の子の名前
- 楚宇基6 11 そうき
- 楚良斗7 4 そらと

女の子の名前
- 楚世歌5 14 そよか
- 楚奈8 そな
- 楚愛13 そあ

稚 13

音訓 チ、ジ

名のり のり、わ、わか、わく

意味 幼い、若い。遅く実る稲。

小さくかわいらしい雰囲気のある字。あまり意味に重きを置かず「ち」「わか」の響きを用いることが多い。左右に分かれる字形なので、縦割れにならない字と組み合わせたい。

男の子の名前
- 稚人2 わかと
- 稚波8 わかば

女の子の名前
- 稚羽6 ちはね わかば
- 稚花7 ちはな わか
- 稚奈8 ちな わかな

馳 13

音訓 チ、ジ、は（せる）

名のり とし、はや、はやし

意味 はせる。車や馬を速く走らせる。速く走る。字形は、馬が背をうねらせて速く走っている様子を表している。悠々としていてたくましいイメージがあるので、どちらかというと男の子向き。

男の子の名前

千馳3	ちはせ
太馳4	たいち
礼馳5	らいち
伊馳6	いち
実馳8	みはせ
海馳9	かいち

鉄 13

音訓 テツ、くろがね

名のり かね、きみ、てつ、てつし、とし、まがね

意味 くろがね。鉄色。武器、刃物。金物。鉄の硬さから、意志の強さや心身のたくましさを連想させる。「てつ」の響きが一般的で、バリエーションがやや乏しい。

男の子の名前

鉄斗4	てつと
鉄志7	てつし
鉄汰7	てった
鉄郎9	てつろう
之鉄3	ゆきてつ
昌鉄8	まさてつ

豊 13

音訓 ホウ、ゆた（か）

名のり あつ、お、かた、て、と、とし、とよ、のぼる、ひろ、ひろし、ぶん、ほう、みのる、もり、ゆた、ゆたか、よし

意味 穀物がよく実る。満ち足りたイメージを抱かせる。左右対称で安定感のある字形から、どんな字とも相性がよい。

男の子の名前

豊	ゆたか
豊鳴14	ほうめい
和豊8	かずとよ

女の子の名前

豊心4	とよこ
豊実8	とよみ

椿 13

音訓 チン、チュン、つばき

名のり つばき

意味 つばき。ツバキ科の木。暖地の山野に自生し、庭に植えられることが多い。太古にあったとされる霊木で、長寿のたとえ。上品なイメージから、女の子向き。花が丸ごと落ちるので、やや縁起が悪いとする見方もある。

男の子の名前

椿	つばき
椿作7	つばさ
世椿5	よつば

女の子の名前

椿妃6	つばき
椿沙7	つばさ

楓 13

音訓 フウ、かえで

名のり か、ふ

意味 かえで。もみじ。「楓」の一字名前で、女の子に人気。秋に紅葉した葉の様子から、穏やかな雰囲気が感じられる。「ふう」の響きがかわいらしく、「か」を止め字に用いたりもする。

男の子の名前

楓牙4	ふうが
楓基11	ふうき

女の子の名前

楓那7	かえな
楓楽13	かえら
華楓10	かえで

睦 13

音訓 ボク、モク、むつ、む（つぶ）、むつ（まじい）

名のり ちか、とも、のぶ、む、むつみ、よし

意味 親しくする。仲よくする。慎む。手厚い。古風な印象もあるが、穏やかな雰囲気。どんな人とも親しみをもって接することができ、友達に恵まれるよう願いを込めて。

男の子の名前

睦巳3	むつみ
睦玖7	むく

女の子の名前

睦佳8	むつよ
睦姫10	むつき
睦望11	むつみ

禎 13

音訓 テイ、チョウ、さいわ（い）

名のり さだ、さだむ、さち、ただ、ただし、つぐ、てい、とも、よし

意味 めでたいしるし。幸い。正しい。「貞」は占って神意を問う意味がある。神の加護を表すよい意味で、名前向き。男の子に用いられることが多い。

男の子の名前

禎文4	さだふみ
禎市5	ていいち
禎史5	ていし
行禎6	ゆきさだ

女の子の名前

禎子3	さだこ

福 13

音訓 フク

名のり さき、さち、たる、とし、とみ、ね、ふく、むら、もと、よ、よし

意味 幸い、しあわせ。神から授かる助け。縁起がよく、幸福感にあふれる。古風なイメージもあるが、落ち着きがあり運や人の縁に恵まれる子になるよう願いを込めて。

男の子の名前

福也3	ふくなり
福史5	ふくし
福生5	ふくお
福多6	ふくた
福真10	ふくま
福舞15	ふくま

夢 13

音訓 ム、ゆめ

名のり ゆめ

意味 ゆめ。眠っている間に見る現象。まぼろし。成否はわからないが実現させたいと心のなかに描く。未来への希望や可能性を感じさせる。「む」の響きでは「武」よりやさしげな雰囲気があり、性別を問わず人気がある。

男の子の名前

夢都11	ゆめと
治夢8	おさむ

女の子の名前

夢南9	ゆめな
夢華10	ゆめか
夢野11	ゆめの

13 椰

音訓 ヤ、やし

名のり や、やし

意味 椰子。熱帯地方に見られる木。南国の印象が強く、太陽の輝きや海の青さなどはなやかな雰囲気を連想させる。「や」の響きで用いることが多く、同音の漢字よりも名前例が少ないぶんオリジナリティーを出しやすい。

男の子の名前
- 椰央利 5 7 なおと
- 椰緒也 14 3 なおや

女の子の名前
- 椰子 3 なこ
- 椰々 3 なな
- 夕椰 3 ゆうな

13 蓉

音訓 ヨウ、ユウ

名のり はす、よう

意味 「芙蓉」で蓮の別名。「木芙蓉」で木の名前。蓮の可憐な花のイメージから、上品で凛とした雰囲気も感じさせる字。また、「よう」の響きと字形から、かわいらしい印象があり、女の子向き。

男の子の名前
- 蓉一 1 よういち
- 蓉太郎 4 9 ようたろう
- 蓉市朗 5 10 よういちろう

女の子の名前
- 蓉心 4 ようこ
- 芙蓉 7 ふよう

13 稜

音訓 リョウ、ロウ、かど

名のり いず、いつ、かど、たか、たる、りょう、ろう

意味 かど、すみ。威光、権勢。意味をあまり重視せず、似た字で「りょう」の響きをもつ「綾」や「凌」などと区別をつけたり総画数を調整したりするときに重宝する。

男の子の名前
- 稜大 3 りょうだい
- 稜介 4 りょうすけ
- 稜太朗 4 10 りょうたろう

女の子の名前
- 稜子 3 りょうこ
- 稜花 7 りょうか

13 誉

音訓 ヨ、ほまれ、ほ（める）

名のり しげ、たか、たかし、のり、ほまる、ほまれ、ほむ、ほん、もと、やす、よ、よし

意味 ほまれ。好評。名誉。たたえる。正す。まわりから誉められる子にと願いを込めて。横線が多い字形から、組み合わせる字に気をつけたい。

男の子の名前
- 誉久斗 3 4 ほくと
- 誉純 10 ほずみ
- 誉夏 10 ほなつ
- 誉嵩 13 ほたか

女の子の名前
- 誉乃 2 ほの

13 瑶

音訓 ヨウ、たま

名のり たま、よう

意味 美しい玉。玉のように美しいこと。かわいらしさと優美な雰囲気を兼ね備えている。「たま」と読む字のなかでも使用率が低く、新鮮味がある。「よう」を縮めて止め字の「よ」として用いる例もある。

男の子の名前
- 瑶汰 7 ようた
- 瑶汰朗 7 10 ようたろう
- 瑶輔 14 ようすけ

女の子の名前
- 瑶子 3 ようこ
- 瑶世 5 たまよ

13 零

音訓 レイ、リョウ

意味 静かに降る雨。雨が降る。露が下りる。ゼロ。雨が降る様子を表した字で、涼しげなイメージがある。また、「ゼロ」から未知なる可能性を願うこともできる。「零（れい）」の一字名か、「れい」の響きを活かした二字名が多い。

男の子の名前
- 零司 5 れいじ
- 零汰 7 れいた
- 零空 8 れいあ
- 零都 11 れいと

女の子の名前
- 零子 3 れいこ

13 楊

音訓 ヨウ、やなぎ

名のり やす、よう

意味 やなぎ。ヤナギ科の木。水辺に多く生え、春に黄白色の花を咲かす。枝が、垂れず上にのびるやなぎを「楊」、垂れるものを「柳」と書く。そのイメージから、大きく成長することを思わせる。

男の子の名前
- 楊 よう
- 楊太 4 ようた
- 楊平 5 ようへい
- 楊祐 9 ようすけ

女の子の名前
- 楊子 3 ようこ

13 雷

音訓 ライ、いかずち、かみなり

名のり あずま、いかずち、らい

意味 かみなり。かみなりのような大声、激しい様子、速いこと、威厳のあるさま。エネルギーに満ちあふれ、力強さを感じる字で、男の子向き。左右対称でバランスがよい。

男の子の名前
- 雷矢 5 らいや
- 雷多 6 らいた
- 雷向 6 らいむ
- 雷汰 7 らいた
- 雷都 11 らいと
- 雷夢 13 らいむ

13 鈴

音訓 レイ、リン、リョウ、すず

名のり かね、すず、りん、れ、れい

意味 下に裂け目のある球に玉を入れて、振って音を出す楽器。鈴の鳴る音の形容。ベル。「令」は「怜」に通じ、涼しい音のする、すずを表している。「りん」の響きがかわいらしい。

男の子の名前
- 鈴哉 9 りんや
- 鈴翔 12 りんと

女の子の名前
- 鈴花 7 すずか
- 鈴南 9 すずな
- 末鈴 5 みすず

廉 13

音訓 レン

名のり おさ、かど、きよ、きよし、すが、すなお、ただし、やす、ゆき、よし、れん

意味 潔い。清く正しい。節度がある。慎ましい。見極める。「清廉潔白」の廉。心が清らかで実直な人柄を思わせる。同音のほかの字より使用例が少ないので、新鮮味も。

男の子の名前
- 廉太 4 れんた
- 廉治 8 れんじ
- 廉哉 9 れんや

女の子の名前
- 廉花 7 れんか
- 廉華 10 れんげ

維 14

音訓 イ、ユイ

名のり い、これ、しげ、すけ、すみ、ただ、ただし、たもつ、つな、つなぐ、ふさ、まさ、ゆき

意味 つな。張り綱、大綱。道徳の基礎となるもの。結ぶ。「維新」から、大きなエネルギーをもって変化をもたらすイメージ。意志の強さを連想させる。

男の子の名前
- 維久斗 3 4 いくと
- 維千太 3 4 いちた
- 維沙夢 7 13 いさむ

女の子の名前
- 維千花 3 7 いちか
- 由維 5 ゆい

嘉 14

音訓 カ、ケ、よ(い)、よみ(する)

名のり か、ひろ、よし、よしみ、よみし

意味 よい。立派、優れている。めでたい。おいしい。喜ぶ。縁起がよい字。詰まった印象の字形から、画数の少なめの字と組み合わせたい。

男の子の名前
- 嘉広 5 よしひろ
- 嘉信 9 よしのぶ
- 朱嘉 6 あすか
- 高嘉 10 たかよし

女の子の名前
- 愛嘉 13 あいか

蓮 13

音訓 レン、はす、はちす

名のり はす、れん

意味 はす。はすの実。「蓮」は並んで実のつくはすの意味を表している。どことなく神聖な雰囲気がある字。男女ともに人気があり、「れん」の響きで多く用いられる。

男の子の名前
- 蓮ノ介 1 4 れんのすけ
- 蓮太郎 4 9 れんたろう
- 蓮磨 16 れんま

女の子の名前
- 蓮南 9 れんな
- 蓮夏 10 れんげ

歌 14

音訓 カ、うた、うた(う)

名のり うた、か

意味 歌をうたう、節をつけてうたう。鳥がさえずる。音楽のイメージから、楽しげな雰囲気を感じさせる。「和歌」や「短歌」のように文学的な雰囲気もある。「か」の響きでさまざまなバリエーションを出せる。

男の子の名前
- 歌綸 14 かいと
- 歌槻 15 かつき

女の子の名前
- 歌苗 8 かなえ
- 歌音 9 うたね
- 美歌 9 みか

綺 14

音訓 キ、あや、いろう

名のり あや、はた、き

意味 あやぎぬ。模様入りの絹織物。あや、光、色艶。美しい。はなやかなイメージから印象がよく、名前向きの字。「き」のほか、「あや」の響きで用いられる。近年、女の子に多く使用される。

男の子の名前
- 光綺 6 こうき

女の子の名前
- 綺乃 2 あやの
- 綺咲 9 きさ
- 綺楽 13 きら
- 綺蘭 19 きら

路 13

音訓 ロ、ル、じ

名のり じ、のり、みち、ゆく、ろ、ろう

意味 道。人や車が往来する道。人が踏み行うべき道。筋道。「ろ」の響きを活かした名前が多いことから、「みち」や「じ」を用いると新鮮さが出る。平穏な人生を歩めるようにと願いを込めて。

男の子の名前
- 路依 8 ろい
- 之路 3 ゆきじ
- 壱路 7 いちろ

女の子の名前
- 路心 4 みちこ ろこ
- 路花 7 みちか

榎 14

音訓 カ、ケ、えのき

名のり え、えだ、かど

意味 えのき。ニレ科の木。広い長円形の葉で、初夏に淡黄色の花を咲かす。20m以上ものびるので、子どもの健やかな成長を連想する。「えのき」の読み方で知られるが、「か」も斬新。

男の子の名前
- 榎津真 9 10 かつま
- 榎珠 10 かず

女の子の名前
- 榎帆 6 かほ
- 榎奈 8 かな
- 榎佳 8 かよ

銀 14

音訓 ギン、しろがね

名のり かね、ぎん、しろがね

意味 しろがね。白色の光沢のある貴金属。銀のように艶のある白色。銀色。銀の貨幣。きらびやかな美しさのなかに派手すぎない趣がある。どちらかというと男の子向き。

男の子の名前
- 銀之助 3 7 ぎんのすけ
- 銀多 6 ぎんた
- 銀冴 7 ぎんが
- 銀児 7 ぎんじ
- 銀路 13 ぎんじ
- 銀駕 15 ぎんが

14 駆

音訓 ク、か(ける)、か(る)

意味 馬を速く走らせる。追い払う。駆り立てる。

馬が走る姿のイメージで、疾走感や力強さを感じさせ男の子に使用することが多い。行動力、実行力のある人物になるよう願いを込めて。シンプルな字と組み合わせてバランスをとって。

男の子の名前

名前	画数	読み
駆		かける
駆宇牙	6 4	くうが
駆有悟	6 10	くうご
駆流	10	かける
由駆	5	ゆうき
来駆	7	らいく

14 颯

音訓 サツ、ソウ

名のり そう、はや、はやて、はやと

意味 風の吹く音。はやて、疾風。爽快な印象を与え、読み方もいろいろあるので近年、男の子の名前例が増えた。左右に分かれた字形なので、縦割れしない字と合わせたい。

男の子の名前

名前	画数	読み
颯士	3	そうし
颯也	3	そうや
颯太	4	そうた
颯助	7	そうすけ

女の子の名前

名前	画数	読み
颯季	8	さつき

14 槇

音訓 シン、テン、こずえ、まき

名のり こずえ、しん、まき

意味 こずえ。

まき。暖地に自生するマキ科の木。5月に小花を咲かせ、夏に実をつける。意味より「まき」「しん」の響きを活かして用いられる。「槇原」など姓にも使われるので注意したい。

男の子の名前

名前	画数	読み
槇		しん
槇市	5	しんいち

女の子の名前

名前	画数	読み
槇野	11	まきの
槇愛	13	まきあ
小槇	3	こまき

14 豪

音訓 ゴウ、コウ

名のり かた、かつ、ごう、すぐる、たけ、たけし、つよ、つよし、とし、ひで、まさ

意味 やまあらし。優れている、秀でる。強い、猛々しい。「豪快」や「豪気」のたくましい印象から、男の子向き。力強さと知性を兼ね備えた雰囲気もある。

男の子の名前

名前	画数	読み
豪		ごう
豪史	5	たけし つよし
豪宇	6	ごう
豪多	6	ごうた
豪基	11	ごうき
右豪	5	ゆうごう

14 緒

音訓 ショ、チョ、お

名のり いお、お、つぎ、つぐ

意味 糸口。糸の先端、また、糸。はじめ、発端。系統。順序、次第。心。「お」として女の子の止め字で人気を集めつつある。誠実でまじめな雰囲気が漂う。人とのつながりを大切にする子にと願いを込めて。

男の子の名前

名前	画数	読み
緒斗	4	おと
緒沙夢	7 13	おさむ

女の子の名前

名前	画数	読み
実緒	8	みお
奈緒花	8 7	なおか
麻緒南	11 9	まおな

14 翠

音訓 スイ、みどり、かわせみ

名のり あき、あきら、すい、みどり

意味 かわせみ。水辺にすむ鳥の名前。みどり、青黄色。「翡翠」の翠。宝石の美しい緑色や、かわせみの鮮やかな青色の上品な美しさを思わせる。

男の子の名前

名前	画数	読み
翠		すい
翠正	5	すいせい

女の子の名前

名前	画数	読み
翠里	7	みどり
翠梨	11	みどり
有翠	6	うすい

14 瑳

音訓 サ、みが(く)

名のり さ、てる、みがく、よし

意味 鮮やか。

愛らしく笑う様子。笑って白い歯が見える様子。あまりなじみのない字だが、意味は名前向き。あかるく元気な雰囲気がある。名前例はまだ少ないので、新鮮な印象になる。

男の子の名前

名前	画数	読み
瑳久	3	さく
瑳希斗	7 4	さきと
瑳都留	11 10	さとる

女の子の名前

名前	画数	読み
瑳衣	6	さい
瑳南	9	さなん

14 彰

音訓 ショウ

名のり あき、あきら、あや、しょう、ただ、てる

意味 模様、飾り。明らか。顕著になる。世間に知らせる。名前向きの字で、「あきら」や「しょう」の響きで、男の子に用いられることが多い。広く知れ渡る功績が挙げられるようにと期待して。

男の子の名前

名前	画数	読み
彰		あきら
彰一	1	しょういち
彰太	4	しょうた
彰英	8	しょうえい

女の子の名前

名前	画数	読み
彰代	5	あきよ

14 静

音訓 セイ、ジョウ、しず、しず(か)、しず(まる)、しず(める)

名のり きよ、しず、しずか、せい、ちか、つぐ、ひで、やす、やすし、よし

意味 しずか。動かない。音がしない。穏やか。正しい。清い。穏やかな印象の、落ち着いた子にと願いを込めて。

男の子の名前

名前	画数	読み
静希	7	せいき
静吾	7	せいご
静雅	13	せいが

女の子の名前

名前	画数	読み
静花	7	せいか
静流	10	しずる

誓 14

音訓 セイ、ゼイ、ちか(う)

名のり せい、ちか、ちかう、ちかわ

意味 ちかう。必ず、確実に。戒める。約束や決まりを守る誠実さを思わせる。厳かな雰囲気や、実直なイメージもある。使用例が少ないので個性的な名前になりやすい。

男の子の名前
- 誓利 7 せいと
- 誓竜 10 せいりゅう
- 真誓 10 まさちか

女の子の名前
- 誓乃 2 ちかの
- 誓夏 10 ちかげ

暢 14

音訓 チョウ、のべる

名のり いたる、とおる、なが、の(びる)、のぶ、まさみつ、みつる、よう

意味 のびる。長くなる。のびのびする。行き渡る。心にゆとりがあり、大らかな性格を思わせる字。使用例が少ないので、新鮮な名前に。

男の子の名前
- 暢 よう
- 暢壱 7 よういち
- 暢祐 9 ようすけ

女の子の名前
- 暢 のん
- 暢子 3 ようこ

徳 14

音訓 トク

名のり あきら、あつ、あつし、あり、いさお、え、かつ、さと、ただし、とく、とこ、とみ、なり、なる、のぼる、のり、みち、めぐむ、やす、よし

意味 品性として身についているもの。道徳。本性。徳を積んだ人。好ましい意味から、名前向きの字。

男の子の名前
- 徳重 9 のりしげ
- 徳磨 16 とくま
- 由徳 5 よしとく

女の子の名前
- 徳子 3 のりこ
- 徳江 6 のりえ

総 14

音訓 ソウ

名のり おさ、さ、すぶ、すぶる、そう、のぶ、ふさ、みち

意味 多くのものを集め合わせる。支配する。率いる。リーダーシップのあることや、周りの意見をまとめる力や気づかいを感じさせる。響きはさわやかでやさしい印象。

男の子の名前
- 総司 5 そうし
- 総汰 7 そうた
- 総悟 10 そうご
- 総輝 15 そうき

女の子の名前
- 総子 3 そうこ

綴 14

音訓 テイ、テチ、テツ、つづり、つづ(る)、とじ、と(じる)

名のり せつ

意味 つづる。つなぎ合わせる。修繕する。文章を作る。文章や詩歌などを書くイメージから文学的な素養を感じさせる。詰まった字形なので、シンプルな字と組み合わせたい。

男の子の名前
- 綴向 6 つづむ
- 綴留 10 つづる
- 綴貴 12 つづき

女の子の名前
- 綴実 8 つづみ
- 綴流 10 つづる

寧 14

音訓 ネイ

名のり さだ、しず、ね、やす、やすし

意味 安らか。のんびり落ち着いている。穏やかな印象と、注意深く心の行き届いた様子、思いやりを思わせる字。「ね」の響きを活かして女の子に用いられることが多い。「やす」は男の子向き。

男の子の名前
- 寧色 6 ねいろ
- 寧雄 12 ねお

女の子の名前
- 寧々 3 ねね
- 寧音花 9 7 ねねか
- 寧穏 16 ねおん

聡 14

音訓 ソウ、さと(い)

名のり あき、あきら、さ、さと、さとし、さとる、そう、ただし、と、とき、とし、とみ、のぶ、ふさ

意味 さとい。耳がよく聞こえる。賢い。判断力、理解力が優れている。知的な雰囲気があり、才知にあふれた印象で名前向き。

男の子の名前
- 聡斗 4 そうと
- 聡基 11 さとき

女の子の名前
- 聡子 3 さとこ
- 聡香 9 さとか
- 聡美 9 さとみ

摘 14

音訓 テキ、チャク、つ(む)

名のり つみ、づみ

意味 摘み取る。選び取る。「花を摘む」という意味の印象が強く、女の子向きでバランスがよく、安定感のある字形。「つみ」や「つむ」の響きで名前に多用されるものの、バリエーションは少なめ。

男の子の名前
- 摘虹 9 つむぐ
- 夢摘 13 むつみ

女の子の名前
- 摘葵 12 つむぎ
- 波摘 はつみ
- 菜摘 11 なつみ

緋 14

音訓 ヒ、あか

名のり あきら、あけ

意味 あか。赤色、濃い紅色。赤色の絹。目が開かれるような鮮やかな赤を表す。パッと目を引く魅力や人より秀でた才能を連想させる。万葉仮名風の名前などで響きの「ひ」を活かしやすい。

男の子の名前
- 緋色 6 ひいろ
- 緋佐志 7 7 ひさし

女の子の名前
- 緋音 9 あかね
- 緋咲 9 ひさき
- 緋璃 15 あかり

碧 14

音訓 ヘキ、ヒャク、みどり

名のり あお、きよし、たま、へき、みどり

意味 みどり。青緑、濃い青色。青い色の美しい石。深い海の色のイメージから、人間的に深みがあることや心の広さを思わせる。「あお」の響きで、性別を問わず人気がある。

男の子の名前
- 碧斗4 あおと
- 碧生5 あおい
- 碧司5 あおし

女の子の名前
- 碧波8 あおば
- 碧梨11 あおり

遙 14

音訓 ヨウ、はる（か）

名のり すみ、とお、のぶ、のり、はる、はるか、みち

意味 「遥」の旧字。遠い。距離や時間としての隔たり。「遥」より趣があり、実直さを感じさせる。ほかとの違いを明確にしたり、画数を調整するのに用いたりもする。

男の子の名前
- 遙真10 はるま
- 遙満12 はるみち

女の子の名前
- 遙南9 はるな
- 遙音9 はるね
- 遙陽12 はるひ

瑠 14

音訓 ル、リュウ

名のり る、るり

意味 「瑠璃」は、青色の宝石、ラピスラズリの和名で優美な印象を与える。「る」の響きとして、「琉」とともに人気がある。詰まって見える字形から、組み合わせるときはシンプルな字を選びたい。

男の子の名前
- 瑠基11 るき
- 瑠緒14 るお
- 波瑠8 はる

女の子の名前
- 瑠乃2 るの
- 瑠奈8 るな

輔 14

音訓 ホ、フ、ブ、たす（ける）

名のり すけ、たすく、たすけ

意味 助ける。助けて正しくする。人に寄り添って支えられるやさしさと、心の豊かさを思わせる。形のバランスこそよいものの詰まって見える字から、画数の少ない字と組み合わせるとよい。

男の子の名前
- 輔清11 すけきよ
- 大輔3 たいすけ
- 永輔5 えいすけ
- 京輔8 きょうすけ
- 暁輔12 きょうすけ
- 樹輔16 きすけ

綾 14

音訓 リョウ、リン、あや

名のり あや

意味 あや。織り出しの模様のある絹。美しい模様の雰囲気と「あや」の響きから、女の子に用いられることが多い。「あや」、もしくは「りょう」の響きで男の子の名前にしても、あかるい印象になる。

男の子の名前
- 綾夕3 あやた
- 綾斗4 あやと

女の子の名前
- 綾祢9 あやね
- 綾菜11 あやな
- 麻綾11 まあや

漣 14

音訓 レン、さざなみ

名のり なみ

意味 さざなみ。涙の流れる様子。水の連なりを表している。意味とは反対に海のイメージから、ダイナミックさや心の広さも思わせる。日常的にあまりなじみのない字で、斬新な字形から、個性的になる。

男の子の名前
- 漣太4 れんた
- 漣斗4 れんと
- 漣地6 れんじ

女の子の名前
- 漣菜11 れんな
- 花漣7 かれん

蜜 14

音訓 ミツ、ミチ、ビツ

名のり みつ

意味 蜂が花などから集めた甘い汁。「蜂蜜」のやさしい甘さから、心を落ち着かせる雰囲気があり、どちらかというと女の子向き。「みつ」と用いられることが多いが、響きを縮めて「み」として使用することも。

男の子の名前
- 蜜瑠14 みつる
- 蜜輝15 みつき
- 明蜜8 あきみつ

女の子の名前
- 蜜羽6 みつは
- 蜜姫10 みつき

緑 14

音訓 リョウ、ロク、みどり

名のり つか、つな、のり、みどり、ろく

意味 みどり。緑色。緑色の絹。艶のある黒色。緑の豊かなイメージですがすがしく、さわやかな雰囲気を感じさせる。「のり」「ろく」の響きを用いると新鮮味が出る。

男の子の名前
- 緑 みどり
- 緑司5 りょくじ

女の子の名前
- 緑羽6 りょくは
- 緑莉10 みどり
- 緑梨11 みどり

駕 15

音訓 ガ、カ、ケ、しの（ぐ）、のる

名のり のり、ゆき

意味 車に牛や馬をつける。馬や馬車に乗る。役人になる。伝える。越える。「凌駕」の駕で、周囲からひとつぬきんでた才能を感じさせる。「馬」からたくましさもイメージでき、男の子向き。

男の子の名前
- 駕紋10 がもん
- 夕駕3 ゆうが
- 凌駕10 りょうが
- 泰駕10 たいが
- 彪駕11 ひゅうが
- 誠駕13 せいが

嬉 15

音訓 キ、うれ(しい)、たの(しむ)
名のり よし
意味 楽しむ。よろこぶ。たわむれる。遊ぶ。美しい。幸福感があり、あかるい雰囲気にあふれた名前向きの字。「き」の響きを活かすことが多い。楽しくしあわせな時間を過ごし続けられるようにと願いを込めて。

男の子の名前
- 嬉平(5) きっぺい
- 嬉多瑠(6・14) きたる
- 嬉助(7) きすけ

女の子の名前
- 嬉和(8) きお
- 嬉実花(8・7) きみか

槻 15

音訓 キ、つき
名のり けや、つき
意味 つき。ニレ科の木。けやきの古名で、秋に紅葉すると赤や黄の葉が美しい木。「つき」や「づき」の響きで、「月」の代わりに用いられることが多い。詰まって見える字形から、シンプルな字と組み合わせて。

男の子の名前
- 槻斗(4) つきと
- 沙槻(7) さつき
- 李槻(7) りつき

女の子の名前
- 槻乃(2) つきの
- 槻奈(8) つきな

慶 15

音訓 ケイ、キョウ
名のり けい、ちか、のり、みち、やす、よし
意味 喜ぶ。祝う。幸福。めでたい。縁起がよく、しあわせに満ちあふれた印象。意味から、実直で落ち着きのある雰囲気を感じさせる。組み合わせは画数の少ない字がおすすめ。

男の子の名前
- 慶史(5) けいし
- 慶季(8) けいき
- 慶悟(10) けいご
- 由(5)慶 ゆうけい

女の子の名前
- 慶子(3) けいこ

輝 15

音訓 キ、かがや(く)
名のり あき、あきら、かがやき、き、てる、ひかる
意味 輝く、光る、照る。その人自身が光り輝くようなイメージで、才能ややさしさにあふれる雰囲気がある。男女ともに人気があるので、性別を間違われないよう字の組み合わせには注意を。

男の子の名前
- 輝竜(10) きりゅう
- 直(8)輝 なおき

女の子の名前
- 輝咲(9) きさき
- 柚(9)輝 ゆずき
- 優(17)輝 ゆうき

駈 15

音訓 ク、か(ける)
意味 馬を速く走らせる。迫る、強いる。「駆」の俗字。「丘」を駆ける馬の疾走感と力強さを連想させる字。「かける」の響きが一般的だが、「く」を用いても新鮮味がある。14画の「駆」とともに、画数を調整するのに用いられたりもする。

男の子の名前
- 駈月(4) かつき
- 駈那太(7・4) かなた
- 駈留(10) かける

女の子の名前
- 駈乃(2) かの
- 駈世(5) かよ

慧 15

音訓 ケイ、エ、さと(い)
名のり あき、あきら、けい、さと、さとし、さとる、とし、よし
意味 さとい。賢い。知恵。道理を見抜く力。意味は名前向きだが、使用例はまだ少なめ。横線が多い字形から、曲線のある字などと組み合わせてバランスをとりたい。

男の子の名前
- 慧斗(4) けいと
- 慧司(5) けいし
- 慧祐(9) けいすけ
- 慧悟(10) けいご

女の子の名前
- 慧心(4) けいこ

毅 15

音訓 キ、ギ、たけ(し)、つよ(い)
名のり かた、き、こわし、さだむ、しのぶ、たか、たけ、たけし、つよ、つよき、つよし、とし、のり、はたす、み、よし
意味 つよい。意志が強い。決断力がある。意味や字形から、男の子向き。止め字として「き」で用いると引き締まる。

男の子の名前
- 毅 たけし
- 毅宏(7) たかひろ
- 毅幸(8) たかゆき
- 毅哉(9) たかや
- 毅留(10) たける
- 功(5)毅 こうき

駒 15

音訓 ク、こま
名のり こま
意味 こま。若く元気な馬。2歳の馬。若者、子ども。馬の総称。将棋のこま。仔馬のように元気に駆け回るイメージがあり、健やかな雰囲気がある。将棋から、古風で落ち着いた印象もある。「く」の響きを利かせると個性的な名前になる。

男の子の名前
- 駒宇悟(6・10) くうご
- 駒宇賀(6・12) くうが

女の子の名前
- 駒子(3) こまこ
- 駒世(5) こまよ
- 駒絵(12) こまえ

潔 15

音訓 ケツ、ケイ、いさぎよ(い)
名のり きよ、きよし、すみ、ゆき、よし
意味 いさぎよい。清い。汚れがない。行いが正しい。心が清らかで、誠実な人柄を思わせる。近年はあまり名前に用いられないぶん、逆に新鮮味がある。

男の子の名前
- 潔士(3) きよし
- 潔利(7) きよと
- 潔雅(13) きよまさ

女の子の名前
- 潔音(9) きよね
- 潔美(9) きよみ

15 廣

音訓 コウ、ひろ（い）、ひろ（がる）、ひろ（げる）、ひろ（まる）、ひろ（める）

名のり お、こう、たけ、とう、ひろ、ひろし、ひろむ、みつ、やす

意味 「広」の旧字。広い。広まる。画数調整のために代用したり、少し違いを出したりするのに重宝する。

男の子の名前
- 廣士3 こうじ
- 廣咲9 こうさく
- 廣基11 ひろき

女の子の名前
- 廣子3 ひろこ
- 廣奈8 ひろな

15 樟

音訓 ショウ、くす、くすのき

名のり くす

意味 くすのき。暖地に自生する木。「楠」も同じ意味で、どちらも名前に使用できる。落ち着いた印象の字。30m以上にもなる木で、わが子がすくすくと健やかに成長するよう願いを込めて。

男の子の名前
- 樟平5 しょうへい
- 樟汰7 しょうた
- 樟児7 しょうじ
- 樟磨16 しょうま

女の子の名前
- 樟子3 しょうこ

15 潮

音訓 チョウ、うしお、しお

名のり うしお、しお

意味 しお、うしお。海水が満ちたり引いたりする現象。海水。時勢の流れ。色づく。うるおう。スケールの大きさと、ゆったりとした流れを思わせる。器の大きい、ゆとりのある子にと願いを込めて。

男の子の名前
- 有潮6 うしお
- 希潮7 きしお

女の子の名前
- 潮 うしお
- 潮桜10 しお
- 潮梨11 しおり

15 潤

音訓 ジュン、うるお（う）、うるお（す）、うる（む）

名のり うる、うるう、うるお、さかえ、じゅん、ひろ、ひろし、まさる、ます、みつ

意味 うるおう。豊かになる。立派になる。艶、光沢。恵み。穏やか。「じゅん」の響きをもつ字のなかでも、性別を問わず人気のある字。

男の子の名前
- 潤也3 じゅんや
- 潤太4 じゅんた
- 潤吾7 じゅんご

女の子の名前
- 潤子3 じゅんこ
- 潤菜11 じゅんな

15 穂

音訓 スイ、ほ

名のり お、のり、ひで、ひな、ほ、みのる

意味 ほ。穀物の茎の実のつく部分。穂先。灯火など、穂の形をしたもの。女の子の名前の止め字として用いられてきたが、近年は順番や性別を問わず使用される。穏やかでぬくもりのある雰囲気に。

男の子の名前
- 穂孝7 ほたか
- 穂純10 ほずみ

女の子の名前
- 穂乃華2 10 ほのか
- 穂波8 ほなみ
- 秋穂9 あきほ

15 澄

音訓 チョウ、ジョウ、す（ます）、す（む）

名のり きよ、きよし、きよむ、す、すみ、ずみ、すむ、すめる、とうる、とおる

意味 すむ。透き通って清い。空などに曇りがない。音が冴える。透明感があり、すがすがしい印象がある。「す」の響きが一般的。

男の子の名前
- 澄斗4 すみと
- 澄弥8 すみや
- 帆澄6 ほずみ

女の子の名前
- 澄花7 すみか
- 澄玲9 すみれ

15 諄

音訓 ジュン、シュン、くど（い）

名のり あつ、いたる、さね、しげ、じゅん、とも、のぶ、ふさ、まこと

意味 懇ろに教え諭す。手厚い。丁寧。助ける。あまりなじみはないが、真心を感じさせる、名前向きの字。また、「淳」や「惇」に比べて個性的な印象もある。

男の子の名前
- 諄弘5 あつひろ
- 諄平5 じゅんぺい
- 諄都11 あつと

女の子の名前
- 諄子3 じゅんこ
- 諄奈8 じゅんな

15 蔵

音訓 ゾウ、くら

名のり おさむ、くら、ぞう、ただ、とし、まさ、よし

意味 くら。ものをおさめておく場所。たくわえる。イメージこそ古風なものの、懐の深さを連想させる。止め字の「ぞう」として一般的だが、「くら」を活かすと個性的な印象も。

男の子の名前
- 蔵ノ助1 7 くらのすけ
- 好蔵6 よしくら
- 衣蔵6 いぞう
- 周蔵8 しゅうぞう
- 併蔵8 へいぞう
- 洋蔵9 ようぞう

15 撤

音訓 テツ

名のり あきら、いたる、おさむ、とお、とおる、ひさし、みち、ゆき

意味 除く。取り払う。目の前のものをかたづけるという意味を表す。名前に用いられる印象はうすいが、同音で似た字の「徹」と変化をつけるのに有効。

男の子の名前
- 撤士3 てつし
- 撤生5 てつお
- 撤多6 てつた
- 撤利7 てつと
- 撤哉9 てつや
- 撤春9 てつはる

15

範

音訓 ハン、ボン

名のり すすむ、のり

意味 のり。手本。区切り、仕切り。規律を守るまじめさや、誠実な人柄を連想させる字。手本となるような子に育つよう願いを込めて。同音の「則」や「法」より使用例は少なめで個性的な印象がある。

男の子の名前
- 範昭 9 のりあき
- 範隆 11 のりたか
- 範翔 12 はんと

女の子の名前
- 範花 7 のりか
- 範奈 8 はんな

15

摩

音訓 マ

名のり きよ、なず、ま

意味 する、こする。さする、なでる。磨く。改まる。推し量る。「摩擦」などの言葉から、自分を磨くよう努力できるポジティブさも思わせる。「ま」の響きを活かし万葉仮名風に用いると、現代的な名前になる。

男の子の名前
- 摩佐 7 まさ
- 摩沙樹 7 16 まさき

女の子の名前
- 摩衣 6 まい
- 摩季 8 まき
- 摩絢 12 まあや

15

諒

音訓 リョウ、まこと

名のり あき、あさ、すけ、まこと、まさ、みち、りょう

意味 まこと。信じる。明らかにする。思いやる。名前で使われることは少なかったが、「りょう」の響きから近年人気に。左右に分かれる字形なので、縦割れしない字と合わせたい。

男の子の名前
- 諒平 5 りょうへい
- 諒汰朗 7 10 りょうたろう
- 諒真 10 りょうま

女の子の名前
- 諒子 3 りょうこ
- 諒華 10 りょうか

15

撫

音訓 ブ、フ、な(でる)

名のり ただ、なつ、もち、やす、よし、より

意味 なでる。慈しむ、かわいがる。保つ。めぐる。秋の七草のひとつである「撫子(なでしこ)」がイメージされる。撫子の、夏から秋の間に咲かす薄紅色の花はかわいらしく、女の子向き。

男の子の名前
- 撫宏 7 なおひろ
- 撫音 9 なおと

女の子の名前
- 撫子 3 なこ
- 撫津 9 なつ
- 撫智 12 なち

15

璃

音訓 リ

名のり あき、り

意味 「琉璃」「玻璃」、ともに玉の名前。前者はラピスラズリの別名、美しく濃い青色から、純真さや上品さを思わせる。後者は水晶を表す。詰まった字形から、組み合わせるときは画数の少ない字を選びたい。

男の子の名前
- 璃来 7 りく
- 璃基汰 11 7 りきた
- 璃雄 12 りお

女の子の名前
- 璃歩 8 りほ
- 琉璃 11 るり

15

凛

音訓 リン、さむい

名のり り

意味 「凜」の俗字。寒い。おそれ慎むさま、心が引き締まるさま。りりしくキリッとした雰囲気がある。「りん」の響きがかわいらしいことから、性別を問わず用いられる。正字の「凜」とは画数も同じで、似ているので注意。

男の子の名前
- 凛太朗 4 10 りんたろう
- 凛生 5 りんせい

女の子の名前
- 凛子 3 りんこ
- 凛果 8 りんか
- 凛南 9 りんな

15

舞

音訓 ブ、まい、ま(う)

名のり ま、まい

意味 まう。音楽や歌に合わせて踊る。飛び回る。励ます、奮い立たせる。元気よく踊る楽しげな雰囲気と、日本舞踊などを舞う上品なイメージを併せもつ。「まい」の響きが和やかなことから男女に人気がある。

男の子の名前
- 舞斗 4 まいと
- 舞来 7 まいく

女の子の名前
- 舞子 3 まいこ
- 舞花 7 まいか
- 舞南 9 まいな

15

遼

音訓 リョウ、はる(か)

名のり とお、はる、はるか、りょう

意味 はるか。空間や時間的な隔たり。ゆるめる。心の広さや実直さを思わせる。「りょう」の響きを活かした男の子の名前は多いが、「はる」の響きで女の子に用いても。

男の子の名前
- 遼也 3 りょうや
- 遼太 4 はるた はるた
- 遼輔 14 りょうすけ

女の子の名前
- 遼子 3 りょうこ
- 遼花 7 はるか

15

凜

音訓 リン、さむい

名のり り

意味 寒い。おそれ慎むさま、心が引き締まるさま。「凛」と同様、威厳のあるイメージ。名前には「凛」のほうが多く使われている。俗字の「示」が直線的なのに対し、こちらの正字は「禾」のはらいの曲線が、やさしげな印象。

男の子の名前
- 凜矢 5 りんや
- 凜翔 12 りんと

女の子の名前
- 凜子 3 りんこ
- 凜花 7 りんか
- 凜夏 10 りんな

16 薗

音訓 エン、オン、その

名のり その

意味 「園」の同字。その。野菜、草花の畑。庭。囲いをめぐらせた園を表す。「艹」から草花のほがらかなイメージが増す。「園」より画数が増えたぶん、画数の調整にも利用できる。組み合わせるのは画数の少ない字を。

男の子の名前
- 薗也 3 えんや
- 薗司 5 えんじ

女の子の名前
- 薗子 3 そのこ
- 薗花 7 そのか
- 未 5 薗 みその

16 薫

音訓 クン、かお（る）

名のり かお、かおり、かおる、くに、くる、くん、しげ、つとむ、にお、のぶ、ひで、ふさ、ほう、まさ、ゆき

意味 かおりぐさ。蘭（らん）の類の香草の名前。よい香りがする。徳の力で善に導く。穏やかで爽快な雰囲気のある字。

男の子の名前
- 薫 かおる
- 薫兵 7 くんぺい

女の子の名前
- 薫心 4 かおるこ
- 薫流 10 かおる
- 薫梨 11 かおり

16 醐

音訓 ゴ、コ

名のり こ、ご

意味 「醍醐」はヨーグルトの類。清酒。優れた人物のたとえを意味する。深い味わいや、品格を感じさせる字。「ご」として男の子の止め字に用いられることが多い。シンプルな字と組み合わせると印象的な名前になる。

男の子の名前
- 大 3 醐 だいご
- 夕 3 醐 ゆうご
- 壮 6 醐 そうご
- 壱 7 醐 いちご
- 桐 10 醐 とうご
- 庵 11 醐 あんご

16 穏

音訓 オン、おだ（やか）

名のり しず、とし、やす、やすき、より

意味 穏やか。安らか。意味のとおり穏やかで心の温かい人柄を思わせる。「おん」の響きを活かし「史穏（しおん）」のように、男女問わず用いられることが多い。

男の子の名前
- 音 9 穏 ねおん
- 織 18 穏 おりおん

女の子の名前
- 史 5 穏 しおん
- 依 8 穏 いおん
- 実 8 穏 みおん

16 賢

音訓 ケン、ゲン、かしこ（い）

名のり かた、かつ、けん、さか、さかし、さと、さとし、さとる、すぐる、たか、ただ、ただし、とし、のり、まさ、まさる、ます、やすし、よし、より

意味 かしこい。才知と徳行を兼ね備える。誠実な印象もある。男の子に用いることが多い。

男の子の名前
- 賢司 5 けんじ
- 賢由 5 けんゆう
- 賢星 9 けんせい
- 賢醐 16 けんご
- 功 5 賢 こうけん
- 勇 9 賢 ゆうけん

16 興

音訓 コウ、キョウ、おこ（す）、おこ（る）

名のり おき、き、きょう、こう、さかり、さかん、さき、とも、ふか、ふさ

意味 起こる。新たに始まる。栄える。奮い立つ。好奇心旺盛（おうせい）なイメージで、行動力を思わせる。名前例は少なめで新鮮味がある。

男の子の名前
- 興史 5 こうじ
- 興来 7 こうき
- 興堅 12 こうけん
- 興樹 16 こうき

女の子の名前
- 興子 3 きょうこ

16 橘

音訓 キツ、キチ、たちばな

名のり たちばな

意味 みかんの一種。普通のみかんより小さめで皮が薄く、酸味が強い。または、みかん類の総称。使用例は少なめだが、「キツ」の響きを活かした個性的な名前にできる。「木」が姓と重複しないよう気をつけて。

男の子の名前
- 橘 たちばな
- 橘兵 7 きっぺい

女の子の名前
- 橘巳 3 きつみ
- 橘心 4 きっこ
- 橘花 7 きっか

16 憲

音訓 ケン

名のり あき、あきら、かず、けん、さだ、ただし、ただす、とし、のり、よし

意味 さとい。賢い。おきて。模範。教え。あまねく示す。実直な印象を与える。人から信頼を得られる子になるよう願いを込めて。「のり」の響きは新鮮な名前になる。

男の子の名前
- 憲利 7 けんと
- 憲彬 11 のりあき
- 憲椰 13 けんや
- 春 9 憲 はるのり

女の子の名前
- 憲子 3 のりこ

16 親

音訓 シン、おや、した（しい）

名のり いたる、しん、ちか、ちかし、なる、み、もと、よし、よしみ、より

意味 したしい。むつまじい。仲がよい。だれに対しても思いやりをもって接し、周囲の人から親しみを抱かれる人に育つようにと願いを込めて。

男の子の名前
- 親之助 3 7 しんのすけ
- 親斗 4 しんと
- 親多郎 6 9 しんたろう
- 昌 8 親 まさちか

女の子の名前
- 親世 5 ちかよ

樹 16

音訓 ジュ、シュ

名のり いつき、き、じ、しげ、しげる、じゅ、たかし、たつ、たつき、な、のぶ、みき、むら

意味 木、立ち木。草木、植物の総称。木がまっすぐ生長する様子を連想させる。また幹の太い木のイメージから、一本芯の通った性格を感じさせる。

男の子の名前
- 樹 いつき
- 樹一1 きいち
- 樹汐6 きしお

女の子の名前
- 樹子3 きこ
- 由5樹 ゆうき

繁 16

音訓 ハン、しげ（る）

名のり えだ、しげ、しげし、しげる、とし、はん

意味 しげる。多くなる、増える。さかんになる。草木が茂る。草木の豊かな様子を連想させる字で、男の子向き。エネルギーに満ち、知識や才能がいっぱいのイメージ。

男の子の名前
- 繁希7 しげき
- 繁孝7 しげたか
- 繁昭9 しげあき
- 道12繁 みちしげ

女の子の名前
- 繁菜11 はんな

磨 16

音訓 マ、みが（く）

名のり おさむ、きよ、な、ま、みがく

意味 みがく。石を磨くが転じて、物事に励む。玉を磨くようにコツコツ努力して、才能を開花させる能力を思わせる。同音の「麻」や「真」より印象的で、個性的な名前に。

男の子の名前
- 磨央5奈8 まおな
- 磨作7 まさ
- 磨咲9 まさき

女の子の名前
- 磨子3 まこ
- 磨希7 まき

操 16

音訓 ソウ、あやつ（る）、みさお

名のり あや、さお、とる、みさ、みさお、もち

意味 取る。持つ、握る。固く守る。うまく扱う。心身を汚れなく保つ、節操。趣。誠実でまじめな印象を抱かせる。意志を貫く芯の強い人になるようにと願いを込めて。

男の子の名前
- 操司5 そうし
- 操吾7 そうご

女の子の名前
- 操 みさお
- 操姫10 みさき
- 操都11 みさと

縫 16

音訓 ホウ、ぬ（う）

名のり ぬい

意味 ぬう。針でぬう。ぬい合わせる。取り繕ろう。「裁縫」のイメージから、女の子に用いられることが多い。「ぬい」は「ぬ」から始まる響きとして新鮮味がある。「ほ」の音に当てると例のバリエーションが広がる。

女の子の名前
- 縫心4 ぬいこ
- 縫衣6 ぬい
- 縫夏10 ぬいか
- 史5縫 しほ
- 里7縫 りほ
- 奈8縫 なほ

諭 16

音訓 ユ、さと（す）

名のり さと、さとし、さとす、さとる、つぐ、みち、ゆ、よし

意味 さとす。言い聞かせる、教え導く。広く行き渡る。知的で人間的な厚みを感じさせる。字形が詰まった印象なので、画数の少ない字と組み合わせたい。

男の子の名前
- 諭吉6 ゆきち
- 諭良7 ゆら
- 諭真10 ゆま

女の子の名前
- 諭衣6 ゆい
- 諭梨11 ゆり

橙 16

音訓 トウ、ジョウ、だいだい

名のり と

意味 だいだい。みかんの一種で実が大きく、酸味が強い。食用で、正月の飾りに使われる。2004年から名前に使用できるようになった字。「とう」の響きで男女ともに用いられる。

男の子の名前
- 橙吾7 とうご
- 橙基11 とうき
- 橙磨16 とうま

女の子の名前
- 橙子3 とうこ
- 橙華10 とうか

篤 16

音訓 トク、あつ（い）

名のり あつ、あつし、しげ、すみ、とく、ひろ

意味 馬がゆっくり歩く。あつい。人情が厚い、真心がある。熱心である。誠実で心の温かい人柄を感じさせる。「あつ」の響きで用いられることが多い。

男の子の名前
- 篤士3 あつし
- 篤斗4 あつと
- 篤基11 あつき

女の子の名前
- 篤子3 あつこ
- 篤実8 あつみ

謡 16

音訓 ヨウ、うたい、うた（う）

名のり うた

意味 うたう。節をつけて歌う。はやりの歌。うわさ。「民謡」や「歌謡」のイメージから、やや古風な雰囲気を思わせる。同音の「歌」「詩」「唄」などと印象を少し変えたい時に。「よう」の響きとしても◎。

男の子の名前
- 謡平5 ようへい
- 謡多6 ようた
- 謡輔14 ようすけ

女の子の名前
- 謡 うた
- 謡子3 ようこ

頼 16

音訓 ライ、たの(む)、たの(もしい)、たよ(る)

名のり たのむ、のり、よ、よし、より

意味 たよる。あてにする。取る。利益を得る。よい。幸い。「らい」の響きとして新鮮な雰囲気の名前になる。人から信頼される子になるよう願いを込めて。

男の子の名前
- 頼人 2 よりと
- 頼吾 7 らいご
- 頼基 11 らいき

女の子の名前
- 頼華 10 よりか
- 頼絵 12 よりえ

澪 16

音訓 レイ、リョウ、みお

名のり れ、みお

意味 みお。川や海で、水が深く舟が通るのに適した道。涼しげな雰囲気があり、「れい」「みお」など響きのよさからも女の子名前に人気がある。「れい」を縮めて「れ」の音として当てることもある。

男の子の名前
- 澪士 3 れいじ
- 澪太 4 れいた
- 澪斗 4 れいと

女の子の名前
- 澪里 7 みおり
- 澪愛 13 れいあ

謙 17

音訓 ケン

名のり あき、かた、かぬ、かね、けん、たか、のり、ゆずる、よし

意味 へりくだる。自分をおさえて人に譲る。敬う。満ち足りる。快い。「謙虚」の熟語もあり、素直で慎み深い雰囲気を感じさせる。横線の多い字形から、組み合わせる字でバランスをとりたい。

男の子の名前
- 謙 けん
- 謙介 4 けんすけ
- 謙太郎 4 9 けんたろう
- 謙司 5 けんし
- 謙多 6 けんた
- 謙壱 7 けんいち

蕾 16

音訓 ライ、レ、つぼみ

名のり つぼみ

意味 つぼみ。花がもう少しで咲こうとしているもの。未来への可能性を秘める。字形はややかたい印象があるものの「らい」の響きとして、「雷」が荒々しい雰囲気を思わせる半面、用いやすい。

男の子の名前
- 蕾利 7 らいと
- 蕾知 8 らいち
- 蕾夢 13 らいむ

女の子の名前
- 蕾花 7 らいか
- 蕾睦 13 らいむ

霞 17

音訓 カ、ガ、ゲ、かす(み)、かす(む)

名のり かすみ

意味 かすみ。朝焼け、夕焼け。太陽が出没するときに雲などが光を受けて赤く見える現象。神秘的なイメージがある。安定感こそあるものの字形が詰まった印象なので、画数の少ない字と組み合わせたい。

男の子の名前
- 霞那利 7 7 かなと
- 霞都 11 かつ

女の子の名前
- 霞奈 8 かな
- 霞美 9 かすみ
- 霞音 9 かのん

厳 17

音訓 ゲン、ゴン、おごそ(か)、きび(しい)

名のり いかし、いず、いつ、いつき、いわ、いわお、かね、げん、こう、たか、つね、ひろ、つよ、よし

意味 きびしい。はげしい。おごそか。尊重する。敬意を払う。どっしりと構え、何事にも動じない落ち着きを感じさせる。

男の子の名前
- 厳 げん
- 厳三 3 げんぞう
- 厳汰 7 げんた
- 厳治 8 げんじ
- 厳基 11 げんき
- 由厳 5 ゆうげん

龍 16

音訓 リュウ、たつ

名のり かみ、きみ、しげみ、たつ、とうる、とお、とおる、めぐむ、りゅう、りょう

意味 「竜」の旧字。たつ。想像上の動物。王者のたとえ。すぐれた人物や物事のたとえ。大きい。慈しみ。インパクトのある字形で、男の子向き。

男の子の名前
- 龍 りゅう
- 龍人 2 たつと
- 龍久 3 たつひさ
- 龍志 7 たつし
- 龍玖 7 りゅうく
- 文龍 4 ふみたつ

環 17

音訓 カン

名のり たま、たまき、めぐる、わ

意味 たまき。輪状のもの。めぐる。取り巻く。回す。一字で「たまき」とする例が多い。近年は男の子に「かん」、女の子に「わ」の響きを活かすことも。人とのつながりを大切にできる子に育つようにと願って。

男の子の名前
- 環士 3 かんじ
- 環汰 7 かんた
- 環祐 9 かんすけ

女の子の名前
- 環 たまき
- 環南 9 かんな

檎 17

音訓 ゴ、キン、ゴン

名のり きん、ご

意味 「林檎」は果樹の名前。林檎の赤い皮のように、かわいらしく元気な人柄を連想させる。「林檎」以外には使用しにくいが、男の子の名前では「きん」や止め字の「ご」とすると斬新に。

男の子の名前
- 檎朗 10 ごろう
- 檎詩 13 ごうた
- 悠檎 11 ゆうご
- 啓檎 11 けいご

女の子の名前
- 林檎 8 りんご

駿 17

音訓 シュン

名のり しゅん、たかし、とし、はや、はやお、はやし

意味 優れた馬、足の速い馬。優れる。馬が疾走するイメージから、フットワークの軽さを連想させる。「優秀」の意味もあり、体力と知能に優れた人物になるよう願いを込めて。

男の子の名前
- 駿 はやお
- 駿也 3 しゅんや
- 駿司 5 じゅんじ
- 駿壱 7 しゅんいち
- 駿悟 10 しゅんご
- 千 3 駿 ちはや

優 17

音訓 ユウ、ウ、すぐ（れる）、やさ（しい）

名のり かつ、すぐる、ひろ、まさ、まさる、ゆ、ゆう、ゆたか

意味 やさしい。上品で美しい。おしとやか。情が深い。のびやか。手厚い。字形や意味のやわらかさから、性別を問わず人気が高い。

男の子の名前
- 優大 3 ゆうだい
- 優飛 9 ゆうひ

女の子の名前
- 優佳 8 ゆうか
- 優奈 8 ゆうな
- 優珠 10 ゆうみ

嶺 17

音訓 レイ、リョウ、みね

名のり ね、みね

意味 みね。山のいただき。山なみ。山道。高い山が連なるさまから雄大な印象があり、たけだけしい雰囲気を感じさせる。安定感はあるが詰まった印象の字形なので、シンプルな字と組み合わせたい。

男の子の名前
- 嶺人 2 れいと
- 嶺太 4 れいた
- 明 8 嶺 あきみね

女の子の名前
- 嶺良 7 れいら
- 嶺実 8 れいみ

擢 17

音訓 タク、ダク、テキ、あげる、ぬき（んでる）、ぬく

意味 ぬく。優れる、秀でる。選び出す。のびる。「抜擢」の擢。能力が高く、人から評価されるほど優秀なイメージ。画数の少ない字と組み合わせて「たく」の響きを活かし、男の子に用いたい。

男の子の名前
- 擢 たく
- 擢矢 5 たくや
- 擢史 5 たくじ
- 擢未 5 たくみ
- 擢由 5 たくよし
- 擢広 5 たくひろ

翼 17

音訓 ヨク、つばさ

名のり すけ、たすく、つばさ

意味 つばさ。鳥の左右の羽。助ける。慎む、恭しい。均整がとれて美しい。「翼（つばさ）」の一字で用いられることが多い。空を悠々と飛ぶ鳥のイメージから、大らかな性格を思わせる。

男の子の名前
- 翼 つばさ
- 翼斗 4 よくと
- 翼来 7 つばき
- 翼砂 9 つばさ

女の子の名前
- 翼咲 9 つばさ

騎 18

音訓 キ、ギ

名のり き、のり

意味 馬に乗る。乗馬。馬に乗った兵士。字形は、両足を曲げ馬にまたがるさまを表している。「騎馬」の騎で勇敢さとたくましさを連想させる字。「き」の響きのある字のなかでも、雄々しい雰囲気で男の子向き。

男の子の名前
- 騎一 1 きいち
- 騎世利 5 7 きよと
- 騎祐 9 きすけ
- 一 1 騎 いつき
- 功 5 騎 こうき
- 竜 10 騎 たつき

瞳 17

音訓 トウ、ドウ、ひとみ、め

名のり あきら、ひとみ

意味 ひとみ。瞳孔。無心に見つめる様子。澄んだ瞳を連想させ、純粋でまっすぐな性格を感じさせる。「ひとみ」の響きで女の子につけることが多いが、「ひと」「とう」を使うと新鮮な名前として印象づける。

男の子の名前
- 瞳吹 7 めぶき

女の子の名前
- 瞳 ひとみ
- 瞳未 5 ひとみ
- 瞳李 7 めり
- 瞳実 8 ひとみ

瞭 17

音訓 リョウ、あきらか

意味 あき、あきら

意味 あきらか。物事が明らかなこと。「明瞭」などの言葉から、はっきりとした意見をもち判断力に長けた人物を思わせる。名前例は少ないが、男女ともに使え新鮮味もある。

男の子の名前
- 瞭 あきら
- 瞭吾 7 りょうご
- 瞭義 13 あきよし

女の子の名前
- 瞭依 8 あきえ
- 瞭南 9 あきな

顕 18

音訓 ケン

名のり あき、あきら、けん、たか、てる

意味 きらびやかな頭の飾り。鮮明。著しい。はっきりする、際立つ。栄える。名前向きの意味をもつものの、あまり使用例がなく新鮮な印象を受ける。秘めた才能が、花開くよう願いを込めて。

男の子の名前
- 顕也 3 けんや
- 顕介 4 けんすけ
- 顕世 5 けんせい
- 顕好 6 あきよし
- 顕汰 7 けんた
- 良 7 顕 よしあき

18 繭

音訓 ケン、まゆ

名のり まゆ

意味 まゆ。蚕が吐き出した糸で作った巣。繭から採った糸。まゆから作る絹織物のイメージで、やさしくなめらかな印象。また、「さなぎ」から未来への希望を感じさせる。「まゆ」は女の子、「けん」は男の子向き。

男の子の名前
- 繭人 2 けんと
- 繭吾 7 けんご

女の子の名前
- 繭羽 6 まゆう
- 繭奈 8 まゆな
- 繭香 9 まゆか

18 穣

音訓 ジョウ、ニョウ、ゆた（か）

名のり おさむ、しげ、じょう、みの、みのる、ゆたか

意味 豊かに実る。豊年を祈る。繁栄する。豊かなイメージから、ゆとりがあり穏やかな人柄を思わせる。詰まった字形から、組み合わせはシンプルな字を選びたい。

男の子の名前
- 穣 じょう ゆたか
- 穣向 6 おさむ
- 穣児 7 じょうじ
- 穣希 7 しげき
- 穣留 10 しげる
- 穣流 10 みのる

18 燿

音訓 ヨウ、かがや（く）

名のり あき、あきら、てる、よう

意味 輝く。光る。明らか。「曜」が「太陽の光」であるのに対し、火が高く上がり輝いている様子を表している。内に秘めた情熱を発揮し、成長につれて輝くを放つ存在になるよう願いを込めて。

男の子の名前
- 燿 よう
- 燿太郎 4 9 ようたろう
- 燿平 5 ようへい

女の子の名前
- 燿子 3 ようこ
- 燿梨 11 ひかり

18 織

音訓 シキ、ショク、お（る）

名のり おり、おる、はとり、り

意味 機をおる。機織り。組み立てる。色糸で模様を織った絹。女の子の止め字として「おり」の響きが人気。画数が多いので、少なめの字と組み合わせると互いの字の存在感が引き立つ。

男の子の名前
- 織苑 8 おりおん
- 李織 7 いおり

女の子の名前
- 織波 8 おりは
- 佳織 8 かおり
- 咲織 9 さおり

18 雛

音訓 ス、スウ、ひな

名のり ひな

意味 ひな。ひよこ。ひな人形。字形は小走りするひな鳥を表している。意味も「ひな」の響きも愛らしく、女の子向きの名前。詰まった印象の字形から、シンプルな字と組み合わせたい。

男の子の名前
- 雛太 4 ひなた
- 雛利 7 ひなと

女の子の名前
- 雛 ひな
- 雛心 4 ひなこ
- 雛美 9 ひなみ

18 類

音訓 ルイ、たぐ（い）

名のり とも、なお、なし、のり、よし、より

意味 たぐい。同種、仲間。物事の比較。友に恵まれ、互いに刺激し合いながら成長できるように。「類ない」の言葉から、ほかと比べるものがないほど優秀に、と期待を込めても。

男の子の名前
- 類 るい
- 類生 5 るい
- 類翔 12 るいと

女の子の名前
- 類依 8 るい
- 類香 9 るいか

18 瞬

音訓 シュン、またた（く）

名のり しゅん

意味 またたく、まばたき。極めて短い時間、瞬間。一瞬も大切にする誠実な人柄を想像させる字。また、すばやいイメージもあり行動力や判断力に長けた印象も。名前例があまりなく、個性的な名前に。

男の子の名前
- 瞬 しゅん
- 瞬斗 4 しゅんと
- 瞬司 5 しゅんじ
- 瞬矢 5 しゅんや
- 瞬吾 7 しゅんご
- 瞬祐 9 しゅんすけ

18 櫂

音訓 トウ、ジョウ、タク、かい

名のり かい、こずえ、かじ、たく

意味 かい。さお。船をこぐ道具を表すことから、自らしっかりと人生を突き進む力を備えたイメージがある。「かい」の響きが一般的。2004年に名前に使用できるようになった。

男の子の名前
- 櫂士 3 かいし
- 櫂仁 4 かいと
- 櫂亜 7 かいあ
- 櫂星 9 かいせい

女の子の名前
- 櫂梨 11 かいり

18 藍

音訓 ラン、あい

名のり あい

意味 草の名前。タデ科の一年草で、青色の染料に用いる。藍色。すがすがしいイメージがあり、「あい」の響きとして、性別を問わず用いられるので「愛」とともに人気がある。「らん」の響きを活かしても斬新な名前になる。

男の子の名前
- 藍利 7 あいと
- 藍基 11 あいき

女の子の名前
- 藍空 8 あいく
- 藍紗 10 あいさ
- 実藍 8 みらん

19 麒

音訓 キ、ギ

名のり あき、あきら

意味 想像上の動物「麒麟」のことで、麒がオス、麟がメス。「麒麟児」は才知に優れた少年の意味があり、高尚な人柄を連想させる。字面がやや重たい印象なので、シンプルな字と組み合わせて。

男の子の名前
- 麒一 1 きいち
- 麒芯 7 きしん
- 麒市 5 きいち
- 麒潮 15 きしお

女の子の名前
- 麒実花 8 7 きみか

19 羅

音訓 ラ、つら

名のり つら、ら

意味 あみ。鳥を捕まえる網。網にかけるように残らず捕まえる。並べる、連なる、出合う。「ら」の響きを活かせる字のひとつで、読み間違われることが少ない。画数が多いので、少ない字と合わせるとすっきりした印象になる。

男の子の名前
- 羅衣吾 6 7 らいご
- 羅壱 7 らいち
- 羅郁 9 らいく

女の子の名前
- 羅々 3 らら
- 由羅 5 ゆら

20 響

音訓 キョウ、ひび（く）

名のり おと、きょう、なり、ひび、ひびき

意味 ひびき。声。評判になる。影響する。答え。音が響き渡るイメージから、はなやかで存在感がある。画数の多い字形なので、少ない字と合わせてバランスをとりたい。

男の子の名前
- 響士郎 3 9 きょうしろう
- 響吾 7 きょうご
- 右響 5 うきょう

女の子の名前
- 響子 3 きょうこ
- 響香 9 きょうか

19 蹴

音訓 シュウ、シュク、け（る）

名のり け、しゅう

意味 ける。ふむ。慎む。ものに足を近づける。「ボールを蹴る」イメージから、スピード感や疾走感を醸し出す。行動や頭の回転がすばやく、的確な判断ができる印象。画数の少ない字と合わせてバランスをとって。

男の子の名前
- 蹴人 2 しゅうと
- 蹴太 4 しゅうた
- 蹴矢 5 しゅうや
- 蹴司 5 しゅうじ
- 蹴真 10 しゅうま
- 大蹴 3 たいしゅう

19 蘭

音訓 ラン

名のり か、らん

意味 キク科の香草、ふじばかま。秋の七草のひとつで、秋に薄紫色の花を咲かせる。また、ラン科植物の総称。立派なもののたとえ。可憐な花の雰囲気から、優美な印象を抱かせる。「らん」を縮めて「ら」の響きで用いることも。

男の子の名前
- 蘭丸 3 らんまる
- 蘭真 10 らんま

女の子の名前
- 蘭 らん
- 奏蘭 9 そら
- 愛蘭 13 あいら

20 馨

音訓 キョウ、ケイ、かお（る）

名のり か、かおり、かおる、きよ、けい、よし

意味 かおる。よい香りを発する。香気が立ち込める。よい影響や評判が広まる。香りが遠くに広がるように、影響力を発する存在になるよう期待を込めて。

男の子の名前
- 馨志 7 けいし
- 馨辰 7 けいたつ
- 馨真 10 けいま

女の子の名前
- 馨心 4 かおるこ
- 馨花 7 けいか

19 瀬

音訓 せ

名のり せ、ぜ

意味 あさせ。砂や石の上を水が流れるところ。急流。物事に出合うとき、折。川などの水の流れが落ち着いた部分のイメージから、さわやかで、大らかな雰囲気を感じさせる。シンプルな字形の字と組み合わせると、この字が際立つ。

男の子の名前
- 瀬伊都 6 11 せいと
- 瀬那 7 せな

女の子の名前
- 瀬里佳 7 8 せりか
- 瀬梨 11 せり
- 瀬蘭 19 せら

19 麗

音訓 レイ、ライ、うら（らか）、うるわ（しい）

名のり あきら、うらら、かず、つぐ、つら、よし、より、ら、れ、れい

意味 うるわしい。美しい。はなやか。空が晴れてのどか。声がほがらかであかるい。心身ともに清らかなイメージで、女の子に使われることが多い。

男の子の名前
- 麗斗 4 れいと
- 麗弥 8 れいや

女の子の名前
- 麗空 8 れいあ
- 麗楽 13 れいら
- 麗歌 14 れいか

20 護

音訓 ゴ、コ

名のり ご、さね、まもる、もり

意味 まもる。助ける。統率する。大切にする。周囲の人々に分け隔てなく接し、助けられる懐の深さを感じさせる。「守護神」から、心の強さもイメージできる。男の子に用いられることが多い。

男の子の名前
- 護 まもる
- 有護 6 ゆうご
- 荘護 9 そうご
- 堅護 12 けんご
- 翔護 12 しょうご
- 慎護 13 しんご

20 譲

音訓 ジョウ、ゆず（る）

名のり うや、せん、のり、まさ、ゆずる、よし

意味 ゆずる。自分のものを人に与える。へりくだる。相手の気持ちを推し量る思いやりを感じさせる。男の子の例が多いが、「のり」「まさ」の響きを活かして女の子にも。

男の子の名前
- 譲 ゆずる
- 譲治8 じょうじ
- 譲基11 ゆずき
- 譲瑠14 ゆずる

女の子の名前
- 譲花7 ゆずか

21 轟

音訓 ゴウ、コウ、とろどき、とどろ（く）

名のり こう、ごう

意味 とどろき。雷鳴や爆発などの大きな音。またその音が鳴り響くこと。火薬などが爆発する。「ごう」の響きで男の子に使用される。独特な字形から、シンプルな字と組み合わせたい。

男の子の名前
- 轟也3 ごうや
- 轟太郎4 9 ごうたろう
- 轟史5 ごうし
- 轟希7 ごうき
- 轟汰7 ごうた
- 轟 ごう

22 讃

音訓 サン、ほ（める）

名のり さ、さす、け、とき

意味 たたえる。ほめる。明らかにする。助ける。現代表記では、同音の「賛」に書き換えることが多い。左右に分かれる字形なので、縦割れしない字と組み合わせるとよい。

男の子の名前
- 讃吾7 さんご
- 讃汰7 さんた

女の子の名前
- 讃利衣7 6 さりい
- 讃里奈7 8 さりな
- 讃和8 さわ

20 耀

音訓 ヨウ、かがや（く）

名のり あき、あきら、てる

意味 かがやく。光。明らか。「燿」と同字で、もとは火の光を意味する。「燿」「曜」より光り輝くイメージ。字画が多いので、少画数の字と組み合わせてバランスをとりたい。

男の子の名前
- 耀也3 てるや
- 耀基11 てるき
- 耀翔12 てると

女の子の名前
- 耀子3 ようこ
- 耀花7 ようか

21 露

音訓 ロ、ロウ、つゆ

名のり あき、あきら、つゆ、ろ

意味 つゆ。水蒸気が水滴となったもの。あらわにする。うるおす。恩恵を施す。はかないことのたとえ。うるおい感のあるイメージで、どちらかというと女の子向き。「ろ」の響きを活かすことが多い。

男の子の名前
- 市露5 いちろ
- 胡々露9 3 こころ

女の子の名前
- 露 つゆ
- 露心4 ろこ
- 寧露14 ねいろ

24 鷹

音訓 オウ、ヨウ、たか

名のり たか、まさ、よう

意味 たか。性質の荒い鳥の代表的なもの。雄々しい雰囲気と落ち着いてゆったりとしたイメージを併せもつ。力強さのなかに、やさしさを秘めた印象がある。男の子にふさわしい、かっこいい字。

男の子の名前
- 鷹也3 たかや
- 鷹文4 たかふみ
- 鷹柾9 たかまさ
- 鷹道12 たかみち
- 文鷹4 あやたか
- 昌鷹8 まさたか

21 鶴

音訓 カク、つる

名のり かく、ず、たず、つ、づ、づる

意味 つる。首や足、くちばしが長く羽先が黒い以外は全身が白い鳥。白い色の形容。長寿の象徴であり、縁起がよいイメージ。古風だが、落ち着いた印象も。「かく」の響きを活かすと新鮮さがある。

男の子の名前
- 鶴太4 つるた
- 鶴矢5 つるや
- 智鶴12 ちづる

女の子の名前
- 千鶴3 ちづる
- 美鶴9 みつる

22 鷗

音訓 オウ、ウ、かもめ

意味 かもめ。全身が灰白色で、海の上を飛び魚を捕らえて食べる。空を飛ぶ様子から、大らかで優雅な印象を与える字。「おう」の響きとして、オリジナリティーのある名前になる。ちなみに異体字の「鴎」は名前に使用できないので注意。

男の子の名前
- 鷗介4 おうすけ
- 鷗矢5 おうや
- 鷗汰7 おうた
- 鷗哉9 おうや

女の子の名前
- 鷗花7 おうか

24 鷺

音訓 ロ、リョ、ル、さぎ

意味 さぎ。全身が白く、水辺にすんで魚などを捕まえて食べる鳥。「雪客」「雪鷺」などともいう。羽を大きく広げて飛ぶ姿から、優美な印象を与える。「ろ」の響きは用いやすく、「さぎ」は個性的な名前になる。

男の子の名前
- 一鷺1 いちろ
- 日鷺4 ひろ

女の子の名前
- 鷺巳3 ろみ
- 心鷺4 こさぎ
- 未鷺5 みさぎ

止め字一覧

男の子に用いられる止め字です。選ぶ字によって雰囲気もがらりと変わるので、いろいろと当てはめてみましょう。

男の子

読み	止め字（画数）
あき	旭6 明8 昌8 亮9 映9 昭9 秋9 晃10 彬11 爽11 章11 陽12 晶12 暁12 瑛12 照13 彰14 諒15 耀20
い	生5 伊6 惟11 偉12 意13 維14 緯16
いち	一1 市5 壱7
えい	永5 英8 栄9 映9 瑛12 詠12 衛16
お	夫4 央5 生5 男7 於8 旺8 音9
おう	王4 央5 旺8 皇9 桜10 鳳14 鷹24
おみ	臣7
おん	苑8 音9 恩10 温12 遠13 穏16
が	牙4 我7 河8 芽8 賀12 雅13 駕15
かず	一1 良7 寿7 和8 知8 数13
き	己3 木4 生5 気6 揮6 伎6 来7 希7 岐7 祈8 季8 其8 軌9 祇9 紀9 城9 記10 起10 規11 基11 黄11 寄11 埼11 幾12 葵12 期12 貴12 喜12 稀12 暉13 幹13 旗14 槻15 畿15 器15 熙15 毅15 輝15 樹16 機16 騎18
ご	伍6 呉7 吾7 悟10 瑚13 醐16 護20
さく	作7 咲9 朔10 索10 策12
し	士3 司5 史5 四5 仔5 此6 至6 志7 孜7 祉8 姿9 思9 砥10 偲11 詞12 紫12 詩13 資13 嗣13 獅13
じ	士3 次6 児7 治8 時10 滋12 慈13
しげ	成6 茂8 重9 盛11 滋12 慈13 繁16
じゅ	寿7 珠10 樹16
しゅん	旬6 春9 俊9 隼10 駿17
しょう	生5 正5 匠6 尚8 昇8 将10 翔12
しん	心4 芯7 辰7 伸7 信9 真10 新13
じん	人2 仁4 壬4 迅6 臣7 辰7
すけ	介4 助7 甫7 佑7 祐9 裕12 輔14
せい	世5 正5 生5 成6 星9 晴12 勢13
ぞう	三3 造10 蔵15
た	大3 太4 多6 汰7 舵11
だい	大3 太4 代5 醍16
たか	天4 宇6 考6 孝7 尚8 尭8 空8 峻10 高10 崇11 隆11 教11 貴12 敬12 尊12 喬12 嵩13 鷹24
たけ	丈3 竹6 岳8 武8 建9 剛10 猛11
つぐ	二2 次6 貢10 継13 続13 嗣13
つる（づる）	弦8 絃11 鶴21
てる	光6 明8 晃10 晴12 瑛12 照13 輝15
と	人2 仁4 斗4 音9 都11 渡12 登12
どう	堂11 道12 童12 憧15 藤18

読み	漢字（画数）
とき	季8　刻8　時10
とく	督13　徳14　篤16
とし	年6　利7　寿7　俊9　敏10　理11　稔13
とも	友4　共6　伴7　茂8　供8　知8　朋8　倫10　朝12　智12
なが	永5　長8
なり	也3　生5　成6　斉8　哉9　業13
のぶ	亘6　伸7　延8　信9　宣9　展10　喜12　暢14
のり	礼5　法8　典8　昇8　紀9　則9　宣9　倫10　規11　教11　徳14　範15　憲16
はる	青8　明8　治8　春9　張11　悠11　晴12　陽12　温12　遥12　暖13　榛14　遙14
ひこ	彦9
ひさ	久3　永5　寿7　尚8　悠11　常11
ひで	秀7　英8　栄9
ひと	一1　人2　士3　仁4
ひろ	大3　広5　弘5　央5　汎6　宏7　宙8　拓8　拡8　宥9　洋9　恢9　浩10　紘10　展10　啓11　尋12　博12　裕12　皓12　寛13　滉13　嘉14
へい	平5　兵7　並8　併8
ほ	帆6　甫7　歩8　保9　浦10　葡12　輔14　穂15
ま	万3　茉8　真10　馬10　麻11　間12　満12　摩15　磨16
まさ	大3　正5　匡6　昌8　征8　柾9　政9　真10　将10　理11　勝12　晶12　聖13　雅13　誠13　優17
み	己3　巳3　三3　水4　史5　生5　未5　臣7　見7　弥8　実8　美9　海9　望11　深11　視11　箕14　魅15
みち	充6　径8　迪8　倫10　理11　道12　路13
みつ	三3　充6　光6　密11　満12　蜜14
む	六4　牟6　武8　務11　陸11　夢13　霧19
もん	文4　門8　紋10　聞14
や	八2　也3　矢5　谷7　夜8　弥8　哉9　耶9　野11　埜11　椰13
やす	安6　保9　泰10　恭10　康11　庸11　靖13　廉13　寧14
ゆう	友4　右5　由5　有6　佑7　侑8　宥9　祐9　勇9　悠11　遊12　裕12　雄12　湧12
ゆき	之3　行6　幸8　往8　倖10　雪11
よう	洋9　要9　容10　庸11　陽12　葉12　遥12
よし	可5　由5　好6　吉6　良7　快7　芳7　佳8　宣9　美9　祥10　泰10　喜12　善12　義13　嘉14　慶15
り	吏6　李7　里7　利7　俐9　浬10　哩10　莉10　梨11　理11　璃15
る	流10　留10　瑠14　琉11
ろう	労7　郎9　朗10　浪10　狼10　楼13

止め字一覧

女の子に用いられる止め字です。
名前の雰囲気を左右するので、
相性のよい組み合わせの
字を選びましょう。

女の子

読み	漢字（画数）
あ	有6 安6 亜7 阿8 娃9 彩11 愛13
あき	明8 映9 晶12 暁12 瑛12 陽12 諒15
あさ	麻11 朝12
あや	文4 礼5 采8 紋10 彩11 絢12 斐12
あん	安6 杏7 晏10 庵11
い	生5 以5 衣6 伊6 依8 委8 惟11 唯11 椅12 葦13 維14 緯16
う	生5 宇6 有6 羽6 雨8
え	永5 衣6 江6 会6 依8 英8 枝8 映9 栄9 重9 恵10 笑10 詠12 瑛12 絵12 慧15
えい	映9 栄9 恵10 笑10 瑛12 絵12
えみ	咲9 笑10
お	央5 生5 於8 旺8 音9 桜10 緒14
おう	央5 生5 旺8 桜10
おり（おる）	織18
おん	苑8 音9 恩10 温12 園13 穏16
か	日4 禾5 叶5 可5 加5 乎5 花7 伽7 佳8 果8 河8 珂9 珈9 迦9 香9 夏10 華10 翔12 嘉14 歌14 樺14 駕15 霞17
き	己3 生5 妃6 伎6 気6 希7 来7 岐7 其8 祈8 季8 祇9 紀9 姫10 起10 記10 規11 埼11 稀12 貴12 喜12 葵12 綺14 輝15 嬉15 槻15 畿15 樹16 麟24
く	久3 来7 玖7 來8 空8 紅9
こ	己3 子3 小3 心4 木4 古5 乎5 仔5 胡9 香9 湖12 鼓13 瑚13
さ	三3 小3 左5 早6 佐7 沙7 冴7 茶9 咲9 砂9 紗10 彩11 爽11 嵯13
さき	咲9 崎11 埼11
さと	里7 知8 怜8 理11 郷11 智12 聖13
しゃ	沙7 砂9 紗10
じゅ	朱6 寿7 珠10 樹16
す（ず）	州6 寿7 洲9 珠10
すず	紗10 涼11 鈴13 錫16
すみ（ずみ）	純10 清11 淑11 澄15
せ	世5 星9 勢13 瀬19
その	苑8 園13
そら	天4 空8 昊8 宙8 穹8
ち	千3 知8 茅8 智12 稚13
つ（づ）	津9 通10 都11 鶴21
つき（づき）	月4 槻15

つる（づる）	と	な	なつ	なみ	ね	の	のん	は	ば	はな	はね	はる	ひ	び	ひろ	ふ
弦8	斗4	七2	夏10	波8	子3	乃2	音9	八2	羽6	花7	羽6	花7	日4	日4	央5	二2
絃11	音9	名6		南9	弥8	之3	暖13	巴4	芭7	英8		明8	比4	美9	宙8	生5
鶴21	途10	那7		浪10	音9	野11		羽6	馬10	華10		春9	灯6	毘9	拓8	布5
	都11	奈8			祢9	埜11		芭7	葉12			悠11	妃6	琵12	洋9	吹7
	渡12	南9			峰10			把7				晴12	斐12		紘10	冨11
	翔12	菜11			寧14			波8				陽12	陽12		裕12	符11
	登12	梛11			嶺17			杷8				温12	琵12		嘉14	富12

ぶ	ふう	ほ		ま	み			む	め	も	や		ゆ			ゆう
二2	風9	帆6	葡12	万3	弓3	見7	深11	夢13	女3	百6	也3	野11	夕3	柚9	結12	夕3
生5	冨11	歩8	豊13	茉8	三3	弥8	望11	睦13	芽8	萌11	矢5	埜11	弓3	祐9	遊12	友4
歩8	富12	朋8	穂15	真10	巳3	実8	視11	舞15	萌11	雲12	谷7	椰13	友4	宥9	優17	由5
葡12	楓13	保9		麻11	心4	海9	箕14			最12	弥8		由5	悠11	癒18	有6
撫15		浦10		満12	水4	美9	魅15				夜8		有6	唯11		佑7
舞15		圃10		摩15	未5	泉9					耶9		佑7	裕12		邑7
		逢11		磨16	生5	南9					哉9		侑8	愉12		侑8

		ゆき	ゆみ	よ		ら	らい	らん	り		りん	る	れい（れ）		れん	わ
祐9	遊12	幸8	弓3	与3	陽12	礼5	礼5	藍18	利7	理11	林8	流10	令5	零13	怜8	羽6
柚9	優17	雪11		予4	葉12	来7	来7	蘭19	李7	梨11	倫10	留10	礼5	黎15	恋10	和8
宥9				代5	蓉13	良7	來8		里7	璃15	琳12	琉11	伶7	澪16	連10	倭10
悠11				世5		徠11	徠11		俐9		鈴13	瑠14	怜8	嶺17	蓮13	輪15
裕12				余7		楽13			浬10		稟13		玲9	麗19	漣14	環17
結12				依8		螺17			哩10		綸14		羚11		憐16	
釉12				夜8		羅19			莉10		凜15		鈴13			

漢字一字の名前

名前を漢字一字にすると、凛とした印象になります。辞書や字典の「名のり」を用いて読み方を工夫するのもおすすめです。

男の子

- 彬11 あきら
- 周8 あまね
- 挑9 いどむ
- 衛16 えい
- 理11 おさむ
- 桧10 かい
- 楓13 かえで
- 晴12 きよし
- 究7 きわむ
- 恵10 けい
- 萱12 けん
- 榊14 さかき
- 惺12 さとる
- 俊9 しゅん
- 閏12 じゅん
- 捷11 すぐる
- 宋7 そう
- 天4 そら
- 隆11 たかし
- 琢11 たく
- 翼17 つばさ
- 燕16 つばめ
- 望11 のぞむ
- 遥12 はるか
- 聖13 ひじり
- 将10 まさる
- 睦13 むつ
- 倭10 やまと
- 祐9 ゆう
- 菱11 りょう
- 嶺17 れい
- 蓮13 れん
- 朗10 ろう

女の子

- 愛13 あい
- 緋14 あか
- 礼5 あや
- 憩16 いこい
- 泉9 いずみ
- 綸14 いと
- 祈8 いのり
- 唄10 うた
- 麗19 うらら
- 咲9 えみ
- 音9 おん
- 風9 かぜ
- 恋10 こい
- 更7 さら
- 心4 しん
- 澄15 すみ
- 雪11 せつ
- 円4 つぶら
- 蕾16 つぼみ
- 紬11 つむぎ
- 季8 とき
- 虹9 にじ
- 和8 のどか
- 畔10 ほとり
- 槙14 まき
- 鞠17 まり
- 迪8 みち
- 碧14 みどり
- 麦7 むぎ
- 芽8 めぐむ
- 萌11 もえ
- 稟13 りん
- 類18 るい
- 蕨15 わらび

漢字三字の名前

漢字を三字用いると、組み合わせがいちだんと増えます。画数が多くなったり、姓とのバランスが悪くなったりしないよう注意しましょう。

男の子

名前	画数	読み
藍乃丞	18・2・6	あいのすけ
有希助	6・7・7	あきすけ
明由喜	8・5・12	あきゆき
栄慈郎	9・13・9	えいじろう
瑛多郎	12・6・9	えいたろう
旺次朗	8・6・10	おうじろう
京汰郎	8・7・9	けいたろう
朔多朗	10・6・10	さくたろう
志士丸	7・3・3	ししまる
章市朗	11・5・10	しょういちろう
想多郎	13・6・9	そうたろう
壮乃丞	6・2・6	そうのすけ
朝次郎	12・6・9	ちょうじろう
蝶乃丞	15・2・6	ちょうのすけ
寅乃助	11・2・7	とらのすけ
夏海音	10・9・9	なみと
二智日	2・12・4	にちか
治比古	8・4・5	はるひこ
緋由我	14・5・7	ひゅうが
歩結生	8・12・5	ふゆき
真那人	10・7・2	まなと
麻奈矢	11・8・5	まなや
未稚仁	5・13・4	みちと
巳智弥	3・12・8	みちや
未知哉	5・8・9	みちや
哉麻斗	9・11・4	やまと
遊乃心	12・2・4	ゆうのしん
由紀麿	5・9・18	ゆきまろ
結生弥	12・5・8	ゆきや
葉市朗	12・5・10	よういちろう
凜乃丞	15・2・6	りんのすけ
麗士郎	19・3・9	れいじろう

女の子

名前	画数	読み
有紀羽	6・9・6	あきは
宇瑠々	6・14・3	うるる
絵巳夏	12・3・10	えみか
栄美世	9・9・5	えみよ
香乃花	9・2・7	かのか
季陽波	8・12・8	きよは
玖良々	7・7・3	くらら
華衣日	10・6・4	けいか
心真紀	4・10・9	こまき
咲亜弥	9・7・8	さあや
寿巳礼	7・3・5	すみれ
瀬里加	19・7・5	せりか
世李那	5・7・7	せりな
智花奈	12・7・8	ちかな
都生帆	11・5・6	ときほ
斗和子	4・8・3	とわこ
南々心	9・3・4	ななこ
菜保海	11・9・9	なほみ
奈留実	8・10・8	なるみ
乃絵留	2・12・10	のえる
日出夏	4・5・10	ひでか
緋出歩	14・5・8	ひでほ
芙由香	7・5・9	ふゆか
帆奈津	6・8・9	ほなつ
磨奈花	16・8・7	まなか
麻那歩	11・7・8	まなほ
未依咲	5・8・9	みいさ
萌江心	11・6・4	もえこ
由実花	5・8・7	ゆみか
結々南	12・3・9	ゆゆな
良々香	7・3・9	ららか
莉依加	10・8・5	りいか
琉璃奈	11・15・8	るりな
瑠璃波	14・15・8	るりは
礼生南	5・5・9	れおな

左右対称の漢字の名前

左右対称の漢字を用いると安定感のある印象を与える名前になります。男の子は「英」が、女の子は「美」が人気です。

男の子

亜7 貴12	あき
爽11 英8	あきひで
章11 真10	あきまさ
亜7 貴12 埜11	あきや
英8 太4	えいた
栄9 音9	えいと
央5 太4	おうた
音9 貴12	おとき
一1 貴12	かずき
一1 茉8	かずま
奏9	かなで
杏7 士3	きょうじ
光6 士3	こうし
栄9	さかえ
春9 栄9	しゅんえい
泰10 介4	たいすけ
立5 基11	たつき
立5 春9	たつはる
尚8 吉6	なおよし
央5	なかば
尚8 士3	ひさし
英8 一1	ひでかず
英8 人2	ひでと
英8 実8	ひでみ
日4 呂7	ひろ
日4 呂7 実8	ひろみ
真10 基11	まさき
昌8 人2	まさと
真10 大3	まさひろ
昌8 文4	まさふみ
基11 章11	もとあき
蘭19 人2	らんと
亮9 栄9	りょうえい

女の子

青8 実8	あおみ
爽11 音9	あきね
晶12 美9	あきみ
天4 音9	あまね
杏7 菜11	あんな
英8 里7 果8	えりか
音9 実8	おとみ
果8 奈8	かな
奏9 美9	かなみ
京8 果8	きょうか
杏7 美9	きょうみ
来7 里7 華10	きりか
來8 実8	くみ
景12 華10	けいか
圭6 美9	けいみ
朋8 美9	ともみ
奈8 央5 美9	なおみ
奈8 実8	なみ
春9 菜11	はるな
日4 真10 里7	ひまり
日4 吉6 里7	ひより
茉8 奈8	まな
茉8 南9 実8	まなみ
茉8 実8	まみ
茉8 由5 美9	まゆみ
実8 栞10	みかん
美9 喜12	みき
実8 來8	みく
美9 由5	みよし
実8 来7	みらい
美9 蘭19	みらん
由5 安6	ゆあん
蘭19 果8	らんか
里7 南9	りな

おもな左右対称の漢字

漢字	画数	読み
亜	7	ア
中	4	あたる、なか
安	6	アン
杏	7	アン、キョウ
一	1	イチ、ひと
宇	6	ウ
英	8	エイ、ひで
栄	9	エイ
円	4	エン、まどか
王	4	オウ
央	5	オウ
音	9	オン、おと
果	8	カ
華	10	カ、はな
介	4	カイ
楽	13	ガク、ラク
栞	10	カン
寛	13	カン
基	11	キ、もと
貴	12	キ、たか
喜	12	キ、よろこ(ぶ)
吉	6	キチ、よし
京	8	キョウ、ケイ
空	8	クウ、そら
圭	6	ケイ
景	12	ケイ
言	7	ゲン、こと
工	3	コウ、ク
亘	6	コウ、セン
昊	8	コウ
幸	8	コウ、さち
高	10	コウ、たか
皐	11	コウ
茶	9	サ、チャ
士	3	シ、ジ
市	5	シ、いち
十	2	ジュウ、とお
春	9	シュン、はる
小	3	ショウ、こ
尚	8	ショウ、なお
昌	8	ショウ
章	11	ショウ、あき
晶	12	ショウ
晋	10	シン
真	10	シン、ま
菫	11	すみれ
青	8	セイ、あお
全	6	ゼン
早	6	ソウ、さ
奏	9	ソウ、かな
爽	11	ソウ、さわ
泰	10	タイ
大	3	ダイ
宙	8	チュウ、そら
出	5	で
天	4	テン、あま
人	2	と、ひと
土	3	ド、つち
堂	11	どう
奈	8	ナ
南	9	ナン、みなみ
日	4	ニチ、ひ
八	2	ハチ、や
斐	12	ヒ
美	9	ビ、ミ
芙	7	フ
文	4	ブン、ふみ
平	5	へい
茉	8	マ、マツ
三	3	み
未	5	ミ
実	8	み、みの(る)
埜	11	ヤ
由	5	ユ、よし
羊	6	ヨウ
容	10	ヨウ
蓉	13	ヨウ
来	7	ライ、き
來	8	ライ、き
蘭	19	ラン
里	7	リ、さと
亮	9	リョウ
林	8	リン
塁	12	ルイ

カタカナは「音読み」の、ひらがなは「訓読み」や「名のり」の代表例を表します。

旧字・異体字の名前

旧字や異体字は、雰囲気を変えたり画数を調整したりするのに便利です。ほかの字とのバランスを考え、うまく取り入れましょう。

男の子

名前	旧字・異体字	読み
亜7喜12央5	亞8喜12央5	あきお
勲15	勳16	いさみ
一1真10	一1眞10	いっしん
栄9吾7	榮14吾7	えいご
栄9太4	榮14太4	えいた
円4司5	圓13司5	えんじ
応7雅13	應17雅13	おうが
桜10祐9	櫻21祐9	おうすけ
桜10多6	櫻21多6	おうた
恵10丞6	惠12丞6	けいすけ
恵10太4	惠12太4	けいた
恵10斗4	惠12斗4	けいと
弦8気6	弦8氣10	げんき
恒9星9	恆9星9	こうせい
晃10多6	晄10多6	こうた
晃10平5	晄10平5	こうへい
真10治8	眞10治8	しんじ
慎13太4朗10	愼13太4朗10	しんたろう
静14市5	靜16市5	せいいち
斉8汰7	齊14汰7	せいた
壮6吾7	壯7吾7	そうご
奏9万3	奏9萬12	そうま
竜10志7	龍16志7	たつし
剣10	劍15	つるぎ
斗4万3	斗4萬12	とうま
灯6矢5	燈16矢5	とうや
光6国8	光6國11	みつくに

女の子

名前	旧字・異体字	読み
灯6音9	燈16音9	あかね
灯6莉10	燈16莉10	あかり
亜7矢5湖12	亞8矢5湖12	あやこ
亜7耶9美9	亞8耶9美9	あやみ
亜7結12	亞8結12	あゆ
栄9美9	榮14美9	えいみ
恵10湖12	惠12湖12	けいこ
晃10湖12	晄10湖12	こうこ
桜10	櫻21	さくら
静14保9	靜16保9	しずほ
寿7祢9	壽14祢9	じゅね
涼11菜11	凉10菜11	すずな
斉8来7	齊14来7	せいこ
遥12未4	遙14未4	はるみ
陽12実8	陽12實15	はるみ
真10伊6	眞10伊6	まい
円4	圓13	まどか
円4花7	圓13花7	まどか
真10帆6	眞10帆6	まほ
未5桜10	未5櫻21	みお
美9園13	美9薗16	みその
萌11加5	萠11加5	もえか
悠11万3	悠11萬12	ゆま
由5楽13	由5樂15	ゆら
来7香9	來8香9	らいか
凜15音9	凛15音9	りんね
礼5加5	禮18加5	れいか

おもな旧字・異体字の漢字

漢字（画数）	旧字・異体字（画数）	読み
亜7	亞8	ア
栄9	榮14	エイ
円4	圓13	エン
園13	薗16	エン その
奥12	奧13	オウ
応7	應17	オウ
桜10	櫻21	オウ さくら
悔9	悔10	カイ
海9	海10	カイ
檜17	桧10	カイ ひのき
楽13	樂15	ガク
気6	氣10	キ
峡9	峽10	キョウ
狭9	狹10	キョウ
暁12	曉16	ギョウ
勤12	勤13	キン
駆14	駈15	ク かけ(る)
勲15	勳16	クン
恵10	惠12	ケイ めぐ(む)
芸7	藝18	ゲイ
倹10	儉15	ケン
剣10	劍15	ケン つるぎ
恒9	恆9	コウ つね
晃10	晄10	コウ
広5	廣15	コウ
国8	國11	コク くに
児7	兒8	ジ
実8	實14	ジツ み
寿7	壽14	ジュ
祝9	祝10	シュク
将10	將11	ショウ
祥10	祥11	ショウ
奨13	奬14	ショウ
乗9	乘10	ジョウ
条7	條11	ジョウ
嬢16	孃20	ジョウ
譲20	讓24	ジョウ
真10	眞10	シン ま
慎13	愼13	シン
穂15	穗17	スイ ほ
斉8	齊14	セイ
静14	靜16	セイ
専9	專11	セン
壮6	壯7	ソウ
巣11	巢11	ソウ
滝13	瀧19	たき
団6	團14	ダン
弾12	彈15	ダン
伝6	傳13	デン
灯6	燈16	トウ あかり
徳14	德15	トク
梅10	梅11	バイ
売7	賣15	バイ
弥8	彌17	ビ、ミ や
富12	冨11	フ
侮8	侮9	ブ
福13	福14	フク
仏4	佛7	フツ
歩8	步7	ホ
萌11	萠11	ホウ もえ
毎6	每7	マイ
万3	萬12	マン
野11	埜11	ヤ
与3	與13	ヨ
揺12	搖13	ヨウ
遥12	遙14	ヨウ はるか
来7	來8	ライ
竜10	龍16	リュウ たつ
涼11	凉10	リョウ
凜15	凛15	リン
塁12	壘18	ルイ
礼5	禮18	レイ

カタカナは「音読み」の、ひらがなは「訓読み」や「名のり」の代表例を表します。

万葉仮名風の名前

「真菜実（まなみ）」のように漢字を一音ずつ当てはめると万葉仮名風になります。響きを大切にしたいときにおすすめです。

男の子

名前	画数	読み
空衣雅	8・6・13	あいが
亜希良	7・7・7	あきら
亜久都	7・3・11	あくと
有佐斗	6・7・4	あさと
有津士	6・9・3	あつし
空斗武	8・4・8	あとむ
亜由斗	7・5・4	あゆと
安琉羽	6・11・6	あるは
亜呂羽	7・7・6	あろは
衣緒里	6・14・7	いおり
衣玖人	6・7・2	いくと
伊歩貴	6・8・12	いぶき
衣留羽	6・10・6	いるは
恵伊路	10・6・13	えいじ
依衣斗	8・6・4	えいと
央羽太	5・6・4	おうた
可偉	5・12	かい
日衣路	4・6・13	かいじ
夏惟留	10・11・10	かいる
雅来人	13・7・2	がくと
禾津斗	5・9・4	かずと
果奈都	8・8・11	かなと
可歩斗	5・8・4	かぶと
加武衣	5・8・6	かむい
貴衣斗	12・6・4	きいと
久礼央	3・5・5	くれお
咲久弥	9・3・8	さくや
佐斗武	7・4・8	さとむ
多衣雅	6・6・13	たいが
太加良	4・5・7	たから
智日良	12・4・7	ちから
知斗瀬	8・4・19	ちとせ
知比呂	8・4・7	ちひろ
都世士	11・5・3	つよし
天津弥	4・9・8	てつや
斗央雅	4・5・13	とおが
都生央	11・5・5	ときお
斗志紀	4・7・9	としき
都実生	11・8・5	とみお
奈衣斗	8・6・4	ないと
那央哉	7・5・9	なおや
奈実治	8・8・8	なみじ
名由斗	6・5・4	なゆと
羽耶斗	6・9・4	はやと
波瑠希	8・14・7	はるき
羽留真	6・10・10	はるま
陽衣呂	12・6・7	ひいろ
飛彩仁	9・11・4	ひさと
日呂志	4・7・7	ひろし
比呂武	4・7・8	ひろむ
風有希	9・6・7	ふうき
芙由来	7・5・7	ふゆき
歩久都	8・3・11	ほくと
麻佐希	11・7・7	まさき
麻佐斗	11・7・4	まさと
磨奈弥	16・8・8	まなや
真羽人	10・6・2	まはと
実那斗	8・7・4	みなと
向佐志	6・7・7	むさし
弥麻斗	8・11・4	やまと
友緯也	4・16・3	ゆいや
勇太日	9・4・4	ゆたか
優芽斗	17・8・4	ゆめと
由良都	5・7・11	ゆらと
羅衣人	19・6・2	らいと
留羽人	10・6・2	るうと
流羽真	10・6・10	るうま
瑠来也	14・7・3	るきや

令旺斗	5 8 4	れおと
礼央真	5 5 10	れおま
和果斗	8 8 4	わかと
和太留	8 4 10	わたる

女の子

愛桜寧	13 10 14	あおね
彩妃咲	11 6 9	あきさ
有紗希	6 10 7	あさき
有弥冴	6 8 7	あやさ
愛美梨	13 9 11	えみり
恵梨衣	10 11 6	えりい
可歩流	5 8 10	かほる
加耶	5 9	かや
姫羅心	10 19 4	きらみ
希良々	7 7 3	きらら
来瑠実	7 14 8	くるみ
咲央梨	9 5 11	さおり
沙希果	7 7 8	さきか
紗弥奈	10 8 8	さやな
咲莉那	9 10 7	さりな
史絵菜	5 12 11	しえな
紫永楽	12 5 13	しえら
志珠依	7 10 8	しずえ
世礼菜	5 5 11	せれな
智果世	12 8 5	ちかよ
知由楽	8 5 13	ちゆら
天瑠真	4 14 10	てるま
斗萌子	4 11 3	ともこ
音萌乃	9 11 2	ともの
十莉野	2 10 11	とりの
奈々果	8 3 8	ななか
奈海花	8 9 7	なみか
菜実保	11 8 9	なみほ
奈留美	8 10 9	なるみ
仁衣奈	4 6 8	にいな
羽奈子	6 8 3	はなこ
羽菜美	6 11 9	はなみ
羽留香	6 10 9	はるか
比果莉	4 8 10	ひかり
陽南香	12 9 9	ひなか
姫美香	10 9 9	ひみか
比楽梨	4 13 11	ひらり
日呂音	4 7 9	ひろね
芙羽	7 6	ふう
吹宇奈	7 6 8	ふうな
麻亜沙	11 7 7	まあさ
茉衣香	8 6 9	まいか
真衣咲	10 6 9	まいさ
茉衣乃	8 6 2	まいの
茉妃華	8 6 10	まひか
麻日呂	11 4 7	まひろ
真未歌	10 5 14	まみか
満夕花	12 3 7	まゆか
真李	10 7	まり
真里沙	10 7 7	まりさ
美紗	9 10	みさ
実咲緒	8 9 14	みさお
美菜心	9 11 4	みなこ
未野里	5 11 7	みのり
実莉杏	8 10 7	みりあ
美呂来	9 7 7	みろく
芽維	8 14	めい
芽衣咲	8 6 9	めいさ
望梨音	11 11 9	もりね
萌里乃	11 7 2	もりの
耶朱実	9 6 8	やすみ
柚以嘉	9 5 14	ゆいか
由希果	5 7 8	ゆきか
友紀波	4 9 8	ゆきは
結美里	12 9 7	ゆみり
良々実	7 3 8	ららみ
莉里衣	10 7 6	りりい
瑠果	14 8	るか
玲莉	9 10	れり
呂湖	7 12	ろこ
路咲	13 9	ろさ
羽子	6 3	わこ
和野	8 11	わの

当て字の名前

漢字の読み方を縮めたり、その漢字から連想できる読み方に当てたりする名づけが増えています。うまく活かすと、独創的な名前に。

男の子

名前	画数	読み
秋穂	9・15	あいお
愛音	13・9	あいと
愛生	13・5	あおい
秋桜	9・10	あきお
明海	8・9	あきみ
暁空	12・8	あきら
阿久空	8・3・8	あくあ
未来	5・7	あす
東馬	8・10	あずま
明日向	8・4・6	あすむ
愛南	13・9	あなん
愛藍	13・18	あらん
空恋	8・10	あれん
一颯	1・14	いぶき
有魅	6・15	うみ
詠斗	12・4	えいと
煌牙	13・4	おうが
凱愛	12・13	がいあ
夏音	10・9	かいん
陽奏	12・9	かなた
奏明	9・8	かなめ
夏望	10・11	かのん
喜空	12・8	きあ
輝空	15・8	きあ
希雨	7・8	きう
希叶	7・5	ききょう
絆喜	11・12	きずき
祈良	8・7	きらや
煌弥	13・8	きらや
空歌	8・14	くう
空太	8・4	こうた
虎楠	8・13	こなん
紫陽	12・12	しょう
匠音	6・9	しょおん
澄海	15・9	すかい
千空	3・8	せあ
青空	8・8	せいあ
青海	8・9	せかい
想悟	13・10	そうご
昊空	8・8	そら
天音	4・9	たかね
智翔	12・12	ちか
哉灯	9・6	ちかほ
猛志	11・7	つよし
隼輝	10・15	としき
永久	5・3	とわ
七音	2・9	ななと
生海	5・9	なるみ
叶空	5・8	のあ
晴空	12・8	はるく
陽天	12・4	はるた
温大	12・3	はると
侑隼	8・10	ゆうと
頼音	16・9	らいおん
來空	8・8	らいく
月	4	らいと
頼武	16・8	らいむ
徠夢	11・13	らむ
里祐	7・9	りう
力毅	2・15	りき
璃空	15・8	りく
凛人	15・2	りひと
凌央	10・5	りょう
凛空	15・8	りんく
琉碧	11・14	るい
流桜	10・10	るお
瑠夏	14・10	るな
路惟	13・11	ろい

名前	画数	読み
龍	16	ろん

女の子

名前	画数	読み
蒼空	13・8	あおい
朱葉	6・12	あげは
彩天	11・4	あそら
亜乃	7・2	あのん
彩華	11・10	いろは
潤瑠	15・14	うるる
可愛	5・13	かあい
叶愛	5・13	かのん
希海	7・9	きうな
咲空	9・8	きら
空美	8・9	くみ
玖莉愛	7・10・13	くれあ
心愛	4・13	ここあ
心絆	4・11	ここな
心琴	4・12	ここね
恋海	10・9	ここみ
心花	4・7	このか
心実	4・8	このみ
心陽	4・12	こはる
祥月	10・4	さつき
紗音琉	10・9・11	さとね
咲蘭	9・19	さら
咲愛	9・13	さらん
志波	7・8	しいな
聖來	13・8	せいな
宙奈	8・8	そな
奏楽	9・13	そら
笑咲	10・9	にこ
希空	7・8	のあ
望愛	11・13	のある
羽愛都	6・13・11	はあと
芭波	7・8	はな
花愛	7・13	はなめ
春紅	9・9	はるく
波海	8・9	はるく
晴夏	12・10	はるな
絆愛	11・13	はんな
向日葵	6・4・12	ひまり
妃愛	6・13	ひめ
陽萌	12・11	ひめ
万愛	3・13	まい
舞菜	15・11	まな
愛鈴南	13・13・9	まりな
愛海	13・9	まりん
美唯紗	9・11・10	みいしゃ
深奈	11・8	みいな
美桜	9・10	みお
心葵	4・12	みき
美空	9・8	みく
心咲	4・9	みさき
京	8	みさと
聖	13	みずき
心結	4・12	みゆ
幸季	8・8	みゆき
未蘭乃	5・19・2	みらの
夢彩	13・11	めいあ
芽爽	8・11	めいさ
愛唯	13・11	めいみ
夢露	13・21	めろ
萌夢	11・13	もあ
萌流	11・10	もえる
苺加	8・5	もか
百桃	6・10	もも
桃彩	10・11	ももあ
百笑	6・10	ももえ
苺々果	8・3・8	ももか
夢愛	13・13	ゆあ
柚愛	9・13	ゆな
夢音	13・9	ゆのん
柚楽	9・13	ゆら
来蘭	7・19	らら
莉愛	10・13	りあ
凜心	15・4	りこ
莉珠	10・10	りず
月	4	るな
玲奈葉	9・8・12	れなは

こんな名づけ方も②

四字熟語・和歌をモチーフにする

人生観・教訓などが込められた四字熟語や、情緒豊かな和歌の言葉を用いると和風で独特な名前にできます。

四字熟語

温順篤実（おんじゅんとくじつ）
意味　穏やかな性格で、人情にも厚く誠実なこと。
- 男の子　篤16 順12　あつのり
- 女の子　温12 実8　はるみ

志操堅固（しそうけんご）
意味　心に決めた主義や主張を守り通すこと。
- 男の子　堅12 志7　けんじ
- 女の子　操16　みさお

聡明剛毅（そうめいごうき）
意味　賢く、意志が強く物事に屈しないこと。
- 男の子　毅15 明8　たかあき
- 女の子　聡14 子3　さとこ

千紫万紅（せんしばんこう）
意味　色とりどりの花が咲き乱れる様子。
- 男の子　千3 万3　かずま
- 女の子　紫12 万3　しま

桃李成蹊（とうりせいけい）
意味　優れた人の徳を慕って人々が集まること。
- 男の子　桃10 李7　とうり
- 女の子　李7 成6　りな

雪月風花（せつげつふうか）
意味　季節ごとの自然の美しい景色。
- 男の子　風9 月4　ふづき
- 女の子　雪11 花7　ゆきか

和歌

来ぬ人を松帆の浦の夕凪に焼くや藻塩の身もこがれつつ
権中納言定家『新勅撰和歌集』

意味　待っても来ない人を待つ私は、松帆の浦の夕凪どきに焼く藻塩のように、身も焦がれるほどに恋い慕っている
- 男の子　夕3 凪6　ゆうなぎ
- 女の子　松8 帆6　まつほ

朝ぼらけ有明の月と見るまでに吉野の里にふれる白雪
坂上是則『古今和歌集』

意味　ほんのりと朝が明けるころ、月の光かと見間違えるほどに吉野の里に真っ白に降り積もっている白雪よ
- 男の子　吉6 野11　よしの
- 女の子　白5 雪11　しらゆき

茜さす紫野行き標野行き野守はみずや君が袖振る
額田王『万葉集』

意味　茜色に映える紫草が生い茂る野を行き、野守りが見とがめはしないでしょうか。貴方が袖を振っているのを
- 女の子　茜9　あかね
- 女の子　紫12 野11　しの

玉の緒よ絶えね絶えねながらへば忍ることのよわりもぞする
式子内親王『新古今和歌集』

意味　私の命よ、尽きてしまうなら尽きてしまえ。これ以上は我慢している恋心が弱ってしまい、耐えられそうにない
- 男の子　忍7　しのぶ
- 女の子　玉5 緒14　たまお

大空は梅のにほいにかすみつつ曇りもはてぬ春の夜の月
藤原定家『新古今和歌集』

意味　大空は梅の香りが漂うのと同じように霞んでおり、かといって曇りきってしまうわけでもない春の夜の月よ
- 男の子　大3 空8　おおぞら
- 女の子　霞17　かすみ

ひさかたの光のどけき春の日にしづ心なく花の散るらむ
紀友則『古今集』

意味　こんなにのどかな春の光のなか、なぜ桜の花は次々と散っていくのだろうか
- 男の子　春9 光6　はるみつ
- 女の子　春9 日4　はるひ

第5章

幸運をつかむ画数を贈る

「画数」から名前を考えよう

画数を考える際の基本となる五格・五行の考え方を知って
わが子に開運を引き寄せる名前をつけましょう。

姓名の画数を数え吉運になる文字を選ぶ

わが子のために幸運を呼ぶ名前を考えたい、という親は多いでしょう。姓名判断による名づけは、その思いを形にするだけでなく、いくつもの候補を吉数かどうかで絞り込むこともできます。

画数を重視した名づけでもっともよく用いられるのは、姓名を天格・人格・地格・外格・総格の「五格（五大運格）」に分けて判断する方法（P436）です。五格の持つ意味合いはそれぞれ異なるので、どこに重きを置くのか確認しましょう。

また本書では「五行」という、古代中国から受け継がれた気学の一種による名づけ法も紹介しています。文字は画数によって五行に分けられ、その五行のバランスをとりながら吉運をつくる名前（P444）を考えます。

これらすべてを吉数にするのはたいへん難しいので、どこまで重視するかをよく考えて利用してください。

姓名判断に振り回されず賢く利用する

古くから行われてきた命名法・姓名判断にはさまざまな流派があり、字画の数え方や運勢の見方に違いがあります。すべての流派でよい画数にするのは困難なので、自分の従う流派を決めたら、それを信じて考えましょう。

吉名にこだわるあまり、本来考えていた思いや読みやすさを無視した名前になっては本末転倒です。画数だけで子どもの運勢がすべて決まるわけではありません。

優先する格を決めるなど姓名判断を賢く取り入れて、ママとパパが納得のいく名前をつけてあげてください。

注意したい画数の数え方

「ひらがな」「カタカナ」の画数はP441で紹介しています。濁音は2画、半濁音は1画として、清音の画数に加えます。たとえば「が」なら「か」3画に「゛」2画を足して5画となります。

また、「くさかんむり」や「しんにょう」のような部首は、画数の数え方が複数あるので注意してください。

「画数」から考えるステップ

1 姓に合う名前の吉数を調べる

吉数リスト → P460～

まずは姓と相性のよい画数を調べます。姓の画数パターンによって、吉数となる名前の画数がわかります。P437 で五格それぞれのもつ意味も確認し、どの格を優先するか考えておきましょう。

2 吉数の漢字を探す

しあわせ「漢字」を贈る → P337～

姓と相性のよい名前の画数に合う漢字をピックアップします。それらを組み合わせて、候補をいくつか挙げましょう。

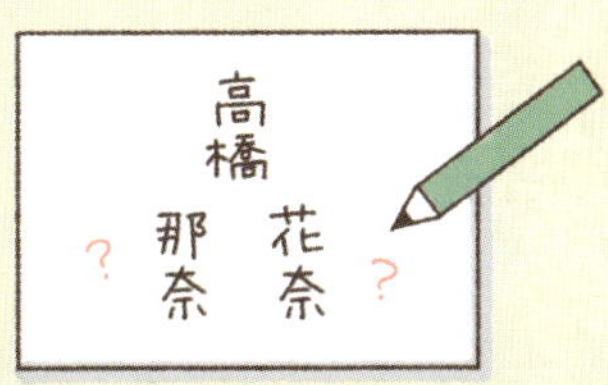

3 五行の運気をチェックする

画数による運勢 → P448～

画数のもつ運勢を確認しましょう。五行のバランスをとると、より幸運を導く名前にできます。ただし、すべてをよい画数にするのは困難なので、もともと考えていた思いから離れないよう気をつけてください。

4 発音のしやすさや漢字を最終確認!

候補に挙げた漢字を組み合わせて、いくつか名前を挙げましょう。姓名判断にとらわれて、響きや意味が変になってはいないか最終的なチェックをしてください。

姓名判断で幸運をつかむ名前に

姓名判断で用いる五格の出し方は、姓と名前の文字数によって異なります。ここでは計算の仕方を説明します。

姓名を五格に分けて運勢を見る

姓名判断ではまず、姓名を天格・人格・地格・外格・総格の「五格（五大運格）」に分けて考えます。格の意味はそれぞれ異なり、部位ごとの合計画数がもつ意味（数意）から吉凶を見て、運勢を判断します。

もっとも重要なのが、性格や人柄、才能、結婚運などもあらわす人格です。また、人生全般にわたる運を示す総格も、運気を総合的に判断するので大切です。愛するわが子の名前には、「五格すべてを吉数でそろえたい」気持ちになるのもわかりますが、かなりの難題なので、まずは人格と総格を最優先に考えましょう。

女の子の場合は、五格すべてを吉数にしても、結婚で姓が変わるケースが多いので、画数が変わらない地格を中心に考えるのもよいでしょう。

五格を出すときは「仮成数」に気をつける

五格の考え方は、日本人の姓名に多い「二字姓・二字名」をベースにしています。これ以外は計算方法が異なるので、注意してください。

姓と名の文字数が異なる名前は、姓と名を比べたとき、少ない文字数のほうに文字数差分だけ「仮成数」という数を加えて計算します。

たとえば、一字姓＋二字名の場合は姓に、二字姓＋一字名の場合は名に仮成数を一文字つけて、姓と名の文字数を同数にします。ただし仮成数は、天格・地格・外格では文字として数えますが、総格では加えずに画数を出すので間違えないよう注意してください。

格数の数意が運勢につながる

五格の画数が計算できたら、天格以外の人格・地格・外格・総格の数をもつ運勢を、「画数による運勢」（Ｐ４４８）の吉凶マークでチェックしましょう。それぞれの数がもつ運を知ると、名前に込める思いもより強まるはずです。

とはいえ吉数にこだわるあまり、呼びやすさや書きやすさをないがしろにしたり、描いていたイメージから離れてしまうのは望ましくありません。

基本的には、五格すべてが「○」か「◎」なら運のよい名前です。そのなかにひとつでも「★」があれば、よりよい運をもつ、幸運をつかむ名前といえるでしょう。

五格（五大運格）の見方

姓名判断では姓名のそれぞれの文字の画数を下記のように五つに分けて算出し、その数で吉凶を判断します。

高 10
橋 16
花 7
子 3

天格 10＋16＝26

人格 16＋7＝23

地格 7＋3＝10

外格 10＋3＝13

総格 10＋16＋7＋3＝36

外格

対外的な運勢に作用。人格も補う

姓名の最初と最後の文字の画数を合わせた数。社交運や順応性に影響します。人格を助ける「福運格」ともいわれます。

総格

全体運や生涯の運を示す

姓名の文字すべての画数の合計。人生全般の運のほかにも、中年以降の社会的な運も表します。

天格

先祖から伝えられた運を表す

姓の文字すべての画数の合計。この数は吉数、凶数にかかわらず、運に直接作用しません。

人格

性格や才能を表し運命を左右

姓の最後と名の最初の文字を合計した数。一生を通して、その人の運命を左右する重要な格です。

地格

幼少期～中年期の運勢を表す

名の文字すべての画数の合計。人柄などの基本的な部分や、家庭運、恋愛運、金銭感覚を示します。

五格の見方

姓が一字の場合

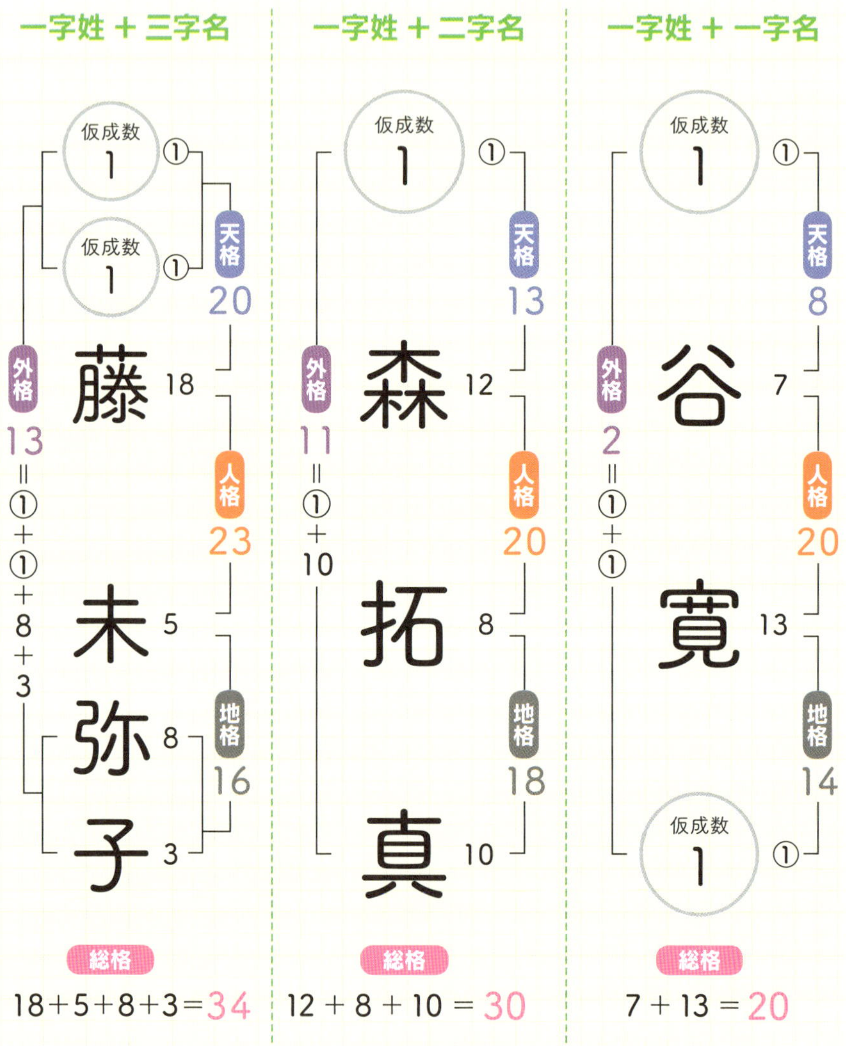

五格の見方

五格の見方はP437で示したとおりです。「二字姓・二字名」を基本としており、それ以外は「仮成数」を加えて計算します。

五格の見方

姓が二字の場合

二字姓 + 三字名　　二字姓 + 二字名　　二字姓 + 一字名

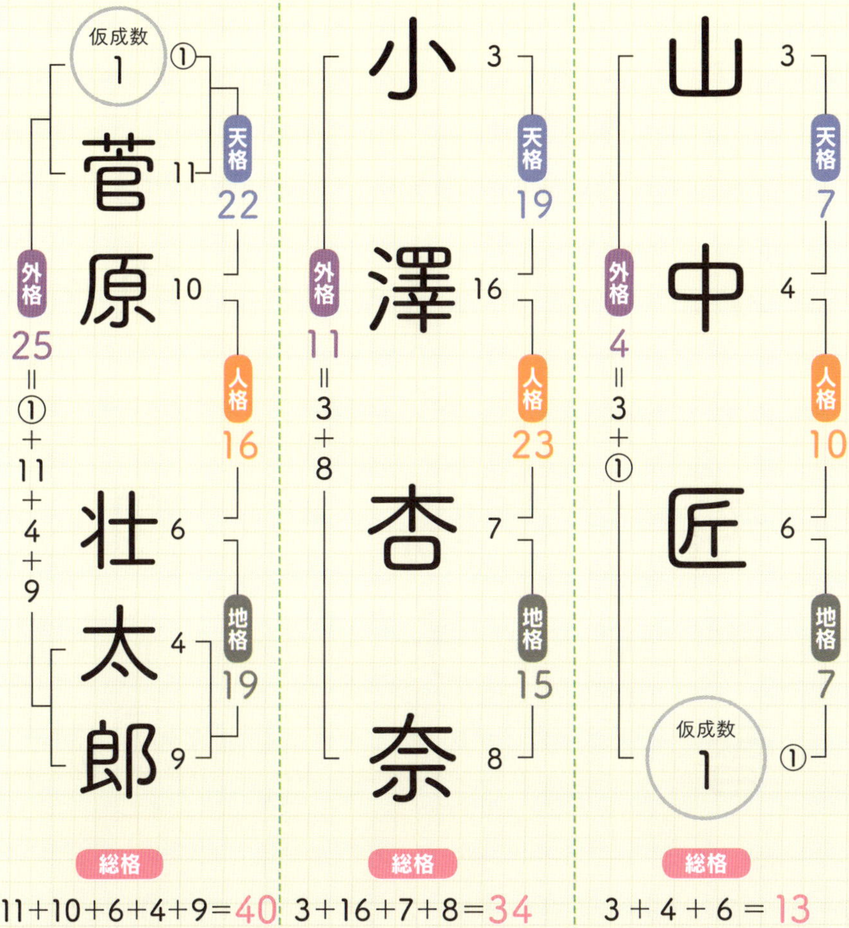

仮成数について

姓名の文字数が異なる場合は文字数を等しくするために、少ないほうに文字数差ぶんだけ数を足します。ただし、総画数には含まないので注意してください。

五格の見方

姓が三字の場合

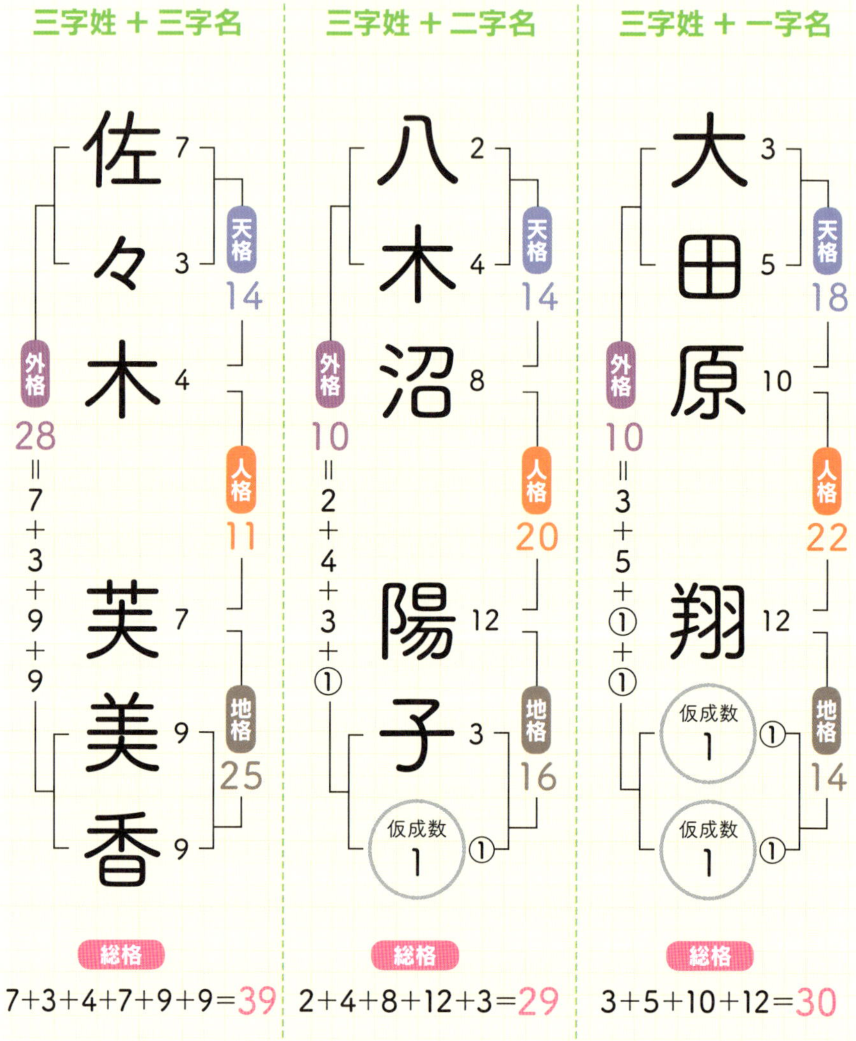

五格の見方

五格の見方はP437で示したとおりです。「二字姓・二字名」を基本としており、それ以外は「仮成数」を加えて計算します。

ひらがな・カタカナの画数

ふだんなにげなく使っている「ひらがな」「カタカナ」にも画数があります。
名前にもよく用いられるので、確認しておきましょう。

ん 2	わ 3	ら 3	や 3	ま 4	は 4	な 5	た 4	さ 3	か 3	あ 3
	ゐ 3	り 2		み 3	ひ 2	に 3	ち 3	し 1	き 4	い 2
゛ 2		る 3	ゆ 3	む 4	ふ 4	ぬ 4	つ 1	す 3	く 1	う 2
゜ 1	ゑ 5	れ 3		め 2	へ 1	ね 4	て 2	せ 3	け 3	え 3
	を 4	ろ 2	よ 3	も 3	ほ 5	の 1	と 2	そ 3	こ 2	お 4

ン 2	ワ 2	ラ 2	ヤ 2	マ 2	ハ 2	ナ 2	タ 3	サ 3	カ 2	ア 2
ー 1	ヰ 4	リ 2		ミ 3	ヒ 2	ニ 2	チ 3	シ 3	キ 3	イ 2
ヽ 1		ル 2	ユ 2	ム 2	フ 1	ヌ 2	ツ 3	ス 2	ク 2	ウ 3
ヾ 3	ヱ 3	レ 1		メ 2	ヘ 1	ネ 4	テ 3	セ 2	ケ 3	エ 3
々 3	ヲ 3	ロ 3	ヨ 3	モ 3	ホ 4	ノ 1	ト 2	ソ 2	コ 2	オ 3

人格でぴったりの職業を知ろう

性格・才能などを表す人格の系統から適職を知りましょう。
系統とは、一の位の数で分けたグループのことです。

1の系統の適職

知識や技術を活かす万能タイプ

順応力があり、どんな職業にも適します。とくに、熟考したり、身につけた技術を活かしたりする職が向いています。

<例>
- 教師
- 公務員
- 宇宙飛行士

2の系統の適職

まじめさが武器になる大器晩成型

努力をこつこつと重ねる仕事に適しています。なかでも営業職で才能を発揮しやすく、植物を扱う職にも縁があります。

<例>
- 記者／編集者
- 保育士
- 農業

3の系統の適職

個性を活かして、表舞台で活躍

興味のある仕事であればうまくいきます。人の前に立ち、自分の個性を活かせる職業で充実感を得られます。

<例>
- デザイナー
- タレント
- 美容師

4の系統の適職

好きなこと・楽しいことを仕事に

優柔不断な面がありますが、努力し経験を糧に成長すれば、それが適職に。趣味を仕事に活かすのもよいでしょう。

<例>
- お笑い芸人
- サービス業
- 外交官

5の系統の適職

継続から運が開くマイペース派

器用なので、同じ仕事が5年間継続できれば成果を出せます。とくに、不動産、建築、土木系が向いています。

<例>
・建築の設計
・不動産業の経営
・自動車修理

6の系統の適職

ステータスを感じる場所で輝く

人から注目されると充実感を得られます。お金に縁があるので金融関係に、また人気運もあるので芸能関係向きです。

<例>
・アナウンサー
・税理士
・落語家

7の系統の適職

人と深く関わり充足感を得る

親しみやすく話し上手。周りをあかるくするので、人と接するサービス業やコンサルタントなどがとくに向いています。

<例>
・スポーツ選手
・弁護士
・パティシエ

8の系統の適職

初心を忘れず邁進すれば成功する

個性的で、人とは違った価値観をもっています。人の意見に振り回されず、自分を信じて努力すると運が開きます。

<例>
・政治家
・自営業
・通訳

9の系統の適職

柔軟な思考と動きで名声を手にする

つねにアンテナを張り、世の中の動きをキャッチできます。豊富なひらめきやアイデアを活かせる職が向いています。

<例>
・発明家
・警察官
・モデル

10の系統の適職

専門分野を深めて地位を得る

物事を緻密に考えて、深く追究できるタイプです。専門的な技能・技術・知識を活かす自由業がもっとも適しています。

<例>
・医者
・占い師
・社会福祉事業

五行を取り入れて運気をパワーアップ

姓名の五行を調整すれば、運をさらに上げられます。P446の「三才吉数表」と合わせて確認してください。

天格・人格・地格の五行の吉凶を整える

ここでは天格・人格・地格の画数を五行（木性・火性・土性・金性・水性）に当てはめ、五つの位置関係から名前の吉凶を判断していきます。

五行で姓名判断する場合、天格と人格、人格と地格、この二つの関係がよい相性になることが理想です。天格と地格は直接影響し合わないので、気にする必要はありません。

まずは格数の五行を調べましょう。天格・人格・地格それぞれの下一桁の数字で

・「1」「2」＝木
・「3」「4」＝火
・「5」「6」＝土
・「7」「8」＝金
・「9」「0」＝水

のように振り分け、「相生（そうしょう）」「相克（そうこく）」の関係をもとに相性のよしあしを判断していきます。

ただし、ひとつだけ例外があります。本来、土と木は凶の関係ですが、自然のなかで木は必ず土の上に立っています。つまり、三格の五行が上から「土↓木」となると凶ですが、自然の摂理どおり「木↓土」となれば吉と考えます。

このように、五格に五行を取り入れるのはとても複雑です。最初から活用するより、いくつかの候補から絞り込むときに使うようにするとよいでしょう。

五行の関係

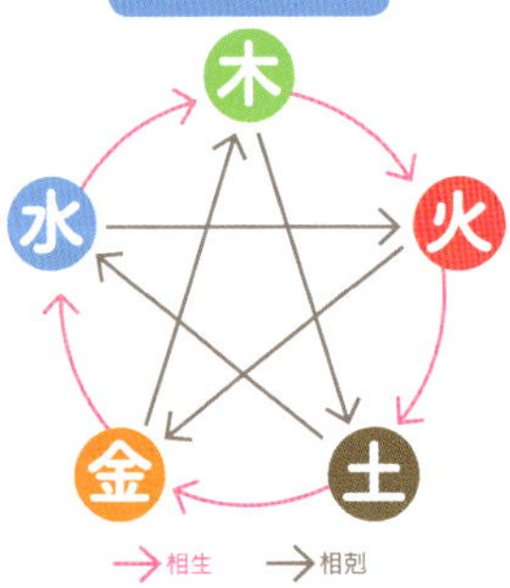

天格が木なら……

木の下に木・火を配置するのがポイント。水との相性は吉ですが画数はよくありません。木は金で切られるため相性は凶に。

◎ 木（天格）↓火（人格）↓土（地格）

◎ 木（天格）↓木（人格）↓土（地格）

◎ 木（天格）↓木（人格）↓火（地格）

これは避けたい！

△ 木↓水↓火

△ 木↓火↓金

天格が**火**なら……

火の下に、土・木を配置するのがポイント。火を消してしまう水は大凶の相性。金も火で溶けてしまうため凶。

◎	◎	◎
火（天格）	火（天格）	火（天格）
↓	↓	↓
土（人格）	木（人格）	土（人格）
↓	↓	↓
土（地格）	土（地格）	火（地格）

これは避けたい！

△	△
火	火
↓	↓
金	水
↓	↓
水	木

天格が**土**なら……

土の下に、金・火を配置するのがポイント。土の下に木があるのは自然の摂理に反するので凶。水も土にしみ込んでなくなるので凶。

◎	◎	◎
土（天格）	土（天格）	土（天格）
↓	↓	↓
火（人格）	金（人格）	金（人格）
↓	↓	↓
木（地格）	金（地格）	土（地格）

これは避けたい！

△	△
土	土
↓	↓
木	木
↓	↓
金	水

天格が**金**なら……

金の下に、土を配置するのがポイント。金と木と火は凶の相性。水は、相性は吉ですが、画数がよくないので避けましょう。

◎	◎	◎
金（天格）	金（天格）	金（天格）
↓	↓	↓
土（人格）	土（人格）	金（人格）
↓	↓	↓
金（地格）	土（地格）	土（地格）

これは避けたい！

△	△
金	金
↓	↓
木	火
↓	↓
水	水

天格が**水**なら……

水の下に、金・木を配置するのがポイント。チャンスを生み出さなくなる火は大凶の相性。水は、画数がよくないので避けましょう。

◎	◎	◎
水（天格）	水（天格）	水（天格）
↓	↓	↓
金（人格）	木（人格）	木（人格）
↓	↓	↓
土（地格）	土（地格）	木（地格）

これは避けたい！

△	△
水	水
↓	↓
火	土
↓	↓
土	火

三才吉数表

三才吉数表は、「天格」「人格」「地格」の三つの格を五行で示し、その組み合わせのバランスの順に吉凶を表したものです。

理想は◎になるよう名字と姓の画数の組み合わせを調整することですが、○でも構いません。△はできるだけ避けることをおすすめします。

三才吉数表の見方

〈例〉

高橋花子

格	画数	五行
天格	26	土
人格	23	火
地格	10	水
吉凶		△

◎ 大吉
○ 中吉
△ 末吉

天格	三才	吉凶
木	木木木	◎
木	木木火	◎
木	木木土	◎
木	木木金	△
木	木木水	△
木	木火木	◎
木	木火火	○
木	木火土	◎
火	火木木	◎
火	火木火	◎
火	火木土	◎
火	火木金	△
火	火木水	△
火	火火木	◎
火	火火火	◎
火	火火土	△
土	土木木	○
土	土木火	○
土	土木土	△
土	土木金	△
土	土木水	△
土	土火木	◎
土	土火火	○
土	土火土	◎
金	金木木	△
金	金木火	△
金	金木土	○
金	金木金	△
金	金木水	△
金	金火木	△
金	金火火	△
金	金火土	△
水	水木木	◎
水	水木火	○
水	水木土	○
水	水木金	△
水	水木水	△
水	水火木	△
水	水火火	△
水	水火土	△

木	木	木	木	木
水	水	水	水	水
水	金	土	火	木
○	△	△	△	◎

木	木	木	木	木
金	金	金	金	金
水	金	土	火	木
△	△	○	△	△

木	木	木	木	木
土	土	土	土	土
水	金	土	火	木
△	△	△	○	△

木	木
火	火
水	金
△	△

火	火	火	火	火
水	水	水	水	水
水	金	土	火	木
△	△	△	△	△

火	火	火	火	火
金	金	金	金	金
水	金	土	火	木
△	△	△	△	△

火	火	火	火	火
土	土	土	土	土
水	金	土	火	木
△	○	◎	◎	△

火	火
火	火
水	金
△	△

土	土	土	土	土
水	水	水	水	水
水	金	土	火	木
△	△	△	△	△

土	土	土	土	土
金	金	金	金	金
水	金	土	火	木
△	◎	◎	△	△

土	土	土	土	土
土	土	土	土	土
水	金	土	火	木
△	◎	◎	◎	△

土	土
火	火
水	金
△	△

金	金	金	金	金
水	水	水	水	水
水	金	土	火	木
△	◎	△	△	△

金	金	金	金	金
金	金	金	金	金
水	金	土	火	木
△	△	◎	△	△

金	金	金	金	金
土	土	土	土	土
水	金	土	火	木
△	◎	◎	○	△

金	金
火	火
水	金
△	△

水	水	水	水	水
水	水	水	水	水
水	金	土	火	木
△	△	△	△	△

水	水	水	水	水
金	金	金	金	金
水	金	土	火	木
△	△	◎	△	△

水	水	水	水	水
土	土	土	土	土
水	金	土	火	木
△	○	△	△	△

水	水
火	火
水	金
△	△

画数による運勢

ここでは、1から76までの画数の運勢を説明します。
人格・地格・外格・総格の数を当てはめて、しあわせを呼ぶ名前を考えましょう。

マークの見方

★ 大吉。名前にぜひ取り入れてもらいたい数です。

◎ 中吉。名前に取り入れるとよい数です。

○ 小吉。名前に取り入れても差しつかえない数です。

△ 末吉。名前に取り入れるのはおすすめできない数です。

1画

男の子 ◎　女の子 ◎

向上心・正義感にあふれた行動力あるリーダー

どの画数にも該当しませんが、一の位に1をもつ数は影響を受けます。1はすべての始まりの数で、最大の幸福を示します。物事を始めるために人や物を先導する力、また、そこから生まれる富・名誉・健康などの意味もあり、晩年まで安泰の数です。努力を惜しまず向上心をもって立ち向かうため、リーダーとして活躍することも多いでしょう。商売で才覚を発揮します。

2画

男の子 △　女の子 △

[illegible]

「不完全・不徹底・別離」の意味があります。信念をもって行動していても、肝心なときに決断力や独立心に欠けて大成しにくい面が。また、よくも悪くも意志が強いため、思いどおりにならない現実に不満を抱き、恋愛では激しい嫉妬心に苦しむことも。とくに人間関係が安定せず、出会いや別れを多く経験するでしょう。慎重に行動し、独立心を鍛えるよう心がけましょう。

3画

男の子 ○　女の子 ○

あかるい性格の人気者。実力を備えたリーダーに

「権威・幸福・知恵・成功」などの意味があります。あかるく積極性があり頭の回転も速いため、周囲の注目を集めて人気者に。心のなかには野心も備えており、成功を手にできるでしょう。弱点はせっかちな点。とくに情にもろく感情に流されやすいため、自分の気持ちをうまくコントロールしにくくなることもありそうです。財運は派手に出費しがち。あまり気を大きくしないように。

4画

男の子 △　女の子 △

周囲と調和を保つのが苦手。忍耐力を養って冷静に

「破滅・滅亡」そこから生じる「困難・逆境」などの意味があります。人との和を保つのが苦手で、誤解を受けやすい面も。理想が高く職業が安定しないことも多いようです。とくに人格が4の人は、温和で繊細な面が周囲に理解されず、強情なところもあるのでトラブルを起こしがち。不満が爆発することもありそうです。忍耐力を鍛え、心身ともに健全であることが大切です。

5画

男の子 ☆ 女の子 ☆

穏やかな性格で家庭を大事にする。学識も豊か

「円満・豊饒（ほうじょう）・慈愛・繁栄・栄光・尊厳」などのよい意味があり、健全なイメージも。女性はやさしく温厚、男性も情に厚く、いい人タイプ。男女ともに家庭を大事にし、世話好きでだれとでも親しくなれます。権力より名誉を重んじるので、何事にも勉強熱心。手先も器用で、努力しだいでは芸事や特殊技術を身につけて活かせます。財運もとてもよく、着実に貯金できます。

6画

男の子 ◎ 女の子 ◎

努力が実り、凶を吉に変える才能に恵まれる

「才能・知恵・報徳」の意味があります。誠意と努力が報われ、思わぬときに才能を発揮します。とくに、人格が6の人は天賦の才に恵まれ、生涯安定した財運を得るでしょう。性格は上品で落ち着きがありますが、内には強さを秘めており、大舞台で辣腕を振るう人も。ただし、無計画な行動や強い猜疑心（さいぎしん）は運を下げるので注意を。財運はやや変化が激しく、時期のよしあしを見極めましょう。

7画

男の子 ○ 女の子 ○

意志の強さと努力で個性的な道を切り開く

「独立心・行動力・賢明」の意味があり、強い意志と努力で困難を乗り越えられます。とくに、人格が7の人は優れた個性をもつので、自分らしさを発揮できる場所を見つければ新たな道を切り開けるでしょう。弱点はプライドの高さ。権威への憧れも強いため、人間関係のトラブルが多くなりがちです。「中年期からの開花」の運もあり、財運はしだいに上昇します。

8画

男の子 ○ 女の子 ○

チャンスを待つ忍耐力と行動に移す勇気をもつ

「正義感・忍耐力・勇気」の意味があります。困難に耐えて行動し、着実に前進します。権力に屈しない強さもありますが、この強さが裏目に出て人の意見を聞かないようになると、反感を買うことも。才能に溺れることなく、周囲と協力し合うことが大切です。人格が8の人は、自分の目標に向かってより邁進（まいしん）する力があり、成功を収められるでしょう。財運は堅実であれば上々です。

9画

男の子 △ 女の子 △

才能もあるがトラブルも。順調なら気を引き締めて

「薄情・苦労・消極的・反抗」の意味があります。理性的で探究心旺盛、頭の回転も速いタイプです。ときに反抗的になって周囲とトラブルを起こすことも。ただし人格が9の人は鋭い直感があり、ほかの格数がよければ運が開けます。財運は、好調な時期ほど気を引き締めて。また、どの格でも9があると他の運格や画数以外の吉凶が強く作用しやすくなります。

10画

男の子 △ 女の子 △

優秀な頭脳を活かすには慎重な行動を心がけて

「災難・孤独・水泡」の意味があり、頭脳明晰（めいせき）でありながら、努力が実りにくい数です。無理をすると、とくに夫婦間のトラブル、病、災難を引き起こすので慎重に。人格が10の人は引っ込み思案ですが、ときに大胆な行動に出ます。それがきっかけで世に出て晩年、財運が豊かになります。また、どの格でも10があると、ほかの運格や画数以外の吉凶が強く作用します。

11画

男の子 ○ 女の子 ○

目標に向かって進み 発展と成功を手に入れる

「再生・再度・成功・発展」の意味があり、失敗も糧に変え、着実に力をつけて成功へとたどり着きます。家を再興し、家運を繁栄させる力もあります。理知的で社交性もありますが、派手なことをせず、地道に自分の目標を目指したほうがよいでしょう。財運は、充分な収入がありますが出費も多い傾向が。とくに人格が11の人は天賦の才に恵まれ、お金に困ることはありません。

12画

男の子 △ 女の子 △

誘惑に負けやすい。忍耐力があれば運が好転

「誘惑・挫折」の意味があります。緻密で相手の気持ちを敏感に察しますが、誘惑に負けやすい面も。とくに人格が12の人は、執着心や嫉妬心が強いため、問題を大きくしがち。一方で我慢強い一面もあるので、集中すれば成功にも手が届くはずです。また、適職を見つけることも運を開くきっかけに。財運は、努力すれば上昇する可能性もありますが散財も多いでしょう。

13画

男の子 ○ 女の子 ○

聡明でチャンスをものに。早くに成功を手に入れる

「知能・成功」を意味し、頭脳明晰で利益を得ることに敏感。地道に上りつめるタイプですが、忍耐力・好機をものにする勝負強さもあり、若いころから成功します。とくに、人格が13の人は才能に恵まれ、開花すれば偉業を成し遂げるでしょう。財運は高収入を期待できますが、出費も多そう。また、どの格数でも13がある場合は、他の運格や画数以外の吉凶が強く作用します。

14画

男の子 △ 女の子 △

努力が報われにくいので 人との絆を大切に

「逆境・波乱」の意味があります。努力家で発想力もありますが、問題が起こると殻に閉じこもりがち。強引で、人の意見に耳を貸さないところもあるため、成果もあらわれにくいでしょう。周囲との絆をつくっていくことが大切です。とくに人格が14の人は家庭運があまりよくなく、中年期に影響が出やすいので注意を。財運は波が激しく出費が多そう。外格が14なら、散財に注意を。

15画

男の子 ☆ 女の子 ☆

周囲との和を重んじる 出世運もあり

「円満・信望」の意味があります。人との和を保つのがうまく、そのための努力を惜しみません。高い人気と信用も得られるので、豊かな人生を送れるでしょう。目上の人からの強力な引き立ても得られ、成功への道はしぜんと開かれていきます。とくに人格が15の人は、決めたことをやり抜く強い意志をもち、自らの努力で功名を得るでしょう。お金には堅実なので、貯蓄に向いています。

16画

男の子 ☆ 女の子 ☆

大きな心と安心感をもつ 実力派のリーダー

「安定・成功」のほか、「大樹」の意味があります。大樹のように安定感があり、そこを憩いの場として人が集まるイメージで、心が広く気配りのできるリーダーになれます。困難もキャリアに変えていくでしょう。とくに人格が16の人は、専門分野で功績を残します。外格が16の人は、人望・指導力が非常に高いのが特徴。財運は、不調なときもありますが、苦労はしません。

17画

男の子 ○　女の子 ○

強情に思われがちだが 強い意志で運を切り開く

「強気・行動力・頑固」の意味があります。目上の人や権力に対し強気で挑むため、煙たがれがちに。運を切り開くこともあるので、自分を向上させる目標を定めましょう。本当に注意すべきなのは、権力や地位を得たあとで、執着心が強すぎると不運になることも。人格が17の人は、見かけは強情でも心は繊細と、差があり、女性はやや損をするかも。財運は悪くなく、年齢とともによくなります。

18画

男の子 ○　女の子 ○

軽率さと頑固さが難点。短所を長所に変えて

「努力・軽率」の意味があります。秀でた才能ゆえに他人を見下すようなところもあり、周囲から反感を買いがち。自分本位になるほど物事がうまく進まなくなるので、この二点を注意しましょう。とくに人格が18の人は努力型なので、才能や頑固さを活かせば成功します。外格が18の人は個性が強すぎて頑固者に思われる傾向が。財運があり着実に貯(た)められます。

19画

男の子 △　女の子 △

才能があるために 挫折や苦悩を味わう

「苦難・挫折・孤独」の意味があります。一見、順風満帆な人のように見られますが、実際は苦労が多いタイプ。人とは違う才能をもつために挫折することも。権力欲も旺盛(おうせい)でトラブルも多そう。健康運もよくありません。とくに外格が19の人は個性が強く、人間関係で問題を抱えます。地格が19だと幼少期に悩み事が多いでしょう。ほかの画数を★や◎にするなど、配慮が必要です。

20画

男の子 △　女の子 △

知性があり努力家だが 行動力にやや欠ける面も

「多難・障害・健康障害」の意味があり、知的ですが自分の世界に閉じこもりがち。障害に遭いやすいため、なるべく避けたい数です。ほかの画数を★や◎にするなどの配慮を。とくに人格が20の人は、中年期に問題を抱えますが、乗り切ればよい運に。財運も晩年には好転。また、どの格数でも20がある場合は、ほかの運格や画数以外の吉凶が強く作用しやすくなります。

21画

男の子 ★　女の子 ◎

人生が順調に進み地位を 築き名誉を手に入れる

「脱出・独立心・強気」の意味があり、多少の困難があっても切り抜けられます。つねにパワフルで、チャンスを活かします。人格が21の人は時代を見据える才能も加わり、ほかに強力な凶数がない限り目標を達成するでしょう。ただし、21はとても強い運をもつので、どの格数でも、女性にはやや不向きです。財運は、出費は多くなりますが困ることはありません。

22画

男の子 △　女の子 △

カリスマ性があるものの 意志が弱いのがやや難点

「挫折・意志薄弱・小心」の意味があり、飽きっぽいため、途中で投げ出してしまいがち。それを他人のせいにして不満ばかり言っていると、孤立するおそれもあるので気をつけて。ただし人格が22の人は、ほかの格がよければ、中年期以降の不満は、のちに人を思いやるやさしさに変わることもあるでしょう。財運は、一時的に損をすることもありますが、必ず好転します。

23画

男の子 ◎　女の子 ○

ピンチをチャンスに変える強運の数

「活動・大胆」の意味があり、元気で頭の回転が速く、困難な道も自力で切り開きます。ただし長期戦は苦手なので短期集中で。人格が23の人は新しいことを活かす能力もあります。23は強力な運をもつ数字のため、芸名などに用いるほかは女性には不向き。財運は、派手に使いがちなので計画性をもって。また、どの格でも23がある場合は、他の運格や画数以外の吉凶が強く作用しやすくなります。

24画

男の子 ☆　女の子 ☆

まじめでやさしい性格で成功・財を手にする

「繁栄・順調・幸福」の意味があり、順調でしあわせな生活を送ります。おっとりしているように見られますが秀でた才知に恵まれ、人気と成功を手に入れます。子宝にも恵まれるでしょう。人格が24の人は、より成功をつかみやすくなります。財運も順調でお金に困りません。また、どの格でも24がある場合は、他の運格や画数以外の吉凶が強く作用しやすくなります。

25画

男の子 ◎　女の子 ◎

才能と探究心をもち努力も惜しまない成功者

「才能・個性・器用」の意味があり、研究心・機知・才能がバランスよく備わっています。努力を惜しまず、手先が器用なことも特徴です。ただし目上の人への反抗心が強く、人づき合いは苦手かも。やや変わり者と見られることもあるでしょう。人格が25の人は、鋭い観察眼も併せもつため成功しやすい運勢。財運は大吉。貯金を運用する能力に優れているので生涯、安泰です。

26画

男の子 ○　女の子 ○

才能で成功を手にするが過信すると人生に波乱が

「不屈・混乱・才能過信」の意味があり、吉凶が入り交じる運勢です。結果がすぐに出ないと、焦って失敗しやすいので注意が必要です。また、つねに自分のやり方を貫くため、周囲とも衝突しやすいでしょう。人格が26の人は、状況に恵まれると才能を活かしてヒーロー的存在になれることも。ただし、地格が26の人は、波乱が多く健康運もよくありません。財運も無理は禁物。

27画

男の子 △　女の子 △

疑い深さが成功を遠くに。協調性を身につけて

「猜疑(さいぎ)・孤立」の意味があります。聡明で優れた想像力をもちますが、自我が強いため、うまくいっていることも失敗に終わる傾向があります。家庭運もよくありません。とくに総格が27の人は、努力が報われにくいでしょう。人格と外格が27の人は、中年期に試練が。でも、そこで妥協せずに意志を貫ければ、運は必ずめぐってきます。財運は年齢を重ねるごとによくなるでしょう。

28画

男の子 △　女の子 △

運が変動しやすく人生は波乱万丈

「誤解・薄縁」の意味があります。外見は柔和ですが芯は強く、意志を貫く力があります。凶意が強く出ると、さまざまな障害に見舞われます。外格が28の人は結婚運に問題があり、人格が28の人は目的を達成する力が加わるため、独立して事業を起こす運に恵まれます。ただし、隠し事をすると大きく信用を失うおそれも。財運は、まじめに貯(た)めていれば苦労はしません。

29画

男の子 △ 女の子 △

知恵と行動力があるが望みすぎると失敗を招く

「孤立・策略」の意味があります。利発で成功しますが、多くを望むと失敗するので注意を。物事を推し進める力があり、目上の人とも衝突しますが、少々のことではめげません。礼を欠き、幸せな環境を失わないよう注意してください。人格が29の人は、苦境から立ち上がりリーダーになれば運が好転します。財運は、吉凶が激しく出るため、行動に移す場合は直感が冴えているときに。

30画

男の子 △ 女の子 △

幸運と不幸に見舞われる。お金への執着心も特徴

「執着・浮沈」の意味があり、つねに吉凶の運が入り交じります。吉時は才能を大胆に発揮し、周囲から憧れの的になりますが、凶時は運が落ち健康運も低迷。とくにお金に対する執着心が強く、ほかの運さえも変えてしまう傾向が。気持ちを安定させられるかどうかで吉凶が分かれるでしょう。財運は、若いうちは出費が多く不安定ですが、中年期以降に好転する兆しがあります。

31画

男の子 ☆ 女の子 ☆

高い目標をもち人間関係に恵まれる

「商売・社交・努力・開拓」の意味があります。つねに高い理想をもって行動し、必ず夢を実現させます。新しい分野を切り開く可能性も。人望も厚く、仕事運も吉。自ら動いて手本となると、運も向上します。とくに総格が31の人は、晩年ほどリーダーとしての威厳が備わります。財運は、出入りこそ激しいものの成功すれば、幸運なことに返ってきます。焦らず先行投資を。

32画

男の子 ○ 女の子 ○

好機をつかむ才能があり。マイペースに目標を達成

「成功・勝機」の意味があります。運勢自体は安定しませんが、チャンスを見極めて成功をつかみます。目上の人からの引き立ても得られます。とくに人格が32の人は、才能が認められる好機が必ず訪れ、その波に乗ると大物になれる可能性があります。ただし、事を急ぐと運を逃すので軽率な行動は控えましょう。財運は、努力したぶんの収入は期待できますが、無計画な散財は禁物です。

33画

男の子 ◎ 女の子 ◎

希望に向かいつねに前進。周囲をあかるくする人気者

「積極性・行動力・邁進」の意味があり、夢に向かい力強く前進します。人気運も吉。ただし、自分だけのペースで動いていると、周りと足並みがそろわず、独断的ととられることも。ときには状況を見極める冷静さが必要です。人格が33の人は、指導者としての素養がありリーダーとして活躍することが多そう。財運は、派手に使う、大金を貸す、など気を大きくすると低迷するおそれが。

34画

男の子 △ 女の子 △

邪魔が入りがち。謙虚さをもって！

「挫折・苦労・病気・邪魔」の意味があります。知的でアイデアも豊富ですが、あと一歩のところで邪魔が入ることが多いでしょう。困難を乗り越えるには苦労が必要で、周囲との関係もピリピリし、ストレスを抱えがちに。ただし、地格が34の人は「破壊」の意味が加わり、現状を打破して新たな展開も期待できそう。財運は、収入源で差が出るものの基本的にはマイナス傾向に。

35画

男の子 ◎　女の子 ☆

若いころから才能を発揮。充実した人生を送る

「温厚・発展・人情」の意味があり、穏やかで親切な正直者。知性も備えており、早くから才能を発揮して周囲からの評価も得られます。ただし、他人が犠牲になることは好みません。安泰な人生が約束されているので、サポート役に回り、一緒に成功を味わうほうが向いていそう。財運は好調。使い込むタイプでも貯め込むタイプでもなく、上手に運用していけるでしょう。

36画

男の子 ○　女の子 ○

波乱の人生!? 大物になる可能性も

「波乱・敬遠」の意味があります。社交性が豊かで、相手のために頑張るお人好しですが、よかれと思ったことが裏目に出て煙たがれる傾向が。無鉄砲な部分が問題を引き起こすこともあります。とくに人格が36の人は波乱に富んだ人生になり、大物として活躍する可能性もありますが、そのためには忍耐が必要。凶時は静観を。吉凶が分かれるので、ひと財産築くことも。

37画

男の子 ☆　女の子 ☆

幸福と富が約束された数。成功を手に入れる

「幸福・成功・独立・人望」の意味があり、幸福と富が約束されています。誠意と熱意をもって物事にあたる努力家で、厚い人望を得られます。また豊かな想像力があり、新しい分野を切り開いて成功する運ももっています。人格が37の人は、中年期以降に努力が実を結び、成功を手にできるでしょう。財運は順調で、お金には困りません。晩年は、より豊かになります。

38画

男の子 △　女の子 △

利益にとらわれない地道な努力で才能が開花

「平凡・技巧」の意味があります。あかるく正直で、世の中を見通す力に長けており、美術や工芸の才能をもつ人も。ただし、利益が絡むと損をすることが多いでしょう。また、八方美人でよい顔をしすぎて信用を失うことも。人の上に立つより、サポートする側に回ったほうが適性を見いだせそうです。財運は、地道に取り組めば吉。一度決めた約束は守り通す強さが、運を安定させます。

39画

男の子 △　女の子 △

変化を求めてトラブルに。挫折を糧にする強さも

「変化・波乱・流行」の意味があります。新しいもの好きで、変化を求める熱血型。自分のペースを崩さない意志の強さもあるので、流行に振り回されることなく人生を謳歌できます。その才能が商売で活きると、リーダーとして活躍も。健康運は吉。上々の運勢ですが、急に運気が低下することがあるので注意が必要。財運は、金儲けは上手なものの継続力がないので、引き際を見極めて。

40画

男の子 △　女の子 △

明晰で物怖じしないが運の浮き沈みは激しい

「自信過剰・独走・豪快」の意味があり、頭の回転が速く、度胸のよさがあります。ただし運の上下が激しく、凶時に強引さが出ると周りから疎まれがちに。やや自信過剰なため、売られた喧嘩をすぐに買うことも。財運も変化が大きく、お金の出入りが激しいでしょう。晩年のほうが運気は上がります。また、どの格でも40がある場合は、他の運格の吉凶が強く作用することがあります。

41画

男の子 ☆ 女の子 ☆

名声を上げて大きな幸福に恵まれる人格者

「頭脳明晰・堅実・健全」の意味があり、大きな幸福に恵まれます。問題解決能力に優れ、つねに社会的な問題に取り組みます。思想が健全なので、成果は人の役に立つでしょう。周囲からの援助も得ますが、驕ることなく人との調和を重んじ、敬意を払うことを忘れません。財運も好調で、莫大な財産を手にする人も。お金は、出入りこそ激しいものの困ることはありません。

42画

男の子 ○ 女の子 ○

成功する資質はあるものの才能活かせず大成は困難

「才能・器用・極端」の意味があり、成功の可能性を秘めています。博学で器用な人が多く、芸術関係で才能を発揮する人も。ただし、押しが弱かったり力不足だったりして、大成しにくい傾向が。また競争に負けると激しく落ち込み、やる気もダウン。ダメージを引きずるので、強い意思で自分をコントロールすることが大切です。財運は、努力すれば貯められますが、失敗も多め。

43画

男の子 ○ 女の子 ○

優柔不断で経済観念低め。集中力と忍耐力を鍛えて

「見栄・夢想」の意味があります。一見、活動的で頭の回転も速そうですが、優柔不断で依存心が強い面もあります。実現不可能な大きな夢を追ったり見栄を張ったりして、散財もしがち。そんな運勢を改善するには、集中力と忍耐力を鍛え、周りの意見に耳を傾けることが大切です。共同作業が苦手なため、個人で行う仕事が向いています。財運は、虚栄を張るほど悪くなるので注意を。

44画

男の子 △ 女の子 △

よい人間関係を築けば運気が安定する

「苦労・波乱・無謀」の意味があり、ふだんは穏やかで思慮深さがありますが、ときに無謀な行動に出ることが。また、行き当たりばったりな行動もとりがちです。家族に苦労をかけることも。健康運もよくありません。他運格の影響を受けやすく、凶数があるとアクシデントを引き起こしがちなので、名づけの際には配慮を。財運は周囲に振り回されやすく、お金は、入っても出やすいでしょう。

45画

男の子 ◎ 女の子 ◎

不言実行で目標を達成。困難もバネに成功する

「実行・努力・協和」の意味があり、努力したぶんだけ結果に反映されます。社交的で寛容、協調性も抜群。周囲との和を大切に、協力し合って困難な出来事も乗り越えられます。問題をクリアするたびに環境も改善され、成長して大きな成功をつかむでしょう。とくに女性は家庭にあかるさと活気をもたらし、よき妻・母になります。財運は、堅実に貯めれば安定します。

46画

男の子 ○ 女の子 ○

快楽主義で怠けぐせが。生活を規則正しくしよう

「孤独・怠惰・快楽」の意味があり、人気者ですが、かなりの遊び好き。勤労意欲も乏しく、健康や金銭、人間関係に問題を抱えるでしょう。努力しまじめに生活していても、中年以降に運が乱れる傾向も。ただし、他運格の数がとてもよいとき、関係がよいときは、まれに大成功することもあります。財運は、そのときの運の吉凶が所得金額にそのまま反映されます。

47画

男の子 ☆　女の子 ☆

周囲の信頼を得て 高い目標を達成する

「活動・成功・開花」のほか「太陽」の意味もあり、いつも元気で人に希望を与える存在です。自我や権利欲が強いので、反感を買うこともあります。ただし早くからリーダーになるため、その経験から大きな失敗をすることはないでしょう。成長するにつれ、信頼も高まり成功を収めます。財運は大吉で、子孫繁栄の運も。運を手にするチャンスが次々とやってきて、豊かな人生を送れます。

48画

男の子 ☆　女の子 ☆

素直で忍耐強く、度胸も 成功と名誉を手に入れる

「魅力・人気」の意味があり、異性との縁だけでなく、さまざまな場で人気者になります。目上の人からの引き立てを得るため、社会で大きな苦労はしません。もともと目標に向かってひたむきに努力するため、協力者を得やすく、その結果、大きな成功と名誉を手にできるでしょう。とくに女性は、どんな環境でも実力を発揮できます。財運は、地道に貯めていくと思わぬ財を築けます。

49画

男の子 △　女の子 △

内弁慶なわがまま。 感情に流されない努力を

「わがまま・波乱」の意味があります。内面と外面の差があり、外では情にもろく気遣いもできるのに、家のなかでは自分勝手に振る舞います。男性はワンマンで、家族を振り回します。女性は見栄を張り、家族への思いやりが不足することも。財運は、遣いたいだけ遣ってしまうためよくありません。また、いずれの格でも49がある場合は、他の運格の吉凶が強く作用することがあります。

50画

男の子 △　女の子 △

才能を開花させる好機を 逃しやすい傾向

「苦労・障害」の意味があり、才能に恵まれ実力も充分なのに世の中から認められることが少ないです。うまくいきそうになると邪魔が入り、正当な評価を得にくいでしょう。しあわせな時間や成功を手にしても、気を抜いたり自分の才能に甘んじたりしないこと。穏やかで安定した生活を大切にすると、状況は改善しやすくなります。財運は変化が著しく、よくなるとすれば晩年です。

51画

男の子 ○　女の子 ○

吉凶が共存し自分しだいで 運を切り開くことも

「成功・明暗」の意味があり、周囲の変化に左右され、運も浮き沈みしやすいのが特徴です。吉凶の両面が共存しているので、あかるく行動的か思うと、急に塞ぎ込むことも。人生の成果は、自分の行動しだい。まじめにひたむきな努力をすれば成功し、見栄を張ると周囲から誤解され反感を買うことも。好機は何度も訪れるので、運がよいときは幸運を意識することが大切です。

52画

男の子 ◎　女の子 ◎

先見の明があり チャンスをつかむ

「先見・実現・直感」の意味があります。聡明で将来を見通す力があるため、訪れるチャンスをものにするでしょう。目標をひとつ達成すると、幸運な流れに乗って大きな利益を得られます。交渉事も有利に運べます。財に対する関心が高く、最初の利益を元手に、確実に新たな資産を作れるでしょう。財運もありますが、地道さを忘れると低迷するおそれが。

53画

男の子 △　女の子 △

体力のペース配分を考え大切なときに力を発揮して

「気弱・圧力」の意味があります。表面上はいつも活気があるように見えますが、内実は精神的にも体力的にも精一杯であることが多いでしょう。そのため肝心なときに踏んばれず、なかなか成功を手に入れられない傾向が。他運格との関係により中年期以降の運気が大きく分かれます。気配りを怠らなければ大成する可能性もありますが、無理をするとトラブルに見舞われるでしょう。

54画

男の子 △　女の子 △

人生後半にプレッシャーが。己を知ることで運気回復

「苦労・不運・圧力」の意味があり、独特な個性をもっていますが、その出し方を間違えると運に支障が。「慎重」と「強引」など、自分のなかの両極端な面を意識すると周囲とのつながりもスムーズになります。若いうちの運気は順調ですが、年を経るにつれ大きな失敗が起きたり、目上の人や親戚などから圧力がかかりストレスを溜めたりしそう。健康への配慮も忘れずに。

55画

男の子 ○　女の子 ○

大きな運の変動を繰り返す。前向きに取り組んで

「波乱・苦悩・不安定・転換」の意味があります。運気が好調なときはしあわせを手にしますが、そのあとに思わぬ不運がめぐり、さらに幸運期が訪れるという、運のアップダウンが激しいタイプ。他人からの助けが得られず、つねに苦労を抱えることになりそうですが、大きな冒険心と責任感で乗り越えようとします。他運格の画数や関係がとくによい場合は、凶時でも安泰を保てるでしょう。

56画

男の子 ○　女の子 ○

勇気をもって一歩を踏み出すと運が変わる

「優柔不断・遠慮」の意味があります。和を大事にしすぎて、よいところまでいっても、あと一歩のところで成功に手が届かない傾向が。いざというときに行動に移せない優柔不断な面をなくし、積極的に前進すればチャンスを活かせるでしょう。目標を立てることも、モチベーションを高めます。健康面では、気苦労が積み重なると晩年に悪い影響を与えるので、注意が必要です。

57画

男の子 ☆　女の子 ☆

災いを福に転じる力あり。困難に勝って成功する

「成功・向上心・打開・備蓄」の意味があります。外見は穏やかですが、内面は意志が強くかなりの頑固者。忍耐力もある努力家です。目標に対しても、慎重に前進して能力や財力を蓄え、必ず達成します。地位と名誉も手に入れるでしょう。困難に遭っても、それをバネに状況を好転させます。他運格の画数や関係がよい場合は、財運は心配無用です。悪い場合は、慎重に行動を。

58画

男の子 ◎　女の子 ◎

努力と経験を積みしあわせを手にする

「経験・達成」の意味があります。若いうちは気弱で、実力を活かすチャンスを逃したり、生き方に迷ったりと、冴えない時期を経験するでしょう。しかし、もともとが勤勉なので自分のペースでしあわせをつかみます。人間関係も徐々に好転し、有望な協力者に恵まれます。他運格の画数や関係がよい場合は、努力が実り晩年に、充実した暮らしを送るのも夢ではありません。

59画

男の子 △　女の子 △

世の中を甘く見がち。すぐにあきらめないで

「散財」の意味があります。運勢に波がありますが、乗り越えるだけの勇気と忍耐力が不足ぎみ。結果、チャンスをつかめず、お金も失うでしょう。もっと我慢をすることを覚えれば、マイナスな運気を減らせます。

60画

男の子 △　女の子 △

疑心暗鬼に陥りやすい。笑顔で過ごす習慣を

「不安」の意味があります。心配性で何事も否定から入るため発展せず、ストレスも溜(た)めやすい傾向が。物事をポジティブに考えるよう、心の矯正をするとよいでしょう。ほかの運格との関係が悪いと、凶意が強く作用します。

61画

男の子 ○　女の子 ○

人を惹(ひ)きつける魅力あり。謙虚さを忘れずに

「前進」の意味があります。いつも前向きで、人の心をとらえて離さない魅力があります。人との関わり方を心得ているので、ステータスも得られます。相手のことを、見下したりえこひいきしたりすると、運が低下するので注意を。

62画

男の子 △　女の子 △

楽天的すぎるのが問題。粘り強く慎重に行動を

「下降」の意味があります。物事を深く考えないため誤解が生じやすく、信用も得にくいでしょう。晩年に悪い傾向が出やすくなります。慎重な行動を心がけるのが大切。他運格との関係が悪いと、凶意が強く作用します。

63画

男の子 ☆　女の子 ☆

人から愛され順風満帆な人生に

「先進」の意味があります。バランスのとれた性格で、人気運も抜群。目上の人から引き立ても得られ、大きなチャンスをものにします。困難も少ないでしょう。家庭運も非常によく、充実した人生が約束されています。

64画

男の子 △　女の子 △

思いつきで行動しやすい。思慮深さを身につけて

「猛進」の意味があります。無鉄砲な性格で、よくも悪くも猪突猛進することから、トラブルも多く波乱万丈の人生になるでしょう。経験から学ぶ姿勢をもってください。他運格に凶意があると、近い人間関係で問題が。

65画

男の子 ☆　女の子 ☆

未来に希望を抱き周りをあかるくする

「希望」の意味があり、つねにあかるい未来を感じさせる存在です。ほがらかで、周囲の人や家族に癒やしを与えます。若いうちから生涯、大切にできる人間関係を築けるでしょう。天寿を全うする人が多いのも特徴。

66画

男の子 △　女の子 △

物事が進みにくい面が。思いやりをもって改善を

「停滞」の意味があります。人柄はいいのですが、少々細やかさに欠けるのが弱点。トラブルも多くなり、運を開こうとしても前進しにくい傾向が。良縁にも恵まれにくいでしょう。相手の気持ちを思いやれるかどうかがカギ。

67画

男の子 ○　女の子 ○

強力な財運をもつ安定した人生に

「財欲」の意味があります。お金に対する意識が高く、もともと頭もキレるため、自分の目標額を手にできます。その財運は維持され、穏やかな人生を送れるでしょう。ただし、高望みすると失敗するので注意が必要。

68画

男の子 ○　女の子 ○

発明・工夫の才能をもつ。課題を定めて研究を

「発明」の意味があります。計画的で創意工夫に秀でるため、研究者向きの性格。自分の目標に向かい研究し計画を進められれば、大きな成果を得られる可能性も。他運格との関係がよければ、成功率がより高まります。

69画

男の子 △　女の子 △

悪い噂に惑わされがち。強い意志をもって

「風説」の意味があります。お人好しで人を疑わないことから、あまりよくない噂を立てられやすく、その評価に運が左右されがち。健康運もよくありません。他の画数を★や◎にするなど配慮が必要です。

70画

男の子 △　女の子 △

起伏の激しい感情を抑え義務を果たすこと

「感情」の意味があります。才能はありますが感情をコントロールしにくく、怒りを爆発させたり、忍耐力がなかったりと気持ちが安定しません。物事の優先順位を明確にし、それに従うことで大きな乱れを抑えられるでしょう。

71画

男の子 ○　女の子 ○

問題を解決する力で運を安定させたい

「陰気」の意味があり、嫌な思いを引きずりやすい傾向が。もともとは行動力があり、目標達成に対する意欲も強いので、心を鍛え正しい道で努力すれば成功を手にすることも。他運格の数がよいと、欠点がカバーされます。

72画

男の子 △　女の子 △

言動が伴わないタイプ。現実に目を向けて

「見栄」の意味があり、両極端の運をもつ数。現実と理想の差が大きく、それを口にしてしまうので不誠実と思われることも。大見栄を切るので、経済的にも問題を抱えます。まずは己を知ることが大事。態度も改めて。

73画

男の子 ○　女の子 ○

誠実であれば運は開ける。欲張らないこと

「消耗」の意味があります。足るを知ることで、吉運を呼び込める数。運のサポートも得られます。ただし、些細なことを大げさに言うくせは直して。他運格との関係がよければ、晩年は穏やかに。

74画

男の子 △　女の子 △

甘えん坊の怠け者。強い意志が運を変える

「依存」の意味があります。物事を処理する能力をもっていますが、怠け者で勉強嫌いな面もあり、何事も中途半端に終わりやすい傾向が。ただし、どんな境遇でも信念を貫くことができれば、運が大きく好転することも。

75画

男の子 ◎　女の子 ◎

地道な努力が確かな安定を約束

「自重」の意味があります。非常に順調な運勢です。地道に努力を積めば運は安定し、しあわせを手に入れます。ただし、冒険的な人生を選ぶと運が低下するので注意を。運が落ちても、再度守りに徹すれば挽回できます。

76画

男の子 △　女の子 △

思慮深さに欠けるタイプ。人の気持ちに敏感になって

「鈍行」の意味があります。人の気持ちを慮ったり、場の空気を読んだりするのが苦手。物事もネガティブにとらえがち。譲り合いの精神をもち、素直な態度でいることが大切。地運格と他の格数がよくないと、健康運にダメージが。

吉数リスト

**姓に合わせた吉数の名前を選ぶのに役立つリストです。
表内の画数で組み合わせれば、子どもを吉運に導けます。**

注意点

- 姓の画数パターンは、一般的に多いものを取り上げました。自分の姓がない場合は、「五格の見方」（P437）を参考に確認してください。
- 「三字名」の（　）内は、二字目と三字目の画数の合計です。合計数があっていれば、二字目と三字目の画数の組み合わせは、どのようでも構いません。

リストの見方

姓の画数
たとえば「高橋」なら上（前）の字の「高」と下（後）の字の「橋」の画数を示しています。

吉数
姓の画数と相性のよい名前の画数を、一字名、二字名、三字名に分けています。

姓の例
日本で使われている代表的な姓を掲げました。

上の字	下の字
10	16

鬼頭・倉橋
高橋・栗橋
根橋・馬橋

2・(13)
5・(6)
7・(6)
8・(5)
8・(7)

一字名
-
二字名
1・5
1・14

上の字 0・下の字 9

泉・畑
星・南
柳・栄

12・(3)
12・(4)
12・(11)

一字名
-
二字名
2・4
2・5
4・12
6・10
8・7
9・6
9・7
9・14
12・12
14・10
16・7
三字名
2・(4)
2・(13)
2・(14)
2・(22)
4・(11)

上の字 0・下の字 8

東・岡
岸・所
林・牧

3・(13)
5・(11)
5・(16)
9・(6)
9・(14)
10・(5)
10・(6)
10・(15)

一字名
7
8
17
二字名
3・2
3・4
3・5
3・10
3・12
3・20
8・5
8・7
9・6
9・7
10・6
10・15
13・12
三字名
3・(4)

上の字 0・下の字 7

杉・谷
沖・角
沢・伴

三字名
4・(4)
4・(14)
6・(11)
8・(16)
9・(9)
9・(16)
10・(14)
11・(13)

一字名
6
8
16
二字名
1・15
4・12
6・10
8・10
8・16
9・7
9・15
9・16
10・6
11・6
14・4
16・2
18・6
18・7

上の字 0・下の字 6

旭・芝
西・池
向・仲

9・(6)
10・(5)
11・(14)
12・(13)
19・(14)

一字名
11
15
二字名
1・14
2・23
5・6
7・4
9・6
9・16
10・5
10・7
10・15
11・7
12・5
19・6
三字名
1・(4)
2・(5)
2・(13)

上の字 0・下の字 5

北・平
丘・叶
永・辺

3・(15)
8・(5)
10・(6)
12・(6)

一字名
8
11
13
16
18
二字名
1・7
1・10
2・4
3・15
6・10
8・10
11・5
16・2
三字名
2・(6)
2・(14)
3・(3)
3・(5)

上の字 0・下の字 11

菅・郷
乾・梶
堀・堂

一字名
5
7
13

二字名
4・2
5・16
6・7
6・15
7・6
10・14
12・12
14・7
14・10

三字名
2・(3)
2・(11)
4・(9)
5・(16)
6・(15)
7・(14)
10・(11)
12・(9)

上の字 0・下の字 12

奥・堺
湊・森
渡・堤

一字名
1
11
21

二字名
1・10
1・12
3・2
3・10
3・20
3・22
4・2
9・2
9・4
9・12
9・14
9・16
11・2
11・10
13・10
19・4
20・5

三字名
3・(3)
4・(9)
4・(21)
4・(31)
9・(4)
9・(16)
12・(9)
12・(11)
19・(4)
19・(6)
19・(14)
20・(5)
20・(13)
21・(15)

上の字 0・下の字 13

園・楠
源・滝
椿・筧

一字名
3
5
8
11
18

二字名
2・6
2・16
2・22
3・15
4・7
4・14
5・6
8・10
8・16
10・14
11・7
12・6
12・12
18・6

三字名
2・(16)
3・(15)
3・(21)
4・(14)
5・(13)
5・(19)
8・(16)
10・(14)
10・(22)
11・(13)

上の字 0・下の字 14

関・窪
榎・槙
境・管

一字名
7
11
17

二字名
1・6
1・10
1・16
2・5
2・15
3・14
4・7
7・10
9・2
9・12
10・7
11・6
11・12
17・4

三字名
2・(5)
3・(14)
4・(14)
7・(11)
9・(9)
9・(16)
10・(11)
11・(14)

上の字 0・下の字 16

壇・橋
橘・館

一字名
5
7
8
15
16
17
21
23

二字名
1・4
1・14
1・15
2・14
2・23
9・6
9・7
9・14
9・16
19・4
19・6
21・4

三字名
1・(4)
1・(14)
1・(15)
2・(3)
2・(13)
2・(14)
2・(23)
9・(6)
9・(14)
9・(16)

上の字 2・下の字 3

二上・入山
乃口・十川
入口・二川

一字名
2
10
12
20

二字名
2・6
3・5
3・13
3・15
4・14
5・11
5・13
8・5
10・1
10・6
12・4
12・6
13・3
13・5
14・4

三字名
2・(14)
3・(5)
3・(10)
3・(13)
3・(15)
4・(4)
4・(12)
4・(14)
5・(13)

上の字 2・下の字 5

八田・二田
力石・力田
乃本・八代

一字名
6
10
16

二字名
2・14
3・13
10・6
10・14
10・15
11・5
11・6
11・13
11・14
12・4
12・13
13・3
20・4
20・5

三字名
2・(14)
3・(13)
3・(22)
10・(8)
10・(14)
10・(15)
11・(13)
11・(14)
12・(13)
13・(12)

上の字 2・下の字 6

入江・入安
二羽・入吉
又西・又吉

一字名
5
7
10
15
17

二字名
9・4
9・14
9・15
9・16
10・3
10・5
10・6
10・13
10・14
10・15
11・4
11・5
11・14
12・4
19・5

三字名
1・(14)
1・(15)
2・(13)
2・(14)
5・(8)
5・(10)
5・(18)
5・(20)
11・(14)
12・(13)

上の字 2・下の字 7

二谷・乃呂
人見・入沢
八尾・入坂

一字名
4
6
14
16

二字名
1・5
1・14
1・15
4・11
4・19
10・5
10・6
11・4
11・5
14・1
14・9

三字名
1・(5)
1・(14)
1・(15)
4・(2)
4・(12)
4・(20)
4・(28)
10・(5)
14・(10)
14・(18)

上の字 2・下の字 8

力松・入岡
二所・入河
二林・二岡

一字名
5
7
15
23

二字名
3・3
3・22
5・16
7・14
8・13
9・6
9・16
10・1
10・3
10・5
10・11
10・15

三字名
3・(8)
3・(10)
3・(12)
3・(18)
5・(8)
5・(10)
5・(18)
8・(15)
13・(12)
15・(10)

上の字・下の字　2・10

二宮・入倉　八島・刀根

- 一字名：5、6、23
- 二字名：1・4、1・5、1・22、3・3、3・22、11・14、14・9、14・11、21・4、22・1、22・3
- 三字名：1・(20)、3・(18)、3・(20)、5・(8)、5・(18)、5・(20)、11・(10)、11・(12)、11・(14)、13・(10)

上の字・下の字　3・2

川又・山入　川入・大入　大又

- 一字名：-
- 二字名：3・5、3・10、3・13、3・15、4・4、4・12、4・14、5・13、6・10、6・12、9・4、11・5、13・5、14・4
- 三字名：1・(12)、3・(13)、4・(9)、4・(12)、4・(14)、5・(11)、5・(13)、6・(12)、11・(21)

上の字・下の字　3・3

及川・大川　小山・三上　山川・川口

- 一字名：-
- 二字名：2・3、2・5、3・2、3・4、3・12、3・14、3・15、3・22、4・3、4・13、5・2、5・10、5・12、5・13、10・5、12・3、12・13、13・2、13・5、13・12、14・3、15・2、15・10
- 三字名：2・(3)、2・(13)、3・(2)、3・(4)、3・(12)、3・(14)、4・(11)、4・(21)、12・(3)、12・(13)、13・(2)、13・(4)、14・(11)

上の字・中の字・下の字　3・3・9

大久保　小久保

- 一字名：6、9、16
- 二字名：2・8、4・16、6・11、7・10、8・9、9・1、14・2、14・8、15・1、16・4
- 三字名：2・(15)、4・(12)、6・(12)、6・(18)、7・(10)、7・(11)、9・(9)、14・(10)、16・(1)

上の字・下の字　3・4

丸井・土井　大木・三井　山内・山元

- 一字名：-
- 二字名：2・4、2・14、3・3、3・13、4・2、4・12、4・21、11・5、11・14、12・4、12・5、12・13、13・3、13・12
- 三字名：1・(7)、2・(4)、2・(14)、3・(3)、3・(13)、4・(2)、11・(7)、11・(14)、12・(4)、12・(13)、13・(12)、14・(2)、14・(11)

上の字・下の字　3・5

上田・山本　大石・小玉　大矢・川尻

- 一字名：-
- 二字名：1・4、1・15、2・3、3・2、3・12、3・13、10・5、10・15、11・5、11・14、12・3、12・4、12・13、13・3、13・12
- 三字名：2・(13)、2・(14)、3・(2)、3・(13)、6・(9)、6・(19)、12・(3)、12・(13)、13・(3)、13・(12)

上の字・下の字　3・6

川名・小寺　大池・久米　三宅・小向

- 一字名：-
- 二字名：1・14、1・15、2・4、2・5、2・13、5・2、5・3、5・10、5・18、7・8、10・5、10・14、11・5、11・12、11・13、12・3、12・12、15・8
- 三字名：1・(7)、2・(13)、2・(14)、5・(11)、7・(9)、9・(14)、10・(13)、11・(4)、11・(12)、12・(11)、15・(17)

上の字・下の字　3・7

上杉・小坂　小杉・久我　土岐・山形

- 一字名：-
- 二字名：1・4、1・5、4・2、10・5、11・4
- 三字名：4・(2)、4・(7)、4・(9)、4・(11)、4・(19)、6・(9)、14・(7)、14・(9)、14・(11)、14・(21)

上の字・下の字　3・8

大坪・三枝　土居・小沼　小牧・小岩

- 一字名：-
- 二字名：3・2、3・3、3・4、3・10、3・21、5・2、5・8、8・5、10・3、13・8、16・5
- 三字名：3・(2)、3・(3)、3・(4)、7・(14)、8・(13)、9・(12)

上の字・中の字・下の字　3・8・4

大河内・小岩井　小金井・小長井

- 一字名：9
- 二字名：1・5、3・13、4・12、4・20、7・3、9・1、9・13、11・6、11・13、12・5、14・3、17・5
- 三字名：1・(5)、2・(6)、3・(14)、4・(12)、4・(14)、9・(7)、11・(6)、12・(12)

上の字 下の字 3・11

上野・久野
大貫・川添
三野・小貫

5・(2)
5・(12)
5・(13)
6・(11)
6・(12)
7・(11)
12・(9)
13・(12)
14・(3)
14・(4)
14・(11)

一字名
-

二字名
3・14
5・18
5・20
10・13
10・15
13・4
13・8
13・10
20・3
20・5
21・2
21・4

三字名
2・(29)
4・(3)
4・(13)
4・(14)

上の字 下の字 3・10

上原・大庭
三島・山脇
山浦・大倉

1・(31)
3・(21)
3・(29)
5・(19)
11・(13)
11・(21)
13・(11)
15・(9)
21・(3)
22・(13)

一字名
-

二字名
1・10
3・2
3・5
3・8
5・3
6・2
6・18
8・3
8・10
11・13
13・5
14・4
14・10
15・3
22・2

三字名
1・(4)

上の字 中の字 下の字 3・9・5

久保田
万城目

2・(6)
3・(4)
3・(5)
6・(12)
10・(6)
11・(13)
12・(12)

一字名
-

二字名
1・3
1・23
2・4
3・4
3・12
8・8
10・5
11・4
11・11
11・13
12・12
13・2
18・2
20・2
20・4

三字名
2・(5)

上の字 下の字 3・9

大津・小泉
川畑・小柴
小俣・山城

12・(9)
12・(11)
12・(13)
14・(7)
14・(9)
16・(7)
16・(9)
22・(3)
22・(11)

一字名
-

二字名
2・3
2・4
4・2
4・21
12・13
15・10

三字名
2・(3)
2・(4)
2・(9)
2・(11)
4・(7)
4・(9)
4・(17)
4・(29)
6・(7)
6・(17)

上の字 中の字 下の字 3・8・5

大和田

三字名
2・(13)
2・(14)
3・(12)
3・(13)
3・(14)
8・(13)
10・(13)
11・(12)
11・(14)
12・(13)

一字名
1
16
19

二字名
2・14
3・12
3・13
10・5
10・6
10・13
11・4
11・5
11・6
11・12
12・4
12・5
13・4
18・5

上の字 下の字 3・18

大藤・工藤
山藤・大類
大藪・小藤

5・(13)
6・(12)
7・(9)
7・(11)
7・(17)
13・(11)

一字名
-

二字名
3・8
3・13
3・15
3・21
5・13
6・5
6・10
6・18
7・4
13・3
13・5
14・4
14・10
15・3

三字名
3・(13)
5・(11)

上の字 下の字 3・16

大橋・小橋
丸橋・大館
三樹・小薪

一字名
5
16

二字名
2・3
2・4
5・8
8・5
8・8
8・10
14・2

三字名
5・(13)
8・(8)
8・(10)

上の字 下の字 3・15

大蔵・大槻
小幡・三輪
大澄・三潮

3・(3)
3・(12)
6・(7)
6・(9)
8・(13)

一字名
-

二字名
1・2
1・4
1・12
2・3
2・4
3・3
3・12
8・5
8・15
9・4
9・8
10・3
10・5

三字名
2・(3)
3・(4)
2・(13)

上の字 下の字 3・12

大塚・千葉
小椋・小堺
川勝・山森

3・(13)
4・(2)
4・(4)
4・(12)
5・(3)
5・(11)
5・(13)
6・(2)
12・(4)
13・(3)
13・(4)
13・(11)
3・(14)
13・(20)

一字名
-

二字名
1・5
3・3
3・5
3・13
4・2
4・4
4・12
5・3
5・11
6・2
6・10
6・12
11・5
12・4
13・4

三字名
3・(3)

上の字 中の字 下の字 3・11・10

小笠原

5・(18)
6・(7)
6・(9)
11・(10)
14・(7)

一字名
11
21

二字名
3・20
5・2
5・10
6・1
6・9
13・10
14・9
15・2
15・8
15・9
21・2
21・3

三字名
1・(10)
3・(10)
5・(10)

上の字・下の字 4・6

中西・井多
今西・中江
日向・江守

一字名
5
7
15

二字名
2・13
5・2
7・4
7・14
9・4
9・12
10・3
10・11
11・2
12・9
14・4

三字名
1・(6)
5・(16)
5・(18)
9・(12)
10・(13)
11・(12)
12・(11)
12・(13)

上の字・下の字 4・5

井本・片平
木田・中本
井田・木本

一字名
-

二字名
2・4
3・3
3・4
3・12
6・2
6・9
8・7
13・3

三字名
2・(6)
3・(3)
3・(12)
6・(10)
10・(6)
11・(12)
12・(3)

上の字・下の字 4・4

氏木・井手
中井・木元
日比・五井

一字名
-

二字名
1・4
1・7
1・14
2・3
2・13
2・14
3・2
3・12
3・13
4・1
4・11
4・12
4・21
11・4
11・14
12・3
12・4
12・13
13・2
13・3
13・12
14・1
14・2
14・11
21・4

三字名
3・(2)
3・(12)
3・(13)
4・(11)
4・(12)
7・(8)
7・(18)
13・(2)
13・(3)
13・(12)
14・(2)

上の字・下の字 4・3

井川・犬丸
牛山・日下
水口・木口

一字名
-

二字名
2・4
3・3
3・14
4・2
4・12
4・21
12・4
12・13
13・3
13・11
13・12
14・11
22・2

三字名
2・(6)
3・(3)
3・(13)
4・(2)
12・(13)
13・(3)
13・(12)
14・(11)

上の字・下の字 3・19

川瀬・山瀬
大瀬

一字名
-

二字名
2・13
3・12
4・21
5・8
5・10
5・18
5・20
12・3
12・13
13・21

三字名
2・(11)
2・(13)
2・(21)
4・(9)
4・(19)
6・(7)
6・(9)
6・(17)
6・(19)
12・(13)

上の字・下の字 4・11

天野・内堀
木崎・中野
内野・水野

一字名
6

二字名
2・4
4・2
4・12
4・13
4・14
4・20
5・1
5・11
5・12
5・13
5・19
6・2
6・12
7・1
7・11
12・4
13・3
14・3

三字名
2・(30)
4・(2)
4・(13)
4・(20)
5・(3)
5・(12)
5・(13)
5・(19)
5・(28)
6・(2)
6・(11)
7・(10)
12・(20)
13・(3)
14・(2)
14・(10)
14・(19)
22・(10)

上の字・下の字 4・10

井原・片倉
日高・水島
内原・木原

一字名
23

二字名
1・2
5・2
5・12
6・11
6・17
11・12
14・9
21・2
22・3

三字名
3・(8)
5・(12)
5・(13)
6・(11)
6・(12)
7・(10)
7・(11)
8・(10)
13・(8)
15・(3)
13・(12)
15・(8)
15・(10)
13・(8)
15・(18)

上の字・下の字 4・9

今泉・木津
中垣・仁科
水畑・内海

一字名
2
12
22

二字名
2・1
2・3
2・9
4・7
4・20
6・2
7・1
7・17
12・12
15・9
22・2
23・1

三字名
1・(6)
5・(16)
5・(18)
9・(12)
10・(13)
11・(12)
12・(11)
12・(13)

上の字・下の字 4・8

中居・片岡
水沼・五味
中林・今枝

一字名
5

二字名
3・3
3・20
5・20
7・14
8・3
9・2
9・4
9・14
10・3
10・11
13・12
16・7
16・9
17・4

三字名
3・(2)
3・(10)
5・(16)
7・(6)
8・(13)
9・(12)
10・(13)
15・(10)

上の字・下の字 4・7

木村・中村
水沢・毛利
井村・中谷

一字名
6

二字名
1・4
4・2
4・3
6・7
8・13
9・4
10・3
10・14
11・2
14・7
17・4

三字名
4・(2)
8・(13)
10・(11)
11・(10)
14・(10)

上の字・下の字 4・19

中瀬・片瀬
今瀬

一字名
-

二字名
6・2
6・19
16・9
12・12
13・11

三字名
6・(19)
12・(12)
13・(11)

上の字・下の字 4・18

内藤・仁藤
井藤・五藤
木藤

一字名
5
17
23

二字名
3・12
3・14
4・20
5・12
6・11
7・4
7・9
13・4
13・12
14・1
14・9
15・2
15・9

三字名
3・(8)
3・(20)
5・(6)
5・(8)
6・(11)
7・(8)
7・(16)
13・(10)

上の字・下の字 4・14

井関・今関
日暮・比嘉
木暮・中嶋

一字名
-

二字名
1・2
1・12
2・1
2・3
2・11
2・13
2・21
3・2
3・3
4・1
4・2
4・11
11・2
11・4
11・12
21・2

三字名
3・(2)
3・(3)
3・(12)
4・(2)
4・(11)
7・(6)
7・(8)
7・(16)

上の字・下の字 4・13

犬飼・中園
中溝・今福
中鉢・日置

一字名
4
22

二字名
2・13
3・3
3・4
3・12
3・13
3・21
4・11
4・12
5・1
5・11
12・3
12・4
12・12
22・2

三字名
2・(13)
3・(3)
3・(13)
4・(2)
4・(11)
5・(10)
5・(11)
12・(6)

上の字・下の字 4・12

戸塚・中越
中森・井筒
手塚・木場

一字名
5
23

二字名
1・14
3・2
3・4
4・3
4・4
5・11
5・20
9・12
11・4
11・12
12・9
12・3
19・4

三字名
3・(2)
3・(20)
4・(11)
4・(13)
5・(11)
6・(10)
13・(10)

上の字・下の字 5・7

石坂・市村
田村・平沢
矢沢・北見

一字名
-

二字名
4・1
4・2
8・17
14・11
19・6

三字名
4・(2)
4・(7)
4・(9)
6・(5)
6・(7)
6・(15)
6・(27)
8・(5)
8・(15)
14・(7)
14・(9)
14・(11)
16・(7)
18・(5)
18・(7)

上の字・下の字 5・6

末次・本多
本吉・永江
加地・広江

一字名
5
7
12

二字名
2・3
2・9
5・8
5・16
6・7
6・18
7・6
11・10
12・1
15・6

三字名
1・(5)
2・(11)
5・(19)
7・(17)
9・(12)
10・(11)
11・(10)
12・(9)

上の字・下の字 5・5

白石・末広
田代・田辺
平田・本田

一字名
-

二字名
2・1
2・3
3・2
3・3
6・2
8・3
10・3
11・2
3・12
12・3
13・12

三字名
6・(5)
6・(7)
6・(9)
8・(7)
6・(15)
16・(5)
16・(7)
16・(9)

上の字・下の字 5・4

石井・白井
田中・玉木
矢内・生方

一字名
-

二字名
3・3
4・2
3・12
4・11
7・8
4・12
14・2
7・16
11・12
13・10
12・12

三字名
4・(2)
4・(11)
13・(2)
7・(9)
14・(2)

上の字・下の字 5・3

石丸・永山
平川・矢口
石上・市丸

一字名
5
15

二字名
2・3
3・2
4・1
2・6
3・12
5・10
12・3
14・1
3・13
4・12
5・11
13・3
13・11
13・12
14・11
15・10

三字名
4・(11)
5・(10)
8・(7)
5・(11)
14・(2)
15・(10)
18・(7)

上の字・下の字 5・12

石塚・石森
加賀・甲斐
平塚・平賀

一字名
6

二字名
3・3
3・12
3・13
4・3
4・12
5・10
5・11
6・10
13・2
13・11

三字名
3・(5)
3・(15)
4・(11)
4・(12)
5・(10)
6・(9)
9・(15)
12・(12)

上の字・下の字 5・11

石黒・平野
石崎・白鳥
田崎・本郷

一字名
5

7

二字名
2・3
2・19
3・12
4・3
4・12
5・2
5・3
5・10
5・12
6・1
6・11
7・1
7・8
7・10
12・3
12・13
13・2
13・8

三字名
4・(11)
5・(2)
5・(11)
6・(9)
6・(10)
7・(9)
14・(2)
14・(11)

上の字・下の字 5・10

石倉・加納
田宮・北原
北島・白浜

一字名
6

二字名
2・14
3・3
3・13
5・3
5・11
5・12
6・2
6・12
7・1
7・10
7・11
8・8
8・10

三字名
1・(7)
3・(15)
5・(11)
5・(19)
6・(10)
7・(9)
8・(10)
13・(11)

上の字・下の字 5・9

平泉・布施
氷室・本城
石津・田畑

一字名
2
7
23

二字名
2・19
4・19
6・1
6・11
7・10
7・11
7・16
7・18
8・10
9・12
12・11
12・13
15・8
22・1

三字名
2・(9)
4・(7)
6・(12)
7・(10)
8・(10)
9・(12)
12・(11)
14・(9)

上の字・下の字 5・8

石岡・末松
平岩・永松
田所・仙波

一字名
8
11
18

二字名
3・8
5・6
6・5
8・3
8・16
13・11

三字名
3・(8)
8・(10)

上の字・下の字 6・3

池上・江口
竹下・安川
西山・竹山

一字名
8
15

二字名
2・5
3・5
3・12
4・2
4・11
5・1
5・2
5・10
8・7
10・5
13・10
13・11
14・2
14・10

三字名
4・(11)
5・(10)
5・(11)
8・(8)
10・(6)

上の字・下の字 5・19

加瀬・広瀬
古瀬・永瀬
市瀬・平瀬

一字名
-

二字名
2・11
2・19
4・11
5・8
5・18
6・11
6・18
12・3
12・11
12・12
13・8
13・11
14・10
16・8
18・6

三字名
4・(7)
4・(17)
5・(10)
5・(12)
5・(18)
6・(11)
6・(15)
12・(11)

上の字・下の字 5・18

加藤・本藤
古藤・仙藤

一字名
-

二字名
3・13
5・19
7・18
13・3
13・11
14・10
14・11
17・8

三字名
5・(19)
7・(9)
13・(11)
13・(12)
14・(10)
14・(11)
17・(7)

上の字・下の字 5・16

古橋・石橋
田頭・古館
本橋・北橋

一字名
2
16

二字名
1・10
5・6
5・19
7・11
8・3
8・8
8・10
9・2
15・3
16・8
17・1
21・3

三字名
1・(10)
2・(9)
5・(11)
5・(19)
7・(9)
7・(17)
8・(10)
9・(9)

上の字・下の字 5・14

古関・田嶋
田端・平緒
石関・小暮

一字名
2
4

二字名
2・3
3・2
3・10
3・13
4・1
4・12
7・6
7・11
10・6
10・8
11・2

三字名
2・(11)
3・(2)
3・(10)
4・(9)
7・(9)
7・(11)
9・(9)
11・(7)

上の字 6 ・ 下の字 4
宇井・竹中
吉井・糸井
竹内・舟木

一字名
13

二字名
3・2　3・12　4・2　4・11　13・2　13・12　14・11

三字名
7・(4)　7・(6)　7・(8)　7・(14)　7・(18)　9・(6)　17・(4)　17・(8)

上の字 6 ・ 下の字 5
有田・江本
吉永・多田
西本・吉田

一字名
-

二字名
1・5　1・12　2・5　6・7　6・18　8・5　11・2　11・10　12・1　12・12　16・5

三字名
1・(4)　2・(4)　3・(4)　3・(10)　8・(16)　11・(10)　12・(9)　13・(11)　16・(8)

上の字 6 ・ 下の字 6
安西・吉行
安江・吉池
仲西・有吉

一字名
5　12

二字名
5・18　6・18　7・18　9・2　9・12　10・11　11・10　11・12　12・9　12・11　15・10　18・7

三字名
5・(6)　5・(18)　7・(14)　9・(14)　11・(10)　11・(14)　12・(11)　15・(10)

上の字 6 ・ 下の字 7
池谷・西尾
早坂・寺沢
伏見・吉村

一字名
8

二字名
1・2　1・7　4・7　6・2　6・5　6・12　9・2　9・9　14・10

三字名
1・(10)　4・(4)　4・(14)　6・(18)　8・(10)　8・(16)　14・(10)　14・(18)　16・(8)　18・(6)

上の字 6 ・ 下の字 8
安東・寺岡
名取・名和
吉岡・吉武

一字名
23

二字名
3・18　7・10　8・15　13・10　16・5　16・7

三字名
5・(6)　5・(16)　7・(10)　7・(11)　7・(18)　8・(9)　8・(10)　8・(17)　9・(8)　10・(8)　15・(6)　15・(10)　16・(9)　17・(8)

上の字 6 ・ 下の字 9
寺泉・西垣
仮屋・江畑
守屋・西畑

一字名
2　6　16

二字名
6・2　6・10　6・11　7・1　7・9　7・10　8・9　8・10　9・7　9・9　9・12　12・12　14・2　14・10　15・1　15・9

三字名
6・(10)　7・(9)　7・(11)　8・(8)　8・(10)　9・(8)　14・(10)　16・(8)

上の字 6 ・ 下の字 10
安倍・西原
米倉・江原
名倉・西島

一字名
5　7　15　16

二字名
3・2　3・18　5・2　5・11　5・12　6・1　6・2　6・9　6・10　6・11　6・19　7・9　7・10　8・7　8・9　13・2　13・12　14・1　14・11　15・2　15・10　23・2

三字名
5・(13)　6・(9)　6・(10)　6・(11)　7・(8)　7・(18)　8・(8)　15・(10)

上の字 6 ・ 下の字 11
安部・宇野
江崎・仲野
吉野・伊崎

一字名
6　16

二字名
4・11　5・2　5・10　5・19　6・1　6・2　6・10　6・18　7・9　13・5　14・1　14・10

三字名
4・(11)　5・(10)　5・(11)　6・(10)　7・(9)　7・(11)　12・(6)　14・(4)

上の字 6 ・ 下の字 12
安達・有森
伊達・羽賀
仲間・江森

一字名
5　6

二字名
3・2　3・10　4・9　4・11　4・19　5・1　5・10　6・7　9・12　11・12　12・9　13・2　13・10

三字名
3・(10)　5・(10)　6・(9)　9・(6)　9・(14)　11・(10)　12・(11)　13・(8)

上の字 6 ・ 下の字 13
有働・伊勢
竹腰・竹園
寺園・芝園

一字名
4　5　12　20

二字名
3・2　3・10　4・9　4・12　5・1　5・11　8・5　11・5

三字名
2・(4)　2・(11)　3・(10)　4・(9)　5・(8)　5・(11)　8・(8)　10・(6)

上の字 中の字 下の字 7·3·4

佐々木
佐々井

20・(13)

一字名
-

二字名
2・12
9・14
11・12
17・6

三字名
1・(22)
2・(21)
2・(23)
7・(14)
9・(14)
11・(14)
11・(22)
12・(11)
12・(13)
12・(21)
17・(6)
17・(14)

上の字 下の字 7・3

赤川・坂上
佐川・杉山
村上・坂下

21・(10)

一字名
5
15

二字名
4・1
4・11
5・10
14・1
15・10

三字名
8・(3)
8・(5)
8・(7)
8・(13)
8・(17)
10・(5)
10・(15)
10・(25)
18・(7)
18・(13)

上の字 下の字 6・19

成瀬・早瀬
百瀬

6・(10)
6・(17)
12・(11)

一字名
6
12
14
16

二字名
4・2
4・19
5・2
5・11
6・2
6・10
12・11
13・10

三字名
2・(4)
2・(14)
4・(4)
5・(11)
5・(18)

上の字 下の字 6・18

安藤・伊藤
江藤・吉藤
西藤・名藤

5・(10)
6・(9)
7・(6)
7・(8)
7・(10)
7・(17)
17・(6)

一字名
13
23

二字名
3・10
3・12
3・18
5・19
6・5
6・7
6・15
7・17
13・10
13・11
14・1
14・7
14・9
15・9

三字名
5・(6)

上の字 下の字 6・16

安積・寺橋
光橋・吉橋
江頭・舟橋

5・(8)
5・(10)
5・(18)
5・(30)
7・(16)
9・(14)
9・(16)
9・(26)

一字名
2
15
17
23

二字名
1・12
5・10
5・12
5・18
7・18
8・5
8・7
8・15
8・17
15・10
16・7
16・9

三字名
5・(6)

上の字 下の字 7・9

赤星・坂垣
坂巻・更科
村畑・谷垣

三字名
2・(5)
4・(13)
6・(10)
7・(10)
8・(13)
9・(8)
14・(7)
15・(8)

一字名
7
15
16

二字名
2・14
4・4
4・17
6・1
6・9
7・8
7・9
8・8
8・17
9・8
12・9
15・1
15・6
15・10

上の字 下の字 7・8

吾妻・沢松
村岡・我妻
村松・杉岡

一字名
8
16
17

二字名
5・11
7・9
7・10
8・9
9・8
10・6
10・8

三字名
5・(11)
8・(8)

上の字 下の字 7・7

佐伯・杉村
谷村・里見
芹沢・町村

6・(5)
6・(15)
8・(9)
8・(15)
8・(17)
9・(8)
9・(9)
10・(7)
10・(8)

一字名
-

二字名
4・17
6・17
8・9
9・14
10・7
10・8
11・7
14・9
14・11
16・5
16・9
16・15
17・6
17・8
18・7

三字名
1・(17)

上の字 下の字 7・5

沖田・坂田
杉本・村田
児玉・尾田

16・(7)
16・(9)
16・(17)
18・(5)
18・(15)
20・(15)

一字名
-

二字名
6・17
8・17
16・9
19・6

三字名
1・(5)
6・(5)
6・(7)
6・(15)
6・(17)
8・(3)
8・(5)
8・(13)
8・(15)
10・(3)
10・(13)
10・(15)

上の字 下の字 7・4

赤木・坂井
坂元・宍戸
村井・住友

9・(15)
14・(10)

一字名
7

二字名
1・4
1・6
2・4
3・4
3・10
4・9
7・6
11・10
12・9
13・8
17・4
20・4

三字名
3・(10)
4・(9)
4・(17)
7・(17)

上の字 7・下の字 18

近藤・佐藤
兵藤・志鎌
尾藤・伴藤

一字名
6
7

二字名
3・4
5・1
5・11
6・1
6・10
7・9
7・16
13・10
17・6

三字名
6・(17)
7・(9)
7・(16)
13・(10)
15・(8)

上の字 7・下の字 16

杉橋・村橋
佐橋・兵頭

一字名
2
6

二字名
5・11
7・9
7・17
8・16
9・9
9・16
15・1
15・9
15・10
16・8
16・9
19・6

三字名
5・(13)
7・(17)
8・(10)
8・(16)
8・(17)
9・(9)
9・(15)
9・(16)

上の字 7・下の字 12

赤塚・志賀
谷森・君塚
佐渡・杉森

一字名
5
6
12
20

二字名
4・9
5・8
5・11
6・10
9・4
9・9
9・12
12・4
12・6

三字名
3・(3)
3・(15)
4・(9)
5・(13)
6・(7)
6・(10)
9・(7)
11・(7)

上の字 7・下の字 11

尾崎・村野
苅部・坂崎
佐野・谷野

一字名
7
3

二字名
4・9
5・8
5・12
6・7
7・10

三字名
2・(4)
5・(12)
6・(7)
7・(11)

上の字 7・下の字 10

児島・杉浦
佐原・坂倉
折原・杉浦

一字名
6
7
14
15

二字名
3・4
5・10
6・9
6・18
7・8
8・10
11・4
13・11
15・9

三字名
3・(5)
3・(13)
5・(10)
5・(13)
6・(9)
7・(8)
8・(8)
8・(16)

上の字 8・下の字 6

青江・河西
松江・岡安
国吉・直江

一字名
-

二字名
1・10
5・13
5・16
7・10
9・8
9・16
10・7
10・8
11・7
12・9
15・3
15・10
17・8

三字名
5・(6)
5・(16)
7・(14)
7・(16)
9・(8)
9・(12)
10・(7)
11・(12)

上の字 8・下の字 5

岡本・武田
松田・松本
和田・松永

一字名
-

二字名
1・7
1・10
1・23
3・8
6・5
8・3
8・10
11・7
16・8
19・5

三字名
1・(4)
1・(23)
8・(16)
10・(14)
16・(8)
16・(16)
18・(6)
18・(14)

上の字 8・下の字 4

岩井・斉木
武井・並木
茂木・武内

一字名
-

二字名
7・16
9・16
17・8
20・5

三字名
1・(4)
2・(4)
7・(4)
7・(6)
7・(16)
9・(2)
9・(4)
9・(14)
9・(24)
11・(2)
11・(12)
11・(14)
17・(4)
17・(6)
17・(8)
21・(4)
21・(12)
21・(14)

上の字 8・下の字 3

青山・阿川
岩下・金子
松下・河口

一字名
-

二字名
2・3
2・5
3・2
3・10
4・3
4・9
5・8
8・5
8・16
10・3
12・9
13・8
14・7

三字名
2・(4)
3・(4)
4・(9)
5・(8)
8・(16)
12・(9)
12・(12)

上の字 7・下の字 19

佐瀬・村瀬
赤瀬

一字名
5
6

二字名
2・4
2・11
4・9
4・17
5・6
5・8
6・9
12・1
12・9
13・8

三字名
2・(3)
2・(13)
4・(3)
4・(9)
5・(8)
5・(10)
6・(7)
12・(9)

上の字 下の字 8・7

岩村・金沢
妹尾・武村
東条・松尾

(unlabelled column): 8・(9)、8・(16)、9・(7)、9・(8)、9・(9)、9・(15)、10・(7)、11・(6)、11・(7)、18・(6)

一字名: -

二字名: 1・5、1・15、1・17、6・10、8・9、8・10、8・16、9・7、9・8、9・15、10・8、11・7

三字名: 1・(7)、1・(16)、6・(16)、8・(8)

上の字 中の字 下の字 8・7・3

長谷川

一字名: 3、13

二字名: 2・5、2・15、3・2、12・2、12・5、13・1、14・1

三字名: 2・(3)、3・(3)、4・(2)、5・(10)、12・(3)

上の字 下の字 8・8

岩波・知念
長沼・板東
松岡・若林

三字名: 7・(8)、7・(9)、8・(7)、9・(6)、10・(6)、10・(15)、17・(8)

一字名: 8、16、17

二字名: 5・10、7・8、7・9、7・10、7・16、8・7、8・15、9・7、9・16、10・5、10・7、10・15、16・5、17・8

上の字 下の字 8・9

和泉・青柳
板垣・岩城
若狭・河津

(unlabelled column): 4・(12)、6・(12)、6・(15)、7・(8)、7・(9)、8・(7)、8・(8)、8・(16)、9・(7)、9・(9)、9・(15)、12・(6)、12・(12)、15・(9)、16・(8)

一字名: -

二字名: 2・13、2・16、4・3、6・9、7・8、7・17、8・8、8・18、9・7、9・9、14・10、15・9、16・8

三字名: 2・(6)、2・(14)、4・(4)

上の字 下の字 8・10

岩倉・門脇
河原・長島
松浦・岡島

(unlabelled column): 8・(7)、8・(9)、11・(12)

一字名: -

二字名: 3・3、5・8、6・7、6・17、7・10、8・5、8・7、8・9、8・13、15・8

三字名: 1・(12)、1・(14)、1・(22)、5・(8)、7・(6)、7・(8)

上の字 下の字 8・11

阿部・岩崎
岡野・服部
河崎・長野

(unlabelled column): 10・(8)、10・(23)、12・(6)、21・(12)

一字名: -

二字名: 2・3、4・9、5・8、6・7、6・10、7・9、10・3、13・5

三字名: 2・(4)、2・(16)、4・(9)、4・(14)、6・(7)、7・(6)、7・(9)、10・(6)

上の字 下の字 8・12

青葉・岩間
金森・松隈
長塚・武富

(unlabelled column): 5・(12)、6・(9)、9・(12)、11・(14)

一字名: -

二字名: 1・16、3・8、4・9、4・13、5・8、5・10、6・7、6・9、9・8、12・5、12・9、13・8

三字名: 1・(4)、3・(8)、3・(12)、4・(9)

上の字 下の字 8・14

長嶋・松嶋
河端・宗像

(unlabelled column): 7・(16)、9・(14)、9・(16)、10・(15)、11・(12)、11・(14)

一字名: -

二字名: 7・8、7・10、7・16、9・3、9・16、10・5、10・7、10・13、10・15、17・8、18・5、18・7

三字名: 3・(8)、3・(14)、4・(9)、7・(8)

上の字 下の字 8・18

阿藤・斉藤
松藤・武藤
周藤

(unlabelled column): 6・(9)、6・(15)、7・(4)、7・(6)、7・(24)、13・(8)、14・(7)、15・(16)、17・(14)

一字名: -

二字名: 3・3、3・8、5・8、5・16、6・5、6・7、6・9、6・15、7・8、14・7

三字名: 3・(8)、3・(12)、5・(6)、5・(8)、5・(26)、6・(7)

上の字 下の字 8・19

岩瀬・河瀬
長瀬

(unlabelled column): 6・(12)、6・(15)、12・(6)、12・(9)

一字名: -

二字名: 2・3、2・16、4・17、5・3、5・13、5・16、6・15、12・9、13・5、13・8、14・7、16・5

三字名: 2・(4)、2・(16)、4・(4)、4・(14)

上の字 9・下の字 3

秋山・香川
畑山・津川
星川・前山

一字名
-
二字名
8・15
10・15
18・7
21・4
三字名
2・(3)
2・(11)
2・(21)
3・(3)
8・(13)
8・(15)
10・(3)
10・(11)
10・(13)
12・(11)
12・(21)
13・(22)
18・(5)
18・(7)
20・(3)
21・(13)
22・(3)
22・(11)
22・(13)

上の字 9・下の字 4

秋元・荒井
茨木・垣内
神戸・草刈

一字名
-
二字名
1・4
1・7
2・6
2・22
3・8
4・7
7・4
9・2
9・9
9・15
11・7
12・12
17・7
20・4
三字名
2・(3)
7・(25)
11・(13)
12・(23)
17・(7)
17・(15)
19・(5)
19・(13)
21・(14)

上の字 9・下の字 5

秋本・浅田
神田・前田
城田・保田

一字名
-
二字名
1・22
6・15
10・5
11・12
11・14
三字名
1・(6)
2・(5)
2・(15)
3・(14)
3・(15)
8・(3)
8・(13)
10・(7)
10・(13)
10・(15)
10・(23)
11・(6)
11・(7)
11・(14)
12・(6)
12・(13)
18・(13)
19・(6)
20・(3)
20・(5)
20・(13)

上の字 9・下の字 7

風見・保坂
津村・染谷
相沢・浅尾

一字名
-
二字名
1・6
1・14
1・15
1・16
6・15
8・8
8・9
9・6
9・7
9・8
9・14
10・6
10・7
10・15
11・4
11・14
17・4
18・7
三字名
8・(7)
9・(6)
1・(15)
8・(8)
9・(7)
9・(8)
10・(6)
10・(15)
11・(14)
18・(7)

上の字 9・下の字 8

浅沼・室岡
柿沼・香取
重松・神林

一字名
-
二字名
3・4
3・12
5・2
7・8
7・9
8・7
8・8
8・16
9・9
10・6
10・8
15・9
16・8
17・7
三字名
3・(5)
5・(3)
5・(13)
7・(8)
7・(11)
10・(5)
10・(14)
13・(11)

上の字 9・下の字 9

浅香・神津
草柳・前畑
荒巻・保科

一字名
-
二字名
2・4
4・9
6・7
6・9
7・6
7・8
8・9
9・8
9・12
12・9
14・9
15・6
三字名
2・(5)
2・(13)
4・(11)
6・(7)
8・(5)
8・(13)
12・(11)
15・(8)

上の字 9・下の字 10

津島・相原
南原・柳原
前原・保原

一字名
5
13
二字名
1・12
5・8
6・7
7・6
7・9
11・2
11・7
14・4
三字名
6・(8)
6・(12)
7・(9)

上の字 9・下の字 11

秋野・浅野
柿崎・狩野
神野・星野

一字名
-
二字名
2・9
4・9
5・6
5・8
5・16
6・9
7・4
7・6
7・8
7・14
10・7
10・15
13・4
三字名
2・(13)
10・(3)
10・(5)
10・(15)
12・(3)
12・(13)
13・(8)

上の字 9・下の字 12

浅間・風間
草間・南雲
秋葉・城間

一字名
-
二字名
1・5
3・8
3・15
4・7
4・12
5・6
6・12
9・2
9・15
11・7
12・4
12・12
三字名
3・(8)
3・(15)
4・(7)
4・(14)
5・(11)
5・(13)
9・(15)
11・(13)

上の字 10・下の字 3

栗山・高山
浜口・益子
宮川・真下

一字名
8
18
二字名
2・1
2・3
2・22
3・21
8・3
10・14
13・11
18・6
三字名
3・(2)
3・(21)
10・(14)
12・(12)
13・(22)
18・(6)
18・(14)
20・(4)
22・(13)

上の字 10・下の字 4

桜井・浜元
高木・宮内
速水・畠中

一字名
17

二字名
2・1　5・12　6・11　7・14　9・14　11・14　12・11　12・13　17・8　20・1

三字名
1・(22)　2・(5)　2・(21)　3・(14)　4・(13)　4・(14)　4・(21)　9・(2)　11・(6)　11・(7)　11・(12)　11・(14)　12・(5)　12・(6)　12・(21)　13・(4)　13・(5)　13・(12)　14・(4)　21・(4)

上の字 10・下の字 5

梅本・浜田
原田・宮本
桑田・柴田

一字名
8　16　17

二字名
1・7　2・6　3・5　1・15　3・13　8・8　13・3　3・14　10・7　11・6　3・15　11・7　13・5　10・14　11・13

三字名
1・(5)　1・(7)　2・(6)　3・(5)　10・(6)　11・(5)　12・(4)　3・(14)　10・(7)　12・(5)　13・(4)　12・(6)　13・(5)　11・(13)　20・(4)　19・(13)　20・(13)

上の字 10・下の字 6

桑名・高安
宮地・宮西
浜地・浜名

一字名
5　7　15　17

二字名
2・13　2・14　2・15　5・11　7・8　7・14　9・6　10・7　11・5　11・14　12・11　17・6　18・3　18・7

三字名
1・(4)　2・(5)　2・(13)　5・(10)　7・(10)　9・(12)　11・(6)　15・(10)

上の字 10・下の字 7

島谷・高尾
宮坂・高坂
浜村・宮里

一字名
-

二字名
1・6　1・7　1・14　4・3　4・11　8・7　8・8　9・6　9・15　10・6　10・8　10・14　11・5　11・7　17・7　18・6

三字名
1・(6)　1・(7)　1・(14)　4・(4)　4・(12)　6・(10)　8・(7)　9・(7)　10・(6)　11・(4)　11・(5)　11・(13)　14・(10)

上の字 10・下の字 8

栗林・高松
根岸・宮武
兼松・浜岡

一字名
5　7　15　17　23

二字名
3・14　7・6　7・14　8・5　8・7　8・13　8・15　9・14　10・3　10・5　10・11　10・13　13・8　15・6　15・8　16・5　17・6

三字名
3・(12)　3・(14)　5・(10)　7・(14)　8・(13)　9・(6)　9・(12)　9・(14)

上の字 10・下の字 9

財津・島津
高城・高柳
根津・宮城

一字名
2　12　22

二字名
2・3　2・11　6・7　7・6　7・11　8・5　8・8　9・7　12・1　12・6　15・3

三字名
2・(4)　2・(14)　4・(12)　6・(10)　6・(12)　8・(10)　9・(7)　12・(6)

上の字 10・下の字 10

荻原・桑原
高島・桑島
宮脇・高倉

一字名
11　15

二字名
1・14　3・8　3・14　5・6　5・8　6・5　6・7　6・11　7・8　8・3　8・5　8・7　11・14　14・1

三字名
1・(10)　1・(14)　1・(24)　3・(2)　3・(12)　11・(14)　13・(12)　14・(7)

上の字 10・下の字 11

荻野・島崎
高野・浜崎
高梨・真野

一字名
11

二字名
2・14　5・6　5・11　6・5　10・6　10・14　12・6　13・3　13・5　21・3

三字名
10・(6)　10・(14)　12・(4)

上の字 10・下の字 12

馬場・座間
残間・高須
高森・宮森

一字名
-

二字名
1・4　3・8　3・14　4・7　4・11　5・6　5・8　6・7　6・11　9・8　9・14　11・14　12・3　12・11　12・13　20・3

三字名
3・(10)　3・(12)　4・(7)　5・(10)　5・(12)　9・(6)　11・(12)　13・(10)

上の字 10・下の字 16

鬼頭・倉橋
高橋・栗橋
根橋・馬橋

一字名
-

二字名
1・5　1・14　2・3　2・5　2・13　5・1　5・8　7・6　7・8　7・14　8・3　8・7　8・13

三字名
1・(4)　1・(5)　2・(5)　2・(13)　5・(6)　7・(6)　8・(5)　8・(7)　8・(13)　9・(6)　9・(12)

上の字 11・下の字 7

黒沢・渋谷　野村・逸見　曽我・野坂

6・(9)　6・(11)　8・(5)　8・(9)　8・(13)　10・(5)　10・(11)　11・(4)　11・(12)

一字名
-

二字名
1・6　1・14　4・13　8・5　8・7　9・4　9・14　10・5　10・7　11・6　11・12

三字名
1・(4)　1・(5)　1・(6)　4・(9)　4・(11)

上の字 11・下の字 6

菊池・細江　菊地・堀江　鳥羽・葛西

9・(9)　10・(6)　11・(4)　12・(3)　12・(4)

一字名
-

二字名
1・6　1・7　2・4　2・5　2・14　5・2　5・10　9・6　10・5　10・14　11・4　11・5　11・7　12・6

三字名
2・(4)　9・(6)

上の字 11・下の字 5

麻生・亀田　菊田・清田　笹本・袴田

11・12　11・14　12・3　12・5　12・13　13・4　13・12　18・7　19・2　19・6

三字名
1・(6)　2・(3)　2・(13)　3・(12)　3・(13)　10・(5)　11・(4)　12・(3)　12・(13)

一字名
-

二字名
1・6　1・7　2・5　2・13　2・14　3・2　3・4　3・5　3・12　3・13　3・14　8・7　8・13　10・5　10・13　11・4　11・5

上の字 11・下の字 4

笠井・黒木　清水・野中　望月・黒井

13・5　14・4

三字名
2・(4)　2・(6)　3・(3)　3・(5)　3・(13)　4・(13)　11・(5)　11・(6)　11・(13)　12・(4)　12・(5)　12・(12)　12・(21)　13・(4)　13・(5)　14・(4)　21・(3)

一字名
-

二字名
1・5　2・4　2・6　2・14　2・22　3・5　4・4　4・12　4・13　4・14　11・5　11・6　11・7　12・4　12・5　12・12　13・4

上の字 11・下の字 3

亀山・黒川　野口・細川　堀川・堀口

5・(13)　13・(5)　15・(3)　12・(11)　4・(21)　5・(20)　12・(13)　13・(12)　14・(11)　21・(4)

一字名
-

二字名
3・4　3・22　8・13　10・13　13・4　13・10　18・5　18・7

三字名
2・(5)　3・(4)　4・(3)　4・(13)　5・(12)　12・(5)　13・(4)　14・(3)

上の字 11・下の字 19

清瀬・黒瀬　深瀬・猪瀬　細瀬・菊瀬

5・(6)　6・(5)　6・(9)　6・(11)

一字名
-

二字名
2・5　2・13　4・7　4・13　5・2　5・6　5・10　6・5　6・12　12・5　13・4　14・4

三字名
2・(3)　2・(9)　4・(3)　4・(11)

上の字 11・下の字 18

斎藤・黒藤　野藤・進藤　清藤・笹藤

7・(9)　7・(11)　14・(9)

一字名
-

二字名
2・12　3・5　3・20　5・13　6・2　6・10　6・12　13・5　13・10　14・4

三字名
3・(3)　3・(5)　3・(13)　5・(3)　5・(11)　6・(12)

上の字 11・下の字 12

堀越・笠間　菊間・黒須　鳥越・野間

20・4　23・2

三字名
3・(5)　3・(13)　4・(12)　4・(20)　11・(13)　12・(12)　12・(13)　13・(11)

一字名
-

二字名
3・13　3・21　4・4　4・12　4・20　4・21　6・10　9・7　11・5　11・7　11・13　12・4　12・6　12・12　13・5　13・12　19・5

上の字 11・下の字 11

猪野・鹿野　黒崎・野崎　細野・船崎

4・(21)　10・(5)　10・(13)　12・(11)　14・(11)　21・(5)　21・(4)

一字名
-

二字名
2・13　5・6　5・12　6・5　7・10　10・5　10・13　12・13　13・2　13・12　21・2

三字名
2・(9)　2・(11)　4・(9)　4・(11)　4・(19)

上の字 11・下の字 10

野島・梶浦　梶原・野原　清原・笹原

7・(11)　11・(5)　11・(13)　13・(3)　21・(3)

一字名
-

二字名
3・13　5・6　5・13　6・10　6・12　7・4　8・10　11・7　11・13　14・2　22・2

三字名
3・(13)　5・(6)　5・(11)　5・(13)　6・(12)

上の字 下の字 12・7

奥村・奥沢
植村・勝見
富沢・森谷

一字名
6
16

二字名
1・4
4・9
6・12
8・5
9・9
10・6
11・5
14・4

三字名
1・(4)
1・(5)
4・(2)
4・(12)
6・(12)
8・(5)
8・(10)
10・(8)
11・(5)
11・(22)
14・(2)

上の字 下の字 12・6

落合・喜多
椎名・森江
森安・渡会

一字名
5
7
15
17

二字名
1・4
2・3
5・12
7・6
9・4
10・11
11・6
12・9

三字名
2・(4)
2・(11)
5・(8)
5・(12)
7・(8)
9・(12)
13・(10)
12・(11)

上の字 下の字 12・5

飯田・植田
奥田・塚田
森本・渡辺

一字名
-

二字名
2・4
2・13
3・3
3・12
10・5
11・4
12・3
12・4
13・3
13・11

三字名
2・(4)
3・(3)
3・(12)
10・(5)
10・(8)
11・(4)
12・(3)
13・(2)
13・(3)

上の字 下の字 12・4

植木・朝井
奥井・森内
森木・森井

一字名
7

二字名
2・3
2・5
3・4
3・12
4・11
4・12
7・9
9・6
9・12
11・4
11・12
12・3
12・5
12・9
12・13
13・3
20・5

三字名
1・(4)
2・(5)
3・(5)
3・(12)
4・(11)
7・(10)
11・(12)
12・(11)

上の字 下の字 12・3

朝川・須山
富山・森口
湯川・森下

一字名
8
18

二字名
2・4
2・6
3・5
4・12
4・13
5・3
5・11
5・12
5・13
10・6
12・5
12・6
13・3
13・4
13・11
14・3
14・4
15・1

三字名
3・(5)
4・(2)
4・(12)
12・(4)
12・(5)
12・(12)
13・(5)
14・(2)
14・(3)
15・(3)
20・(12)

上の字 下の字 12・12

飯森・越塚
須賀・塚越
番場・飯塚

一字名
-

二字名
1・12
3・5
3・12
4・9
4・11
4・19
4・20
5・6
6・9
9・4
9・12
11・12
12・5
12・12
13・4
19・4
20・4

三字名
3・(4)
3・(10)
5・(10)
5・(18)
6・(11)
9・(6)
11・(10)
12・(11)

上の字 下の字 12・11

森崎・渡部
植野・雲野
奥野・塚崎

一字名
10
12
14

二字名
4・4
4・12
5・3
5・11
5・19
6・12
7・9
10・6
12・12
13・5
13・12
14・11
20・4

三字名
4・(4)
5・(11)
6・(10)
6・(18)
7・(11)
10・(8)
12・(12)
13・(12)

上の字 下の字 12・10

植原・朝倉
飯島・蛯原
塚原・間宮

一字名
13

二字名
1・12
3・12
11・12
13・12
14・1
14・11
22・1

三字名
1・(12)
3・(8)
3・(10)
3・(20)
5・(8)
5・(10)
5・(18)
11・(4)
11・(12)
15・(8)
15・(10)
21・(2)
21・(4)

上の字 下の字 12・9

森重・森屋
植草・森垣
湯浅・結城

一字名
4
12
14

二字名
2・9
4・12
7・4
7・11
8・3
9・9
12・4
12・6
12・12
15・1
15・9
23・1

三字名
4・(12)
6・(10)
6・(12)
6・(18)
7・(11)
12・(12)
14・(10)
16・(8)

上の字 下の字 12・8

植松・森岡
朝岡・飯沼
勝沼・須長

一字名
5
15

二字名
3・12
5・6
8・3
8・5
8・9
9・4
9・6
9・12
10・3
10・5
13・12

三字名
3・(2)
3・(8)
3・(18)
5・(8)
5・(10)
7・(10)
8・(5)
13・(8)

上の字 13・下の字 3

塩川・新山
愛川・滝口
福川・溝口

一字名 -

二字名 2・3、3・4、3・5、5・12、8・8、10・5、12・3、12・4、12・5、12・11、13・3、13・8、14・3

三字名 2・(3)、2・(21)、3・(4)、4・(11)、5・(10)、5・(11)、12・(11)、13・(10)

上の字 13・下の字 4

新井・鈴木
照井・蓮井
福元・碓井

一字名 -

二字名 1・5、2・4、3・3、3・12、4・2、4・11、11・4、11・5、12・3、12・4、13・2

三字名 1・(7)、1・(17)、3・(3)、4・(11)、11・(4)、11・(7)、12・(3)、13・(2)、13・(3)

上の字 13・下の字 5

園田・楠田
滝本・豊田
福田・福本

一字名 -

二字名 1・4、2・3、2・4、3・2、3・3、3・10、3・12、3・18、8・5、10・3、10・5、10・11、11・10、11・12、12・3、12・5、12・11、13・2、13・8、13・10

三字名 2・(4)、3・(2)、3・(3)、3・(4)、3・(10)、6・(9)、8・(9)、11・(10)、12・(9)、12・(11)

上の字 13・下の字 7

塩沢・塩谷
滝沢・鈴村
新村・福沢

一字名 -

二字名 1・10、1・24、4・11、6・11、8・5、9・4、9・8、10・5、10・11、11・10、14・11、17・8、18・3

三字名 1・(10)、4・(7)、4・(11)、6・(9)、6・(19)、8・(9)、10・(7)、11・(10)

上の字 13・下の字 8

新居・殿岡
新妻・蓮沼
福岡・豊岡

一字名 -

二字名 3・8、5・11、7・4、7・11、8・3、8・8、8・10、9・2、10・8、13・3、15・3、16・2

三字名 5・(11)、7・(4)、7・(9)、8・(10)、9・(7)、9・(9)、13・(11)、15・(9)

上の字 13・下の字 11

塩野・塩崎
新堀・園部
遠野・豊崎

一字名 -

二字名 2・11、4・3、4・11、5・8、5・10、5・12、7・4、7・8、10・3、10・5、10・11、12・3、12・5、12・11、13・8、14・3、20・4、21・3

三字名 2・(9)、4・(4)、4・(11)、5・(3)、6・(9)、7・(10)、10・(11)、12・(11)

上の字 13・下の字 18

滝藤・遠藤
新藤

一字名 -

二字名 3・5、3・18、5・11、5・12、6・10、6・11、7・10、13・4、13・8、14・3、15・2、17・4

三字名 3・(3)、3・(18)、5・(3)、5・(11)、6・(10)、6・(11)、7・(9)、7・(10)

上の字 14・下の字 3

稲川・熊川
関口・徳山
樋口・増山

一字名 8、15

二字名 3・21、4・4、5・10、9・7、12・3、13・2、13・11、14・10、15・9

三字名 3・(4)、3・(15)、4・(4)、4・(11)、5・(10)、6・(9)

上の字 14・下の字 4

熊木・熊井
稲木・緒方
徳井・稲井

一字名 7、14、17

二字名 2・3、2・11、2・21、3・10、4・3、4・9、7・10、9・4、11・2、11・4、12・1、12・3、12・11、13・10、21・2

三字名 3・(3)、3・(10)、4・(9)、7・(8)、7・(16)、9・(8)、11・(10)、12・(9)

上の字 14・下の字 5

榎本・窪田
徳永・熊田
熊本・種田

一字名 -

二字名 1・4、2・4、2・11、3・2、3・3、3・10、6・7、8・10、10・3、11・2、11・7、12・4、13・3、16・2

三字名 2・(3)、3・(2)、3・(3)、6・(10)、10・(6)、10・(8)、12・(6)、13・(3)

上の字 15・下の字 3

影川・澄川
横川・横山
影山・諫山

一字名
5
14
15

二字名
2・3
3・10
3・20
4・9
5・8
5・16
8・9
12・1
13・8
13・10
14・9
15・6
22・1

三字名
2・(5)
4・(9)
4・(19)
5・(16)
8・(9)
8・(15)
10・(7)
12・(9)

上の字 14・下の字 12

種森・種賀
稲葉・関塚
徳富・徳間

一字名
5
6

二字名
1・10
3・4
3・18
4・7
4・11
5・10
6・7
6・9
9・2
11・10
12・3
12・9

三字名
1・(6)
3・(8)
3・(18)
4・(9)
5・(8)
5・(16)
9・(6)
12・(9)

上の字 14・下の字 10

熊倉・漆原
関根・関原
徳原・徳島

一字名
7
5

二字名
3・10
5・2
5・3
5・10
5・18
6・1
6・7
6・11
6・17
7・4
8・7
11・4
11・10
13・10
14・7
15・2
15・9
21・3

三字名
3・(8)
3・(10)
5・(8)
5・(16)
7・(8)
7・(10)
8・(16)
11・(10)

上の字 14・下の字 9

稲垣・漆畑
関屋・徳重
鳴海

一字名
12
14
16

二字名
4・4
6・10
7・9
7・11
8・10
12・4
14・10
15・3
16・9

三字名
2・(6)
6・(10)
7・(9)
8・(8)
8・(10)
9・(9)
12・(6)
14・(10)

上の字 14・下の字 7

熊谷・稲村
稲見・熊坂
関沢・種村

一字名
4
10
14
16

二字名
4・7
6・10
8・3
8・10
9・7
9・9
11・7
12・6
12・12
13・5
13・12
14・2
14・10

三字名
4・(20)
6・(10)
6・(18)
8・(8)
8・(10)
8・(16)
14・(10)
16・(8)

上の字 18・下の字 7

鵜沢・鎌形
藤尾・藤沢
藤谷・藤村

一字名
-

二字名
1・5
1・6
1・7
1・15
4・19
6・17
8・15
9・7
9・14
10・6
11・5
16・7

三字名
1・(5)
1・(6)
4・(28)
6・(26)
9・(14)
10・(6)
14・(13)
16・(16)

上の字 18・下の字 5

織田・鎌田
織本・藤田
藤本・藤代

一字名
-

二字名
1・7
1・23
3・5
3・15
6・19
10・14
10・15
11・13
11・14
12・6
12・13
13・3
18・6
20・5

三字名
8・(16)
10・(6)
11・(5)
11・(14)
18・(6)
19・(5)
20・(4)

上の字 16・下の字 5

橋本・薄田
繁田・橋田
橋立・鴨田

一字名
10
12
16

二字名
1・15
2・9
3・8
3・15
6・5
8・8
10・8
11・7
13・5
16・8

三字名
2・(14)
3・(8)
6・(18)
8・(8)
10・(6)
10・(14)
11・(7)
12・(6)

上の字 15・下の字 10

駒宮・横倉
横島・横浜
輪島

一字名
6
7
14

二字名
3・3
5・1
5・2
5・3
6・10
6・17
7・1
7・9
8・8
13・3
14・2
15・8

三字名
3・(29)
6・(17)
7・(9)
8・(8)
11・(21)
13・(19)
14・(9)
15・(8)

上の字 15・下の字 5

熱田・蔵田
駒田・箱田
諸田・横田

一字名
12

二字名
1・2
1・10
2・9
3・8
3・18
3・22
6・9
10・3
11・6
12・3
12・9
13・8
16・9

三字名
2・(9)
2・(15)
3・(8)
6・(15)
8・(7)
10・(7)
12・(9)
16・(9)

名前候補チェックシート

姓名						
ひらがな						
カタカナ						
イニシャル						
呼びやすさ						
書きやすさ						
読みやすさ						
説明のしやすさ						
聞き取りやすさ						
画数 天格						
画数 人格						
画数 地格						
画数 外格						
画数 総格						

出生届の書き方・出し方

赤ちゃんが生まれたら、必ず出生届を提出します。
役所できちんと受理されるよう書き方と出し方を確認しましょう。

必要事項を記入し期日までに提出する

わが子が生まれたら、役所に「出生届」を提出し、受理されなければなりません。これにより戸籍を取得できます。

「出生届」は戸籍法により、子どもが生まれた日を含めて14日以内に提出するよう定められています。日数には土・日・祝日も含みますが、提出日が役所の休日に当たる場合は休日明けでも構いません。

この期限を守らないと処罰の対象となり、簡易裁判所から罰金を科されてしまいます。余裕をもつようにしましょう。

提出先は、親の住民票のある役所が一般的ですが、里帰り出産などの場合もあるので、親の本籍地にある役所、子どもが出生した地域の役所、親の勤務先や旅行先の役所などでも提出できることになっています。ただし、戸籍に記載される出生地は、実際に生まれた場所です。また、「出産育児一時金」などの申請は住民票のある役所で行います。

こうした手続きを考えると、住民票のある地域の役所のほうが手間がかからずに済みます。

出生届に署名・捺印（なついん）をする「届出義務者」は原則として、赤ちゃんの父または母ですが、以下同居者、出産に立ち会った医師や助産師、またはそのほかの立会人、と法律で順位が決められています。

届け出は代理人でも行えますが、役所の窓口で問われたりすることもあるので、できるだけママやパパが提出しましょう。

提出に必要なもの

1 出生届と出生証明書

必要事項を記入した出生届と出生証明書を、子ども一人につき１通用意します。双子なら２通必要です。

2 届出人の印鑑

記入ミスの訂正に必要です。出生届の届出人欄に捺印したものと同じ朱肉タイプの印鑑を持参します。

3 母子健康手帳

「出生届出済証明」の欄に、役所で出生届が受理されたことの記入と捺印を受けます。

4 世帯主の国民健康保険証

加入者であれば、子どもの名前をその場で書き入れてくれます。すぐに病院に行けるので便利です。

出生届の記入例

「出生届」は注意点を確認しながらていねいに記入しましょう。
「出生証明書」は医師や助産師に書いてもらうのが一般的です。

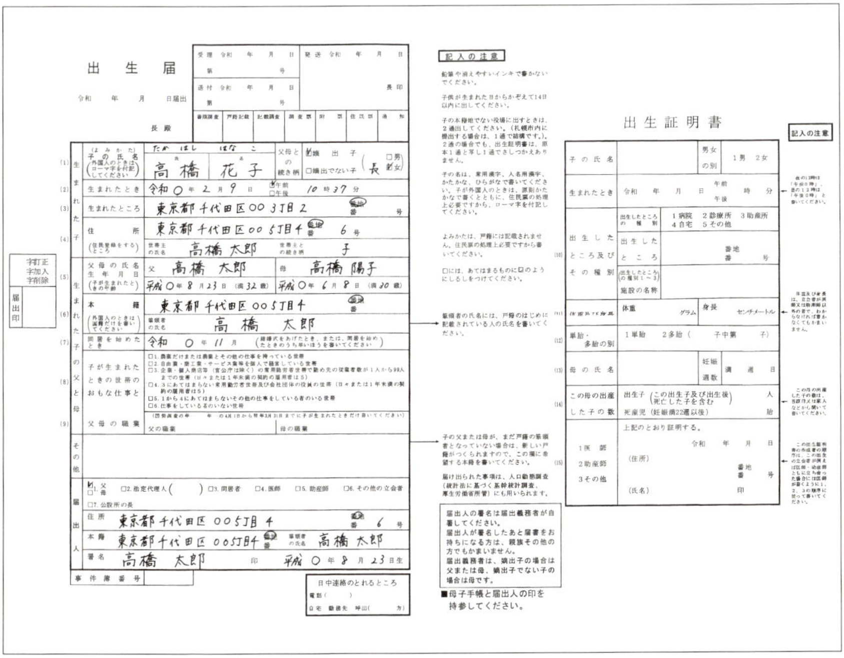

出生届

令和　年　月　日届出

長殿

受理 令和 年 月 日 第 号	発送 令和 年 月 日
送付 令和 年 月 日 第 号	長印

書類調査 | 戸籍記載 | 記載調査 | 調査票 | 附票 | 住民票 | 通知

(1) 子の氏名（外国人のときはローマ字を付記してください）	よみかた：たかはし はなこ　氏：高橋　名：花子	父母との続き柄：☑嫡出子 □嫡出でない子（長 □男 ☑女）
(2) 生まれたとき	令和〇年2月9日 ☑午前 □午後 10時37分	
(3) 生まれたところ	東京都千代田区〇〇3丁目2 番地・番 号	
(4) 住所（住民登録をするところ）	東京都千代田区〇〇5丁目4 番地 6号	
	世帯主の氏名：高橋太郎	世帯主との続き柄：子
(5) 父母の氏名・生年月日（子が生まれたときの年齢）	父：高橋太郎　平成〇年8月23日（満32歳）	母：高橋陽子　平成〇年6月8日（満30歳）
(6) 本籍（外国人のときは国籍だけを書いてください）	東京都千代田区〇〇5丁目4 番地・番	
	筆頭者の氏名：高橋太郎	
(7) 同居を始めたとき	令和〇年11月（結婚式をあげたとき、または、同居を始めたときのうち早いほうを書いてください）	
(8) 子が生まれたときの世帯のおもな仕事と	□1. 農業だけまたは農業とその他の仕事を持っている世帯 □2. 自由業・商工業・サービス業等を個人で経営している世帯 □3. 企業・個人商店等（官公庁は除く）の常用勤労者世帯で勤め先の従業者数が1人から99人までの世帯（日々または1年未満の契約の雇用者は5） □4. 3にあてはまらない常用勤労者世帯及び会社団体の役員の世帯（日々または1年未満の契約の雇用者は5） □5. 1から4にあてはまらないその他の仕事をしている者のいる世帯 □6. 仕事をしている者のいない世帯	
(9) 父母の職業	（国勢調査の年…年…の4月1日から翌年3月31日までに子が生まれたときだけ書いてください）父の職業	母の職業
その他		
届出人	☑1. 父 □母　□2. 法定代理人（　）□3. 同居者 □4. 医師 □5. 助産師 □6. その他の立会者 □7. 公設所の長	
住所	東京都千代田区〇〇5丁目4 番地 6号	
本籍	東京都千代田区〇〇5丁目4 番地	筆頭者の氏名：高橋太郎
署名	高橋太郎 印	平成〇年8月23日生
事件簿番号		

日中連絡のとれるところ
電話（　）
自宅 勤務先 呼出（　方）

記入の注意

鉛筆や消えやすいインキで書かないでください。

子供が生まれた日からかぞえて14日以内に出してください。

子の本籍地でない役場に出すときは、2通出してください。（札幌市内に提出する場合は、1通で結構です。）。2通の場合でも、出生証明書は、原本1通と写し1通でさしつかえありません。

子の名は、常用漢字、人名用漢字、かたかな、ひらがなで書いてください。子が外国人のときは、原則かたかなで書くとともに、住民票の処理上必要ですから、ローマ字を付記してください。

よみかたは、戸籍には記載されません。住民票の処理上必要ですから書いてください。

□には、あてはまるものに☑のようにしるしをつけてください。

筆頭者の氏名には、戸籍のはじめに記載されている人の氏名を書いてください。

子の父または母が、まだ戸籍の筆頭者となっていない場合は、新しい戸籍がつくられますので、この欄に希望する本籍を書いてください。

届け出られた事項は、人口動態調査（統計法に基づく基幹統計調査、厚生労働省所管）にも用いられます。

届出人の署名は届出義務者が自署してください。
届出人が署名したあと届書をお持ちになる方は、親族その他の方でもかまいません。
届出義務者は、嫡出子の場合は父または母、嫡出でない子の場合は母です。

■母子手帳と届出人の印を持参してください。

出生証明書

記入の注意

子の氏名		男女の別	1男 2女
生まれたとき	令和 年 月 日 午前・午後 時 分		
(10) 出生したところ及びその種別	出生したところの種別	1病院 2診療所 3助産所 4自宅 5その他	
	出生したところ	番地 番 号	
	（出生したところの種別1〜3）施設の名称		
(11) 体重及び身長	体重 グラム	身長 センチメートル	
(12) 単胎・多胎の別	1単胎 2多胎（ 子中第 子）		
(13) 母の氏名		妊娠週数	満 週 日
(14) この母の出産した子の数	出生子（この出生子及び出生後死亡した子を含む） 人	死産児（妊娠満22週以後） 胎	
(15) 1医師 2助産師 3その他	上記のとおり証明する。 令和 年 月 日（住所） 番地 番 号（氏名） 印		

夜の12時は「午前0時」、昼の12時は「午後0時」と書いてください。

体重及び身長は、立会者が医師又は助産師以外の者で、わからなければ書かなくてもかまいません。

この母の出産した子の数は、当該母又は家人などから聞いて書いてください。

この出生証明書の作成者の順序は、この出生の立会者が例えば医師・助産師ともに立ち会った場合には医師が書くように1、2、3の順序に従って書いてください。

出生届

必要事項に漏れがないように

原則として、子どもの親が記入します。「続き柄」の“嫡出子”は婚姻関係による子ども、“嫡出でない子”は婚姻届を提出していない女性から生まれた子どもを意味します。婚姻届を提出する前に子どもが生まれた場合は、出生届と併せて提出すれば“嫡出子”として記載されます。「届出人」は「届出義務者」を記載し、実際に役所に提出する人とは異なっても構いません。

出生証明書

医師や助産師などの証明を記入

病院や産院で出産した場合、医師や助産師が記入します。「生まれたとき」の欄は、夜の12時は午前0時、昼の12時は午後0時と書きます。「生まれたところ」の欄は、病産院の所在地か自宅の住所を記します。「体重・身長」は、医師などが立ち会わず計量できなかった場合は空欄のままにします。自宅で出産する場合は、用紙を準備し、母親や立会人が記入します。

著者
栗原里央子　くりはら りおこ
東京都生まれ。結婚を契機に占術の魅力にひかれ、故・大熊茅楊師に師事。易学をはじめ姓名判断・人相・気学・風水学・手相・家相・生年月日によるバイオリズム周期などを合わせた、総合的な鑑定を行っている。また、改名などの相談にも応じる。子どもから芸能人・スポーツ選手まで幅広い支持を集めている。さらにハワイではボランティアで講演やラジオ出演、ハワイフォーチュン友の会を主宰するなど海外でも精力的に活動。"初心を忘れず謙虚な心で"をモットーに、日本占術協会事務局次長・常任理事、茅楊同人会、日本作家クラブ会員、台湾フォーチュン友の会主宰を務める。

世界にたったひとつの赤ちゃんの名前

著　者　栗原里央子
発行者　高橋秀雄
発行所　株式会社 高橋書店
〒170-6014 東京都豊島区東池袋3-1-1 サンシャイン60 14階
電話　03-5957-7103
ISBN978-4-471-02109-2

本書の内容についてのご質問は「書名、質問事項（ページ、内容）、お客様のご連絡先」を明記のうえ、郵送、FAX、ホームページお問い合わせフォームから小社へお送りください。
回答にはお時間をいただく場合がございます。また、電話によるお問い合わせ、本書の内容を超えたご質問にはお答えできませんので、ご了承ください。本書に関する正誤等の情報は、小社ホームページもご参照ください。

【内容についての問い合わせ先】
書　面　〒170-6014 東京都豊島区東池袋3-1-1 サンシャイン60 14階　高橋書店編集部
ＦＡＸ　03-5957-7079
メール　小社ホームページお問い合わせフォームから（https://www.takahashishoten.co.jp/）

【不良品についての問い合わせ先】
ページの順序間違い・抜けなど物理的欠陥がございましたら、電話03-5957-7076へお問い合わせください。
ただし、古書店等で購入・入手された商品の交換には一切応じられません。